Steck-Vaughn

# GED

## CIENCIAS

### ASESORES DEL PROGRAMA

**Liz Anderson, Director of Adult Education/Skills Training**
Northwest Shoals Community College
Muscle Shoals, Alabama

**Mary Ann Corley, Ph.D., Director**
Lindy Boggs National Center for Community Literacy
Loyola University New Orleans
New Orleans, Louisiana

**Nancy Dunlap, Adult Education Coordinator**
Northside Independent School District
San Antonio, Texas

**Roger M. Hansard, Director of Adult Education**
CCARE Learning Center
Tazewell, Tennessee

**Nancy Lawrence, M.A.**
Education and Curriculum Consultant
Butler, Pennsylvania

**Pat L. Taylor, STARS Consultant for GEDTS**
Adult Education/GED Programs
Mesa, Arizona

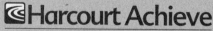

### Harcourt Achieve

Rigby • Saxon • Steck-Vaughn

www.HarcourtAchieve.com
1.800.531.5015

# Agradecimientos

**Desarrollo editorial:** Learning Unlimited, Oak Park, Illinois

**Traducción:** The GTS Companies, Boston, Massachusetts

**Desarrollo de producción:** The GTS Companies, Los Angeles, California

**Cartografía:** maps.com

**Fotografía:** Carátula: ©Kent Wood/Photo Researchers, Inc.; p.32a ©Eyewire; p. 32b ©David Gifford/Science Photo Library/Photo Researchers, Inc.; pp.108a, 108b ©SYGMA; p. 156a ©Larry Mulvehill/Science Source/Photo Researchers, Inc.

## Revisor

María Teresa Alvarado Daleccio, M.Ed., Profesora de Ciencias
Pontificia Universidad Católica de Puerto Rico
Recinto de Ponce

ISBN 0-7398-6912-4

# Contenidos

**Al estudiante** . . . . . . . . . . . . . . . . . . . . . 1

¿Qué son las Pruebas de GED? . . . . . . . . . . . . 1
¿Por qué debe tomar las Pruebas de GED? . . . . 4
Cómo prepararse para las Pruebas de GED . . . . 4
Lo que necesita saber para aprobar la
    Prueba de Ciencias . . . . . . . . . . . . . . . . . 5
Texto y preguntas de muestra . . . . . . . . . . . . 7
Destrezas necesarias para tomar la prueba . . . . . 9
Destrezas de estudio . . . . . . . . . . . . . . . . . 10
Presentación de la prueba . . . . . . . . . . . . . . 12
Cómo usar este libro . . . . . . . . . . . . . . . . . 12

**Prueba preliminar** . . . . . . . . . . . . . . . . . . 13

Tabla de análisis del desempeño en la
    prueba preliminar . . . . . . . . . . . . . . . . . 30
Plan de estudio . . . . . . . . . . . . . . . . . . . . 31

**Unidad 1: Ciencias Biológicas** . . . . . . . 32

**Lección 1:** . . . . . . . . . . . . . . . . . . . . . . . 34
Identificar la idea principal . . . . . . . . . . . . . 34
Estructura y función celular . . . . . . . . . . . . . 36
Prueba corta de GED . . . . . . . . . . . . . . . . . 40

**Lección 2:** . . . . . . . . . . . . . . . . . . . . . . . 42
Replantear información . . . . . . . . . . . . . . . . 42
Célula y energía . . . . . . . . . . . . . . . . . . . . 44
Prueba corta de GED . . . . . . . . . . . . . . . . . 48

**Lección 3:** . . . . . . . . . . . . . . . . . . . . . . . 50
Distinguir los hechos de las opiniones . . . . . . . 50
Genética . . . . . . . . . . . . . . . . . . . . . . . . 52
Prueba corta de GED . . . . . . . . . . . . . . . . . 56

**Lección 4:** . . . . . . . . . . . . . . . . . . . . . . . 58
Reconocer suposiciones implícitas . . . . . . . . . 58
Los sistemas del cuerpo humano . . . . . . . . . . 60
Prueba corta de GED . . . . . . . . . . . . . . . . . 64

**Lección 5:** . . . . . . . . . . . . . . . . . . . . . . . 66
Identificar la lógica incorrecta . . . . . . . . . . . 66
El sistema nervioso y la conducta . . . . . . . . . . 68
Prueba corta de GED . . . . . . . . . . . . . . . . . 72

**Lección 6:** . . . . . . . . . . . . . . . . . . . . . . . 74
Resumir ideas . . . . . . . . . . . . . . . . . . . . . 74
Evolución . . . . . . . . . . . . . . . . . . . . . . . . 76
Prueba corta de GED . . . . . . . . . . . . . . . . . 80

**Lección 7:** . . . . . . . . . . . . . . . . . . . . . . . 82
Distinguir las conclusiones de los detalles
    de apoyo . . . . . . . . . . . . . . . . . . . . . . . 82
El flujo de energía en los ecosistemas . . . . . . . 84
Prueba corta de GED . . . . . . . . . . . . . . . . . 88

**Lección 8:** . . . . . . . . . . . . . . . . . . . . . . . 90
Aplicar ideas en contextos nuevos . . . . . . . . . 90
Los ciclos de los ecosistemas . . . . . . . . . . . . 92
Prueba corta de GED . . . . . . . . . . . . . . . . . 96

**Unidad 1: Repaso acumulativo** . . . . . . . . 98
Unidad 1: Análisis del desempeño . . . . . . . . . 107

**Unidad 2:**
**Ciencias de la Tierra y del espacio** . . 108

**Lección 9:** . . . . . . . . . . . . . . . . . . . . . . . 110
Identificar implicaciones . . . . . . . . . . . . . . . 110
La estructura de la Tierra . . . . . . . . . . . . . . . 112
Prueba corta de GED . . . . . . . . . . . . . . . . . 116

**Lección 10:** . . . . . . . . . . . . . . . . . . . . . . 118
Analizar causa y efecto . . . . . . . . . . . . . . . . 118
Los cambios de la Tierra . . . . . . . . . . . . . . . 120
Prueba corta de GED . . . . . . . . . . . . . . . . . 124

**Lección 11:** . . . . . . . . . . . . . . . . . . . . . . 126
Evaluar qué tan adecuados son los hechos . . . . 126
Estado del tiempo y clima . . . . . . . . . . . . . . 128
Prueba corta de GED . . . . . . . . . . . . . . . . . 132

**Lección 12:** . . . . . . . . . . . . . . . . . . . . . . 134
Reconocer valores . . . . . . . . . . . . . . . . . . . 134
Los recursos de la Tierra . . . . . . . . . . . . . . . 136
Prueba corta de GED . . . . . . . . . . . . . . . . . 140

**Lección 13:** . . . . . . . . . . . . . . . . . . . . . . 142
Identificar implicaciones . . . . . . . . . . . . . . . 142
La Tierra en el espacio . . . . . . . . . . . . . . . . 144
Prueba corta de GED . . . . . . . . . . . . . . . . . 148

**Unidad 2: Repaso acumulativo** . . . . . . . . 150
Unidad 2: Análisis de desempeño . . . . . . . . . 155

## Unidad 3: Ciencias Físicas . . . . . . . . . . 156

**Lección 14:** . . . . . . . . . . . . . . . . . . . . . 158
Comparar y contrastar . . . . . . . . . . . 158
La materia . . . . . . . . . . . . . . . . . . . . 160
Prueba corta de GED . . . . . . . . . . . . . . . 164

**Lección 15:** . . . . . . . . . . . . . . . . . . . . . 166
Aplicar ideas . . . . . . . . . . . . . . . . . . . . 166
La estructura de los átomos y de
   las moléculas . . . . . . . . . . . . . . . . . 168
Prueba corta de GED . . . . . . . . . . . . . . . 172

**Lección 16:** . . . . . . . . . . . . . . . . . . . . . 174
Evaluar qué tan adecuada es la
   información escrita . . . . . . . . . . . . . . 174
Reacciones químicas . . . . . . . . . . . . . . 176
Prueba corta de GED . . . . . . . . . . . . . . . 180

**Lección 17:** . . . . . . . . . . . . . . . . . . . . . 182
Reconocer suposiciones implícitas . . . . . . . . . 182
Las fuerzas y el movimiento . . . . . . . . . . . . . 184
Prueba corta de GED . . . . . . . . . . . . . . . 188

**Lección 18:** . . . . . . . . . . . . . . . . . . . . . 190
Evaluar qué tan adecuada es la
   información visual . . . . . . . . . . . . . . . 190
Trabajo y energía . . . . . . . . . . . . . . . . 192
Prueba corta de GED . . . . . . . . . . . . . . . 196

**Lección 19:** . . . . . . . . . . . . . . . . . . . . . 198
Analizar causa y efecto . . . . . . . . . . . . . . . 198
Electricidad y magnetismo . . . . . . . . . . . . . 200
Prueba corta de GED . . . . . . . . . . . . . . . 204

**Lección 20:** . . . . . . . . . . . . . . . . . . . . . 206
Identificar la lógica incorrecta . . . . . . . . . . . 206
Ondas . . . . . . . . . . . . . . . . . . . . . . . 208
Prueba corta de GED . . . . . . . . . . . . . . . 212

**Unidad 3: Repaso acumulativo** . . . . . . . . 214
Unidad 3: Análisis de desempeño . . . . . . . . . 218

## Prueba final . . . . . . . . . . . . . . . . . . . . 219
Tabla de análisis del desempeño en la
   prueba final . . . . . . . . . . . . . . . . . . . 238

## Prueba simulada GED . . . . . . . . . . . . . . 239
Tabla de análisis del desempeño en la
   prueba simulada GED . . . . . . . . . . . . . . 259

## Respuestas y explicaciones . . . . . . . . 260

## Glosario . . . . . . . . . . . . . . . . . . . . . . . 328

## Índice . . . . . . . . . . . . . . . . . . . . . . . . 337

## Hoja de respuestas . . . . . . . . . . . . . . . . 340

# Al estudiante

## ¿Qué son las Pruebas de GED?

Al decidir presentar las Pruebas de GED, ha dado un paso muy importante en su vida. Al momento de abrir este libro, habrá tomado ya la segunda decisión más importante: dedicar su tiempo y esfuerzo a prepararse para las pruebas. Es posible que se sienta nervioso por lo que está por venir, lo cual es totalmente normal. Relájese y lea las siguientes páginas que le darán más información acerca de las Pruebas de GED en general y de la Prueba de Ciencias en particular.

Las Pruebas de GED son las cinco pruebas que conforman el programa de Desarrollo Educativo General, GED (*General Educational Development*). El Servicio de Pruebas de GED del *American Council on Education* pone estas pruebas al alcance de todos aquellos adultos que no terminaron la escuela superior. Si pasa las Pruebas de GED, recibirá un certificado que se considera como el equivalente a diploma de escuela superior. Los patronos de la industria privada y del gobierno, así como el personal de admisiones de instituciones de estudios superiores y universidades, aceptan el certificado de GED como si fuera un diploma de escuela superior.

Las Pruebas de GED abarcan cinco asignaturas que se estudian en escuela superior. Estas cinco asignaturas son: Lenguaje y Redacción, Lenguaje y Lectura (estas dos asignaturas, en conjunto, equivalen al Español de escuela superior), Estudios Sociales, Ciencias y Matemáticas. No es necesario que usted sepa toda la información que normalmente se enseña en escuela superior; sin embargo, en las cinco pruebas se evaluará su capacidad para leer y procesar información, resolver problemas y comunicarse eficazmente.

Cada año, más de 800,000 personas presentan las Pruebas de GED. De las personas que terminan todas las pruebas, el 70 por ciento recibe su certificado de GED. La *Serie GED de Steck-Vaughn* lo ayudará a pasar las Pruebas de GED, ya que le proporciona instrucción y práctica de las destrezas que necesita aprobar, práctica en preguntas de evaluación parecidas a las que encontrará en la Prueba de GED, sugerencias para tomar las pruebas, práctica para cronometrar las pruebas, así como tablas de evaluación que le ayudarán a llevar un control de su progreso.

Hay cinco Pruebas distintas de GED. La tabla que aparece en la página 2 le da información sobre el contenido, el número de preguntas y el límite de tiempo para cada una de esas pruebas. Debido a que cada estado tiene requisitos distintos en cuanto al número de pruebas que se pueden tomar en un mismo día o período, consulte con su centro local de educación para adultos para averiguar los requisitos de su estado, provincia o territorio.

| Prueba | Áreas temáticas | Preguntas | Límite de tiempo |
|---|---|---|---|
| **Lenguaje y Redacción, parte I** | Organización 15%<br>Estructura de las oraciones 30%<br>Uso 30%<br>Mecánica 25% | 50 preguntas | 80 minutos |
| **Lenguaje y Redacción, parte II** | Composición | | 45 minutos |
| **Estudios Sociales** | Historia de Estados Unidos 25%<br>Historia del mundo 15%<br>Educación cívica y gobierno 25%<br>Geografía 15%<br>Economía 20% | 50 preguntas | 75 minutos |
| **Ciencias** | Ciencias biológicas 45%<br>Ciencias de la Tierra y del espacio 20%<br>Ciencias Físicas 35% | 50 preguntas | 85 minutos |
| **Lenguaje y Lectura** | Textos de no ficción 25%<br>Textos literarios 75%<br>• Ficción en prosa<br>• Poesía<br>• Obra dramática | 40 preguntas | 70 minutos |
| **Matemáticas** | Operaciones numéricas<br>  y sentido numérico 25%<br>Medidas y geometría 25%<br>Análisis de datos, estadística y<br>  probabilidad 25%<br>Álgebra 25% | Parte I: 25 preguntas con uso opcional de una calculadora | 50 minutos |
| | | Parte II: 25 preguntas | 50 minutos |

Además de estas áreas temáticas, en las cinco pruebas se le pedirá que responda a preguntas extraídas de textos relacionados con el medio laboral o de consumo. Estas preguntas no requieren poseer conocimientos especializados, pero sí exigen que recurra a sus propias observaciones y experiencias personales.

En las Pruebas de Lenguaje y Lectura, Estudios Sociales y Ciencias se le pedirá que responda a preguntas mediante la interpretación de textos de lectura, diagramas, tablas, gráficas, mapas, caricaturas y documentos prácticos e históricos.

En la Prueba de Lenguaje y Redacción se le pedirá detectar y corregir errores comunes dentro de un texto publicado en español y decidir la mejor manera de organizar un texto. En la sección de composición de la Prueba de Redacción, deberá redactar una composición en la que dé su opinión o una explicación acerca de un solo tema de cultura general.

En la Prueba de Matemáticas, tendrá que resolver una serie de problemas (muchos de ellos con gráficas) mediante el uso de destrezas básicas de cálculo, análisis y razonamiento.

## Calificación en las Pruebas de GED

Después de terminar cada una las Pruebas de GED, recibirá la calificación correspondiente a esa prueba. Una vez que presente las cinco pruebas, se le dará su calificación total, la cual se obtendrá promediando todas las demás calificaciones. La calificación máxima que puede obtenerse en una prueba es de 800. La calificación que debe obtener para aprobar la Prueba de GED varía dependiendo del lugar donde viva. Consulte con su centro local de educación para adultos para averiguar la calificación mínima para aprobar la Prueba de GED en su estado, provincia o territorio.

## ¿Adónde puede acudir para tomar las Pruebas de GED?

Las Pruebas de GED se ofrecen durante todo el año en Estados Unidos, en sus posesiones, en bases militares estadounidenses del mundo entero y en Canadá. Si desea obtener mayor información sobre las fechas y los lugares en que puede tomar estas pruebas cerca de su domicilio, comuníquese a la línea de ayuda de GED al 1-800-626-9433 o diríjase a una de las siguientes instituciones en su área:

- Centro de educación para adultos
- Centro de educación continua
- Institución de estudios superiores de su comunidad
- Biblioteca pública
- Escuela privada comercial o técnica
- Consejo de educación pública de su localidad

Además, tanto la línea de ayuda de GED como las instituciones antes mencionadas, pueden darle información acerca de las identificaciones que deberá presentar, las cuotas que deberá pagar para tomar la prueba, los materiales que necesitará para escribir y la calculadora científica que usará en la Prueba de Matemáticas de GED. Asimismo, revise las fechas en que cada institución ofrece las pruebas ya que, aunque hay algunos centros de evaluación que abren varios días a la semana, hay otros que sólo abren los fines de semana.

## Otros recursos de GED

- www.acenet.edu Éste es el sitio oficial del Servicio de Pruebas de GED, GEDTS. Para obtener información sobre las Pruebas de GED, simplemente seleccione los enlaces que hagan referencia a "GED" en este sitio.

- www.steckvaughn.com Seleccione el enlace "Adult Learners" (Estudiantes en la edad adulta) con el fin de aprender más sobre los materiales que están disponibles para prepararse para las Pruebas de GED. Este sitio también proporciona otros recursos relacionados con la educación para adultos.

- www.nifl.gov/nifl/ Éste es el sitio del Instituto Nacional de Alfabetismo de Estados Unidos, NIL *(National Institute for Literacy)* y en él se proporciona información acerca de la enseñanza, las políticas federales y las iniciativas nacionales que afectan la educación para adultos.

- www.doleta.gov El sitio de la Administración para el Empleo y la Capacitación del Departamento del Trabajo de Estados Unidos *(Department of Labor's Employment and Training Administration)* ofrece información sobre programas de capacitación para adultos.

# ¿Por qué debe tomar las Pruebas de GED?

Un certificado de GED se reconoce ampliamente como equivalente de un diploma de escuela superior y puede ayudarle de las siguientes maneras:

## Empleo

Las personas que han obtenido un certificado de GED han demostrado que están decididas a triunfar al seguir adelante con su educación. Generalmente, estas personas tienen menos dificultades para conseguir un mejor trabajo o para ascender dentro de la compañía en que trabajan. En muchos casos, los patronos no contratan a personas que no cuenten con un diploma de escuela superior o su equivalente.

## Educación

Es posible que en muchas escuelas técnicas, vocacionales o en otros programas educativos le pidan un diploma de escuela superior o su equivalente para poder inscribirse. Sin embargo, si desea ingresar a una institución de estudios superiores o a una universidad, usted debe matricularse contar con un diploma de escuela superior o su equivalente.

## Superación personal

Lo más importante es cómo se siente consigo mismo. Ahora tiene la oportunidad única de lograr una meta importante. Con un poco de esfuerzo, puede obtener un certificado de GED que le servirá en el futuro y que le hará sentirse orgulloso de sí mismo en el presente.

# Cómo prepararse para las Pruebas de GED

Cualquier persona que desee prepararse para presentar las Pruebas de GED puede asistir a las clases que se imparten con este fin. La mayoría de los programas de preparación ofrecen instrucción individualizada y asesores que pueden ayudarle a identificar las áreas en las que puede necesitar apoyo. También hay muchos centros de educación para adultos que ofrecen clases gratuitas en horarios matutinos y vespertinos. Estas clases por lo general son informales y le permiten trabajar a su propio ritmo y en compañía de otros adultos que también están estudiando para presentar las Pruebas de GED.

Si prefiere estudiar por su cuenta, la *Serie GED de Steck-Vaughn* se ha diseñado para guiar sus estudios a través de la enseñanza de destrezas y de ejercicios de práctica. Además de trabajar con destrezas específicas, podrá hacer las Pruebas de práctica de GED (como las que aparecen en este libro) para verificar su progreso. Si desea obtener mayor información sobre clases que se impartan cerca de su domicilio, consulte con alguno de los recursos mencionados en la lista de la página 3.

# Lo que debe saber para aprobar la Prueba de Ciencias

La prueba de Ciencias de GED evalúa su capacidad de comprender e interpretar información científica, por lo que las preguntas de la prueba están acorde con los temas que usted estudió. No se evalúan conocimientos sobre ciencias ajenos al contenido de la prueba. Usted dispondrá de 80 minutos para responder 50 preguntas relacionadas con un texto sobre Ciencias o bien relacionadas a una gráfica, un mapa, una tabla o un diagrama. Las preguntas están fundamentadas en temas de Ciencias Biológicas, Ciencias de la Tierra y del espacio y Ciencias Físicas.

## Áreas temáticas

### Ciencias Biológicas

Aproximadamente un cuarenta y cinco por ciento de las preguntas de la prueba están fundamentadas en temas como la célula, la herencia, la salud; funciones fisiológicas como la respiración y la fotosíntesis y conducta e interdependencia de los organismos.

### Ciencias de la Tierra y del espacio

Aproximadamente un veinte por ciento de las preguntas de la prueba están fundamentadas en temas como la estructura de la Tierra, accidentes geográficos y el ciclo del agua; sismos y vulcanología; estado del tiempo y clima y el origen y evolución de la Tierra, el Sistema Solar y el universo.

### Ciencias Físicas

Aproximadamente un treinta y cinco por ciento de las preguntas de la prueba están fundamentadas en temas como el átomo, los elementos, las moléculas, los enlaces químicos, la radioactividad, la materia, la energía, las ondas y el magnetismo.

El contexto de muchas de las preguntas de estas áreas temáticas refleja también los siguientes temas de acuerdo a los requisitos de las Normas Nacionales de Educación en Ciencias.

### Ciencias e investigación

Este tema refleja la capacidad de comprender los principios que existen detrás del método científico, el razonamiento y los procesos científicos.

### Ciencias y tecnología

Este tema refleja la capacidad de comprender el uso de la tecnología en los procesos y descubrimientos científicos.

### Unir conceptos y procesos

Este tema implica la comprensión de conceptos complejos, como "uniformidad y cambio", que abarcan todas las áreas temáticas de las ciencias.

### Ciencias y perspectivas personales y sociales

Este tema evalúa la comprensión e iniciativa sobre la problemática contemporánea, como la salud individual y social.

### Historia y naturaleza de las ciencias

Este tema se refiere a la perspectiva histórica de la búsqueda del conocimiento científico.

# Destrezas de razonamiento

Las preguntas de la Prueba de Ciencias de GED requieren que usted piense en las ideas científicas o en las gráficas de diversas maneras. Para responder a las preguntas, usted aplicará cuatro tipos de destrezas de razonamiento, las cuales estudiará en este libro.

## Comprensión

Las preguntas de comprensión requieren una comprensión básica del significado y la intención de los materiales gráficos y escritos. Miden la capacidad de reconocer un replanteamiento, una paráfrasis o un resumen, o de identificar lo que se insinúa en el texto. El veinte por ciento de las preguntas miden destrezas de comprensión.

## Aplicación

Las preguntas de aplicación requieren la capacidad de aplicar en un contexto nuevo la información que se le dé o que recuerde de una situación. Requieren la capacidad de identificar la ilustración de una generalización, principio o estrategia y de aplicar el concepto abstracto adecuado a un problema nuevo. El veinte por ciento de las preguntas miden destrezas de aplicación.

## Análisis

Las preguntas de análisis requieren la capacidad de descomponer la información y ver las relaciones entre ideas con el fin de sacar una conclusión, hacer una deducción, distinguir un hecho de una opinión y las conclusiones de los detalles de apoyo, identificar las relaciones de causa y efecto, hacer comparaciones y contrastes y, reconocer suposiciones implícitas. El cuarenta por ciento de las preguntas miden destrezas de análisis.

## Evaluación

Las preguntas de evaluación requieren de capacidad para determinar la validez o exactitud de información gráfica y escrita, realizar juicios, sacar conclusiones, reconocer lógica incorrecta e identificar valores y creencias. También requieren de la capacidad de reconocer el papel que los valores, creencias y convicciones juegan en la toma de decisiones. El veinte por ciento de las preguntas miden destrezas de evaluación.

En las dos páginas siguientes, encontrará un párrafo de muestra y cuatro preguntas. Estas preguntas son similares a las que aparecen en la Prueba de Ciencias de GED e ilustran las cuatro destrezas básicas de razonamiento que se evalúan en la prueba. Algunas secciones de la prueba son similares al párrafo de muestra y a las preguntas que se basan en él. Sin embargo, muchas secciones de la prueba son preguntas individuales (una pequeña cantidad de material de lectura o una gráfica) seguidas de una pregunta. Aunque es importante que se familiarice con los conceptos científicos contenidos en este libro, no se le harán preguntas que requieran que usted recuerde un hecho científico.

# Texto y preguntas de muestra

El siguiente es un párrafo de muestra con sus correspondientes preguntas. Este párrafo es mucho más corto que aquellos que aparecen en la verdadera Prueba de GED, las preguntas que siguen son semejantes a las de la prueba. Cada pregunta tiene una explicación de la destreza que pretende evaluar, así como una explicación de la respuesta correcta.

Algunos pueblos indígenas amazónicos han aprendido a rotar sus parcelas agrícolas de manera que con el paso de los años la tierra se transforme gradualmente en bosque tropical lluvioso. Estas parcelas pasan por una serie de etapas. La primera de ellas consiste en despejar el terreno para cultivar alimentos. Durante la segunda etapa, se dejan crecer gradualmente ciertas especies de plantas y árboles silvestres, que producen una variedad de productos, como medicinas y pesticidas, hasta que finalmente en la tercera etapa el bosque tropical invade por completo la parcela. Mientras esto ocurre en una parcela, otras semejantes se encuentran en distintas etapas de uso. Esto permite la recuperación del suelo y la renovación constante de la selva y al mismo tiempo el sostén de los indígenas. Por otro lado, los colonizadores de la selva amazónica han deforestado millones de acres de la selva para cultivar la tierra, cosechar alimentos y utilizar la madera. Esto hace que al cabo de unos años de cultivo, la tierra se agote.

1. ¿En qué consiste la segunda etapa de recuperación de las parcelas?

   (1) En despejar la parcela.
   (2) En cultivar alimentos exclusivamente.
   (3) En cultivar alimentos y dejar crecer plantas silvestres gradualmente.
   (4) En dejar crecer plantas silvestres exclusivamente.
   (5) En dejar que la selva invada la parcela.

Respuesta: **(3) en cultivar alimentos y dejar crecer plantas silvestres gradualmente**

Explicación: Esta pregunta evalúa su destreza de comprensión. La respuesta se encuentra en la cuarta oración del texto, la cual explica que durante la segunda etapa se dejan crecer gradualmente ciertas especies de plantas silvestres. A partir de esta información es posible deducir que durante esta etapa se cultivan alimentos y simultáneamente se permite el crecimiento de plantas silvestres.

2. ¿Cuál de las siguientes actividades se asemeja a la técnica de rotación de parcelas agrícolas de los pueblos indígenas amazónicos?

   (1) el pastoreo del ganado
   (2) la rotación de cultivos para permitir la recuperación del suelo
   (3) el uso de pesticidas químicos
   (4) el monocultivo de alimentos en tierras agrícolas de gran extensión
   (5) el uso de fertilizantes

Respuesta: **(2) la rotación de cultivos para permitir la recuperación del suelo**

Explicación: Esta pregunta evalúa su destreza de aplicar, de manera práctica, la información provista en circunstancias distintas. Primero, es necesario comprender que algunos pueblos amazónicos rotan sus parcelas a fin de que el suelo y la selva se recuperen. Esta técnica es semejante a la rotación de cultivos, la cual consiste en sembrar un cultivo diferente en cada época del año. Las otras respuestas no involucran la recuperación de la tierra.

3. Si los indígenas evitaran el crecimiento de las plantas silvestres en las parcelas, ¿cuáles serían las consecuencias después de algunas temporadas de cultivo?

    (1) La siembra de más cultivos.
    (2) La extinción de las plantas silvestres.
    (3) El mejoramiento de la calidad de los cultivos.
    (4) El agotamiento del suelo.
    (5) La invasión de la selva.

Respuesta: **(4) El agotamiento del suelo.**

Explicación: Esta pregunta evalúa su destreza de analizar la información. En este caso la pregunta se dirige a la predicción de las consecuencias de una acción. Si los indígenas cultivan alimentos continuamente, es muy posible que las pequeñas parcelas agrícolas corran la misma suerte que los millones de acres de tierra deforestada para cultivar la tierra, cosechar alimentos y utilizar la madera.

4. ¿Cuál de las siguientes conclusiones está apoyada por la información del texto?

    (1) La deforestación a gran escala para abrir tierras de cultivo representa el mejor aprovechamiento a largo plazo de los recursos del bosque tropical lluvioso.
    (2) La tierra del bosque tropical lluvioso no debería usarse para cultivar alimentos.
    (3) El bosque tropical lluvioso se destruye a un ritmo de millones de acres por año.
    (4) El bosque tropical lluvioso se aprovecharía mejor para la explotación de ganado lechero.
    (5) Algunos agricultores son capaces de aprovechar los recursos del bosque tropical lluvioso sin destruirlo.

Respuesta: **(5) Algunos agricultores son capaces de aprovechar los recursos del bosque tropical lluvioso sin destruirlo.**

Explicación: Esta pregunta requiere del análisis de la información. Primero, es necesario comprender el texto, para después arribar a la conclusión deducida del texto de manera que las ideas sean lógicas. En este caso, la conclusión en que se apoya en el texto, es que los recursos del bosque tropical lluvioso se pueden utilizar sin destruirlo. Las respuestas 1 y 2 se contradicen con el texto y si bien la respuesta 3 puede ser verdad, no se apoya en el texto. La respuesta 4 no se menciona en el texto y por lo tanto no es posible apoyarla.

Para ayudarlo a desarrollar sus destrezas de razonamiento y de lectura, cada una de las preguntas de este libro cuenta con su respuesta y con una explicación de por qué es correcta y por qué son incorrectas las demás opciones. Si estudia estas explicaciones, aprenderá estrategias para comprender y razonar acerca de las Ciencias.

# Destrezas para tomar la prueba

La Prueba de Ciencias de GED evaluará su capacidad de aplicar sus destrezas de lectura y de razonamiento crítico en un texto. Este libro le servirá de ayuda para prepararse para la prueba. Además, hay algunas maneras específicas en las que puede mejorar su desempeño en ella.

## Cómo responder a las preguntas de la prueba

- Nunca vea superficialmente las instrucciones. Léalas con detenimiento para que sepa exactamente qué es lo que tiene que hacer. Si no está seguro, pregúntele al examinador si le puede explicar las instrucciones.

- Lea todas las preguntas detenidamente para cerciorarse de que entiende lo que se le está preguntando.

- Lea todas las opciones de respuesta con mucha atención, aun cuando piense que ya sabe cuál es la respuesta correcta. Es posible que algunas de las respuestas no parezcan incorrectas a primera vista, pero sólo una será la correcta.

- Antes de responder a una pregunta, asegúrese de que el texto contenga la información necesaria para sustentar la respuesta que escoja. No se base en conocimientos que no estén relacionados con el contexto del texto.

- Conteste todas las preguntas. Si no puede encontrar la respuesta correcta, reduzca el número de respuestas posibles eliminando todas las que sepa que son incorrectas. Luego, vuelva a leer la pregunta para deducir cuál es la respuesta correcta. Si aún así no puede decidir cuál es, escoja la que le parezca más acertada.

- Llene la hoja de respuestas con cuidado. Para registrar sus respuestas, rellene uno de los círculos numerados que se encuentran a la derecha del número que corresponde a la pregunta. Marque solamente un círculo como respuesta a cada pregunta. Si marca más de una respuesta, ésta se considerará incorrecta.

- Recuerde que la Prueba de GED tiene un límite de tiempo. Cuando empiece la prueba, anote el tiempo que tiene para terminarla. Después, vea la hora de vez en cuando y no se detenga demasiado en una sola pregunta. Responda cada una lo mejor que pueda y continúe. Si se está tardando demasiado en una pregunta, pase a la siguiente y ponga una marca muy discreta junto al número que corresponda a esa pregunta en la hoja de respuestas. Si termina antes de que acabe el tiempo, regrese a las preguntas que se saltó o de cuya respuesta no estaba seguro y piense un poco más en la respuesta. No olvide borrar cualquier marca extra que haya hecho.

- No cambie ninguna respuesta a menos que esté completamente seguro de que la que había marcado está mal. Generalmente, la primera respuesta que se elige es la correcta.

- Si siente que se está poniendo nervioso, deje de trabajar por un momento. Respire profundamente unas cuantas veces y relájese. Luego, empiece de nuevo.

# Destrezas de estudio

## Estudie con regularidad

- Si puede, dedique una hora diaria a estudiar. Si no tiene tiempo de estudiar todos los días, haga un horario en el que incluya los días en que sí pueda estudiar. Asegúrese de escoger horas en las que sepa que estará más tranquilo y que será menos probable que lo molesten distracciones externas.

- Comunique a los demás cuáles serán sus horas de estudio. Pídales que no lo interrumpan a esas horas. Es conveniente explicarles el motivo por el cual esto es importante para usted.

- Cuando estudie debe sentirse tranquilo, por lo que deberá hacerlo en un lugar donde se sienta cómodo. Si no puede estudiar en su casa, vaya a una biblioteca. Casi todas las bibliotecas públicas cuentan con áreas de lectura y de estudio. Si hay alguna institución de educación superior o universidad cerca de su domicilio, averigüe si puede usar la biblioteca. Todas las bibliotecas tienen diccionarios, enciclopedias y otros recursos que puede utilizar en caso de que necesite más información cuando esté estudiando.

## Organice sus materiales de estudio

- Asegúrese de tener bolígrafos, lápices con punta y papel por si desea tomar apuntes.

- Guarde todos sus libros en el mismo sitio. Si está tomando una clase de educación para adultos, es probable que pueda pedir prestados algunos libros u otros materiales de estudio.

- Asigne una libreta o carpeta para cada asignatura que esté estudiando. Las carpetas con funda son muy útiles para guardar hojas sueltas.

- Guarde todos sus materiales en un solo lugar para que no pierda tiempo buscándolos cada vez que vaya a estudiar.

## Lea con regularidad

- Lea el periódico, lea revistas, lea libros. Lea cualquier cosa que le interese, ¡pero lea! Leer con regularidad, diariamente, es la mejor manera de mejorar sus destrezas de lectura.

- Busque material en la biblioteca que le interese leer. Consulte la sección de revistas para buscar publicaciones de su interés. La mayoría de las bibliotecas se suscriben a cientos de revistas cuyos intereses cubren noticias, autos, música, costura, deportes y muchos otros más. Si usted no está familiarizado con la biblioteca, pídale ayuda al bibliotecario. Consiga una tarjeta para la biblioteca de modo que pueda sacar material y usarlo en casa.

## Tome apuntes

- Tome apuntes de las cosas que le interesen o de las que crea que pueden resultarle útiles.

- Cuando tome apuntes, no copie el texto directamente del libro; vuelva a plantear la misma información, pero con sus propias palabras.

- Tome apuntes del modo que usted desee. No es necesario que use oraciones completas siempre y cuando pueda entender sus apuntes después.

- Use cuadros sinópticos, tablas o diagramas que lo ayuden a organizar la información y a facilitar su aprendizaje.

- Si lo desea, puede tomar notas en forma de preguntas y respuestas, como por ejemplo: *¿Cuál es la idea principal? La idea principal es…*

## Enriquezca su vocabulario

- Al leer, no se salte las palabras desconocidas. Mejor, trate de deducir el significado de esa palabra aislándola primero del resto de la oración. Lea la oración sin la palabra y trate de colocar otra palabra en su lugar. ¿El significado de la oración es el mismo?

- Haga una lista de palabras desconocidas, búsquelas en un diccionario y escriba su significado.

- Como una misma palabra puede tener varios significados, es mejor que busque la palabra mientras tenga el texto frente a usted. De esta manera, podrá probar los distintos significados de una misma palabra dentro del contexto.

- Cuando lea la definición de una palabra, vuelva a expresarla en sus propias palabras y haga una o dos oraciones con ella.

- Utilice el glosario que aparece al final de este libro para repasar el significado de algunos términos clave. Todas las palabras que vea en **negritas** se definen en el glosario, el cual también incluye las definiciones de otras palabras importantes. Utilice el glosario para repasar el vocabulario importante relacionado con el área temática que esté estudiando.

## Haga una lista de las áreas temáticas problemáticas

A medida que avance en este libro, tome apuntes cada vez que no entienda algo. Pídale a su instructor o a otra persona que se lo explique y luego vuelva al tema y repáselo.

# Tomar la prueba

## Antes de la prueba

- Si nunca ha estado en el centro de evaluación, vaya un día antes de tomar la prueba. Si se va a ir manejando, busque dónde estacionar el auto.

- Prepare todo lo que necesite para la prueba: su pase de admisión (en caso necesario), identificación válida, lápices No. 2 con punta y goma de borrar, reloj, anteojos, chaqueta o suéter (por si hace frío) y algunos refrigerios para comer durante los recesos.

- Duerma bien. Si la prueba va a empezar temprano en la mañana, ponga el despertador.

## El día de la prueba

- Desayune bien, vístase con ropa cómoda y asegúrese de tener todos los materiales que necesita.

- Trate de llegar al centro de evaluación 20 minutos antes de la prueba. De esta manera, tendrá tiempo adicional en caso de que, por ejemplo, haya un cambio de salón de último minuto.

- Si sabe que va a estar en el centro de evaluación todo el día, puede llevarse algo para comer. Si se ve en la necesidad de buscar un restaurante o esperar mucho tiempo a que lo atiendan, podría llegar tarde a la parte restante de la prueba.

# Cómo usar este libro

- Empiece por hacer la Prueba preliminar. Esta prueba es idéntica a la prueba verdadera tanto en formato como en duración y le dará una idea de cómo es la Prueba de Ciencias de GED. Luego, con la ayuda de la Tabla de análisis del desempeño en la prueba preliminar que se encuentra al final de la prueba, identifique las áreas en las que salió bien y las que necesita repasar. La tabla le dirá a qué unidades y números de página dirigirse para estudiar. Asimismo, puede usar el Plan de estudio de la página 31 para planear su trabajo después de hacer la Prueba preliminar y también después de hacer la Prueba final.

- Al estudiar, use el Repaso acumulativo y su respectiva Tabla de análisis del desempeño que aparecen al final de cada unidad para determinar si necesita repasar alguna de las lecciones antes de seguir adelante.

- Una vez que haya terminado el repaso, use la Prueba final para decidir si ya está listo para presentar la verdadera Prueba de GED. La Tabla de análisis del desempeño le dirá si necesita un repaso adicional. Finalmente, utilice la Prueba simulada y su respectiva Tabla de análisis del desempeño como una última evaluación para saber si está listo para hacer la prueba verdadera.

## CIENCIAS

### Instrucciones

La Prueba preliminar de Ciencias consta de una serie de preguntas de selección múltiple destinadas a medir conceptos generales de las ciencias. Las preguntas se basan en lecturas breves que con frecuencia incluyen una gráfica, un cuadro o un diagrama. Primero estudie la información que se proporciona y luego conteste la pregunta o preguntas que le siguen. Al contestar las preguntas, consulte la información dada cuantas veces considere necesario.

Se le darán 80 minutos para contestar las 50 preguntas de la Prueba preliminar de Ciencias. Trabaje con cuidado, pero no dedique demasiado tiempo a una sola pregunta. Asegúrese de haber contestado todas las preguntas. Si no está seguro de una respuesta responda de manera razonable por eliminación. No se descontarán puntos por respuestas incorrectas.

Cuando se agote el tiempo, ponga una marca en la última pregunta que haya contestado. Esto le servirá de guía para calcular si podrá terminar la verdadera Prueba de GED dentro del tiempo permitido. A continuación, termine la prueba.

Registre sus respuestas en una copia de la hoja de respuestas de la página 340. Asegúrese de incluir toda la información requerida en la hoja de respuestas.

Para marcar sus respuestas, en la hoja de respuestas rellene el círculo con el número de la respuesta que considere correcta para cada una de las preguntas de la prueba.

---

**Ejemplo:**

¿Cuál de las siguientes es la unidad más pequeña en un ser vivo?

(1) tejido
(2) órgano
(3) célula
(4) músculo
(5) capilar

La respuesta correcta es "célula", por lo tanto, en la hoja de respuestas debería haber rellenado el círculo con el número 3 adentro.

---

No apoye la punta del lápiz en la hoja de respuestas mientras piensa en la respuesta. No haga marcas innecesarias en la hoja. Si decide cambiar una respuesta, borre completamente la primera marca. Rellene un sólo círculo por cada respuesta: si señala más de un círculo, la respuesta se considerará incorrecta. No doble ni arrugue la hoja de respuestas.

Una vez terminada esta prueba, utilice la Tabla de análisis del desempeño en la página 30 para determinar si está listo para tomar la verdadera Prueba de GED. Si no lo está, use la tabla para identificar las destrezas que debe repasar de nuevo.

Adaptado con el permiso del *American Council on Education*.

Instrucciones: Elija la respuesta que mejor responda a cada pregunta.

Las preguntas 1 y 2 se refieren a la siguiente gráfica.

La pregunta 3 se refiere al siguiente diagrama.

**PESO PROMEDIO DE NIÑOS
DE 1 A 5 AÑOS DE EDAD**

Peso en libras / Edad en años

Niños

Niñas

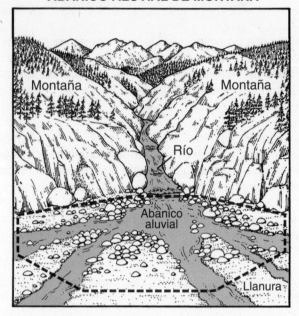

**ABANICO ALUVIAL DE MONTAÑA**

Montaña · Montaña · Río · Abanico aluvial · Llanura

1. ¿En qué rango de edad ganan mayor peso las niñas y los niños?

    (1)  de 0 a 1 año

    (2)  de 1 a 2 años

    (3)  de 2 a 3 años

    (4)  de 3 a 4 años

    (5)  de 4 a 5 años

2. Billy es un varón de 4 años de edad que pesa 39 libras. ¿Qué diferencia de peso hay entre su peso y el de otros niños de su edad?

    (1)  El peso de Billy corresponde al promedio para su edad y sexo.

    (2)  Billy pesa más que los niños promedio según su edad y sexo.

    (3)  Billy pesa más que los niños promedio de 5 años.

    (4)  Billy pesa menos que las niñas promedio de 4 años.

    (5)  Billy pesa menos que los niños promedio de 3 años.

3. ¿Cuál de los siguientes enunciados expresa una suposición necesaria para interpretar correctamente el diagrama?

    (1)  Los ríos corren desde elevadas alturas hasta lugares de baja altura.

    (2)  La pendiente de las montañas está parcialmente poblada de árboles.

    (3)  Cuando un río sale de la garganta de las montañas y entra en una llanura forma un abanico aluvial.

    (4)  Los abanicos aluviales están formados por suelo y roca.

    (5)  Los abanicos aluviales se forman sólo cerca de los volcanes.

La pregunta 4 se refiere al texto y diagrama siguientes.

La mayoría de los carácteres genéticos de muchos organismos de una misma especie muestran variaciones, es decir, pequeñas diferencias de un patrón más o menos uniforme. Por ejemplo, el peso de una fruta es un carácter que muestra una variación continua. La siguiente gráfica de barras ilustra el peso de 72 tomates del mismo lote genético.

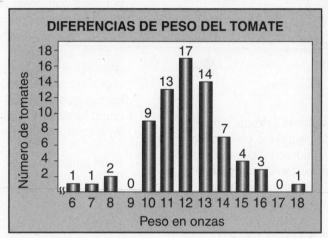

Fuente: Klug, W. S. y Cummings, M. R.: *Concepts of Genetics.* Prentice-Hall, 2000

4. ¿Cuál de los siguientes enunciados expresa una conclusión y no un detalle de apoyo?

   (1) Dos tomates pesaron 8 onzas.

   (2) Ninguno de los tomates pesó menos de 6 onzas.

   (3) Ninguno de los tomates pesó 9 ni 17 onzas.

   (4) El peso más frecuente fue de 12 onzas.

   (5) La mayoría de los tomates cae dentro de la categoría intermedia de peso. ✗

5. De acuerdo con la ley de Boyle, a temperatura constante el volumen de un gas es inversamente proporcional a la presión ejercida. Por ejemplo, si duplicamos la presión ejercida sobre un gas, su volumen disminuye a la mitad. Si las demás variables permanecen constantes, el volumen del gas disminuye a medida que la presión aumenta.

¿Por qué el oxígeno por lo general se envasa a presión en cilindros metálicos?

   (1) para evitar que se mezcle con el nitrógeno y otros gases del aire

   (2) para calentarlo

   (3) para demostrar la ley de Boyle

   (4) para poder conservar un volumen considerable de oxígeno en un espacio reducido ✗

   (5) para transformar el oxígeno en gas

6. En 1665, el inglés Roberto Hooke fue el primero en describir las células del corcho después de mirarlas con un microscopio simple. Hooke se asombró al descubrir aproximadamente mil doscientos millones de células en una pulgada cúbica de corcho. Casi al mismo tiempo, el científico holandés Antonio Leeuwenhoek se sorprendió al descubrir una multitud de organismos unicelulares a los que denominó "bichejos" mientras examinaba una gota de agua de un estanque bajo el microscopio. Para 1820, las mejoras realizadas a los lentes del microscopio permitieron apreciar con mayor claridad las células. Después, en 1838, los científicos alemanes Matthias Schleiden y Theodor Schwann fueron los primeros en explicar que la célula es la unidad básica de la vida y que todos los organismos están formados por una o más células. Estas generalizaciones son el fundamento de la teoría celular.

¿Cuál de los siguientes sería el título más apropiado para el texto?

   (1) El microscopio a través de los siglos

   (2) Un acercamiento visual a la célula

   (3) Los primeros biólogos

   (4) El biólogo Roberto Hooke

   (5) La creación de la teoría celular ✓

La pregunta 7 se refiere al siguiente diagrama.

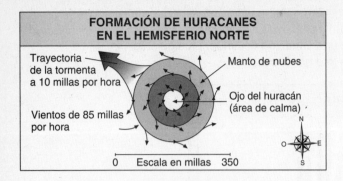

**FORMACIÓN DE HURACANES EN EL HEMISFERIO NORTE**

Trayectoria de la tormenta a 10 millas por hora

Manto de nubes

Ojo del huracán (área de calma)

Vientos de 85 millas por hora

0    Escala en millas    350

7. Una familia que vive en la costa este del país decidió tomar medidas de seguridad en su casa por la llegada de un fuerte huracán. Durante más de diez horas soportaron fuertes lluvias y vientos huracanados del este. Después, la tormenta se calmó y el cielo se despejó.

¿Qué debe hacer la familia a continuación?

(1) No continuar con las medidas de seguridad porque el huracán ya pasó.

(2) No continuar con las medidas de seguridad porque la cola del huracán será débil.

(3) Continuar observando las medidas de seguridad en caso de tormentas debido a que la lluvia y el viento reiniciarán pronto.

(4) Continuar con las medidas de seguridad porque es posible que llegue otro huracán al siguiente día.

(5) Salir a caminar por la costa para confirmar si el huracán ha causado muchos daños.

8. La corrosión, o formación de herrumbre, es una reacción química en la que el hierro reacciona con el aire y el agua formando óxido de hierro. El óxido de hierro es quebradizo y se descama de manera que expone a la corrosión capas más profundas del hierro.

¿Cuál de los siguientes sería un método práctico para evitar la corrosión de un utensilio de cocina hecho de hierro?

(1) lavarlo con agua y detergente

(2) evitar su contacto con líquidos

(3) evitar su contacto con el aire

(4) cubrirlo con una capa delgada de aceite a fin de que el aire y el agua no lleguen a la superficie del metal

(5) calentarlo lentamente con una llama baja antes de usarlo

9. Un jardinero amontona materia orgánica muerta a fin de transformarla en abono o fertilizante. Un buen abono se hace con los desechos de alimentos de la cocina, como restos de verduras y cascarones de huevo (por lo general se evitan los desechos con un alto contenido de proteína debido a que despiden un olor muy fuerte y muchas veces atraen animales). Muchas veces, los desechos de jardín, como el césped cortado, también se integran al abono. Esta materia orgánica se descompone por la acción de organismos microscópicos que la transforman en humus que después, el jardinero integra al suelo como fertilizante o abono sin tener que usar fertilizantes o abonos químicos artificiales.

Si un jardinero quisiera producir abonos o fertilizantes, ¿qué tipo de materia orgánica sería la mejor?

(1) fertilizante y suelo

(2) cáscaras de frutas y desechos de café

(3) huevos viejos y cáscara de huevo

(4) ramas de árbol muertas y huesos de animales

(5) organismos microscópicos

La pregunta 10 se refiere a la siguiente tabla.

| PUNTO DE EBULLICIÓN DE ALGUNOS LÍQUIDOS | |
|---|---|
| Líquido | Punto de ebullición al nivel del mar (°C) |
| Cloroformo ($CHCl_3$) | 61.7 |
| Etanol ($C_2H_5OH$) | 78.5 |
| Agua ($H_2O$) | 100.0 |
| Octano ($C_8H_{18}$) | 126.0 |

10. Al nivel del mar, ¿cuál de las siguientes substancias herviría primero si todas se comenzaran a calentar al mismo tiempo?

(1) el cloroformo

(2) el etanol

(3) el agua

(4) el octano

(5) Todas hervirían al mismo tiempo.

Las preguntas 11 a 13 se refieren al siguiente texto.

Los mamíferos comprenden una clase animal cuya hembra da a luz crías vivas y produce leche para alimentarlas. Esta clase se divide en varios grupos, cinco de los cuales se describen a continuación.

Los carnívoros se alimentan de carne y poseen dientes adaptados para sujetar y desgarrar la carne.

Los cetáceos tienen una cabeza muy grande y cuerpo aplanado, la mayoría de las especies vive en agua salada.

Los marsupiales son mamíferos cuya hembra tiene una bolsa en la que se desarrollan sus crías después del nacimiento.

Los roedores son mamíferos pequeños que tienen dos pares de incisivos o un par superior de dientes frontales y otro inferior, que usan para roer; se alimentan principalmente de plantas.

Los primates son mamíferos de cerebro complejo, extremidades especializadas para sujetar objetos y vista capaz de percibir la profundidad del campo.

11. Muchas veces, el gato doméstico se aprecia por su habilidad para cazar ratones. ¿A qué grupo de mamíferos pertenece?

    (1) carnívoros
    (2) cetáceos
    (3) marsupiales
    (4) roedores
    (5) primates

12. Los canguros son mamíferos que poseen extremidades inferiores fuertes, patas largas y extremidades superiores adaptadas para sujetar objetos. La cría del canguro nace prematuramente y pasa aproximadamente seis meses en la bolsa marsupial de la madre donde se alimenta de la leche que ella produce. ¿Cuál de las siguientes características es fundamental para clasificar al canguro como marsupial?

    (1) extremidades inferiores fuertes
    (2) patas largas
    (3) extremidades anteriores adaptadas para sujetar objetos
    (4) bolsa marsupial donde las crías se alojan después del nacimiento
    (5) hembra que produce leche

13. ¿Qué grupo de mamíferos sería más probable que fuera de interés para los antropólogos científicos que se dedican al estudio de la evolución de la especie humana?

    (1) carnívoros
    (2) cetáceos
    (3) marsupiales
    (4) roedores
    (5) primates

La pregunta 14 se refiere al siguiente diagrama.

## FLOTACIÓN

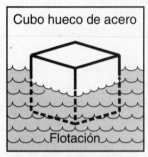

Cubo hueco de acero

Flotación

Cubo sólido de acero

Hundimiento

Los cuerpos flotan cuando su densidad es menor que la del agua.

Los cuerpos se hunden cuando su densidad es mayor que la del agua.

14. Si ponemos un cubo de acero sólido en el agua se hundiría. De acuerdo con el diagrama, ¿cuál de los siguientes enunciados explica mejor por qué flota un barco de acero?

    (1) Si el casco está intacto y el barco no transporta un exceso de carga, no se hundirá.
    (2) El acero es más denso que el agua.
    (3) El acero es menos denso que el agua.
    (4) El acero y el aire del barco son menos densos que el agua.
    (5) El acero y al aire que contiene el barco son más densos que el agua.

15. Los aparatos solares pasivos captan la energía solar sin necesidad de usar energía para hacerlo. Los aparatos solares pasivos de uso doméstico absorben calor durante el día y lo irradian durante la noche cuando baja la temperatura. ¿Cuál de los siguientes experimentos nos serviría mejor para determinar qué material irradia calor más lentamente haciéndolo ideal para los aparatos solares pasivos?

(1) Colocar recipientes semejantes con materiales diferentes en un lugar soleado y anotar su temperatura poco antes de la puesta del sol y a intervalos regulares posteriormente.

(2) Colocar recipientes semejantes con materiales diferentes en un lugar soleado y anotar su temperatura a la salida y puesta del sol.

(3) Colocar recipientes de diferente tamaño con un solo tipo de material en un lugar soleado y anotar su temperatura a la puesta del sol y a intervalos regulares posteriormente.

(4) Colocar diferentes tipos de recipientes con materiales diferentes en un lugar soleado y tocarlos para sentir su temperatura antes de la puesta del sol y a intervalos regulares posteriormente.

(5) Colocar recipientes semejantes con materiales diferentes en un lugar sombreado y anotar su temperatura inmediatamente antes de la puesta del sol y a intervalos regulares posteriormente.

16. Los imanes tienen un polo norte y un polo sur. El polo norte de un imán es atraído por el polo sur de otro.

Ahora imaginemos que cortamos un imán de barra por la mitad. ¿Qué polos tendrán los imanes resultantes?

(1) dos polos norte

(2) dos polos sur

(3) sólo un polo norte

(4) sólo un polo sur

(5) un polo norte y un polo sur

17. Las hormigas son animales sociales que viven en colonias en las que cada miembro desempeña una función en la supervivencia del grupo. Por lo general, las colonias tienen una reina responsable de depositar los huevecillos. Los machos alados, los cuales nacen de huevecillos no fertilizados, mueren poco después de salir de su celda para aparearse con otras reinas. Sin embargo, la mayoría de las hormigas de una colonia son obreras. Esta clase de hormigas son hembras incapaces de depositar huevecillos fertilizados y cuyo trabajo es buscar alimento y en ocasiones luchar para proteger la colonia. De acuerdo con esta información, ¿cuál de los siguientes enunciados explica mejor por qué hay tan pocos machos y un gran número de obreras en las colonias?

(1) Los machos no viven mucho tiempo y sólo se necesitan unos cuantos para fertilizar una reina.

(2) Las obreras son tan numerosas que corren a los machos.

(3) El desarrollo de las alas exige de un ambiente especial.

(4) Los machos alados se desarrollan a partir de huevecillos no fertilizados.

(5) Los machos alados muchas veces tienen que luchar para proteger la colonia.

18. Durante décadas, los científicos creían que todos nacíamos con un número determinado de neuronas y que las neuronas lesionadas no se reparaban ni se reemplazaban. Sin embargo, las investigaciones recientes indican que es posible que el ser humano adquiera miles de millones de nuevas neuronas desde la infancia hasta la adolescencia. Y hasta es posible que algunas de las funciones del adulto se conserven mediante la formación de nuevas neuronas. A muchos científicos les cuesta trabajo creer estas nuevas afirmaciones debido a que no concuerdan con las ideas establecidas hace mucho tiempo acerca del cerebro.

¿Cuál de los siguientes enunciados expresa una suposición implícita del texto?

(1) Los científicos creían que el ser humano nacía con un número determinado de neuronas.

(2) Al igual que otros seres humanos, los científicos encuentran difícil aceptar creencias establecidas hace mucho tiempo.

(3) Cuando las neuronas se lesionan, no pueden repararse ni reemplazarse a sí mismas.

(4) Las investigaciones científicas sobre las neuronas no son muy sorprendentes.

(5) Es posible que hasta en el adulto se formen neuronas nuevas.

19. Los investigadores utilizan la electricidad para facilitar la limpieza de un disolvente industrial común del suelo contaminado. El procedimiento consiste en enterrar unos electrodos hasta 45 pies de profundidad y hacer pasar una corriente eléctrica a través de ellos. Los electrodos atraen el agua contaminada con el disolvente al área de tratamiento donde una mezcla de arcilla y partículas de hierro descompone las moléculas del disolvente. La limpieza eléctrica se puede hacer en el mismo sitio del problema en lugar de enviar el suelo contaminado a otro lugar. Por lo tanto, de acuerdo con los investigadores es probable que este método sea menos costoso que las técnicas tradicionales de limpieza.

¿Cuál de los siguientes enunciados expresa una opinión y no un hecho sobre el uso de la electricidad para limpiar el suelo contaminado?

(1) La electricidad se emplea como parte de un método nuevo de descontaminación del suelo en áreas industriales contaminadas con ciertos disolventes.

(2) Los electrodos se entierran hasta una profundidad de 45 pies en el área contaminada.

(3) La corriente eléctrica atrae el agua contaminada con el disolvente a los electrodos.

(4) La mezcla de arcilla con partículas de hierro descompone las moléculas del disolvente.

(5) El empleo de la electricidad para la limpieza de disolventes industriales debe ser más económico que los métodos tradicionales.

20. En los seres vivos, la respiración celular consiste en una serie de reacciones químicas de descomposición de moléculas complejas de grasa, proteína y carbohidratos con el desprendimiento de energía.

¿Cuál es la finalidad de la respiración celular?

(1) descomponer las moléculas de grasa

(2) sintetizar moléculas de proteína

(3) liberar energía

(4) absorber moléculas de alimento

(5) aprovechar las moléculas de carbohidratos

La pregunta 21 se refiere al texto y tabla siguientes.

La fricción es una fuerza que evita o disminuye el movimiento y ocurre entre superficies en contacto. La siguiente tabla describe los tres tipos principales de fricción.

| Tipo de fricción | Descripción |
|---|---|
| Fricción estática | Ocurre por contacto entre dos superficies inmóviles y es necesario superarla para mover cualquiera de los dos objetos; no produce calor ni desgaste |
| Fricción por deslizamiento | Ocurre por deslizamiento de una superficie sobre otra; produce una gran cantidad de calor y desgaste |
| Fricción por rodamiento | Ocurre por contacto entre una rueda u otro cuerpo redondo y otra superficie; produce menos calor y desgaste que el de deslizamiento |

21. Una oficinista tiene que reorganizar el mobiliario de la oficina. A fin de ampliar el espacio ella tiene que cambiar de lugar un gabinete de un lado a otro de la oficina. Sus compañeros empiezan a empujar el gabinete, pero ella los detiene y sube el gabinete en un carrito.

¿Qué tipo de fricción provocaron todos los empleados al mover el gabinete?

(1) fricción estática

(2) fricción de rodamiento

(3) fricción estática y de rodamiento

(4) fricción de rodamiento y de deslizamiento

(5) fricción estática, de rodamiento y de deslizamiento

Las preguntas 22 y 23 se refieren al siguiente mapa.

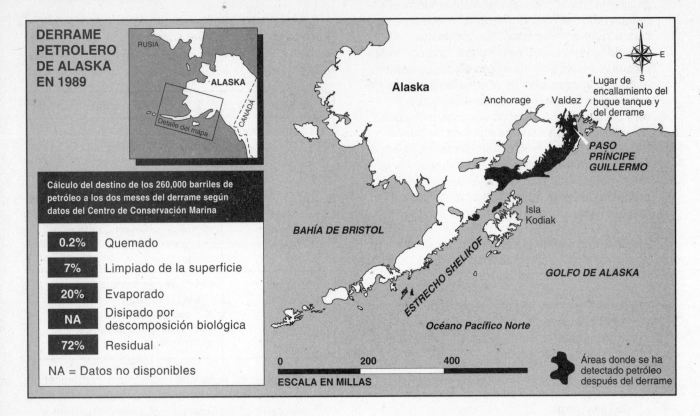

**DERRAME PETROLERO DE ALASKA EN 1989**

RUSIA

ALASKA

CANADÁ

Detalle del mapa

Cálculo del destino de los 260,000 barriles de petróleo a los dos meses del derrame según datos del Centro de Conservación Marina

| 0.2% | Quemado |
| 7% | Limpiado de la superficie |
| 20% | Evaporado |
| NA | Disipado por descomposición biológica |
| 72% | Residual |

NA = Datos no disponibles

Alaska

Anchorage · Valdez

Lugar de encallamiento del buque tanque y del derrame

PASO PRÍNCIPE GUILLERMO

Isla Kodiak

BAHÍA DE BRISTOL

ESTRECHO SHELIKOF

GOLFO DE ALASKA

Océano Pacífico Norte

0   200   400

ESCALA EN MILLAS

Áreas donde se ha detectado petróleo después del derrame

22. El mapa se compiló dos meses después del derrame. ¿Cuál de las siguientes conclusiones está apoyada por la información del mapa?

(1) La mayor parte del petróleo se limpió durante los dos primeros meses.

(2) Es probable que el petróleo haya sido arrastrado más hacia el sur y hacia el oeste.

(3) Es probable que el petróleo haya sido limpiado completamente en el transcurso de los próximos dos meses.

(4) Es probable que el mar absorba la mayor parte del petróleo residual.

(5) Es probable que el petróleo residual se evapore en el transcurso de los próximos dos meses.

23. El derrame de petrolero causó daños por millones de dólares a la industria pesquera del salmón y arenque y al ecosistema marino. Después del accidente, el Congreso de Estados Unidos impuso una serie de requisitos de seguridad a los buques tanque e hizo responsables a las compañías petroleras de la limpieza de los derrames. De acuerdo con esta información, ¿cuál es el mayor incentivo para que las compañías petroleras eviten la ocurrencia de derrames semejantes en el futuro?

(1) la preocupación por el ambiente físico marino

(2) la preocupación por la conservación de la fauna marina costera

(3) la preocupación por la industria del salmón y del arenque de Alaska

(4) la reticencia a invertir sus ganancias en la limpieza de derrames

(5) la meta de mantener el buen ánimo de los empleados

La pregunta 24 se refiere al texto y diagrama siguientes.

Los átomos son capaces de unirse uno con otro de diversas maneras. El enlace covalente se fundamenta en la unión de los átomos al compartir uno o varios pares de electrones. Por ejemplo, dos átomos de flúor se unen al compartir dos de los electrones (uno de cada átomo) de su nivel externo de energía, es decir un par de electrones, para formar una molécula de flúor gaseoso. El enlace se ilustra representando los electrones mediante puntos.

### ENLACE COVALENTE DEL FLÚOR

24. ¿Cuántos electrones libres tiene un átomo de flúor en su nivel externo de energía?

   (1) uno
   (2) dos
   (3) siete
   (4) ocho
   (5) nueve

---

25. La energía potencial es la capacidad de hacer un trabajo que depende de cambios en la posición o forma de un cuerpo.

   De acuerdo con la información anterior, ¿cuál de los siguientes cuerpos posee energía potencial?

   (1) una liga de goma estirada
   (2) una roca de gran tamaño
   (3) una acera de concreto
   (4) un edificio
   (5) las vías del tren

La pregunta 26 se refiere al texto y diagramas siguientes.

El radar se usó en misiones de combate aéreo por primera vez durante la Segunda Guerra Mundial. Las ondas de radio emitidas por un transmisor de radar se propagan en forma cónica, rebotan en los cuerpos y regresan al emisor con información sobre la forma y ubicación del cuerpo.

### LA TECNOLOGÍA DEL RADAR

Cuando las señales recibidas eran uniformes, significaba que el objetivo se encontraba enfrente.

Cuando las señales de retorno mostraban un desequilibrio, significaba que el objetivo se encontraba a la derecha o a la izquierda o encima o debajo del avión de combate.

26. Imaginando que el objetivo del diagrama superior descendiera cien pies, ¿qué efecto tendría esta maniobra en las señales de retorno al emisor de radar?

   Las señales de retorno

   (1) no cambiarían
   (2) mostrarían un desequilibrio
   (3) se debilitarían gradualmente
   (4) desaparecerían repentinamente
   (5) no serían detectadas por el avión de combate

La <u>pregunta 27</u> se refiere al texto y diagrama siguientes.

Los depredadores son animales que se alimentan cazando y sacrificando a otros animales, denominados presas. La población de depredadores y presas de un lugar aumenta y disminuye de manera cíclica.

**POBLACIÓN DE DEPREDADORES Y PRESAS**

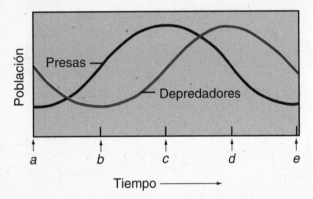

27. ¿Cuál de los siguientes es <u>más probable</u> que se deba al aumento de la población de depredadores entre los puntos *b* y *c?*

(1) disminución de la población de presas entre los puntos *a* y *b*

(2) disminución de la población de presas entre los puntos *d* y *e*

(3) aumento de la población de presas entre los puntos *a* y *c*

(4) aumento en la población de presas entre los puntos *d* y *e*

(5) intervalo de tiempo entre el aumento de la población de presas y de depredadores

28. La fotosíntesis de las plantas verdes consiste en el aprovechamiento de la energía solar, agua y dióxido de carbono del aire para producir alimentos y oxígeno.

¿En cuál de los siguientes procesos desempeña una función básica la fotosíntesis?

(1) el ciclo del nitrógeno, en el cual ciertas bacterias transforman el nitrógeno del aire en formas aprovechables para los organismos

(2) el ciclo del carbono, en el cual se reciclan en la atmósfera el carbono y el oxígeno

(3) la metamorfosis, la cual se caracteriza por cambios de forma y estructura a lo largo del desarrollo de un organismo

(4) el ciclo celular, el cual se caracteriza por el crecimiento celular, la duplicación de su ADN y su división

(5) el ciclo solar, un período de fluctuaciones del número de manchas solares

29. En la naturaleza, es posible que dos o más organismos compitan por los recursos disponibles, como espacio territorial, alimento o parejas. Esta competencia se da entre miembros de la misma especie o de especies diferentes.

Por lo general, la competencia entre miembros de la misma especie es más intensa que entre miembros de especies diferentes. ¿Cuál de los siguientes enunciados esta apoyado por esta conclusión?

(1) Los organismos compiten por espacio territorial.

(2) Los organismos compiten por alimento.

(3) Los miembros de especies diferentes compiten por las mismas parejas.

(4) Los miembros de la misma especie necesitan de los mismos recursos.

(5) Los miembros de especies diferentes necesitan de los mismos recursos.

Las preguntas 30 a 32 se refieren al siguiente texto.

Cuando una corriente eléctrica sigue un recorrido continuo se dice que forma un circuito eléctrico. Todos los circuitos requieren de una fuente de fuerza electromotriz para impulsar la corriente, como en el circuito de la ilustración en el que la pila representa esta fuente. La ilustración y el diagrama esquemático representan el mismo circuito.

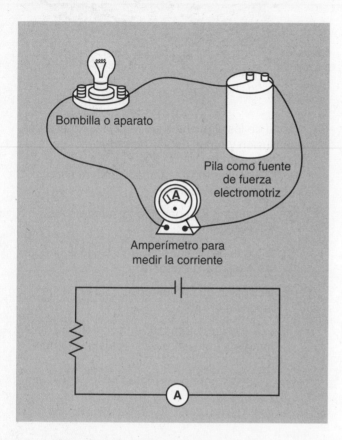

30. ¿Qué título se adapta mejor a esta información?

   (1)  Uso del amperímetro

   (2)  Electricidad

   (3)  Los circuitos eléctricos

   (4)  La fuerza electromotriz

   (5)  Cómo funcionan las bombillas

31. ¿Qué sucedería si cortáramos el alambre que conecta la pila y el amperímetro del circuito de la ilustración?

   (1)  Las sustancias químicas que contiene la pila se agotarían de inmediato.

   (2)  El amperímetro registraría un aumento de corriente.

   (3)  La corriente continuaría fluyendo, pero el amperímetro no funcionaría.

   (4)  La corriente continuaría fluyendo, pero la bombilla no encendería.

   (5)  La corriente dejaría de fluir y la bombilla no encendería.

32. ¿En cuál de las siguientes situaciones sería más útil el uso de un diagrama esquemático?

   (1)  inspección de una casa a fin de detectar riesgos eléctricos

   (2)  redacción de instrucciones sobre el funcionamiento de una lavadora eléctrica para el consumidor

   (3)  instalación se los cables eléctricos de un nuevo edificio

   (4)  compra de una pila para una linterna

   (5)  medición de la corriente que soporta un circuito

Las preguntas 33 y 34 se refieren al siguiente diagrama.

### GÉISER

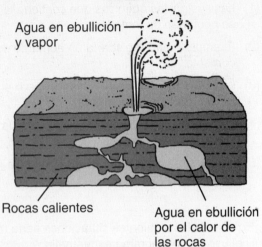

Agua en ebullición y vapor

Rocas calientes

Agua en ebullición por el calor de las rocas

33. ¿Cuál de los siguientes enunciados resume mejor la información del diagrama?

(1) Los géiseres se forman principalmente con agua hirviendo.

(2) Los géiseres se forman cuando el agua de los lagos o ríos se calienta hasta el punto de ebullición.

(3) Los géiseres hacen erupción cuando las rocas calientes del subsuelo calientan el agua al punto de ebullición.

(4) Los géiseres se forman por el movimiento de las rocas calientes del subsuelo.

(5) Los géiseres como Old Faithful hacen erupción a intervalos periódicos.

34. ¿Cuál sería la manera más práctica de utilizar el agua de los géiseres?

(1) como fuente de agua potable

(2) en los sistemas de calefacción por agua caliente

(3) para las duchas en los campamentos de excursionistas

(4) en los parques acuáticos

(5) como agua de riego agrícola

La pregunta 35 se refiere al siguiente diagrama.

### CAPILARES Y CÉLULAS DE LOS TEJIDOS

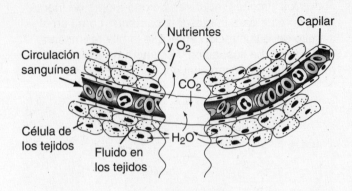

Nutrientes y $O_2$

Capilar

Circulación sanguínea

$CO_2$

Célula de los tejidos

$H_2O$

Fluido en los tejidos

35. ¿Cuál de los siguientes enunciados expresa una conclusión y no un detalle de apoyo?

(1) Los nutrientes pasan de la sangre a los tejidos circundantes.

(2) El oxígeno ($O_2$) pasa de la sangre a los tejidos circundantes.

(3) El agua pasa alternativamente de la sangre a los tejidos circundantes.

(4) El dióxido de carbono ($CO_2$) pasa de los tejidos a la sangre.

(5) Los capilares transportan substancias de la sangre a los tejidos y de éstos a la sangre.

Las preguntas 36 y 37 se refieren al siguiente mapa.

## PRINCIPALES CUENCAS DE CAPTACIÓN DE ESTADOS UNIDOS

36. Las áreas geográficas que vierten sus aguas en los ríos se denominan cuencas de captación. ¿Por qué las aguas de la mayoría de las cuencas de captación llegan finalmente al mar?

    (1) Porque los mares son los cuerpos de agua de mayor tamaño de la Tierra.

    (2) Porque toda la masa terrestre está rodeada por mares.

    (3) Porque en Estados Unidos el agua corre hacia el ecuador en dirección sur.

    (4) Porque el agua corre de mayor a menor altitud, de las montañas al nivel del mar.

    (5) Porque demasiada agua llega al mar con demasiada prontitud.

37. Lewis y Clark fueron dos exploradores estadounidenses que navegaron río arriba por la cuenca de captación del Mississippi en dirección noreste. A medida que atravesaban las Rocosas buscaban un paso fluvial hacia el Pacífico. ¿Cómo era posible confirmar que los guías indígenas los conducían en la dirección correcta?

    (1) Los exploradores conservaron agua para la travesía de las Rocosas.

    (2) Los exploradores se dieron cuenta de que el río Columbia corría hacia el oeste.

    (3) Los exploradores encontraron el origen el río Columbia.

    (4) Los exploradores presenciaron inundaciones en la cuenca de captación del río Columbia.

    (5) Los exploradores determinaron que el caudal del río Columbia era demasiado alto para una cuenca de captación.

38. La hembra del escarabajo de fuego deposita sus huevecillos en árboles que están ardiendo. Estos escarabajos poseen detectores infrarrojos capaces de localizar fuentes de calor para buscar árboles en llamas. Además, sus antenas pueden detectar concentraciones diminutas de las substancias que contiene el humo de la madera en combustión. La capacidad de detectar árboles en llamas de estos escarabajos es tan marcada que pueden localizarlos con precisión a más de 30 millas de distancia.

Desentrañar la manera precisa en que estos escarabajos detectan el fuego puede tener aplicaciones prácticas. ¿Cuál de las siguientes representa un uso práctico de este conocimiento?

(1) disminución de la cantidad de humo que producen los incendios

(2) planear de manera controlada los incendios de la maleza de los bosques

(3) desarrollo de un nuevo tipo de insecticida contra los escarabajos del fuego

(4) diseño de nuevas antenas para los teléfonos celulares

(5) desarrollo de detectores de incendios forestales

39. Los ftalatos son substancias químicas que se agregan a los plásticos para darles flexibilidad. Muchas veces, los plásticos se usan en la fabricación de sondas para transfusiones sanguíneas, intubación endovenosa y otros sistemas de soporte vital. Sin embargo, existe la posibilidad de que una pequeña cantidad de estas substancias pase al flujo sanguíneo. Según algunos científicos, los ftalatos pueden ser peligrosos para el ser humano ya que en los animales han llegado a causar cáncer y lesiones orgánicas.

De acuerdo con la información anterior, ¿cuál de los siguientes usos de los ftalatos es más probable que cause lesiones al ser humano?

(1) fabricación de artículos de plástico para los laboratorios de pruebas de diagnóstico

(2) fabricación de envolturas de plástico para proteger los alimentos contra la humedad o la contaminación

(3) fabricación de bolsas de plástico para prendas de vestir lavadas en seco

(4) fabricación de materiales de plástico para el embalaje de juguetes, juegos de mesa y otros artículos embalados en cajas

(5) fabricación de artículos de plástico empleados en la elaboración de ciertos tipos de plastilina para manualidades

La pregunta 40 se refiere a la siguiente gráfica.

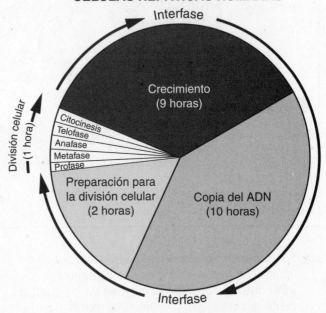

**CICLO DE VIDA DE LAS CÉLULAS HEPÁTICAS HUMANAS**

40. ¿Qué diferencia existe entre la etapa de la división celular y la interfase de esta célula?

(1) La división celular lleva aproximadamente la vigésima parte del tiempo que la interfase.

(2) La división celular lleva la mitad del tiempo que la interfase.

(3) La división celular lleva el doble del tiempo que la interfase.

(4) La división celular tiene cuatro etapas, mientras que la interfase tiene ocho.

(5) Las células hepáticas humanas se dividen pero no presentan una interfase.

La pregunta 41 se refiere a la siguiente tabla.

| ALGUNAS ESPECIALIDADES MÉDICAS | |
|---|---|
| **Especialidad** | **Área del conocimiento** |
| Cardiólogo | Corazón y arterias |
| Endocrinólogo | Hormonas |
| Hematólogo | Sangre |
| Oncólogo | Crecimientos anormales, tumores y cáncer |
| Ortopedista | Huesos, articulaciones y músculos |

41. Un paciente se queja de dolor en el pecho y el análisis sanguíneo revela niveles de colesterol muy elevados. ¿A qué especialista es más probable que lo envíe su médico de familia?

    (1) a un cardiólogo

    (2) a un endocrinólogo

    (3) a un hematólogo

    (4) a un oncólogo

    (5) a un ortopedista

42. Los reactores nucleares producen energía y desechos radiactivos como resultado de reacciones de fusión nuclear. Sin embargo, el manejo de los desechos representa un serio problema debido a que conservan su radiactividad por muchos años y por lo tanto son nocivos para los seres vivos. Por esta razón, cada vez que se propone un nuevo basurero nuclear, la población de la localidad por lo general se organiza para oponerse a su construcción.

    ¿Cuál de los siguientes principios es probable que valoren más los opositores a la construcción de un basurero nuclear en las cercanías de su población?

    (1) individualismo

    (2) ambición

    (3) dinero

    (4) buena salud

    (5) conciencia de barrio

La pregunta 43 se refiere al texto y diagrama siguientes.

Las ondas se pueden representar sujetando una cuerda por un extremo y sacudiéndola rápidamente hacia arriba y hacia abajo. A medida que la onda se propaga, cada punto de la cuerda transfiere energía al siguiente.

**PROPAGACIÓN DE LAS ONDAS**

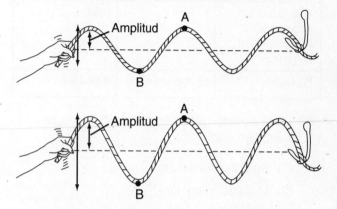

43. ¿Cuál de los siguientes enunciados está apoyado por la información del texto y el modelo de propagación de las ondas?

    (1) La mayor parte de la energía generada por el movimiento de la mano se transfiere al aire.

    (2) Un solo movimiento de la mano es capaz de producir ondas indefinidamente.

    (3) Una sacudida más fuerte produciría una onda de gran amplitud.

    (4) La amplitud de una onda corresponde a la distancia que hay entre dos crestas.

    (5) El punto B de la onda siempre será inferior al punto A.

La pregunta 44 se refiere a la siguiente tabla.

| COMPARACIÓN DE LA TIERRA Y MARTE | | |
|---|---|---|
| Característica | Tierra | Marte |
| Distancia del Sol | 150,000,000 km | 228,000,000 km |
| Duración del año | 365 días | 687 días |
| Duración del día | 23 h 56 min | 24 h 37 min |
| Gravedad superficial (Gravedad de la Tierra = 1) | 1 | 0.38 |
| Diámetro | 12,756 km | 6,794 km |

44. ¿Qué características de la Tierra y Marte se asemejan más?

(1) su distancia del Sol

(2) la duración del año

(3) la duración del día

(4) su gravedad superficial

(5) su diámetro

---

45. Un gran número de organismos ha desarrollado camuflaje. Por ejemplo, algunas especies de peces tienen un color oscuro en el dorso y claro en el abdomen. De esta manera, vistos desde arriba se confunden con las aguas oscuras, mientras que vistos desde abajo se confunden con el cielo brillante.

¿Cuál de los siguientes enunciados expresa una suposición implícita importante para la comprensión del texto?

(1) Un gran número de organismos ha desarrollado camuflaje.

(2) El camuflaje dificulta la detección de los organismos.

(3) Muchas especies de peces tienen un color oscuro en el dorso y claro en el abdomen.

(4) Es difícil percibir desde arriba a los peces de color oscuro.

(5) Vistos desde abajo, los peces de color claro se confunden con el cielo brillante.

La pregunta 46 se refiere al texto y diagrama siguientes.

La cuña es un tipo de máquina simple. El diagrama ilustra cómo al mover una cuña generamos una fuerza lateral que actúa en ángulo recto en relación con la dirección del movimiento.

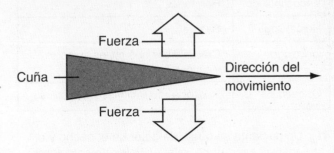

46. ¿Cuál de los siguientes casos involucra el uso de una cuña?

(1) el volante de un automóvil se hace girar para doblar una esquina

(2) ciertos artículos se pesan en una balanza de platillos

(3) una persona transporta una carga pesada en un carrito

(4) la llave del grifo se abre para dejar salir el agua

(5) una persona corta leña con un hacha

---

47. Los científicos realizaron un estudio para comprobar si el contenido de grasa de una dieta calorífica controlada influye en el peso de un individuo. El contenido de grasa de la dieta varió de 0 a 70 por ciento y los resultados indican que el contenido de grasa no es un factor del aumento o la disminución de peso de un individuo. En contraste, descubrieron que el contenido de calorías independientemente de la fuente de origen es lo que verdaderamente influye en el aumento o la disminución de peso.

De acuerdo con los resultados de este estudio, ¿cuál de las siguientes medidas es más probable que cause una pérdida de peso?

(1) la disminución del consumo de calorías

(2) el aumento del consumo de calorías

(3) la disminución del consumo de grasa

(4) el aumento del consumo de grasa

(5) la disminución del consumo de grasa con un aumento del consumo de calorías de otras fuentes

48. La reproducción sexual consiste en la unión de dos células sexuales diferentes con material genético proveniente de dos organismos progenitores para producir descendencia. Por otro lado, la reproducción asexual consiste en la duplicación del material genético de un solo organismo con el mismo fin.

¿Cuál de los siguientes enunciados está implícito en esta información?

(1) La reproducción sexual es un proceso exclusivo de los animales.

(2) La reproducción asexual es un proceso exclusivo de las plantas.

(3) La descendencia de organismos que se reproducen por reproducción sexual difiere genéticamente de ambos progenitores.

(4) La descendencia de organismos que se reproducen por reproducción asexual combinan el material de ambos progenitores.

(5) El número de organismos que se reproduce asexualmente es mayor que el de los que se reproduce sexualmente.

49. Los lubricantes naturales para motores empiezan a enturbiarse aproximadamente a 15°F cuando algunas de sus moléculas se cristalizan. Por esto los fabricantes los mezclan con aditivos orgánicos a fin de bajar el punto de congelación a −30 ó −35°F. El punto de congelación de los lubricantes sintéticos es aún más bajo y no se solidifican sino hasta que la temperatura es inferior a los −40°F.

¿Cuál de los siguientes enunciados está apoyado por la conclusión de que los habitantes de climas fríos deben usar lubricantes sintéticos para sus automóviles?

(1) Algunas de las moléculas de los lubricantes naturales se congelan a los 15°F.

(2) Los lubricantes naturales se mezclan con aditivos orgánicos.

(3) Los aditivos orgánicos bajan el punto de congelación de los lubricantes naturales.

(4) Los lubricantes sintéticos tienen un punto de congelación inferior al de los lubricanes naturales.

(5) Una vez congelado, los lubricantes dejan de cumplir su función.

La pregunta 50 se refiere al siguiente diagrama.

**EL CICLO DEL AGUA**

El agua se enfría más y se precipita en forma de lluvia

El vapor de agua se enfría formando nubes

El agua se evapora y asciende

El Sol calienta el agua

El agua de lluvia y el agua subterránea se filtran por la tierra

50. ¿Cuál de los siguientes enunciados resume mejor la información del diagrama?

(1) Las nubes se forman por enfriamiento y acumulación de vapor de agua.

(2) El agua subterránea y la lluvia se filtran por la tierra y llegan al mar.

(3) El Sol suministra la energía necesaria para evaporar el agua.

(4) El agua se evapora y asciende por el aire donde se enfría formando las nubes y luego la lluvia.

(5) La lluvia se precipita cuando el vapor de agua de las nubes se enfría.

Las respuestas comienzan en la página 260.

# Tabla de análisis del desempeño en la prueba preliminar
## Ciencias

Las siguientes tablas le servirán para determinar cuáles son sus puntos fuertes y débiles en las áreas temáticas y destrezas necesarias para aprobar la Prueba de Ciencias de GED. Consulte la sección Respuestas y explicaciones que empieza en la página 260 para verificar las respuestas que haya dado en la Prueba preliminar. Luego, en la tabla, encierre en un círculo los números correspondientes a las preguntas de la prueba que haya contestado correctamente. Anote el número total de aciertos por área temática y por destreza al final de cada hilera y columna. Vea el número total de aciertos de cada columna e hilera para determinar cuáles son las áreas y destrezas que más se le dificultan. Use como referencia las páginas señaladas en la tabla para estudiar esas áreas y destrezas. Utilice una copia del Plan de estudio de la página 31 como guía de estudio.

| Destreza de razonamiento / Área temática | Comprensión (Lecciones 1, 2, 6, 9, 13) | Aplicación (Lecciones 8, 15) | Análisis (Lecciones 3, 4, 7, 10, 14, 17, 19) | Evaluación (Lecciones 5, 11, 12, 16, 18, 20) | Número de aciertos |
|---|---|---|---|---|---|
| Ciencias Biológicas (Páginas 32 a 107) | **1**, 6, 20, 48 | 9, 11, 13, 28, 38 39, **41** | **2, 4**, 18, **27, 35, 40**, 45, 47 | 12, 17, **23**, 29 | _____/23 |
| Ciencias de la Tierra y del espacio (Páginas 108 a 155) | **33, 50** | **7, 34, 37** | **3, 36, 44** | 15, **22** | _____/10 |
| Ciencias Físicas (Páginas 156 a 218) | 16, **24, 30** | 8, **21**, 25, **32, 46** | 5, **10**, 19, **26, 31** | **14**, 42, **43**, 49 | _____/17 |
| Número de aciertos | _____/9 | _____/15 | _____/16 | _____/10 | _____/50 |

1–40 → Use el Plan de estudio de la página 31 para organizar su trabajo en este libro.
41–50 → Use las pruebas de este libro para practicar para la Prueba de GED.

Los **números en negritas** corresponden a preguntas que contienen tablas, gráficas, diagramas e ilustraciones.

# Plan de estudio de Ciencias

Las siguientes tablas lo ayudarán a organizarse para estudiar después de haber hecho la Prueba preliminar y la Prueba final de Ciencias. Al terminar cada una de estas pruebas, use los resultados que obtuvo en la columna Número de aciertos de su respectiva Tabla de análisis del desempeño para llenar el Plan de estudio. Ponga una marca en la casilla que corresponda al área en la que necesite más práctica. Analice sus hábitos de estudio llevando un control de las fechas en que empiece y termine cada práctica. Estas tablas lo ayudarán a visualizar su progreso a medida que practica para mejorar sus destrezas y prepararse para la Prueba de Ciencias de GED.

**Prueba preliminar** (págs. 13 a 29): Use los resultados de la **Tabla de análisis del desempeño** (pág. 30).

| Área temática | Número de aciertos | ✓ | Números de página | Fecha en que inició | Fecha en que terminó |
|---|---|---|---|---|---|
| Ciencias Biológicas | ——/23 | | 32 a 107 | | |
| Ciencias de la Tierra y del espacio | ——/10 | | 108 a 155 | | |
| Ciencias Físicas | ——/17 | | 156 a 218 | | |
| **Destrezas de razonamiento** | | | **Números de las lecciones** | **Fecha en que inició** | **Fecha en que terminó** |
| Comprensión | ——/9 | | 1, 2, 6, 9, 13 | | |
| Aplicación | ——/15 | | 8, 15 | | |
| Análisis | ——/16 | | 3, 4, 7, 10, 14, 17, 19 | | |
| Evaluación | ——/10 | | 5, 11, 12, 16, 18, 20 | | |

**Prueba final** (págs. 219 a 237): Use los resultados de la **Tabla de análisis del desempeño** (pág. 238).

| Área temática | Número de aciertos | ✓ | Números de página | Fecha en que inició | Fecha en que terminó |
|---|---|---|---|---|---|
| Ciencias Biológicas | ——/23 | | 32 a 107 | | |
| Ciencias de la Tierra y del espacio | ——/10 | | 108 a 155 | | |
| Ciencias Físicas | ——/17 | | 156 a 218 | | |
| **Destrezas de razonamiento** | | | **Números de las lecciones** | **Fecha en que inició** | **Fecha en que terminó** |
| Comprensión | ——/9 | | 1, 2, 6, 9, 13 | | |
| Aplicación | ——/15 | | 8, 15 | | |
| Análisis | ——/16 | | 3, 4, 7, 10, 14, 17, 19 | | |
| Evaluación | ——/10 | | 5, 11, 12, 16, 18, 20 | | |

# Ciencias biológicas

A pesar de que quizás no siempre nos damos cuenta de ello, el conocimiento de las Ciencias Biológicas nos ayuda a tomar decisiones sobre nuestra salud y acondicionamiento físico. De manera individual, las Ciencias Biológicas nos ayudan a conocer cómo mejorar nuestra salud y calidad de vida. Por ejemplo, el diseño de un programa eficaz de ejercicios físicos exige conocimientos básicos de anatomía acerca de los músculos, el sistema respiratorio y el corazón.

A gran escala, las Ciencias Biológicas nos ayudan a entender cómo funcionan el organismo humano y otros organismos, cómo se relacionan con su medio ambiente y cómo podemos participar para mejorar la calidad de esta relación. Los científicos del área de las Ciencias Biológicas se dedican a estudiar todo lo relacionado con los diferentes sistemas biológicos, desde la composición celular de los organismos y las variaciones entre individuos de una misma especie, hasta los ecosistemas de la Tierra.

El conocimiento de las Ciencias Biológicas es muy importante para tener éxito en la Prueba de Ciencias de GED. Los temas del área de las Ciencias Biológicas se encuentran aproximadamente en el 50 por ciento de las preguntas de la prueba.

*Los instructores de acondicionamiento físico necesitan conocer el funcionamiento del cuerpo humano y, sobre todo, el del corazón.*

**Las lecciones de esta unidad son:**

**Lección 1:** **Estructura y función celular**
En esta lección aprenderá acerca de la estructura de la célula, es decir, la unidad microscópica básica que forma a todos los seres vivos.

**Lección 2:** **Célula y energía**
Descubrirá cómo las plantas verdes aprovechan la energía solar y cómo los organismos almacenan y liberan la energía.

**Lección 3:** **Genética**
Aprenderá cómo los caracteres se transmiten de una generación a otra.

**Lección 4:** **Los sistemas del cuerpo humano**
Aprenderá acerca de los principales sistemas del cuerpo humano, como el sistema digestivo y el sistema circulatorio.

**Lección 5:** **El sistema nervioso y la conducta**
Aprenderá acerca de la estructura y función del sistema nervioso y su relación con la conducta de los seres humanos.

**Lección 6:** **Evolución**
Aprenderá acerca de la teoría de la evolución por selección natural en relación con los cambios que experimentan los organismos a través del tiempo.

**Lección 7:** **El flujo de la energía en los ecosistemas**
Decubrirá las redes alimenticias, es decir, los canales por los que la energía solar pasa a las plantas y de éstas a los animales.

**Lección 8:** **Los ciclos de los ecosistemas**
Decubrirá los ciclos de las sustancias en su paso de un ser vivo a otro y luego al medio ambiente.

## DESTREZAS DE RAZONAMIENTO

○ Identificar la idea principal

○ Replantear información

○ Distinguir los hechos de las opiniones

○ Reconocer suposiciones implícitas

○ Identificar la lógica incorrecta

○ Resumir ideas

○ Distinguir las conclusiones de los detalles de apoyo

○ Aplicar ideas en contextos nuevos

# Lección 1

## DESTREZA DE GED **Identificar la idea principal**

**idea principal**
tema central de un
párrafo o texto

La Prueba de Desarrollo Educativo General, GED (*General Educational Development*) contiene textos científicos y gráficas para determinar su comprensión. Esto implica que mientras usted lee, debe buscar las **ideas principales** y los detalles que las apoyan. ¿Cómo se identifican las ideas principales de un texto? Primero, lea rápidamente el texto y cuente el número de párrafos. Si el texto consta de tres párrafos, cada uno debe expresar una idea principal. Al unir estas tres ideas se obtiene la idea principal del texto.

Los párrafos son grupos de oraciones que tratan de un solo tema (la idea principal). Por lo general, la idea principal de un párrafo se expresa en la oración temática. Muchas veces la oración temática es la primera o la última de un párrafo, aunque en ocasiones se encuentra en la mitad. Sin embargo, independientemente de dónde se encuentre, el significado de la oración que contiene la idea principal es suficientemente general como para cubrir todos los puntos de los que trata el párrafo.

A veces la idea principal de un párrafo no se expresa de manera clara en una sola oración. En estos casos, es necesario leer y analizar todo el párrafo para captar la idea principal. Los detalles de apoyo, tales como datos concretos, ejemplos, explicaciones o pruebas que ilustran o abundan sobre la idea principal, le facilitarán esta tarea.

**Lea el siguiente párrafo y responda las preguntas que se presentan a continuación.**

La clonación es un proceso que consiste en producir una réplica genética exacta de un **organismo** individual por medios artificiales. En años recientes los científicos han llevado a cabo muchos experimentos de clonación con mamíferos en los que comienzan con el **óvulo** de un animal. Primero, separan el **núcleo** o centro de control del óvulo y lo reemplazan con el núcleo de una **célula** de otro animal adulto maduro. Posteriormente, implantan este óvulo modificado en el útero de un tercer animal. El animal que nace de este proceso es una réplica del animal adulto que donó la célula cuyo núcleo se insertó en el óvulo.

Escriba la letra *P* junto a la oración que expresa mejor la idea principal del párrafo.

_____ a. La clonación es un proceso que consiste en producir una réplica genética exacta de un organismo individual por medios artificiales.

_____ b. Los experimentos de clonación comienzan con el óvulo de un animal.

Usted acertó si escogió *la opción a*. La idea principal se expresa en la primera oración del párrafo. La *opción b* representa un detalle de apoyo de la idea principal.

**SUGERENCIA**

Para identificar la idea principal, debe fijarse en la idea general del texto. Para identificar detalles de apoyo, preste atención a los nombres, los números, las fechas y los ejemplos. Busque también palabras clave, como *a manera de, tal como* y *por ejemplo.*

**Lea el texto, estudie el diagrama y responda las preguntas que se presentan a continuación.**

La piel forma una barrera protectora que cubre todo el cuerpo y está formada por un **tejido** plano y ancho llamado tejido epitelial. Las células de este tipo de tejido están muy unidas entre sí, lo cual permite que el tejido controle eficientemente el paso de sustancias. El tejido epitelial también forma una barrera protectora que cubre órganos como el estómago.

El tejido conectivo es otro tipo de tejido. Este tejido sirve de soporte y mantiene unidas las partes del cuerpo. Las células del tejido conectivo no se encuentran muy unidas. Los espacios que quedan entre las células se llenan con materiales inorgánicos como el calcio, los cuales le dan resistencia al tejido. El hueso y el cartílago son ejemplos de tejido conectivo.

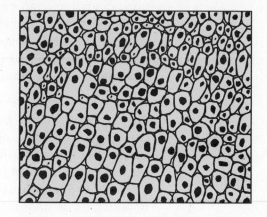

1. Escriba la letra *P* junto a la oración que expresa mejor la idea principal del primer párrafo.

　　_____ a. Las células del tejido epitelial están muy unidas entre sí.

　　_____ b. El tejido epitelial forma barreras protectoras en el cuerpo.

2. Escriba uno de los detalles que apoyan la idea principal del primer párrafo.

_____

3. Escriba la letra *P* junto a la oración que expresa mejor la idea principal del segundo párrafo.

　　_____ a. Las células del tejido conectivo no se encuentran muy unidas.

　　_____ b. El tejido conectivo sirve de soporte y mantiene unidas las partes del cuerpo.

4. Escriba uno de los detalles que apoyan la idea principal del segundo párrafo.

_____

5. Marque con una "X" la parte del cuerpo en la que sería posible encontrar células como las del diagrama.

　　_____ a. la piel

　　_____ b. los huesos

6. Marque con una "X" la característica de las células del diagrama que permite que el tejido epitelial controle el paso de sustancias.

　　_____ a. Las células están muy unidas entre sí.

　　_____ b. Las células tienen núcleos que se tiñen de color oscuro.

**Las respuestas comienzan en la página 266.**

Todos los organismos están formados por unidades microscópicas llamadas células. Algunos están formados por una sola célula, mientras que otros están formados por un gran número de ellas. Todas las células, independientemente de que formen organismos unicelulares o pluricelulares, cumplen funciones vitales. Por ejemplo, todas ingieren nutrientes, los descomponen para aprovechar su energía y producen desechos. La mayoría de las células crecen y se reproducen y todas mueren al final de su ciclo de vida.

La mayoría de las células tienen una estructura semejante a la que se ilustra en el diagrama. El núcleo es una de las estructuras celulares más complejas y constituye el centro de control de la célula. La **membrana nuclear** protege el núcleo y controla la entrada y salida de sustancias del núcleo. La **cromatina** (el material genético celular contenido en el núcleo) forma los **cromosomas** durante la división celular. Estas estructuras son responsables de transmitir la información hereditaria de la célula a sus descendientes. El núcleo también contiene nucléolos, los cuales producen **ribosomas,** que son estructuras encargadas de la síntesis de **proteínas.**

El núcleo está rodeado por un fluido acuoso llamado **citoplasma,** el cual contiene diversas estructuras celulares llamadas **organelos.** Estos organelos trabajan en conjunto con el fin de descomponer los nutrientes para producir energía, para el crecimiento y para la reproducción celular. A su vez, el citoplasma y los organelos están rodeados por la **membrana celular,** que es la estructura responsable de controlar la entrada y salida de sustancias de la célula. Utilice el diagrama para estudiar las funciones de los organelos, el núcleo y la membrana celular.

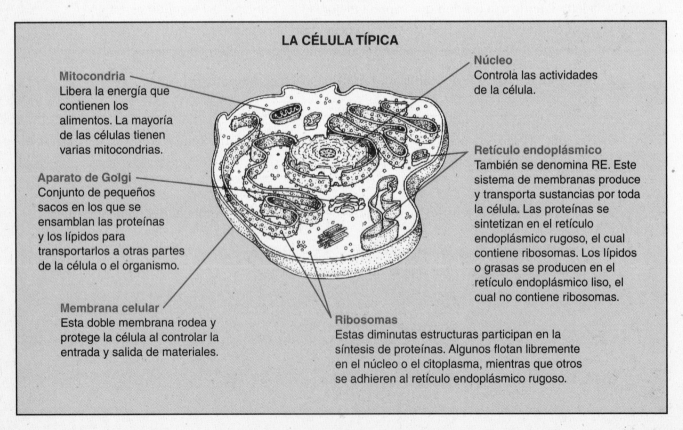

**LA CÉLULA TÍPICA**

**Mitocondria**
Libera la energía que contienen los alimentos. La mayoría de las células tienen varias mitocondrias.

**Aparato de Golgi**
Conjunto de pequeños sacos en los que se ensamblan las proteínas y los lípidos para transportarlos a otras partes de la célula o el organismo.

**Membrana celular**
Esta doble membrana rodea y protege la célula al controlar la entrada y salida de materiales.

**Núcleo**
Controla las actividades de la célula.

**Retículo endoplásmico**
También se denomina RE. Este sistema de membranas produce y transporta sustancias por toda la célula. Las proteínas se sintetizan en el retículo endoplásmico rugoso, el cual contiene ribosomas. Los lípidos o grasas se producen en el retículo endoplásmico liso, el cual no contiene ribosomas.

**Ribosomas**
Estas diminutas estructuras participan en la síntesis de proteínas. Algunos flotan libremente en el núcleo o el citoplasma, mientras que otros se adhieren al retículo endoplásmico rugoso.

Instrucciones: Elija la respuesta que mejor responda a cada pregunta.

Las preguntas 1 a 6 se refieren a la información y diagrama de la página 36.

1. ¿Cuál es la idea principal del primer párrafo?

   (1) Todos los organismos están formados por células que mueren al final de su ciclo de vida.
   (2) Todos los organismos están formados por células, las cuales cumplen funciones vitales.
   (3) Todas las células son diminutas y son visibles sólo a través del microscopio.
   (4) Todas las células ingieren nutrientes para producir energía y desechos.
   (5) A pesar de que la mayoría de las células crecen y se reproducen, todas mueren al final de su ciclo de vida.

2. ¿Cuál es la idea principal del segundo párrafo?

   (1) El citoplasma de la célula contiene diversas estructuras.
   (2) Las células de los organismos pluricelulares tienen núcleo.
   (3) El núcleo está rodeado por la membrana nuclear.
   (4) Muchas veces el núcleo se ubica cerca del centro de la célula.
   (5) El núcleo es una de las estructuras celulares más complejas.

3. ¿Qué detalle apoya mejor la idea principal del segundo párrafo?

   (1) El citoplasma se encuentra fuera del núcleo.
   (2) Los organelos celulares se encuentran fuera del núcleo.
   (3) La mayoría de las células tienen las estructuras que ilustra el diagrama.
   (4) El núcleo es el centro de control de la célula.
   (5) Los ribosomas se encuentran tanto en el núcleo como en el citoplasma.

4. ¿Cuál es el objetivo principal del diagrama?

   (1) ilustrar y describir el núcleo
   (2) ilustrar y describir diversas estructuras celulares
   (3) describir la función de los ribosomas
   (4) ilustrar lás diferencias entre el citoplasma y el núcleo
   (5) explicar cómo los materiales atraviesan la membrana celular

5. Según el diagrama, ¿cómo trabajan en conjunto los organelos celulares en la síntesis de proteínas?

   (1) Los ribosomas sintetizan las proteínas, el retículo endoplásmico las transporta y el aparato de Golgi las envía a donde se necesitan.
   (2) Los ribosomas sintetizan las proteínas, el retículo endoplásmico las transporta y las mitocondrias las envían a donde se necesitan.
   (3) Las mitocondrias liberan energía y el retículo endoplásmico liso envía las proteínas por toda la célula.
   (4) Las mitocondrias liberan energía y el aparato de Golgi sintetiza los lípidos y las proteínas.
   (5) Las mitocondrias liberan energía, el retículo endoplásmico sintetiza las proteínas y el aparato de Golgi elabora los lípidos.

6. ¿Cuál es la idea principal del texto y del diagrama en conjunto?

   (1) Todos los organismos están formados por células que tienen estructuras especializadas para cumplir funciones vitales.
   (2) Algunos organismos están formados por una sola célula, mientras que otros están formados por diversos tipos de células.
   (3) Entre los procesos vitales de la célula se encuentran el consumo de nutrientes para producir energía, el crecimiento y la reproducción.
   (4) Las células son unidades microscópicas que tienen diversas estructuras con funciones distintas.
   (5) El citoplasma contiene organelos necesarios para cumplir las funciones vitales de la célula.

**Las respuestas comienzan en la página 266.**

Instrucciones: Elija la respuesta que mejor responda a cada pregunta.

Las preguntas 1 a 3 se refieren al texto y diagrama siguientes.

Las células vegetales tienen ciertas estructuras que no se encuentran en las células animales. Por ejemplo, las células vegetales tienen una pared que rodea la membrana celular. Esta pared está formada por capas de celulosa y le sirve de soporte a la célula.

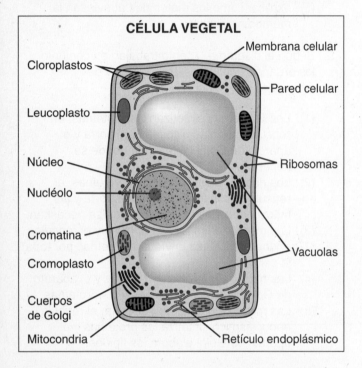

**CÉLULA VEGETAL**

Las vacuolas son unos sacos grandes llenos de agua y también son estructuras de soporte de las células vegetales. En las células vegetales maduras, la mayor parte del citoplasma está ocupado por una o dos vacuolas. Las células animales rara vez contienen vacuolas y, cuando éstas están presentes, son muy pequeñas.

Otra característica única de las células vegetales es la presencia de ciertos organelos llamados plástidos. Los cloroplastos son un tipo de plástido y son las estructuras que contienen el pigmento verde llamado clorofila. Las plantas necesitan clorofila para producir azúcares a través de la fotosíntesis. Los cromoplastos también son plástidos que almacenan pigmentos de color amarillo, naranja y rojo en la planta. Los leucoplastos son otro tipo de plástidos que elaboran el almidón y los aceites de las plantas.

1. ¿Cuál sería el título más apropiado para el texto y el diagrama en conjunto?

   (1) Estructuras de las células vegetales y sus funciones
   (2) Reproducción de una célula vegetal
   (3) Semejanzas entre las células animales y vegetales
   (4) Función de los plástidos en las células vegetales
   (5) Partes de una plante verde

2. Según el texto, ¿qué estructuras le dan su color característico al narciso y la rosa?

   (1) la membrana celular
   (2) la pared celular
   (3) las mitocondrias
   (4) los cromoplastos
   (5) los leucoplastos

3. Lisa olvidó regar sus plantas por tres semanas y se marchitaron. ¿Qué fenómeno causó su marchitez?

   (1) La celulosa de la pared celular se desintegró.
   (2) Las vacuolas se encogieron al faltarles el agua.
   (3) Los leucoplastos produjeron demasiado almidón.
   (4) Los cloroplastos perdieron toda su clorofila y dejaron de funcionar.
   (5) Los cromoplastos produjeron demasiados pigmentos.

4. La mucosidad de nuestra cavidad nasal contiene una proteína que destruye la pared celular de las bacterias, muchas de las cuales pueden causar enfermedades. ¿Cuál será la consecuencia más probable de esta acción?

   (1) Ninguna bacteria es capaz de entrar en la nariz.
   (2) Todas las bacterias que entran en la nariz mueren.
   (3) Las bacterias entran más fácilmente en la nariz.
   (4) Las bacterias de la nariz se reproducen más rápidamente.
   (5) Las bacterias de la nariz no pueden cambiar de forma.

*Historia y naturaleza de las Ciencias*

## APLICACIÓN DE LA BIOLOGÍA CELULAR A LAS NECESIDADES HUMANAS

Las preguntas 5 a 7 se refieren al texto y diagrama siguientes.

Antes, la gente se burlaba de la idea de que algún día los científicos serían capaces de cultivar células en el laboratorio y de amoldarlas para formar partes vivas del cuerpo. Sin embargo, aunque usted no lo crea, ese día ha llegado. El diagrama de abajo describe cómo se construye un vaso sanguíneo, célula por célula, fuera del organismo humano.

---

### CONSTRUCCIÓN DE UN VASO SANGUÍNEO, CÉLULA POR CÉLULA

1. Los científicos recubren el interior de un molde cilíndrico de plástico con células musculares.

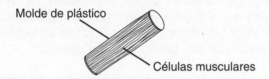

Molde de plástico

Células musculares

2. A continuación, ponen el tubo en un caldo de cultivo rico en nutrientes que baña delicadamente el tubo por dentro y por fuera.

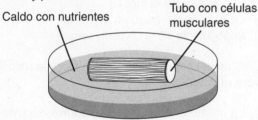

Caldo con nutrientes

Tubo con células musculares

3. Después de ocho semanas, las células musculares descomponen completamente el molde de plástico y empiezan a sustituirlo por tejido conectivo.

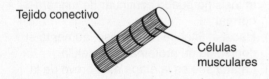

Tejido conectivo

Células musculares

4. Por último, los científicos recubren el interior del tubo con células epidérmicas. Así, han construido un vaso sanguíneo, célula por célula.

Tubo de células musculares y tejido conectivo

Células epidérmicas

---

5. ¿Qué oración resume mejor la idea principal del texto y el diagrama?

(1) Los biólogos celulares han trabajado arduamente para satisfacer las necesidades del ser humano.

(2) Los biólogos celulares no creen que algún día puedan cultivar partes vivas del cuerpo en el laboratorio a partir de células.

(3) Los vasos sanguíneos no son la primera parte viva del cuerpo que los biólogos celulares han cultivado en el laboratorio.

(4) Los biólogos celulares han logrado cultivar vasos sanguíneos en el laboratorio a partir de células vivas.

(5) El primer paso para cultivar vasos sanguíneos en el laboratorio es recubrir un molde de plástico con células musculares.

6. ¿En qué suposición implícita se basa esta texto?

(1) Las partes artificiales del cuerpo son mejores que las partes del cuerpo cultivadas con células vivas.

(2) Algún día los científicos serán capaces de cultivar partes de repuesto del cuerpo a partir de células vivas.

(3) Es muy sencillo formar partes del cuerpo a partir de células vivas.

(4) El proceso para formar partes del cuerpo a partir de células vivas tarda demasiado y, por lo tanto, es impráctico.

(5) El molde de plástico debe sostener nuevas partes del cuerpo, formadas a partir de células vivas.

7. Es posible que muy pronto, cuando un nervio sea cortado, los médicos sean capaces de colocar un tipo de plástico entre las secciones del nervio cortado a fin de estimular el crecimiento de las células nerviosas. ¿Cuál sería la función más probable del plástico?

(1) reconectar las secciones del nervio cortado

(2) proporcionar células nerviosas vivas para reconectar el nervio dañado

(3) servir de soporte físico a las células nerviosas en crecimiento

(4) llevarse los desechos del nervio lesionado

(5) facilitar el crecimiento de las células musculares y las células nerviosas

**Las respuestas comienzan en la página 267.**

Lección 1        **39**

**Instrucciones:** Ésta es una prueba de práctica que dura diez minutos. Después de que transcurran los diez minutos, ponga una marca en la última pregunta que haya respondido. A continuación, termine la prueba y revise sus respuestas. Si la mayoría de sus respuestas fueron correctas, pero no terminó la prueba, trate de responder las preguntas más rápidamente la próxima vez. Elija la respuesta que mejor responda a cada pregunta.

Las preguntas 1 a 3 se refieren al texto y diagrama siguientes.

Todas las células son seres vivos y, como tales, tienen un ciclo de vida. Las cinco etapas del ciclo de vida de una célula son: interfase, profase, metafase, anafase y telofase. Durante su ciclo de vida, la célula crece, cumple con sus funciones específicas y se reproduce.

La **mitosis** es el proceso más importante de la división celular y corresponde a la división del núcleo. Durante la mitosis, los cromosomas de la **célula original** se duplican y se dividen formando dos juegos idénticos. Cada uno de estos juegos pasa a una de las dos **células hijas.**

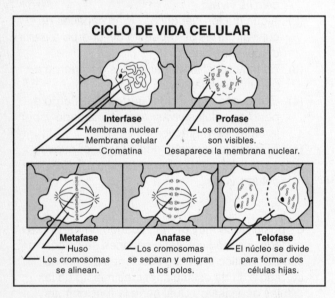

**CICLO DE VIDA CELULAR**

**Interfase**
- Membrana nuclear
- Membrana celular
- Cromatina

**Profase**
- Los cromosomas son visibles.
- Desaparece la membrana nuclear.

**Metafase**
- Huso
- Los cromosomas se alinean.

**Anafase**
- Los cromosomas se separan y emigran a los polos.

**Telofase**
- El núcleo se divide para formar dos células hijas.

En la mayoría de las células, la interfase es la etapa más larga del ciclo de vida celular. Durante esta fase, la célula cumple diversas funciones importantes para su crecimiento y supervivencia. Hacia el final de esta etapa, la célula se prepara para dividirse y la cromatina del núcleo se duplica.

La profase marca el inicio de la mitosis. Esta etapa se caracteriza porque las fibras de cromatina se acortan y engruesan para formar los cromosomas. Los cromosomas están formados por dos cromátidas idénticas unidas por el centro. Durante esta fase también se observa la formación de una red de fibras que cubre toda la célula y la solución de la membrana nuclear.

La siguiente etapa de la mitosis se conoce como metafase. Esta etapa corresponde a la alineación de los cromosomas en el centro de la célula para luego adherirse a las fibras del huso.

Durante la anafase, las cromátidas de los cromosomas se separan y se mueven hacia los polos por las fibras del huso. Las cromátidas así separadas se conocen como cromosomas hijos. El huso de la célula jala los dos juegos de cromosomas hijos hacia extremos opuestos de la célula.

La telofase es la última etapa de la mitosis y se caracteriza por la formación de una nueva membrana nuclear alrededor de los dos juegos de cromosomas hijos, los cuales se alargan y adelgazan. La mitosis culmina y el citoplasma se divide para producir dos células hijas. Estas dos células entran en la interfase y el ciclo de vida celular empieza otra vez.

1. ¿Qué título expresa la idea principal del texto?

   (1) Interfase: la etapa más larga
   (2) La desaparición de la membrana nuclear
   (3) El proceso de la mitosis
   (4) La función del huso en la célula
   (5) Importancia de la división celular

2. ¿Cuál de los siguientes detalles sobre la mitosis apoya el diagrama?

   (1) La membrana nuclear se disuelve durante la profase.
   (2) El huso empieza a formarse durante la profase.
   (3) Si alguna de las fibras del huso se rompe, la mitosis no puede continuar de manera normal.
   (4) Hacia el final de la interfase, aumenta el contenido de proteína de la célula.
   (5) La anafase es la etapa más breve de la mitosis.

3. Si la célula original tiene 6 cromosomas al inicio de la interfase, ¿cuántos cromosomas tendrá cada una de las células hijas?

   (1)  1
   (2)  3
   (3)  6
   (4) 12
   (5) 15

La pregunta 4 se refiere al texto y diagrama siguientes.

**BACTERIA**

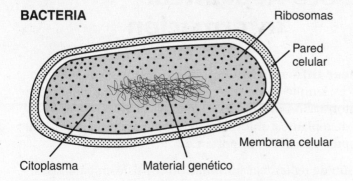

Ribosomas

Pared celular

Membrana celular

Citoplasma

Material genético

Las bacterias son organismos unicelulares. Son más pequeñas que las células animales y vegetales y no tienen núcleo. Al igual que las células vegetales, las bacterias tienen pared celular.

4. ¿Qué enunciado apoya la información del párrafo y el diagrama?

   (1) Las células animales y vegetales son más pequeñas que las bacterias.
   (2) No hay ribosomas en el citoplasma de las bacterias.
   (3) Las bacterias tienen membrana celular, pero carecen de pared celular.
   (4) Las bacterias tienen material genético, pero carecen de núcleo.
   (5) A diferencia de las células animales y vegetales, las bacterias carecen de citoplasma.

5. Cuando los organismos se reproducen sexualmente, sus células reproductoras tienen la mitad del número de cromosomas de las células no reproductoras.

   Las células reproductoras tienen un número reducido de cromosomas. ¿De qué manera permite esto que se reproduzcan los organismos?

   (1) separándose por la mitad
   (2) a partir de una sola célula reproductora
   (3) mediante la unión de la célula reproductora de un organismo con la célula reproductora de otro organismo de la misma especie
   (4) mediante la unión de dos células reproductoras de un organismo con dos células reproductoras de otro organismo de la misma especie
   (5) mediante la unión de células no reproductoras

6. En una célula normal, el extremo de los cromosomas se encoge gradualmente cada vez que la célula se divide. Sin embargo, en las células cancerosas, el extremo de los cromosomas es más largo que el de las células normales. El cáncer es una enfermedad que se caracteriza por una rápida y descontrolada división celular.

   ¿Cuál es la idea principal implícita del párrafo?

   (1) Los cromosomas de las células normales se acortan cuando la célula se divide.
   (2) Es posible que el extremo de los cromosomas desempeñe alguna función en la velocidad de la división celular.
   (3) La estructura de los cromosomas no altera en absoluto la velocidad de la división celular.
   (4) Las células cancerosas se dividen rápidamente.
   (5) Las células normales se reproducen más rápidamente que las células cancerosas.

7. Los siguientes dibujos ilustran algunos de los tipos de células que forman el cuerpo humano. ¿Qué tipo de células es más probable que recubra las fosas nasales y filtre el polvo con unas estructuras parecidas a pelos diminutos llamadas cilios?

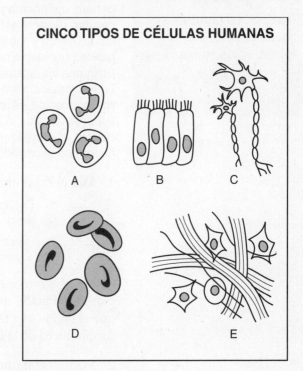

**CINCO TIPOS DE CÉLULAS HUMANAS**

A    B    C

D              E

   (1) A
   (2) B
   (3) C
   (4) D
   (5) E

Las respuestas comienzan en la página 267.

# DESTREZA DE GED **Replantear información**

replantear información
expresar algo de manera
diferente

El término **replantear información** implica expresar algo de una manera diferente. A veces, simplemente se replantea con palabras diferentes; otras, se replantea la información utilizando diagramas, gráficas, tablas o fórmulas. La estrategia de replantear información es útil para estar seguros de haber entendido conceptos científicos importantes.

La manera más común de replantear información consiste en parafrasear, o volver a escribir una idea, una oración o un párrafo con sus propias palabras. Las notas de clase o las tomadas de alguna lectura representan una manera de parafrasear.

Al replantear la información, los hechos permanecen inmutables y sólo cambia la manera de presentarlos. Por ejemplo, es posible que se cambie el orden de la información o que la información del texto se presente en forma gráfica.

**SUGERENCIA**

Al replantear la información, asegúrese de no alterar los hechos. Lo único que debe cambiar son el vocabulario empleado y el orden de la información.

## Lea el texto y responda las preguntas que se presentan a continuación:

En las carreras de distancia, los corredores controlan su propio paso. Las fibras musculares necesitan un suministro continuo de energía, la cual por lo general obtienen a través de un proceso químico conocido como **respiración celular.** Durante este proceso, las células utilizan el oxígeno para descomponer los azúcares y liberar energía. Cuando el corredor es incapaz de respirar con la rapidez necesaria para mantener un suministro constante de oxígeno, las células usan una vía alterna para liberar la energía, conocida como **fermentación.** La fermentación también consiste en el desdoblamiento de azúcares para liberar energía, pero no requiere de oxígeno. El ácido láctico es uno de los subproductos de la fermentación. A medida que este ácido se acumula en las células, el corredor comienza a sentir dolor en las fibras musculares. Esto puede hacer que el corredor disminuya o detenga completamente la marcha.

1. Marque con una "X" el replanteamiento del proceso de fermentación.

_____ a. Proceso químico que libera energía y ácido láctico al descomponer azúcares en ausencia de oxígeno.

_____ b. Proceso químico por medio del cual las fibras musculares utilizan el ácido láctico para liberar energía.

Usted acertó si escogió la *opción a.* La fermentación se explica en la cuarta y quinta oración del texto. La *opción a* parafrasea estas oraciones, mientras que la *opción b* es falsa debido a que el ácido láctico es en realidad un subproducto de la fermentación.

2. Marque con una "X" el replanteamiento de la última idea del texto.

_____ a. El corredor siente dolor debido a la acumulación de oxígeno.

_____ b. El corredor siente dolor debido a la acumulación de ácido láctico.

Usted acertó si escogió la *opción b.* La oración replantea la idea con palabras diferentes, mientras que la *opción a* es falsa debido a que la fatiga muscular se debe a la falta de oxígeno.

**Lea el texto, estudie el diagrama y responda las preguntas que se presentan a continuación.**

La fermentación alcohólica es un proceso químico utilizado por los panaderos en el proceso de elaborar el pan y por los fabricantes de bebidas alcohólicas en el proceso de producir vinos y cerveza. La levadura, organismo unicelular responsable de este tipo de fermentación, descompone los azúcares produciendo alcohol y burbujas de dióxido de carbono y liberando cantidades pequeñas de energía.

El dióxido de carbono gaseoso que se produce durante la fermentación hace que la masa para pan se esponje al formar espacios que después se llenan de aire. Las burbujas de la cerveza y del vino espumante también se producen por la acción del dióxido de carbono liberado durante la fermentación. El vino de mesa común se produce dejando escapar el dióxido de carbono.

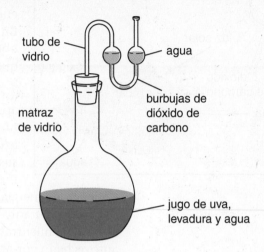

tubo de vidrio

agua

matraz de vidrio

burbujas de dióxido de carbono

jugo de uva, levadura y agua

1. Escriba la letra *P* junto a la oración que replantea la idea principal del pasaje.

_____ a. Durante la fermentación alcohólica, la levadura descompone los azúcares para producir alcohol y dióxido de carbono y liberar energía.

_____ b. Los panaderos hornean pan y los fabricantes de bebidas alcohólicas producen vino y cerveza por medio del proceso de fermentación alcohólica.

2. Con sus propias palabras, escriba una oración que replantee la primera oración del segundo párrafo.

_____

_____

3. Escriba la letra *R* junto a la oración que represente el replanteamiento del proceso que causa que la masa se esponje.

_____ a. La masa se esponja debido a la formación de burbujas de dióxido de carbono.

_____ b. La masa se esponja al dejar escapar el dióxido de carbono.

4. Escriba la letra *R* junto a la oración que represente el replanteamiento de la información ilustrada en el diagrama.

_____ a. La fermentación consiste en dejar escapar el alcohol y el dióxido de carbono.

_____ b. La fermentación consiste en dejar escapar el dióxido de carbono para producir alcohol.

5. Marque con una "X" el producto químico del proceso que ilustra el diagrama.

_____ a. vino de mesa común

_____ b. jugo de uva dulce

Las respuestas comienzan en la página 268.

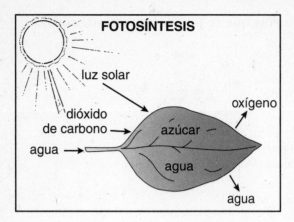

**FOTOSÍNTESIS**

luz solar

dióxido de carbono →

agua →

azúcar

agua

oxígeno

agua

El Sol suministra casi toda la energía que utilizan todos los seres vivos de la Tierra. Las plantas aprovechan la energía solar para producir sus propios alimentos a través de un proceso llamado **fotosíntesis.** Por su parte, los animales obtienen energía al alimentarse de plantas u otros animales que se alimentan de ellas.

En las plantas verdes, la fotosíntesis consiste en aprovechar el agua, el dióxido de carbono y la energía de la luz solar para producir azúcares, oxígeno y agua. Los azúcares se usan como alimento y para sintetizar otras sustancias necesarias para las plantas, como los **almidones.** Posteriormente, los animales que se alimentan de plantas obtienen su energía de los azúcares producidos en la fotosíntesis. El agua que se produce durante el proceso es aprovechada por la planta o liberada a la atmósfera, mientras que el oxígeno escapa a la atmósfera donde es aprovechado por otros organismos.

La primera etapa de la fotosíntesis consiste en una serie de reacciones químicas que requieren la presencia de la luz, por lo general en forma de luz solar. La clorofila, el pigmento verde de los cloroplastos de la planta, absorbe la energía luminosa del Sol. La clorofila tiene la capacidad de transformar la energía luminosa en energía química, la cual es utilizada para descomponer las **moléculas** en sus componentes hidrógeno y oxígeno.

La segunda etapa de la fotosíntesis consiste en una serie de reacciones químicas que no requieren la presencia de luz. Durante esta etapa, el hidrógeno producido a partir del agua en la primera etapa del proceso se combina con el elemento carbono (tomado de las moléculas de dióxido de carbono del aire) para formar azúcares. El resto del hidrógeno se combina con el oxígeno para formar agua.

La fotosíntesis se representa a través de una ecuación química. En la ecuación de abajo, las leyendas de la flecha implican que los productos de la derecha se forman sólo en presencia de esos elementos.

$$6CO_2 + 12H_2O \xrightarrow[\text{clorofila}]{\text{energía luminosa}} C_6H_{12}O_6 + 6O_2 + 6H_2O$$

dióxido de carbono + agua $\longrightarrow$ azúcar + oxígeno + agua

Esta ecuación resume las reacciones propias de la fotosíntesis. Los elementos que participan en la reacción (seis moléculas de dióxido de carbono y doce moléculas de agua) se escriben en el lado izquierdo de la ecuación. Los productos, es decir, una molécula de azúcar (glucosa), seis moléculas de oxígeno y seis moléculas de agua, se escriben en el lado derecho de la ecuación.

Instrucciones: Elija la respuesta que mejor responda a cada pregunta.

Las preguntas 1 a 6 se refieren al texto y al diagrama de la página 44.

1. ¿Cuál de las siguientes ideas replantea la idea principal del texto?

   (1) Los animales se alimentan de plantas.
   (2) Las plantas elaboran sus propios alimentos a través de la fotosíntesis.
   (3) Las plantas verdes realizan la fotosíntesis.
   (4) La fotosíntesis repone el oxígeno atmosférico que consumen los animales.
   (5) La fotosíntesis requiere la presencia de la luz.

2. ¿Cuál de los productos de la fotosíntesis utilizan las plantas como alimento?

   (1) azúcar
   (2) oxígeno
   (3) agua
   (4) dióxido de carbono
   (5) clorofila

3. ¿Cuál de las siguientes ideas replantea la ecuación de la fotosíntesis?

   (1) La reacción en la que participan agua y dióxido de carbono en presencia de la luz solar produce azúcar, oxígeno y agua.
   (2) La reacción en la que participan agua y dióxido de carbono en presencia de la clorofila produce azúcar, oxígeno y agua.
   (3) La reacción en la que participan agua y dióxido de carbono en presencia de luz y clorofila produce azúcar, hidrógeno y agua.
   (4) La reacción en la que participan agua y oxígeno en presencia de luz y clorofila produce azúcar, dióxido de carbono y agua.
   (5) La reacción en la que participan agua y dióxido de carbono en presencia de luz y clorofila produce azúcar, oxígeno y agua.

4. ¿Cuál de los siguientes enunciados sobre la fotosíntesis es correcto?

   (1) Los subproductos, tanto de las reacciones que requieren la presencia de luz como de las que no la requieren, son oxígeno y agua.
   (2) Las reacciones que requieren la presencia de luz producen agua, mientras las que no la requieren producen dióxido de carbono.
   (3) Durante las reacciones que requieren la presencia de luz, la energía química separa el agua en sus elementos hidrógeno y oxígeno.
   (4) El dióxido de carbono que absorben las plantas de la atmósfera es utilizado en las reacciones que requieren la presencia de la luz.
   (5) Las reacciones que requieren la presencia de la luz producen productos luminosos, mientras que las que no la requieren producen productos oscuros.

5. Según el diagrama y el texto, ¿cuál de los siguientes es un reactivo y a la vez un producto de la fotosíntesis?

   (1) dióxido de carbono
   (2) energía química
   (3) energía luminosa
   (4) azúcar
   (5) agua

6. ¿Cuál de los siguientes enunciados está apoyado por el texto y el diagrama?

   (1) Las plantas verdes absorben la energía luminosa del Sol y la transforman en energía química aprovechable para las plantas y los animales.
   (2) La fuente principal de energía en la Tierra es la energía química que suministran las plantas verdes.
   (3) La transformación energética de la fotosíntesis ocurre en las raíces y el tallo de las plantas.
   (4) Sin la fotosíntesis no habría agua en la Tierra.
   (5) La fotosíntesis ocurre sólo en presencia de la luz solar, pero no en presencia de luz artificial.

**Las respuestas comienzan en la página 268.**

# Práctica de GED • Lección 2

Instrucciones: Elija la respuesta que mejor responda a cada pregunta.

Las preguntas 1 a 4 se refieren al texto y diagrama siguientes.

El metabolismo es la suma de todas las reacciones químicas que ocurren en la célula. Existen dos procesos metabólicos básicos: el anabolismo y el catabolismo.

Las reacciones metabólicas utilizan la materia prima que absorbe la célula para producir moléculas más complejas, como proteínas y grasas. La célula utiliza estas moléculas para su propio crecimiento y mantenimiento. Por otra parte, las reacciones catabólicas, como por ejemplo la respiración celular, liberan energía al descomponer moléculas orgánicas.

**ANABOLISMO Y CATABOLISMO**

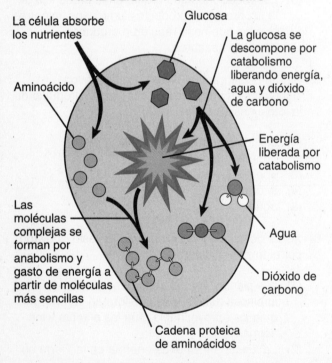

La célula absorbe los nutrientes

Glucosa

La glucosa se descompone por catabolismo liberando energía, agua y dióxido de carbono

Aminoácido

Energía liberada por catabolismo

Las moléculas complejas se forman por anabolismo y gasto de energía a partir de moléculas más sencillas

Agua

Dióxido de carbono

Cadena proteica de aminoácidos

Cuando la actividad anabólica de un organismo supera la actividad catabólica, el organismo crece o aumenta de peso. Por el contrario, cuando la actividad catabólica supera la actividad anabólica, el organismo baja de peso. El equilibrio de ambos procesos equivale al equilibrio mismo del organismo.

1. ¿Qué es el metabolismo?

   (1) Un proceso por el cual los organismos atrapan la energía de la luz solar.
   (2) La suma de todos los procesos químicos que realiza la célula.
   (3) Un proceso por el cual se libera la energía de la glucosa.
   (4) La cantidad total de energía liberada durante la respiración celular.
   (5) La cantidad total de materia prima usada por la célula para obtener energía.

2. ¿Qué símbolo o símbolos del diagrama representan la energía liberada por reacciones catabólicas?

   (1) las flechas
   (2) los círculos individuales
   (3) los círculos encadenados
   (4) los hexágonos
   (5) la estrella de aristas múltiples

3. Si disminuyera la cantidad de glucosa que la célula absorbe, ¿cuál sería la consecuencia más probable?

   (1) Disminuiría la energía luminosa.
   (2) La célula absorbería menos aminoácidos.
   (3) Se producirían más proteínas.
   (4) Habría menos reacciones catabólicas.
   (5) La célula produciría más energía.

4. Carla quiere bajar de peso haciendo más ejercicio diariamente. Si lo logra, ¿qué cambio tendrá lugar en su metabolismo?

   (1) Habrá una mayor fotosíntesis.
   (2) Aumentará el número de reacciones catabólicas.
   (3) Aumentará el número de reacciones anabólicas.
   (4) Habrá una menor fotosíntesis.
   (5) Disminuirá el número de reacciones catabólicas.

## MEDICIÓN DE UNO DE LOS PRODUCTOS DE LA RESPIRACIÓN CELULAR

Las preguntas 5 a 7 se refieren al siguiente texto.

El dióxido de carbono es un producto de desecho de la respiración celular que sale del organismo con el aire que exhalamos y puede medirse. Primero, respire normalmente por un minuto exhalando por un sorbeto en un frasco con 100 ml de agua. El $CO_2$ del aire exhalado se disolverá en el agua para formar un ácido débil. Ahora, añada cinco gotas de fenolftaleína, un indicador de bases y ácidos. A continuación, añada gota a gota hidróxido de sodio, una solución básica. Mientras más gotas necesite para neutralizar el ácido y que el agua tome color rosa, mayor será el contenido de dióxido de carbono del agua y de su aliento.

Ahora vamos a comprobar si el ejercicio influye en la cantidad de dióxido de carbono presente en el aire que espiramos. Jaime se puso a trotar por cinco minutos y a continuación hizo la prueba anterior. El agua se tornó de color rosa después de agregar cinco gotas de hidróxido de sodio.

5. Jaime pensó que el ejercicio aumentaría la concentración de dióxido de carbono del aire exhalado. ¿En qué suposición se apoyó su hipótesis?

   (1) Las plantas utilizan el dióxido de carbono producido durante la respiración celular para realizar la fotosíntesis.

   (2) Las plantas liberan oxígeno al aire como producto de la fotosíntesis.

   (3) Es necesario desacelerar el ritmo de la respiración celular a fin de producir la energía que el organismo demanda para hacer ejercio durante cinco minutos.

   (4) El ritmo de respiración celular aumenta al hacer ejercicio para suministrar más energía al organismo.

   (5) La capacidad pulmonar de retención de aire disminuye durante el ejercicio.

**SUGERENCIA**

Las suposiciones no se expresan explícitamente en el texto de un escrito. Si la pregunta se refiere a las suposiciones del autor, deduzca lo que el autor piensa que usted ya debe conocer.

6. Aparte del frasco, el agua, el sorbeto, la fenolftaleína y el hidróxido de sodio, ¿cuál de los siguientes utensilios podría ser útil en el experimento?

   (1) un mechero de Bunsen
   (2) un gotero
   (3) una cuchara para medir
   (4) un tubo de ensayo
   (5) una centrífuga

7. ¿Qué error de metodología cometió Jaime para comprobar si la concentración de dióxido de carbono en el aire exhalado aumentaba con el ejercicio?

   (1) Jaime trotó por cinco minutos, tiempo insuficiente para aumentar la concentración de dióxido de carbono del aire exhalado.

   (2) Después de trotar por cinco minutos, Jaime debió haber descansado por dos minutos antes de exhalar en el frasco.

   (3) Jaime no midió la concentración de dióxido de carbono de su aliento cuando estaba en reposo, por lo que no contaba con suficiente información para llegar a una conclusión.

   (4) Jaime usó fenolftaleína en lugar de una solución de hidróxido de sodio para medir la concentración de dióxido de carbono de su aliento.

   (5) El trote no es un ejercicio apropiado para medir la concentración de dióxido de carbono del aire exhalado después del ejercicio.

8. Las hojas son las estructuras vegetales en las que por lo general tiene lugar la fotosíntesis. ¿Qué características de la mayoría de estas estructuras aumentan al máximo la cantidad de energía luminosa absorbida para ser utilizada en la fotosíntesis?

   (1) las porosidades del envés
   (2) su forma amplia y aplanada
   (3) el tallo de la planta
   (4) la red de vasos
   (5) el sistema radicular

**Las respuestas comienzan en la página 269.**

**Instrucciones:** Ésta es una prueba de práctica que dura diez minutos. Después de que transcurran los diez minutos, ponga una marca en la última pregunta que haya respondido. A continuación, termine la prueba y revise sus respuestas. Si la mayoría de sus respuestas fueron correctas, pero no terminó la prueba, trate de responder las preguntas más rápidamente la próxima vez. Elija la respuesta que mejor responda a cada pregunta.

Las preguntas 1 a 3 se refieren al texto y diagrama siguientes.

Los seres humanos y los animales obtienen su energía de los alimentos que consumen. Al ingerir alimentos, el sistema digestivo descompone los **carbohidratos** presentes en los alimentos en un azúcar simple llamado glucosa. Las células del organismo absorben la glucosa, donde es descompuesta para liberar su energía. Este proceso químico complejo se conoce como respiración celular.

## RESPIRACIÓN CELULAR

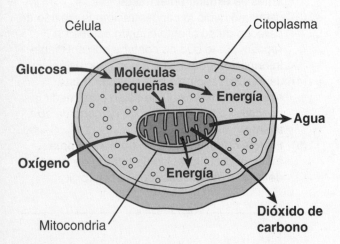

La respiración celular se caracteriza por la reacción entre el oxígeno y la glucosa para liberar energía química y los subproductos dióxido de carbono y agua. La respiración celular es un proceso que tiene lugar en varias etapas. La etapa en la que se libera la mayor cantidad de energía ocurre en las mitocondrias.

$$C_6H_{12}O_6 + 6O_2 \longrightarrow 6CO_2 + 6H_2O + energía$$

glucosa + oxígeno $\longrightarrow$ dióxido de + agua + energía
carbono

1. ¿En cuál estructura celular se libera la mayor parte de la energía resultante de la respiración celular?

   (1) en la membrana celular
   (2) en el citoplasma
   (3) en los cloroplastos
   (4) en las mitocondrias
   (5) en el núcleo

2. ¿Cuál de las siguientes oraciones replantea la ecuación de la respiración celular?

   (1) El dióxido de carbono y el agua reaccionan químicamente en presencia de energía luminosa y clorofila produciendo glucosa, oxígeno y agua.
   (2) La glucosa y el agua reaccionan químicamente produciendo dióxido de carbono, oxígeno y energía.
   (3) La glucosa y el dióxido de carbono reaccionan químicamente produciendo oxígeno, agua y energía.
   (4) La glucosa, el oxígeno y la energía reaccionan químicamente produciendo dióxido de carbono y agua.
   (5) La glucosa y el oxígeno reaccionan químicamente produciendo dióxido de carbono, oxígeno, agua y energía.

3. ¿Cuál de los siguientes sería el resultado más probable al disminuir el suministro de oxígeno a las células?

   (1) se liberaría una menor cantidad de energía
   (2) se liberaría una mayor cantidad de energía
   (3) se aceleraría la respiración celular
   (4) se liberaría una mayor cantidad de dióxido de carbono
   (5) no se vería afectada la respiración celular

4. La respiración celular y la fotosíntesis son procesos opuestos. La respiración celular requiere oxígeno para producir energía y dióxido de carbono. Por otro lado, la fotosíntesis requiere energía y dióxido de carbono para producir oxígeno. Ambos procesos participan en el balance del equilibrio entre el oxígeno y dióxido de carbono del aire.

   ¿Cuál de los siguientes enunciados está apoyado por esta información?

   (1) A mayor número de plantas verdes, menor concentración de oxígeno en el aire.
   (2) A mayor número de plantas verdes, mayor concentración de oxígeno en el aire.
   (3) A menor número de plantas verdes, menor concentración de dióxido de carbono en el aire.
   (4) A menor número de plantas verdes, menor concentración de energía en la glucosa.
   (5) El aire tiene una concentración mayor de oxígeno que de dióxido de carbono.

Las preguntas 5 y 6 se refieren al siguiente texto.

Los carbohidratos son nutrientes cuya molécula está formada sólo por carbono, hidrógeno y oxígeno. Las plantas que consumimos contienen carbohidratos, algunos de los cuales se encuentran en forma de azúcares. Estos azúcares se digieren fácilmente y se transforman en glucosa y fructosa. Los jarabes, los dulces y las frutas son fuentes de azúcares. Otros carbohidratos se encuentran en forma de almidones. La papa, el pan, el arroz y las pastas son fuentes de carbohidratos. Los almidones tienen que desdoblarse por medio de enzimas en azúcares simples como la glucosa antes de que puedan ser utilizados por nuestro organismo.

Una vez que los carbohidratos se han desdoblado en azúcares simples como la glucosa, pueden seguir descomponiéndose mediante el proceso de la respiración celular a fin de liberar la energía que contienen.

5. ¿Cuál de los siguientes enunciados está implícito en el texto?

(1) Los carbohidratos son una excelente fuente de energía.
(2) Los azúcares contienen más energía que los almidones.
(3) Los carbohidratos no forman parte de una dieta saludable.
(4) La papa contiene más almidones que el arroz y las pastas.
(5) Los carbohidratos se producen durante la fotosíntesis.

6. Cierta enzima presente en la saliva inicia la digestión de los almidones en la boca. ¿Cuál de los siguientes enunciados está apoyado por esta información?

(1) El pan se elabora con harina, una fuente rica en almidones.
(2) La papa y el arroz contienen grandes concentraciones de almidones.
(3) El sabor dulce del pan se siente después de masticarlo por varios segundos.
(4) El jarabe de maíz sabe dulce porque es una fuente de azúcares.
(5) Los carbohidratos son nutrientes que contienen carbono, hidrógeno y oxígeno.

7. Las plantas verdes elaboran sus propios alimentos a través de la fotosíntesis utilizando agua, dióxido de carbono y energía luminosa. Investigadores del Centro Agrícola Kerney de la Universidad de California, han demostrado que las plantas de tomate alcanzan un mayor tamaño y producen más tomates al cubrir la tierra con plástico reflector de color plateado. Según los investigadores, el uso de este plástico estimula la fotosíntesis y por ende el crecimiento de las plantas.

¿Qué propiedad del plástico reflector plateado es probablemente la responsable de la estimulación de la fotosíntesis?

(1) su grosor
(2) su peso
(3) su capacidad de reflexión
(4) su longitud
(5) su forma aplanada

8. La energía liberada por el proceso de respiración celular se almacena en una molécula llamada trifosfato de adenosina, ATP. La respiración celular, la cual requiere la presencia de oxígeno, produce 19 veces más moléculas de ATP que la fermentación láctica, una forma de respiración celular que no requiere la presencia de oxígeno.

¿Cuál de los siguientes enunciados está apoyado por esta información?

(1) La fermentación láctica produce más moléculas de ATP que la respiración celular que requiere la presencia de oxígeno.
(2) La respiración celular que requiere la presencia de oxígeno representa una manera más eficiente de liberar energía que la fermentación láctica.
(3) La fermentación láctica aprovecha el oxígeno para desdoblar la glucosa y librar energía.
(4) Cuando se agota el suministro de oxígeno, la célula libera energía por fermentación láctica.
(5) Las moléculas de ATP liberan energía a través del proceso de la fotosíntesis.

Las respuestas comienzan en la página 269.

# DESTREZA DE GED **Distinguir los hechos de las opiniones**

**hecho**
algo que puede ser
comprobado

**opinión**
creencia que puede o no
ser verdad

Un **hecho** es algo real y objetivo que puede comprobarse. Por otro lado, una **opinión** representa algo que en opinión de alguien es verdad. Las opiniones pueden o no ser verdad y no es posible comprobar su veracidad.

Los hechos y las opiniones son algo cotidiano. Por ejemplo, la partidura de una amiga suya forma un pico de viuda idéntico al de su mamá. En este caso, es un hecho que la partidura termina en un punto definido en el centro de su frente. También es un hecho que su amiga heredó de su mamá este **rasgo,** es decir, la manera en que la característica física se expresa. Por otro lado, es posible que usted piense que el cabello de su amiga es bonito. Esta es una opinión que no es posible comprobar y con la que otros pueden estar en desacuerdo.

Una gran parte de los textos científicos se basa en hechos. Sin embargo, también es posible encontrar las opiniones personales de los autores. Esto se debe a que los científicos observan algo que les interesa para luego formarse una opinión y basándose en ella pueden formular hipótesis para explicar sus observaciones. Después experimentan para comprobar si la hipótesis puede apoyarse en los datos recopilados.

**Lea el texto. Luego complete la tabla de hechos y opiniones que se presenta a continuación.**

**Para distinguir los hechos de las opiniones, busque palabras y verbos conjugados o frases que señalen la opinión del autor, como** *según..., es posible que..., creer, pensar, sentir, sugerir, poder, estar de acuerdo, estar en desacuerdo,* **etc.**

Los científicos han sido capaces de producir una especie de calabaza resistente a cierto virus mortal, lo cual se logró alterando una parte del material genético de la calabaza. El Departamento de Agricultura de Estados Unidos aprobó el cultivo de la nueva especie de calabaza para el consumo humano a pesar de la controversia sobre los posibles riesgos para el ambiente. Algunos científicos piensan que la calabaza alterada genéticamente se cruzará con las especies silvestres de calabaza y que las plantas nacidas de este cruce pueden heredar la resistencia al virus. Esto puede causar que las calabazas silvestres se propaguen como plaga en los terrenos agrícolas o en condiciones naturales. Sin embargo, otros apoyan la decisión del gobierno diciendo que los riesgos ambientales son exagerados y que las ventajas de la nueva especie sobrepasan las desventajas.

**También busque palabras que evalúen o califiquen una afirmación, como** *mejor, peor, fácil, difícil, preferible, sobresaliente,* **etc.**

| Hecho | Opinión |
|---|---|
| Los científicos alteraron el material genético de la calabaza para hacerla resistente a cierto virus mortal. | Algunos científicos piensan que la aprobación del cultivo de la especie alterada de calabaza para el consumo humano es un error, mientras que otros apoyan la decisión del gobierno. |
| | |
| | |

Entre los hechos que menciona el texto se encuentran los siguientes: *El Departamento de Agricultura de Estados Unidos aprobó el cultivo de la nueva especie para el consumo humano. Existe controversia sobre la decisión del gobierno.* A partir de la tercera oración, el autor plantea opiniones sobre la nueva especie. Asegúrese de haber escrito dos de estas opiniones en la columna correspondiente.

**Lea el texto, estudie el diagrama y responda las preguntas que se presentan a continuación.**

La **genética** es la ciencia que estudia los rasgos hereditarios y la manera en que se transmiten de una generación a la siguiente. Gregorio Mendel, monje austriaco que empezara sus experimentos en 1857, es conocido como el padre de la genética. Mendel cruzó plantas de guisante debido a sus rasgos fácilmente identificables de una generación a otra. Por ejemplo, al cruzar una planta de guisante alta con una baja, todas las plantas producidas fueron altas o bajas, pero ninguna de altura intermedia.

redondeado

En años recientes, algunos han sugerido la posibilidad de que algunos de los resultados de Mendel sean erróneos. Estos detractores piensan que los resultados de Mendel son demasiado buenos desde el punto de vista estadístico como para ser verdad. Sin embargo, no acusan a Mendel de fraude, sino que quizá haya sido parcial al juzgar las características de las plantas híbridas. Por ejemplo, al clasificar los guisantes de las plantas híbridas como redondeados o arrugados, dicen que es posible que Mendel se haya inclinado a clasificar los guisantes con base en los resultados esperados.

arrugado

1. Escriba *H* junto a la oración que expresa un hecho.

_____ a. La genética es la ciencia que estudia los rasgos hereditarios y la manera en que se transmiten de una generación a la siguiente.

_____ b. Se ha comprobado que el estudio de la genética es de escaso valor.

2. Explique por qué la respuesta que eligió para la pregunta 1 expresa un hecho.

_____

_____

3. Escriba *O* junto a la oración que expresa una opinión.

_____ a. Gregorio Mendel fue un monje austriaco que empezó sus experimentos de genética en 1857.

_____ b. Gregorio Mendel debió haber usado animales en lugar de plantas para sus experimentos.

4. Explique por qué la respuesta que eligió para la pregunta 3 expresa una opinión.

_____

_____

5. Marque con una "X" la oración comprobable. Marque todas las respuestas correctas.

_____ a. Uno de los guisantes del diagrama tiene más arrugas que el otro.

_____ b. Mendel tuvo que juzgar si los guisantes de las plantas híbridas eran redondeados o arrugados.

_____ c. Los resultados de Mendel son erróneos porque clasificó mal los guisantes de las plantas.

**Las respuestas comienzan en la página 270.**

Mendel emprendió sus experimentos con el objetivo de investigar cómo se transmitían los rasgos genéticos de una generación a su descendencia mediante el cruce de **plantas puras** de guisante. Estas plantas siempre producen descendencia con los mismos rasgos, es decir, siempre altas o bajas o con guisantes arrugados o redondeados.

A continuación Mendel cruzó entre sí plantas con rasgos diversos. Por ejemplo, cruzó una planta pura alta con otra baja. Mendel dio el nombre de "Generación P" a esta generación progenitora original. Para sorpresa de Mendel, todas las plantas descendientes fueron altas, generación $F_1$ a la que dio el nombre de **híbridas.** Las plantas híbridas heredaron los rasgos de la planta alta y la baja a pesar de que sólo el rasgos alto se había expresado físicamente.

Después, al cruzar plantas híbridas altas $F_1$, Mendel notó que algunas de las plantas $F_2$ (generación híbrida resultante) eran altas y otras bajas. Cada vez que repetía el experimento, Mendel observó que en promedio el cruce producía tres plantas altas y una baja.

¿Qué explicación ofreció Mendel sobre los resultados de su experimento? Mendel explicó que la descendencia heredaba rasgos de ambos padres en unidades que ahora conocemos como **genes.** Sin embargo, algunos de estos rasgos eran más poderosos que otros, por lo que los llamó "dominantes". Los **rasgos dominantes** se escriben con letra mayúscula. En la ilustración, la letra $A$ representa el rasgo dominante para la altura. Por otro lado, Mendel llamó "recesivos" los rasgos que no se expresaron en las plantas $F_1$. Los **rasgos recesivos** se escriben con letra minúscula ($a$ en la ilustración). Las plantas $F_2$ que expresaron el rasgo recesivo (es decir, las plantas bajas) debieron ser plantas que no heredaron el rasgo dominante para la altura.

Otra manera de demostrar la transmisión de los rasgos dominantes y recesivos de generación en generación es mediante la tabla de Punnett. La tabla de la izquierda ilustra la combinación de rasgos que resulta del cruce de dos plantas híbridas altas $F_1$.

**Generación progenitora original**

AA    x    aa
(Planta      (Planta
pura alta)    pura baja)

**Generación $F_1$**

Aa     Aa    x    Aa     Aa
(Plantas
híbridas altas)

**Generación $F_2$**

AA      Aa      Aa      aa

**TABLA DE PUNNETT**

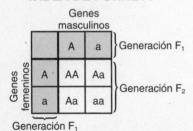

Genes masculinos

|  | A | a |
|---|---|---|
| A | AA | Aa |
| a | Aa | aa |

Genes femeninos

Generación $F_1$

Generación $F_2$

Generación $F_1$

Instrucciones: Elija la respuesta que mejor responda a cada pregunta.

Las preguntas 1 a 5 se refieren al texto y diagrama de la página 52.

1. ¿En qué plantas aparecería un rasgo dominante?

   (1) en toda la descendencia de pares de plantas en los que cualquiera de las plantas progenitoras lo tenga
   (2) sólo en la descendencia de pares de plantas en los que ambos progenitores lo tengan
   (3) en todas las plantas hijas que tengan el gen correspondiente
   (4) sólo en las plantas hijas que hayan heredado los dos genes correspondientes
   (5) en todas las plantas $F_1$ pero no en las $F_2$

2. ¿Qué pruebas apoyan la conclusión de Mendel de que las plantas $F_1$ eran portadoras del gen recesivo a pesar de que ninguna de las plantas expresó la característica?

   (1) Ninguna de las plantas $F_1$ era híbrida.
   (2) Todas las plantas $F_1$ expresaron el rasgo dominante.
   (3) Algunas de las plantas $F_2$ expresaron el rasgo recesivo.
   (4) Algunas de las plantas $F_2$ expresaron el rasgo dominante.
   (5) Todas las plantas $F_2$ expresaron el rasgo recesivo.

3. ¿Cuál de los siguientes enunciados expresa una opinión y no un hecho?

   (1) La tabla de Punnett ilustra las posibles combinaciones de los rasgos heredados por la descendencia de dos progenitores.
   (2) La tabla de Punnett es más fácil de interpretar que los diagramas que ilustran la transmisión de los rasgos de los progenitores a su descendencia.
   (3) Cuando un rasgo dominante se combina con uno recesivo, el rasgo recesivo permanece oculto.
   (4) Las plantas puras pueden ser altas o bajas.
   (5) Como promedio, tres de cada cuatro descendientes de dos plantas híbridas altas serán altas.

4. ¿Cuál de las siguientes plantas usó Mendel en sus experimentos a fin de asegurarse que sus resultados fueran precisos?

   (1) plantas puras
   (2) plantas híbridas con rasgos opuestos
   (3) plantas con diversos rasgos opuestos
   (4) sólo plantas bajas
   (5) sólo plantas altas

5. Mendel fue el primero en sugerir que los rasgos se transmiten de los progenitores a su descendencia por medio de "elementos hereditarios" hoy en día conocidos como genes. Sin embargo, si sabemos que Mendel no era capaz de observar los genes, ¿cómo supo de su existencia?

   (1) Estudió las células sexuales masculinas y femeninas y descubrió los genes en ambas.
   (2) A partir del patrón hereditario concluyó que los rasgos se transmitían por medios físicos.
   (3) Debido a que experimentaba con plantas, sabía de antemano que los rasgos se transmitían de una generación a la siguiente.
   (4) Usó plantas con un solo rasgo.
   (5) Usó un organismo con patrones hereditarios sencillos para producir híbridos.

La pregunta 6 se refiere al siguiente diagrama.

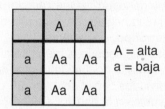

A = alta
a = baja

6. ¿Qué probabilidades hay de que la planta hija mostrada en esta tabla de Punnett sea baja?

   (1) no existe ninguna
   (2) 1 en 4
   (3) 2 en 4
   (4) 3 en 4
   (5) 4 en 4

Las respuestas comienzan en la página 270.

# Práctica de GED • Lección 3

Instrucciones: Elija la respuesta que mejor responda a cada pregunta.

Las preguntas 1 y 2 se refieren al texto y diagrama siguientes.

Un gen es un segmento molecular que determina un rasgo específico. Las plantas y los animales que nacen por **reproducción sexual** heredan un gen por cada rasgo expresado individualmente por sus progenitores. El juego de genes que hereda la planta o el animal se llama **genotipo.**

La tabla de Punnett es una herramienta que facilita a los científicos la tarea de representar los rasgos heredados. La tabla de abajo ilustra la posible combinación genética de la descendencia de dos progenitores con un hoyuelo vertical en la barbilla, un rasgo dominante.

El genotipo del padre es PP y el de la madre Pp. Las letras que representan el genotipo del padre se escriben de izquierda a derecha en la fila superior, mientras que los de la madre se escriben de arriba abajo en la columna de la izquierda. Los descendientes heredan un gen de cada progenitor.

|   | P | P |
|---|---|---|
| P | PP | PP |
| p | Pp | Pp |

P = barbilla con hoyuelo
p = barbilla lisa

La tabla de Punnett ilustra los posibles genotipos de la descendencia. Sin embargo, ¿cómo se expresa físicamente cada genotipo? ¿Qué características manifestaría un niño nacido con cada uno de estos genotipos? El **fenotipo,** o apariencia física, de cada individuo se determina según el rasgo dominante heredado representado por una letra mayúscula. Por ejemplo, los individuos con el genotipo PP o Pp expresan el hoyuelo en la barbilla. Cuando un individuo hereda el gen dominante de un rasgo, el rasgo siempre se expresa, independientemente de que vaya aparejado al gen recesivo del rasgo. El rasgo recesivo se expresa sólo cuando el individuo hereda los dos genes recesivos en su genotipo.

1. ¿Cuántos fenotipos se ilustran en la tabla de Punnett?

   (1)  0
   (2)  1
   (3)  2
   (4)  3
   (5)  4

2. Si usted conociera a una muchacha con un hoyuelo vertical en la barbilla, ¿qué sería posible predecir con exactitud?

   (1)  el fenotipo de la característica
   (2)  el genotipo de la característica
   (3)  si tiene un gen recesivo para la barbilla partida
   (4)  si su mamá tiene el hoyuelo en la barbilla
   (5)  si su papá tiene el hoyuelo en la barbilla

3. Los rasgos no siempre son dominantes o recesivos. A veces, la transmisión genética de los rasgos ocurre por **dominio incompleto.** Por ejemplo, cierta planta tiene tres genotipos para el color de la flor. El genotipo RR produce flores rojas, el rr blancas y el Rr rosas.

   Si cruzáramos una planta de flores blancas con una de flores rojas, ¿qué probabilidades hay de producir una planta con flores rosas?

   (1)  ninguna
   (2)  1 en 4
   (3)  2 en 4
   (4)  3 en 4
   (5)  4 en 4

SUGERENCIA

A veces resulta más fácil contestar algunas de las preguntas haciendo un bosquejo, un diagrama o una tabla. La tabla de Punnett podría facilitarle responder correctamente las preguntas sobre genética.

# LA SECUENCIACIÓN DEL GENOMA HUMANO

Las preguntas 4 a 6 se refieren al siguiente texto.

El código genético de un organismo se denomina **genoma** y se determina mediante la secuenciación en la que aparecen cuatro compuestos (conocidos como bases nitrogenadas y representadas por las abreviaturas A, T, C y G) en las moléculas de **ADN** que forman los genes. La variación en la secuencia de estas cuatro bases nitrogenadas es la razón del código genético único que heredan los individuos.

El Proyecto Genoma Humano comenzó en 1990 con el objetivo de identificar todos los genes humanos, localizar su ubicación en los cromosomas y determinar su secuencia de bases nitrogenadas. Los científicos han procedido paso a paso en esta empresa. Primero localizaron los genes en grandes segmentos de ADN para después determinar la secuencia de bases nitrogenadas de cada uno de ellos. Y debido a que el genoma humano tiene aproximadamente 3,000 millones de pares de bases nitrogenadas, se tiene contemplado que el proyecto dure unos 15 años.

Sin embargo, en 1998 una compañía privada desarrolló una tecnología nueva capaz de determinar la secuencia de las bases nitrogenadas de todo el genoma humano en cuestión de unos cuantos años y antes de identificar y localizar los genes. Millones de fragmentos de ADN humano han pasado por las máquinas de alta velocidad para posteriormente ser reagrupados mediante potentes súper computadoras. La compañía terminó de determinar la secuencia en el año 2000 y a principios de ese mismo año se publicaron los detalles sobre la localización de los genes del genoma humano.

Algunos científicos argumentan que esta técnica puede causar errores al reagrupar los fragmentos de ADN, haciendo imposible identificar y localizar con precisión cada gen. Quienes apoyan la técnica, argumentan que los resultados serán adecuados para su aplicación en diversos proyectos de investigación.

4. ¿Cuál ha sido el objetivo principal de la reciente investigación sobre el genoma humano?

   (1) analizar las sustancias químicas que forman el ADN
   (2) localizar el ADN en las células humanas
   (3) localizar y determinar la secuencia del ADN humano
   (4) desarrollar tecnología para determinar la secuenciación
   (5) vender el código genético a investigadores

5. ¿Cuál de los siguientes enunciados expresa una opinión y no un hecho?

   (1) Se prevé que el Proyecto Genoma Humano del gobierno de E.E.U.U. llevará 15 años.
   (2) El genoma humano está formado por aproximadamente 3,000 millones de pares de bases nitrogenadas.
   (3) Todos los organismos tienen un código genético llamado genoma.
   (4) Cierta compañía privada desarrolló una tecnología nueva capaz de determinar la secuencia de las bases nitrogenadas de todo el genoma humano, para analizar lo en tan sólo unos años.
   (5) Los resultados de la compañía privada sobre la determinación de la secuencia y la localización genética son de mala calidad.

6. ¿En cuál de las siguientes áreas sería más ventajosa para los científicos la capacidad de "leer" el genoma humano?

   (1) diseño y producción de máquinas de secuencia más eficientes
   (2) mejoramiento de los planes de estudio de las escuelas de medicina
   (3) prevención y tratamiento de enfermedades hereditarias
   (4) prevención y tratamiento de enfermedades bacterianas
   (5) mejoramiento de la calidad de productos agrícolas alterados genéticamente

---

7. Todos tenemos un modelo de ADN único que se puede analizar. Y debido a que los resultados de este análisis serían únicos, muchas veces se les conoce como "huella digital genética".

¿Cuál de las siguientes sería la aplicación más práctica de las huellas digitales genéticas?

   (1) identificación de criminales
   (2) tipificación sanguínea
   (3) análisis de los nutrientes de los alimentos
   (4) cirugía láser
   (5) tratamiento de enfermedades

**Las respuestas comienzan en la página 271.**

**Instrucciones:** Ésta es una prueba de práctica que dura diez minutos. Después de que transcurran los diez minutos, ponga una marca en la última pregunta que haya respondido. A continuación, termine la prueba y revise sus respuestas. Si la mayoría de sus respuestas fueron correctas, pero no terminó la prueba, trate de responder las preguntas más rápidamente la próxima vez. Elija la respuesta que mejor responda a cada pregunta.

Las preguntas 1 a 3 se refieren al texto y diagrama siguientes.

En 1903, el genetista estadounidense Walter Sutton, quién se encontraba estudiando los óvulos y espermatozoides de los saltamontes, descubrió que las unidades responsables de la herencia mencionadas por Mendel (es decir, los genes) se localizaban en los cromosomas. Los cromosomas están formados por una molécula química denominada ADN. La estructura molecular del ADN se desconocía hasta 1953, año en el que el biólogo estadounidense James D. Watson y el biofísico británico Francis Crick la develaron. Estos dos científicos describieron la estructura como una hélice o espiral doble formada por dos cadenas longitudinales enrolladas sobre sí mismas e interconectadas por segmentos transversales de manera que semeja una escalera enrollada.

### MOLÉCULA DE ADN

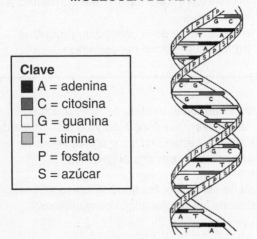

**Clave**
- ■ A = adenina
- ■ C = citosina
- □ G = guanina
- ▨ T = timina
- P = fosfato
- S = azúcar

Los segmentos transversales de ADN están formados por moléculas de azúcar y fosfato, mientras que las cadenas longitudinales consisten en pares formados por las bases nitrogenadas adenina, citosina, guanina y timina. La adenina de una de las cadenas longitudinales siempre se parea con una molécula de timina en el lado opuesto, mientras que la guanina siempre se parea con la citosina. La secuencia de las bases a lo largo de la escalera varía en los diversos organismos, aunque la copia del ADN de todas las células de un mismo organismo tiene la misma secuencia de bases. Las variaciones forman un código genético que controla la producción de proteínas de las células del organismo. Las proteínas participan en la determinación de las características y funciones de un organismo.

1. ¿Cuál de las siguientes frases representa una de las funciones del ADN?

   (1) control de la síntesis celular de proteínas
   (2) desdoblamiento celular de las proteínas
   (3) producción de energía a partir de las moléculas alimenticias en el interior de la célula
   (4) control de la entrada y salida de sustancias de la célula
   (5) unión de la adenina con la timina y de la citosina con la guanina

2. Supongamos que la secuencia de bases de una de las cadenas longitudinales de una molécula de ADN es ATGTCAGC. ¿Cuál de las siguientes representa la secuencia correcta de bases, con la cual dicha secuencia sería pareada?

   (1) CTAGATAT
   (2) CTAGTGCT
   (3) TACACTCG
   (4) TACAGTCG
   (5) ATGTCAGC

3. ¿Cuál de los siguientes enunciados está apoyado por la información del diagrama?

   (1) Los segmentos transversales de la molécula de ADN están formados por azúcares y fosfatos.
   (2) De las dos cadenas longitudinales que forman la molécula de ADN, una está formada sólo por azúcar y la otra sólo por fosfato.
   (3) La timina siempre se parea con la guanina.
   (4) Sólo la adenina es capaz de unirse a las cadenas longitudinales de ADN.
   (5) Las cadenas longitudinales de ADN están formadas por unidades alternas de azúcar y fosfato.

Las preguntas 4 y 5 se refieren al texto y diagrama siguientes.

La síntesis de proteínas se realiza de acuerdo con las instrucciones del ADN nuclear y tiene lugar en el citoplasma de la célula. Durante la primera etapa de la síntesis, las dos cadenas longitudinales de la molécula de ADN se separan dejando expuesto un segmento de la molécula. Las bases expuestas del segmento de ADN sirven de patrón para producir el ARN mensajero. Las bases de los nucleótidos del ARN mensajero se ordenan pareándose según corresponde con las bases del segmento de ADN. Este patrón del segmento original de ADN, conocido como ARN mensajero, sale del núcleo celular y pasa al citoplasma.

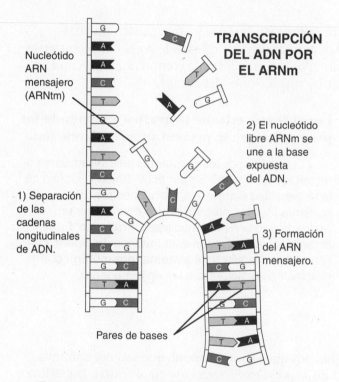

Nucleótido ARN mensajero (ARNtm)

**TRANSCRIPCIÓN DEL ADN POR EL ARNm**

2) El nucleótido libre ARNm se une a la base expuesta del ADN.

1) Separación de las cadenas longitudinales de ADN.

3) Formación del ARN mensajero.

Pares de bases

En el citoplasma, el ARN mensajero se une a un ribosoma, el cual lee la secuencia de sus bases. Cada codón, o grupo de tres bases nitrogenadas, representa un aminoácido en particular. En el ribosoma, los codones se unen a los aminoácidos correspondientes, es decir, las unidades proteicas. Una sola proteína puede estar formada por 100 a 500 aminoácidos unidos en forma de cadena.

4. ¿Cuál de los siguientes sería el título más apropiado para el diagrama?

   (1) Síntesis de proteínas en el citoplasma
   (2) Separación de las cadenas de ADN
   (3) Formación del ARN mensajero
   (4) Secuencia de codones y aminoácidos
   (5) Síntesis de aminoácidos en el núcleo

5. Las mutaciones ocurren cuando una de las bases del ADN es sustituida por una base equivocada, lo cual causa cambios en uno de los codones. ¿Cuál sería el resultado más probable de una mutación de este tipo?

   (1) un cambio en la secuencia de aminoácidos de una proteína determinada
   (2) un cambio en el citoplasma de las células del organismo
   (3) un cambio en el núcleo de las células del organismo
   (4) un cambio en los ribosomas de las células del organismo
   (5) la muerte del organismo

Las preguntas 6 y 7 se refieren al siguiente texto.

En 1998, el gobierno islandés concedió a una compañía de biotecnología los derechos para crear un banco de datos computarizado. El banco de datos contendría el perfil genético, los antecedentes genealógicos y la historia médica de todos los habitantes de Islandia. Quienes apoyaban el plan argumentaban que la información produciría un caudal de conocimientos nuevos y útiles, aunque sus opositores decían que violaba las garantías individuales sobre privacidad.

6. ¿Cuál de los siguientes enunciados expresa una opinión sobre el proyecto islandés del banco de datos?

   (1) Una firma de biotecnología recibió la concesión de los derechos para crear el banco de datos.
   (2) El banco de datos contendrá el perfil genético de todos los habitantes de Islandia.
   (3) La historia médica de todos los islandeses formará parte del banco de datos.
   (4) Los antecedentes genealógicos serán integrados al banco de datos.
   (5) El listado del perfil genético en el banco de datos viola las garantías individuales sobre privacidad de los islandeses.

7. ¿En cuál de las siguientes áreas sería más útil el banco de datos?

   (1) prevención de la difusión de la infección por VIH y SIDA
   (2) identificación de enfermedades bacterianas
   (3) mejoramiento de los hábitos nutricionales de los islandeses
   (4) identificación de enfermedades de origen genético
   (5) vacunación de los menores de edad

**Las respuestas comienzan en la página 272.**

# DESTREZA DE GED **Reconocer suposiciones implícitas**

Cuando nos comunicamos con los demás, muchas veces suponemos que nuestro interlocutor o lector conoce ciertos hechos. Estos hechos o ideas se denominan **suposiciones implícitas** que usted necesita ser capaz de identificar.

**suposición implícita**
hecho o idea supuesta que no ha sido expresada explícitamente

Todos los días hacemos suposiciones implícitas. Por ejemplo, cuando le decimos a un amigo que es posible que haya una tormenta eléctrica por la tarde, suponemos que la persona sabe lo que es una tormenta eléctrica, por lo que no nos ponemos a explicarle qué es un trueno, un relámpago y la lluvia.

En el caso de las lecturas sobre ciencias, notará que existen muchas suposiciones implícitas. Los autores piensan que sus lectores conocen ciertos hechos del dominio común. Por lo tanto, a fin de comprender la lectura, es necesario poder identificar las suposiciones del autor.

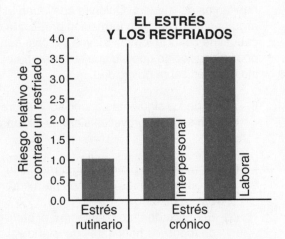

**EL ESTRÉS Y LOS RESFRIADOS**

**Lea el texto, estudie la gráfica y responda las preguntas que se presentan a continuación.**

¿Estresado por las constantes peleas familiares o un trabajo sin futuro? Según el Dr. Sheldon Cohen de la Universidad Carnegie Mellon, el estrés crónico aumenta más las probabilidades de contraer un resfriado que el estrés moderado o rutinario. En la actualidad, el Dr. Cohen está tratando de determinar cómo el estrés afecta el **sistema inmunológico** al disminuir su resistencia a las enfermedades.

Marque con una "X" los hechos que el autor supone que son del dominio público y por lo tanto no los expresa explícitamente en el texto o la gráfica.

_____ a.  El estrés moderado o rutinario es parte de la vida cotidiana.

_____ b.  El sistema inmunológico combate los agentes causantes de las enfermedades.

_____ c.  El estrés crónico aumenta las probabilidades de contraer resfriados.

_____ d.  Las personas que padecen estrés interpersonal crónico tienen el doble de probabilidades de contraer resfriados, comparados con quienes padecen estrés rutinario.

_____ e.  El estrés crónico es un tipo de estrés grave que dura un tiempo considerable.

_____ f.  El estrés crónico laboral aumenta de manera marcada los riesgos de contraer resfriados comparado con el estrés interpersonal crónico.

Usted acertó si escogió las *opciones a, b* y *e*. Estas opciones representan hechos que el autor supone que usted conoce y que por lo tanto no expresa explícitamente. Las demás opciones se explican en el texto o en la gráfica.

**SUGERENCIA**

Las suposiciones implícitas pueden aparecer tanto en textos como en ilustraciones. En estos casos, resulta útil preguntarse, ¿qué supuso el autor que ya debo saber?

**Lea el texto, estudie el diagrama y responda las preguntas que se presentan a continuación.**

La función del **sistema respiratorio** consiste en llevar oxígeno a todo el organismo y expulsar el dióxido de carbono al aire. El aire entra al organismo por la nariz y la boca, de donde pasa a un tubo llamado **tráquea** que va desde la parte posterior de la cavidad oral hasta los pulmones. La tráquea se ramifica en dos **bronquios,** uno para cada pulmón, los cuales a su vez se ramifican en **bronquíolos.** Los bronquíolos terminan en unos pequeños sacos aéreos llamados **alvéolos.**

El intercambio de oxígeno y dióxido de carbono ocurre en los alvéolos. Estas estructuras están rodeadas por una red de diminutos vasos sanguíneos llamados **capilares.** El oxígeno del aire que llega hasta los alvéolos entra en el torrente sanguíneo, mientras que el dióxido de carbono de la sangre capilar pasa al aire de los pulmones. El dióxido de carbono finalmente sale del organismo al espirar.

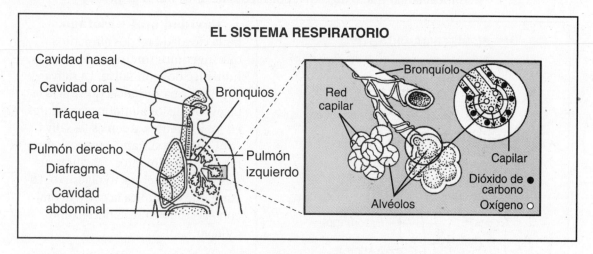

**EL SISTEMA RESPIRATORIO**

1. Marque con una "X" las suposiciones implícitas del primer párrafo.

    _____ a. El aire es inhalado y exhalado de los pulmones por la acción del diafragma.

    _____ b. La tráquea se ramifica en dos tubos denominados bronquios.

    _____ c. El dióxido de carbono y el oxígeno son dos de los gases que forman parte del aire.

2. Marque con una "X" las suposiciones implícitas del segundo párrafo.

    _____ a. El intercambio gaseoso tiene lugar en los alvéolos.

    _____ b. Las paredes capilares son lo suficientemente delgadas de manera que permiten el paso de las moléculas de gas.

3. Marque con una "X" los hechos que el ilustrador supone que son del dominio público.

    _____ a. El ser humano tiene dos pulmones, uno del lado izquierdo y otro del lado derecho de la cavidad torácica.

    _____ b. Los alvéolos se muestran aumentados de tamaño a fin de ilustrar los detalles; estas estructuras son mucho más pequeñas que los pulmones.

    _____ c. La tráquea se ramifica en dos tubos denominados bronquios.

Las respuestas comienzan en la página 272.

El cuerpo humano está formado por sistemas de **órganos** que funcionan en conjunto para realizar una función específica, como el intercambio gaseoso, la circulación de la sangre o la reproducción.

Uno de los sistemas que forman parte del cuerpo humano es el **sistema digestivo,** el cual es responsable de descomponer los alimentos en sustancias que el organismo es capaz de aprovechar. El sistema digestivo humano consiste en un tubo largo denominado **tracto digestivo** formado por la cavidad oral, el esófago, el estómago, el intestino delgado y el intestino grueso. En el adulto, el tracto digestivo mide aproximadamente 30 pies de longitud. El hígado y el páncreas también participan en la digestión y se conectan al tracto digestivo por medio de unos tubos pequeños.

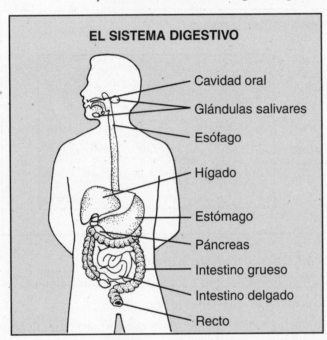

**EL SISTEMA DIGESTIVO**

- Cavidad oral
- Glándulas salivares
- Esófago
- Hígado
- Estómago
- Páncreas
- Intestino grueso
- Intestino delgado
- Recto

**Cavidad oral y esófago.** En la cavidad oral, los alimentos que ingerimos son triturados y humedecidos con saliva. La saliva contiene una sustancia que inicia la digestión de los almidones presentes en los alimentos. Además, la saliva contiene una sustancia mucosa para lubricar los alimentos y facilitar su transporte por el tracto digestivo. La parte que comunica la cavidad oral con el estómago se conoce como esófago.

**Estómago.** La digestión de las proteínas empieza en el estómago. El ácido que produce este órgano disuelve los minerales de los alimentos y elimina las bacterias presentes en los alimentos que consumimos. El estómago también produce una sustancia mucosa para proteger su epitelio del ácido.

**Intestino delgado.** El intestino delgado mide aproximadamente 1.5 pulgadas de diámetro y 23 de longitud y es el órgano donde tiene lugar una gran parte de la digestión. Aquí, los alimentos se digieren aun más separándose en **nutrientes,** tales como proteínas, carbohidratos, grasas, minerales y vitaminas. Estos nutrientes pasan del intestino delgado al torrente sanguíneo.

**Páncreas e hígado.** El páncreas secreta sustancias que participan en la digestión de proteínas, almidones y grasas. La bilis proveniente del hígado digiere las grasas para formar glóbulos pequeños. Las sustancias que producen el páncreas y el hígado llegan al intestino delgado a través de unos tubos pequeños llamados conductos.

**Intestino grueso.** El alimento no digerido en el intestino delgado contiene una gran cantidad de agua. Una de las principales funciones del intestino grueso es reabsorber esta agua, lo cual hace que el material no digerido se haga gradualmente más sólido a medida que avanza por el intestino grueso para salir por el recto.

Instrucciones: Elija la respuesta que mejor responda a cada pregunta.

Las preguntas 1 a 7 se refieren al texto y diagrama de la página 60.

1. ¿Cuál es la función del sistema digestivo?

   (1) transportar los alimentos de la cavidad oral al estómago
   (2) descomponer los alimentos en sustancias que el organismo es capaz de aprovechar
   (3) proteger el epitelio de los órganos, de los daños causados por las sustancias nocivas presentes en los alimentos
   (4) proteger el organismo de las enfermedades
   (5) absorber el oxígeno del aire y expulsar el dióxido de carbono

2. ¿Cuál es la función de los conductos?

   (1) llevar sustancias del páncreas y el hígado al intestino delgado
   (2) llevar sustancias del páncreas al hígado
   (3) llevar sustancias del esófago al estómago
   (4) llevar sustancias del estómago al intestino delgado
   (5) llevar sustancias del intestino delgado al intestino grueso

3. ¿Qué suposición hace el autor sobre la digestión en el estómago?

   (1) El tubo que comunica la cavidad oral con el estómago es el esófago.
   (2) La digestión de las proteínas empieza en el estómago.
   (3) Los minerales se disuelven en el estómago.
   (4) El epitelio del estómago está protegido por una sustancia mucosa.
   (5) El ácido del estómago es fuerte y capaz de lesionar el epitelio estomacal.

**SUGERENCIA**

Antes de responder una pregunta específica sobre el hígado, por ejemplo, lea rápidamente el texto o diagrama y busque la palabra *hígado*. Luego busque la respuesta.

4. Según el texto, ¿a qué órgano pasa el material digerido al salir del intestino delgado?

   (1) al esófago
   (2) al estómago
   (3) al hígado
   (4) al intestino grueso
   (5) al páncreas

5. ¿Cuál de los siguientes enunciados representa una suposición implícita del autor sobre la digestión en la cavidad oral?

   (1) Los alimentos son triturados en la cavidad oral.
   (2) Los alimentos se lubrican con la saliva.
   (3) La saliva es un líquido.
   (4) La saliva contiene una sustancia mucosa.
   (5) La saliva comienza la digestión de los almidones.

6. ¿Cómo afectaría a la digestión una lesión hepática?

   (1) Los alimentos no podrían triturarse.
   (2) No sería posible digerir las proteínas.
   (3) Los almidones se transformarían en azúcares.
   (4) No sería posible digerir bien las grasas.
   (5) Se reabsorbería demasiada agua en el intestino grueso.

7. ¿Cuál de los siguientes enunciados está apoyado por el texto y el diagrama?

   (1) La función del sistema digestivo consiste en eliminar los desechos líquidos del organismo.
   (2) Las glándulas salivares de la cavidad oral producen saliva, la cual comienza la digestión de los almidones.
   (3) Las proteínas se digieren en el hígado formando sustancias más simples.
   (4) Los desechos sólidos salen del organismo a través de los riñones.
   (5) La bilis es un nutriente que se absorbe en el hígado.

Las respuestas comienzan en la página 272.

**Instrucciones:** Elija la respuesta que mejor responda a cada pregunta.

Las preguntas 1 a 3 se refieren al texto y diagrama siguientes.

El principal órgano del **sistema circulatorio** es el corazón, el cual es responsable de bombear la sangre a todo el organismo. El lado derecho y el lado izquierdo del corazón están separados por una pared denominada septo interventricular. A su vez, cada lado se divide y está formado por dos cavidades, una **aurícula** y un **ventrículo.**

La sangre proveniente de todo el organismo con una concentración baja de oxígeno entra en la aurícula derecha a través de unas **venas** de gran tamaño, la vena cava superior e inferior. Cuando la aurícula se contrae, la sangre es forzada a pasar al ventrículo derecho. A continuación, este ventrículo se contrae bombeando la sangre por las **arterias** pulmonares que la llevan a los pulmones. En los pulmones, la sangre se oxigena y pasa a las venas pulmonares para regresar a la aurícula izquierda del corazón. Al contraerse, la aurícula izquierda fuerza la sangre a pasar al ventrículo izquierdo, el cual a su vez se contrae y bombea la sangre por una arteria de gran tamaño llamada **aorta.** La sangre circula por la aorta para luego pasar a través de un sistema de vasos sanguíneos que la llevan a todo el organismo.

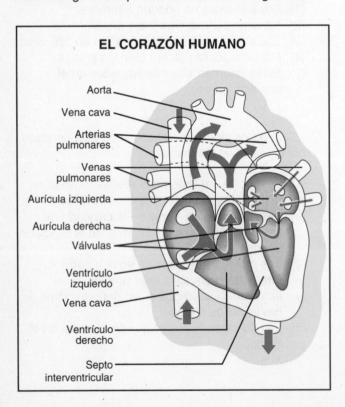

**EL CORAZÓN HUMANO**

Aorta
Vena cava
Arterias pulmonares
Venas pulmonares
Aurícula izquierda
Aurícula derecha
Válvulas
Ventrículo izquierdo
Vena cava
Ventrículo derecho
Septo interventricular

1. ¿Qué cavidad del corazón bombea la sangre a todo el organismo?

   (1) el ventrículo derecho
   (2) la aurícula derecha
   (3) el ventrículo izquierdo
   (4) la aurícula izquierda
   (5) las venas cava superior e inferior

2. ¿Cuál sería la consecuencia más probable de un bloqueo parcial de la aorta?

   (1) El ventrículo izquierdo recibiría un volumen excesivo de sangre.
   (2) El corazón no recibiría un volumen suficiente de sangre con una concentración baja de oxígeno.
   (3) La sangre con una concentración baja de oxígeno no podría llegar a los pulmones.
   (4) El organismo no recibiría suficiente sangre oxigenada.
   (5) La sangre oxigenada pasaría a las venas cava inferior y superior.

3. ¿Cuáles de los siguientes conocimientos supone el autor que son del dominio público?

   (1) Las arterias y las venas son vasos sanguíneos que forman parte del sistema circulatorio.
   (2) Las aurículas forman las cavidades superiores del corazón, mientras que los ventrículos forman las cavidades inferiores.
   (3) Las venas pulmonares llevan sangre de los pulmones a la aurícula izquierda del corazón.
   (4) El septo interventricular separa los lados izquierdo y derecho del corazón.
   (5) La sangre circula de las aurículas a los ventrículos del corazón.

**SUGERENCIA**

Al estudiar un diagrama, piense en todo lo que ya sabe y que se pueda relacionar con el tema. Aplique sus conocimientos a medida que lea la nueva información.

# UNA VACUNA CONTRA LA ENFERMEDAD DE LYME (BORRELIOSIS)

Las preguntas 4 y 5 se refieren al texto y al mapa siguientes.

Recientemente, la Dirección para el Control de Alimentos y Medicamentos de Estados Unidos, FDA *(Food and Drug Administration)* autorizó el uso de una **vacuna** contra la enfermedad de Lyme, una enfermedad bacteriana transmitida al ser humano por la picada de la garrapata del venado. Esta vacuna se aplica en tres dosis y su uso ha sido autorizado exclusivamente para la población adulta. La vacuna estimula el sistema inmunológico para producir **anticuerpos** que eliminan la bacteria. En los estudios de investigación en los que participaron 11,000 personas, se demostró que la vacuna tiene una efectividad del 78 por ciento. Los científicos aconsejan la vacuna a la población que trabaja o realiza actividades al aire libre en áreas boscosas o silvestres donde la enfermedad de Lyme y la garrapata del venado son muy comunes.

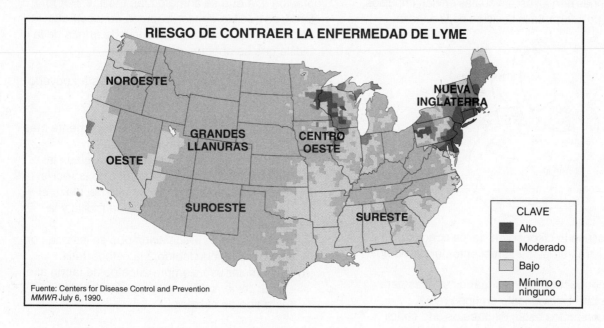

RIESGO DE CONTRAER LA ENFERMEDAD DE LYME

NOROESTE
NUEVA INGLATERRA
GRANDES LLANURAS
CENTRO OESTE
OESTE
SUROESTE
SURESTE

CLAVE
- Alto
- Moderado
- Bajo
- Mínimo o ninguno

Fuente: Centers for Disease Control and Prevention
*MMWR* July 6, 1990.

4. Según el texto y el mapa, ¿a quién se debe aconsejar la vacunación contra la enfermedad de Lyme?

    (1) una mujer que habita un área boscosa de la región Centro Oeste
    (2) un hombre que habita y trabaja en Chicago
    (3) una mujer que habita un rancho de la región de las Grandes Llanuras
    (4) un hombre que trabaja en buques cargueros
    (5) un niño pequeño que habita un área boscosa de Nueva Inglaterra

5. ¿Cuál de los siguientes enunciados está apoyado por el texto?

    (1) La enfermedad de Lyme es una infección viral cuya incidencia va en aumento.
    (2) Todas los habitantes de áreas con un alto riesgo de enfermedad de Lyme deben vacunarse.
    (3) La FDA exige que la vacunación se aplique en cuatro dosis.
    (4) Quienes reciben la vacuna quedan completamente protegidos contra la enfermedad.
    (5) La vacuna estimula el sistema inmunológico para producir anticuerpos contra la bacteria causante de la enfermedad.

SUGERENCIA

Cuando una determinada pregunta se refiera a un texto o diagrama, tenga cuidado con las suposiciones implícitas.

**Las respuestas comienzan en la página 273.**

**Instrucciones:** Ésta es una prueba de práctica que dura diez minutos. Después de que transcurran los diez minutos, ponga una marca en la última pregunta que haya respondido. A continuación, termine la prueba y revise sus respuestas. Si la mayoría de sus respuestas fueron correctas, pero no terminó la prueba, trate de responder las preguntas más rápidamente la próxima vez. Elija la respuesta que mejor responda a cada pregunta.

La pregunta 1 se refiere al texto y diagrama siguientes.

Los conductos semicirculares del oído participan en el mantenimiento del equilibrio del cuerpo. Cuando la cabeza se mueve, el líquido de los conductos golpea las terminaciones nerviosas, las cuales envían impulsos al encéfalo, que interpreta la posición de la cabeza.

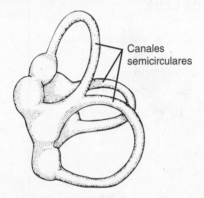

Canales semicirculares

1. ¿Cómo influye la disposición de los conductos semicirculares en el mantenimiento del equilibrio?

   (1) Los conductos están alineados en filas para detectar el movimiento en línea recta.
   (2) Los conductos están dispuestos uno sobre otro para detectar el movimiento vertical.
   (3) Los conductos están dispuestos en ángulo recto para detectar el movimiento de la cabeza en cualquier dirección.
   (4) Cada canal se localiza en una parte distinta del oído para detectar cualquier movimiento de la cabeza.
   (5) Cada canal se puede separar de los demás para detectar las variaciones del movimiento.

2. La sangre circula en el organismo a través de vasos sanguíneos en forma de tubo llamados arterias, venas y capilares. ¿Qué consecuencias tendría en el sistema circulatorio la obstrucción de un vaso sanguíneo por coágulos?

   (1) Aumentaría la circulación sanguínea del organismo.
   (2) Disminuiría la circulación sanguínea del organismo.
   (3) Las arterias se transformarían en capilares.
   (4) Habría hemorragias.
   (5) El organismo produciría más sangre.

3. La mujer tiene el doble de probabilidades que el hombre de padecer osteoartritis de la rodilla. Investigadores de la Facultad de Medicina de la Universidad de Harvard observaron a 20 mujeres sanas caminar con zapatos de tacón alto y notaron que este tipo de calzado aumenta la presión a la que se someten las rodillas. Por lo tanto, es posible que los zapatos de tacón alto contribuyan a la mayor incidencia de artritis de la rodilla que se observa en la mujer.

¿Cuál de los siguientes enunciados está apoyado por el texto?

   (1) La rodilla de la mujer es estructuralmente más débil que la del hombre.
   (2) El uso de zapatos tenis puede disminuir la probabilidad de padecer artritis de la rodilla.
   (3) El uso de zapatos de tacón alto desplaza el punto de presión del tobillo a la rodilla y la cadera.
   (4) La rodilla es la articulación que se lesiona con más frecuencia debido a la osteoartritis.
   (5) Si la mujer usa siempre zapatos de tacón alto, el tobillo, la rodilla y la cadera se ajustan a este tipo de calzado.

4. El éxito de los transplantes, es decir, la inserción de órganos o tejidos de un individuo o un animal en otro o de una parte a otra del cuerpo del mismo individuo o animal, depende de la compatibilidad entre el donante y el receptor. Si el órgano o tejido del donante no es compatible con el receptor, el sistema inmunológico del receptor puede rechazarlo.

¿Cuál de los siguientes transplantes tiene más probabilidades de éxito?

   (1) Un corazón de babuino transplantado en un ser humano.
   (2) Un riñón transplantado a un muchacho proveniente de su primo.
   (3) Un pulmón transplantado en una muchacha proveniente de una desconocida.
   (4) Segmentos sanos de intestino de un hombre usados para sustituir segmentos enfermos.
   (5) Un transplante de médula ósea en un paciente con leucemia proveniente de la tía del enfermo.

Las preguntas 5 a 8 se refieren al texto y a la tabla siguientes.

El sistema endocrino está formado por glándulas que secretan unas sustancias químicas denominadas hormonas. Las hormonas circulan por todo el organismo, pero afectan exclusivamente a ciertos órganos.

| Glándula endocrina | Hormona | Acción |
|---|---|---|
| Tiroides | Tiroxina | Controla la velocidad de conversión celular de los nutrientes en energía |
| Paratiroides | Parathormona | Regula el uso del calcio y el fósforo en el organismo |
| Timo | Timosina | Influye en la formación de anticuerpos en niños |
| Adrenales | Adrenalina<br>Cortisona | Prepara al organismo en casos de emergencia<br>Mantiene el equilibrio de la sal |
| Páncreas | Insulina | Disminuye la concentración sanguínea de azúcar |
| Ovarios (gónadas femeninas) | Estrógenos | Controla el desarrollo de las características sexuales secundarias |
| Testículos (gónadas masculinas) | Testosterona | Controla el desarrollo de las características sexuales secundarias |
| Pituitaria | Somatotropina<br>Oxitocina<br>ACTH, TSH<br>FSH, LH | Controla el desarrollo de huesos y músculos<br>Estimula las contracciones uterinas durante el parto<br>Regula la secreción de otras glándulas endocrinas |

5. En casos de emergencia, el ritmo cardíaco y respiratorio se aceleran y la energía del organismo aumenta espontáneamente. ¿Qué glándula endocrina causa esta reacción?

   (1) las adrenales
   (2) la pituitaria
   (3) el timo
   (4) la paratiroides
   (5) el páncreas

6. ¿Qué hormona estimula las contracciones del útero durante el parto?

   (1) el glucagón
   (2) la oxitocina
   (3) los estrógenos
   (4) la testosterona
   (5) la adrenalina

7. ¿Cuál de los siguientes es el medio implícito por el cual las hormonas llegan a todo el organismo?

   (1) el sistema digestivo
   (2) los nervios
   (3) la sangre
   (4) la saliva
   (5) la piel

8. Las personas que padecen diabetes tienen una concentración elevada de azúcar en la sangre. Uno de los tipos de diabetes se debe a la deficiencia de una hormona en particular. ¿Qué hormona es?

   (1) la parathormona
   (2) la adrenalina
   (3) la insulina
   (4) la oxitocina
   (5) la timosina

Las respuestas comienzan en la página 273.

# DESTREZA DE GED **Identificar la lógica incorrecta**

lógica incorrecta
error de razonamiento

simplificación excesiva
hacer menos complicado
un concepto o un tema al
grado de que se vuelva
incorrecto

error de selección
presentación de sólo
dos opciones a pesar
de que existan otras
posibilidades

La mayor parte del tiempo, el razonamiento científico tiene un rasgo lógico, aunque a veces pierde sentido y se plantea con una **lógica incorrecta.** En estos casos es necesario leer detenidamente a fin de identificar la lógica incorrecta.

La **simplificación excesiva** es una forma de lógica incorrecta en la que se incurre al hacer menos complicado un tema a tal grado que el planteamiento deja de ser fiel. Muchas veces, la simplificación excesiva se observa en enunciados de causa y efecto. Por ejemplo, es posible que usted haya escuchado que las dietas con un alto contenido de grasas causan cardiopatías. Pues bien, esta es una simplificación excesiva debido a que este tipo de dietas puede contribuir al desarrollo de cardiopatías en muchos individuos.

A veces, la simplificación excesiva se da en forma de **errores de selección** en los que sólo se escogen dos opciones cuando existen otras opciones. Por ejemplo, vamos a suponer que alguien dice que las cardiopatías se deben a dietas con un alto contenido de grasas o al hábito de fumar. En realidad, tanto este tipo de dietas como el hábito de fumar son factores que contribuyen a la presentación de cardiopatías, aunque también se encuentran en este caso la falta de ejercicio, la herencia y otros factores.

La lógica incorrecta se identifica estudiando detenidamente el material. Busque elementos demasiado simplistas o generales e ilógicos.

**Lea el texto y responda las preguntas que se presentan a continuación.**

Durante años, la gente ha debatido sobre la cuestión de si la conducta humana está determinada por factores genéticos (herencia) o ambientales (la interacción con nuestro medio). Platón, un filósofo de la Grecia antigua, pensaba que la personalidad es innata al ser humano, pero Aristóteles, otro filósofo de la Grecia antigua, proponía que se adquiría a través de los órganos de los sentidos. Y el debate continúa. ¿Tienen origen biológico o existencial las diferencias de conducta entre los sexos? ¿Qué conforma nuestra personalidad, la herencia o el medio? En la actualidad, los científicos piensan que la conducta humana recibe influencias tanto genéticas como ambientales.

1. Marque con una "X" la oración que expresa el pensamiento de Platón sobre la personalidad.

    _____ a. La personalidad se forma debido a influencias ambientales.

    _____ b. La personalidad del ser humano es innata.

Usted acertó si escogió la *opción b* ya que Platón pensaba que la personalidad era un rasgo biológico.

2. Marque con una "X" la razón por la cual el pensamiento de Platón sobre la personalidad es una simplificación excesiva.

    _____ a. La personalidad está determinada por diversos factores, tanto innatos como ambientales.

    _____ b. La personalidad es en realidad el resultado de nuestras vivencias.

Usted acertó si escogió la *opción a.* La personalidad es compleja y está determinada por diversos factores. El tratar de atribuir la personalidad a una sola causa puede representar una lógica incorrecta.

**Lea el texto, estudie el diagrama y responda las preguntas que se presentan a continuación.**

Las investigaciones han demostrado que los dos lados, o hemisferios, del encéfalo tienen funciones especializadas hasta cierto punto. El hemisferio izquierdo es responsable en gran parte de la capacidad verbal y el razonamiento lógico, mientras que el hemisferio derecho procesa las percepciones visuales y emocionales. Ambos hemisferios se comunican por medio de un segmento ancho de tejido nervioso denominado **cuerpo calloso.**

Antiguamente la creencia popular arraigada era que ambos hemisferios encefálicos tenían funciones distintas. Según esta creencia, muchas veces se decía que las personas inclinadas al uso de las habilidades lingüísticas y el razonamiento lógico usaban mayormente el hemisferio izquierdo, mientras que los artistas y las personas emotivas usaban el derecho.

Sin embargo, los científicos han descubierto que muchas de las funciones del encéfalo no son exclusivas de un hemisferio u otro. De hecho, las actividades complejas del ser humano exigen la participación de ambos hemisferios. Los estudios demuestran que la lectura de cuentos requiere el procesamiento de ambos hemisferios: el hemisferio izquierdo procesa el texto leído, mientras que el derecho procesa las imágenes y el contenido emocional.

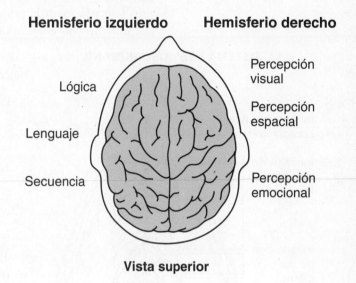

**Vista superior**

1. Escriba *I* junto a las funciones atribuidas principalmente al hemisferio izquierdo del encéfalo y *D* junto a las atribuidas principalmente al hemisferio derecho.

_____ a. lenguaje          _____ c. lógica          _____ e. percepción espacial

_____ b. percepción visual     _____ d. emociones       _____ f. secuencia

2. Marque con una "X" el ejemplo de lógica incorrecta deducida sobre la base de que los dos hemisferios tienen funciones distintas.

_____ a. Algunas personas usan principalmente el hemisferio izquierdo o el derecho dependiendo de sus habilidades lógicas o artísticas.

_____ b. Las actividades complejas del ser humano requieren del procesamiento de ambos hemisferios encefálicos.

3. Marque con una "X" los hechos que sugieran que ambos hemisferios del encéfalo participan en actividades complejas.

_____ a. Ambos hemisferios del encéfalo intercambian información a través del cuerpo calloso.

_____ b. La superficie del hemisferio izquierdo y derecho del encéfalo tiene una apariencia rugosa y presenta surcos profundos.

_____ c. Cuando leemos un cuento, el lado izquierdo del encéfalo procesa las percepciones visuales y emocionales y el izquierdo procesa el texto.

_____ d. La percepción espacial y visual y el contenido emocional se procesan en el hemisferio izquierdo.

**Las respuestas comienzan en la página 274.**

**El sistema nervioso y la conducta**

El **sistema nervioso** es la red de control y comunicaciones del cuerpo humano y está formado por el encéfalo, la médula espinal y los nervios. El encéfalo y la médula espinal controlan la red, mientras que los nervios los comunican con el resto del organismo.

**EL SISTEMA NERVIOSO HUMANO**

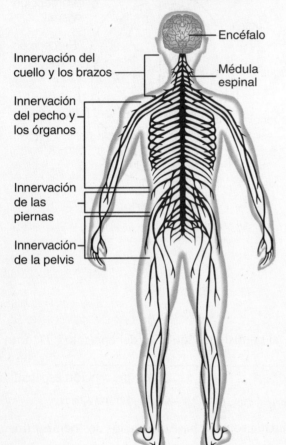

Innervación del cuello y los brazos

Innervación del pecho y los órganos

Innervación de las piernas

Innervación de la pelvis

Encéfalo

Médula espinal

El sistema nervioso humano tiene cuatro funciones básicas:

1. Recibir información sobre nuestro medio a través de los **órganos de los sentidos.**
2. Organizar la información e integrarla a la información almacenada.
3. Enviar instrucciones a los músculos y las glándulas con base en esta información.
4. Ofrecer vivencias conscientes, es decir, pensamientos, percepciones y sentimientos, sobre nuestra vida mental.

La unidad básica del sistema nervioso central es la **neurona** o célula nerviosa. Existen tres tipos de neuronas. Las neuronas sensoriales llevan impulsos de los órganos sensoriales, como los ojos y la piel, a la médula espinal y el encéfalo. Las interneuronas transmiten impulsos nerviosos en el encéfalo y la médula espinal, procesan información y comunican a las neuronas sensoriales y motoras. Por último, las neuronas motoras llevan impulsos del encéfalo y la médula espinal a los músculos y las glándulas de todo el organismo.

Las interneuronas desempeñan las funciones más complejas. Existen aproximadamente 100,000 millones de estas neuronas y unos cuantos millones de neuronas sensoriales y motoras.

El diagrama de abajo ilustra una neurona motora. Estas neuronas reciben impulsos nerviosos de otras neuronas a través de las dendritas y el cuerpo de la célula. Después de recibir el mensaje, transmite sus propios impulsos por el axón, el cual termina en ramificaciones en contacto con las fibras musculares.

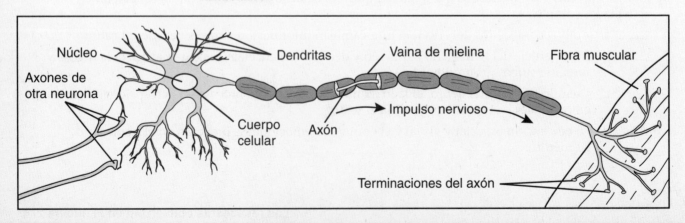

Núcleo

Axones de otra neurona

Dendritas

Vaina de mielina

Fibra muscular

Cuerpo celular

Axón

Impulso nervioso

Terminaciones del axón

Instrucciones: Elija la respuesta que mejor responda a cada pregunta.

Las preguntas 1 a 6 se refieren al texto y a los diagramas de la página 68.

1. Según el texto y los diagramas de la página 68, ¿de qué estructuras reciben impulsos nerviosos las neuronas motoras?

   (1) de los axones de las interneuronas u otras neuronas motoras
   (2) de los axones de las neuronas sensoriales
   (3) de las dendritas de otras neuronas motoras
   (4) de las dendritas de las interneuronas
   (5) del cuerpo celular de las neuronas sensoriales

2. Muchas neuronas sensoriales se localizan en la piel. ¿Cuál de las siguientes partes del cuerpo es más probable que tenga un mayor número de neuronas sensoriales?

   (1) la frente
   (2) el dorso de los pies
   (3) el dorso de las manos
   (4) el torso
   (5) la yema de los dedos

3. El espacio que separa el axón de una neurona de las dendritas de otra se denomina **sinapsis.** Las señales se transmiten por medio de impulsos eléctricos del cuerpo celular hasta el extremo terminal del axón. Al llegar aquí, la señal atraviesa la sinapsis por medio de ciertos mensajeros químicos denominados **neurotransmisores.** Según esta información y la de la página 68, ¿cuál de los siguientes enunciados es correcto?

   (1) Las señales se transmiten de una neurona a otra por medio de impulsos eléctricos.
   (2) Los neurotransmisores llevan las señales de una neurona a otra.
   (3) Las neuronas tienen una sola dendrita o un axón.
   (4) Las neuronas motoras llevan información a las neuronas sensoriales.
   (5) Sólo las neuronas motoras producen neurotransmisores.

4. ¿Cuál sería la consecuencia más probable al seccionar la médula espinal a la altura de la cintura?

   (1) La médula espinal dejaría de funcionar completamente.
   (2) Los mensajes provenientes del encéfalo no llegarían a las piernas ni a la pelvis.
   (3) Los mensajes provenientes del encéfalo no llegarían al pecho y al corazón.
   (4) Los mensajes provenientes del cuello y los brazos no llegarían al encéfalo.
   (5) Los mensajes provenientes del pecho y el corazón no llegarían al encéfalo.

5. ¿Por qué se dice que el sistema nervioso es una red de comunicaciones?

   (1) Porque el encéfalo participa en el control de los músculos y muchas glándulas del organismo.
   (2) Porque la médula espinal conecta grupos de nervios al encéfalo.
   (3) Porque el cerebro y la médula espinal reciben y transmiten información a todas partes del organismo.
   (4) Porque la nueva información recibida se integra a la información almacenada.
   (5) Porque el cerebro, la médula espinal y los nervios están constituidos de neuronas.

6. "El encéfalo controla las actividades del sistema nervioso". ¿Por qué este enunciado representa un ejemplo de lógica incorrecta?

   (1) Porque el sistema nervioso está formado por el encéfalo, la médula espinal y los nervios.
   (2) Porque el encéfalo está formado por miles de millones de interneuronas.
   (3) Porque la médula espinal controla algunas de las actividades del sistema nervioso central.
   (4) Porque el sistema nervioso está formado por distintos tipos de neuronas.
   (5) Porque el encéfalo no recibe información de los órganos de los sentidos.

**Las respuestas comienzan en la página 274.**

Instrucciones: Elija la respuesta que mejor responda a cada pregunta.

Las preguntas 1 a 3 se refieren al texto y diagrama siguientes.

Ciertos aspectos de la conducta humana, como los **reflejos** simples, son innatos. Los reflejos simples representan respuestas automáticas ante **estímulos** externos. Por ejemplo, cuando nos quemamos la yema de un dedo en la estufa, retiramos automáticamente la mano.

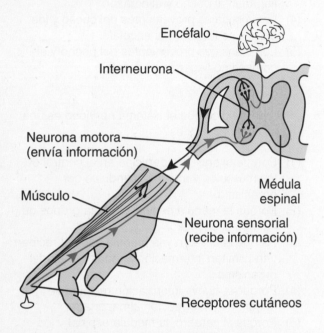

Los reflejos simples ocurren de la siguiente manera: primero, una neurona sensorial lleva la información del estímulo de la piel a la médula espinal, de donde pasa a las neuronas motoras que van a los músculos del brazo y la mano. Esto causa que retiremos la mano tan rápidamente que todo ocurre antes de que la información sobre el accidente llegue al encéfalo. Cuando la información llega al encéfalo, sentimos de inmediato el dolor.

Sin embargo, otros aspectos de la conducta humana no son innatos sino más bien aprendidos. Por ejemplo, aprendemos a relacionar eventos como el olor de los alimentos al cocinarlos con la hora de la comida. También aprendemos a practicar conductas recompensadas y evitamos las que se castigan y por observación aprendemos de las experiencias y el ejemplo de los demás. A diferencia de los reflejos simples, el aprendizaje exige la participación de rutas complejas del encéfalo.

1. "Los reflejos simples exigen la transmisión directa de información de una neurona sensorial a una motora". Según el diagrama, ¿por qué este enunciado representa un ejemplo de lógica incorrecta?

   (1) Porque sólo las neuronas sensoriales participan en los reflejos simples.
   (2) Porque sólo las neuronas motoras participan en los reflejos simples.
   (3) Porque sólo las interneuronas participan en los reflejos simples.
   (4) Porque la información de los reflejos simples se procesa en el encéfalo, no en las neuronas.
   (5) Porque la información también pasa por las interneuronas de la médula espinal.

2. ¿Cuál de los siguientes enunciados representa un ejemplo de aprendizaje de conducta repetitiva recompensada?

   (1) Un pequeño se encoge al mirar un relámpago porque sabe que a continuación tronará el cielo.
   (2) Una mujer aprende a conducir el automóvil respetando el límite de velocidad después de recibir una infracción por exceso de velocidad.
   (3) Una pequeña aprende a decir "por favor" al pedir las cosas porque sólo así consigue lo que busca.
   (4) Un hombre se quema la mano al tocar la estufa y retira la mano rápidamente.
   (5) Una pequeña mira a su papá hacer un truco sencillo y después trata de hacerlo ella.

3. ¿Qué diferencia hay entre un reflejo simple y la conducta aprendida?

   (1) El reflejo simple exige la participación del encéfalo, mientras que la conducta aprendida exige la participación de la médula espinal.
   (2) El reflejo simple exige la participación de la médula espinal, mientras que la conducta aprendida exige la participación del encéfalo.
   (3) El reflejo simple y la conducta aprendida exigen la participación del encéfalo.
   (4) El reflejo simple exige la participación de neuronas sensoriales y la conducta aprendida no.
   (5) El reflejo simple exige la participación de neuronas motoras y la conducta aprendida no.

## LOS EXPERIMENTOS DE PAVLOV

Las preguntas 4 a 6 se refieren al texto y a la tabla siguientes.

Iván Pavlov, científico ruso que se dedicó al estudio del sistema digestivo, sabía que al dar carne a un perro, éste salivaba. Pavlov también notó que cuando continuaba usando a un mismo perro en particular, el perro empezaba a salivar al recibir estímulos relacionados con la carne (como las pisadas al acercarse, los sonidos que hacía el tazón de la comida, etc.).

Pavlov condujo algunos experimentos para descubrir la causa de esto. Primero puso un perro en una sala pequeña y le adaptó un dispositivo para medir el volumen de saliva. Luego, desde una sala contigua, ofrecía comida al animal después de aplicar un estímulo neutral, como el sonido de un afinador. Después de repetir varias veces el método, Pavlov hizo sonar el afinador sin ofrecerle comida al perro y notó que éste empezaba a salivar de todos modos. El perro había aprendido por condicionamiento a relacionar el sonido con la hora de la comida. Después, Pavlov condicionó a otros perros a salivar al hacer sonar un timbre, encender una luz, tocar una pata del animal y a la vista de un círculo.

### EXPERIMENTO DE PAVLOV

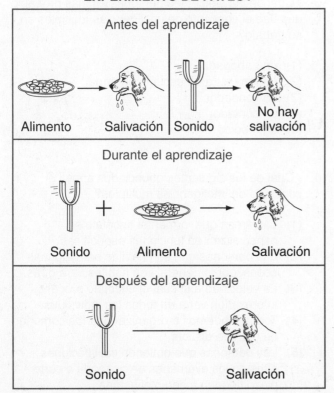

4. Después de escuchar el sonido y recibir su alimento, ¿por qué el perro de Pavlov empezaba a salivar cuando el científico sólo hacía sonar el afinador?

   (1) Porque el perro estaba muy hambriento.
   (2) Porque Pavlov estaba midiendo el volumen de saliva.
   (3) Porque el perro aprendió a relacionar el sonido con la comida.
   (4) Porque el perro aprendió a relacionar el sonido con los castigos.
   (5) Porque los perros siempre salivan al escuchar el sonido de un afinador.

5. Imaginemos que Pavlov continuara haciendo sonar el afinador pero sin ofrecerle ya alimento después del estímulo. ¿Qué sería lo más probable que haría el perro?

   (1) continuaría salivando al oír el sonido del afinador
   (2) continuaría salivando al escuchar el sonido del afinador y luego recibir su alimento
   (3) dejaría de salivar gradualmente al oír el sonido del afinador
   (4) dejaría de salivar gradualmente al recibir el alimento
   (5) a veces salivaría al oír el sonido del afinador y al recibir el alimento

6. ¿Cuál de los siguientes eventos es el que más se asemeja al tipo de aprendizaje del perro de Pavlov?

   (1) Un perro aprende a esconderse de un niño que tira de su rabo con frecuencia.
   (2) Un estudiante memoriza una lista larga de palabras de vocabulario en preparación a un examen.
   (3) Una paloma aprende a reconocer el rostro humano por visualización continua.
   (4) Una niña aprende que al hacer berrinche llama la atención.
   (5) Un chimpancé aprende a usar una rama o una roca para abrir nueces.

**Las respuestas comienzan en la página 275.**

**Instrucciones:** Ésta es una prueba de práctica que dura diez minutos. Después de que transcurran los diez minutos, ponga una marca en la última pregunta que haya respondido. A continuación, termine la prueba y revise sus respuestas. Si la mayoría de sus respuestas fueron correctas, pero no terminó la prueba, trate de responder las preguntas más rápidamente la próxima vez. Elija la respuesta que mejor responda a cada pregunta.

Las preguntas 1 a 4 se refieren al texto y a la tabla siguientes.

Uno de los puntos de vista sobre la definición de inteligencia es el concepto de inteligencias múltiples. Según esta teoría, existen diversos tipos de inteligencia que además se observan en diversos grados.

| INTELIGENCIAS MÚLTIPLES | |
|---|---|
| **Tipo de inteligencia** | **Descripción** |
| Lingüística | Habilidad lingüística, sobre todo para distinguir diversas acepciones |
| Lógica-matemática | Habilidad racional |
| Espacial | Habilidad para percibir y dibujar relaciones espaciales |
| Musical | Habilidad musical, incluyendo canto, habilidad instrumental y composición |
| Corporal-cinestésica | Habilidad para controlar los movimientos musculares con gracia |
| Interpersonal | Habilidad para comprender y llevar buenas relaciones con los demás |
| Intrapersonal | Habilidad para comprenderse a sí mismo y aplicar los conocimientos para guiar la conducta propia |

1. ¿Cuál de los siguientes enunciados se puede inferir a partir del concepto de inteligencias múltiples?

   (1) La inteligencia depende de la velocidad con la que el encéfalo es capaz de procesar información.
   (2) La inteligencia representa una sola habilidad mental general.
   (3) Las inteligencias múltiples no son mensurables por medio de las pruebas estándar de inteligencia.
   (4) Las personas que tienen una marcada inteligencia corporal-cinestésica muchas veces carecen de habilidad lingüística.
   (5) Las personas que tienen una marcada inteligencia espacial, muchas veces carecen de inteligencia interpersonal.

2. Según la teoría, ¿qué tipos de inteligencia aplica usted al estudiar este libro?

   (1) lingüística y lógica-matemática
   (2) lógica-matemática y espacial
   (3) espacial y corporal-cinestésica
   (4) corporal-cinestésica e interpersonal
   (5) interpersonal e intrapersonal

3. ¿Cuál de las siguientes personas es más probable que use el concepto de inteligencias múltiples en su trabajo?

   (1) una abogada
   (2) una maestra de escuela primaria
   (3) un vendedor
   (4) un contador
   (5) un médico

4. ¿Cuál de los siguientes enunciados apoya el concepto de inteligencias múltiples?

   (1) Las áreas que forman el encéfalo se especializan en funciones específicas.
   (2) Las personas que son hábiles para algunas cosas, por lo general son hábiles para otras.
   (3) La velocidad a la cual el encéfalo procesa información varía en todos los individuos.
   (4) Todos tendemos a organizar objetos comunes de manera distinta.
   (5) Las personas que obtienen calificaciones altas en los exámenes de memoria a corto plazo tienden a ser inteligentes.

Las preguntas 5 a 7 se refieren al texto y diagrama siguientes.

El encéfalo humano está formado por tres partes principales: el cerebro, el cerebelo y el tallo cerebral.

El cerebro es la estructura de mayor tamaño del encéfalo y responsable de la percepción los movimientos voluntarios (control motor), el lenguaje, la memoria y el pensamiento. Las diversas regiones del cerebro controlan distintas funciones.

El cerebelo controla los movimientos automáticos, como los relacionados con la postura del cuerpo, además de que coordina la información proveniente de la vista, el oído interno y los músculos para mantener el equilibrio.

El tallo cerebral controla el ritmo cardíaco y respiratorio entre otras funciones vitales del organismo.

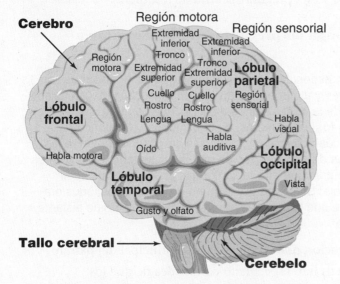

5. "El cerebelo es la estructura encefálica responsable de controlar el movimiento". ¿Qué enunciado corrige la lógica incorrecta de la oración anterior?

(1) El cerebelo controla el equilibrio, pero no el movimiento.
(2) El cerebelo controla funciones vitales y el movimiento.
(3) El cerebelo y el cerebro controlan en conjunto el movimiento.
(4) El tallo cerebral controla los movimientos involuntarios.
(5) El tallo cerebral controla el ritmo cardíaco y respiratorio.

6. ¿Cuál de las siguientes funciones es más probable que resulte afectada por un golpe en la parte posterior de la cabeza?

(1) el gusto
(2) la vista
(3) el ritmo cardíaco
(4) el oído
(5) el movimiento de las extremidades inferiores

7. ¿Cuál sería el título ideal para el texto y el diagrama?

(1) El sistema nervioso humano
(2) El encéfalo humano
(3) El cerebro
(4) El encéfalo
(5) El sistema nervioso

8. En un momento dado, nuestros órganos de los sentidos reciben una gran cantidad de estímulos. Por ejemplo, es posible que escuchemos el ruido de los automóviles al pasar, el murmullo de personas conversando y de aves gorjeando; o que miremos desplazarse los mismos automóviles y a los vecinos caminar por la acera; o que percibamos el olor del pasto recién cortado o el aroma del café recién preparado; o bien, que al mismo tiempo sintamos picazón en un pie y saboreemos un bocado de nuestro cereal caliente preferido. La atención selectiva es el proceso por el cual el encéfalo escoge los estímulos en los que se concentra.

¿En que situación es más probable que aplique usted la atención selectiva?

(1) al mirar una película interesante en el cine
(2) al sentir la luz solar tocar su piel en un día húmedo y caluroso de verano
(3) al percibir el aroma de un caldo caliente al entrar a un restaurante
(4) al sentir el sabor dulce de una bebida carbonatada azucarada
(5) al escuchar la voz de una persona en una fiesta ruidosa

Las respuestas comienzan en la página 275.

# DESTREZA DE GED **Resumir ideas**

**Resumir** es la acción de sintetizar las ideas más importantes de un texto. Por ejemplo, cuando relatamos a un amigo el último episodio de una serie de televisión, no nos tomamos media hora para contarle cada detalle, sino que le relatamos sólo las escenas más importantes en unos minutos.

La habilidad de resumir es muy útil al leer sobre ciencias. Cuando resumimos un texto, buscamos la idea principal que muchas veces se plantea en la oración temática de un párrafo. El resumen debe contener todas las ideas principales del texto y los detalles más sobresalientes.

También es posible resumir diagramas y tablas. ¿Cómo se hace esto? Estudie el título, las leyendas o los encabezamientos de las columnas. A continuación pregúntese, "¿Qué representa este diagrama o tabla?". Una respuesta clara pero breve a esta pregunta servirá de resumen.

resumir
sintetizar ideas
importantes

**Lea el párrafo y responda las preguntas que se presentan a continuación.**

Algunos científicos han especulado con la idea de que los dinosaurios son los antepasados de las aves y a manera de prueba citan muchos rasgos físicos comunes, como el hueso de la quilla. A fines de la década de 1990, se descubrieron los primeros **fósiles,** o restos, de dinosaurios prehistóricos semejantes a las aves, lo cual reforzó las evidencias del parentesco entre las aves y los dinosaurios. Una de estas **especies** prehistóricas tenía unas plumas muy largas en la cola, mientras que otra tenía plumas en las extremidades inferiores, el cuerpo y la cola. Sin embargo, ninguno de estos dinosaurios era capaz de volar y es posible que las plumas hayan tenido la función de aislante, equilibrio o atractivo sexual.

**SUGERENCIA**

Antes de resumir un texto pregúntese, "¿Es importante esta idea?". Si la idea no es esencial, ignórela.

1. Escriba *P* junto a la oración que contiene la idea principal del párrafo.

     a. Los científicos han especulado con la idea de que los dinosaurios son los antepasados de las aves.

     b. Es posible que las plumas de los dinosaurios les hayan sido útiles para conservar el equilibrio.

Usted acertó si escogió la *opción a*. La idea principal es que quizás haya un parentesco entre aves y dinosaurios.

2. Escriba *R* junto a la oración que representa un resumen del párrafo.

     a. Es posible que los dinosaurios sean los antepasados de las aves. Los rasgos comunes, como la semejanza del hueso de la quilla, y las evidencias fósiles, como el descubrimiento de dinosaurios emplumados semejantes a las aves, apoyan esta teoría.

     b. Se han descubierto fósiles de dinosaurios semejantes a las aves. Es posible que las plumas de los dinosaurios emplumados hayan servido como aislante, para mantener el equilibrio o como atractivo sexual.

Usted acertó si escogió la *opción a*. Este enunciado expresa la idea principal y otras ideas importantes de manera breve.

**Lea el texto, estudie el diagrama y responda las preguntas que se presentan a continuación.**

Antiguamente, la eliminación del piojo era sencilla, ya que simplemente había que usar un champú o enjuague con un insecticida llamado permetrina. Sin embargo, en años recientes el piojo ha creado resistencia a la permetrina de manera que muchas veces el champú o enjuagues no dan buenos resultados.

¿Cómo logró el piojo crear resistencia al insecticida? Cuando la **población** de piojos se expuso a la permetrina, la mayoría de ellos murieron. Sin embargo, algunos piojos sobrevivieron gracias a sus diferencias, es decir, **mutaciones** genéticas que les confirieron resistencia al insecticida. Estos piojos resistentes se reprodujeron y transmitieron su resistencia a su descendencia. Ahora, después de muchas generaciones, la mayoría de los piojos son resistentes a la permetrina.

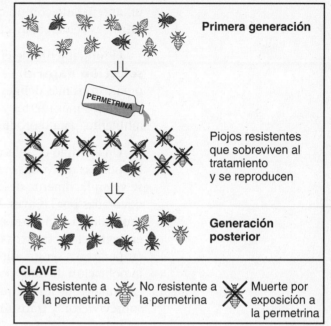

Primera generación

PERMETRINA

Piojos resistentes que sobreviven al tratamiento y se reproducen

Generación posterior

CLAVE

Resistente a la permetrina    No resistente a la permetrina    Muerte por exposición a la permetrina

1. Escriba *P* junto a la oración que contiene la idea principal del texto.

_____ a. El insecticida permetrina se usó para eliminar el piojo del ser humano.

_____ b. El piojo creó resistencia al insecticida permetrina.

2. Escriba *R* junto a la oración que representa un resumen del texto.

_____ a. El piojo se elimina con champú o enjuagues que contengan el insecticida permetrina. La permetrina ya no es eficaz debido a que muchos piojos sobreviven al tratamiento.

_____ b. La permetrina ya no es eficaz para el tratamiento de la infestación por piojos. El piojo creó resistencia al insecticida debido a una mutación que se ha transmitido de generación en generación, por lo que ahora la mayoría de los piojos son resistentes.

3. Escriba *R* junto a la oración que representa un resumen del diagrama.

_____ a. Los piojos resistentes a la permetrina sobrevivieron al tratamiento, se reprodujeron y su descendencia heredó la resistencia.

_____ b. Los champús y enjuagues insecticidas ya no son eficaces para el tratamiento de la infestación por piojos debido a que los piojos sobreviven y muchos de ellos deben eliminarse por otros medios.

4. Escriba *R* junto a la oración que representa un resumen del texto y el diagrama.

_____ a. La permetrina ya no es eficaz para el tratamiento de la infestación por piojos debido a que algunos adquirieron resistencia por una mutación que transmitieron a su descendencia.

_____ b. Todos los champús y enjuagues insecticidas son ineficaces en el tratamiento de la infestación por piojos debido a que los piojos y su descendencia sobreviven al tratamiento.

**Las respuestas comienzan en la página 276.**

La **evolución** implica cambios en el tiempo. En las ciencias, la teoría de la evolución establece que todos los organismos vivos de nuestros días tienen un antepasado común que evolucionó a partir de las primeras células. Estas primeras células aparecieron hace 3,500 millones de años.

El fundamento de la teoría de la evolución de Charles Darwin es la **selección natural.** La selección natural es un proceso por el cual los organismos más débiles o menos aptos de una población mueren, dando paso a los más fuertes y más aptos, es decir, los mejores adaptados al medio ambiente, para reproducirse y perpetuar la especie.

Un ejemplo de selección natural es la polilla moteada. Alguna vez, todas las polillas moteadas eran de color claro. Las pocas que había de color oscuro se veían fácilmente descansando en el tronco de los árboles de donde eran devoradas por las aves. Durante la década de 1800, el hábitat de la polilla moteada en Inglaterra cambió. El humo de las nuevas fábricas empezó a ennegrecer los troncos con hollín. Muy pronto, las polillas de color claro empezaron a ser un alimento más fácil de atrapar para las aves, lo cual abatió la población de estas polillas. Las polillas de color oscuro, ahora con un camuflaje que les permitía confundirse con los troncos ennegrecidos, sobrevivieron y transmitieron su color a su descendencia.

Los pasos de la selección natural se resumen en la tabla siguiente.

| LOS PASOS DE LA SELECCIÓN NATURAL | |
|---|---|
| **Paso** | **Descripción** |
| Reproducción excesiva | La mayoría de los organismos tienen mucha descendencia. Sin embargo, el ambiente no es capaz de mantener todos los organismos que nacen debido a la limitación de los recursos. |
| Competencia | La presencia de demasiados individuos y la escasez de recursos hacen que los organismos empiecen a competir por el alimento, el agua y otras necesidades. |
| Variación | Los rasgos heredados por algunos representantes de la especie varían considerablemente. Además, es posible que algunos de ellos manifiesten variaciones causadas por mutaciones genéticas. |
| Supervivencia | Algunos individuos expresan rasgos heredados que les facilitan el aprovechamiento de los recursos ambientales o a usarlos más eficientemente. Estos individuos tienen más probabilidades de sobrevivir. A medida que el ambiente cambia, es posible que los rasgos que ayudaron a los individuos a sobrevivir también cambien. |
| Reproducción | Los supervivientes se aparean y transmiten sus rasgos a su descendencia. |

Instrucciones: Elija la respuesta que mejor responda a cada pregunta.

Las preguntas 1 a 6 se refieren al texto y a la tabla de la página 76.

**1. ¿Qué es la evolución?**

(1) cambios ambientales que ocurren rápidamente
(2) la transmisión de los rasgos genéticos de los progenitores a su descendencia a través de las generaciones
(3) el proceso por el cual ciertos organismos sobreviven y se reproducen
(4) la supervivencia de los más aptos para reproducirse y perpetuar la especie
(5) el proceso por el cual los organismos vivos cambian a través del tiempo

**2. ¿Cómo el hollín de la industrialización favoreció la supervivencia de la polilla moteada de color oscuro?**

(1) El hollín no dañó a las polillas moteadas de color oscuro.
(2) El hollín mató los árboles de los que se alimentaba la pollilla moteada.
(3) El hollín ennegreció el tronco de los árboles, lo cual permitió a las polillas pasar desapercibidas.
(4) El hollín obstruyó las vías pulmonares de las aves matándolas antes de que pudieran comerse a las polillas.
(5) El hollín envenenó el alimento, matando así a las polillas moteadas.

**3. Algunas de las polillas moteadas eran de color claro y otras de color oscuro. ¿De qué paso de la selección natural es ejemplo este hecho?**

(1) reproducción excesiva
(2) competencia
(3) variación
(4) supervivencia
(5) reproducción

**4. El cactus almacenan grandes cantidades de agua y es capaz de sobrevivir en el desierto durante períodos prolongados de sequía. ¿De qué paso de la selección natural es ejemplo este hecho?**

(1) reproducción excesiva
(2) competencia
(3) variación
(4) supervivencia
(5) reproducción

**5. ¿Cuál de los siguientes enunciados resume mejor el proceso de la selección natural?**

(1) Todas las especies animales y vegetales tienen un antepasado común y han evolucionado a través del tiempo hasta adoptar su forma actual.
(2) En un ambiente dado, ciertos rasgos facilitan la supervivencia de algunos individuos sobre otros.
(3) Los organismos débiles mueren dando paso a los mejor adaptados para reproducirse y transmitir sus rasgos.
(4) El medio no es capaz de mantener a todos los descendientes, por lo que tienen que competir entre sí por los recursos.
(5) Algunas variaciones individuales dentro de una misma especie se deben a mutaciones genéticas, las cuales pueden o no ser perjudiciales.

**6. ¿Cómo afectaría el paso de un millón de años a las especies animales y vegetales de la actualidad?**

(1) Las especies animales y vegetales continuarían evolucionando.
(2) Los animales continuarían evolucionando, pero las plantas no cambiarían.
(3) Las plantas continuarían evolucionando, pero los animales no cambiarían.
(4) Animales y plantas dejarían de sentir la influencia de la selección natural.
(5) Las especies animales y vegetales no cambiarán durante el próximo millón de años.

**Las respuestas comienzan en la página 276.**

# Práctica de GED • Lección 6

**Instrucciones:** Elija la respuesta que mejor responda a cada pregunta.

Las preguntas 1 a 3 se refieren al texto y diagrama siguientes.

Existen numerosas pruebas que apoyan la teoría de la evolución. Una de estas pruebas es la presencia de estructuras semejantes o **estructuras homólogas,** de diversos organismos. Estas estructuras de distintas especies son semejantes pero desempeñan funciones distintas. Por ejemplo, las extremidades del diagrama son estructuras homólogas con un uso distinto cada una.

## ESTRUCTURAS HOMÓLOGAS

**Huesos**

A Húmero    D Carpo y
B Radio          metacarpo
C Cúbito      E Falanges

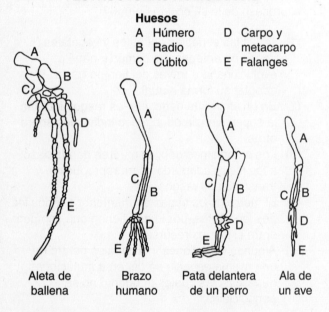

Aleta de ballena    Brazo humano    Pata delantera de un perro    Ala de un ave

Los huesos que forman las extremidades son muy semejantes, razón por la cual tienen el mismo nombre. La semejanza de las extremidades anteriores sugiere que estas especies evolucionaron a partir de un antepasado común, mientras que las diferencias representan el resultado de la adaptación a su medio a lo largo de millones de años.

Cuando resuma un texto, busque la idea principal. A veces, la idea principal se plantea en la oración temática, pero en caso de que no sea así tendrá que leer los detalles para identificarla.

1. De acuerdo con el diagrama, ¿qué semejanza existe entre el radio y el cúbito de la ballena, el ser humano, el perro y las aves?

   (1) Forman estructuras digitiformes.
   (2) Forman estructuras pediformes.
   (3) Se encuentran uno junto al otro bajo el húmero.
   (4) Tienen las mismas dimensiones y desempeñan las mismas funciones.
   (5) Forman parte de la cabeza de las especies representadas.

2. ¿Cuál de los siguientes enunciados resume el texto?

   (1) Las estructuras homólogas representan pruebas que apoyan la teoría de la evolución.
   (2) La semejanza de los huesos se observa en especies con un antepasado común.
   (3) Las aves, la ballena, el ser humano y el perro tienen un antepasado común.
   (4) Las alas, las aletas, los brazos y las patas delanteras son estructuras homólogas.
   (5) Las estructuras homólogas tienen la misma función en especies emparentadas.

3. ¿Cuál de los siguientes enunciados está apoyado por el texto y el diagrama?

   (1) Todos los animales tienen estructuras homólogas.
   (2) Las aves están más emparentadas con el ser humano que el perro.
   (3) La ballena, el ser humano, el perro y las aves tienen un antepasado común.
   (4) Las falanges son huesos de la muñeca del ser humano y la pata del perro.
   (5) Todos los mamíferos poseen carpo y metacarpo en las extremidades anteriores.

## Unir conceptos

### PRUEBAS GENÉTICAS DE LA TEORÍA DE LA EVOLUCIÓN

Las preguntas 4 a 6 se refieren al texto y diagrama siguientes.

Darwin planteó la teoría de la selección natural en la década de 1850 antes de que se conocieran los genes y el ADN. Su teoría se basó en la observación de semejanzas de la estructura corporal y el desarrollo temprano de diversas especies animales. Recientemente los científicos han empezado a comparar la secuencia de la cadena de ADN de diversas especies y han notado que a mayor semejanza de las secuencias, existe un mayor parentesco evolutivo.

Las nuevas pruebas de comparación del ADN han derrumbado teorías sostenidas por mucho tiempo sobre las relaciones entre las especies. Hasta el año de 1800, todos los organismos se clasificaban dentro de uno de dos grandes reinos: el vegetal o el animal. Sin embargo, durante la década de ese mismo año, los científicos comenzaron a darse cuenta de que esa clasificación era demasiado simplista y poco a poco propusieron una clasificación de cinco reinos: bacterias, protistas, hongos, plantas y animales. Las plantas, los animales y los hongos son organismos eucariontes.

Durante muchos años los científicos pensaron que las plantas y los animales pluricelulares habían evolucionado a partir de organismos eucarióticos unicelulares casi al mismo tiempo. Sin embargo, las nuevas pruebas del ADN sugieren que las plantas rojas evolucionaron primero, seguidas por las plantas color café y las verdes al mismo tiempo. Los animales y los hongos evolucionaron más tarde. Los árboles del diagrama muestran la teoría moderna y la antigua sobre la evolución de los eucariontes.

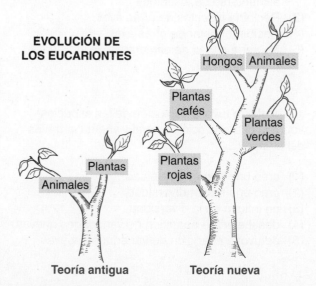

**EVOLUCIÓN DE LOS EUCARIONTES**

Teoría antigua   Teoría nueva

4. De acuerdo con la teoría moderna, ¿qué grupo de organismos está más estrechamente emparentado con los animales?

(1) las plantas
(2) las plantas rojas
(3) las plantas de color café
(4) los hongos
(5) las plantas verdes

5. ¿A cuál de los siguientes casos podría aplicarse la técnica de comparación del ADN?

(1) determinación del parentesco de dos individuos
(2) extracción de ADN fósil
(3) determinación de la edad de un organismo
(4) descubrimiento de la estructura general del ADN
(5) cálculo de la edad de la Tierra

6. ¿Cuál de los siguientes enunciados resume mejor el texto y el diagrama?

(1) La secuencia del ADN ofrece pruebas de la relación evolutiva entre las especies e incluso derrumba conceptos antiguamente establecidos.
(2) Los científicos son capaces de determinar el parentesco entre dos especies mediante la comparación de la secuencia de su ADN.
(3) Antiguamente se pensaba que las plantas y los animales habían evolucionado aproximadamente al mismo tiempo y a partir de organismos unicelulares.
(4) Los cinco grupos principales de organismos pluricelulares son: plantas rojas, plantas de color café, plantas verdes, hongos y animales.
(5) Darwin planteó la teoría de la evolución teniendo como base la observación de semejanzas entre las especies aun antes de que se descubriera el ADN.

SUGERENCIA

Cuando resuma un texto y un diagrama, asegúrese de incluir las ideas importantes de ambos.

**Las respuestas comienzan en la página 276.**

**Instrucciones:** Ésta es una prueba de práctica que dura diez minutos. Después de que transcurran los diez minutos, ponga una marca en la última pregunta que haya respondido. A continuación, termine la prueba y revise sus respuestas. Si la mayoría de sus respuestas fueron correctas, pero no terminó la prueba, trate de responder las preguntas más rápidamente la próxima vez. Elija la respuesta que mejor responda a cada pregunta.

Las preguntas 1 a 4 se refieren al texto y diagrama siguientes.

Las especies son grupos de organismos capaces de aparearse entre sí y producir descendencia fértil. El fenómeno de aparición de especies nuevas derivadas de especies establecidas se conoce como evolución de las especies. La evolución de las especies se presenta debido a cambios del ambiente o a la separación de grupos de individuos y su asentamiento en lugares distintos. El resultado de la evolución de las especies es la aparición de dos o más grupos de organismos que no pueden aparearse entre sí.

A veces, muchas especies evolucionan a partir de una sola por un fenómeno denominado radiación adaptativa. Este fenómeno se presenta cuando un grupo pequeño de individuos se separa del resto de la población, como las poblaciones que habitan en los archipiélagos o regiones bordeadas por cordilleras. Por ejemplo, en Hawai los grupos separados de azucareros se adaptaron a un ambiente distinto. Al paso del tiempo, la forma del pico de cada uno de estos grupos aislados cambió a fin de poder aprovechar los recursos locales. Esta adaptación, o rasgo que estimula la supervivencia de los individuos, pasa de una generación a otra. Al final del proceso, el grupo se convierte en una especie nueva.

### ADAPTACIONES DEL AZUCARERO

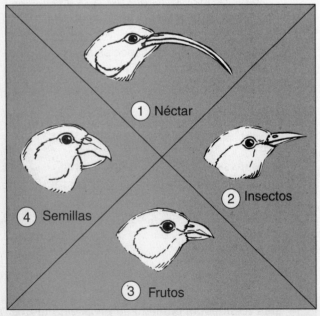

1. ¿Cuál de los siguientes factores es más probable que contribuya a la evolución de las especies?

   (1) los cambios ambientales
   (2) la estabilidad ambiental
   (3) el aislamiento de una especie
   (4) la falta de actividad reproductora
   (5) la abundancia de alimento

2. ¿Cómo influyó la radiación adaptativa en los azucareros?

   (1) Adquirieron una mayor semejanza.
   (2) Se reprodujeron con otras especies.
   (3) Adquirieron más diferencias.
   (4) Adquirieron cambios mínimos o no adquirieron cambios.
   (5) Mostraron un cambio muy rápido en un período de un año.

3. ¿Qué ocurriría si un azucarero de pico adaptado a la extracción de néctar se extraviara en un ambiente donde escaseara el néctar pero abundaran los insectos?

   (1) Se le desarrollaría un pico adaptado para extraer el néctar.
   (2) Se le desarrollaría un pico adaptado para alimentarse de insectos.
   (3) Recibiría insectos de otras aves.
   (4) Recibiría néctar de otras aves.
   (5) No sería capaz de alimentarse lo suficiente para sobrevivir.

4. ¿Qué efecto tuvo la evolución de las especies sobre la diferenciación animal y vegetal a través del tiempo?

   (1) creó una menor diversidad
   (2) creó una mayor diversidad
   (3) no influyó en la diversidad
   (4) desaceleró la aparición de variedades nuevas
   (5) detuvo la aparición de variedades nuevas

Las preguntas 5 y 6 se refieren al texto y diagrama siguientes.

Los embriones representan etapas tempranas del desarrollo de los organismos a partir de óvulos fertilizados. Las semejanzas entre los embriones de los peces, las aves y los seres humanos sugieren que evolucionaron a partir de un antepasado común. Por ejemplo, al principio todos los embriones tienen ranuras branquiales, pero posteriormente sólo los peces desarrollan branquias verdaderas.

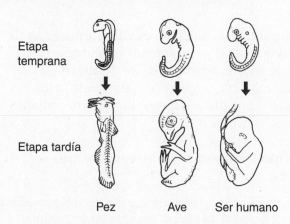

Etapa temprana

Etapa tardía

Pez          Ave          Ser humano

5. ¿Cuál de los siguientes enunciados resume la información del diagrama?

(1) Los embriones de los peces, las aves y los de los seres humanos se desarrollan a partir de óvulos fertilizados.
(2) Los embriones de los peces, las aves y los de los seres humanos tienen ranuras branquiales en una de las etapas de su desarrollo.
(3) Los embriones de los peces desarrollan escamas, mientras que los embriones humanos desarrollan una piel.
(4) Los peces, las aves y los seres humanos evolucionaron a partir de un antepasado común.
(5) Los embriones de los peces, las aves y los de los seres humanos son semejantes en la etapa temprana de su desarrollo.

6. ¿Cuál de los siguientes enunciados está apoyado por el texto y el diagrama?

(1) Los seres humanos están más estrechamente emparentados con los peces que con las aves.
(2) Las aves y los peces están más estrechamente emparentados entre sí que con los seres humanos.
(3) Las semejanzas de los embriones es más marcada en la etapa tardía de su desarrollo.
(4) A medida que evolucionaron los peces, las aves y los seres humanos, sus embriones adquirieron una mayor semejanza.

(5) El antepasado común de los peces, las aves y los seres humanos fue probablemente un animal acuático.

7. La convergencia se observa cuando dos especies que no tienen un parentesco estrecho desarrollan rasgos semejantes de manera independiente. Estos rasgos representan una adaptación a un medio semejante. Por ejemplo, la forma del cuerpo y las aletas del tiburón y el delfín es semejante, pero no tienen un parentesco estrecho. El tiburón es un pez y el delfín un mamífero.

¿Cuál de los siguientes representa otro ejemplo de convergencia?

(1) Los azulejos y las mariposas tienen alas.
(2) El delfín y la ballena tienen orificio nasal.
(3) El perro y el lobo tienen colmillos filosos.
(4) El chimpancé y el gorila tienen pulgares.
(5) El tigre y el leopardo tienen pelaje manchado.

8. Un rasgo favorable para la supervivencia de una especie en un ambiente determinado puede no serlo en otro ambiente diferente.

¿Cuál de los siguientes sería un rasgo favorable para un animal que habita cerca del Polo Norte o del Polo Sur?

(1) el pelaje blanco
(2) el pelaje oscuro
(3) el pelaje pinto
(4) el pelaje ralo
(5) el pelaje sólo en las extremidades

9. El término "registro fósil" se refiere a los restos conservados de organismos muertos hace mucho tiempo que han sido estudiados por los científicos. Este registro ofrece pistas sobre cómo y cuándo evolucionaron los organismos.

¿En cuál de los siguientes casos sería útil el registro fósil?

(1) predicción de la extinción de una especie actual
(2) trazo de las relaciones evolutivas de especies extintas
(3) determinación de la longevidad de los miembros de especies actuales
(4) cálculo de la edad de formación de la Tierra
(5) cálculo del número de especies de la Tierra

Las respuestas comienzan en la página 277.

# Lección 7

## DESTREZA DE GED **Distinguir las conclusiones de los detalles de apoyo**

**conclusión**
resultado lógico o generalización de algo

**detalle de apoyo**
observaciones, mediciones y otros hechos que apoyan una conclusión

**SUGERENCIA**

Al analizar las conclusiones de un texto, busque palabras clave como *por esta razón, por lo tanto, puesto que, debido a,* etc.

La lectura de comprensión muchas veces exige diferenciar las conclusiones y las afirmaciones de apoyo. Las **conclusiones** son resultados lógicos o generalizaciones de algo, mientras que los **detalles de apoyo** son las observaciones, las mediciones y otros hechos que respaldan las conclusiones.

Para establecer la diferencia entre las conclusiones y las afirmaciones de apoyo, aplique las habilidades que usted ya ha aprendido. A veces es necesario distinguir la idea principal (conclusión) de los detalles que la apoyan. Otras veces es necesario decidir qué hechos apoyan una opinión y en ocasiones hasta seguir el razonamiento lógico que lleva de un conjunto de detalles a la generalización o conclusión.

**Lea el texto, estudie la tabla y responda las preguntas que se presentan a continuación.**

Para satisfacer la demanda de consumo, la industria pesquera ha sometido a sobreexplotación numerosas poblaciones de peces. Por esta razón, los grupos ambientalistas han empezado a ofrecer a los consumidores información sobre qué especies de peces están en peligro de extinción y qué otras no lo están. De esta manera, estas organizaciones tienen la esperanza de que los consumidores cambien sus hábitos alimenticios para participar en la recuperación de las poblaciones de peces.

| POBLACIÓN DE PECES | |
|---|---|
| **Especie** | **Situación actual** |
| Bacalao, eglefino y fogonero | Años de sobreexplotación causaron una disminución drástica de la población. |
| Salmón | Saludable en Alaska pero agotada en el resto del mundo. |
| Atún | El atún de aleta azul ha sido sobre explotado gravemente. |
| Lubina | Las restricciones a la pesca comercial han permitido la recuperación de la población de este pez. |

Escriba *DA* si el enunciado es un detalle de apoyo y *C* si es una conclusión.

_____ a.  La lubina era una especie en peligro de extinción antes de restringir su pesca.

_____ b.  Las poblaciones de bacalao y fogonero muestran una marcada disminución.

_____ c.  Los consumidores pueden participar en la recuperación de la industria pesquera del mundo modificando sus hábitos de consumo.

Usted acertó si escogió la *opción c* como conclusión. Las *opciones a* y *b* son detalles (DA) que apoyan la conclusión de que los consumidores pueden participar en la recuperación de las poblaciones de peces al evitar la compra de ciertas especies comerciales.

**Lea el texto, estudie el diagrama y responda las preguntas que se presentan a continuación.**

Todos los seres vivos necesitan energía para realizar sus funciones vitales. Los organismos que obtienen su energía de la luz solar por medio de la fotosíntesis, como las plantas verdes, la hierba y las algas, se denominan **productores.**

Los organismos que se alimentan de otros organismos como fuente de energía se llaman **consumidores.** Los consumidores primarios, como el conejo y el erizo, se alimentan de productores para obtener energía. El zorro y la foca, consumidores secundarios, se alimentan de los consumidores primarios. A veces existen consumidores terciarios (o de tercer nivel), como la lechuza y la orca, que se alimentan de los consumidores secundarios.

La **cadena alimenticia** ilustra una de las maneras en que la energía pasa de los productores a los consumidores.

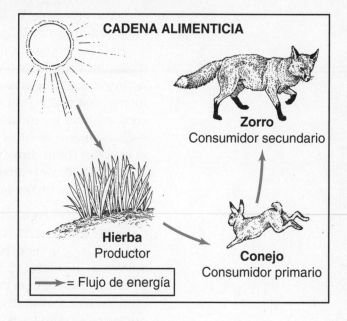

**CADENA ALIMENTICIA**

**Zorro**
Consumidor secundario

**Hierba**
Productor

**Conejo**
Consumidor primario

⟶ = Flujo de energía

1. Escriba *DA* junto a la oración que es un detalle de apoyo del primer párrafo.

_____ a. Todos los seres vivos necesitan energía para realizar sus funciones vitales.

_____ b. Todas las plantas verdes, como la hierba y las algas, son productores.

2. Escriba dos detalles del segundo párrafo.

_____

_____

3. Escriba dos detalles del diagrama.

_____

_____

4. Escriba *C* junto a la oración que expresa una conclusión apoyada por los detalles del texto y el diagrama.

_____ a. En las cadenas alimenticias, la energía fluye del Sol a los productores y de éstos a los consumidores.

_____ b. Los consumidores obtienen su energía directamente de la luz solar o de los productores.

5. Escriba un detalle del texto o el diagrama que apoye la conclusión que escogió como respuesta a la pregunta 4.

_____

_____

**Las respuestas comienzan en la página 278.**

**El flujo de energía en los ecosistemas**

Por lo general, el flujo de energía de los productores a los consumidores es más complejo de lo que se aprecia en una sola cadena alimenticia. La mayoría de plantas y animales guardan relaciones energéticas con otros organismos en su ambiente natural. Por ejemplo, los consumidores primarios se denominan **herbívoros** debido a que se alimentan exclusivamente de hierbas, bayas silvestres y otras plantas comestibles. Por otro lado, algunos consumidores secundarios se denominan **carnívoros** porque se alimentan exclusivamente de otros animales, mientras que otros de este mismo grupo se conocen como **omnívoros** porque se alimentan de animales y plantas. Por último, los **descomponedores** obtienen su energía al descomponer las plantas y los animales muertos.

El flujo de energía en grupos de plantas y animales se ilustra por medio de **redes alimenticias.** Las redes alimenticias ilustran las relaciones energéticas de un **ecosistema** o población natural de organismos y el ambiente que los rodea. Existen ecosistemas poco habitados como los desiertos, que cuentan con una población escasa de organismos, aunque también hay ecosistemas ricos en recursos y con poblaciones numerosas de organismos como los bosques. Esta red alimenticia simplificada ilustra las relaciones energéticas de un ecosistema de bosque.

**RED ALIMENTICIA**

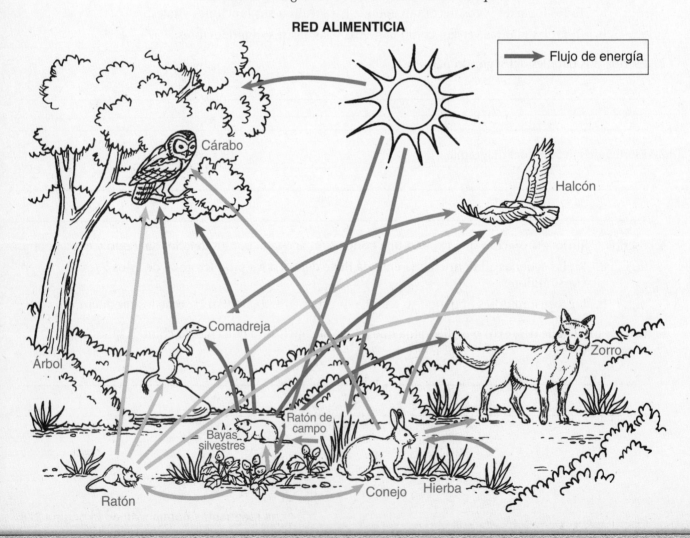

Instrucciones: Elija la respuesta que mejor responda a cada pregunta.

Las preguntas 1 a 6 se refieren al texto y diagrama de la página 84.

1. ¿Qué ilustran las redes alimenticias?

   (1) las relaciones energéticas de los organismos de un ecosistema
   (2) las relaciones energéticas de los animales de un ecosistema
   (3) la relación entre materia y energía
   (4) el tipo de alimento que se puede encontrar en condiciones naturales
   (5) el tipo de alimento con el que ya no cuentan los organismos de un ecosistema

2. ¿Cuál de los siguientes es un consumidor del nivel más alto de la red alimenticia?

   (1) la hierba
   (2) el conejo
   (3) el ratón
   (4) el búho
   (5) el ratón de campo

3. Si desaparecieran las hierbas, las bayas silvestres y los árboles de esta red alimenticia, ¿cuál de los siguientes animales se quedaría sin alimento inmediatamente?

   (1) el búho
   (2) el halcón
   (3) el zorro
   (4) la comadreja
   (5) el conejo

**SUGERENCIA**

Por lo general, los detalles de apoyo representan hechos, observaciones o mediciones. Cuando busque la conclusión de un texto, concéntrese en la información general.

4. ¿Cuál de los siguientes enunciados representa un detalle de apoyo y no una conclusión?

   (1) Los omnívoros pueden ser consumidores primarios y secundarios.
   (2) Sin la energía solar, no sería posible la vida en la Tierra.
   (3) En los ecosistemas, los herbívoros siempre son consumidores primarios.
   (4) La comadreja obtiene su energía alimentándose de ratones.
   (5) Las relaciones energéticas de los ecosistemas pueden ser muy complejas.

5. Un campista se pierde en un ecosistema de bosque y después de algún tiempo sus reservas de alimento se agotan. Al buscar alimento en el bosque, ¿cuál es la función que más probablemente desempeñará en la red alimenticia del ecosistema?

   (1) fuente de energía
   (2) productor
   (3) descomponedor
   (4) carnívoro
   (5) omnívoro

6. ¿Cuál de los siguientes enunciados representa una conclusión y no un detalle de apoyo?

   (1) La energía fluye constantemente en el ecosistema de bosque.
   (2) El sol suministra la energía necesaria para la fotosíntesis.
   (3) La hierba y las bayas silvestres son los productores del ecosistema de bosque.
   (4) El ratón, el ratón de campo y el conejo son herbívoros comunes del ecosistema de bosque.
   (5) El zorro y la comadreja son carnívoros que pueden habitar en ecosistemas de bosque.

**Las respuestas comienzan en la página 278.**

Instrucciones: Elija la respuesta que mejor responda a cada pregunta.

Las preguntas 1 a 4 se refieren al texto y diagrama siguientes.

Los lugares ocupados por cada una de las especies que forman una cadena alimenticia se denominan **niveles tróficos.** Estos niveles tróficos almacenan la energía en la **biomasa** de las plantas o animales vivos. La mayor parte de la energía de los niveles tróficos es aprovechada por los organismos para realizar sus procesos vitales o disipada en forma de calor por el medio. Por lo tanto, sólo aproximadamente el 10 por ciento de la energía de un nivel trófico está a disposición de los organismos del nivel trófico siguiente.

Una manera de demostrar la pérdida de energía al pasar de un nivel a otro de una cadena alimenticia es construyendo una pirámide de energía. Cada segmento de la pirámide representa a la energía disponible para el siguiente nivel superior de la pirámide, así como la cantidad de biomasa. Debido a que sólo una parte de la energía de un nivel determinado está a disposición de los organismos del nivel inmediato superior, a medida que avanzamos hacia el vértice cada nivel contiene una menor cantidad de biomasa y un menor número de organismos.

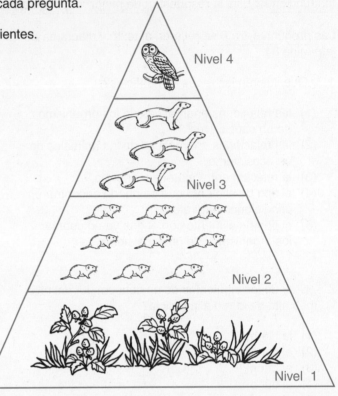

1. ¿Cómo se almacena la energía en las cadenas alimenticias?

   (1) en niveles tróficos
   (2) en forma de energía solar
   (3) en forma de calor
   (4) en forma de biomasa
   (5) en forma de planta

2. ¿Cuál de los siguientes enunciados representa una conclusión y no un detalle de apoyo?

   (1) El búho ocupa el cuarto nivel trófico de esta pirámide de energía.
   (2) Las bayas silvestres y la hierba forman la base de la pirámide.
   (3) La cadena alimenticia es capaz de soportar más consumidores primarios que secundarios.
   (4) Aproximadamente el 10 por ciento de la energía del tercer nivel está a disposición de los organismos del cuarto nivel.
   (5) La comadreja constituye la fuente de energía del cárabo en la cadena alimenticia.

3. ¿Cuál de los siguientes enunciados está apoyado por el texto y el diagrama?

   (1) A mayores niveles de la pirámide de energía, mayor cantidad de biomasa.
   (2) La mayor parte de la biomasa se encuentra en la base de la pirámide de energía.
   (3) La población de comadrejas de la pirámide de energía es mayor que la de ratones de campo.
   (4) La población de cárabos es menor debido a que sirven de alimento a las comadrejas.
   (5) A medida que subimos por la pirámide hay más energía disponible.

4. La base de las pirámides de energía oceánicas está formada por unos organismos microscópicos llamados plancton. A continuación vienen los mejillones, los cangrejos, las langostas y por último las focas. ¿Qué población sería la menor?

   (1) la de plancton
   (2) la de mejillones
   (3) la de cangrejos
   (4) la de langostas
   (5) la de focas

*Ciencias y perspectivas personales y sociales*

## EL IMPARABLE COYOTE

Las preguntas 5 a 7 se refieren a la siguiente información.

La expansión de las poblaciones humanas ha alterado el equilibrio de los ecosistemas naturales y ha causado un descenso en muchas poblaciones vegetales y animales en todo el mundo. Sin embargo, en Norteamérica y aun a pesar del enorme incremento de la población humana, la población de coyotes ha aumentado. Hace quinientos años, el coyote ocupaba sólo las llanuras occidentales y en la actualidad habita en casi todo el continente.

En muchas áreas el coyote es el **depredador** principal, debido a que los humanos han eliminado a los lobos, que son los enemigos naturales de los coyotes. El coyote es capaz de cazar en jauría presas mayores como el venado. Cuando caza solo, se alimenta de mamíferos pequeños, como el ratón, y cuando llega a las ciudades y los suburbios se alimenta de gatos y perros pequeños.

El coyote come prácticamente cualquier cosa. Un análisis de sus desechos orgánicos reveló una dieta de aproximadamente 100 tipos de alimentos diferentes, desde grillos hasta manzanas y cuero de zapato. Los vertederos sanitarios y los contenedores de basura representan una fuente abundante y variada para su dieta.

El paisaje alterado por el ser humano ofrece un **hábitat** excelente al coyote. Es capaz de vivir en áreas boscosas pequeñas tan comunes en los suburbios y se le ha visto hasta en el Parque Central de la ciudad de Nueva York. Muchas veces, el coyote está libre de peligro gracias a que se le confunde con frecuencia con un perro.

5. ¿Cómo la erradicación de las poblaciones de lobos favoreció al coyote?

   (1) En muchas regiones el coyote ya no tiene enemigos naturales.
   (2) El coyote es capaz de cazar mamíferos pequeños como ratones y gatos.
   (3) El coyote habita en áreas boscosas pequeñas muy comunes en los suburbios.
   (4) El coyote busca alimento en los vertederos sanitarios y los contenedores de basura.
   (5) El lobo vive en jaurías y el coyote vive solo o en jaurías también.

6. ¿Cuál de los siguientes enunciados representa una conclusión y no un detalle de apoyo?

   (1) Muchas veces la gente confunde al coyote con un perro.
   (2) Se ha descubierto que el coyote consume docenas de alimentos distintos.
   (3) Cuando caza solo, el coyote se alimenta de mamíferos pequeños.
   (4) Cuando caza en jauría, el coyote es capaz de cazar animales de mayor tamaño, como el venado.
   (5) La capacidad de adaptación alimenticia del coyote y otros tipos de conducta le han permitido distribuirse más ampliamente.

7. ¿Cuál de los siguientes enunciados apoya la información del texto y el mapa sobre la distribución del coyote en Norteamérica?

   (1) El coyote prefiere la vida en áreas urbanas en lugar de suburbanas.
   (2) El coyote es capaz de sobrevivir en diversos tipos de ecosistemas y climas.
   (3) La población actual de coyotes es menor que hace quinientos años.
   (4) El ser humano ha destruido el hábitat del coyote a lo largo del tiempo.
   (5) El coyote se ha expandido de los bosques del este a otras regiones de Norteamérica.

Recuerde usar el título, la leyenda y la rosa de los vientos del mapa para contestar las preguntas.

**Las respuestas comienzan en la página 278.**

**Instrucciones:** Ésta es una prueba de práctica que dura diez minutos. Después de que transcurran los diez minutos, ponga una marca en la última pregunta que haya respondido. A continuación, termine la prueba y revise sus respuestas. Si la mayoría de sus respuestas fueron correctas, pero no terminó la prueba, trate de responder las preguntas más rápidamente la próxima vez. Elija la respuesta que mejor responda a cada pregunta.

Las preguntas 1 a 4 se refieren a la siguiente información.

Por lo general, siempre existe por lo menos un organismo consumidor por cada planta y animal usados como punto de referencia para vigilar el crecimiento de su población. A esto se debe que el número de plantas y animales permanezca constante de un año a otro. Cuando sacamos a un animal o una planta de su hábitat natural para introducirlo en otro, puede llegar a desaparecer rápidamente. Sin embargo, si sobrevive, la especie puede reproducirse a un ritmo increíble.

¿Cómo es posible que una nueva especie tenga un éxito demográfico tan sorprendente? Las interrelaciones alimenticias de los ecosistemas han evolucionado lentamente y cambian a un ritmo muy lento. Así como muchas personas evitan consumir alimentos que no conocen, los animales evitan comer alimentos que nunca antes han visto. Entonces, si no existen consumidores dispuestos a alimentarse de la especie nueva, ésta se reproducirá rápidamente. Por ejemplo, en 1859 se introdujeron 24 conejos europeos en Australia. Debido a la ausencia de depredadores capaces de controlar su población, los conejos se multiplicaron sin control. Hoy en día, a pesar de las medidas de control de plagas tomadas en el país, Australia tiene una población de millones de conejos que causan daños graves a su agricultura.

La mejor solución al problema de la superpoblación por especies introducidas es la prevención de su introducción. Y en caso de que ocurriera, a veces el crecimiento de la población se puede controlar importando una especie depredadora de la otra.

1. ¿Cuál de las siguientes fue la causa de la superpoblación de conejos en Australia?

   (1) la importación de depredadores
   (2) la continua importación de conejos
   (3) la inestabilidad del ecosistema
   (4) la superpoblación de depredadores y la lenta velocidad de reproducción del conejo
   (5) la rápida velocidad de reproducción del conejo y la ausencia de depredadores

2. ¿Cuál es la mejor manera de evitar los problemas relacionados con la introducción de nuevos organismos en un ecosistema?

   (1) Introducir depredadores de la especie nueva.
   (2) Asegurarse de que el organismo nuevo disponga de alimento.
   (3) Evitar la introducción de organismos nuevos.
   (4) Asegurarse de que no haya alimento en el ecosistema para el organismo nuevo.
   (5) Evitar la introducción de depredadores de la especie nueva.

3. ¿Cuál de los siguientes enunciados apoya la conclusión de que la superpoblación de una especie nueva a veces puede controlarse con la introducción de un depredador?

   (1) No siempre es posible prevenir la introducción de organismos nuevos.
   (2) El conejo se exterminó con éxito en Australia.
   (3) En los ecosistemas en equilibrio, la población de un consumidor por lo general controla el crecimiento de la población de otro.
   (4) Con el tiempo la población disminuirá.
   (5) La especie de la superpoblación no podrá encontrar alimento.

4. ¿Qué podemos suponer sobre el ecosistema australiano en relación con el conejo?

   (1) Que no dispone de alimento ni de depredadores.
   (2) Que dispone de alimento para el conejo.
   (3) Que cuenta con depredadores, pero no con alimento.
   (4) Que tiene una gran población de animales carnívoros.
   (5) Que es muy semejante al ecosistema europeo.

Las preguntas 5 y 6 se refieren a la siguiente información.

La ecología es la ciencia que estudia los organismos, su relación mutua y con el medio ambiente que los rodea. Los ecólogos analizan estas relaciones a diversos niveles de complejidad.

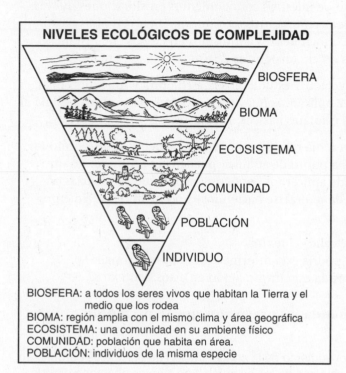

**NIVELES ECOLÓGICOS DE COMPLEJIDAD**

BIOSFERA

BIOMA

ECOSISTEMA

COMUNIDAD

POBLACIÓN

INDIVIDUO

BIOSFERA: a todos los seres vivos que habitan la Tierra y el medio que los rodea
BIOMA: región amplia con el mismo clima y área geográfica
ECOSISTEMA: una comunidad en su ambiente físico
COMUNIDAD: población que habita en área.
POBLACIÓN: individuos de la misma especie

5. G. David Tilman es un ecólogo que se dedica a establecer lotes experimentales con una diversidad de especies de plantas, tipos de suelo y calidad del aire a fin de analizar la interacción de estos factores. ¿A qué nivel de complejidad trabaja el Dr. Tilman?

(1) población
(2) comunidad
(3) ecosistema
(4) bioma
(5) biosfera

6. Los científicos han intentado crear un ambiente autosuficiente aislado y de gran tamaño semejante al de la Tierra usando una diversidad de tipos de suelo, aire, especies vegetales y animales y microclimas. ¿A qué nivel de complejidad trabajan?

(1) población
(2) comunidad
(3) ecosistema
(4) bioma
(5) biosfera

La pregunta 7 se refiere a la siguiente información.

Después de años de mostrar una disminución, la población de aves acuáticas del puerto de Nueva York se encuentra en aumento gracias a una mayor limpieza del agua. La gráfica ilustra las tendencias demográficas de dos especies.

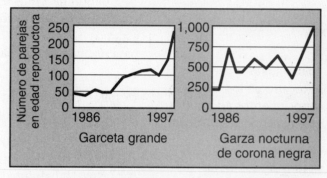

Garceta grande

Garza nocturna de corona negra

7. ¿Cuál de los siguientes enunciados está apoyado por el texto y la gráfica?

(1) Las aves acuáticas perdieron su hábitat isleño del puerto debido a la construcción de complejos de departamentos.
(2) La Ley de calidad del aire de 1970 ayudó a disminuir las emisiones de contaminantes de los automóviles.
(3) La población de garzas y garcetas ha aumentado gracias a que el agua limpia estimula el crecimiento de las poblaciones de peces que sirven de alimento a las aves.
(4) La población de aves acuáticas está en aumento debido a que las aves no tienen depredadores.
(5) La hembra de la garza y la garceta ponen sólo uno o dos huevos por año.

8. El parasitismo es una relación en la que una especie se beneficia a expensas de otra. ¿Cuál de los siguientes enunciados representa un ejemplo de parasitismo?

(1) El garrapatero pone sus huevos en los nidos de aves canoras, las cuales los incuban y crían a sus polluelos.
(2) El pez rémora obtiene su alimento limpiando de parásitos la piel del tiburón.
(3) Las plantas que albergan colonias de bacterias fijadoras de nitrógeno obtienen compuestos nitrogenados mientras las bacterias se alimentan.
(4) El pájaro del cocodrilo obtiene su alimento limpiando los residuos de los dientes del cocodrilo.
(5) La anémona de mar obtiene su alimento del cangrejo ermitaño mientras lo protege de sus depredadores.

**Las respuestas comienzan en la página 279.**

# Lección 8

## DESTREZA DE GED **Aplicar ideas en contextos nuevos**

**aplicar ideas**
hacer uso de los conocimientos adquiridos en circunstancias distintas

**contexto**
circunstancias en las que se dice o se hace algo

Cuando hacemos uso de nuestros conocimientos en situaciones nuevas, estamos **aplicando ideas** en un **contexto** nuevo. Dicho en otras palabras, estamos utilizando los conocimientos adquiridos en ciertas circunstancias para resolver problemas en circunstancias distintas.

Por ejemplo, en la Lección 1 estudiamos la estructura y función celular. Después, en la Lección 2 aplicamos nuestros conocimientos sobre la célula al estudio de dos procesos celulares básicos: la fotosíntesis y la respiración.

Cuando usted lea un tema relacionado con las ciencias, piense cómo los conocimientos que está a punto de adquirir pueden ser utilizados en otro contexto. La habilidad de aplicar los conocimientos sobre las ciencias en contextos distintos puede reforzarse haciéndose uno mismo las siguientes preguntas:

- ¿Qué describe o explica el texto?
- ¿A qué situación podría esta información estar relacionada?
- ¿Cómo sería utilizada esta información en estos contextos?

**Lea el párrafo y responda las preguntas que se presentan a continuación.**

Una de las causas del aumento de la concentración de dióxido de carbono en la **atmósfera** es la deforestación de los bosques. Las plantas absorben dióxido de carbono de la atmósfera y lo utilizan como materia prima para la fotosíntesis. Sin embargo, cuando se talan grandes extensiones boscosas, existe un menor número de plantas para absorber el dióxido de carbono presente en la atmósfera. El aumento de la concentración del dióxido de carbono en la atmósfera puede causar el **calentamiento de la Tierra** al absorber ésta el calor del sol.

Cuando aplique sus conocimientos en circunstancias distintas, pregúntese primero qué sabe sobre las circunstancias actuales. Luego pregúntese cómo podría aplicar esos conocimientos en el nuevo contexto.

1. Marque con una "X" el enunciado que aplica la información sobre la fotosíntesis en circunstancias distintas.

   _____ a. La tala de grandes extensiones boscosas se denomina deforestación.

   _____ b. La tala de árboles puede contribuir al calentamiento de la Tierra.

Usted acertó si escogió la *opción b*. La teoría de que la fotosíntesis es menos intensa, permite explicar por qué la deforestación contribuye al calentamiento de la Tierra en un contexto más amplio.

2. Marque con una "X" el enunciado que señala circunstancias semejantes a las de la deforestación.

   _____ a. Las plantas acuáticas de los estanques de carpa dorada mueren.

   _____ b. Algunos animales de zoológico tienen problemas de reproducción.

Usted acertó si escogió la *opción a*. La deforestación es semejante a la muerte de las plantas de un acuario porque en ambos casos hay un menor número de plantas y por tanto un menor número de procesos de fotosíntesis.

**Lea el texto, estudie el diagrama y responda las preguntas que se presentan a continuación.**

La respiración y la fotosíntesis son los dos procesos básicos del **ciclo del carbono.** El producto de cada uno de estos procesos se utiliza en el otro. La respiración ocurre tanto en las plantas como en los animales y consiste en utilizar el oxígeno para desdoblar los azúcares y liberar su energía produciendo dióxido de carbono en el proceso. Por otro lado, la fotosíntesis utiliza el agua, el dióxido de carbono y la energía luminosa del sol para producir azúcares, oxígeno y agua. Sólo las plantas son capaces de realizar la fotosíntesis.

**EL CICLO DEL CARBONO**

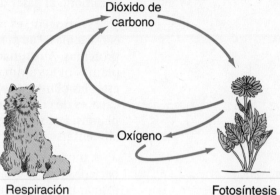

Dióxido de carbono

Oxígeno

Respiración

Fotosíntesis y respiración

1. Marque con una "X" los enunciados verdaderos sobre la respiración.

_____ a. Ocurre sólo en los animales.

_____ b. Ocurre en plantas y animales.

_____ c. Utiliza el oxígeno.

_____ d. Libera dióxido de carbono.

2. Marque con una "X" el enunciado que trata del proceso de la respiración como parte del ciclo del carbono.

_____ a. La respiración utiliza el oxígeno del aire y produce dióxido de carbono.

_____ b. La respiración es un proceso celular que libera la energía contenida en los azúcares.

3. Marque con una "X" los enunciados verdaderos sobre la fotosíntesis.

_____ a. Ocurre sólo en las plantas.

_____ b. Ocurre en plantas y animales.

_____ c. Requiere la energía solar.

_____ d. Utiliza el dióxido de carbono.

_____ e. Libera oxígeno.

4. Marque con una "X" el enunciado que trata del proceso de la fotosíntesis como parte del ciclo del carbono.

_____ a. La fotosíntesis utiliza el dióxido de carbono del aire y produce oxígeno.

_____ b. En la fotosíntesis se producen azúcares utilizando la energía solar.

**Las respuestas comienzan en la página 280.**

Una manera de comprender mejor todo lo relacionado con los ecosistemas es mediante el seguimiento del flujo de la energía en las redes alimenticias. Otra manera es mediante el estudio del comportamiento cíclico de elementos como el carbono al pasar de los seres vivos a los materiales inertes de un ecosistema.

El nitrógeno es un elemento de comportamiento cíclico en los ecosistemas. Las plantas y los animales necesitan nitrógeno para elaborar proteínas. Afortunadamente, este elemento abunda en el aire, pero ni las plantas ni los animales pueden utilizarlo en su forma gaseosa. En lugar de esto, las plantas toman el nitrógeno del suelo gracias a ciertas bacterias capaces de convertir el nitrógeno gaseoso en otras formas utilizables por las plantas. Por su parte, los animales toman el nitrógeno que necesitan al alimentarse de plantas u otros animales.

A través de un proceso llamado **fijación de nitrógeno,** ciertos tipos de bacterias toman el nitrógeno del aire y lo combinan con otras sustancias para formar nitratos, los cuales las plantas pueden utilizar. Las bacterias fijadoras de nitrógeno forman colonias, o rizomas, en las raíces de las leguminosas como la planta del frijol de soya y en el suelo.

Los relámpagos hacen reaccionar parte del nitrógeno y el oxígeno contenido en la atmósfera, los cuales se combinan y forman compuestos nitrogenados que caen a la tierra con la lluvia. El nitrógeno también llega al suelo por la descomposición de plantas y animales. Luego, las bacterias nitrificadoras del suelo transforman el nitrógeno proveniente de estas fuentes en amoníaco, nitritos y nitratos, proceso denominado **nitrificación,** suministrando así más nitrógeno a las plantas.

Las plantas utilizan el nitrógeno para sintetizar proteínas. Por su parte, los animales satisfacen sus necesidades de nitrógeno alimentándose de plantas o de otros animales que se alimentan de ellas. Cuando las plantas y animales mueren y se descomponen, parte de los compuestos nitrogenados que contienen se nitrifican poniendo así más nitrógeno a disposición de las plantas vivas.

Parte de los compuestos nitrogenados del suelo son descompuestos por las bacterias desnitrificadoras, que de esta manera devuelven el nitrógeno al aire en forma de gas. Este proceso se denomina **desnitrificación.**

## EL CICLO DEL NITRÓGENO

Instrucciones: Elija la respuesta que mejor responda a cada pregunta.

Las preguntas 1 a 7 se refieren al texto y diagrama de la página 92.

1. ¿Cómo satisfacen sus necesidades de nitrógeno la mayoría de las plantas?

   (1) tomándolo de otras plantas
   (2) tomándolo directamente del aire
   (3) tomándolo de los animales
   (4) tomándolo del suelo
   (5) tomándolo de las proteínas

2. Según el diagrama, ¿dónde se lleva a cabo la fijación de nitrógeno?

   (1) exclusivamente en los organismos en descomposición
   (2) en el suelo y en las hojas de las plantas
   (3) en el suelo y en las raíces de todas las plantas
   (4) en la atmósfera
   (5) en el suelo y en las raíces de las leguminosas

3. ¿Qué nombre recibe el proceso mediante el cual las bacterias descomponen las proteínas de los organismos en descomposición para producir nitritos y nitratos?

   (1) fijación de nitrógeno
   (2) desnitrificación
   (3) erosión
   (4) nitrificación
   (5) ionización

4. Imaginemos que un incendio forestal destruye varios acres de matorrales, pastos y bosque. ¿Cuál sería la consecuencia inmediata para el **ciclo del nitrógeno** del área devastada?

   (1) Una disminución del volumen de nitrógeno procesado.
   (2) La aceleración del ciclo del nitrógeno.
   (3) Las plantas empezarían a satisfacer sus necesidades con el nitrógeno del aire.
   (4) Los animales empezarían a satisfacer sus necesidades con el nitrógeno del aire.
   (5) Un aumento de la población de leguminosas.

5. Un agricultor siembra frijol de soya (una leguminosa) en varios acres de terreno. ¿Cuál sería la fuente de nitrógeno más probable de las plantas?

   (1) el óxido nitroso formado por los relámpagos
   (2) las bacterias fijadoras de nitrógeno de sus raíces
   (3) el nitrógeno gaseoso de la atmósfera
   (4) las bacterias desnitrificadoras que devuelven el nitrógeno al aire
   (5) los organismos en descomposición del suelo

6. Un grupo de cabras se escapan del corral donde viven y se meten en el sembradío de frijol de soya. ¿Cuál sería la fuente más probable de nitrógeno para los animales durante el tiempo que permanezcan en el sembradío de frijol de soya?

   (1) las leguminosas
   (2) los relámpagos
   (3) los pastos
   (4) otros animales
   (5) las bacterias nitrificadoras del suelo

7. Si el ciclo del nitrógeno se interrumpiera, ¿qué proceso vital de los seres vivos se afectaría primero?

   (1) la división celular
   (2) la respiración
   (3) la fotosíntesis
   (4) la síntesis de proteínas
   (5) la circulación

SUGERENCIA

Antes de aplicar los conocimientos adquiridos en otro contexto, piense qué características tienen en común ambos casos. Luego, aplique los conocimientos compatibles al contexto nuevo.

Las respuestas comienzan en la página 280.

Instrucciones: Elija la respuesta que mejor responda a cada pregunta.

Las preguntas 1 y 2 se refieren al texto y diagrama siguientes.

El agua es indispensable para la vida de plantas y animales. Las células están formadas principalmente por agua y la mayoría de las reacciones químicas de los seres vivos ocurren en un medio acuoso. Sin embargo, los recursos acuíferos de la Tierra son limitados, por lo que es necesario reciclar el agua una y otra vez. Esta circulación constante del agua de la Tierra se denomina **ciclo del agua.**

El calor del sol causa la **evaporación,** o cambio de estado del agua de líquido a gaseoso en forma de vapor de agua, de grandes volúmenes del agua de los mares y fuentes de agua dulce. Las plantas y los animales también despiden vapor de agua como subproducto de la respiración celular. Cuando el aire se enfría, el vapor de agua se **condensa,** es decir, cambia del estado gaseoso al líquido formando las nubes. Por último, las gotitas de agua de las nubes se vuelven demasiado pesadas y se precipitan a la tierra en forma de lluvia, nieve, granizo o aguanieve.

## EL CICLO DEL AGUA

1. ¿Qué enunciado explica mejor el proceso de formación de las nubes?

   (1) El vapor de agua del aire se condensa formando gotas pequeñas.
   (2) Las gotitas de agua del aire se vuelven demasiado pesadas.
   (3) Las gotitas de agua del aire se evaporan.
   (4) El calor del sol reacciona con los gases del aire.
   (5) El aire caliente de las capas superiores de la atmósfera terrestre se mezcla con el aire frío de la superficie.

2. ¿Qué enunciado se asemeja más a la descripción ciclo del agua de la Tierra?

   (1) La nieve se precipita al suelo y se derrite.
   (2) El agua corre lentamente por las paredes de la ducha hacia el piso después de darnos una ducha caliente.
   (3) Las plantas toman dióxido de carbono y liberan oxígeno.
   (4) Usted siente sed y se toma un vaso de agua.
   (5) Unos cubitos de hielo se derriten sobre la mesa y se vuelven a congelar en el congelador.

*Ciencias y perspectivas personales y sociales*

## LAS SECOYAS ABSORBEN EL AGUA DE LA NIEBLA

Las <u>preguntas 3 a 6</u> se refieren al siguiente texto.

Cuando la niebla envuelve los bosques de secoyas de la costa oeste, las gotitas de agua suspendidas en el aire se condensan en las hojas agudas de los árboles y luego se escurren por las ramas y el tronco. Los estudios han demostrado que en las noches de niebla, las secoyas pueden llegar a acumular un volumen de agua equivalente al que dejaría una tormenta fuerte. La capacidad de las secoyas de absorber el agua de la niebla es muy importante para otras plantas y animales de su hábitat.

Los científicos han medido el volumen de agua de la niebla condensada en los bosques de secoyas y el acumulado por los colectores artificiales de niebla usados en áreas deforestadas. En las áreas deforestadas, el aire se calienta y se seca rápidamente, por lo que las gotitas de agua se evaporan antes de adquirir el peso suficiente para precipitarse a la tierra. Esto hace que el volumen de agua absorbido de la niebla en las áreas deforestadas sea inferior al absorbido en los bosques de secoyas.

El hecho de que la condensación de la niebla contribuya al suministro de agua de un área determinada sirve de argumento a los ambientalistas para exigir la prohibición de la tala de los bosques de secoyas. Además, las personas que contemplan cómo se agota el agua de sus pozos y manantiales durante los veranos calurosos, han comenzado a comprender la función de las secoyas en la conservación del suministro de agua.

3. ¿Cómo demostraron los científicos que las áreas deforestadas acumulan menos agua por condensación de la niebla que los bosques de secoyas?

   (1) observando el agua condensada que escurre por las hojas agudas, las ramas y el tronco de las secoyas
   (2) comparando el volumen de agua condensada por las secoyas y el colectado en áreas deforestadas
   (3) observando si las corrientes fluviales deforestadas de la costa oeste se secan
   (4) desviando la niebla formada en las áreas boscosas hacia las áreas deforestadas de la costa oeste
   (5) midiendo la altura de las secoyas para determinar la relación altura-volumen de agua colectada

4. ¿Qué enunciado se asemeja más al fenómeno de absorción del agua de la niebla de las secoyas para beneficio de su hábitat?

   (1) eliminación de las impurezas del agua de lluvia por filtración
   (2) acumulación del agua de lluvia y escurrimiento en un tanque de gran tamaño
   (3) desalinización del agua de mar por evaporación y condensación
   (4) uso de colectores de niebla en regiones costeras de clima seco para acumular agua
   (5) uso de un sistema de desagües y tanques para atrapar el agua de lluvia

5. ¿Cuál de los siguientes enunciados apoya la conclusión de que las secoyas contribuyen al suministro de agua de un área determinada?

   (1) La niebla proveniente del océano Pacífico envuelve los bosques de secoyas.
   (2) Las gotitas de agua suspendidas en la niebla son absorbidas por las secoyas.
   (3) El agua condensada de la niebla escurre por las hojas agudas, las ramas y el tronco de las secoyas hasta llegar al suelo.
   (4) Otras plantas y animales utilizan el agua provista por las secoyas.
   (5) Sólo queda aproximadamente el 4 por ciento de los bosques de secoya antiguos.

6. ¿Cuál de los siguientes enunciados motivaría más a la mayoría de los habitantes de regiones pobladas por secoyas para oponerse a la tala de estos árboles?

   (1) A través de los años, el ser humano ha deforestado la mayoría de los bosques de secoyas.
   (2) Una sola secoya produce madera por un valor de cientos de miles de dólares.
   (3) Las casas construidas con madera de secoya duran mucho tiempo y son fáciles de mantener.
   (4) La industria maderera es una fuente de trabajo para los habitantes del área.
   (5) La deforestación contribuye al agotamiento de los pozos y manantiales de la localidad.

**Las respuestas comienzan en la página 280.**

**Instrucciones:** Ésta es una prueba de práctica que dura diez minutos. Después de que transcurran los diez minutos, ponga una marca en la última pregunta que haya respondido. A continuación, termine la prueba y revise sus respuestas. Si la mayoría de sus respuestas fueron correctas, pero no terminó la prueba, trate de responder las preguntas más rápidamente la próxima vez. Elija la respuesta que mejor responda a cada pregunta.

Las preguntas 1 a 3 se refieren al texto y diagrama siguientes.

Las fábricas, las centrales eléctricas y los automóviles producen gases como el dióxido de azufre y el monóxido de nitrógeno como desechos. Estos gases pasan al aire y reaccionan con el vapor de agua formando ácidos que se precipitan en forma de lluvia ácida, a veces a cientos de millas de distancia de donde se formaron. La lluvia ácida daña las plantas y contamina las corrientes fluviales y los lagos.

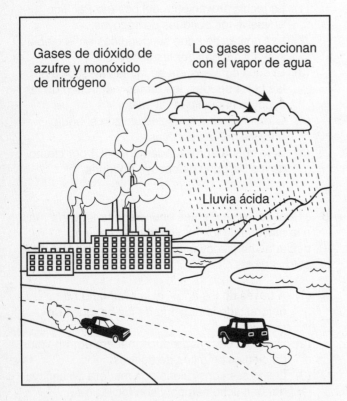

Gases de dióxido de azufre y monóxido de nitrógeno

Los gases reaccionan con el vapor de agua

Lluvia ácida

1. ¿Cuál de los siguientes eventos es el causante de la lluvia ácida?

   (1) las emisiones de las fábricas, las centrales eléctricas y los automóviles
   (2) la condensación del vapor de agua del aire
   (3) el escurrimiento de pesticidas de las áreas agrícolas
   (4) los desechos industriales arrojados en las corrientes fluviales
   (5) los residuos de metales pesados presentes en el fondo de las corrientes fluviales y los lagos

2. Los funcionarios de uno de los estados del país pretenden disminuir la lluvia ácida en el estado, por lo que deciden imponer reglamentos de control a las emisiones industriales y vehiculares en el estado. ¿Por qué es posible que el plan no disminuya la lluvia ácida en el estado?

   (1) porque es difícil disminuir las emisiones industriales y vehiculares lo suficiente como para disminuir la lluvia ácida
   (2) porque el estado no sería capaz de vigilar el cumplimiento de los reglamentos
   (3) porque es posible disminuir las emisiones industriales, pero no las vehiculares
   (4) porque las emisiones causantes de la lluvia ácida en el estado bien pueden originarse en otro lugar del país
   (5) porque la precipitación pluvial depende en gran parte del clima y no de las emisiones

3. ¿Cuál es el efecto más probable de la contaminación por lluvia ácida en las corrientes fluviales y los lagos?

   (1) daños a la flora y la fauna acuática
   (2) aumento de las emisiones industriales
   (3) aumento de la contaminación río arriba
   (4) disminución de las emisiones industriales
   (5) disminución de la contaminación río arriba

4. Cuando un organismo muere, los compuestos orgánicos complejos que lo forman son desdoblados para formar compuestos más sencillos. Los descomponedores grandes, como la lombriz de tierra, descomponen la materia muerta de gran tamaño para que otros descomponedores menores, como los hongos y las bacterias, terminen el proceso liberando en el ambiente dióxido de carbono, nitratos, fosfatos y otras sustancias.

¿Cuál de las siguientes funciones del organismo humano se asemeja más la descomposición?

   (1) respiración
   (2) producción de orina
   (3) circulación
   (4) digestión
   (5) movimiento

Las preguntas 5 a 7 se refieren al texto y diagrama siguientes.

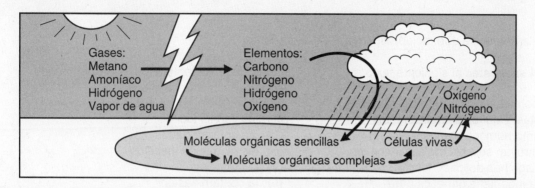

Se cree que la vida apareció por primera vez en la Tierra hace aproximadamente 3,500 millones de años. Muchos científicos piensan que entonces la atmósfera estaba formada principalmente por metano, amoníaco, hidrógeno y vapor de agua. Estos gases contienen los elementos carbono, nitrógeno, hidrógeno y oxígeno, los mismos que se encuentran formando las moléculas orgánicas. Las moléculas orgánicas son las unidades básicas de todos los seres vivos de la Tierra.

Según una de las teorías en este sentido, la energía de los relámpagos o de la luz solar desencadenó reacciones químicas entre estas moléculas. Esto hizo que los elementos carbono, nitrógeno, hidrógeno y oxígeno se recombinaran formando moléculas orgánicas sencillas. Luego, la lluvia arrastró algunas de estas moléculas a la superficie de la Tierra donde se unieron y por último llegaron a formar las células vivas. Estos organismos unicelulares evolucionaron y se multiplicaron y empezaron a arrojar oxígeno y nitrógeno a la atmósfera alterando el equilibrio gaseoso. Con el tiempo los organismos evolucionaron hasta formar formas de vida más complejas capaces de utilizar el oxígeno.

5. ¿Cuál se cree que fue la causa de las reacciones químicas entre las moléculas gaseosas de la atmósfera primitiva?

(1) el vapor de agua
(2) las moléculas orgánicas
(3) el metano
(4) la lluvia
(5) los relámpagos

6. Se cree que las moléculas orgánicas existieron antes que la vida en la Tierra porque desempeñaban una función básica para la vida. ¿Qué función era ésta?

(1) eran capaces de combinarse para formar seres vivos
(2) crearon el carbono
(3) suministraban energía
(4) se unían para producir aire
(5) se unían para producir la lluvia

7. ¿Cuál de las siguientes afirmaciones puede ser inferida de la información del texto del diagrama?

(1) La composición de la atmósfera ha cambiado debido a su constante interacción con los seres vivos.
(2) La atmósfera actual contiene menos oxígeno que la atmósfera primitiva, la cual contenía oxígeno principalmente.
(3) Los primeros seres vivos fueron células animales que producían dióxido de carbono, vapor de agua y desechos nitrogenados.
(4) La vida ha existido en la atmósfera y los mares de la Tierra desde que se formó hace 5,000 millones de años.
(5) Los primeros seres vivos estaban formados por metano, amoníaco, hidrógeno y agua y eran muy complejos.

Las respuestas comienzan en la página 281.

# Unidad 1 Repaso acumulativo Ciencias biológicas

Instrucciones: Elija la respuesta que mejor responda a cada pregunta.

Las preguntas 1 a 4 se refieren al siguiente texto.

Los yerbicidas son sustancias químicas capaces de destruir las plantas. Cuando se aplican a los cultivos para consumo humano o animal, es importante que destruyan sólo las malezas y no los cultivos. Los científicos han aplicado los conocimientos de la ingeniería genética para desarrollar cultivos capaces de ser resistentes a ciertos yerbicidas, lo cual ha permitido a los agricultores destruir las malezas con yerbicidas. Por ejemplo, los científicos han creado una especie de algodón resistente al bromoxinilo, herbicida que elimina las malezas pero no las plantas de algodón resistentes a sus efectos. Otros cultivos que tienen variedades resistentes a ciertos yerbicidas son el frijol de soya, el tabaco, el tomate y la remolacha.

Algunos grupos ambientalistas se oponen al desarrollo de cultivos resistentes a los yerbicidas argumentando que estimula a los agricultores a continuar aplicando sustancias químicas que contaminan el medio ambiente por mucho tiempo y que además pueden ser peligrosas. Estos grupos prefieren la aplicación de técnicas agrícolas mejoradas y creativas que eviten el uso de sustancias químicas.

1. ¿Cuál es la idea principal del texto?

    (1) El uso de cultivos resistentes a los yerbicidas es motivo de controversia.
    (2) Es preferible el uso de cultivos resistentes a los yerbicidas que aplicar técnicas agrícolas creativas.
    (3) Los científicos han desarrollado cultivos resistentes a los yerbicidas mediante técnicas de ingeniería genética.
    (4) Los yerbicidas son sustancias químicas capaces de destruir las malezas, pero no los cultivos.
    (5) Existe cierta especie de algodón resistente al yerbicida bromoxinilo.

2. Un cultivo resistente a los yerbicidas puede soportar

    (1) los yerbicidas
    (2) las enfermedades
    (3) las plagas de insectos
    (4) las malezas
    (5) la contaminación

3. De acuerdo con el texto, ¿cuál de los siguientes enunciados representa una opinión y no un hecho?

    (1) Los yerbicidas se aplican para eliminar las malezas.
    (2) Algunas variedades de frijol de soya y tabaco son resistentes a ciertos yerbicidas.
    (3) El bromoxinilo es un tipo de yerbicida.
    (4) El uso de técnicas agrícolas mejoradas es preferible a la aplicación de yerbicidas.
    (5) Los científicos han desarrollado especies de cultivos resistentes a los yerbicidas.

4. De acuerdo con lo expresado en el texto, ¿qué información supone el texto que el lector conoce?

    (1) El uso de yerbicidas es seguro.
    (2) No es posible cultivar alimentos sin el uso de yerbicidas.
    (3) Las malezas representan un problema en regiones agrícolas extensas.
    (4) Todas las plantas de algodón son resistentes a los yerbicidas.
    (5) La mayoría de los cultivos son resistentes en su forma natural a los yerbicidas.

SUGERENCIA

Ponga atención especial a la definición de términos claves en el texto. Con frecuencia puede utilizar la definición de términos como ayuda para responder una pregunta.

La pregunta 5 se refiere al texto y diagrama siguientes.

Muchas especies tienen vestigios estructurales, es decir, órganos o extremidades pequeños que carecen de alguna función conocida. Los científicos piensan que los vestigios estructurales son señales de estructuras completamente desarrolladas y funcionales en los antepasados de los organismos de hoy en día.

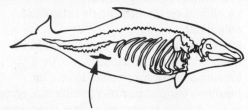

Vestigios de extremidades en la marsopa

5. ¿Cuál de los siguientes enunciados representa una conclusión y no un detalle de apoyo?

   (1) La marsopa de nuestros días tiene vestigios de huesos pequeños.
   (2) Los vestigios estructurales no tienen ninguna función conocida.
   (3) Los vestigios estructurales son señales de estructuras completamente desarrolladas y funcionales.
   (4) Muchas especies, como la marsopa, tienen estructuras sin una función específica.
   (5) Muchas veces los vestigios estructurales, como las extremidades de la marsopa, son pequeños.

6. Los lípidos, entre los que se encuentran las grasas, son compuestos orgánicos que forman parte de la estructura de los seres vivos. Las células almacenan energía en forma de lípidos para utilizarla después.

¿Cuál de los siguientes enunciados representa un ejemplo de la utilización de los lípidos por los organismos?

   (1) Los osos en hibernación sobreviven el invierno gracias a la energía almacenada en forma de grasa en su organismo.
   (2) En ausencia de energía luminosa, las plantas verdes dejan de realizar la fotosíntesis.
   (3) El estudiante se come una manzana como fuente rápida de energía.
   (4) Las enzimas de la saliva descomponen los almidones en azúcares.
   (5) Los lípidos están formados por los elementos carbono, hidrógeno y oxígeno.

Las preguntas 7 y 8 se refieren al texto y diagrama siguientes.

La difusión es el fenómeno por el cual las moléculas pasan de un área de elevada concentración a una de baja concentración hasta alcanzar el equilibrio. La ósmosis es la difusión de moléculas de agua a través de una membrana, como la membrana celular.

Moléculas de agua

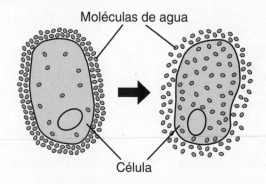

Célula

7. ¿Cuál de los siguientes enunciados resume mejor el proceso de la ósmosis de acuerdo con el diagrama?

   (1) Las moléculas de agua atraviesan la membrana celular hasta que el ambiente interior y exterior de la célula alcanzan el equilibrio.
   (2) Las moléculas de agua entran continuamente en la célula hasta alcanzar una elevada concentración en el interior.
   (3) Las moléculas de aire entran y salen de la célula para sustituir las moléculas de agua.
   (4) Ocurre sólo en las células vegetales.
   (5) Ocurre sólo en los organismos unicelulares.

8. ¿Cuál de los siguientes enunciados representa un ejemplo de ósmosis?

   (1) El material genético de la célula se duplica a sí mismo y la célula se divide.
   (2) Las células de las raíces de las plantas absorben agua del suelo.
   (3) Las células de la sangre recogen el oxígeno de los pulmones y eliminan el dióxido de carbono.
   (4) El vapor de agua sale de la planta a través de los estomas de las hojas.
   (5) Las proteínas de transporte permiten el paso de los aminoácidos al interior de la célula.

Las preguntas 9 a 11 se refieren a la siguiente información.

Las articulaciones son los puntos del cuerpo donde se unen dos o más huesos. Existen diferentes tipos de articulaciones, como los que se ilustran a continuación.

## EJEMPLOS DE ARTICULACIONES

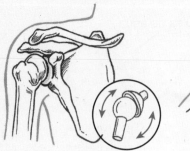

Articulación esferoidal: hombro

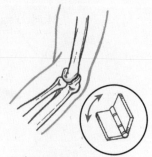

Articulación en bisagra: rodilla y codo

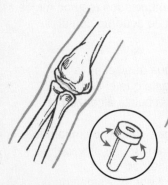

Articulación en pivote: antebrazo

Articulación en silla de montar: pulgar

9.  ¿Cuál de los siguientes enunciados resume mejor el diagrama?

(1) Los diferentes tipos de articulaciones permiten diferentes tipos de movimiento.
(2) Las articulaciones en bisagra, en silla de montar, en pivote y esferoidal son movibles.
(3) El esqueleto protege, sirve de soporte y permite mover el cuerpo.
(4) Las articulaciones son puntos donde se unen dos o más huesos.
(5) Las articulaciones del cuerpo permiten diferentes tipos de movimiento.

SUGERENCIA

Si un diagrama contiene varios ejemplos, asegúrese de identificar detenidamente sus semejanzas y diferencias.

10.  ¿Cuál de los siguientes enunciados supone el autor del texto y del diagrama que usted debe conocer?

(1) Las articulaciones en bisagra permiten movimientos semejantes a los que permiten las bisagras de las puertas.
(2) Una de las funciones del esqueleto es permitir el movimiento del cuerpo mediante el movimiento de los huesos.
(3) La cadera es un ejemplo de articulación esferoidal.
(4) Las articulaciones son puntos donde se unen dos o más huesos.
(5) Las articulaciones en silla de montar permiten varios tipos de movimiento, como el movimiento lateral en ambas direcciones.

11.  La articulación esferoidal del diagrama representa la articulación del hombro. ¿Cuál de las siguientes articulaciones es también una articulación esferoidal?

(1) articulación de la cadera
(2) articulación del pulgar
(3) articulación del codo
(4) articulación de los nudillos
(5) articulación de la rodilla

12.  La hembra del pájaro cucú deposita sus huevos en el nido de otras especies de aves. Cuando los polluelos salen del cascarón, instintivamente arrojan los demás huevos del nido. Los polluelos cucú nunca conocen a sus propios padres, pero se desarrollan y se comportan como cualquier pájaro cucú. Es decir, no aprenden a comportarse como sus padres adoptivos.

De acuerdo con la información anterior, ¿cuál de los siguientes enunciados describe mejor la conducta de los polluelos cucú?

(1) Su conducta es cruel.
(2) Su conducta es superior a la de sus padres adoptivos.
(3) Su conducta es inferior a la de sus padres adoptivos.
(4) Su conducta es básicamente adquirida.
(5) Su conducta es básicamente innata.

Las preguntas 13 a 15 se refieren al texto y la gráfica siguientes.

El número de habitantes de un área determinada representa la densidad de población en dicha área, la cual es una proporción matemática. Este dato se calcula dividiendo el número de habitantes de un área por la extensión de tierra habitable del área. Al aumentar la población, también aumenta la densidad de población.

DENSIDAD DEMOGRÁFICA MUNDIAL POR MILLA CUADRADA

| 1 dC | 1650 | 1700 | 1800 | 1900 | 1999 | 2098 |
|------|------|------|------|------|------|------|
| 5 | 9 | 11 | 16 | 27 | 115 | |

13. ¿Aproximadamente cuántas veces mayor fue la densidad de población en el año 1999 comparada con el año 1700?

(1) 100
(2) 50
(3) 10
(4) 5
(5) 3

14. ¿Cuál de los siguientes enunciados representa una conclusión y no un detalle de apoyo?

(1) La densidad de población en 1999 fue muy alta: 115 habitantes por milla cuadrada.
(2) La densidad de población mundial fue menor en el año 1 de nuestra era.
(3) El aumento de la extensión de tierra habitable es una manera de disminuir la densidad de población.
(4) El término "densidad de población" se refiere al número de habitantes de un área determinada.
(5) Demoró casi 1700 años para que la población humana se duplicara.

SUGERENCIA

Un diagrama pueden hacer uso de imágenes, de palabras o de números. Utilice las imágenes, las palabras o los números en conjunto para ayudarse a entender la información.

15. De acuerdo con la información del diagrama, si la población mundial continúa mostrando la misma tendencia de crecimiento que durante los últimos 100 años, ¿cuál sería la densidad de población más probable para el año 2098?

(1) cuatro veces mayor que la actual
(2) dos veces mayor que la actual
(3) no cambiaría
(4) desminuiría a la mitad
(5) regresaría a la observada en 1900

16. Los viruses son moléculas de material genético envueltas por una cubierta protectora proteica. Cuando se encuentran fuera de células vivas, estas partículas no dan señales de vida. Los viruses se activan al invadir células vivas y usar los recursos de la célula huésped para duplicar su propio material genético.

¿Cuál de los siguientes enunciados replantea mejor la información anterior?

(1) Los viruses son moléculas de material genético envueltas por una cubierta proteica.
(2) La cubierta proteica de los viruses los protege de las amenazas de su medio ambiente.
(3) Los viruses contienen material genético que no da señales de vida sino hasta invadir células para reproducirse.
(4) Existen unos cien virus causantes del resfriado común.
(5) Las enfermedades virales son difíciles de tratar porque los viruses no responden a los antibióticos.

Las preguntas 17 a 19 se refieren al párrafo y diagrama siguientes.

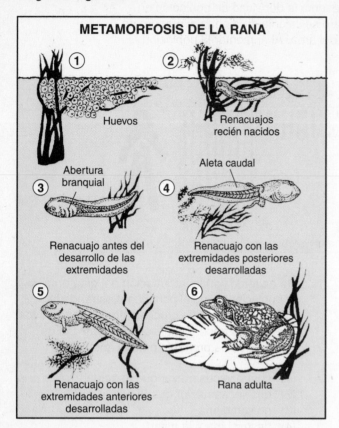

**METAMORFOSIS DE LA RANA**

① Huevos

② Renacuajos recién nacidos

③ Abertura branquial — Renacuajo antes del desarrollo de las extremidades

④ Aleta caudal — Renacuajo con las extremidades posteriores desarrolladas

⑤ Renacuajo con las extremidades anteriores desarrolladas

⑥ Rana adulta

El ciclo de vida de la rana es un ejemplo de metamorfosis, proceso biológico por el cual los animales cambian de forma a medida que se desarrollan. El estado inmaduro de la rana, el renacuajo, cambia gradualmente hasta adquirir la apariencia de rana adulta. El renacuajo vive en el agua y respira a través de branquias, las cuales pierde a medida que crece para desarrollar pulmones. La rana adulta puede vivir en tierra gracias a su respiración pulmonar.

17. ¿Qué es la metamorfosis?

(1) el proceso reproductor de las ranas y de otros animales semejantes
(2) el proceso por el cual el estado inmaduro de un animal cambia al llegar a la etapa adulta
(3) el cambio de un organismo joven en adulto
(4) los cambios por los que pasa un organismo adulto al envejecer
(5) el proceso por el cual los renacuajos absorben el oxígeno del agua

18. ¿Cuál de los siguientes enunciados se asemeja más al crecimiento de un renacuajo hasta llegar a rana adulta?

(1) el crecimiento de un cachorro hasta llegar a ser un perro adulto

(2) el crecimiento de un niño hasta llegar a ser un adulto
(3) el crecimiento de un cordero hasta llegar a ser un carnero
(4) el crecimiento de una oruga hasta llegar a ser una mariposa
(5) el crecimiento de un polluelo hasta llegar a ser un pollo

19. ¿Cuál de los siguientes enunciados supone el autor que usted conoce?

(1) Todos los animales pasan por la metamorfosis.
(2) Todas las plantas pasan por la metamorfosis.
(3) Las diferentes características estructurales de los organismos les sirven para adaptarse a diferentes ambientes.
(4) Casi todos los huevos de rana, con el tiempo se convierten en ranas adultas.
(5) La metamorfosis se presenta en el ser humano.

La pregunta 20 se refiere a la siguiente gráfica.

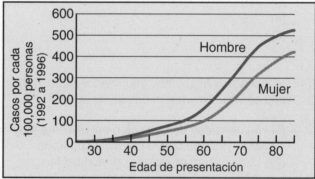

Casos por cada 100,000 personas (1992 a 1996)

Edad de presentación

Hombre
Mujer

Fuente: National Cancer Institute

20. "El cáncer de colon es una enfermedad que aparece sólo en los hombres". De acuerdo con la información que ofrece la gráfica, ¿por qué es ilógica esta afirmación?

(1) Muy pocas personas menores de 50 años padecen cáncer de colon.
(2) El cáncer de colon se observa casi en el mismo número de hombres que de mujeres.
(3) El número de mujeres que padecen cáncer de colon es mayor que el de hombres.
(4) El número de hombres jóvenes que padecen cáncer es menor que el de mujeres mayores.
(5) El número de hombres que mueren de cáncer pulmonar es mayor que el de los que mueren de cáncer de colon.

Las preguntas 21 a 23 se refieren al texto y tablas siguientes.

Existen tres genes (A, B y O) que determinan el tipo de sangre de un individuo. Como se puede apreciar en la primera tabla, estos tres genes producen seis combinaciones genotípicas diversas y cuatro tipos de sangre. Por ejemplo, un individuo con sangre tipo A puede tener un genotipo AA o AO. El tipo O se debe a un gen recesivo, mientras que los tipos A y B se deben ambos a genes dominantes. Los grupos sanguíneos expresan el fenómeno genético de codominancia que significa que ambos genes se expresan en el fenotipo de la misma manera en que lo harían si se encuentran separados, por lo que un individuo que hereda los genes A y B pertenecerá al grupo AB, expresando el fenómeno de codominancia.

El tipo de sangre de un individuo depende de los dos genes que haya heredado de sus padres, razón por la cual es normal observar una frecuencia diversa de los tipos de sangre en distintas poblaciones. La segunda tabla ilustra la distribución de los tipos de sangre en distintas poblaciones.

| Tipo de sangre | Genotipo | Puede recibir sangre de los tipos | Puede donar sangre a los tipos |
|---|---|---|---|
| A | AA, AO | O, A | A, AB |
| B | BB, BO | O, B | B, AB |
| AB | AB | A, B, AB, O | AB |
| O | OO | O | A, B, AB, O |

| Tipo de sangre | A | B | AB | O |
|---|---|---|---|---|
| Estadounidense (caucásico) | 41.0% | 10.0% | 4.0% | 45.0% |
| Estadounidense (negro) | 26.0% | 21.0% | 3.7% | 49.3% |
| Indio | 7.7% | 1.0% | 0.0% | 91.3% |
| Sueco | 46.7% | 10.3% | 5.1% | 37.9% |
| Japonés | 38.4% | 21.8% | 8.6% | 31.2% |
| Polinesio | 60.8% | 2.2% | 0.5% | 36.5% |
| Chino | 25.0% | 35.0% | 10.0% | 30.0% |

21. ¿Por qué se denominan donantes universales las personas cuya sangre es del tipo O?

   (1) porque pueden recibir sangre de cualquier individuo
   (2) porque sólo pueden recibir sangre tipo A
   (3) porque sólo pueden recibir sangre tipo B
   (4) porque pueden donar sangre a cualquier individuo
   (5) porque sólo pueden donar sangre a individuos con sangre tipo O

22. ¿Cuál de los siguientes sería el mejor título para la tabla de arriba a la derecha?

   (1) Frecuencia de tipos de sangre en poblaciones selectas
   (2) Tipos de sangre humana en el mundo
   (3) Aceptación y donación de sangre en poblaciones selectas
   (4) Genotipos y tipos de sangre
   (5) Frecuencia de tipos de sangre en Estados Unidos

23. ¿Cuál de los siguientes enunciados replantea la proporción de población china con sangre tipo O, según lo indica la tabla?

   (1) aproximadamente la décima parte
   (2) aproximadamente la cuarta parte
   (3) aproximadamente las tres décimas partes
   (4) aproximadamente la mitad
   (5) ninguna

SUGERENCIA

Cuando se encuentre con un texto que contiene una tabla o un diagrama, estudie primero la tabla o el diagrama. Esto le permitirá saber de qué trata el texto antes de empezar a leerlo.

Las preguntas 24 a 26 se refieren al texto y gráfica siguientes.

La capacidad de aprender y recordar ciertas cosas varía con la edad. Esto se demostró en un experimento en el que participaron 1,205 personas a quienes se les pidió que se aprendieran algunos nombres. Para este fin, se les exhibieron cintas de video en las que aparecían catorce personas para presentarse por su nombre y lugar de origen. Como se aprecia en la gráfica lineal, todos los participantes fueron capaces de recordar mayor cantidad de nombres que lo esperado después de exhibir el video dos o tres veces, pero los jóvenes superaron a los adultos de mayor edad.

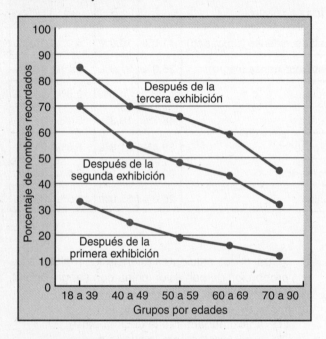

**24.** ¿Qué grupo de edades recordó un menor número de nombres?

(1) el grupo de 18 a 39 después de una sola exhibición
(2) el grupo de 50 a 59 después de una sola exhibición
(3) el grupo de 50 a 59 después de dos exhibiciones
(4) el grupo de 70 a 90 después de una sola exhibición
(5) el grupo de 70 a 90 después de tres exhibiciones

**SUGERENCIA**
Para comprender las gráficas lineales, es necesario estudiar la información de ambos ejes. También necesita estudiar lo que representa cada línea de la gráfica.

**25.** "Los participantes fueron capaces de recordar aproximadamente el 66 por ciento de los nombres después de exhibir tres veces el video". De acuerdo con la información que ofrece el texto y la gráfica, ¿por qué es ilógica esta afirmación?

(1) La mayoría de los participantes no se quedaron a la tercera exhibición del video.
(2) Los participantes recordaron aproximadamente el 50 por ciento de los nombres después de la tercera exhibición.
(3) El grupo de 50 a 59 años recordó aproximadamente el 66 por ciento de los nombres; otros grupos por edades recordaron más o menos nombres.
(4) Los jóvenes superaron a las personas mayores y recordaron más nombres.
(5) La diferencia de rendimiento entre la población más joven y la de mayor edad fue más amplia después de la tercera exhibición.

**26.** ¿Cuál de los siguientes enunciados resume mejor la información del texto y la gráfica?

(1) Es difícil recordar el nombre de las personas al conocerlas por primera vez.
(2) Después de mirar el video una vez, la mayoría de los participantes pudieron recordar unos cuantos nombres.
(3) El grupo de adultos de 18 a 39 años fue capaz de recordar más nombres que ningún otro grupo por edades.
(4) Los participantes pudieron recordar la mayoría de los nombres después de mirar el video una sola vez.
(5) La capacidad de recordar nombres disminuye con la edad, pero la repetición mejora la memoria a cualquier edad.

**27.** La transpiración es el proceso por el cual las plantas despiden vapor de agua al aire a través de las estomas de las hojas. ¿Dónde es más probable que se observe una mayor transpiración vegetal?

(1) en los desiertos
(2) en el Polo Norte
(3) en los mares
(4) en los invernaderos
(5) en los huertos de verduras

Las preguntas 28 a 31 se refieren al texto y mapa siguientes.

A principios del siglo XX el lobo gris había sido erradicado en toda la región oeste y de gran parte del resto del territorio de Estados Unidos. Después, en 1995 y 1996 se volvieron a introducir lobos grises provenientes de Canadá en dos áreas del oeste del país, la región central de Idaho y el Parque Nacional Yellowstone de Wyoming. La emigración natural del lobo canadiense posteriormente dio lugar a una tercera población en el norte de Montana.

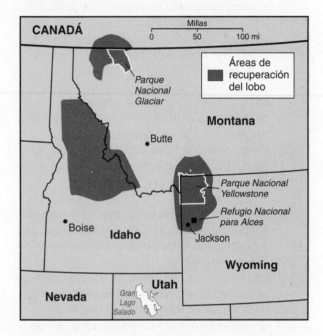

Una de las razones por las que se importaron los lobos fue para ayudar a controlar la población de alces de Yellowstone, la cual había crecido enormemente. Sin embargo, una de las jaurías de lobos de Yellowstone ha aprendido también a atacar y matar bisontes y animales domésticos presentes en su territorio. Durante los tres primeros años a partir de su reintroducción en el oeste del país, los lobos mataron 80 cabezas de ganado, 190 ovejas y 12 perros. Los propietarios de estos animales recibieron una indemnización por sus pérdidas y los lobos culpables fueron cambiados de residencia o se sacrificaron.

A pesar del hecho de que aproximadamente el 10 por ciento de los lobos muere al año, las tres poblaciones han aumentado considerablemente y en la actualidad alcanzan un número de varios cientos de animales distribuidos en más de 30 jaurías. Incluso se conocen por lo menos dos casos de apareamiento de lobos de distintas jaurías. Se especula que con el tiempo los lobos formen una sola población de gran tamaño en la región de las Montañas Rocosas. Algunos argumentan que el lobo debe ser retirado de la lista de especies en peligro de extinción.

28. De acuerdo con el mapa, ¿cuál estado tiene más áreas dispersas de poblaciones de lobos?

(1) Idaho
(2) Montana
(3) Nevada
(4) Utah
(5) Wyoming

29. ¿Cuál de los siguientes títulos representa la idea principal del mapa?

(1) Parque Nacional Yellowstone
(2) Idaho, Montana, y Wyoming
(3) Los parques nacionales de las Montañas Rocosas
(4) El territorio del lobo gris
(5) El lobo gris en los parques nacionales

30. ¿Cuál de los siguientes enunciados representa una opinión y no un hecho?

(1) El lobo ha aprendido a cazar el bisonte.
(2) Existen más de 30 jaurías de lobos en las Montañas Rocosas en Estados Unidos.
(3) Aproximadamente el 10 por ciento de los lobos de la región oeste del país mueren cada año.
(4) Los propietarios recibieron una indemnización por el ganado que mataron los lobos.
(5) El lobo gris no debe considerarse ya como especie en peligro de extinción.

31. ¿Cuál de las siguientes acciones se asemeja más a la reintroducción del lobo gris en Estados Unidos?

(1) construcción de pasos en las presas para permitir la migración del salmón río arriba
(2) restricción de la caza de ciertas especies en determinadas épocas del año
(3) restablecimiento de las variedades de pastizales altos en las Grandes Llanuras
(4) introducción de una especie no nativa para acabar con una plaga
(5) prevención de la introducción de especies no nativas en un área

Las preguntas 32 a 34 se refieren al texto y tabla siguientes.

Antiguamente era creencia popular que los espíritus eran la causa de las enfermedades. Sin embargo, a pesar de que a principios de la década de 1600, un nuevo invento, el microscopio, permitió a los científicos observar los microorganismos, tuvieron que pasar todavía 200 años para establecer la relación entre los microorganismos y las enfermedades.

En la década de 1870, el científico alemán Roberto Koch descubrió que cierta especie de bacteria era la causante de la enfermedad del carbunco en la oveja, la vaca y el ser humano. Koch examinó órganos de animales que habían muerto de carbunco y observó un gran número de bacterias en forma de bastón en la sangre de los animales. Luego transfirió algunas de estas bacterias en una laceración practicada en la piel de un ratón, el cual más tarde desarrolló carbunco y murió. Koch encontró el mismo tipo de bacteria en la sangre del ratón.

No obstante, Koch quería observar la reproducción de la bacteria y para ello diseñó un experimento encaminado a reproducir la bacteria e infectar animales de laboratorio. Sus experimentos ofrecieron pruebas convincentes para apoyar la idea de que los microrganismos eran los causantes de la enfermedad. Los métodos de Koch para estudiar los microorganismos, conocidos como los Postulados de Koch", continúan aplicándose en nuestros días. La siguiente tabla contiene los pasos de sus métodos.

| POSTULADOS DE KOCH | |
| --- | --- |
| Paso | Descripción |
| 1 | Aísla el microorganismo que se supone que es el causante de la enfermedad. |
| 2 | Logra reproducir el microorganismo fuera del animal en un medio estéril. Denomina "cultivo" a esta técnica de reproducir microorganismos. |
| 3 | Reproduce la misma enfermedad inyectando animales saludables con microorganismos del cultivo. |
| 4 | Examina el animal y recupera al microorganismo causante de la enfermedad. |

32. ¿Cuál de los siguientes enunciados representa la descripción del término "cultivo"?

(1) microorganismo causante de enfermedades
(2) bacteria secretora de toxinas
(3) microorganismos reproducidos en un medio nutritivo estéril
(4) laboratorio en el que se realizan experimentos con animales
(5) bacterias en forma de bastón causantes del carbunco o anthrax

33. A mediados de la década de 1800, la idea de que los microorganismos era los causantes de las enfermedades era sólo una opinión. ¿Qué factor contribuyó más directamente a la aceptación de esta idea como un hecho en nuestros días?

(1) el desarrollo de los antibióticos
(2) la invención del microscopio
(3) el empleo de medios nutritivos de cultivo para el cultivo de bacterias
(4) los experimentos de Koch con la bacteria del carbunco
(5) el descubrimiento de los microorganismos

34. ¿Cuál de los siguientes enunciados sobre los postulados de Koch representa un ejemplo de lógica incorrecta?

(1) Para comprobar que una bacteria es causante de cierta enfermedad, primero es necesario aislar la bacteria.
(2) Para comprobar que ciertas bacterias son causantes de una enfermedad, es necesario inyectar animales con la bacteria sospechosa.
(3) Si un animal al que se le inyecta la bacteria sospechosa contrae cierta enfermedad, es probable que la bacteria sea la causante de la enfermedad.
(4) Los científicos han demostrado que muchas enfermedades son causadas por bacterias basándose en los postulados de Koch.
(5) Si una enfermedad no es causada por un tipo específico de bacteria, entonces debe ser causada por un virus.

35. La glándula tiroides produce una sustancia que contiene yodo y que participa en el control del crecimiento. El bocio es un aumento del tamaño de la tiroides causado por la falta de yodo en la dieta. El bocio es raro en las regiones costeras donde la población consume productos del mar que contienen una forma de yodo, pero es más común en tierra continental donde la población consume alimentos cultivados en tierras que carecen de yodo.

¿Qué frase replantea la causa del bocio de acuerdo con el texto?

(1) consumo excesivo de productos del mar
(2) consumo insuficiente de alimentos con alto contenido de yodo
(3) exposición a cierta bacteria que porta el yodo
(4) fertilización de la tierra con yodo
(5) herencia de un gen tiroideo defectuoso

**Las respuestas comienzan en la página 282.**

# Tabla de análisis del desempeño en el repaso acumulativo
## Unidad 1 ● Ciencias biológicas

Consulte la sección Respuestas y explicaciones que empieza en la página 282 para verificar sus respuestas al Repaso acumulativo de la Unidad 1. Luego, use la siguiente tabla para identificar las destrezas en las que necesite más práctica.

En la tabla, encierre en un círculo los números correspondientes a las preguntas que haya contestado correctamente. Anote el número de aciertos para cada destreza y luego súmelos para calcular el número total de preguntas que contestó correctamente en el Repaso acumulativo. Si cree que necesita más práctica, repase las lecciones de las destrezas que se le dificultaron.

| Preguntas | Número de aciertos | Destreza | Lecciones para repasar |
|---|---|---|---|
| 1, 2, **7, 9,** 12, **13,** 14, 16, 17, **21, 22, 23, 24,** 26, **28,** 29, 32, 35 | _____/18 | Comprensión | 1, 2, 6 |
| 3, 4, **5, 10,** 15, 19, 30, 33 | _____/8 | Análisis | 3, 4, 7 |
| 6, 8, **11,** 18, 27, 31 | _____/6 | Aplicación | 8 |
| **20,** 25, 34 | _____/3 | Evaluación | 5 |
| **TOTAL DE ACIERTOS:** _____/35 | | | |

Los números en **negritas** corresponden a preguntas que contienen gráficas.

# UNIDAD 2

# Ciencias de la Tierra y del espacio

Todos los días los diarios publican importantes notas acerca de las ciencias de la Tierra o del espacio. Esas notas pueden tratar acerca de un terremoto devastador o de las cuantiosas vidas que pudieron ser salvadas al evacuar una población costera antes del previsto arribo de un huracán. También nos llegan noticias sobre el aterrizaje de una sonda espacial en Marte o información reciente sobre las dimensiones del universo. Y aun cuando no ocurren desastres naturales, ni los diarios publican noticias sobre el espacio, siempre aparece una nota sobre ciencias de la Tierra como el informe del estado del tiempo.

El conocimiento de las ciencias de la Tierra y del espacio también es muy importante para el éxito en la Prueba de Ciencias de GED. Aproximadamente un 20 por ciento de las preguntas de la prueba están basadas en las ciencias de la Tierra y del espacio.

*Los científicos se dedican a mejorar los métodos actuales para predecir los terremotos y salvar vidas.*

**Las lecciones de esta unidad son:**

**Lección 9:** **La estructura de la Tierra**
En esta lección aprenderá sobre la composición interna de la Tierra y sobre las fuerzas que mueven los continentes.

**Lección 10:** **Los cambios de la Tierra**
En esta lección descubrirá que el paisaje de la Tierra cambia rápidamente como consecuencia de las erupciones volcánicas y de los terremotos y cómo cambia de manera más lenta por el efecto de la meteorización y la erosión.

**Lección 11:** **Estado del tiempo y clima**
En esta lección aprenderá acerca de los factores que influyen en el clima y en el estado del tiempo.

**Lección 12:** **Los recursos de la Tierra**
En esta lección descubrirá cómo la vida en la Tierra depende de recursos como el agua, los combustibles fósiles, el suelo y los minerales.

**Lección 13:** **La Tierra en el espacio**
En esta lección conocerá los últimos descubrimientos sobre el sistema solar, las estrellas y el universo.

### DESTREZAS DE RAZONAMIENTO

○ Identificar implicaciones

○ Analizar causa y efecto

○ Evaluar qué tan adecuados son los hechos

○ Reconocer valores

○ Identificar implicaciones

# DESTREZA DE GED **Identificar implicaciones**

**implicación**
hecho o idea sugerido en un texto

**implicar**
acción y efecto de sugerir algo como un hecho sin expresarlo explícitamente

Para determinar si un texto implica algún hecho o idea, pregúntese si la idea se basa en algo concreto del texto. Si es así, el hecho o la idea representan una implicación.

Cuando leemos un texto y luego captamos la información extra que quizás representa un hecho, estamos ante una **implicación.** Las implicaciones no se expresan explícitamente en el texto, sino que se sugieren de manera implícita. Por ejemplo, imaginemos que nos encontramos con el siguiente texto: "El aumento de la demanda del petróleo, combustible de uso doméstico, ha encarecido su precio". Una de las implicaciones de este texto es que el monto de las facturaciones por el servicio aumentará. Las implicaciones son hechos o ideas que podemos suponer razonablemente como válidas debido a que se desprenden del texto.

La habilidad de identificar las implicaciones de un texto se refuerza pensando en las consecuencias. Las consecuencias son el efecto o resultado de algo. Si se dieran ciertas condiciones, ¿cuál sería el resultado? Por ejemplo, el hecho de que una población haya recibido un tornado, **implica** que la consecuencia fue la devastación de las casas.

**Lea el texto y responda las preguntas que se presentan a continuación.**

Para los seres humanos la exploración directa del interior de la Tierra es imposible, por lo que la mayoría de los conocimientos científicos en la materia proviene del estudio de las **ondas sísmicas** o vibraciones que transmite la Tierra. Las ondas sísmicas se producen de manera natural a consecuencia de los terremotos y artificialmente como resultado de las explosiones nucleares provocadas por los seres humanos. El tiempo que tardan en desplazarse estas ondas varía y depende de las propiedades de la materia que encuentren a su paso. Los científicos han podido adquirir un caudal de conocimientos sobre el interior de la Tierra apoyándose en el estudio de las diferencias de las ondas sísmicas.

1. Marque con una "X" el enunciado implícito en el texto. "Para los seres humanos la exploración directa del interior de la Tierra es imposible".

       _____ a.  El interior de la Tierra es peligroso para los seres humanos.

       _____ b.  El interior de la Tierra está formado por hierro.

Usted acertó si escogió la *opción a.* El hecho de que la exploración humana directa es imposible sugiere que el interior del planeta es peligroso, aunque no sugiere que la Tierra esté formada por hierro según expresa la *opción b.*

2. Marque con una "X" la afirmación implícito en la información sobre velocidad, tiempo de desplazamiento y dirección de las ondas sísmicas.

       _____ a.  Las estaciones sismológicas se localizan en toda la Tierra.

       _____ b.  Las ondas sísmicas se aceleran, desaceleran o cambian de dirección a medida que pasan por distintos tipos de materia.

Usted acertó si escogió la *opción b.* Las variaciones de la velocidad o dirección de las ondas sísmicas tienen relación directa con el material por el que pasan. La *opción a* es verdadera, pero no representa una implicación de las variaciones de las ondas.

**Lea el texto, estudie el diagrama y responda las preguntas que se presentan a continuación.**

El estudio indirecto de las ondas sísmicas ha permitido a los científicos llegar a la conclusión de que la Tierra está formada por cuatro capas: la corteza, el manto, el núcleo externo y el núcleo interno.

La **corteza** es la parte que comprende la superficie terrestre y está formada por diversos tipos de roca. Mide aproximadamente 8 kilómetros de espesor a partir del fondo oceánico y 40 kilómetros a partir de la superficie continental.

El **manto** está formado por rocas compuestas principalmente por oxígeno, hierro, magnesio y silicio. Una parte de la roca del manto está fundida y fluye.

El **núcleo externo** está compuesto por hierro y níquel fundidos, mientras que el **núcleo interno** forma el centro de la Tierra y está compuesto por hierro sólido magnético y níquel. La tremenda presión del núcleo interno atrae con tal fuerza las partículas de hierro y níquel que éstas permanecen en estado sólido a pesar de las altas temperaturas.

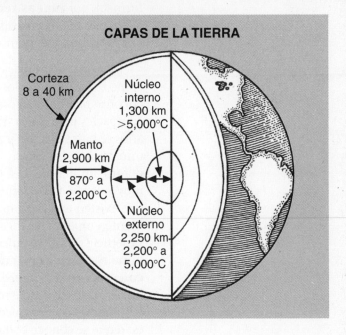

**CAPAS DE LA TIERRA**

Corteza
8 a 40 km

Núcleo interno
1,300 km
>5,000°C

Manto
2,900 km

870° a
2,200°C

Núcleo externo
2,250 km
2,200° a
5,000°C

1. Marque con una "X" el enunciado implícito en la información del texto y en el diagrama.

_____ a. La corteza es la única capa visible de la Tierra.

_____ b. La corteza es la capa de mayor espesor de la Tierra.

2. Marque con una "X" el enunciado implícito en el segundo párrafo del texto.

_____ a. La corteza terrestre bajo el continente africano mide 8 kilómetros de espesor.

_____ b. La corteza terrestre bajo el continente africano mide 40 kilómetros de espesor.

3. Explique por qué el enunciado que escogió para la pregunta 2 está implícito en la información del texto.

_____

_____

4. Marque con una "X" el enunciado implícito en la afirmación de que el núcleo de la Tierra está compuesto principalmente por hierro.

_____ a. La Tierra tiene un campo magnético.

_____ b. La corteza de la Tierra contiene una gran cantidad de hierro.

5. Explique por qué el enunciado que escogió para la pregunta 4 está implícito en la información del texto.

_____

_____

**Las respuestas comienzan en la página 285.**

La superficie terrestre no está formada sólo por un bloque, sino que está formada por **placas tectónicas,** es decir, fragmentos de gran tamaño que se acoplan como las piezas de un rompecabezas. Estas placas están formadas por la corteza y el manto superior.

La teoría de las placas tectónicas explica cómo originalmente los continentes se encontraban unidos formando un bloque compacto, pero que a través de millones de años se han separado y alejado lentamente uno de otro. Las placas flotan en el manto, un mar de roca fundida en movimiento. Las enormes temperaturas que existen en las profundidades del manto empujan las rocas hacia la superficie donde se enfrían y vuelven a hundirse. Estas **corrientes de convección** del manto mueven las placas que flotan en su superficie sobre las cuales descansan los continentes. A su vez, los continentes se juntan con estos enormes fragmentos de rocas a la deriva. Esto es lo que se conoce como la teoría de la deriva continental.

**CORRIENTES DE CONVECCIÓN DEL MANTO**

Núcleo interno
Núcleo externo
Corteza
Manto
Dorsal oceánica
Fosa oceánica
Corriente de convección

Existen aproximadamente veinte placas tectónicas que siempre están en movimiento. Cuando las placas se alejan una de otra, la roca fundida del manto sube a la superficie para formar corteza nueva. Por ejemplo, la placa de Norteamérica y la placa euroasiática, que se localizan a lo largo de la dorsal oceánica del Atlántico medio, se mueven en dirección opuesta con lo cual permiten la formación de corteza. Por otro lado, cuando las placas se acercan, una de ellas se hunde bajo la otra dando lugar al nacimiento de enormes cordilleras. Un ejemplo de esto es la cordillera Himalaya, la cual se formó por el hundimiento en dirección norte de la placa indoaustraliana bajo la placa euroasiática. Además, las placas también se deslizan lateralmente como en el caso de la falla de San Andrés en California. En esta falla, la placa del Pacífico se mueve hacia el norte sobre la placa de Norteamérica causando frecuentes terremotos.

**PLACAS TECTÓNICAS DE LA TIERRA**

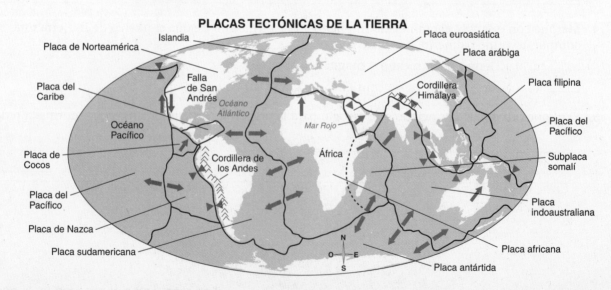

Placa de Norteamérica
Islandia
Placa euroasiática
Placa arábiga
Placa del Caribe
Falla de San Andrés
Océano Atlántico
Cordillera Himalaya
Placa filipina
Océano Pacífico
Mar Rojo
Placa del Pacífico
Placa de Cocos
Cordillera de los Andes
África
Subplaca somalí
Placa del Pacífico
Placa de Nazca
Placa indoaustraliana
Placa sudamericana
Placa africana
Placa antártida

Instrucciones: Elija la respuesta que mejor responda a cada pregunta.

Las preguntas 1 a 6 se refieren al texto, diagrama y mapa de la página 112.

1. ¿Qué enunciado implica la idea de la deriva continental?

   (1) Los continentes llevan millones de años en su ubicación actual.
   (2) La ubicación relativa de los continentes cambia constantemente.
   (3) Aun después del paso de millones de años, el movimiento de los continentes es apenas perceptible.
   (4) Los continentes flotan en un mar de materia fundida formado por el núcleo externo y el manto.
   (5) La Tierra siempre ha tenido seis continentes principales.

2. ¿Cuál de los siguientes enunciados está implícito en el diagrama?

   (1) La circulación de materiales entre el manto y la corteza ocurre en las cordilleras y fosas oceánicas.
   (2) Los materiales que forman el núcleo se mueven hacia arriba hasta llegar al manto.
   (3) La corteza tiene un espesor mucho mayor que el manto donde hay cordilleras.
   (4) Las corrientes de convección del manto ocurren sólo en unas cuantas millas.
   (5) Las corrientes de convección ocurren sólo bajo los continentes.

3. ¿Cuál de los siguientes enunciados está apoyado por la información del mapa?

   (1) La placa indoaustraliana se mueve en la dirección de la placa antártida.
   (2) Antiguamente, la placa antártida se encontraba más hacia el sur.
   (3) La placa de Norteamérica se mueve en dirección de la placa euroasiática.
   (4) Bajo el mar, las placas se mueven en dirección opuesta.
   (5) En casi todas las fronteras de las placas, éstas se deslizan lateralmente.

4. ¿Cuál de las siguientes descripciones se asemeja más a la formación de la cordillera Himalaya?

   (1) El mar Rojo se formó por la separación de África y Arabia.
   (2) La falla de San Andrés se formó por el deslizamiento lateral de la placa del Pacífico y la placa de Norteamérica.
   (3) Islandia se formó por la separación de la placa de Norteamérica y la placa euroasiática.
   (4) La cordillera Indostana del Sur se formó por la separación de las placas indoaustraliana y antártida.
   (5) La cordillera de los Andes se formó por el choque de la placa de Nazca y la placa sudamericana.

5. Si después de miles de millones de años el interior de la Tierra se enfriara, ¿cuál sería el resultado?

   (1) Las placas ya no se deslizarían ni los continentes se derivarían.
   (2) Las placas continuarían moviéndose, aunque todas se moverían en la misma dirección.
   (3) La dorsal oceánica del Atlántico medio continuaría formándose.
   (4) La placa antártida chocaría con la placa de Norteamérica.
   (5) Todos los continentes se unirían para formar uno solo de gran tamaño.

6. ¿Qué relación existe entre la teoría de la deriva continental y la teoría de la tectónica de placas?

   (1) La teoría de la deriva continental explica el movimiento de la tectónica de placas.
   (2) La teoría de la tectónica de placas explica la deriva continental.
   (3) Ambas teorías se refieren exclusivamente al movimiento de los continentes.
   (4) Ambas teorías se refieren exclusivamente al desarrollo de los mares.
   (5) Ambas teorías explican el movimiento de la roca del manto.

**Las respuestas comienzan en la página 285.**

# Práctica de GED • Lección 9

Instrucciones: Elija la respuesta que mejor responda a cada pregunta.

Las preguntas 1 y 2 se refieren al texto y mapas siguientes.

Existen diversas pruebas que apoyan la idea de la deriva continental a través de cientos de millones de años. En primer lugar, algunas de las líneas costeras continentales aparentemente coinciden. Por ejemplo, Sudamérica y África se acoplan perfectamente como si alguna vez hubieran formado parte de la misma masa continental. En segundo lugar, los tipos de rocas y estructuras que se encuentran en un continente parecen la continuación de las del otro. Por ejemplo, los tipos de rocas de la región oriental de Brasil coinciden con los de la región noroeste de África. Además, los montes Apalaches de la región oriental de Norteamérica parecen continuar en Groenlandia y Europa septentrional.

En tercer lugar, se han descubierto fósiles de las mismas especies de plantas y animales terrestres en Sudamérica, África, Australia y Antártida. Esto sugiere que alguna vez estos continentes quizás estaban comunicados por tierra.

Por último, existen pruebas de que una gran parte de África, Sudamérica, Australia e India estaban cubiertas por una capa de hielo hace aproximadamente entre 220 y 300 millones de años. Si estas masas continentales hubieran formado un solo continente más cerca del Polo Sur, esto explicaría el clima más frío.

## DERIVA CONTINENTAL

Hace 200 millones de años — Pangea

Hace 135 millones de años — Laurasia, Gondwana

Hoy día — Norteamérica, Europa, Asia, África, Sudamérica, Australia, Antártida

1. Si usted tuviera que dibujar un mapa imaginario del mundo tal y como se vería dentro de cien millones de años, ¿cómo se vería la Tierra?

   (1) igual que en nuestros días
   (2) cubierta por los mares
   (3) cubierta por continentes
   (4) el océano Atlántico sería de menos tamaño
   (5) Sudamérica y África estarían más separados

2. Antes de que se conociera la teoría de la deriva continental, ¿qué hipótesis explicaba el hallazgo de fósiles de las mismas especies de animales terrestres en distintos continentes?

   (1) Las estructuras rocosas adyacentes de Sudamérica y África son iguales.
   (2) Es posible que los animales hayan atravesado los mares en trozos de madera a la deriva.
   (3) Es posible que los animales hayan nadado de un continente a otro.
   (4) Es posible que los fósiles hayan sido arrastrados por las corrientes marinas de un continente a otro.
   (5) Alguna vez África, Sudamérica, Australia e India estuvieron cubiertas por capas de hielo.

SUGERENCIA

Las series de representaciones que ilustran la formación gradual de algo a través del tiempo pueden tender a la continuidad.

## DE LA DERIVA CONTINENTAL A LA TECTÓNICA DE PLACAS

Las preguntas 3 a 5 se refieren al siguiente texto.

La idea de la deriva continental fue concebida por primera vez por el científico alemán Alfred Wegener en 1915. Wegener propuso que en la antigüedad había existido un solo continente al que denominó Pangea, el cual se empezó a dividir para formar continentes de distintos tamaños hace unos 200 millones de años. Después, estos continentes se alejaron unos de otros hasta llegar al punto donde se encuentran ahora. Para apoyar su teoría, Wegener hizo notar la coincidencia lineal de la línea costera, los hallazgos fósiles, la semejanza de la estructura rocosa en los continentes y las pruebas climáticas.

La mayoría de los contemporáneos de Wegener criticaron mucho sus ideas porque pensaban que las pruebas que servían de apoyo a su teoría de la deriva continental eran flojas. Lo más determinante en este caso fue que Wegener fue incapaz de explicar con exactitud cómo se habían movido los continentes. Para resolver esto, Wegener propuso dos ideas: primero, que la gravedad de la Luna había empujado los continentes hacia el oeste; segundo, que los continentes se habían deslizado por el fondo marino. Ambas ideas fueron rechazadas inmediatamente por considerarse imposibles.

Durante muchos años, la teoría de la deriva continental progresó muy poco. Después, durante las décadas de 1950 y 1960 los avances tecnológicos permitieron elaborar un mapa detallado del fondo marino y descubrir un sistema mundial de dorsales oceánicas. A principios de la década de 1960, el científico estadounidense Harry Hess propuso que las dorsales oceánicas se encontraban sobre corrientes de convección verticales del manto. Decía que en esos puntos se estaba formando corteza nueva, la cual empujaba el antiguo piso marino hacia abajo y posteriormente hacia el manto formando fosas oceánicas cuando los bordes se deslizaban bajo otras placas. A partir de entonces se han descubierto más indicios que apoyan la idea de la **expansión del fondo oceánico.** Por primera vez se contaba con una explicación razonable sobre cómo se movía la corteza terrestre.

Para 1968, las ideas de la deriva continental y expansión del fondo oceánico se habían fusionado con la teoría amplia de la tectónica de placas. Esta teoría es tan completa que ofrece un marco de referencia para comprender la mayoría de los fenómenos geológicos.

3. ¿Cuál fue la razón principal de las críticas contra las ideas de Wegener?

   (1) Se apoyó en pruebas flojas.
   (2) Había otras explicaciones para los hechos en los que se había apoyado.
   (3) No existían pruebas de la deriva continental.
   (4) No fue capaz de explicar de manera congruente cómo se habían movido los continentes.
   (5) Pangea era un continente imaginario.

4. ¿Cuál de los siguientes enunciados representa una conclusión y no un detalle de apoyo?

   (1) La línea costera de distintos continentes coincide.
   (2) Se han encontrado fósiles de las mismas especies en distintos continentes.
   (3) Hace millones de años el clima era idéntico en regiones que ahora se encuentran muy apartadas.
   (4) Las estructuras rocosas de continentes adyacentes coinciden.
   (5) Originalmente, los continentes formaban una enorme masa terrestre y luego se separaron.

5. ¿Cuál de los siguientes fenómenos naturales se explica mejor mediante la teoría de la tectónica de placas?

   (1) la migración de la fauna terrestre actual de un lugar a otro
   (2) el ciclo del agua al pasar de la atmósfera a la tierra
   (3) la presencia de sedimentos en grandes regiones del fondo marino
   (4) la presencia de ciudades de gran tamaño a lo largo de las fronteras costeras de las placas
   (5) la incidencia de terremotos a lo largo de las fronteras de las placas

**Las respuestas comienzan en la página 285.**

**Instrucciones:** Ésta es una prueba de práctica que dura diez minutos. Después de que transcurran los diez minutos, ponga una marca en la última pregunta que haya respondido. A continuación, termine la prueba y revise sus respuestas. Si la mayoría de sus respuestas fueron correctas, pero no terminó la prueba, trate de responder las preguntas más rápidamente la próxima vez. Elija la respuesta que mejor responda a cada pregunta.

Las preguntas 1 a 4 se refieren al texto y diagrama siguientes.

La expansión del fondo oceánico se debe al flujo ascendente de la roca fundida proveniente del manto a través de la corteza. Al salir a la superficie, este material agrieta el fondo marino (es decir, la corteza terrestre) formando dorsales oceánicas. Este material nuevo empuja lateralmente el fondo marino hacia ambos lados.

**EXPANSIÓN DEL FONDO OCEÁNICO**

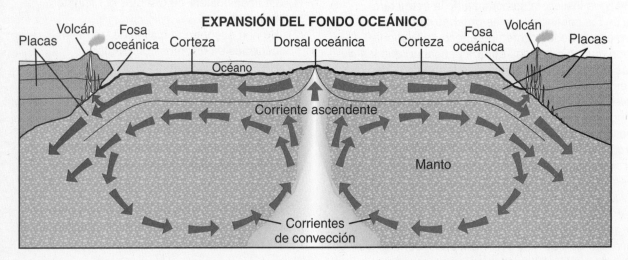

1. ¿Qué causa la expansión del fondo oceánico?

   (1) las corrientes térmicas de la corteza
   (2) las corrientes térmicas del manto
   (3) el envejecimiento del fondo marino
   (4) la actividad volcánica a lo largo de la costa
   (5) la deriva continental

2. ¿Cuál de los siguientes enunciados está implícito en el diagrama?

   (1) A mayor distancia de las dorsales oceánicas, menor es la edad del fondo marino.
   (2) A mayor distancia de las dorsales oceánicas, mayor es la edad del fondo marino.
   (3) La expansión del fondo marino ocurre sólo en el océano Atlántico.
   (4) La expansión del fondo marino ocurre sólo en el océano Pacífico.
   (5) La expansión del fondo marino causa la desecación de los mares.

3. ¿Cuál es la causa de que el fondo marino se hunda en el manto?

   (1) el choque con una placa y su hundimiento bajo ella
   (2) su peso más ligero que el de las placas continentales
   (3) el derrumbe del manto sobre el que se asienta
   (4) el encuentro con movimientos telúricos
   (5) el empuje ascendente del manto

4. Los científicos han calculado que el fondo marino del Atlántico Norte se expande aproximadamente 3.5 centímetros por año. ¿Cuál de las siguientes conclusiones apoya este cálculo?

   (1) El nivel del mar subirá.
   (2) El nivel del mar descenderá.
   (3) El océano Atlántico se expandirá.
   (4) El océano Atlántico disminuirá de tamaño.
   (5) El ancho del océano Atlántico no variará.

Las preguntas 5 y 6 se refieren al texto y diagrama siguientes.

Las placas se encuentran de tres maneras diferentes formando fronteras divergentes, convergentes y de transformación.

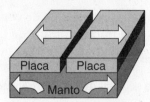
Frontera divergente

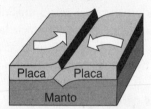
Frontera convergente

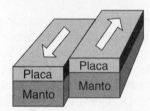
Frontera de transformación

5. ¿Cuál sería el mejor título para esta información?

   (1) Tectónica de placas
   (2) Tipos de fallas
   (3) Tipos de fronteras de placas
   (4) Tipos de tectónicas de placas
   (5) Tipos de fronteras naturales

6. ¿Cuál de los siguientes representa un ejemplo de frontera convergente?

   (1) La placa Juan de Fuca se desliza debajo de la placa de Norteamérica.
   (2) El Valle de Rift de África Oriental se está separando de la placa africana.
   (3) La placa arábiga se aleja de la placa africana.
   (4) Las placas del Pacífico y de Norteamérica se deslizan lateralmente en direcciones opuestas.
   (5) Las dos dorsales oceánicas se están separando en el Atlántico medio.

7. Originalmente, la teoría de la tectónica de placas establecía que las placas continentales y marinas se deslizaban sobre la roca fundida en el movimiento del manto superior. Sin embargo, las investigaciones han demostrado que algunas de las placas continentales tienen zapatas de roca que llegan a profundidades superiores a las 300 millas en el manto superior. Estas zapatas se extienden más allá de la capa de roca parcialmente fundida y parecen anclar firmemente las placas continentales al manto superior.

¿Cuál de las siguientes conclusiones apoya la información del texto?

   (1) Las placas continentales y el manto superior se desplazan juntos y no de manera independiente.
   (2) El manto superior está formado por roca fundida.
   (3) Las placas continentales se deslizan sobre el manto superior independientemente de la presencia de las zapatas de roca.
   (4) Las placas marinas y el manto superior se desplazan juntos y no de manera independiente.
   (5) Las placas continentales se encuentran a menos profundidad que las placas marinas.

8. Las profundas depresiones en forma de "V" del fondo marino se denominan fosas oceánicas. Estas fosas se forman debido a la superposición de una placa sobre otra. En la tabla de abajo se enumeran las placas más profundas que se encuentran en los océanos Pacífico, Atlántico e Índico.

| FOSA OCEÁNICA | | |
|---|---|---|
| **Océano** | **Fosa** | **Profundidad en pies** |
| Pacífico | Mariana | 35,840 |
| | Tonga | 35,433 |
| Atlántico | Puerto Rico | 28,232 |
| | Sándwich del Sur | 27,313 |
| Índico | Java | 23,736 |
| | Ob | 22,553 |

¿Cuál de las siguientes conclusiones apoya la información de la tabla?

   (1) La fosa Ob tiene 27,313 de profundidad.
   (2) El fondo marino se separa en donde se forman las fosas.
   (3) La fosa de mayor profundidad es la de Puerto Rico.
   (4) La fosa Java es más profunda que la fosa Tonga.
   (5) Las fosas de mayor profundidad del mundo son las del océano Pacífico.

**Las respuestas comienzan en la página 286.**

# DESTREZA DE GED **Analizar causa y efecto**

**causa**
algo que origina que otra cosa ocurra

**efecto**
algo que ocurre porque otra cosa ocurrió

**relación de causa y efecto**
evento en el que algo (causa) resulta en otra cosa (efecto)

Cuando sentimos hambre probablemente buscamos algo de comer. En este caso, el hambre es una causa, mientras que nuestra búsqueda de comida es el efecto. La **causa** es el origen de algo y el **efecto** es la consecuencia o resultado de la causa. Las causas siempre se presentan antes que los efectos. Cuando estos eventos ocurren en secuencia se dice que hay una **relación de causa y efecto.**

Con frecuencia los científicos tratan de identificar las relaciones de causa y efecto a fin de descubrir leyes generales que les permitan predecir las consecuencias de causas definidas, como por ejemplo descubrir las causas de las erupciones volcánicas. ¿Qué consecuencias tienen las erupciones volcánicas?

**Lea el texto y responda las preguntas que se presentan a continuación.**

De 1943 a 1952, los científicos se dedicaron a observar la formación del **volcán** Paricutín. En febrero de 1943 se observó una gran actividad subterránea cerca de la población de Paricutín, México, la cual causó numerosos sismos de tierra de baja intensidad que alarmaron a los habitantes del lugar. El 20 de febrero de ese mismo año, Dionisio y Paula Pulido notaron que salía humo de una pequeña abertura en la tierra de su campo de maíz cerca del poblado. La abertura había estado siempre ahí según recordaban el agricultor y su esposa. Esa noche, los fragmentos de roca caliente que salían por la abertura iluminaron el cielo como fuegos artificiales; al amanecer los fragmentos apilados formaban un cono de 40 metros de altura. Dos años después, el cono había alcanzado una altura superior a los 400 metros. Las cenizas volcánicas quemaron y sepultaron la población de Paricutín. La **lava** sepultó otra población cercana. Nueve años después, la actividad volcánica cesó.

**SUGERENCIA**

A veces, la relación de causa y efecto se identifica por el empleo de palabras y verbos como *debido a esto, influir, resultar, ocurrir, conducir a,* etc. Busque estas palabras para identificar la relación de causa y efecto.

1. Escriba *C* junto a la causa de los sismos de la Tierra en las cercanías de Paricutín.

   _____ a. la actividad subterránea

   _____ b. el humo proveniente de una abertura en la tierra

Usted acertó si escogió la *opción a.* La actividad subterránea que se detectó en el área fue la causa de los sismos de tierra. La *opción b* es incorrecta porque el humo fue un efecto, no la causa de la actividad subterránea.

2. Escriba *E* junto a los efectos de la erupción del Paricutín. Marque todas las que correspondan.

   _____ a. formación de un volcán de más de 400 metros de altura

   _____ b. producción de cenizas volcánicas que sepultaron la población de Paricutín

   _____ c. reinicio de las actividades normales de la población

   _____ d. enriquecimiento del conocimiento científico sobre la formación de volcanes

Usted acertó si escogió las *opciones a, b* y *d.* Éstos fueron los efectos de la erupción del Paricutín. Esto demuestra que una sola causa puede tener varios efectos, aunque un solo efecto también puede tener muchas causas.

**Lea el texto, estudie el diagrama y responda las preguntas que se presentan a continuación.**

En las profundidades de la Tierra, las rocas se encuentran en forma de un líquido caliente denominado **magma.** En algunos lugares del planeta, el magma sale a la superficie fundiendo la roca sólida o filtrándose por fracturas de la corteza. Una vez que sale a la superficie, el magma se denomina lava y la estructura por la que sale de la Tierra se conoce como volcán.

Los volcanes se clasifican según el tipo de erupción que les da origen. Los conos de ceniza son volcanes que se forman a partir de erupciones explosivas, las cuales ocurren cuando la lava presente en las chimeneas, o aberturas, de los volcanes se endurece formando tapones de roca. El vapor y el magma se acumulan y ejercen presión bajo la roca hasta alcanzar la magnitud suficiente para provocar una explosión violenta. El volcán se forma con cenizas volcánicas, cenizas rocosas y otras partículas de roca arrojadas al aire. Los volcanes de cenizas tienen una base angosta y laderas muy escarpadas.

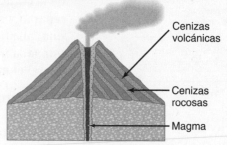

**Cono de cenizas**

1. Escriba *C* junto a la causa de la erupción de los volcanes de cenizas.

_____ a. La acumulación subterránea de partículas de ceniza que finalmente causa una explosión.

_____ b. La enorme presión ejercida por el vapor y el magma que finalmente causa una explosión.

2. Marque con una "X" la frase del segundo párrafo que apoya su respuesta a la pregunta 1.

_____ a. "El volcán se forma con cenizas volcánicas, cenizas rocosas y otras partículas de roca…"

_____ b. ". . . hasta alcanzar la magnitud suficiente para provocar una explosión violenta".

3. Escriba *C* junto a la causa de la formación de los volcanes de ceniza.

_____ a. deposición de dos tipos de materiales, cenizas volcánicas y cenizas rocosas

_____ b. acumulación de magma en la base del volcán

4. Escriba *R* junto al resultado de la erupción de un volcán de cenizas. Marque todas las que correspondan.

_____ a. la expulsión violenta de cenizas rocosas y otras cenizas volcánicas

_____ b. la acumulación subterránea de magma y vapor

_____ c. la acumulación en forma de cono de cenizas rocosas y otras cenizas volcánicas

_____ d. el flujo lento de la lava

_____ e. la salida del magma por fracturas de las laderas del volcán

**Las respuestas comienzan en la página 287.**

## TIPOS DE FALLAS

Capas
de roca

Antes de una falla

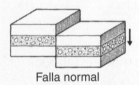

Falla normal

Falla inversa

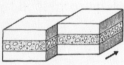

Falla lateral

Los **sismos** o terremotos son sacudidas y temblores de tierra ocasionados debido al movimiento brusco de la corteza terrestre. La mayor parte de los sismos ocurren a lo largo de las fronteras de las placas tectónicas.

La causa más común de los sismos son las fallas. Las **fallas** son fracturas de la corteza terrestre cuyos bloques se mueven al separarse. A medida que se separan y se alejan, estos bloques liberan una gran cantidad de energía. En una falla normal, los bloques de roca se separan y uno de ellos se hunde. En una falla inversa los bloques se juntan y uno de ellos asciende. En una falla lateral el movimiento de los bloques de roca es horizontal.

El punto bajo la corteza terrestre donde la roca se fractura y se mueve se denomina foco. Justo encima del foco, en la superficie terrestre, se encuentra el epicentro. Las sacudidas más violentas ocurren en el epicentro.

Cuando la roca de la corteza terrestre se fractura, las vibraciones se propagan en todas las direcciones a partir del foco. Estas vibraciones se denominan **ondas sísmicas** y existen tres tipos de ellas.

Las ondas sísmicas que se propagan con más rapidez se denominan ondas primarias. Estas ondas se propagan a través de sólidos, líquidos y gases. Las ondas primarias son ondas que jalan y empujan, y hacen que la roca se mueva hacia adelante y hacia atrás, en la misma dirección que las ondas.

Las ondas sísmicas secundarias son más lentas que las primarias y se propagan a través de sólidos, pero no de líquidos ni de gases. La roca perturbada por las ondas sísmicas secundarias se mueve de manera transversal a la dirección de las ondas.

Las ondas superficiales son las más lentas y se propagan directamente del foco al epicentro. Estas ondas hacen ondular y girar la tierra, lo cual en ocasiones causa el derrumbe completo de edificios.

Mientras mayor es la energía liberada por un sismo, mayor será su intensidad y capacidad de destrucción. La intensidad de los sismos se mide con una escala especial denominada **escala de Richter.** Esta escala mide la cantidad de energía liberada por un sismo en una escala del 1 al 10. Los sismos de magnitud 7 o mayor en la escala de Richter son sismos muy intensos. Cuando un sismo intenso afecta un área poblada, puede causar daños considerables y numerosas muertes.

Cada año ocurren miles de sismos, aunque la mayoría de ellos son de poca magnitud. Según el Servicio Geológico de los Estados Unidos (*U.S. Geological Survey*), cada año ocurren a nivel mundial un promedio de 19 sismos de magnitud 7 o mayor en la escala Richter.

Instrucciones: Elija la respuesta que mejor responda a cada pregunta.

Las preguntas 1 a 6 se refieren al texto y diagrama de la página 120.

1. ¿Cuál es la idea principal del segundo párrafo?

   (1) Los sismos son sacudidas de la corteza terrestre.
   (2) Los movimientos que ocurren a lo largo de las fallas son la causa de los sismos.
   (3) Existen tres tipos de fallas.
   (4) Las rocas que forman las fallas laterales se mueven en sentido horizontal.
   (5) Las fallas normales son las más comunes.

2. ¿Qué consecuencia tiene la formación de las fallas normales e inversas?

   (1) Causa el movimiento lateral de los bloques de roca.
   (2) Expone la roca en una pendiente muy escarpada.
   (3) Separa los bloques de roca uno de otro.
   (4) Alinea las capas de roca.
   (5) Hace chocar los bloques de roca.

3. ¿Qué accidentes geográficos tienen mayor probabilidad de formarse a consecuencia de las fallas normales e inversas en un área considerable y a través de un período de tiempo prolongado?

   (1) ríos
   (2) mares
   (3) montañas
   (4) planicies
   (5) desiertos

**SUGERENCIA**

Por lo general, los diagramas no ofrecen información acerca de la relación de causa y efecto, por lo que es necesario determinar si existe preguntándose, "¿Cuál fue la causa de esto? ¿Qué efecto podría tener aquello?"

4. ¿Cuál de las siguientes conclusiones está apoyada por la información del texto?

   (1) Las ondas sísmicas superficiales son las más destructivas.
   (2) Las ondas sísmicas primarias son las más destructivas.
   (3) Las ondas sísmicas secundarias son las más destructivas.
   (4) Todos los tipos de ondas sísmicas son destructivas con excepción de las ondas superficiales.
   (5) Todos los tipos de ondas sísmicas sin excepción son destructivas.

5. De acuerdo con el texto, ¿cuál de los siguientes factores es directamente proporcional a la intensidad de un sismo?

   (1) la longitud de la falla causante del sismo
   (2) la velocidad de las ondas sísmicas producidas por el sismo
   (3) la distancia del foco al epicentro
   (4) el volumen total de la roca fracturada durante el sismo
   (5) la cantidad de energía liberada del foco del sismo

6. ¿Por qué es más probable que los sismos ocurran en áreas a lo largo de las fronteras de las placas tectónicas?

   Porque las fronteras de las placas tectónicas

   (1) son inestables debido al movimiento de las placas tectónicas
   (2) están formadas por roca sólida
   (3) se encuentran a lo largo de las dorsales oceánicas
   (4) son accidentes geográficos permanentes
   (5) por lo general tienen varios epicentros

Las respuestas comienzan en la página 287.

# Práctica de GED • Lección 10

Instrucciones: Elija la respuesta que mejor responda a cada pregunta.

Las preguntas 1 y 2 se refieren al siguiente texto.

Los sismos y los volcanes pueden cambiar rápidamente el paisaje terrestre, mientras que la **meteorización** por lo general causa cambios graduales. La meteorización es el fenómeno por el cual la roca se desgasta por efecto de su exposición al sol, el viento, la lluvia, el hielo y otros elementos del medio ambiente.

Existen dos tipos principales de meteorización: la mecánica y la química. La meteorización mecánica consiste en la fragmentación de la roca en pequeños trozos sin ningún cambio en su composición. Por ejemplo, cuando el agua se congela en las grietas de una roca, el hielo se expande ensanchando las grietas. A la larga, este ciclo de congelación y descongelación fragmenta la roca. Sin embargo, la composición de esta roca fragmentada es idéntica a la de la roca original. El desgaste químico ocurre cuando ciertas sustancias, como el ácido carbónico presente en el agua de lluvia, penetran la roca, disuelven ciertos minerales y cambian la composición química de la roca.

Los seres vivos también pueden causar la meteorización. Las raíces de las plantas pueden crecer en las grietas de una roca ensanchando las grietas. Los líquenes pueden crecer en una roca y producir sustancias químicas que la fragmentan.

1. ¿Cuál de los siguientes enunciados representa un ejemplo de la meteorización mecánica?

   (1) Un guijarro que rueda cuesta abajo.
   (2) El agua subterránea disuelve la piedra caliza.
   (3) La carrocería de un automóvil forma herrumbre.
   (4) Una perforadora de mano rompe la cinta asfáltica de una carretera.
   (5) Una roca se desgasta formando arcilla, sal y sílice.

2. ¿Cuál de los siguientes enunciados representa un ejemplo de la meteorización química?

   (1) La lluvia ácida desgasta el mármol.
   (2) Los baches se forman durante los fuertes inviernos.
   (3) Las raíces de las plantas ensanchan las grietas de la roca.
   (4) El agua se congela y agrieta las paredes de una piscina.
   (5) Las tuberías se congelan y se revientan durante una onda gélida.

Las preguntas 3 y 4 se refieren al texto y diagrama siguientes.

La **erosión** consiste en el desgaste y acarreo de la roca y el suelo causado por el agua, el hielo o el viento. Por lo general, la erosión causa cambios graduales en la tierra.

La corriente de agua de los ríos es capaz de erosionar la roca y el suelo. Las rocas y otros desechos arrastrados por el río y denominados carga, aumentan la capacidad de la corriente para desgastar las riberas y el lecho de los ríos. Por lo general, la erosión ocurre en la parte externa de los recodos donde la ribera se desgasta, muchas veces dando lugar a la formación de acantilados escarpados o barrancos desde donde se desprenden más roca y tierra.

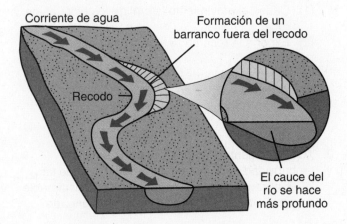

Corriente de agua

Formación de un barranco fuera del recodo

Recodo

El cauce del río se hace más profundo

3. ¿Cuáles son los dos factores que influyen en la erosión?

   (1) el desgaste y la meteorización
   (2) el desgaste y el transporte
   (3) el transporte y la sedimentación
   (4) el transporte y la carga
   (5) la carga y la divergencia

4. Debido a las intensas lluvias en la cabeza o nacimiento de un río, ocurre un repentino aumento del caudal del río. ¿Qué efecto tendría esto en el barranco formado en la parte externa de uno de los recodos del río?

   (1) El barranco quedaría expuesto al aire.
   (2) La erosión del barranco disminuiría.
   (3) La erosión del barranco aumentaría.
   (4) El río llevaría menos carga.
   (5) La erosión se detendría temporalmente.

## PRONÓSTICO DE SISMOS

Las preguntas 5 a 7 se refieren al siguiente información.

Existen dos métodos principales para predecir sismos. El primero está basado en el estudio de la historia sísmica de un área determinada. El estudio de pasados eventos permite a los científicos calcular la probabilidad de que ocurra otro sismo. Sin embargo, estos pronósticos son a largo plazo. Por ejemplo, los científicos afirman que existe una probabilidad del 67 por ciento de que ocurra un sismo de magnitud 6.8 o mayor en la escala de Richter en San Francisco durante los próximos 30 años.

El segundo método está basado en la medición de las ondas sísmicas y el movimiento de la corteza a lo largo de las fallas. Los científicos utilizan instrumentos especiales para medir la actividad de las ondas y en años recientes han empezado a usar receptores de sistemas de posicionamiento mundial, GPS instalados a lo largo de la falla de San Andrés, California, así como en Turquía y Japón. Los receptores suministran coordenadas precisas de localización apoyándose en las señales provenientes de los satélites GPS, lo cual permite a los científicos vigilar el movimiento de la roca que forma las fallas. Estos datos, unidos a la historia sísmica mencionada anteriormente, permiten a los científicos calcular la probabilidad de que ocurra un sismo.

Los sismos tienden a ocurrir en serie en una sola área por un tiempo determinado. Los sismos preliminares se presentan antes del sismo principal de mayor intensidad, al cual sigue un sismo secundario. Hasta ahora, los científicos pueden predecir con mayor precisión los sismos secundarios que los preliminares y los principales. Sin embargo, el pronóstico de sismos en California ha sido de gran ayuda. Por ejemplo, en junio de 1988 el área de San Francisco se vio sacudida por un sismo de una magnitud de 5.1 en la escala de Richter. Los científicos predijeron entonces que el sismo principal ocurriría dentro de un plazo de cinco días; en respuesta a esto, los funcionarios del gobierno local realizaron simulacros de emergencia. El sismo principal de Loma Prieta de una magnitud de 7.1 ocurrió sesenta y nueve días después. Los funcionarios locales afirman que fueron más capaces de responder de lo que hubieran podido sin el pronóstico de los científicos. Y aun así, hubo 63 muertes y daños por un monto de 6,000 millones de dólares.

5. ¿Cuáles son los dos métodos principales para predecir los sismos?

(1) análisis de la historia sísmica y los datos climáticos del lugar
(2) instalación de receptores GPS y medición del movimiento de las placas a lo largo de las fallas
(3) análisis de la historia sísmica y medición de la actividad sísmica y el movimiento de las placas a lo largo de las fallas
(4) uso de satélites GPS para medir directamente la actividad sísmica y analizar la historia sísmica del lugar
(5) análisis de la historia sísmica del lugar y la espera del siguiente sismo principal

6. ¿Por qué se consideró el sismo de Loma Prieta como un éxito parcial a pesar de que los científicos se equivocaron acerca del momento en el que ocurriría el sismo principal?

(1) Fue la primera vez que se usó de manera práctica la historia sísmica del lugar para predecir un sismo.
(2) Fue la primera vez que se usó un sistema de posicionamiento mundial para predecir un sismo.
(3) Fue la primera vez que se usó la historia de la actividad sísmica del lugar para predecir un sismo.
(4) Los funcionarios de la localidad pusieron en práctica medidas de respuesta ante emergencias y estaban mejor preparados para el sismo.
(5) Muchos ignoraron las advertencias al ver que no ocurrió el sismo en los cinco días según lo predicho.

7. El gobierno de Estados Unidos suministra una gran parte de los fondos necesarios para la investigación sísmica. ¿Qué posibles beneficios justifican la asignación de estos fondos?

(1) diseño mejorado de instrumentos sísmicos para detectar la actividad de las ondas sísmicas
(2) capacidad mejorada para localizar el foco de los sismos
(3) conservación de registros más eficaces sobre la historia sísmica
(4) capacidad mejorada de prevenir los sismos
(5) disminución de las pérdidas de vidas y daños materiales debido a sismos en el futuro

**Las respuestas comienzan en la página 288.**

**Instrucciones:** Ésta es una prueba de práctica que dura diez minutos. Después de que transcurran los diez minutos, ponga una marca en la última pregunta que haya respondido. A continuación, termine la prueba y revise sus respuestas. Si la mayoría de sus respuestas fueron correctas, pero no terminó la prueba, trate de responder las preguntas más rápidamente la próxima vez. Elija la respuesta que mejor responda a cada pregunta.

Las preguntas 1 y 2 se refieren al siguiente texto.

Los glaciares son masas enormes de hielo que en su mayoría se forman en las montañas donde la nieve se acumula más rápidamente de lo que se derrite. A medida que la nieve fresca cae sobre la nieve antigua año tras año, se compacta gradualmente hasta formar hielo. Después, cuando el hielo adquiere un peso suficiente, la atracción de la gravedad causa su lento desplazamiento montaña abajo. El glaciar arrastra bloques de roca en su trayecto, los cuales desprenden más roca al congelarse en el fondo del glaciar. Una parte de esta roca permanece en el borde posterior del glaciar.

A veces el glaciar entra en valles fluviales en forma de V más angostos que el glaciar. El paso forzado del glaciar por estos valles estrechos causa la erosión del suelo y las paredes del valle y el cambio de forma del valle a un valle en forma de U.

1. ¿Cuál de los siguientes es el título que mejor se adapta al texto anterior?

   (1) Pasado y presente de los glaciares
   (2) Agentes erosivos
   (3) Formación de los glaciares
   (4) Cómo esculpen los valles los glaciares
   (5) Causas y efectos de los glaciares

2. ¿Qué consecuencias tendría una serie de veranos demasiado prolongados y calurosos en los glaciares de montaña?

   (1) Los glaciares se desplazarían más rápidamente montaña abajo.
   (2) Los glaciares llegarían más lejos montaña abajo.
   (3) Los bordes de los glaciares se derretirían disminuyendo el tamaño del glaciar.
   (4) Los glaciares engrosarían y se harían más densos.
   (5) Los glaciares erosionarían valles estrechos dándoles forma de U.

Las preguntas 3 y 4 se refieren a la información y al diagrama siguientes.

Los volcanes tipo hawaiano se forman debido al flujo silencioso y muchas veces lento de cursos de lava. La lava de este tipo de volcanes se extiende sobre un área considerable formando montañas de pendiente ligera en forma de cúpula.

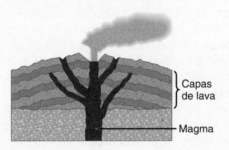

3. De acuerdo con el diagrama, ¿a qué daría lugar un volcán tipo hawaiano?

   (1) a la formación de un cono de laderas escarpadas
   (2) a la formación de un cono de cenizas volcánicas y cenizas rocosas
   (3) a la formación de una montaña de base angosta
   (4) a la erupción del volcán por una de las chimeneas laterales
   (5) a la formación de un volcán de menor área

4. ¿Cuál de los siguientes considera que es un volcán tipo hawaiano?

   (1) El Monte Vesubio que hiciera erupción de manera violenta en el año 79 dC sepultando Pompeya en tres días
   (2) El Monte Fujiyama, un cono simétrico de laderas escarpadas que se encuentra en Japón
   (3) El Monte Pelee que hiciera erupción con una violenta nube destruyendo St. Pierre en diez minutos
   (4) El Paricutín, un volcán formado por fragmentos de lava y cenizas que alcanzara una altura de 40 metros durante la noche
   (5) El Kilauea Iki, cuya lava se extendiera sobre Hawai a través de varios meses

La pregunta 5 se refiere a la información y diagrama siguientes.

La arena arrastrada por el viento es uno de los principales agentes de erosión en los desiertos. La continua fricción y los golpes incesantes de las partículas de arena desgastan la base de la roca de acuerdo con lo que nos muestra el diagrama.

Roca en forma de hongo

Arena arrastrada por el viento

Cuello estrecho

5. ¿Por qué la acción del viento y la arena desgastan la base de la roca y no la parte superior?

(1) porque debido a su peso, la mayoría de las partículas son arrastradas cerca del suelo
(2) porque la base de la roca está formada por un material menos resistente que la parte superior
(3) porque la base de la roca sufre una erosión preliminar por agua
(4) porque la parte superior de la roca está protegida por el aire tibio ascendente
(5) porque a la larga, la parte superior de la roca se desprende de la base

6. La roca ígnea es un tipo de roca que se forma por el enfriamiento y solidificación del magma. ¿Cuál de las siguientes conclusiones apoya esta información?

(1) La caliza se forma a partir de los restos de conchas y esqueletos.
(2) La caliza se transforma en mármol en presencia de presiones y temperaturas de gran magnitud.
(3) La arenisca se forma a partir de partículas de arena unidas y es una roca ígnea.
(4) Las rocas formadas a presiones y temperaturas altas son rocas ígneas.
(5) Las rocas de origen volcánico son rocas ígneas.

Las preguntas 7 y 8 se refieren al siguiente mapa.

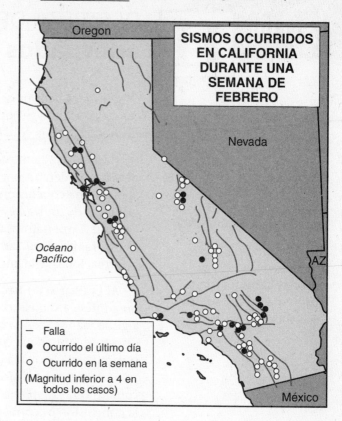

SISMOS OCURRIDOS EN CALIFORNIA DURANTE UNA SEMANA DE FEBRERO

Oregon

Nevada

Océano Pacífico

AZ

— Falla
● Ocurrido el último día
○ Ocurrido en la semana
(Magnitud inferior a 4 en todos los casos)

México

7. De acuerdo con el mapa, ¿qué región de California mostró la actividad sísmica más intensa el último día del período?

(1) la región fronteriza con Oregon
(2) la región centro-norte de California
(3) la región centro-sur de California
(4) la región fronteriza con Nevada
(5) la región fronteriza con México

8. ¿Cuál de las siguientes conclusiones está apoyada por la información del mapa?

(1) En California, los sismos raramente ocurren en invierno.
(2) Algunos de los sismos ocurridos en California en esa semana tuvieron una magnitud de 6.
(3) Muchos de los sismos no fueron registrados por las estaciones sismológicas.
(4) Los sismos ocurren todos los días en California.
(5) La población sintió todos los sismos ocurridos en California.

Las respuestas comienzan en la página 288.

# 11

## DESTREZA DE GED **Evaluar qué tan adecuados son los hechos**

Los científicos presentan hechos, mediciones y observaciones para apoyar sus teorías. Cada vez que leemos textos científicos, debemos determinar si los hechos apoyan la conclusión.

Hasta ahora hemos adquirido algunas habilidades que nos ayudarán a **evaluar,** o determinar, la **idoneidad** de los hechos que supuestamente apoyan una conclusión. En la Lección 1 aprendimos a identificar la idea principal de un texto y los detalles que la explican, mientras que en la Lección 7 aprendimos a distinguir las conclusiones de los detalles de apoyo. Ahora vamos a utilizar de manera práctica estas habilidades para evaluar la información que leemos.

Al evaluar si un hecho en particular apoya la conclusión de un texto, pregúntese a sí mismo, "¿Es importante este hecho? ¿Está relacionado de alguna manera con la conclusión? ¿Contribuye de manera lógica al discernimiento de la conclusión?". Por otro lado, al evaluar si la información suministrada apoya la conclusión de un texto, pregúntese a sí mismo, "¿Existe suficiente información para apoyar esta generalización o conclusión? ¿Es necesario contar con mayor información para probar que la conclusión es correcta?".

**evaluar**
determinar la idoneidad, importancia o significado de algo

**idoneidad**
carácter satisfactorio o suficiente para los fines deseados

**Lea el texto y responda las preguntas que se presentan a continuación.**

El fenómeno causado por "El Niño" consiste en una alteración de las corrientes marinas y los vientos del Pacífico tropical. El Niño lleva temperaturas cálidas poco comunes a las aguas del mar a lo largo de las costas de Perú y Ecuador y hace soplar los vientos hacia el este en lugar del oeste como normalmente ocurre. El Niño tiene diversas consecuencias. Por ejemplo, en la costa occidental de Sudamérica, las altas temperaturas marinas alteran el ecosistema causando una disminución de la población de especies comerciales. En el sur de Estados Unidos, la precipitación pluvial aumenta, lo cual en ocasiones causa inundaciones.

Marque con una "X" los hechos del texto que apoyan la conclusión de que El Niño afecta negativamente la industria pesquera de la costa del Pacífico de Sudamérica.

_____ a.  La población de especies comerciales disminuye debido a la alteración del ecosistema.

_____ b.  Las anchoas no son capaces de adaptarse a las aguas más cálidas.

_____ c.  La precipitación pluvial aumenta en el sur de Estados Unidos.

Usted acertó si escogió la *opción a.* Según el texto, la población de especies comerciales disminuye durante el fenómeno de El Niño, hecho que apoya la conclusión de que la industria pesquera se ve afectada negativamente. La *opción b* es incorrecta porque el texto no ofrece información sobre la anchoa. Por último, la *opción c* es correcta con base en el texto, pero no apoya la conclusión sobre la industria pesquera.

**SUGERENCIA**

Primero, identifique la conclusión y la información de apoyo del texto. A continuación, evalúe si la información apoya y conduce de manera lógica a la conclusión.

**Lea el texto, estudie el diagrama y responda las preguntas que se presentan a continuación.**

A medida que **gira** en órbita alrededor del Sol, la Tierra también **rota** sobre su propio eje, el cual tiene una inclinación aproximada de 23.5°. Debido a estos dos factores, la región que queda orientada directamente hacia el Sol varía a través del año, lo cual causa las diferentes estaciones del año.

Cada 21 de junio, el hemisferio norte se inclina directamente hacia el Sol y en consecuencia recibe la mayor cantidad de energía del Sol. Esto señala el primer día del verano en el hemisferio norte, es decir, el día más largo con la noche más corta del año. Durante el verano, la temperatura promedio es mayor que el resto del año. Por otra parte, en el hemisferio sur cada 21 de junio ocurre precisamente lo opuesto. En esta fecha, el hemisferio sur se inclina en dirección opuesta al Sol y en consecuencia recibe la menor cantidad de energía. Esto señala el primer día del invierno en el hemisferio sur, es decir, el día más corto con la noche más larga del año. Durante el invierno, la temperatura promedio es la más baja del año.

El 21 de marzo y el 21 de septiembre, ninguno de los dos hemisferios se inclina hacia el Sol, lo cual señala el primer día de la primavera en un hemisferio y el primer día del otoño en el otro.

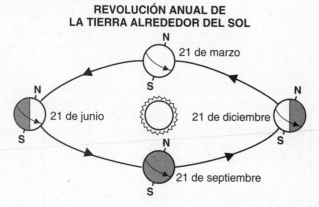

REVOLUCIÓN ANUAL DE
LA TIERRA ALREDEDOR DEL SOL

1. Marque con una "X" la conclusión que apoya la información del diagrama.

_____ a. La Tierra tarda un año completo en dar una vuelta alrededor del Sol.

_____ b. La inclinación del eje de la Tierra cambia de dirección a medida que el planeta gira alrededor del Sol.

2. Explique qué información del diagrama apoya la conclusión que eligió para la pregunta 1.

_____

_____

3. De acuerdo con la información que ofrecen el texto y el diagrama, marque con una "X" el hecho que apoya la conclusión de que el 21 de marzo y el 21 de septiembre ciertos puntos de la Tierra tienen el mismo número de horas de luz.

_____ a. El hemisferio sur tiene días más cortos y temperaturas más frías alrededor del 21 de junio.

_____ b. El 21 de marzo y el 21 de septiembre ninguno de los dos hemisferios se inclina hacia el Sol.

4. Escriba una oración sobre cómo la respuesta que eligió apoya la conclusión planteada en la pregunta 3.

_____

_____

**Las respuestas comienzan en la página 289.**

El término **estado del tiempo** se refiere a las condiciones atmosféricas en un momento determinado. Las variaciones del estado del tiempo se deben al movimiento de **masas de aire,** formadas por enormes volúmenes de aire con una temperatura y humedad semejante que pueden cubrir miles de millas cuadradas.

Las masas de aire reciben su nombre de acuerdo con el punto donde se forman. Los cuatro tipos principales de masas de aire que afectan Estados Unidos se resumen en la tabla de abajo. En general, las masas se denominan *marítimas* si se forman sobre el mar y *continentales* si se forman sobre tierra firme.

### CUATRO TIPOS DE MASAS DE AIRE

| Masa de aire | Características del aire | Lugar donde se forma | Estado del tiempo en Estados Unidos |
|---|---|---|---|
| Marítimo tropical | Cálido y húmedo | Sobre los mares cerca del ecuador | *Verano:* cálido y húmedo<br>*Invierno:* muchas veces lluvioso o nevoso |
| Marítimo polar | Frío y húmedo | Sobre las regiones frías del océano Pacífico; en verano también sobre el Atlántico Norte | *Verano:* niebla en la costa oeste y frío en el este<br>*Invierno:* frío con nieve abundante |
| Continental tropical | Cálido y seco | Sobre México en verano | *Verano:* cálido y seco en el suroeste |
| Continental polar | Frío y seco | Sobre el norte de Canadá | *Invierno:* extremadamente frío |

El límite que separa dos masas de aire se denomina **frente.** Por lo general, la temperatura y presión del aire son diferentes a ambos lados del frente.

Los frentes fríos se presentan por el choque de una masa de aire frío con una masa de aire cálido. El aire frío empuja el aire cálido hacia arriba, el cual se enfría a medida que asciende por la atmósfera. Muchas veces esto causa condensación, formación de nubes y lluvia.

Los frentes cálidos se presentan cuando una masa de aire relativamente cálido choca con una masa de aire frío y asciende sobre ella. A medida que el aire asciende por la atmósfera, se enfría y forma nubes con posibilidad de lluvia.

Las oclusiones ocurren cuando un frente cálido es prensado por dos frentes fríos. El aire cálido que queda entre los dos frentes fríos con el posible resultado de abundantes lluvias por períodos prolongados.

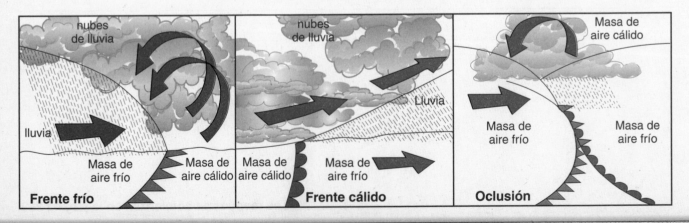

Instrucciones: Elija la respuesta que mejor responda a cada pregunta.

Las preguntas 1 a 6 se refieren al texto, la tabla y el diagrama de la página 128.

1. ¿Qué tipo de aire llevan las masas que se forman sobre tierra firme?

   (1) frío y húmedo
   (2) cálido y húmedo
   (3) seco
   (4) húmedo
   (5) húmedo en invierno y seco en verano

2. ¿Qué masa de aire causa nevadas en los estados de la costa norte del Pacífico?

   (1) marítimo polar
   (2) continental tropical
   (3) continental polar
   (4) marítimo polar o continental polar
   (5) continental polar o continental tropical

3. Por lo general, las masas de aire marítimo llevan un clima húmedo a Estados Unidos. ¿Qué fenómeno apoya esta generalización?

   (1) Las masas de aire marítimo polar llevan niebla y tiempo frío a Inglaterra.
   (2) Las masas de aire marítimo polar se forman sobre el océano Pacífico.
   (3) Las masas de aire marítimo tropical llevan tiempo cálido y húmedo al sur de Estados Unidos.
   (4) Las masas de aire marítimo tropical se forman sobre los mares cerca del ecuador.
   (5) Las masas de aire continental polar se forman sobre el norte de Canadá.

Cuando busque información específica en una tabla o un cuadro, lea los encabezamientos de las columnas y las categorías de la primera columna (o encabezamientos de los renglones) para ubicar la información importante.

4. Una masa de aire marítimo tropical choca con una masa de aire continental polar sobre la región noreste de Estados Unidos formando un frente cálido. Al ver esto, un meteorólogo concluye que nevará. ¿Qué otra información necesitaría usted para determinar si este pronóstico es correcto?

   (1) la hora del día
   (2) la época del año
   (3) la extensión del frente cálido
   (4) el tamaño de la masa de aire continental polar
   (5) el tamaño de la masa de aire marítimo tropical

5. Si una masa de aire permaneciera en un mismo lugar por varios días, ¿cuáles serían las consecuencias más probables?

   (1) La masa de aire cubriría miles de millas cuadradas.
   (2) La humedad y la temperatura de la masa de aire cambiarían rápidamente.
   (3) Se presentarían un tiempo alterno de cielo despejado y lluvia.
   (4) El estado del tiempo permanecería igual por varios días.
   (5) El estado del tiempo sería extremadamente frío o caliente.

6. ¿Cuál de las siguientes conclusiones está apoyada por el texto y los diagramas?

   (1) El tiempo lluvioso se relaciona con las masas de aire continental polar.
   (2) El tiempo lluvioso se relaciona con el paso de un frente por un lugar.
   (3) En Estados Unidos, las masas de aire por lo general se desplazan de oeste a este.
   (4) Los frentes cálidos llevan más lluvia a un lugar que los frentes fríos.
   (5) Los frentes fríos se presentan en invierno, mientras que los cálidos en verano.

Las respuestas comienzan en la página 289.

Instrucciones: Elija la respuesta que mejor responda a cada pregunta.

Las preguntas 1 y 2 se refieren al texto y diagrama siguientes.

La diferencia entre el aire marino húmedo y el aire continental seco causa cambios en el patrón climático de un lugar. Un ejemplo de esto es la brisa marina. Durante el día, la tierra se calienta más rápidamente que el mar, lo cual crea un área de baja presión a nivel del mar a medida que el aire cálido asciende de la tierra. El aire más frío y denso del mar sopla de aquí al área de baja presión y al mismo tiempo el aire continental sopla hacia el mar a gran altitud creando un área de convección. Por la noche, este fenómeno se invierte.

**Brisa marina diurna**   **Brisa continental nocturna**

1. ¿Cuál es la idea principal del texto?

   (1) La brisa marina sopla sobre el mar durante el día.
   (2) Los patrones climáticos se deben a la diferencia entre el aire marino húmedo y el aire continental seco.
   (3) El aire húmedo sube sobre el mar y baja sobre la tierra.
   (4) El aire cálido y el aire frío circulan en áreas de convección.
   (5) La brisa marina enfría diariamente la tierra.

2. El viento ha estado soplando toda la tarde sobre la playa, pero se calma al ponerse el Sol. Una o dos horas después, el viento vuelve a soplar pero ahora en dirección opuesta. ¿Cuál de los siguientes enunciados ofrece una explicación a este fenómeno de acuerdo con el diagrama?

   (1) Durante el día, el viento sopla sobre el mar hacia la tierra.
   (2) Durante la noche, el viento sopla de la tierra hacia el mar.
   (3) El aire cálido asciende de la tierra porque es más ligero que el aire frío.
   (4) El aire cálido asciende de la tierra durante el día y sobre el mar durante la noche.
   (5) La brisa marina forma un área de convección sobre la costa.

**SUGERENCIA**

Cuando busque la idea principal, lea el texto con rapidez para localizar la oración temática. La oración temática contiene la idea principal y muchas veces es la primera o última oración de un párrafo o texto.

## PRONÓSTICO DE HURACANES

Las preguntas 3 a 5 se refieren al siguiente texto.

Los **huracanes** son tormentas tropicales de gran magnitud que llevan vientos con una velocidad mínima promedio de 74 millas por hora, aunque pueden alcanzar las 150 millas por hora. Los vientos soplan en espiral hacia la periferia partiendo de un área de calma y baja presión que se conoce como el ojo de la tormenta. Estos poderosos vientos por lo general van acompañados de abundantes lluvias y oleaje marino violento. Los huracanes son capaces de causar muertes y daños materiales a causa de los fuertes vientos, la lluvia o las inundaciones que provocan.

La labor del Centro de Pronósticos de Tormentas Tropicales consiste en salvar vidas y proteger la propiedad mediante la difusión de advertencias de tormenta, advertencias civiles y pronósticos meteorológicos para el público en general, las fuerzas armadas y la industria marítima. El centro vigila el desarrollo de las tormentas que se forman sobre el océano Atlántico, el mar Caribe, el Golfo de México y la región oriental del océano Pacífico desde el mes de mayo hasta noviembre, la época anual de huracanes.

Los científicos del centro recopilan información sobre las tormentas tropicales mediante el uso de satélites, aviones de reconocimiento, boyas marinas, embarcaciones y radares en tierra. La información se analiza con poderosos modelos de computación que aprovechan las estadísticas meteorológicas y los datos actuales para trazar el curso que la tormenta seguirá. Posteriormente, el centro difunde pronósticos sobre la intensidad y el curso de la tormenta.

Las advertencias tempranas sobre la proximidad de una tormenta tropical o un huracán ayudan a disminuir la magnitud de los daños materiales y la pérdida de vidas humanas. Sin embargo, los meteorólogos enfrentan un dilema. ¿Deben advertir sobre la inminencia de la tormenta sólo a la población de una determinada localidad o a la población de toda un área? Si el pronóstico sobre la localidad que azotará la tormenta resulta equivocado, la localidad que en realidad azote la enfrentará sin preparativo alguno y tendría cuantiosas pérdidas. Por otro lado, si la advertencia abarca un área extensa, se invertiría una gran cantidad de tiempo y dinero en preparativos que quizás resulten innecesarios. A pesar de esto, el Centro de Pronósticos de Tormentas Tropicales por lo general difunde advertencias para áreas extensas debido a que los pronósticos no son exactos y los meteorólogos prefieren actuar con precaución.

3. ¿Durante cuáles de los siguientes meses planificaría sus vacaciones en el Caribe, si quisiera evitar la posibilidad de huracanes?

   (1) marzo
   (2) mayo
   (3) julio
   (4) septiembre
   (5) noviembre

4. Imaginemos que miles de personas son evacuadas de un área extensa ante una advertencia de huracán que resulta equivocada. ¿Qué consecuencias tendría esto?

   (1) daños materiales cuantiosos
   (2) numerosas muertes
   (3) escepticismo público sobre futuras advertencias de huracanes
   (4) preferencia oficial por las advertencias locales
   (5) mejoramiento de las técnicas de recopilación de información

5. La exactitud de los pronósticos sobre el curso e intensidad de una tormenta varía. Los pronósticos de tres horas tienden a ser muy precisos, mientras que los de tres días muchas veces resultan equivocados. ¿Qué enunciado explica mejor el por qué los pronósticos a corto plazo son más precisos que los de largo plazo?

   (1) Las estadísticas meteorológicas ofrecen tendencias de comportamiento que sirven a los meteorólogos para hacer sus pronósticos a corto plazo.
   (2) Las estadísticas meteorológicas son útiles, aunque no es posible para los meteorólogos basar completamente sus pronósticos sobre tormentas tropicales en estos datos.
   (3) La información actual en la que se basan los pronósticos a corto plazo es muy semejante a la proyectada, lo cual aumenta la exactitud.
   (4) La información actual en la que se basan los pronósticos a corto plazo difiere considerablemente de la proyectada pasadas las tres horas.
   (5) Los datos recopilados para los pronósticos a corto plazo provienen de una diversidad de instrumentos de observación en tierra, aire y mar.

**Las respuestas comienzan en la página 290.**

**Instrucciones:** Ésta es una prueba de práctica que dura diez minutos. Después de que transcurran los diez minutos, ponga una marca en la última pregunta que haya respondido. A continuación, termine la prueba y revise sus respuestas. Si la mayoría de sus respuestas fueron correctas, pero no terminó la prueba, trate de responder las preguntas más rápidamente la próxima vez. Elija la respuesta que mejor responda a cada pregunta.

Las preguntas 1 y 2 se refieren al texto y mapas siguientes.

A diferencia del estado del tiempo que cambia todos los días, el término clima se refiere a las condiciones del tiempo prevalecientes a largo plazo en una región. La temperatura y la precipitación son los factores más importantes que determinan el clima. Sin embargo, la distribución de los mares y la tierra también influyen en las características climáticas de un lugar. Debido a que la tierra se calienta y se enfría rápidamente, las tierras alejadas del mar tienen un clima más extremado que las tierras cercanas al mar. Además, las corrientes marinas llevan el calor de las aguas tropicales a las regiones más frías del norte, por lo que los océanos tienen una influencia moderada en el clima.

Existen seis zonas climáticas principales que se ilustran en el siguiente mapa.

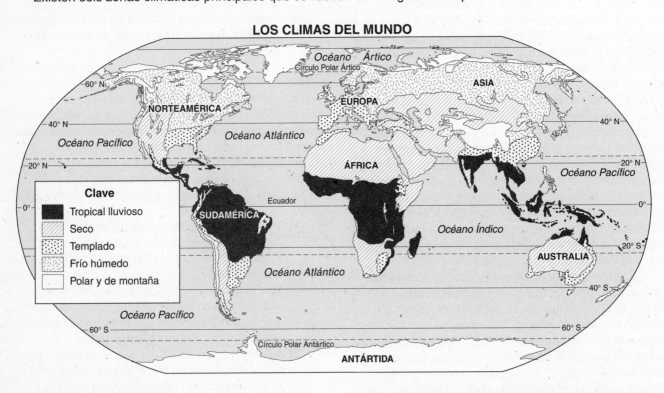

**LOS CLIMAS DEL MUNDO**

**Clave**
- Tropical lluvioso
- Seco
- Templado
- Frío húmedo
- Polar y de montaña

1. ¿Qué es el clima?

(1) el estado del tiempo de un lugar determinado en un momento determinado

(2) las características de temperatura y precipitación de un área en particular

(3) el estado del tiempo a largo plazo de una región

(4) el promedio anual de precipitación de una región

(5) el promedio anual de temperatura de una región

2. Imaginemos que una de sus amigas prefiere los climas con estaciones definidas y clima moderado. ¿Cuál de las siguientes regiones o países preferiría?

(1) Centroamérica

(2) Sudamérica

(3) Europa

(4) África

(5) Australia

La pregunta 3 se refiere al texto y diagrama siguientes.

Los rayos solares llegan muy concentrados y de manera directa a la región más cercana al ecuador. En el resto del planeta, los rayos llegan en ángulo, por lo cual se difunden en un área mucho mayor y no suministran tanto calor como en el ecuador.

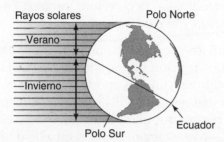

3. El clima de las áreas cercanas al ecuador es más cálido que cerca de los polos. ¿Cuál de los siguientes enunciados explica esta observación de acuerdo con el texto y diagrama?

   (1) Los días son más largos cerca del ecuador que de los polos.
   (2) Los rayos solares llegan más concentrados al ecuador que a los polos.
   (3) En el ecuador se observa un mayor número de días soleados que nublados comparado con los polos.
   (4) El volumen de agua marina es menor en el ecuador que en los polos.
   (5) El viento sopla menos cerca del ecuador que de los polos.

4. A partir de mediados de la década de 1970 y prácticamente hasta fines de la década de 1990, se presentó un patrón de temperaturas más cálidas en las aguas de la región oriental del Pacífico tropical, lo cual aumentó la intensidad y frecuencia de los fenómenos causados por El Niño. Esto causó lluvias torrenciales en el sur de Estados Unidos. Desde entonces, las aguas de esa región del Pacífico tropical se han enfriado gradualmente.

   Si este patrón de enfriamiento se convierte en una tendencia a 20 ó 30 años, ¿qué consecuencias tendría esto para el estado del tiempo?

   (1) no habría ningún cambio notable
   (2) habría más lluvias torrenciales en el sur de Estados Unidos
   (3) habría más lluvias torrenciales en la costa este
   (4) aumentaría la intensidad y frecuencia de los fenómenos causados por El Niño
   (5) disminuiría la intensidad y frecuencia de los fenómenos causados por El Niño

Las preguntas 5 y 6 se refieren al siguiente texto.

Las manchas solares son regiones oscuras de la superficie solar causadas por variaciones del campo magnético del Sol. Cambios en estas manchas solares pueden influir en el estado del tiempo en la Tierra. Por ejemplo, la baja actividad de las manchas solares durante ciertos años parece corresponder a períodos de sequía en Norteamérica. Pero, es dudoso que exista una relación directa de causa y efecto entre las manchas solares y las sequías. Quizás las manchas solares causan cambios en la atmósfera, que su vez influye en el estado del tiempo.

5. De acuerdo con el texto, ¿cuál de los siguientes enunciados representa un hecho?

   (1) Las manchas solares no varían.
   (2) La actividad de las manchas solares varía.
   (3) Las manchas solares provocan cambios en el estado del tiempo.
   (4) Las manchas solares sólo afectan a Norteamérica.
   (5) Las manchas solares causan cambios en la atmósfera terrestre, lo cual influye en el estado del tiempo.

6. ¿Qué más se necesitaría saber para demostrar la relación de causa y efecto entre las manchas solares y las sequías en Norteamérica?

   (1) el pronóstico de la actividad de las manchas solares para los próximos años
   (2) la posición de la Tierra en relación con las manchas solares
   (3) las estadísticas meteorológicas
   (4) la manera específica en que las manchas solares influyen en el estado del tiempo
   (5) la temperatura superficial de las manchas

7. Durante una edad de hielo el tiempo se vuelve más frío y los casquetes polares y los glaciares se expanden hacia el sur y norte a partir de los polos. Si ocurriera una nueva edad de hielo, ¿qué harían los que viven al norte de Norteamérica con mayor probabilidad?

   (1) migrar al hemisferio sur del planeta
   (2) migrar hacia el ecuador
   (3) quedarse en el norte
   (4) morir rápidamente debido al hielo
   (5) disfrutar de inviernos más breves y cálidos

Las respuestas comienzan en la página 290.

# DESTREZA DE GED **Reconocer valores**

Los **valores** representan nuestras creencias más firmes sobre lo que consideramos importante. Por ejemplo, el pueblo de Estados Unidos comparte ciertos valores comunes, como la libertad, la independencia y el individualismo. Sin embargo, cada individuo tiene valores propios, como la competitividad para unos y la cooperación para otros.

**valor**
creencia estimada sobre lo que consideramos importante

Nuestros valores influyen en nuestras acciones como individuos y como sociedad y también desempeñan una función importante en las ciencias. Por ejemplo, es posible que el gobierno de un país aporte fondos para investigaciones científicas que puedan resultar en el desarrollo de tecnología militar. Por otro lado, también es posible que el mismo gobierno no esté dispuesto a financiar otras áreas de investigación, como el estudio de células fetales, debido a conflictos con las creencias religiosas, éticas o morales de algunos de sus ciudadanos. La sociedad por su parte puede abstenerse de usar ciertas clases de tecnología fundamentándose en sus valores.

**SUGERENCIA**

A veces, los valores se señalan con los mismos verbos que las opiniones, como *creer, pensar, sentir, aceptar* y *adoptar.*

**Lea el texto y responda las preguntas que se presentan a continuación.**

Las **plantas de energía nuclear** generan electricidad utilizando el intenso calor que se libera de la reacción en cadena de la fisión nuclear. Estas plantas son económicas, pero también representan riesgos de seguridad. Existe la posibilidad de fugas accidentales de radiación, la cual puede causar la muerte a quienes se encuentren cerca, contaminar el ambiente y causar problemas de salud a largo plazo. Además, no importa que tan efectivas sean las medidas de seguridad empleadas al almacenar los desechos radioactivos, ya que aun así puede haber fugas.

Algunos países como Francia piensan que las ventajas económicas de la energía nuclear superan los riesgos. Francia genera casi el 80 por ciento de las necesidades eléctricas del país a partir de la energía nuclear. De manera opuesta, la preocupación pública por la seguridad ha causado el cierre de numerosas plantas de energía nuclear en Estados Unidos, país que genera sólo el 20 por ciento de sus necesidades eléctricas a partir de la energía nuclear.

1. Escriba *V* junto a las ventajas y *R* junto a los riesgos de la energía nuclear.

   _____ a. Los accidentes pueden causar lesiones personales y contaminar el ambiente.

   _____ b. Los desechos nucleares pueden causar escapes de radioactividad.

   _____ c. La energía nuclear produce una gran cantidad de energía eléctrica.

Usted acertó si escribió *V* en la *opción c.* La energía nuclear produce una gran cantidad de electricidad. Las opciones *a* y *b* expresan los riesgos de la energía nuclear.

2. Marque con una "X" la oración que explica por qué Estados Unidos no aprovecha más ampliamente la energía nuclear.

   _____ a. La población de Estados Unidos valora la seguridad y considera riesgosa la energía nuclear.

   _____ b. El país no cuenta con combustible nuclear suficiente.

Usted acertó si escogió la *opción a.* La preocupación sobre la seguridad de la población de Estados Unidos ha limitado el uso de la energía nuclear.

**Lea el texto, estudie el mapa y responda las preguntas que se presentan a continuación.**

Científicos e ingenieros están buscando alternativas para generar energía eléctrica para ser utilizada por los seres humanos a partir de fuentes como petróleo, carbón y energía nuclear. Una de las alternativas en estudio es la transformación de energía térmica marina, OTEC *(Ocean Thermal Energy Conversion)*, un proceso de conversión de la energía solar almacenada en los mares en energía eléctrica. El método consiste en aprovechar la diferencia de temperatura entre las aguas marinas de la superficie y las aguas profundas para generar electricidad. Siempre que exista una diferencia igual o mayor de 20° C será posible usar el sistema de OTEC.

Debido a que las fuentes tradicionales de energía eléctrica son relativamente económicas, no ha sido posible construir una planta permanente con capacidad de OTEC. Sin embargo, OTEC es una fuente prometedora de energía, sobre todo para las naciones isleñas tropicales que dependen de la importación de combustibles. OTEC ofrece la posibilidad de lograr la independencia en este ramo y al mismo tiempo disminuir la contaminación por consumo de combustibles.

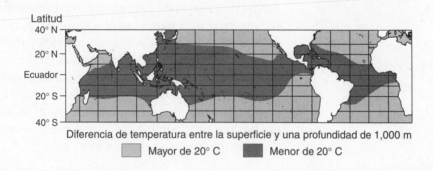

Diferencia de temperatura entre la superficie y una profundidad de 1,000 m

    Mayor de 20° C         Menor de 20° C

1. Marque con una "X" la definición de transformación de energía térmica marina (OTEC).

  \_\_\_\_\_ a. proceso que utilizan las aguas marinas profundas para almacenar energía

  \_\_\_\_\_ b. proceso que utiliza la energía solar almacenada en las aguas marinas para generar electricidad

2. Marque con una "X" la razón por la cual todavía no se ha construido una planta permanente con capacidad de OTEC.

  \_\_\_\_\_ a. Todavía disponemos de otras fuentes de energía relativamente económicas.

  \_\_\_\_\_ b. No existen regiones explotables con una diferencia mínima de temperatura de 20° C.

3. Marque con una "X" las naciones isleñas que se beneficiarían más de la tecnología OTEC.

  \_\_\_\_\_ a. naciones isleñas cercanas al ecuador

  \_\_\_\_\_ b. naciones isleñas ubicadas en los mares septentrionales y meridionales

4. Marque con una "X" los conceptos que reforzaría el aprovechamiento de esta fuente de energía en las naciones isleñas.

  \_\_\_\_\_ a. independencia política y económica

  \_\_\_\_\_ b. derechos humanos

  \_\_\_\_\_ c. libertad de expresión

  \_\_\_\_\_ d. limpieza del ambiente

**Las respuestas comienzan en la página 291.**

Los **recursos** son todas aquellas cosas que necesitamos para vivir, como el aire, el agua, la tierra, los minerales y la energía. El uso de nuestros recursos energéticos ha aumentado considerablemente a través de los últimos 150 años debido a la industrialización.

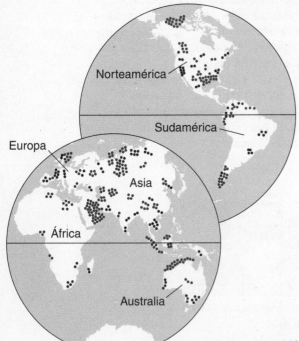

Norteamérica

Sudamérica

Europa

Asia

África

Australia

Antártida

**Clave**

- Principales recursos petroleros y de gas natural actuales
- Principales recursos carboníferos actuales

La mayor parte de los recursos que utilizamos proviene de **combustibles fósiles,** formados hace millones de años en las profundidades de la Tierra por compactación de los restos de plantas y animales muertos entre capas de fango y otros sedimentos. Los principales combustibles fósiles son el carbón, el petróleo y el gas natural. El **carbón** es un combustible fósil sólido que en Estados Unidos se consume principalmente para generar energía eléctrica. El **petróleo** es un combustible fósil líquido y la principal fuente de energía en los países industrializados. Este recurso se utiliza para producir gasolina, petróleo combustible para calefacción doméstica y materia prima para plásticos, fibras sintéticas y cosméticos. El **gas natural** es un combustible fósil en estado gaseoso y un recurso de combustión limpia comparado con el carbón y el petróleo. En muchos hogares se utiliza el gas natural para cocinar los alimentos y como combustible para la calefacción.

Por razones políticas, en ocasiones se presenta escasez de combustibles fósiles. Por ejemplo, en la década de 1970 los países productores de petróleo de Oriente Medio redujeron sus exportaciones a Estados Unidos y durante la Guerra del Golfo Pérsico en la década de 1990 se presentó una escasez de petróleo. Sin embargo, los científicos y planificadores del aprovechamiento energético están más preocupados por la posibilidad de una escasez permanente de petróleo.

El petróleo es un **recurso no renovable,** es decir, que no es posible reponerlo después de usarlo. Los científicos no se ponen de acuerdo sobre la cantidad de petróleo que aún queda en la Tierra y el cálculo de las reservas petroleras es tarea difícil debido a que la tecnología nueva y mejorada permite descubrir nuevas fuentes. Sin embargo, algunos científicos piensan que ya hemos consumido entre el diez y el veinticinco por ciento del petróleo aprovechable del planeta.

Una de las regiones donde podrían explotarse más combustibles fósiles es en la Antártida. Sin embargo, la explotación de carbón y petróleo en esa región dañaría gravemente el ambiente del continente. En lugar de esto, la mayoría de los planificadores del aprovechamiento energético piensan que debemos desarrollar fuentes de recursos renovables como la energía solar para sustituir el petróleo. Los **recursos renovables** son aquellos que se pueden reponer y el más abundante de ellos es la energía solar. Los científicos han desarrollado celdas solares capaces de transformar la luz solar en electricidad y alternativas de calefacción doméstica a partir de energía solar. Sin embargo, actualmente no es posible producir energía solar a costos suficientemente bajos como para estimular su uso extendido ni a la escala suficiente para satisfacer la mayoría de nuestras necesidades energéticas.

Instrucciones: Elija la respuesta que mejor responda a cada pregunta.

Las preguntas 1 a 6 se refieren al texto y al mapa de la página 136.

1. ¿Cuál de las siguientes frases describe el origen de los combustibles fósiles?

   (1) producidos a partir de compuestos químicos en el laboratorio
   (2) producidos a partir de materia prima fosilizada en el laboratorio
   (3) formados en el subsuelo a partir de restos de plantas y animales
   (4) formados en el subsuelo a partir de magma derretida
   (5) producidos a partir de petróleo crudo en las refinerías modernas

2. De acuerdo con el texto, ¿cuál de los siguientes enunciados describe mejor la relación que existe entre los combustibles fósiles y la industria?

   (1) Los combustibles fósiles tenían escasa importancia para la industria hace 100 años.
   (2) Los combustibles fósiles alguna vez fueron importantes para la industria, pero en nuestros días carecen de importancia.
   (3) Los combustibles fósiles han sido importantes para la industria sólo durante los últimos 50 años.
   (4) Los combustibles fósiles han sido importantes para la industria por más de un siglo y continúan siendo importantes.
   (5) Actualmente, los combustibles fósiles tienen escasa importancia, pero adquirirán una gran importancia en el futuro.

3. De acuerdo con el mapa, ¿cuál de las siguientes áreas geográficas posee menos recursos carboníferos?

   (1) Norteamérica
   (2) Sudamérica
   (3) Europa y Asia
   (4) África
   (5) Australia

**SUGERENCIA**

Muchas veces, los mapas usan símbolos y colores para representar conceptos distintos. Antes de leer un mapa, estudie y comprenda la leyenda.

4. ¿Cuál de los siguientes enunciados involucra la utilización de un recurso energético renovable en lugar de un recurso no renovable?

   (1) sustitución de las ventanas antiguas de una casa por ventanas modernas con doble cristal
   (2) generación de electricidad con molinos de viento en lugar de plantas termoeléctricas de carbón
   (3) apagar las luces y el televisor al salir de la habitación
   (4) sustitución de una antigua unidad de aire acondicionado por un modelo nuevo y más eficiente
   (5) uso de la ventanilla de autoservicio del banco o restaurante muy cómoda y rápida en lugar de estacionar el automóvil y caminar

5. ¿Cuál de las siguientes consideraciones sobre las alternativas de aprovechamiento de la energía sería la de menor importancia para un conservacionista de los recursos naturales?

   (1) La energía solar es renovable.
   (2) La energía solar es limpia.
   (3) La energía solar es una fuente de calefacción doméstica.
   (4) El petróleo es una fuente aprovechable y económica.
   (5) Los recursos petroleros no son renovables.

6. Si el mapa de recursos petroleros y carboníferos se volviera a trazar dentro de cien años, ¿cuál de las siguientes suposiciones se aplicaría al nuevo mapa?

   (1) Algunos de los recursos actuales ya no estarían señalados en el mapa, pero aparecerían algunos nuevos.
   (2) Habría más yacimientos principales de petróleo y gas natural señalados en el nuevo mapa que en el actual.
   (3) Habría más yacimientos principales de carbón señalados en el nuevo mapa que en el actual.
   (4) La mayoría de los principales recursos actuales ya no estarían señalados en el mapa y no aparecería ningún otro nuevo recurso.
   (5) Ninguno de los recursos actuales estaría señalado y no aparecería ningún otro nuevo recurso.

**Las respuestas comienzan en la página 291.**

# Práctica de GED • Lección 12

Instrucciones: Elija la respuesta que mejor responda a cada pregunta.

Las preguntas 1 a 3 se refieren al texto y diagrama siguientes.

El aire de la atmósfera terrestre siempre está en movimiento. A este movimiento del aire se le denomina **viento**. A través de la historia, el ser humano ha utilizado la energía del viento para impulsar embarcaciones, hacer girar la rueda de los molinos de viento y bombear agua. En 1890 se inventó un molino de viento capaz de generar electricidad y los generadores eólicos se convirtieron en parte del equipo común en las explotaciones agropecuarias de Estados Unidos. Sin embargo, en la década de 1940 la mayoría de los generadores eólicos del campo habían caído en desuso al disponerse de suministro eléctrico generado en centrales eléctricas.

La necesidad de contar con fuentes energéticas diferentes de los combustibles fósiles como el carbón, el petróleo y el gas natural, estimuló un interés renovado en la energía eólica. A partir de la década de 1970 se han venido utilizando materiales y nuevos diseños en la fabricación de generadores eólicos aerodinámicos, resistentes y eficientes. Estas máquinas se ajustan a las variaciones del viento mediante cambios en la posición de las aspas y el giro de la unidad a contraviento. En algunos lugares, existen plantas eólicas formadas por miles de generadores eólicos interconectados capaces de producir una cantidad de energía eléctrica comparable a la producida con combustibles fósiles en una central eléctrica. Sin embargo, la energía eléctrica de origen eólico es más costosa que la generada a partir de combustibles fósiles y representa sólo el 0.04 por ciento de la electricidad generada en Estados Unidos.

En la actualidad, el uso de la energía eólica en lugares alejados de las centrales eléctricas y que por lo tanto necesitan de sistemas de generación independientes y autónomos, es semejante al que existía a principios de la década de 1900. En estos lugares, la energía eólica es económica.

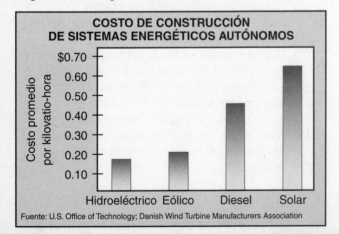

**COSTO DE CONSTRUCCIÓN DE SISTEMAS ENERGÉTICOS AUTÓNOMOS**

Fuente: U.S. Office of Technology; Danish Wind Turbine Manufacturers Association

1. ¿Cuál de las siguientes instalaciones sería más probable que hiciera uso de la energía eólica para generar electricidad?

   (1) una enorme área metropolitana
   (2) una fábrica
   (3) una estación de investigación instalada en un lugar deshabitado
   (4) un parque industrial
   (5) una explotación agropecuaria moderna

2. ¿Cuál sería la principal ventaja para un agricultor de contar con un generador eólico a pesar de contar con suministro eléctrico desde una central eléctrica?

   (1) El mantenimiento de un generador eólico exige menos labor que recibir suministro eléctrico de una central.
   (2) El contar con un generador eólico asegura el suministro continuo en caso de fallas de la fuente principal de electricidad.
   (3) El viento es una fuente más fiable de energía que la energía suministrada por centrales eléctricas.
   (4) La instalación y operación de un generador eólico es más económica que recibir el suministro de una central eléctrica.
   (5) A diferencia de las centrales eléctricas, los generadores eólicos usan fuentes no renovables de energía.

3. Un productor agropecuario de la región oeste de Estados Unidos que valora fuertemente el aspecto económico de sus operaciones, desea instalar un sistema independiente y autónomo de generación de energía eléctrica y opta por la energía eólica. ¿Qué enunciado explica mejor la decisión del productor?

   (1) El viento es la fuente más económica de energía.
   (2) La operación de los generadores a diesel es costosa.
   (3) La energía solar es más costosa que la energía eólica.
   (4) Los sistemas eólicos son más económicos que los sistemas diesel.
   (5) La energía hidroeléctrica no está disponible en el lugar.

**SUGERENCIA**

Por lo general, las gráficas de barras se utilizan para comparar cantidades, como el precio de diferentes automóviles. La barra más alta representa el precio más alto.

*Ciencias y perspectivas personales y sociales*

## EL AGUA: LOS LÍMITES DE UN RECURSO RENOVABLE

Las preguntas 4 a 6 se refieren al texto y gráfica siguientes.

Aproximadamente el 97.5 por ciento del agua del planeta se encuentra como agua salada en los mares. La mayor parte del agua dulce del mundo se encuentra congelada en los casquetes polares y en los glaciares y sólo el 0.77 por ciento se encuentra en lagos, ríos, pantanos, mantos acuíferos y la atmósfera. Y aun así, gran parte de ella no es aprovechable.

Por lo tanto, el volumen agua dulce renovable que soporta la vida del planeta es muy pequeño y junto con el oxígeno del aire, representa el recurso más vital de la Tierra.

En teoría, el hecho de que el agua se recicla en la biosfera implica que existe suficiente agua para satisfacer las necesidades humanas básicas, como agua potable para beber, cocinar e higienizar, a largo plazo. Sin embargo, la realidad es que la distribución del agua en el planeta es desigual, ya que en algunas regiones las reservas son excesivas, mientras que en otras son escasas. Además, en muchos lugares la contaminación impide el consumo de agua para beber y cocinar. Actualmente, más de mil millones de personas carecen de acceso a fuentes de agua potable.

El consumo de agua se ha incrementado considerablemente en los últimos años. La explosión demográfica exige un suministro de agua mayor para satisfacer las necesidades humanas básicas al tiempo que la producción de alimentos para un mayor número de individuos demanda un mayor volumen de agua para la agricultura, la actividad humana que por sí sola consume más agua que ninguna otra. Además, la industrialización y la urbanización también han aumentado la demanda de agua.

4. ¿En qué medida aumentó el consumo de agua desde el 1900 hasta el 2000?

(1) no cambió
(2) se duplicó
(3) se triplicó
(4) se cuadruplicó
(5) aumentó ocho veces

5. Si el calentamiento de la Tierra derritiera parcialmente los casquetes polares y los glaciares, ¿qué efecto tendría esto en el porcentaje de agua dulce en la Tierra?

(1) El volumen de agua dulce continuaría siendo de aproximadamente 97.5 por ciento.
(2) El volumen de agua salada continuaría siendo de aproximadamente 97.5 por ciento.
(3) El porcentaje de agua dulce continuaría disminuyendo a medida que el agua derretida de los casquetes polares se mezclara con la salada de los mares.
(4) El porcentaje de agua dulce continuaría aumentando a medida que los casquetes polares se derritieran.
(5) No se observaría ningún efecto.

6. ¿Cuál de las siguientes estrategias sería la mejor manera de enfrentar el constante aumento de la demanda de agua en todo el mundo?

(1) aumentar el volumen de agua destinado a la agricultura a fin de asegurar el suministro suficiente de alimentos
(2) mejorar el uso del agua en lo relativo a su tratamiento, distribución y conservación
(3) recortar el suministro agrícola para satisfacer las necesidades básicas de ciudades en crecimiento
(4) aumentar el suministro de agua potable en países con climas desérticos
(5) buscar la forma de tratar el agua contaminada a fin de poder aprovecharla otra vez

El valor de un punto en una gráfica lineal se determina proyectando el punto sobre ambos ejes. Utilice ambos valores para entender la gráfica.

USO MUNDIAL DE AGUA

Kilómetros cúbicos por año

4,000
3,000
2,000
1,000
0

1900  1920  1940  1960  1980  2000
Años                    (estimado)

Las respuestas comienzan en la página 291.

**Instrucciones:** Ésta es una prueba de práctica que dura diez minutos. Después de que transcurran los diez minutos, ponga una marca en la última pregunta que haya respondido. A continuación, termine la prueba y revise sus respuestas. Si la mayoría de sus respuestas fueron correctas, pero no terminó la prueba, trate de responder las preguntas más rápidamente la próxima vez. Elija la respuesta que mejor responda a cada pregunta.

Las preguntas 1 a 3 se refieren al texto y diagrama siguientes.

El suelo es la parte de la superficie terrestre que soporta el crecimiento vegetal y está formado por minerales, materia orgánica, aire y agua en diferentes proporciones. Aproximadamente la mitad del volumen de un buen suelo está formado por minerales y materia orgánica, mientras que la otra mitad es tan sólo espacio vacío. Este espacio vacío es importante porque permite la circulación del aire y el agua por el suelo.

Si caváramos una zanja profunda en el suelo apreciaríamos capas horizontales con diversas características. Estas capas, denominadas horizontes, forman en conjunto el perfil de un suelo.

- El horizonte A es la capa superficial y la parte del suelo con mayor actividad orgánica y presencia de organismos vivos.
- El horizonte B, o subsuelo, es la capa que acumula los materiales que se filtran del horizonte A debido a la acción del agua. El horizonte B presenta una abundancia de organismos vivos.
- El horizonte C es una capa de lecho rocoso fragmentado y desgastado con escasa materia orgánica.

Inmediatamente debajo del horizonte C se encuentra el lecho rocoso, es decir, el material del cual se forma el suelo.

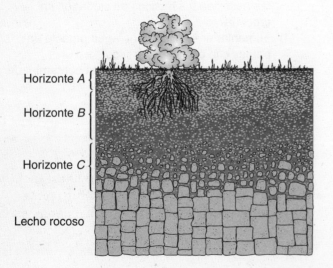

Horizonte A
Horizonte B
Horizonte C
Lecho rocoso

1. ¿Por qué un volumen dado de un buen suelo es menos denso que un volumen equivalente de roca?

   (1) Porque el suelo está formado por minerales y partículas de materia orgánica.
   (2) Porque aproximadamente la mitad del volumen del suelo lo ocupan espacios vacíos por donde circulan el agua y el aire.
   (3) Porque el suelo y la roca contienen materia mineral.
   (4) Porque el suelo contiene materia orgánica viva y muerta.
   (5) Porque el horizonte C del suelo está formado por lecho rocoso desgastado.

2. ¿Cuál de los siguientes enunciados describe la capa expuesta del suelo debido al desgaste por erosión de los horizontes A y B?

   (1) El suelo no sería capaz de soportar una gran abundancia de vida vegetal y animal.
   (2) El suelo tendría una textura más fina y un mayor contenido de minerales.
   (3) El suelo tendría una textura más gruesa y una mayor actividad orgánica.
   (4) El suelo sería rico con una mitad formada por agua y aire por volumen.
   (5) No habría suelo, sino sólo una capa de lecho rocoso sín actividad orgánica.

3. Un agricultor, quien valora fuertemente la conservación del suelo, padece una sequía. El horizonte A del suelo está demasiado seco y existe la posibilidad de que el viento arrastre la capa superficial. Al llegar la primavera, el agricultor tendrá que sembrar la tierra, pero sabe que al ararla puede causar una mayor pérdida de agua por evaporación. ¿Qué labor es más probable que emprenda el agricultor?

   (1) no cambiaría en nada las técnicas agrícolas
   (2) araría el suelo de manera agresiva para estimular una mayor evaporación de agua
   (3) sembraría menos plantas pero de una especie más resistente a la sequía
   (4) regaría el cultivo con menor frecuencia
   (5) dejaría de sembrar hasta que pasara la sequía

Las preguntas 4 a 6 se refieren a la siguiente informacion.

Estados Unidos importa la totalidad del abastecimiento de varios minerales, entre los que se encuentran los enumerados en la siguiente tabla.

| Mineral | Usos principales |
|---------|------------------|
| Bauxita | Producción de aluminio |
| Manganeso | Producción de acero y fabricación de pilas |
| Mica en placa | Equipo eléctrico y electrónico |
| Estroncio | Tubos de imágenes y fuegos artificiales |
| Talio | Superconductores y aparatos electrónicos |

Fuente: Oficina para Estudios Geológicos de Estados Unidos

4. ¿Qué título se adapta mejor a la información de la tabla?

(1) Minerales
(2) Minerales y sus usos
(3) Los cinco minerales más importantes
(4) Algunos minerales importados y sus usos
(5) Recursos minerales de Estados Unidos

5. ¿Qué minerales de la tabla son los de mayor interés para la industria electrónica?

(1) la bauxita y el manganeso
(2) la bauxita y el estroncio
(3) el manganeso y el estroncio
(4) el estroncio y el talio
(5) la mica en placa y el talio

6. Imaginemos que se descubre un yacimiento de talio en Estados Unidos, pero que su explotación sería más costosa que su importación. ¿Qué razón justificaría la explotación y procesamiento del talio en Estados Unidos a pesar del costo extra?

(1) El talio es uno de los minerales usados en la producción de superconductores.
(2) El talio es uno de los minerales usados en la producción de equipo electrónico.
(3) Estados Unidos siempre ha importado el talio.
(4) Estados Unidos disminuiría su dependencia de países extranjeros.
(5) Estados Unidos sería la única fuente de suministro de talio en el mundo.

7. Durante los últimos años, la China ha aumentado su consumo de carbón graso a fin de impulsar el crecimiento continuo de su economía. Esto le ha valido convertirse en el país con mayor emisión de azufre, un contaminante atmosférico. En un estudio sobre la contaminación atmosférica en la China se demostró que la niebla producida por la combustión de carbón graso funciona como filtro y absorbe una parte de la luz solar que normalmente aprovechan las plantas para el proceso de la fotosíntesis.

¿Cuál de los siguientes enunciados expresa una de las posibles consecuencias de la contaminación en la China?

(1) vientos más fuertes en casos de tormenta
(2) disminución de la producción agrícola
(3) disminución de las emisiones de azufre
(4) aumento del número de días soleados
(5) aumento del abastecimiento de carbón graso

8. Las cuencas colectoras son áreas de desagüe que reciben y drenan el agua de lluvia por medio de escurrimiento superficial, corrientes fluviales, ríos, lagos y aguas subterráneas. En 1997, la Oficina para la Protección Ambiental de Estados Unidos, EPA (Environmental Protection Agency) publicó los resultados de un análisis de la calidad del agua de las cuencas colectoras del territorio continental de Estados Unidos. Los resultados se muestran a continuación.

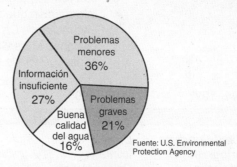

Fuente: U.S. Environmental Protection Agency

¿Cuál de los siguientes enunciados está apoyado por la información dada?

(1) El agua de la mayoría de las cuencas colectoras es de buena calidad.
(2) La contaminación no representa un problema importante.
(3) Aproximadamente una quinta parte de las cuencas colectoras tienen problemas graves de calidad del agua.
(4) Aproximadamente más de la mitad de las cuencas colectoras tienen problemas graves de calidad del agua.
(5) No se analizó el agua de tres cuartas partes de las cuencas colectoras.

**Las respuestas comienzan en la página 292.**

Como aprendió en la Lección 9, las implicaciones son hechos expresados indirectamente o sugeridos en el texto, los diagramas, las gráficas u otras ilustraciones empleadas por el autor.

Cuando identificamos una implicación, hemos deducido algo que probablemente es cierto basado en la información o en las ilustraciones provistas. Por ejemplo, imaginemos el día programado para el arribo de una misión espacial, los diarios publican la siguiente nota: "El Servicio Nacional de Meteorología pronostica un 70% de probabilidades de tormentas eléctricas intensas en el área del Centro Espacial Kennedy". A partir de esta información, podemos **deducir,** o concluir, que el aterrizaje del trasbordador espacial se pospondrá o se programará para otro lugar debido a mal tiempo.

**deducir**
llegar a una conclusión implícita con la información suministrada

**deducción**
hecho o idea inferida a partir de información suministrada

La habilidad de identificar implicaciones se refuerza mediante el sentido común. La aplicación del sentido común, la búsqueda de generalizaciones y la derivación de consecuencias nos permite hacer **deducciones** razonables basadas en la información provista.

**SUGERENCIA**

Recuerde que las implicaciones están sugeridas en la información y que se infieren lógicamente a partir de ésta.

### Lea el texto y responda las preguntas que se presentan a continuación.

La Administración Nacional de Aeronáutica y el Espacio, NASA *(National Aeronautics and Space Administration)* tiene contemplada una serie de misiones con robots para explorar Marte. Estas misiones tienen como objetivo recopilar información que se utilizará para planificar misiones tripuladas al planeta Marte. Las misiones Global Surveyor y Pathfinder fueron un éxito rotundo; sin embargo, misiones Mars Climate Orbiter y Polar Lander fracasaron en 1999 y en consecuencia la NASA ha decidido revisar todos sus sistemas y misiones.

| 1996–1997 | 1998–1999 | 2001–2002 | 2003–2008 | 2007–2013 |
|---|---|---|---|---|
| *Global Surveyor* (cartografía) *Pathfinder* (explorar la superficie) | *Climate Orbiter* (clima) *Polar Lander* (buscar agua) | *Surveyor 2001 Lander* (explorar la superficie) *Surveyor 2001 Orbiter* (medir la superficie) | Serie de misiones para recolectar muestras | Misiones adicionales de muestreo |

Marque con una "X" la oración implícita en el fracaso de las misiones Climate Orbiter y Polar Lander.

_____ a.  Estados Unidos carece de la tecnología apropiada para enviar misiones con robots a Marte y otros planetas.

_____ b.  Existe la posibilidad de que la misión Surveyor 2001 Lander se demore mientras la NASA verifica sus sistemas y planes.

Usted acertó si escogió la *opción b.* El sentido común aconseja que después de dos fracasos seguidos, los planes a futuro se verán afectados y que es probable que la NASA tome medidas extras y más tiempo antes de lanzar la siguiente misión.

**Lea el texto, estudie el diagrama y responda las preguntas que se presentan a continuación.**

Las **galaxias** son grupos de miles de millones de estrellas. El Sol es una estrella que se localiza en la galaxia conocida como la **Vía Láctea.** A partir de observaciones astronómicas, los científicos han llegado a la conclusión de que la Vía Láctea es una galaxia espiral, es decir, tiene forma de disco con prolongaciones concéntricas saliendo de su centro. El Sol y el **Sistema Solar** se localizan en el brazo de Orión.

El Sol tarda aproximadamente 225 millones de años en completar una vuelta alrededor del centro de la galaxia. La medición del movimiento de otras estrellas de la galaxia demuestra que se mueven una con respecto a otra en su viaje alrededor del denso centro de la galaxia. Por lo tanto, la distribución de las estrellas que contemplaron los habitantes de la Tierra que vivieron hace miles de años era ligeramente diferente de la que contemplamos en la actualidad.

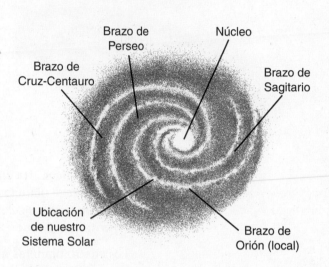

Vista superior

Brazo de Perseo · Núcleo · Brazo de Cruz-Centauro · Brazo de Sagitario · Ubicación de nuestro Sistema Solar · Brazo de Orión (local)

1. Marque con una "X" la razón en la que se basan los científicos para deducir la forma de la Vía Láctea sin una observación directa.

    \_\_\_\_\_ a. Los científicos se encuentran en la Vía Láctea, por lo que no tienen una vista lejana de toda la galaxia.

    \_\_\_\_\_ b. Los científicos prefieren hacer observaciones directas que deducirlas basándose en pruebas indirectas.

2. Marque con una "X" el enunciado implícito en el texto, el diagrama y el enunciado "Hay una estrella que se localiza más hacia la periferia del brazo de Orión que el Sol".

    \_\_\_\_\_ a. Es posible que una estrella tarde más de 225 millones de años en completar una vuelta alrededor del centro de la galaxia.

    \_\_\_\_\_ b. Es posible que la estrella tarde menos de 225 millones de años en completar una vuelta alrededor del centro de la galaxia.

3. En el año 50,000 a.C., el grupo de estrellas denominado Osa Mayor tenía la apariencia de una flecha. Actualmente, ese mismo grupo de estrellas tiene la apariencia de un cazo de asa larga. Marque con una "X" el enunciado que describe la apariencia de la Osa Mayor dentro de 50,000 años.

    \_\_\_\_\_ a. Tendrá la apariencia de un cazo de asa larga.

    \_\_\_\_\_ b. Tendrá una apariencia distinta.

4. De acuerdo con el diagrama, la Vía Láctea tiene forma de disco con prolongaciones concéntricas. Marque con una "X" el enunciado que describe la apariencia de la Vía Láctea vista de perfil en lugar de ser vista desde arriba.

    \_\_\_\_\_ a. un grupo circular de estrellas con prolongaciones concéntricas saliendo de su centro

    \_\_\_\_\_ b. un disco de estrellas relativamente aplanado visto desde un costado

**Las respuestas comienzan en la página 293.**

**FORMACIÓN DEL SISTEMA SOLAR**

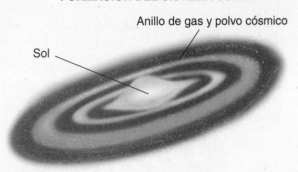

Anillo de gas y polvo cósmico

Sol

El Sol se formó a partir de una nube de gas y polvo cósmico hace aproximadamente 4,600 millones de años. Una parte de ese gas y polvo cósmico formó un disco aplanado alrededor del astro; con el tiempo, la fuerza de gravedad causó la formación de agregados de este material. Estos agregados se convirtieron en cuerpos celestes de mayor tamaño denominados **planetas** y otros de menor tamaño denominados **asteroides.** El Sol y todos los cuerpos que giran a su alrededor forman nuestro Sistema Solar.

El Sol se encuentra en el centro del Sistema Solar y a su alrededor giran en órbita los nueve planetas y sus respectivos satélites o lunas. Además, existen millones de cuerpos celestes más pequeños, como asteroides, cometas y polvo cósmico, girando alrededor del Sol.

Los cuatro planetas más cercanos al Sol, Mercurio, Venus, Tierra y Marte, se denominan los planetas internos y son cuerpos relativamente pequeños y rocosos. La Tierra, un planeta formado en gran parte por agua, cuenta con un solo satélite, denominado la Luna y se encuentra aproximadamente a 93 millones de millas de distancia del Sol. Por su parte, aunque Marte es un planeta mucho más árido, al igual que la Tierra tiene cuatro estaciones y su día es equivalente al de nuestro planeta.

Después de Marte existe un espacio poblado por innumerables asteroides, rocas y partículas de polvo cósmico en órbita alrededor del Sol. Más allá de este cinturón de asteroides se encuentran los planetas externos, Júpiter, Saturno, Urano y Neptuno, los gigantes gaseosos del Sistema Solar, y el pequeño y rocoso Plutón. Estos cuatro gigantes están formados principalmente por gases y tienen sistemas de anillos formados por partículas de roca y hielo. El sistema de anillos de Saturno es el de mayor tamaño.

Fuera de la órbita de Plutón se encuentra un cinturón de cuerpos celestes entre los que se encuentran algunos cometas. Los cometas son cuerpos celestes formados por un núcleo rocoso y hielo. Cuando su órbita se acerca al Sol, el calor evapora el hielo formando una cola extensa detrás del cometa.

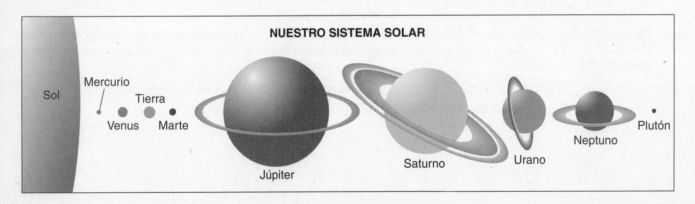

**NUESTRO SISTEMA SOLAR**

Sol

Mercurio

Venus

Tierra

Marte

Júpiter

Saturno

Urano

Neptuno

Plutón

Instrucciones: Elija la respuesta que mejor responda a cada pregunta.

Las preguntas 1 a 5 se refieren al texto y diagramas de la página 144.

1. ¿Cómo está formado el Sistema Solar?

   (1) por el Sol y la nube de polvo cósmico y gas que lo rodean
   (2) por el Sol y todos los cuerpos celestes que giran a su alrededor
   (3) por el Sol, los planetas internos y los planetas externos
   (4) por los planetas internos, el cinturón de asteroides y los planetas externos
   (5) por los planetas internos, el cinturón de asteroides, los planetas externos y los cometas

2. ¿Cuál de los siguientes enunciados está implícito en el primer párrafo del texto o diagrama sobre la formación del Sistema Solar?

   (1) El Sistema Solar se formó a partir de una nube de gas y polvo cósmico.
   (2) La nube de gas y polvo cósmico giraba en torno al Sol.
   (3) El Sistema Solar continuará en proceso de desarrollo y cambio.
   (4) El Sol se encuentra en el centro del Sistema Solar.
   (5) La Tierra es el planeta más importante del Sistema Solar.

3. De acuerdo con el texto y el diagrama de los planetas, ¿qué planeta tiene características diferentes de la mayoría de los planetas externos?

   (1) Júpiter
   (2) Saturno
   (3) Urano
   (4) Neptuno
   (5) Plutón

4. La NASA ha conducido un ambicioso programa de exploración de Marte. ¿Cuál de los siguientes enunciados se deduce de esta información y de la información del texto y diagrama?

   (1) Los planetas externos no son de interés para los científicos.
   (2) Los sistemas de anillos de los gigantes gaseosos prohíben la exploración de esos planetas.
   (3) La ubicación y las características naturales hacen posible su exploración.
   (4) El cinturón de asteroides que se encuentra después de Marte hace imposible la exploración de los planetas externos.
   (5) La tecnología de la NASA es insuficiente para explorar más allá de Marte.

5. Actualmente, el Sol tiene un diámetro aproximado de 870,000 millas. Sin embargo, hacia el final de su vida el astro se transformará en una estrella de tamaño mucho mayor con un diámetro de 9.3 a 93 millones de millas. ¿Cuál sería la consecuencia más probable de esto para el Sistema Solar?

   (1) Los planetas internos se volverían más fríos.
   (2) Los planetas externos se volverían más fríos.
   (3) Los planetas internos serían destruidos.
   (4) Se formarían nuevos planetas en el Sistema Solar.
   (5) El Sistema Solar no cambiaría su estado actual.

6. En 1969 astronautas de Estados Unidos fueron los primeros seres humanos en pisar la Luna y posteriormente a principios de la década de 1970 se realizaron misiones lunares más exitosas. A principios de la década de 1980, las misiones espaciales tripuladas de Estados Unidos han utilizado transbordadores espaciales y han permanecido cerca de la Tierra. ¿Cuál de los siguientes enunciados expresa la razón más probable de esto?

   (1) El medio ambiente de la Luna es difícil para el ser humano.
   (2) La Luna está demasiado lejos para explorarla.
   (3) Las misiones tripuladas a la Luna han fracasado.
   (4) Estados Unidos quería realizar experimentos sobre los efectos de la falta de gravedad.
   (5) Estados Unidos carece de la tecnología para los viajes espaciales tripulados.

**Las respuestas comienzan en la página 293.**

# Práctica de GED • Lección 13

Instrucciones: Elija la respuesta que mejor responda a cada pregunta.

Las preguntas 1 a 3 se refieren al texto y diagrama siguientes.

Las estrellas se forman a partir de nubes de gases y polvo cósmico. A medida que la presión aumenta en el núcleo de la nube comprimida, la temperatura aumenta hasta desencadenar reacciones de fusión nuclear. Las reacciones de fusión nuclear consisten en la transformación de hidrógeno en helio con el desprendimiento de grandes cantidades de energía radioactiva, la cual detiene la compresión de la estrella. Esta etapa, denominada etapa de secuencia principal, es la más prolongada de la vida de una estrella. Nuestro Sol es una estrella enana amarilla en etapa de secuencia principal.

Con el paso del tiempo, el hidrógeno de la estrella se consume y el núcleo se comprime debido a la fuerza de gravedad. La presión y el calor continúan aumentando hasta desencadenar reacciones de fusión en la materia que rodea al núcleo. En esta etapa, las capas externas de la estrella se expanden para crear una estrella gigante o súper gigante. Al final de esta segunda etapa de reacciones de fusión, la estrella se comprime y se calienta otra vez.

Las estrellas de poca masa, como nuestro Sol, no generan suficiente calor para repetir las reacciones de fusión, por lo que se convierten en enanas blancas con escaso desprendimiento de radiación. Por otro lado, en las estrellas de gran masa la fusión se repite hasta que el núcleo se agota y se comprime arrojando las capas externas mediante una explosión denominada supernova o nueva estrella muy brillante luego de explotar. El núcleo sumamente denso que sobrevive a la explosión aumenta su atracción gravitatoria formando una estrella de neutrones o un hoyo negro si es lo suficientemente macizo. La gravedad de los hoyos negros es tan poderosa que ni la luz puede escapar.

1. ¿Cuál de los siguientes enunciados está implícito en el hecho de que el Sol es una estrella de poca masa?

   (1) El Sol se encuentra en etapa de secuencia principal.
   (2) El Sol se formó a partir de gases y polvo cósmico.
   (3) El Sol emite radiación producida por reacciones de fusión.
   (4) El Sol se encuentra al final de su ciclo de vida.
   (5) El Sol se convertirá en una enana blanca.

2. De acuerdo con el texto y el diagrama, ¿cuál de las siguientes estrellas sería la más espectacular?

   (1) una estrella de secuencia principal
   (2) una estrella de neutrones
   (3) una enana blanca
   (4) una supernova
   (5) un hoyo negro

3. ¿Cuál de los siguientes enunciados está apoyado por el texto y el diagrama?

   (1) Las estrellas tienen sistemas planetarios durante la etapa de secuencia principal.
   (2) Sólo las enanas amarillas de poca masa tienen sistemas planetarios.
   (3) Sólo unas cuantas estrellas de poca masa se convierten en gigantes.
   (4) Con el tiempo, las estrellas agotan su "combustible" y se comprimen.
   (5) Las enanas blancas emiten grandes cantidades de radiación.

Para comprender mejor los detalles de un diagrama, lea siempre el texto que lo acompaña.

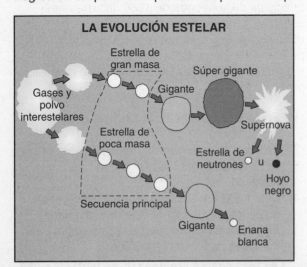

LA EVOLUCIÓN ESTELAR

## LA EVOLUCIÓN DEL UNIVERSO

Las preguntas 4 a 6 se refieren al texto y gráfica siguientes.

La mayoría de los astrónomos piensan que el universo comenzó a formarse hace aproximadamente de 10 a 20 mil millones de años a partir de una explosión denominada **Big Bang.** Inmediatamente después de la explosión, el universo era una nube pequeña, comprimida y muy caliente de hidrógeno y helio. A medida que empezó a expandirse se enfrió de manera desigual y los gases empezaron a formar agregados, los cuales se contrajeron por efecto de la fuerza de gravedad para formar las galaxias. En la actualidad, el universo está formado por aproximadamente 100 mil millones de galaxias que continúan alejándose una de otra.

Existen muchas pruebas que apoyan la teoría del Big Bang. Las galaxias se alejan de la Tierra en todas las direcciones como si todas se hubieran originado en un mismo punto; y mientras más alejada se encuentra una galaxia, más rápidamente parece moverse, lo cual concuerda con la expansión del universo. Además, los científicos han sido capaces de observar con radiotelescopios la radiación cósmica de fondo, CBR *(background cosmic radiation)* que quedó después de la gran explosión en todas las direcciones del espacio. Las ondulaciones en la CBR suponen áreas de densidad necesarias para la formación de las galaxias.

Sin embargo, existen discrepancias sobre lo que sucederá con el universo y su destino depende de la cantidad de masa que contiene y el efecto gravitacional. ¿Continuará expandiéndose? ¿Se detendrá al llegar a cierto tamaño? ¿Empezará entonces a contraerse? La siguiente gráfica ilustra tres posibilidades.

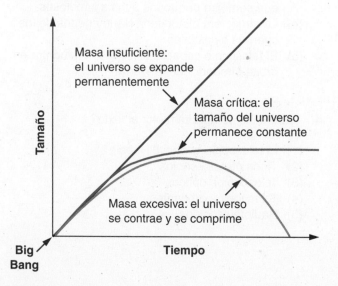

Masa insuficiente:
el universo se expande
permanentemente

Masa crítica: el
tamaño del universo
permanece constante

Masa excesiva: el universo
se contrae y se comprime

Tamaño

Big
Bang

Tiempo

4. ¿Cuál de los siguientes enunciados describe mejor la teoría del Big Bang?

(1) Las chispas y cenizas de una fogata salen despedidas por el aire.
(2) Los fuegos artificiales explotan arrojando chispas, cenizas y humo en todas direcciones.
(3) Dos balas de cañón chocan en el aire formando una bola de fuego que cae rápidamente a tierra.
(4) Un fósforo arroja chispas al encenderlo.
(5) Una vela se consume hasta fundirse completamente.

5. De acuerdo con la gráfica, ¿qué es lo más probable que ocurra si el universo contiene suficiente masa como para contraerse?

(1) El universo continuaría expandiéndose.
(2) El universo se comprimiría sobre sí mismo.
(3) Empezaría a formarse un universo paralelo en otra región.
(4) El tamaño del universo sería constante en un momento determinado.
(5) Ocurriría otro Big Bang en unos 10 mil millones de años.

6. Aproximadamente el 90 por ciento de la materia del universo tiene masa y ejerce gravedad, pero no es visible. Si esta masa denominada materia oscura es invisible, ¿cómo saben los científicos que la materia oscura existe?

(1) La han observado con telescopios en órbita.
(2) La han observado desde la Tierra.
(3) Han notado sus efectos gravitatorios sobre cuerpos visibles.
(4) Han observado que las galaxias distantes se alejan rápidamente.
(5) Han observado CBR en todas las direcciones del espacio.

SUGERENCIA

Estudie y analice siempre las escalas de las gráficas. Algunas gráficas no señalan cantidades específicas, sino relaciones como la que existe entre el tamaño, el tiempo y la masa.

**Las respuestas comienzan en la página 293.**

**Instrucciones:** Ésta es una prueba de práctica que dura diez minutos. Después de que transcurran los diez minutos, ponga una marca en la última pregunta que haya respondido. A continuación, termine la prueba y revise sus respuestas. Si la mayoría de sus respuestas fueron correctas, pero no terminó la prueba, trate de responder las preguntas más rápidamente la próxima vez. Elija la respuesta que mejor responda a cada pregunta.

Las preguntas 1 y 2 se refieren a la siguiente tabla.

| Planeta | Distancia del Sol en unidades astronómicas* |
|---------|---------------------------------------------|
| Mercurio | 0.39 |
| Venus | 0.72 |
| Tierra | 1.0 |
| Marte | 1.5 |
| Júpiter | 5.2 |
| Saturno | 9.2 |
| Urano | 19.2 |
| Neptuno | 30.0 |
| Plutón | 39.4 |

*Una unidad astronómica equivale a la distancia de la Tierra al Sol.

1. Si un planeta se encuentra a más de una unidad astronómica de distancia del Sol, ¿qué implica esta afirmación?

   (1) Que el planeta está más cerca del Sol que la Tierra.
   (2) Que el planeta está a la misma distancia del Sol que la Tierra.
   (3) Que el planeta está más lejos del Sol que la Tierra.
   (4) Que probablemente recibe más energía solar que la Tierra.
   (5) Que probablemente no tiene satélites.

2. La luz solar tarda 8 minutos en llegar a la Tierra. ¿Cuánto tiempo tarda la luz solar en llegar a Neptuno?

   (1)    0.3 minutos
   (2)    8 minutos
   (3)    24 minutos
   (4)    30 minutos
   (5)  240 minutos

Las preguntas 3 y 4 se refieren al siguiente texto.

Los telescopios ópticos producen imágenes de objetos distantes mediante la luz que reflejan. En 1610, Galileo descubrió cuatro de las lunas de Júpiter con un telescopio óptico. Sin embargo, estos telescopios no son capaces de producir imágenes amplias de objetos que se encuentran fuera del Sistema Solar. Independientemente de su potencia, las estrellas están tan alejadas que se observan como puntos luminosos en el espacio. Además, la atmósfera distorsiona la luz que la atraviesa haciendo borrosas las imágenes.

En la actualidad existen telescopios ópticos en órbita alrededor de la Tierra. El mayor de éstos, el telescopio Hubble, se lanzó en 1990 y desde entonces ha ofrecido imágenes claras y sorprendentes de los planetas del Sistema Solar y sus lunas, así como de estrellas y galaxias distantes.

3. ¿Cuál de los siguientes enunciados expresa una suposición implícita importante para la comprensión del texto?

   (1) Galileo descubrió cuatro de las lunas de Júpiter con un telescopio.
   (2) Los telescopios ópticos amplifican las imágenes de cuerpos distantes.
   (3) Las estrellas están tan alejadas de la Tierra que semejan pequeños puntos luminosos.
   (4) La atmósfera distorsiona las imágenes de los cuerpos celestiales.
   (5) El telescopio espacial Hubble se encuentra en órbita alrededor de la Tierra.

4. ¿Qué título se adapta mejor al texto?

   (1) El telescopio espacial Hubble
   (2) Tipos de telescopios
   (3) Telescopios ópticos
   (4) Telescopios orbitantes
   (5) Radiotelescopios

Las preguntas 5 y 6 se refieren al siguiente diagrama.

## FORMACIÓN DE CRÁTERES

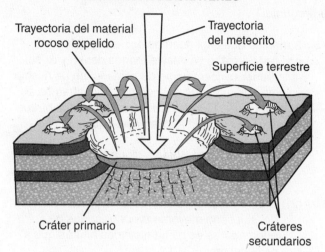

Trayectoria del material rocoso expelido

Trayectoria del meteorito

Superficie terrestre

Cráter primario

Cráteres secundarios

La pregunta 7 se refiere al texto y diagrama siguientes.

Vistas a través de un telescopio, es posible que dos estrellas parezcan encontrarse cerca una de otra debido al ángulo visual de la Tierra, aunque en realidad se encuentran a una distancia de millones de años luz una de otra.

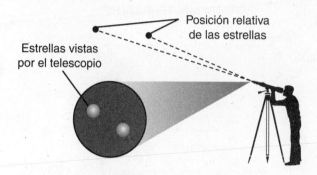

Posición relativa de las estrellas

Estrellas vistas por el telescopio

5. De acuerdo con el diagrama, ¿cómo se forman los cráteres secundarios?

   (1) se forman debido al impacto de meteoritos pequeños contra la superficie cercana al punto de impacto del meteorito mayor
   (2) se forman debido al la fragmentación de meteoritos grandes antes de chocar contra la superficie terrestre
   (3) se forman debido al impacto de un cometa contra la superficie terrestre y no de un meteorito
   (4) se forman debido al impacto de los residuos expelidos del cráter mayor
   (5) se forman debido al hundimiento de porciones pequeñas del suelo a medida que se acomoda luego del impacto del meteorito

6. La mayoría de los cuerpos celestes pequeños se queman en la atmósfera y nunca llegan a la superficie terrestre. ¿Cuál de los siguientes enunciados apoya esta conclusión?

   (1) Júpiter es un gigante gaseoso en cuya atmósfera se observan tormentas continuas, como la denominada Gran Mancha Roja.
   (2) Saturno presenta un complejo sistema de anillos formados por partículas de hielo y roca.
   (3) La Tierra tiene menos cráteres que la Luna, la cual no tiene atmósfera.
   (4) Algunos cráteres de la Tierra se producen debido a la actividad volcánica.
   (5) A veces, los cráteres de la Tierra se llenan de agua y forman lagos circulares.

7. ¿Quién podría interesarse más en esta información?

   (1) un científico planetario
   (2) un astrónomo aficionado
   (3) un optometrista
   (4) un fabricante de telescopios
   (5) un científico dedicado al estudio del Sol

8. Algunos astrónomos piensan que el planeta Plutón y su luna Charón pudieran no ser realmente un planeta y su luna y especulan que se trata de un sistema planetario doble, es decir, dos planetas en órbita alrededor de un punto común. Esto se debe a que Plutón y Charón aparentemente tienen una masa equivalente cuando por lo general un planeta tiene una masa mucho mayor que la de sus lunas. Sin embargo, las imágenes telescópicas de Plutón no son suficientemente claras como para determinar con seguridad la masa relativa de los dos cuerpos.

   ¿Qué observaciones ofrecerían suficiente información para determinar si Plutón y Charón forman un sistema planetario doble o un planeta con su luna?

   (1) datos enviados por una sonda espacial sobre Plutón
   (2) imágenes del telescopio espacial Hubble
   (3) imágenes de telescopios terrestres
   (4) datos relativos a otro sistema planetario doble
   (5) datos sobre el sistema Tierra-Luna

Las respuestas comienzan en la página 294.

# Unidad 2 Repaso acumulativo Ciencias de la Tierra y del espacio

Instrucciones: Elija la respuesta que mejor responda a cada pregunta.

Las preguntas 1 a 3 se refieren al siguiente diagrama.

**ATMÓSFERA TERRESTRE**

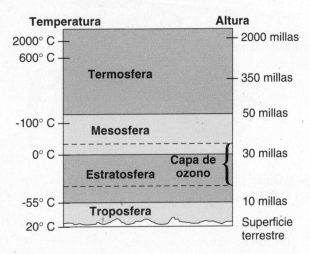

1. De acuerdo con el diagrama, ¿qué sucede a una altura de 50 millas sobre la Tierra?

    (1) Termina la capa de ozono.
    (2) La temperatura llega es de 600° C.
    (3) Termina la mesosfera.
    (4) Termina la termosfera.
    (5) Desaparecen las moléculas de aire.

2. ¿Cuál de los siguientes enunciados resume la relación que existe entre la altura y la temperatura en la atmósfera terrestre?

    A medida que aumenta la altura, la temperatura

    (1) permanece constante
    (2) también aumenta
    (3) disminuye
    (4) disminuye al principio pero después aumenta
    (5) disminuye y luego aumenta para luego volver a disminuir y aumentar

3. A medida que ascendemos por la troposfera, el aire "adelgaza" o se vuelve menos denso y existe una menor concentración de oxígeno, en un mismo volumen de aire, que cuando nos encontramos al nivel del mar. ¿Cuál de los siguientes casos ofrece pruebas sólidas que apoyan este enunciado?

    (1) Un corredor de Boston, ciudad que se encuentra a nivel del mar, tiene dificultad para respirar al trotar en las montañas Rocosas.
    (2) Un individuo expuesto a los rayos ultravioleta del sol, tiene mayores probabilidades de sufrir quemaduras de piel a elevadas alturas que a nivel del mar.
    (3) Un excursionista montañés tiene mayores probabilidades de sufrir a temperaturas frías que un excursionista a nivel del mar.
    (4) Un alpinista entrena para una expedición a montañas muy altas, recreando las condiciones atmosféricas a nivel del mar.
    (5) Antes de abrir su paracaídas, un paracaidista acrobático experimenta una caída libre desde 12,000 pies de altura hasta aproximadamente 2,500 pies antes de llegar a tierra.

4. El Programa de Búsqueda de Inteligencia Extraterrestre, SETI *(Search for Extraterrestrial Intelligence)* explora el espacio con radiotelescopios en busca de evidencias de vida inteligente en forma de ondas de radio uniformes. Sin embargo, los científicos del SETI tienen problemas para la asignación de tiempo de uso en los radiotelescopios más grandes del mundo debido a que muchos en la comunidad científica consideran su proyecto como ciencia ficción y no investigación científica.

    ¿Cuál de los siguientes enunciados expresa una opinión sobre el SETI y no un hecho?

    (1) Algunos científicos buscan señales de inteligencia extraterrestre.
    (2) Los radiotelescopios reciben ondas de radio provenientes del espacio.
    (3) Las ondas de radio transmitidas por seres inteligentes pueden tener un patrón uniforme.
    (4) Es difícil para los científicos del SETI que les asignen tiempo de uso en los telescopios de mayor tamaño.
    (5) Los proyectos del SETI se basan en sueños más que en posibilidades realistas del espacio.

Las preguntas 5 a 8 se refieren al texto y diagrama siguientes.

Existen tres tipos de roca: ígnea, sedimentaria y metamórfica. Las condiciones externas, como la meteorización, la presión y el calor extremo transforman un tipo de roca en otro a lo largo de prolongados períodos de tiempo. Estos cambios son repetitivos y forman parte de un proceso denominado ciclo de las rocas.

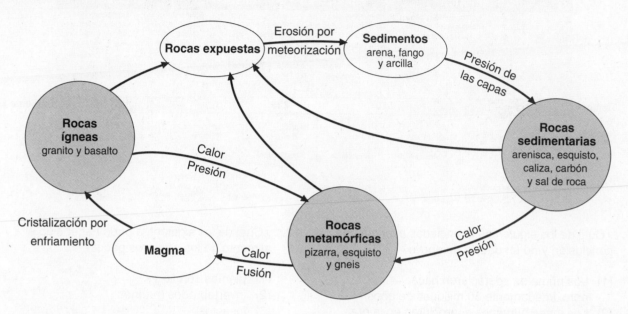

5. ¿Cuál es el título que se adapta mejor a esta información?

(1) Generalidades sobre el ciclo de las rocas
(2) Formación de la roca metamórfica
(3) Usos de las rocas
(4) Efectos de la presión en las rocas
(5) Tipos de roca

6. ¿Cuál de las siguientes conclusiones está apoyada por el texto y el diagrama?

(1) La roca metamórfica se forma sólo a partir de la roca ígnea.
(2) La roca sedimentaria se forma por efecto del calor.
(3) Algunas rocas ígneas se forman a partir de los sedimentos.
(4) La meteorización y la erosión afectan todos los tipos de roca de la Tierra.
(5) El calor y la presión transforman la roca sedimentaria en roca ígnea.

7. Un excursionista encuentra una roca con listas claras y oscuras. ¿Qué tipo de roca podría ser?

(1) arcilla
(2) sedimentaria
(3) magma
(4) ígnea
(5) granito

8. ¿Qué tipo de roca es más probable encontrar en las inmediaciones de un volcán inactivo?

(1) ígnea
(2) metamórfica
(3) sedimentaria
(4) caliza
(5) pizarra

Los diagramas de flujo ilustran series de secuencias de eventos. Las flechas representan las causas y los círculos y óvalos representan los efectos correspondientes.

Las preguntas 9 a 14 se refieren a la siguiente información.

Los científicos crearon una escala de tiempo geológico para registrar la historia de la Tierra. El tiempo geológico frecuentemente se divide en cuatro eras.

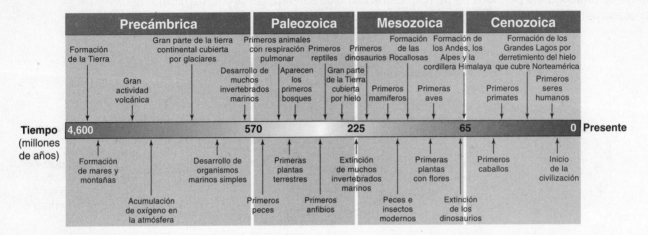

9. ¿Cuál de los siguientes enunciados expresa una conclusión y no un detalle de apoyo?

   (1) Los primates aparecieron hace aproximadamente 50 millones de años.
   (2) Los seres humanos aparecieron en la era Cenozoica tardía.
   (3) Los caballos aparecieron en la era Cenozoica.
   (4) Los seres humanos no existieron en la mayor parte del tiempo geológico.
   (5) Los grandes lagos se formaron en la era Cenozoica.

10. ¿Qué fósiles es más probable encontrar en rocas de la era Mesozoica?

   (1) sólo organismos marinos simples
   (2) plantas terrestres, dinosaurios y caballos
   (3) peces, plantas terrestres y dinosaurios
   (4) primates y seres humanos
   (5) plantas con flores y primates

11. ¿Aproximadamente por cuánto tiempo existieron los dinosaurios?

   (1)     65 millones de años
   (2)    160 millones de años
   (3)    225 millones de años
   (4)  4,535 millones de años
   (5)  1,000 millones de años

12. ¿Cuál de los siguientes pudo haber sido el alimento de los primeros peces?

   (1) plantas con flores
   (2) invertebrados marinos
   (3) insectos
   (4) anfibios
   (5) plantas terrestres

13. ¿Cuál de los siguientes eventos es más probable que haya contribuido a la extinción de los invertebrados marinos al final de la era Paleozoica?

   (1) formación de los Andes, los Alpes y la cordillera Himalaya
   (2) extinción de los dinosaurios
   (3) cambios globales de clima
   (4) acumulación de oxígeno en la atmósfera
   (5) aumento de la actividad volcánica

14. ¿Cuál de los siguientes enunciados apoya la información de la escala de tiempo geológico?

   (1) Los primeros animales con respiración pulmonar fueron los anfibios.
   (2) Los dinosaurios fueron la forma principal de vida de la era Paleozoica.
   (3) Los Grandes Lagos son más jóvenes que las Rocallosas.
   (4) Los dinosaurios se extinguieron hace cinco millones de años.
   (5) Las primeras formas de vida se originaron en tierra y posteriormente se desarrollaron en los mares.

Las preguntas 15 y 16 se refieren al texto y mapa siguientes.

La mayoría de los terremotos y una gran parte de la actividad volcánica ocurren a lo largo de los límites entre las placas tectónicas de la Tierra. En estas regiones, las placas chocan, se separan o se deslizan lateralmente en dirección opuesta.

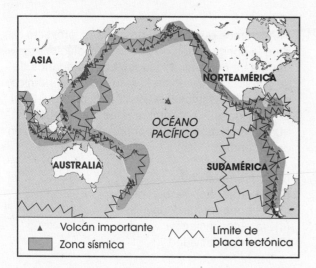

▲ Volcán importante

Zona sísmica

∿ Límite de placa tectónica

15. ¿Cuál de las siguientes zonas geográficas y continentes por lo general no padece terremotos de magnitud considerable?

(1) Norteamérica
(2) Sudamérica
(3) Asia
(4) Australia
(5) Europa

16. En 1994, cierto robot al que se le dio el nombre de Dante II entró en el cráter de un volcán activo a fin de recopilar información científica. ¿En qué lugar es más probable que haya tenido lugar esta expedición?

(1) en la costa este de Norteamérica
(2) en una isla del Pacífico Sur
(3) en el norte de Asia
(4) en una isla del Pacífico Norte
(5) en el norte de Australia

**SUGERENCIA**

Siempre estudie la clave del mapa para conocer qué representan los símbolos, los colores o las áreas sombreadas.

Las preguntas 17 y 18 se refieren al siguiente texto.

Los minerales son compuestos que presentan cinco características o propiedades básicas:

1. Se encuentran en estado natural en la Tierra.
2. Son sólidos.
3. Nunca han estado con vida.
4. Están formados por elementos diferentes.
5. Las partículas que los forman se organizan en patrones definidos denominados cristales.

Con frecuencia, los minerales se encuentran combinados en las rocas y los depósitos rocosos que contienen cierto tipo de minerales se conocen como menas. La separación de los minerales de las menas requiere de la extracción de las menas para su posterior fundición. La fundición de las menas consiste en calentar las menas de manera que un mineral determinado se separe de los demás componentes de la roca.

17. Una pieza de granito se formó a partir de partículas diminutas de tres colores, mientras que otra se formó a partir de partículas de cuatro colores. ¿Cuál de los siguientes enunciados apoya mejor la conclusión de que el granito es sólo un tipo de roca y no un mineral?

(1) El granito se encuentra en estado natural en la Tierra.
(2) El granito es uno de los tipos más comunes de roca de la superficie terrestre.
(3) Existen tres tipos de granito, cada uno de los cuales está formado por distintos minerales.
(4) El granito se forma a partir del magma frío.
(5) El granito es un sólido.

18. ¿Cuál de lo siguientes enunciados se apoya en una suposición implícita?

(1) Para considerarse mineral, un compuesto debe reunir cinco propiedades básicas.
(2) Las partículas de los minerales se organizan en forma de cristales.
(3) Los minerales separados de las menas son recursos valiosos.
(4) Las menas primero se extraen y luego se funden.
(5) Las menas se funden para separar ciertos minerales.

Las preguntas 19 a 21 se refieren al texto y diagrama siguientes.

El término marea se refiere al ciclo periódico de ascenso y descenso del nivel del mar. La marea sube y baja aproximadamente dos veces al día y existen lugares donde el nivel del mar asciende y desciende más de 4.6 metros por lo que es posible aprovechar la circulación del agua para generar electricidad.

Las centrales eléctricas marinas forman parte de presas construidas en la desembocadura de los ríos. Los canales de la presa dejan entrar el agua cuando la marea es alta y la dejan salir cuando baja la marea. Al circular el agua, ésta hace girar las turbinas de los generadores eléctricos.

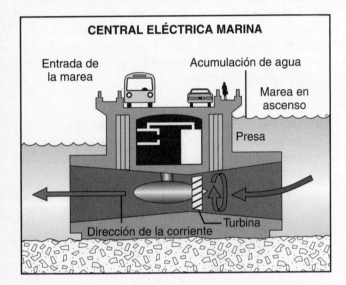

**CENTRAL ELÉCTRICA MARINA**

La energía eléctrica generada por la energía de la marea es muy limpia ya que no contamina, aunque las centrales eléctricas marinas alteran la ecología de los ríos en las que se construyen.

19. ¿Cuál de los siguientes lugares sería más apropiado para la construcción de una central eléctrica marina?

(1) la fuente de origen del río Mississippi en la parte alta de la región centro-oeste del país
(2) la desembocadura del río Hudson en el puerto de Nueva York, la cual presenta una ligera variación entre la marea alta y la marea baja
(3) la desembocadura del río Annapolis en Nueva Escocia, la cual presenta una variación considerable entre la marea alta y la marea baja
(4) las cataratas del río Missouri en las Grandes Llanuras
(5) la Presa Hoover del suroeste de Estados Unidos

20. ¿Cuál es la fuente de energía de las centrales eléctricas marinas?

(1) el movimiento de las olas
(2) el ascenso y descenso de la marea
(3) las turbinas
(4) la corriente de los ríos
(5) la mezcla de agua dulce y agua salada

21. Imaginemos que alguien propone un proyecto para la construcción de una central eléctrica marina en determinado lugar. Los partidarios de su construcción valoran el suministro económico de energía eléctrica que ofrecerá la planta. ¿Cuál de los siguientes argumentos es más probable que valoren quienes se oponen a la construcción de la central?

(1) su rentabilidad
(2) la protección ambiental
(3) el poder político local
(4) la autosuficiencia
(5) la competitividad

La pregunta 22 se refiere al siguiente diagrama.

**ECLIPSE LUNAR**

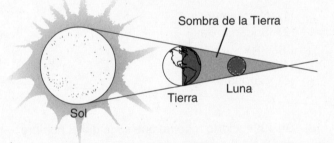

22. Los eclipses lunares se presentan cuando la Tierra se encuentra en determinada posición con respecto al Sol. ¿Qué enunciado expresa una simplificación excesiva?

(1) La posición de la Luna también es uno de los factores que influye en la presentación de los eclipses lunares.
(2) Los eclipses lunares se presentan sólo durante los meses de primavera y otoño.
(3) Los eclipses lunares no son visibles mientras la Tierra gira alrededor del Sol.
(4) Los eclipses lunares son visibles sólo por la noche.
(5) La posición de la Tierra no es un factor que influya en la presentación de los eclipses lunares.

**Las respuestas comienzan en la página 294.**

# Tabla de análisis del desempeño en el repaso acumulativo
## Unidad 2 ● Ciencias de la Tierra

Consulte la sección Respuestas y explicaciones que empieza en la página 294 para verificar sus respuestas al Repaso acumulativo de la Unidad 2. Luego, use la siguiente tabla para identificar las destrezas en las que necesite más práctica.

En la tabla, encierre en un círculo los números correspondientes a las preguntas que haya contestado correctamente. Anote el número de aciertos para cada destreza y luego súmelos para calcular el número total de preguntas que contestó correctamente en el Repaso acumulativo. Si cree que necesita más práctica, repase las lecciones de las destrezas que se le dificultaron.

| Preguntas | Número de aciertos | Destreza | Lecciones para repasar |
|---|---|---|---|
| **1, 2**, 5, **10, 11, 15**, 20 | ____/7 | Comprensión | 1, 2, 6, 9, 13 |
| 4, **8, 9, 12, 13**, 18 | ____/6 | Análisis | 3, 4, 7, 10 |
| **7, 16, 19** | ____/3 | Aplicación | 8 |
| **3, 6, 14**, 17, **21, 22** | ____/6 | Evaluación | 5, 11, 12 |
| **TOTAL DE ACIERTOS:** ____/22 | | | |

Los números en **negritas** corresponden a preguntas que contienen gráficas.

# UNIDAD 3

# Ciencias físicas

Los científicos se encargan de estudiar todo lo relacionado con el universo. ¿Qué es la materia? ¿Qué es la energía? ¿De qué manera se relacionan entre sí? Las respuestas a estas preguntas influyen en todas las áreas de las ciencias, la tecnología, la fuerza laboral y en la vida cotidiana (desde hornear hasta comprender cómo se comportan los átomos y las moléculas; desde el diseño de automóviles o cosméticos, hasta las centrales de energía nuclear o las tareas diarias de un laboratorio). Las ciencias físicas se dividen para su estudio en: química, que estudia la materia y física, que estudia la relación que hay entre la materia y la energía. Sin embargo, se necesita cada vez más del conocimiento de ambas ciencias, química y física, para hacer nuevos descubrimientos e innovaciones científicas para el beneficio de la humanidad.

Aprender todo lo relacionado con las ciencias físicas es muy importante para obtener buenos resultados en la Prueba de Ciencias de GED. Aproximadamente un 30 por ciento de las preguntas de la prueba están basadas en las ciencias físicas.

*En muchas profesiones, como en el caso de los técnicos en un banco de sangre, se utilizan los principios de la química y la física todos los días.*

**Las lecciones de esta unidad son:**

**Lección 14: La materia**
La materia es cualquier sustancia que ocupa espacio. La materia se encuentra en la naturaleza en varios estados de agregación, pero los más conocidos son: el estado sólido, el líquido y el gaseoso. La mayoría de las sustancias pueden cambiar de un estado de agregación a otro.

**Lección 15: La estructura de los átomos y de las moléculas**
La materia está formada por átomos (elementos) o por moléculas (formadas por dos o más elementos). En la tabla periódica se muestran los elementos colocados de acuerdo con sus números atómicos y por sus similitudes en sus propiedades químicas y físicas.

**Lección 16: Reacciones químicas**
En la vida cotidiana la transformación y la producción de sustancias químicas se basan en las reacciones químicas. Estas reacciones ocurren cuando los átomos o las moléculas de diferentes sustancias reaccionan para formar nuevas sustancias, llamadas productos, con propiedades físicas y químicas diferentes de las sustancias que inicialmente reaccionaron.

**Lección 17: Las fuerzas y el movimiento**
Una fuerza empuja la materia o tira de ella, y de este modo cambia la velocidad o la dirección del movimiento de un objeto. Muchas de las acciones del mundo físico dependen de la relación que existe entre la fuerza y el movimiento de los objetos.

**Lección 18: Trabajo y energía**
La energía es la capacidad para producir un trabajo (para mover la materia de un lugar a otro). Cuando se realiza un trabajo, la energía se transmite de un objeto a otro y además cambia de una forma a otra.

**Lección 19: Electricidad y magnetismo**
La electricidad es el resultado de la interacción que se produce entre las cargas positivas y las cargas negativas de los átomos. La atracción o repulsión entre dos objetos diferentes es el magnetismo. La relación que existe entre la electricidad y el magnetismo se denomina electromagnetismo.

**Lección 20: Las ondas**
Una onda es una perturbación que se propaga a través del espacio o de la materia. La energía, como en los casos de las ondas sonoras o las ondas luminosas, se transmite a través de ondas.

**DESTREZAS DE RAZONAMIENTO**

○ Comparar y contrastar

○ Aplicar ideas

○ Evaluar qué tan adecuada es la información escrita

○ Reconocer suposiciones implícitas

○ Evaluar qué tan adecuada es la información visual

○ Analizar causa y efecto

○ Identificar la lógica incorrecta

# DESTREZA DE GED **Comparar y contrastar**

**comparar**
nos sirve para identificar en qué se parecen las cosas

**contrastar**
nos sirve para identificar en qué se diferencian las cosas

Tanto en las ciencias como en la vida diaria, con frecuencia encontrará dos elementos que se asemejan. Primero debe **compararlos** o identificar en qué se asemejan. En el diagrama de Venn, que se muestra en la columna de la izquierda, el etano y el eteno son hidrocarburos formados por átomos de carbono y de hidrógeno. Después, debe **contrastar** los dos elementos para identificar las diferencias. En este caso el etano es un hidrocarburo saturado y el eteno es no saturado. Puede mostrar las semejanzas y las diferencias en un diagrama de Venn.

Comparar y contrastar son destrezas que ayudan a comprender lo relacionado con las ciencias. Para comparar elementos, formúlese la siguiente pregunta: "¿En qué se asemejan estos elementos?". Para contrastarlos, pregúntese "¿En qué se diferencian?".

**Etano**
sólo enlaces
simples saturados
6 átomos de H

compuesto orgánico
hidrocarburo
enlace covalente
sólo átomos de C y H
2 átomos de C
gas a temperatura
ambiente

doble enlace
C=C no saturado
4 átomos de H
**Eteno**

**Lea el párrafo y responda las preguntas que se presentan a continuación.**

El vidrio es **sólido** a la temperatura ambiente porque tiene una forma y un **volumen** definidos. Sin embargo, a nivel molecular el vidrio se asemeja a un **líquido.** El vidrio se forma a partir de materiales fundidos que se enfrían muy rápidamente. Este proceso de enfriamiento no permite que las moléculas que forman el vidrio tengan tiempo para organizarse en el patrón regular característico de la mayoría de los sólidos, sino que las moléculas están desorganizadas de una manera muy similar a las de los líquidos. Pero el vidrio, a la temperatura ambiente, no es un líquido. El vidrio no tiene la fluidez de los líquidos. Sólo cuando se calienta a altas temperaturas, el vidrio se funde y se transforma en un verdadero líquido.

1. Compare el vidrio con los líquidos. Marque con una "X" el enunciado que dice en qué se asemejan.

_____ a. Tanto el vidrio como los líquidos tienen forma y volumen definidos.

_____ b. Tanto el vidrio como los líquidos tienen una estructura molecular desorganizada.

Usted acertó si marcó la *opción b*. En el párrafo se explica que las moléculas del vidrio están organizadas de manera aleatoria y que no siguen un patrón, tal y como sucede en el caso de la organización de las moléculas en los líquidos. La *opción a* es incorrecta. El vidrio, un sólido a la temperatura ambiente, tiene forma y volumen definidos, mientras que en los líquidos sólo el volumen está definido.

2. Contraste el vidrio con los líquidos. Marque con una "X" el enunciado que dice en qué se diferencian.

_____ a. El vidrio no fluye a la temperatura ambiente; los líquidos sí.

_____ b. El vidrio puede enfriarse con rapidez pero los líquidos no.

Usted acertó si escogió la *opción a*. El vidrio, a diferencia de los líquidos, no fluye a temperatura ambiente. La *opción b* es incorrecta porque tanto los líquidos como el vidrio pueden enfriarse con rapidez.

**SUGERENCIA**

El diagrama de Venn puede ayudar a identificar las cosas semejantes y las diferentes cuando resulte difícil comparar y contrastar dos o más cosas.

**Lea el texto, estudie el diagrama y responda las preguntas que se presentan a continuación.**

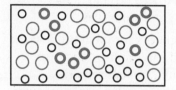

Mezcla: distribución poco uniforme de sustancias

soluto     disolvente

Solución: mezcla uniforme de soluto y disolvente.

Cuando dos o más sustancias se combinan mecánicamente, se forma una **mezcla.** En una mezcla, las sustancias mantienen sus propiedades. Las sustancias pueden mezclarse en cualquier proporción y de forma uniforme o de forma desigual. Las sustancias que forman la mezcla pueden separarse de la mezcla mediante métodos mecánicos como la filtración, la decantación, etc. Ejemplos de mezclas son el agua y la arena, el aceite y el vinagre, la grava, la sal común y la arena, etc.

La **solución** es un tipo especial de mezcla. En una solución, una de las sustancias se disuelve en otra y ambas se distribuyen de manera uniforme por todas partes. Las soluciones pueden involucrar sólidos, líquidos y gases. La sustancia disuelta se denomina **soluto.** La sustancia que realiza la solución se denomina **disolvente.** En una solución de agua y azúcar, el azúcar, un sólido, es el soluto y el agua, un líquido, es el disolvente. En el agua carbonatada, el dióxido de carbono, un gas, es el soluto que se disuelve en agua, un disolvente líquido.

1.  Marque con una "X" el enunciado que explica qué es lo que tienen en común las mezclas y las soluciones.

    _____ a.  Las dos están formadas por sustancias diferentes que mantienen sus propiedades.

    _____ b.  En los dos casos se disuelve el soluto en el disolvente.

2.  Marque con una "X" el enunciado que explica en qué se diferencia una solución del resto de las mezclas.

    _____ a.  En una solución las sustancias se distribuyen de manera uniforme por todas partes y en otros tipos de mezclas pueden distribuirse de manera desigual.

    _____ b.  En una solución las sustancias se distribuyen de manera desigual por todas partes y en otras mezclas pueden distribuirse de manera uniforme.

3.  Complete el siguiente diagrama de Venn. Compruebe que las semejanzas entre las mezclas de grava y de agua salada se muestran en la intersección de los dos círculos. Compruebe que las diferencias aparecen en las partes de los círculos que no están compartidas.

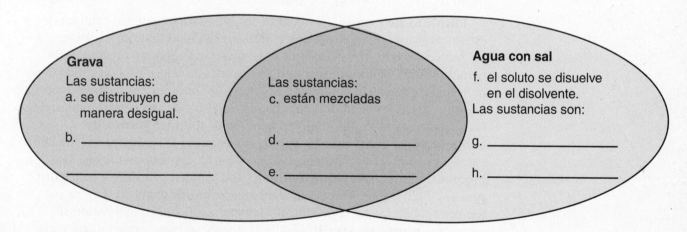

**Grava**
Las sustancias:
a. se distribuyen de manera desigual.

b. _____

_____

Las sustancias:
c. están mezcladas

d. _____

e. _____

**Agua con sal**
f. el soluto se disuelve en el disolvente.
Las sustancias son:

g. _____

h. _____

Las respuestas comienzan en la página 296.

La **materia** puede encontrarse en cualquiera de los tres estados físicos: sólido, líquido o gaseoso. Los **átomos** y las moléculas que forman la materia están constantemente en movimiento. Los estados físicos de la materia dependen del movimiento que tengan sus átomos y sus moléculas.

**Sólido.** La materia en estado sólido tiene volumen y forma definidos. Un lingote de oro es un ejemplo de un sólido. Si usted intenta introducir un lingote de oro cuadrado dentro de un orificio circular, no conseguirá introducirlo. En el lingote de oro la forma es constante. Si intenta introducir un lingote de oro dentro de un agujero muy pequeño, tampoco podrá introducirlo. En el lingote de oro el volumen es constante.

Las moléculas de un sólido apenas se mueven. Sólo vibran. La fuerza de atracción mantiene las moléculas de un sólido firmemente unidas en su lugar. Ésta es la razón por la que los sólidos tienen volumen y forma definidos.

**Líquido.** En un líquido, el volumen es constante pero la forma no. Si usted vierte un cuarto de galón de leche en un envase de galón, la leche sólo llenará una cuarta parte del envase. Si pone el mismo cuarto de galón de leche en un vaso de ocho onzas, la leche se desbordará. La forma cambiará cada vez que vierta la leche en un recipiente diferente, porque los líquidos toman la forma del recipiente que los contiene.

Las moléculas de un líquido se mueven con más libertad y tienen más energía que las de un sólido. La fuerza de atracción entre las moléculas de un líquido es menor que en los sólidos, pero la fuerza de atracción que existe entre las moléculas de un líquido tiene suficiente fuerza como para mantener unidas las moléculas de una manera holgada. Por eso en los líquidos el volumen es constante, pero la fuerza de atracción entre las moléculas es demasiado débil como para mantener a los líquidos con una forma definida.

**Gas.** En un **gas** ni la forma ni el volumen están definidos. Un gas se expandirá hasta llenar el volumen del recipiente que lo contiene. Podemos comprender esta propiedad de los gases si pensamos en la rapidez con que se expande por la cocina el olor de un pastel de manzana que está en el horno.

En los gases, las moléculas se mueven de manera libre y aleatoria. Apenas hay fuerza de atracción entre las moléculas de los gases. Un gas se escapará de un recipiente abierto y se expandirá en el aire.

**Cambios de estado.** La mayoría de las sustancias pueden cambiar de estado. Si se extrae suficiente energía calorífica de un líquido, sus átomos y sus moléculas irán más despacio y se congelarán formando un sólido. De manera similar, si se suministra suficiente energía calorífica a un sólido, sus moléculas se moverán con mayor libertad y se fundirán hasta convertirse en un líquido. Las temperaturas bajo condiciones de presión determinadas, en las que estos cambios de estado suceden, se denominan **punto de congelación** y **punto de fusión** de la sustancia. Si se suministra suficiente energía calorífica a un líquido, el líquido se transformará en un gas. Este proceso se denomina **evaporación.** Cuando un gas se enfría lo suficiente, pasa al estado líquido en un proceso llamado **condensación.** La temperatura en la que se producen la evaporación y la condensación se denomina **punto de ebullición** de la sustancia. Estas temperaturas varían según los diferentes niveles de presión. El agua hierve a una temperatura más baja en Denver (con una altura de 1 milla) que al nivel del mar.

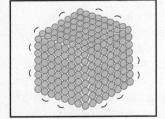

Sólido

Líquido

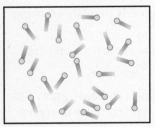

Gas

Instrucciones: Elija la respuesta que mejor responda a cada pregunta.

Las preguntas 1 a 7 se refieren al texto y a los diagramas de la página 160.

1. ¿Cuáles son las propiedades que caracterizan a un sólido?

   (1) forma definida; volumen definido
   (2) forma definida; volumen no definido
   (3) forma no definida; volumen no definido
   (4) forma no definida; volumen definido
   (5) forma definida; no hay movimiento molecular

2. ¿En qué se asemejan los gases y los líquidos?

   (1) Ambos tienen moléculas que se mueven de manera aleatoria.
   (2) Ambos tienen moléculas que se unen entre sí formando un patrón rígido.
   (3) Ambos tienen moléculas con fuerzas de atracción muy fuertes.
   (4) Ambos pueden evaporarse si se les añade suficiente calor.
   (5) Ambos pueden fundirse si se les añade suficiente calor.

3. Un pastel con forma de corazón se hace cuando se pone la masa del pastel en un molde con forma de corazón. ¿Qué propiedad de la materia se ilustra con este ejemplo?

   (1) Un sólido toma la forma del recipiente en el que se le coloca.
   (2) En los sólidos la forma es constante, pero el volumen no.
   (3) Los líquidos tienen forma y volumen definidos.
   (4) Los líquidos no tienen forma definida; toman la forma del recipiente en que se alojan.
   (5) Los gases tienen volumen y forma definidos.

4. ¿Cuál de las siguientes acciones produciría un cambio en el estado de la materia?

   (1) añadir colorante al agua
   (2) colocar un helado en un horno caliente
   (3) pinchar un globo grande lleno de helio
   (4) poner una barra de caramelo en una balanza
   (5) cortar un trozo cuadrado de madera por la mitad

5. La condensación y la evaporación son procesos opuestos. ¿Cuál de los siguientes procesos sucede durante la condensación?

   (1) un sólido se transforma en líquido
   (2) un líquido se transforma en gas
   (3) un gas se transforma en líquido
   (4) un líquido se transforma en sólido
   (5) un sólido se transforma en gas

6. ¿A qué temperatura se transforma en gas un líquido determinado?

   (1) en su punto de fusión
   (2) en su punto de congelación
   (3) en su punto de ebullición
   (4) en su punto de condensación
   (5) en su cambio de estado

7. ¿Cuál de las siguientes conclusiones está apoyada por el diagrama de la página 160?

   (1) Las moléculas grandes se mueven más rápido que las moléculas pequeñas.
   (2) Las moléculas de los gases tienen menos energía si el gas está dentro de un recipiente pequeño.
   (3) Se puede sentir la vibración de las moléculas en un sólido.
   (4) Las moléculas de los gases se mueven con más rapidez que las moléculas de los líquidos.
   (5) Las moléculas de un sólido se expandirán hasta llenar un recipiente.

SUGERENCIA

Cree una imagen mental de lo que esté leyendo. Visualizar un proceso que está sucediendo o que se describe, puede ayudarlo a responder preguntas acerca del mismo.

Las respuestas comienzan en la página 296.

Instrucciones: Elija la respuesta que mejor responda a cada pregunta.

Las preguntas 1 a 3 se refieren al párrafo y gráfica siguientes.

   Si usted agarra un libro con una mano y una pieza de "foam" de tamaño similar en la otra, el libro se sentirá más pesado. El libro se siente más pesado porque tiene más masa en la misma cantidad de volumen. Esta propiedad de la materia se denomina densidad. La **densidad** se define como la masa que tiene un material por unidad de volumen. Es una propiedad muy importante, que combinada con otras nos ayuda a distinguir una sustancia de otra. En general, los gases tienen menos densidad que los líquidos, que a su vez tienen una densidad menor que los sólidos. La gráfica de barras muestra la densidad de algunas sustancias comunes.

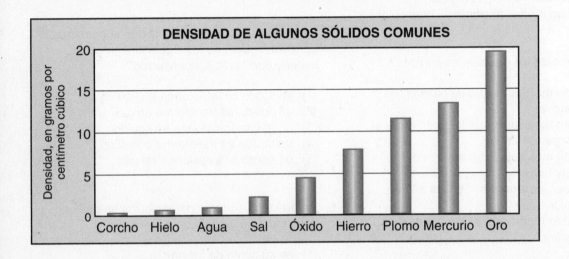

1. ¿Cuál de las siguientes sustancias tiene una densidad mayor que el plomo?

   (1) agua
   (2) sal
   (3) óxido
   (4) hierro
   (5) oro

2. De acuerdo con la gráfica, ¿cuál es el efecto en la densidad si usted derrite el hielo?

   (1) Su densidad aumenta.
   (2) Su densidad disminuye.
   (3) Su densidad aumenta y luego disminuye.
   (4) Su densidad disminuye y luego aumenta.
   (5) Su densidad no varía.

3. Un científico encargado de examinar materiales debe identificar una muestra de materia. Mide su densidad y encuentra que es de 7.9 gramos por centímetro cúbico. ¿De cuál de las siguientes sustancias proviene la muestra?

   (1) óxido
   (2) hierro
   (3) plomo
   (4) mercurio
   (5) La densidad por sí sola no puede utilizarse para identificar una sustancia en particular.

**SUGERENCIA**

   Las gráficas de barras permiten comparar cantidades. Por lo general, las barras representan los elementos en una categoría, y la longitud de cada barra representa una característica que se puede medir. Las barras más altas o de mayor longitud representan una mayor cantidad que las barras más pequeñas.

## CAMBIO Y PERMANENCIA
## LA CONDUCTA DE LOS GASES

Las preguntas 4 a 6 se refieren al texto y diagramas siguientes.

Los gases se comportan de maneras diferentes bajo diferentes condiciones de temperatura, volumen y presión (la fuerza de las colisiones de las moléculas con el recipiente por unidad de área) debido a la forma en que se mueven sus moléculas.

En el diagrama A, la presión del gas se duplica si la temperatura se duplica y el volumen permanece constante. Un aumento en la temperatura provoca que las moléculas se muevan el doble de rápido en el mismo espacio. Esto aumenta la presión. La presión también se multiplica por dos si el volumen se disminuye a la mitad y la temperatura permanece constante, como se muestra en el diagrama B. Esto sucede de este modo porque en un espacio más pequeño las moléculas tienen un doble número de colisiones. La presión del gas permanece constante si tanto la temperatura como el volumen se duplican, tal y como se muestra en el diagrama C. En este caso las moléculas se mueven más rápidamente porque la temperatura es más alta, pero puesto que el volumen se ha duplicado tienen el doble de espacio para moverse.

A. La temperatura se duplica; el volumen permanece constante

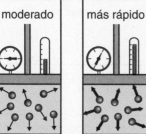

La velocidad aumenta; la presión se duplica.

B. La temperatura permanece constante; el volumen se reduce a la mitad

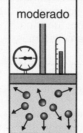

La velocidad permanece constante; la presión se duplica

C. La temperatura se duplica; el volumen se duplica

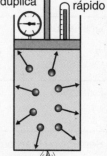

La velocidad aumenta; la presión se mantiene constante

4. ¿Qué es la presión de un gas?

(1) la energía calorífica de sus moléculas
(2) el efecto que producen las moléculas cuando chocan contra las paredes del recipiente
(3) el volumen del contenedor multiplicado por la temperatura
(4) la temperatura de un volumen dado de gas
(5) el volumen de un gas comparado con el tamaño del recipiente

5. ¿Bajo qué condiciones tendrá un gas la menor presión?

(1) temperatura alta, volumen grande
(2) temperatura alta, volumen pequeño
(3) temperatura media, volumen medio
(4) temperatura baja, volumen grande
(5) temperatura baja, volumen pequeño

6. ¿Cuál de los siguientes enunciados acerca de los gases está apoyado por la información de los diagramas?

(1) La presión disminuye cuando la temperatura y el volumen permanecen constantes.
(2) La presión disminuye cuando la temperatura aumenta y el volumen permanece constante.
(3) La presión aumenta cuando el volumen disminuye y la temperatura permanece constante.
(4) La presión disminuye cuando tanto la temperatura como el volumen se multiplican por dos.
(5) La presión permanece constante cuando la temperatura aumenta y el volumen disminuye.

**Las respuestas comienzan en la página 297.**

**Instrucciones:** Ésta es una prueba de práctica que dura diez minutos. Después de que transcurran los diez minutos, ponga una marca en la última pregunta que haya respondido. A continuación, termine la prueba y revise sus respuestas. Si la mayoría de sus respuestas fueron correctas, pero no terminó la prueba, trate de responder las preguntas más rápidamente la próxima vez. Elija la respuesta que mejor responda a cada pregunta.

Las preguntas 1 a 4 se refieren al párrafo y a la tabla siguientes.

Los componentes de una mezcla mantienen sus propiedades, y pueden separarse de la mezcla mediante uno de los métodos físicos que se describen a continuación.

| Método | Descripción | Ejemplo |
|---|---|---|
| Clasificación | Seleccionar la sustancia deseada de la mezcla | En la minería del carbón, separar a mano el carbón de las rocas. |
| Separación magnética | Utilizar un imán para separar una sustancia magnética en una mezcla | En el procesamiento del mineral del hierro, se separa el hierro magnético de la roca de deshecho no magnética mediante el uso de una cinta de transporte imantada |
| Destilación | Separar los componentes de una solución mediante ebullición y condensación; funciona porque diferentes sustancias tienen diferentes puntos de ebullición | Separar la sal del agua del mar |
| Extracción | Disolver y eliminar un componente de una mezcla mediante el uso de un disolvente específico | Extraer el aroma de las semillas de la vainilla con alcohol |
| Separación gravitacional | Separar componentes según la densidad que tienen | Cuando se hace el lavado del oro en las minas, las partículas densas de oro se quedan en el fondo de la criba y las partículas de roca, más ligeras y menos densas, se van con el agua. |

1. ¿Cuál de los siguientes títulos es el mejor para la tabla?

   (1) Tipos de mezclas
   (2) Clasificación y extracción
   (3) Usos industriales de la separación de mezclas
   (4) Los componentes de las mezclas
   (5) Métodos de separación de mezclas

2. ¿Qué tienen en común la destilación y la extracción?

   (1) En ambas intervienen soluciones.
   (2) En ambas interviene el magnetismo.
   (3) En ambas interviene la densidad.
   (4) En ambas interviene la apariencia.
   (5) Ambas obtienen sal a partir del agua del mar.

3. Beatriz utilizó el producto químico tricloruro de etileno para eliminar del mantel una mancha de aderezo para la ensalada. ¿Qué método para separar mezclas utilizó Beatriz?

   (1) clasificación
   (2) separación magnética
   (3) destilación
   (4) extracción
   (5) separación gravitatoria

4. Para extraer del petróleo productos como gasolina y keroseno, se calienta el petróleo hasta el punto de ebullición del keroseno y la gasolina, respectivamente, y luego se les deja enfriar. ¿Qué método de separación de mezclas se utiliza para procesar el petróleo?

   (1) clasificación
   (2) separación magnética
   (3) destilación
   (4) extracción
   (5) separación gravitatoria

Las preguntas 5 a 7 se refieren al texto y diagrama siguientes.

Un coloide es un tipo de mezcla en la que hay partículas de materia con medidas de entre una diezmillonésima de pulgada y una milésima de pulgada dispersas dentro de un líquido o un gas. Ejemplos de coloide son el humo (partículas sólidas en un gas), el citoplasma (partículas sólidas en un líquido) y la espuma (partículas de gas en un líquido o en un sólido).

Un coloide se diferencia de las disoluciones en que las partículas coloidales tienen un tamaño mayor que las del soluto en las disoluciones. Esto puede comprobarse con una membrana semipermeable, que permite que moléculas como las del agua o las de un soluto disuelto la crucen, pero que bloquea partículas coloidales más grandes, como las de las proteínas. Si usted deja pasar crema, un coloide, a través de una membrana semipermeable, las partículas sólidas de la crema no la atravesarán pero el agua sí. Por el contrario, cuando vierte una solución con colorante vegetal a través de la membrana semipermeable, tanto el soluto (el colorante alimentario) como el solvente (el agua) la atraviesan.

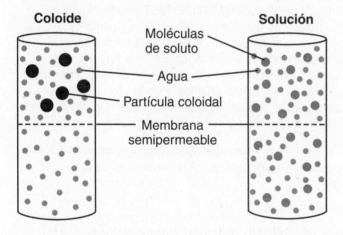

5. De acuerdo con la información que brindan el texto y el diagrama, ¿en qué se diferencian un coloide y una solución?

   (1) Un coloide es un gas y una solución es un líquido.
   (2) El punto de congelación de un coloide es más bajo que el punto de congelación de una solución.
   (3) Las moléculas de las soluciones son más pequeñas que las partículas de un coloide.
   (4) Las partículas coloidales pueden atravesar la membrana semipermeable y las moléculas de soluto en una solución no pueden.
   (5) Los coloides son generalmente sólidos y las disoluciones son siempre líquidos.

6. Si usted sustituyera la membrana semipermeable del diagrama por una tela metálica, ¿cuál de los siguientes sería el resultado más probable?

   (1) Las partículas sólidas del coloide la atravesarían, pero las moléculas del soluto no.
   (2) Las partículas sólidas del coloide no la atravesarían, pero las moléculas del soluto sí.
   (3) Tanto las partículas del coloide como las moléculas de soluto la atravesarían.
   (4) Ni las partículas del coloide ni las moléculas de soluto la atravesarían.
   (5) Sólo las moléculas de agua podrían atravesar la tela metálica.

7. Una suspensión es un tipo de mezcla (como en el caso del agua cenagosa) en la que las partículas son aún más grandes que las de un coloide. ¿Qué implica esto?

   (1) Las partículas de una suspensión son más grandes que las de una solución.
   (2) Las partículas de la suspensión atravesarían la membrana semipermeable.
   (3) Las suspensiones son siempre sólidos suspendidos en líquidos.
   (4) Se puede identificar una suspensión gracias a su color.
   (5) Una suspensión es el único tipo de mezcla que puede separarse en sus diferentes componentes.

8. El punto de congelación del agua puede ser disminuido en varios grados si se añade un soluto para crear una solución. Las moléculas del soluto se distribuyen dentro del disolvente, en este caso el agua. Esto dificulta que el agua se congele y que forme cristales. ¿Cuál de las siguientes observaciones apoya esta información?

   (1) Cuando cae la nieve, se riega cloruro de calcio en las carreteras para prevenir la formación de hielo.
   (2) Los cristales se forman en las ventanas cuando la temperatura está por debajo del punto de congelación.
   (3) Un envase de cristal para sopa revienta cuando la sopa se congela.
   (4) Cuando coloca cubitos de hielo en un vaso de agua se derriten.
   (5) Cuando el agua se congela, se expande y ocupa más espacio.

**Las respuestas comienzan en la página 298.**

# DESTREZA DE GED **Aplicar ideas**

Agrupar las cosas en categorías o grupos, es una de las formas que utilizamos para comprender el mundo en que vivimos. Por ejemplo, todos sabemos lo que es un perro. Aunque no hayamos visto todas las razas de perros que existen, cuando vemos una raza de perro diferente, reconocemos que es un perro. Aplicamos lo que sabemos acerca de los perros en general al nuevo perro.

En las ciencias, muchos elementos se definen con términos generales. Por ejemplo, sabemos que un líquido es un tipo de materia que tiene volumen definido pero que no tiene forma definida. Cuando vemos leche o aceite de motor, sabemos que estos tipos de materia son líquidos porque tienen volumen definido pero su forma no lo es. Ambos comparten las propiedades de los líquidos. En las ciencias, las ideas generales o categorías, como la de los líquidos, pueden entenderse con mayor facilidad si se aplican en ejemplos específicos como el de la leche o el aceite.

**Lea el párrafo y responda las preguntas que se presentan a continuación.**

Para poder comprender las ideas generales o categorías en las ciencias, hágase las siguientes preguntas:

- ¿Cuál es la idea central o concepto que se presenta?
- ¿Cuáles son sus elementos o características?
- ¿Cuáles son algunos ejemplos específicos?

A mediados de la década de 1980, fue posible por primera vez ver los átomos y las moléculas gracias a nuevos tipos de microscopios. Uno de ellos es el microscopio de barrido de efecto de túnel (MST). El MST puede explorar sustancias que tienen superficies que conducen la electricidad, como es el caso de muchos metales. Otro tipo es el microscopio de fuerza atómica (MFA). El extremo del MFA se flexiona cuando las fuerzas eléctricas que hay entre el extremo y el átomo empujan o tiran. El MFA mantiene constante la fuerza de su extremo para hacer un mapa de la superficie atómica. Puede utilizarse para examinar las superficies de aquellas sustancias que no conducen la electricidad, como es el caso de muchas muestras biológicas.

1. Marque con una "X" el tipo de microscopio que utilizaría un científico para medir la fuerza de enlace que hay entre las moléculas de las proteínas.

      _____ a. MST            _____ b. MFA

Usted acertó si marcó la *opción b.* Las proteínas son muestras biológicas y por lo tanto los científicos utilizarían el tipo de microscopio apropiado para examinar este tipo de moléculas biológicas, el MFA.

2. Marque con una "X" el tipo de microscopio que los científicos utilizarían con mayor probabilidad para distinguir entre grupos de átomos de oro y de plata mediante la medición del voltaje y de la luz emitida.

      _____ a. MST            _____ b. MFA

Usted acertó si escogió la *opción a.* En el texto se indica que los microscopios MST pueden estudiar materiales que conducen la electricidad como el oro y la plata, que son metales conductores.

**Lea el texto, estudie el diagrama y responda las preguntas que se presentan a continuación.**

La materia está formada por elementos. Un **elemento** es una sustancia que no puede dividirse en otras sustancias más simples mediante el uso de procedimientos químicos. El helio, el carbono, el oxígeno, el neón y el hierro son ejemplos de elementos químicos.

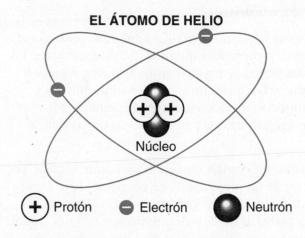

**EL ÁTOMO DE HELIO**

Núcleo

⊕ Protón    ⊖ Electrón    ● Neutrón

¿Puede un elemento como el cobre dividirse en partes más y más pequeñas, de manera infinita, y seguir siendo cobre? La respuesta es no. En un momento determinado aparecería una parte que no se podría ver con el microscopio y que no podría dividirse más y seguir siendo cobre. La parte más pequeña de un elemento se denomina **átomo.**

Un átomo es la parte más pequeña de un elemento que conserva las propiedades de ese elemento. Todos los elementos están formados por átomos. El elemento cobre está formado por átomos de cobre, el elemento helio está formado por átomos de helio, etc.

¿Cuáles son las partes de un átomo? Los átomos tienen un centro pequeño y denso que se llama **núcleo.** El núcleo contiene unas partículas denominadas **protones,** que tienen carga positiva y **neutrones,** que no tienen carga. Los **electrones** son partículas con carga negativa que no se pueden ver en el microscopio, que forman una "nube" alrededor del núcleo y que se mueven en "orbitales" (áreas en el espacio con diferentes formas). Un neutrón y un protón tienen aproximadamente la misma masa. Esta masa es unas 1,800 veces mayor que la masa de un electrón.

1. Marque con una "X" el enunciado que define lo que es un elemento.

   _____ a. una sustancia que no puede dividirse en sustancias más sencillas mediante medios químicos

   _____ b. una sustancia que está formada por diferentes tipos de átomos

2. Escriba una *E* junto a las siguientes frases que son ejemplos de elementos.

   _____ a. el helio, que sólo puede dividirse en átomos de helio mediante procedimientos químicos

   _____ b. el agua, que está formada por átomos de hidrógeno y de oxígeno

   _____ c. el cobre, que está formado por átomos de cobre

   _____ d. el latón, que está formado por cobre y cinc

   _____ e. la sal común, que está formada por átomos de sodio y de cloro

   _____ f. el mercurio, que sólo puede dividirse en átomos de mercurio mediante procedimientos químicos

3. El neón es un elemento gaseoso similar al helio, pero tiene 10 protones, 10 neutrones y 10 electrones. Marque con una "X" cuál es la ubicación de los protones y de los neutrones en un átomo de neón.

   _____ a. en el núcleo

   _____ b. en los orbitales que rodean el núcleo

**Las respuestas comienzan en la página 299.**

Los átomos de los elementos tienen un número determinado de protones en el núcleo. El número de protones que tiene un átomo en el núcleo se denomina **número atómico.** Cada elemento tiene su propio número atómico. El número de protones más el número de neutrones de un átomo en un elemento se llama **masa atómica.**

La **tabla periódica** muestra los elementos colocados de acuerdo con sus números atómicos y con ciertas propiedades químicas y físicas similares. En las filas horizontales, llamadas períodos, los elementos aparecen en orden creciente de su número atómico. Los elementos que tienen propiedades similares se colocan en columnas verticales, en orden creciente de sus números atómicos, llamadas grupos. Bajo la parte principal de la tabla se muestran dos subgrupos.

Las propiedades de los elementos varían siguiendo un patrón regular, por lo tanto se puede saber mucho de las propiedades de un elemento determinado sólo conociendo su localización en la tabla periódica. Por ejemplo, los elementos de la parte izquierda y del centro son metales. Todos los elementos de la zona derecha son no metales. Una línea quebrada más oscura los separa. Los elementos de cada una de las columnas o grupos tienen propiedades físicas y químicas similares, como por ejemplo el estado de la materia en condiciones normales y el grado de reactividad que tienen con otros elementos.

## TABLA PERIÓDICA DE ELEMENTOS

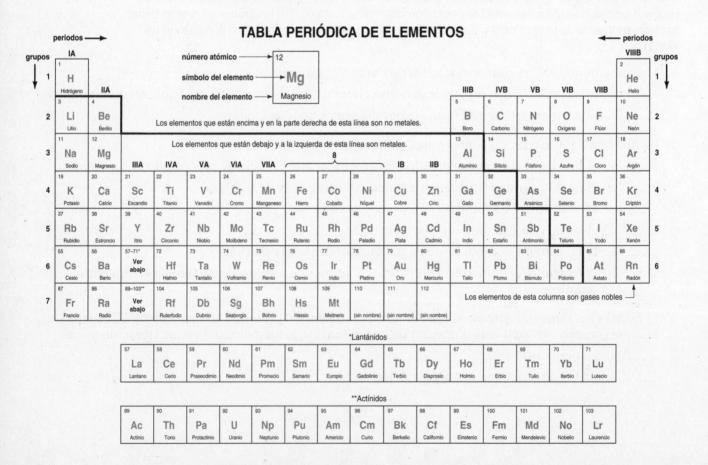

Instrucciones: Elija la respuesta que mejor responda a cada pregunta.

Las preguntas 1 a 3 se refieren al texto y a la tabla de la pagina 168.

1. Observe la tabla periódica. ¿Cuál de los siguientes elementos tiene el menor número de protones en su núcleo?

   (1) cinc (Zn)
   (2) cobalto (Co)
   (3) potasio (K)
   (4) arsénico (As)
   (5) hierro (Fe)

2. De acuerdo con la tabla periódica, ¿cuál de las siguientes combinaciones de elementos tiene características semejantes?

   (1) sodio (Na), cloro (Cl), hidrógeno (H)
   (2) neón (Ne), argón (Ar), criptón (Kr)
   (3) litio (Li), magnesio (Mg), azufre (S)
   (4) berilio (Be), carbono (C), flúor (F)
   (5) aluminio (Al), azufre (S), cloro (Cl)

3. De acuerdo con el texto, ¿en la relación de qué dos factores se fundamenta la tabla periódica?

   (1) el número atómico y la masa atómica
   (2) el número atómico y el número total de electrones
   (3) el número atómico y las propiedades
   (4) la masa atómica y el número de electrones
   (5) si un elemento es metálico o no metálico

**SUGERENCIA**

Los objetos que se encuentran en una clasificación comparten ciertas características. Conocer estas características comunes le permitirá clasificar "nuevos" objetos.

Las preguntas 4 y 5 se refieren al siguiente texto.

Los elementos de un mismo grupo en la tabla periódica comparten muchas propiedades similares. Debajo se describen los cinco grupos de elementos.

- grupo I = metales muy reactivos; reaccionan violentamente al ponerse en contacto con el agua
- grupo II = metales moderadamente reactivos; se encuentran a menudo en las sales
- elementos de transición = metales, muchos de los cuales pueden reaccionar con el oxígeno para producir más de un compuesto
- grupo VII = no metales muy reactivos; se combinan con el hidrógeno para formar ácidos
- grupo VIII = gases inertes ("nobles") que raramente participan en reacciones químicas

Cada una de las siguientes preguntas describe un elemento que pertenece a uno de estos grupos. Clasifique cada uno de los elementos en su grupo correspondiente.

4. El elemento X se combina con el hidrógeno para formar ácido clorhídrico.

   (1) grupo I
   (2) grupo II
   (3) elementos de transición
   (4) grupo VII
   (5) grupo VIII

5. El elemento Y es un sólido gris plateado que puede producir una explosión cuando se deja caer en el agua.

   (1) grupo I
   (2) grupo II
   (3) elementos de transición
   (4) grupo VII
   (5) grupo VIII

**Las respuestas comienzan en la página 299.**

# Práctica de GED • Lección 15

Instrucciones: Elija la respuesta que mejor responda a cada pregunta.

Las preguntas 1 y 2 se refieren al siguiente texto.

Los átomos de la mayoría de los elementos forman enlaces con otros átomos. Cuando los átomos se unen, comparten o ceden electrones. Cuando se transfiere un electrón de un átomo al otro, los dos átomos se cargan. Estos átomos con carga se llaman **iones.** El enlace que se produce entre iones se denomina **enlace iónico.** Los enlaces iónicos sólo se forman entre dos elementos distintos y las sustancias resultantes son compuestos iónicos. Los elementos que se encuentran en los lados opuestos de la tabla periódica tienen más posibilidades de unirse mediante un enlace iónico.

Los elementos que están cerca unos de otros dentro de la tabla periódica suelen unirse compartiendo electrones. Los enlaces que se producen cuando se comparten electrones se denominan **enlaces covalentes.** Un enlace covalente simple requiere que se comparta un par de electrones que proceden de cada uno de los átomos. Dos o más átomos unidos por un enlace covalente forman una molécula.

Los enlaces covalentes se pueden formar entre átomos del mismo elemento y entre átomos de dos o más elementos diferentes. Cuando los átomos de diferentes elementos se unen mediante enlaces covalentes, el resultado es un compuesto covalente.

1. ¿Cuál de las siguientes situaciones implica un enlace iónico?

   (1) dos átomos de hidrógeno y un átomo de oxígeno comparten dos pares de electrones
   (2) el agua y el azúcar en una solución
   (3) el calcio que cede dos electrones a dos átomos de flúor
   (4) el oxígeno y el hidrógeno que están juntos en el aire
   (5) el agua y el dióxido de carbono en una bebida

2. ¿Cuál de las siguientes es una suposición implícita sugerida por el texto?

   (1) Los compuestos se forman a partir de átomos de diferentes elementos.
   (2) En el enlace covalente es necesario compartir electrones.
   (3) Una molécula se forma a partir de átomos que se unen mediante un enlace covalente.
   (4) Los iones son átomos con carga.
   (5) Una molécula puede tener enlaces iónicos.

La pregunta 3 se refiere al texto y diagrama siguientes.

Los compuestos pueden representarse mediante **fórmulas químicas, fórmulas estructurales** y diagramas. Por ejemplo, el compuesto metano se puede representar con la fórmula química $CH_4$. C se refiere al carbono, y H al hidrógeno. Los números en la parte inferior derecha de cada átomo muestran cuál es el número de átomos en una molécula. Cuando no hay número, esto quiere decir que sólo hay un átomo de ese elemento. Por lo tanto, una molécula de metano tiene un átomo de carbono y cuatro átomos de hidrógeno.

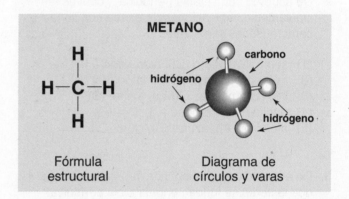

Fórmula estructural

Diagrama de círculos y varas

3. Se muestra aquí la fórmula estructural del propano.

**PROPANO**

¿Cuál de los siguientes enunciados apoya la fórmula estructural del propano?

   (1) El propano contiene átomos de nitrógeno.
   (2) El propano tiene tres átomos de carbono y tres átomos de hidrógeno.
   (3) El propano tiene tres átomos de carbono y cuatro átomos de oxígeno.
   (4) La fórmula química del propano es $C_3H_8$.
   (5) La fórmula química del propano es $C_3H_6$.

## LA INVESTIGACIÓN DE PARTÍCULAS SUBATÓMICAS

Las preguntas 4 a 6 se refieren al siguiente texto.

A principios del siglo XX los científicos pensaban que las partículas más pequeñas eran los protones, los neutrones y los electrones que forman los átomos. Pero en la década de 1920 se detectaron en la atmósfera lluvias de **partículas subatómicas** producidas por rayos cósmicos. Los científicos comprobaron de inmediato que los protones y los neutrones estaban formados, a su vez, por otras partículas más pequeñas que se denominaron **quarks.** Además, encontraron indicios de una categoría de partículas que transportaban fuerzas conocidas como **bosones.**

Para estudiar las partículas como los quarks y los bosones, los científicos utilizan los **aceleradores de partículas.** Los aceleradores de partículas son máquinas enormes que consisten en túneles con forma de anillo o rosca. Un acelerador lanza partículas del tipo de los protones dentro del anillo. Las partículas que se mueven dentro del anillo se aceleran hasta alcanzar la velocidad de la luz. Luego llegan a un detector donde chocan con otras partículas. Cuando las partículas chocan, dejan escapar energía que inmediatamente se transforma en nuevas partículas de materia. Mediante el análisis de las colisiones que tienen lugar dentro de los aceleradores de partículas, los científicos pueden probar o refutar las últimas teorías sobre la estructura de la materia y sobre las fuerzas que la unen.

En la actualidad, dos de los mayores aceleradores de partículas están participando en una carrera contrarreloj. Los científicos del National Accelerator Laboratory (Fermilab) en Illinois y del European Laboratory for Particle Physics (CERN) en Suiza pretenden probar la existencia del bosón de Higgs. Los científicos han predicho que las interacciones de los bosones de Higgs le dan masa a la materia. Se necesita mucha energía para producir un bosón de Higgs en un choque de partículas. Hasta ahora ningún acelerador ha generado suficiente energía como para producir evidencia directa de que el bosón de Higgs existe.

4. De acuerdo con el texto, ¿qué partículas subatómicas forman los protones y los neutrones?

(1) rayos cósmicos
(2) quarks
(3) bosones
(4) bosones de Higgs
(5) electrones

5. Imagine que una colisión en un acelerador produce, por unos instantes, una partícula subatómica que transporta una fuerza llamada gluón. ¿Qué tipo de partícula sería un gluón?

(1) un rayo cósmico
(2) un quark
(3) un bosón
(4) un neutrón
(5) un electrón

6. Los aceleradores de partículas son máquinas enormes y complejas que generan controversia porque, por lo común, se construyen utilizando fondos públicos. ¿Cuál de los argumentos siguientes podría usar una persona que estuviera de acuerdo con la construcción de un nuevo acelerador?

(1) Un acelerador ocuparía terrenos que servirían mejor para otros usos.
(2) Las colisiones de un acelerador podrían suponer un peligro para las personas que vivieran en el área.
(3) El costo de un acelerador es superior a los beneficios que ofrece.
(4) Los científicos deberían investigar cuestiones con aplicaciones prácticas inmediatas.
(5) Comprender las partículas subatómicas puede conducir a avances en la tecnología.

SUGERENCIA

Los valores se reflejan, con frecuencia, en las preguntas de hecho y opinión y en las de apoyo a la conclusión. Los valores suelen ser una indicación de una opinión.

**Las respuestas comienzan en la página 299.**

**Instrucciones:** Ésta es una prueba de práctica que dura diez minutos. Después de que transcurran los diez minutos, ponga una marca en la última pregunta que haya respondido. A continuación, termine la prueba y revise sus respuestas. Si la mayoría de sus respuestas fueron correctas, pero no terminó la prueba, trate de responder las preguntas más rápidamente la próxima vez. Elija la respuesta que mejor responda a cada pregunta.

Las preguntas 1 a 3 se refieren al texto y a la tabla siguientes.

El carbono está presente en la composición de todos los seres vivos. Los compuestos que contienen carbono e hidrógeno se denominan compuestos orgánicos. Un compuesto orgánico que contiene sólo estos dos elementos (el hidrógeno y el carbono) se conoce como un hidrocarburo. Existen miles de hidrocarburos diferentes, y entre ellos se encuentran los combustibles fósiles. Aunque contienen sólo dos elementos, los hidrocarburos tienen propiedades muy diferentes. Los científicos clasifican los hidrocarburos en subgrupos que se llaman series.

Los miembros de un grupo, llamado la serie de los alcanos, son los hidrocarburos más abundantes. Probablemente conozca varios en este grupo. Si ha ido a acampar, puede haber utilizado el propano o el butano. Estos gases se venden, con frecuencia, dentro de evases metálicos para su uso en barbacoas, cocinas para el campo, etc. La gasolina que alimenta un automóvil contiene, normalmente, pentano, hexano, heptano y octano. Abajo se enumeran algunos alcanos.

| LA SERIE DE LOS ALCANOS | | | |
|---|---|---|---|
| Nombre | Fórmula | Estado físico a temperatura ambiente | Punto de ebullición (°C) |
| Metano | $CH_4$ | gas | −162 |
| Etano | $C_2H_6$ | gas | −89 |
| Propano | $C_3H_8$ | gas | −42 |
| Butano | $C_4H_{10}$ | gas | −1 |
| Pentano | $C_5H_{12}$ | líquido | 36 |
| Hexano | $C_6H_{14}$ | líquido | 69 |
| Heptano | $C_7H_{16}$ | líquido | 98 |
| Octano | $C_8H_{18}$ | líquido | 126 |
| Nonano | $C_9H_{20}$ | líquido | 151 |
| Decano | $C_{10}H_{22}$ | líquido | 174 |
| Eicosano | $C_{20}H_{42}$ | sólido | 344 |

1. De acuerdo con el texto y la tabla, ¿cuál de las siguientes es una característica de todos los miembros de la serie de los alcanos?

   (1) Son seres vivos porque contienen hidrógeno y carbono.
   (2) Son compuestos orgánicos y también hidrocarburos.
   (3) Son líquidos cuando se encuentran a temperatura ambiente.
   (4) Todos contienen el mismo número de átomos de carbono.
   (5) Están formados por átomos de helio.

2. Si usted abre la válvula del tanque de gas en una barbacoa, el combustible que se fuga se encuentra en estado gaseoso. ¿Cuál de los siguientes es, posiblemente, el combustible que contiene el botellón de gas en la barbacoa?

   (1) $C_3H_8$
   (2) $C_8H_{18}$
   (3) $C_9H_{20}$
   (4) $C_{10}H_{22}$
   (5) $C_{20}H_{42}$

3. ¿Cuál de las siguientes conclusiones puede sacar a partir de la información que contiene la tabla?

   (1) El heptano tiene temperatura de ebullición más baja que el hexano.
   (2) El butano tiene temperatura de ebullición más alta que el etano.
   (3) El butano se licua a una temperatura más baja que el etano.
   (4) El eicosano contiene el número de átomos de carbono más pequeño.
   (5) El pentano contiene menos átomos de carbono y de hidrógeno que el butano.

Las preguntas 4 a 6 se refieren al texto y diagrama siguientes.

Un polímero está formado por moléculas grandes que a su vez contienen otras unidades más pequeñas y repetidas que se denominan monómeros, unidos entre sí por enlaces covalentes. La mayoría de los compuestos orgánicos que se encuentran en los seres vivos son polímeros. Entre ellos se incluyen la celulosa, los carbohidratos, las grasas y las proteínas. Los plásticos, los adhesivos y el nylon y otras fibras sintéticas también son polímeros.

Los polímeros forman estructuras con diferentes formas. Un polímero lineal está formado por largas cadenas de monómeros. Un polímero ramificado consiste en una molécula formada por una larga cadena y por otras cadenas laterales. Un polímero entrecruzado está formado por dos o más cadenas que están unidas entre sí por otras cadenas laterales.

## ESTRUCTURA DE LOS POLÍMEROS

```
        – M – M – M – M – M – M – M –
                Polímero lineal
```
```
            M                   M
            |                   |
            M                   M
                                |
        – M – M – M – M – M – M – M –
                                M
                                |
                                M
              Polímero ramificado
```
```
    – M – M – M – M – M – M – M – M –
        |       |       |       |
        M       M       M       M
        |       |       |       |
        M       M       M       M
        |       |       |       |
    – M – M – M – M – M – M – M – M –
            Polímero entrecruzado
```

M = unidad monomérica

4. De acuerdo con la información que ofrece el texto, ¿cuál de las siguientes es una característica de los monómeros que forman los polímeros?

   Los monómeros dentro de los polímeros son

   (1) repetitivos.
   (2) grandes.
   (3) iónicos.
   (4) metálicos.
   (5) gaseosos.

5. El ácido desoxirribonucleico (ADN) está formado por una doble hélice de unidades de azúcar y fósforo conectadas por pares enlazados de bases de nitrógeno. De acuerdo con esta estructura, ¿cómo podría clasificarse el ADN?

   (1) como un monómero
   (2) como un polímero lineal
   (3) como un polímero ramificado
   (4) como un polímero entrecruzado
   (5) como una molécula de azúcar

6. Los plásticos como el polietileno son polímeros lineales. Se funden cuando se calientan. Otros plásticos, como la Baquelita™ son polímeros entrecruzados. Cuando se calientan, se queman o se descomponen en vez de fundirse. ¿Cuál de las siguientes es la causa más probable de esta diferencia de propiedades?

   (1) el hecho de que la Baquelita es un monómero y el polietileno es un polímero
   (2) la ausencia o presencia de enlaces entre las cadenas
   (3) el bajo punto de fusión que tienen los plásticos formados por polímeros lineales
   (4) la cantidad de celulosa que tiene la Baquelita
   (5) las ramas que tiene un polímero de polietileno

La pregunta 7 se refiere al siguiente diagrama.

## MOLÉCULA DE AGUA ($H_2O$)

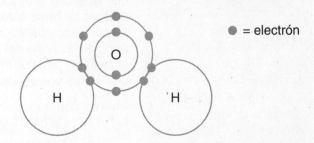

= electrón

7. ¿Cuántos electrones tenía el átomo de oxígeno antes de unirse mediante enlaces covalentes a los átomos de hidrógeno para formar una molécula de agua?

   (1) uno
   (2) dos
   (3) seis
   (4) ocho
   (5) diez

Las respuestas comienzan en la página 300.

# DESTREZA DE GED **Evaluar qué tan adecuada es la información escrita**

Si presta atención a las noticias de ciencias y salud, habrá comprobado que los científicos publican sus datos y sus conclusiones en revistas profesionales que otros científicos leen. Por ejemplo, un nuevo estudio puede proporcionar indicios de que los niños que beben agua embotellada tienen más caries que los niños que beben el agua tratada con flúor del grifo. Otros científicos pueden examinar el estudio o repetirlo para comprobar si hay datos nuevos que apoyen las conclusiones a las que llegaron los autores.

Cuando lea algo basado en hechos, como un tema científico u otro tema, debe comprobar que la información escrita apoya las conclusiones de una manera adecuada. Pregúntese: "¿Qué conclusiones se han obtenido? ¿Qué datos y observaciones se ofrecen para apoyar esas conclusiones? ¿Estas informaciones proporcionan el apoyo adecuado?".

**Evaluar** información lo ayuda a reconocer lo que ya conoce acerca del tema. Concéntrese en los detalles de apoyo y en las conclusiones que se presentan. Si una conclusión no está apoyada por una prueba adecuada, la conclusión no es sólida.

**evaluar**
examinar algo para poder juzgar su importancia o trascendencia

## Lea el párrafo y responda las preguntas que se presentan a continuación.

Existen dos tipos principales de té: el verde y el negro. En el té verde las hojas se calientan o se tratan con vapor rápidamente. De esta forma se evita que el té reaccione con el aire. El té negro se produce mediante la exposición de las hojas al aire: las sustancias de las hojas reaccionan entonces con el oxígeno que se encuentra en el aire y las hojas toman un color marrón oscuro. Este proceso se llama **oxidación,** y es una reacción química similar a la que oxida el hierro. En comparación con otras infusiones de hierbas, las que se producen a partir de las hojas del té contienen cafeína, una sustancia química que estimula el cuerpo y polifenoles, sustancias químicas con poder antioxidante que se consideran preventivas del deterioro celular.

Marque con una "X" los hechos del texto que apoyen la conclusión de que beber té es beneficioso para la salud.

_____ a.   Se ha comprobado que el té reduce la posibilidad de desarrollar cáncer intestinal.

_____ b.   El té negro se procesa mediante la exposición al aire y esto causa oxidación.

_____ c.   Los polifenoles del té actúan como antioxidantes y ayudan a prevenir el deterioro celular.

Usted acertó si escogió la *opción c.* En la última oración se describen los efectos benéficos que tienen los polifenoles en las células. La *opción a* podría ser cierta, pero usted no puede estar seguro de ello porque no se comenta en el texto. La *opción b* es cierta y aparece en el texto, pero no apoya la conclusión de que beber té es bueno para la salud.

**SUGERENCIA**

Piense en una conclusión como si fuera una idea principal. Luego, busque detalles que apoyen esa idea principal.

**Lea el texto, estudie el diagrama y responda las preguntas que se presentan a continuación.**

En una **reacción química,** los átomos de las sustancias que reaccionan entre sí se reorganizan para producir nuevas sustancias con propiedades químicas y físicas diferentes. Las sustancias que reaccionan se denominan **reactivos.** Las nuevas sustancias que se forman se denominan **productos.**

Una **ecuación química** muestra lo que sucede durante una reacción química con fórmulas y símbolos. La forma general de una ecuación química es la siguiente:

reactivos → productos

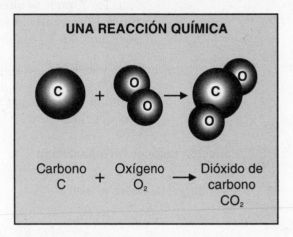

UNA REACCIÓN QUÍMICA

Carbono $C$ + Oxígeno $O_2$ → Dióxido de carbono $CO_2$

1. Marque con una "X" el enunciado que es una conclusión apoyada por la información del primer párrafo.

_____ a. En las reacciones químicas las sustancias se transforman en otras sustancias.

_____ b. En las reacciones químicas los productos se transforman en reactivos.

2. Escriba una oración en la que explique cuál es la información del primer párrafo que apoya la conclusión que escogió para la pregunta 1.

_____

_____

3. En el segundo párrafo se explica que las ecuaciones químicas se utilizan para representar reacciones químicas. Escriba *A* junto a la descripción del texto y de la ilustración que apoya este enunciado.

_____ a. definiciones de productos y de reactivos

_____ b. el formato de una ecuación química típica: reactivos → productos

_____ c. una ecuación química en particular: $C + O_2 \rightarrow CO_2$

4. Marque con una "X" la conclusión que apoya los detalles de la ilustración.

_____ a. El $CO_2$ se encuentra en la atmósfera.

_____ b. El $CO_2$ es un producto de la reacción química.

5. Escriba una oración en la que explique cuál es la información del diagrama que apoya su conclusión para la pregunta 4.

_____

_____

**Las respuestas comienzan en la página 301.**

En algunas reacciones químicas las moléculas se dividen en átomos. En otras los átomos se unen para formar moléculas. En otro tipo de reacción, los átomos intercambian su posición con otros átomos para formar nuevas moléculas. En las reacciones químicas no se crean ni se destruyen átomos.

Por ejemplo, considere lo que sucede cuando el metano se quema en el aire. En esta reacción, los reactivos metano ($CH_4$) y oxígeno ($O_2$) se combinan para formar los productos dióxido de carbono ($CO_2$) y agua ($H_2O$). Hay dos tipos posibles de ecuaciones químicas para esta reacción.

**Ecuación química no balanceada**

$$CH_4 + O_2 \rightarrow CO_2 + H_2O$$

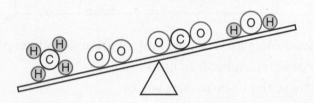

**Ecuación química balanceada**

$$CH_4 + 2O_2 \rightarrow CO_2 + 2H_2O$$

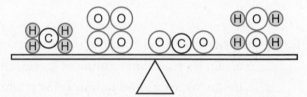

¿Por qué no está balanceada la primera de las ecuaciones? En matemáticas hemos aprendido que los dos términos que se encuentran a ambos lados de una ecuación deben ser cuantitativamente iguales. Ocurre igual en las ecuaciones químicas. En la primera ecuación hay cuatro átomos de hidrógeno en la parte izquierda de la ecuación, pero sólo dos en la parte derecha. Una ecuación química debe mostrar que durante la reacción química no se crearon ni se destruyeron átomos. Por lo tanto, el número de átomos de cada tipo que se encuentra a ambos lados de la ecuación debe coincidir. Podemos conseguir igualar la ecuación si cambiamos el número de unidades de un compuesto. Añadimos una molécula de oxígeno en la parte izquierda ($O_2$). De este modo, para que las cantidades se ajusten, se necesitan dos moléculas de agua ($H_2O$) en la parte derecha.

Las reacciones químicas absorben o liberan energía. Una reacción que libera energía calorífica se denomina **reacción exotérmica.** Por ejemplo, cuando se quema la madera o el aceite se generan grandes cantidades de calor. Una reacción química que absorbe energía se denomina **reacción endotérmica.** Cocinar un huevo es un tipo de reacción endotérmica porque el huevo absorbe energía calorífica mientras se transforma. Note que otros procesos, como los cambios de estados físicos, pueden ser endotérmicos o exotérmicos. Por ejemplo, la condensación del vapor de agua es un proceso exotérmico porque libera energía calorífica.

Es necesario suministrar energía para que muchos tipos de reacciones comiencen. Se necesita energía para empezar a romper los enlaces de las moléculas reactivos. La energía que debe añadirse para comenzar una reacción química se denomina **energía de activación.** Por ejemplo, cuando usted utiliza un fósforo para encender una parrilla de carbón vegetal, está suministrando energía de activación.

Instrucciones: Elija la respuesta que mejor responda a cada pregunta.

Las preguntas 1 a 6 se refieren al texto, a las ecuaciones y al diagrama de la página 176.

1. ¿Qué sucede durante una reacción química?

   (1) Se crea materia.
   (2) Se destruye materia.
   (3) La materia cambia de estado.
   (4) Los átomos se transforman en otro tipo de átomos.
   (5) Los átomos se combinan o reorganizan para formar nuevas moléculas.

2. ¿Cuál de las siguientes oraciones replantea mejor la siguiente ecuación química?

$$CH_4 + 2O_2 \rightarrow CO_2 + 2H_2O$$

   (1) El metano se combina con el oxígeno para producir dióxido de carbono y agua.
   (2) El carbono, el oxígeno y el hidrógeno se combinan para formar átomos de carbono y de oxígeno y moléculas de agua.
   (3) Una molécula de metano se combina con dos moléculas de oxígeno para producir una molécula de dióxido de carbono y dos moléculas de agua.
   (4) Cuatro moléculas de metano y dos moléculas de oxígeno producen dos moléculas de dióxido de carbono y una molécula de agua.
   (5) El carbono y el hidrógeno forman el metano, el carbón y el oxígeno forman dióxido de carbono y el hidrógeno y el oxígeno forman agua.

3. Para balancear la ecuación $2Fe + 3O_2 \rightarrow 2Fe_2O_3$, ¿qué debería escribirse en lugar de $2Fe$?

   (1) Fe
   (2) 3Fe
   (3) 4Fe
   (4) 5Fe
   (5) 6Fe

**SUGERENCIA**

Hacer un borrador de los átomos y las moléculas de una ecuación química puede ayudar a comprenderla.

4. ¿Cuál de los siguientes enunciados apoya la idea de que la oxidación es una reacción exotérmica?

   (1) Durante el proceso de oxidación se liberan pequeñas cantidades de energía calorífica.
   (2) La energía de activación produce óxido en metales como el hierro.
   (3) La oxidación sólo afecta a ciertas sustancias expuestas al oxígeno.
   (4) Durante el proceso de oxidación, el metal absorbe energía calorífica.
   (5) La oxidación sucede de manera más rápida en condiciones húmedas que en condiciones de poca humedad.

5. ¿Cuál de las siguientes conclusiones está apoyada por la información del texto?

   (1) La electricidad y el magnetismo son un resultado tanto de las reacciones endotérmicas como de las reacciones exotérmicas.
   (2) Los enlaces covalentes se forman durante las reacciones exotérmicas y los enlaces iónicos se forman durante las reacciones endotérmicas.
   (3) Hervir agua es un proceso exotérmico que libera energía calorífica cuando las moléculas del agua se calientan.
   (4) Algunas reacciones exotérmicas son más útiles por la energía que liberan que por sus propios productos.
   (5) Cualquier reacción química puede comenzar con o sin la energía de activación.

6. En una estufa de gas, el gas natural se combina con el oxígeno para formar dióxido de carbono y agua y desprende grandes cantidades de calor. Muchas estufas de gas tienen ignición eléctrica y ésta genera una chispa cuando el quemador de la estufa se enciende. ¿Qué papel tiene la chispa en la reacción química?

   (1) Es un reactivo.
   (2) Es un producto.
   (3) Proporciona energía de activación.
   (4) Reduce la velocidad de la reacción.
   (5) Detiene la reacción.

Las respuestas comienzan en la página 301.

Instrucciones: Elija la respuesta que mejor responda a cada pregunta.

Las preguntas 1 a 4 se refieren al siguiente texto.

Puede que usted no haya pensado que la cocina puede ser un laboratorio de química, pero es fácil encontrar muchos productos químicos dentro de ella. Una sustancia que contiene varios químicos interesantes es el polvo de hornear. Esta sustancia se utiliza para que la masa de los bizcochos aumente de tamaño.

El ingrediente principal del polvo de hornear es el bicarbonato de sodio ($NaHCO_3$). Cuando el bicarbonato de sodio reacciona con un ácido, produce agua y dióxido de carbono ($CO_2$), un gas. Cuando el bicarbonato de sodio se calienta durante el proceso de horneado, se divide y forma dióxido de carbono más carbonato de sodio ($Na_2CO_3$), una sal de poco sabor. El polvo de hornear contiene también tartrato, un compuesto que reacciona con el agua para formar ácidos.

1. ¿Cuál es la función del tartrato del polvo de hornear?

   (1) proporcionar un ácido con el que puede reaccionar el bicarbonato de sodio
   (2) dividirla y producir dióxido de carbono
   (3) reaccionar con el dióxido de carbono
   (4) proporcionar una sal que haga que la masa aumente de tamaño
   (5) reaccionar con el agua y formar bicarbonato de sodio

2. Cuando se hornean los productos de repostería, los reposteros añaden leche agria con bicarbonato de sodio para que aumenten de tamaño. De acuerdo con el texto, ¿qué enunciado apoya la idea de que la leche agria contiene un ácido?

   (1) Se encuentra en el polvo de hornear.
   (2) Puede calentarse hasta las temperaturas de horneado.
   (3) Reacciona con el agua.
   (4) Reacciona con el bicarbonato de sodio para producir $CO_2$ y $H_2O$.
   (5) A temperaturas de horneado, se divide para formar $CO_2$ y $Na_2CO_3$.

3. Cuando se añade polvo de hornear a la masa, ¿cuál es la sustancia que hace que el bizcocho aumente de tamaño?

   (1) la sal
   (2) el oxígeno
   (3) el agua
   (4) el tartrato
   (5) el dióxido de carbono

4. Cuando el polvo de hornear se deja descubierto en un ambiente húmedo, pierde rápidamente su eficacia. ¿Cuál de los enunciados siguientes permite explicar por qué sucede esto?

   (1) La humedad del aire hace que el bicarbonato de sodio se divida.
   (2) El oxígeno del aire hace que el tartrato se divida.
   (3) La humedad del aire reacciona con el tartrato.
   (4) El oxígeno del aire reacciona con el dióxido de carbono.
   (5) El oxígeno del aire reacciona con el bicarbonato de sodio.

La pregunta 5 se refiere a la siguiente tabla.

| Energía calorífica liberada por la combustión con el oxígeno | |
| --- | --- |
| Combustible | Energía calorífica liberada por gramo de combustible (en kilocalorías) |
| Metano | 13.3 |
| Gas natural | 11.6 |
| Petróleo de calefacción | 11.3 |
| Carbón (antracita) | 7.3 |
| Madera | 4.5 |

5. ¿Cuál de las siguientes comparaciones apoya la información contenida en la tabla?

   (1) El gas natural libera menos calor que el petróleo.
   (2) El metano es el que proporciona la mayor cantidad de calor.
   (3) La madera desprende la mitad de calor que el petróleo.
   (4) La madera desprende más calor que el carbón.
   (5) El carbón desprende más calor que el petróleo.

## CONTROLAR LAS REACCIONES QUÍMICAS

Las preguntas 6 a 8 se refieren al siguiente texto.

A lo largo de los años, los químicos han desarrollado diferentes métodos para controlar las reacciones químicas. Por ejemplo, pueden variar los niveles de temperatura, presión, concentración, acidez y de otros factores para controlar la velocidad y el resultado de la reacción. Pero a menudo estas técnicas son imprecisas. Normalmente activan las moléculas para incrementar sus vibraciones y de este modo causan que los enlaces más débiles se rompan antes.

Hay situaciones en las que es necesario un control más preciso. Por ejemplo, un químico puede querer romper los enlaces más fuertes primero para asegurarse de que una reacción química sigue el curso deseado. Existe un nuevo y prometedor método para este tipo de situaciones.

En esta nueva técnica se utilizan dos haces de luz procedentes de dos rayos láser que interactúan para controlar la reacción química. Primero variar la intensidad de la interacción entre los rayos láser, los científicos pueden controlar cuáles serán los enlaces que se romperán. Este procedimiento permite a los científicos tener un mayor control sobre los productos de la reacción.

Aunque el método está aún en la fase experimental, tiene muchas posibilidades de aplicaciones prácticas. Muchas reacciones químicas suceden simultáneamente a través de diferentes vías para producir una mezcla de compuestos. Esto puede ser un problema para los fabricantes de medicinas y para otros que intentan producir un compuesto puro sin que otros compuestos intervengan en el producto.

Por ejemplo, algunas reacciones producen moléculas quirales, que son pares de moléculas que tienen la misma fórmula química pero que son imágenes especulares en su estructura. Una molécula quiral se designa molécula de orientación derecha y la otra molécula se denomina de orientación izquierda. Con frecuencia, las moléculas con orientación derecha y con orientación izquierda tienen propiedades diferentes. Por ejemplo, la orientación derecha de la droga talidomida es un sedante relativamente seguro. La orientación izquierda, sin embargo, produjo muchos defectos de nacimiento en la década de 1960. Para la fabricación de este tipo de productos químicos, la nueva técnica láser puede mejorar los niveles de control de calidad.

6. ¿En qué se diferencia principalmente la técnica láser para controlar las reacciones químicas de otros métodos anteriores?

(1) Utiliza haces de luz.
(2) Utiliza técnicas modernas.
(3) Es más precisa.
(4) Tiene aplicaciones prácticas.
(5) Controla la presión y la temperatura.

7. ¿Qué papel tienen los rayos láser que interactúan en la nueva técnica?

(1) Suministran más reactivos.
(2) Funcionan como productos.
(3) Proporcionan energía de activación.
(4) Crean mezclas.
(5) Crean compuestos.

8. Algunas reacciones químicas pueden controlarse a un nivel molecular. De acuerdo con el texto, ¿cuál de los siguientes enunciados prueba lo anterior?

(1) Los científicos pueden variar la temperatura, la presión, la concentración y otros factores para controlar las reacciones.
(2) El control de las reacciones mediante el láser les permite a los científicos romper enlaces específicos entre átomos.
(3) Los fabricantes de talidomida produjeron versiones de las orientaciones derecha e izquierda de la droga.
(4) Es posible controlar los procesos químicos utilizando diferentes métodos tecnológicos.
(5) Los fabricantes de drogas y de otros productos pueden utilizar la técnica láser para asegurarse de fabricar productos de calidad.

**SUGERENCIA**

Cuando le pidan que identifique los hechos que apoyan una conclusión, busque cuáles son las relaciones lógicas que unen los hechos y la conclusión.

**Las respuestas comienzan en la página 301.**

**Instrucciones:** Ésta es una prueba de práctica que dura diez minutos. Después de que transcurran los diez minutos, ponga una marca en la última pregunta que haya respondido. A continuación, termine la prueba y revise sus respuestas. Si la mayoría de sus respuestas fueron correctas, pero no terminó la prueba, trate de responder las preguntas más rápidamente la próxima vez. Elija la respuesta que mejor responda a cada pregunta.

Las preguntas 1 a 4 se refieren al texto y diagrama siguientes.

Los tres grupos más importantes de compuestos químicos son los ácidos, las bases y las sales. Estos compuestos producen iones cuando se disuelven en agua. Los iones son átomos o moléculas que tienen carga eléctrica. En el agua, los ácidos producen hidrógeno, o iones $H^+$. En el agua, las bases producen hidróxido, o iones $OH^-$. El ácido cítrico se encuentra en los frutos de los cítricos. La vitamina C es el ácido ascórbico. El hidróxido de magnesio es una base que es el ingrediente activo de muchas medicinas para el estómago. El bicarbonato de sodio es una base que se encuentra en la levadura en polvo.

Un ácido fuerte, como el ácido sulfúrico, o una base fuerte, como el hidróxido de sodio, son venenosos y pueden quemar la piel. Sin embargo, un ácido débil, como el hidróxido de magnesio, o una base débil, como el hidróxido de magnesio, pueden manejarse de manera segura e incluso pueden ingerirse (comerse).

La fuerza de un ácido o de una base se mide en una escala que se denomina escala de pH. Por lo común, la escala de pH va del 0 al 14. El número 7 indica el punto neutro. Las sustancias con un pH menor que 7 son ácidas y las que tienen un pH mayor que 7 son básicas. Los ácidos extremadamente fuertes tienen un pH 0; las bases extremadamente fuertes tienen un pH de 14.

**Escala de pH**

Cuando un ácido y una base se combinan químicamente, resultan dos compuestos neutros: el agua y una sal. Una sal conocida es el cloruro de sodio o sal de mesa.

1. ¿Cuál de las siguientes listas está correctamente ordenada de menor a mayor pH?

   (1) hidróxido de magnesio, ácido cítrico, agua destilada, ácido sulfúrico, hidróxido de sodio
   (2) agua destilada, ácido sulfúrico, ácido cítrico, hidróxido de sodio, hidróxido de magnesio
   (3) ácido sulfúrico, hidróxido de sodio, ácido cítrico, hidróxido de magnesio, agua destilada
   (4) ácido sulfúrico, ácido cítrico, agua destilada, hidróxido de magnesio, hidróxido de sodio
   (5) hidróxido de sodio, hidróxido de magnesio, agua destilada, ácido cítrico, ácido sulfúrico

2. Un antiácido es un tipo de medicamento que alivia la indigestión que causa el ácido del estómago. ¿Cuál es el ingrediente del antiácido que produce ese alivio?

   (1) una sal
   (2) un ácido
   (3) una base
   (4) iones $H^+$
   (5) agua

3. Cuando el hidróxido de calcio, una base, reacciona con el ácido cítrico, la reacción produce citrato de calcio y agua. ¿Qué es el citrato de calcio?

   (1) un ácido fuerte
   (2) un ácido débil
   (3) una sal
   (4) una base débil
   (5) una base fuerte

4. ¿Cuál sería el pH de una solución de sal de mesa y agua?

   (1) 0
   (2) 4
   (3) 7
   (4) 10
   (5) 14

Las preguntas 5 a 9 se refieren al texto y tabla siguientes.

Las etiquetas de los alimentos suelen mostrar la cantidad de grasas saturadas y de grasas no saturadas que contienen. Las moléculas saturadas contienen sólo enlaces simples y en ellas se comparte un par de electrones para cada enlace. Las moléculas no saturadas contienen otros tipos de enlaces y en ellas se comparte más de un par de electrones.

Un hidrocarburo saturado se satura con hidrógeno. Esto quiere decir que contiene más hidrógeno que un hidrocarburo no saturado que tenga el mismo número de átomos de carbono. Un ejemplo de hidrocarburo saturado es el etano, $C_2H_6$. Un ejemplo de un hidrocarburo no saturado es el eteno, $C_2H_4$. En el eteno, dos electrones de un átomo de carbono se emparejan con dos electrones de otro átomo de carbono y forman un enlace doble.

En ciertas reacciones, los enlaces dobles y triples de un hidrocarburo no saturado pueden romperse. Se puede añadir hidrógeno a la molécula. Una reacción en la que se añade hidrógeno a un hidrocarburo no saturado se denomina reacción de adición.

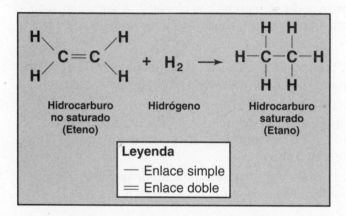

5. ¿Cuál de los siguientes elementos interviene en una reacción de adición con hidrocarburos?

(1) oxígeno
(2) nitrógeno
(3) litio
(4) neón
(5) hidrógeno

6. Si se compara con una molécula saturada, ¿qué contiene una molécula no saturada?

(1) átomos de hidrógeno
(2) sólo enlaces simples
(3) electrones compartidos
(4) enlaces dobles (o triples)
(5) átomos de carbono

7. ¿Cuál de los siguientes es un hecho enunciado acerca del etano?

(1) Es una molécula de hidrocarburo no saturada.
(2) Entre sus átomos de carbono tienen lugar enlaces simples.
(3) Entre sus átomos de carbono tienen lugar enlaces dobles.
(4) Sus átomos contienen sólo dos electrones.
(5) Tiene cuatro átomos de hidrógeno.

8. ¿Cuál de los siguientes enunciados apoya el diagrama acerca de la reacción de adición?

(1) Un reactivo es un hidrocarburo saturado.
(2) Los dos reactivos son hidrocarburos.
(3) Los reactivo son $H_2$ y $C_2H_6$.
(4) El producto contiene un enlace doble.
(5) El producto es $C_2H_6$.

9. ¿Cuál de las conclusiones siguientes está apoyada por la información presentada?

(1) Los hidrocarburos saturados pueden producirse a partir de hidrocarburos no saturados a través de reacciones de adición.
(2) Los hidrocarburos no saturados pueden formarse a partir de hidrocarburos saturados mediante reacciones de adición.
(3) En las reacciones de adición, el número de átomos de carbono en la molécula original se incrementa.
(4) El eteno puede producirse a partir del etano mediante una reacción de adición.
(5) Bajo ciertas condiciones, los hidrocarburos reaccionan con el cloro para formar compuestos que contienen hidrógeno, carbono y cloro.

Las respuestas comienzan en la página 302.

# Lección 17

## DESTREZA DE GED **Reconocer suposiciones implícitas**

Utilizamos nuestros conocimientos y nuestras experiencias sobre el mundo que nos rodea para referirnos a las cosas que hacemos. Por ejemplo, cuando una persona escribe un artículo científico incorpora muchos conocimientos relevantes en el momento de escribir. Usted también incorpora muchos conocimientos relevantes a la hora de leer. Por lo tanto, el escritor no lo explica todo con demasiados detalles porque supone que quien lee ya conoce muchas cosas. Es importante que cuando usted lea, reconozca las suposiciones implícitas que tiene el texto. Reconocer las suposiciones implícitas lo ayudará a comprender lo que lee.

### Lea el texto y responda las preguntas que se presentan a continuación.

Cuando usted viaja como pasajero en un automóvil puede ver cómo los objetos pasan zumbando en el costado de la carretera. Los postes de teléfono, los árboles y las casas pasan rápidamente, sin embargo la puerta del automóvil y el conductor parecen no moverse en lo absoluto. Permanecen junto a usted.

Ahora imagine que se encuentra de pie en el costado de la misma carretera. Los automóviles y sus conductores se mueven con rapidez frente a usted, pero los postes de teléfonos, los árboles, las casas y los edificios no se mueven ni una sola pulgada.

1. Marque con una "X" la suposición implícita relacionada con el hecho de que la puerta del automóvil y el conductor no parecen moverse cuando usted se encuentra dentro del automóvil.

   _____ a. Usted se mueve conjuntamente con la puerta del automóvil, con el conductor y con el tablero de instrumentos, por lo tanto todos le parecen inmóviles.

   _____ b. La vista de la ventana le distrae del hecho de que usted, la puerta del automóvil y el conductor se están moviendo.

Usted acertó si marcó la *opción a.* El escritor supone que usted comprende que todo movimiento es relativo al punto de vista de la persona.

2. Marque con una "X" la suposición implícita relacionada con el hecho de que cuando usted está de pie en un costado de la carretera, los automóviles parecen moverse pero los árboles y los postes no.

   _____ a. Los automóviles sólo parecen estar moviéndose y los árboles y los postes en realidad no se mueven.

   _____ b. Los automóviles están en movimiento relativo a su posición y los árboles y los postes no.

Usted acertó si escogió la *opción b.* De nuevo, el escritor supone que usted sabe que todo movimiento es relativo, que depende de su marco de referencia y que los objetos que se mueven a su misma velocidad le parecen inmóviles. Usted sólo percibe movimiento en aquellos objetos que tienen un movimiento diferente al suyo.

> **SUGERENCIA**
>
> Cuando esté buscando suposiciones implícitas, saque conclusiones a partir de sus propias experiencias acerca del mundo que lo rodea y a partir de cosas que ya sabe.

**Lea el texto, estudie las gráficas y responda las preguntas que se presentan a continuación.**

Cuando usted describe el movimiento de un objeto, puede estudiar cuál es la distancia que ha recorrido el objeto. O puede estudiar con qué velocidad se ha movido el objeto. O puede explicar cuánto tiempo estuvo en movimiento. Con la utilización de una gráfica, usted tiene una de las formas de describir el movimiento de un objeto.

La gráfica de la izquierda muestra la distancia que recorrió un tren durante un periodo de tiempo determinado. La gráfica de la derecha muestra la velocidad media del tren durante ese periodo de tiempo.

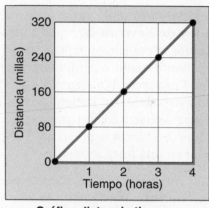

**Gráfica distancia-tiempo**

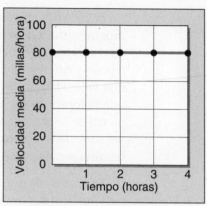

**Gráfica velocidad-tiempo**

1. Marque con una "X" la distancia que ha recorrido el tren después de tres horas.

   _____ a. 80 millas

   _____ b. 240 millas

2. Marque con una "X" cuál ha sido la velocidad media del tren durante las cuatro horas de viaje.

   _____ a. 80 millas por hora

   _____ b. 320 millas por hora

3. La velocidad que se muestra en la gráfica velocidad-tiempo es uniforme. Marque con una "X" la suposición implícita que sugiere la velocidad del tren.

   _____ a. La velocidad real del tren no varió en ningún momento durante el viaje de cuatro horas.

   _____ b. La velocidad media de un tren no es lo mismo que su velocidad real.

4. Marque con una "X" la suposición implícita que se refiere a la relación entre las dos gráficas.

   _____ a. El tiempo aparece en una ordenada en cada una de las gráficas.

   _____ b. La velocidad aparece en una ordenada en cada una de las gráficas.

   _____ c. Las gráficas muestran dos aspectos del mismo viaje.

**Las respuestas comienzan en la página 303.**

Una **fuerza** empuja o tira de la materia y de este modo cambia la velocidad o la dirección del movimiento de un objeto. Por ejemplo, si usted está empujando un cochecito de niño, puede hacer que el cochecito se mueva más rápido si aumenta la cantidad de fuerza que aplica sobre él. También puede cambiar la dirección del movimiento del cochecito si cambia el ángulo con el que aplica la fuerza. Cualquier cambio (sea un aumento o una disminución) en la velocidad de un objeto o en su dirección de movimiento se denomina **aceleración.**

El científico inglés Isaac Newton formuló varias leyes acerca del movimiento. **La primera ley de Newton** dice que, a no ser que sea afectado por una fuerza exterior, un objeto en reposo tiende a permanecer en reposo y un objeto en movimiento tiende a permanecer en movimiento a una velocidad uniforme y en línea recta. Por ejemplo, cuando usted lanza una pelota, ésta cae al suelo y deja de rodar. Detiene movimiento porque la fuerza de la gravedad la ha atraído hacia abajo y porque la fricción del aire y del suelo la han detenido. Si no existieran la gravedad o la fricción, la pelota seguiría moviéndose sin parar en una línea recta.

La tendencia que tiene un cuerpo u objeto a mantenerse en reposo o en movimiento se conoce como **inercia.** Puede sentir la inercia cuando se encuentra dentro de un autobús que se detiene de repente y ve cómo los pasajeros son lanzados hacia delante y tienen que luchar para mantenerse en pie. Debido a la inercia, las personas dentro del autobús siguen moviéndose hacia adelante.

**La segunda ley de Newton** expresa que un objeto acelera y cambia su velocidad o su dirección (o ambas) cuando una fuerza actúa sobre él. La masa del objeto y la cantidad y dirección de la fuerza que actúa sobre él determinan la velocidad y la dirección con la que acelera el objeto. Por ejemplo, un camión de grandes dimensiones necesita más fuerza que un automóvil pequeño para poder acelerar desde un semáforo con la misma velocidad. La segunda ley de Newton se puede expresar con la siguiente fórmula:

$$\text{fuerza} = \text{masa} \times \text{aceleración}$$

**PRIMERA LEY DE NEWTON**

No hay ninguna fuerza actuando sobre la patineta; la patineta no se mueve.

No hay ninguna fuerza actuando sobre la patineta; la patineta se mueve con velocidad uniforme (Esta posibilidad no es real porque la fricción reduce la velocidad).

**SEGUNDA LEY DE NEWTON**

Una fuerza actúa sobre la patineta; la patineta incrementa su velocidad (acelera).

Instrucciones: Elija la respuesta que mejor responda a cada pregunta.

Las preguntas 1 a 6 se refieren al texto y a los diagramas de la página 184.

1. ¿Cuál de las siguientes situaciones es un ejemplo de la primera ley de Newton?

   (1) Un hombre se da cuenta de que para empujar una carretilla cargada necesita ejercer más fuerza que para empujar una vacía.

   (2) Un paquete que se encuentra en el asiento del automóvil que se desplaza a 60 millas por hora se desliza hacia a delante cuando el automóvil se detiene bruscamente.

   (3) Los pasajeros comprueban que el autobús se mueve con mayor suavidad cuando viaja a 50 millas por hora que cuando viaja a 25 millas por hora.

   (4) Un automóvil que está atascado en una placa de hielo puede moverse cuando se coloca una alfombrilla áspera debajo de las ruedas traseras.

   (5) Un jugador de fútbol americano intercepta un pase y corre en la dirección opuesta a la del lanzamiento.

2. Cuando un cohete llega al espacio exterior, la inercia lo mantiene en movimiento en línea recta y con velocidad uniforme aunque no utilice los motores. ¿Cuál de los elementos siguientes cambiará con mayor probabilidad la dirección de la nave espacial?

   (1) el que se acabe el combustible
   (2) la energía del sol
   (3) la fuerza de fricción
   (4) la fuerza de gravedad
   (5) la aceleración

3. Un ingeniero diseña un auto de carreras que tiene un motor muy potente y una carrocería ligera. ¿Cuál es la suposición que está considerando?

   (1) Un objeto en reposo tiende a permanecer en reposo.

   (2) Un objeto en movimiento tiende a permanecer en movimiento.

   (3) Una gran cantidad de fuerza y una cantidad pequeña de masa producen una rápida aceleración.

   (4) Una gran cantidad de fuerza y una cantidad pequeña de masa producen un movimiento uniforme.

   (5) Una gran cantidad de fuerza y una cantidad pequeña de masa producen mucha inercia.

4. De acuerdo con las leyes de Newton, ¿para cuál de las siguientes situaciones sería necesario aplicar una fuerza exterior?

   (1) Un ciclista que se desliza a 5 millas por hora sigue deslizándose con la misma velocidad y en la misma dirección.

   (2) Una persona que estuvo de pie durante la primera hora de un concierto para el que se agotaron las entradas, sigue de pie en la segunda hora.

   (3) Un pasajero permanece sentado durante cuatro minutos dentro de un vagón del metro que viaja a velocidad constante.

   (4) Un cohete que viaja a través del espacio continúa manteniendo su velocidad y se mueve en línea recta.

   (5) Un automóvil que viaja a 40 millas por hora gira en una curva a la misma velocidad.

5. ¿Entre cuáles de los siguientes factores describe una relación la segunda ley de Newton?

   (1) masa y aceleración
   (2) dirección y fuerza
   (3) dirección, fuerza y aceleración
   (4) masa, fuerza y aceleración
   (5) masa, dirección y aceleración

6. Los equipos de fútbol americano utilizan jugadores grandes y pesados en las líneas de defensa y jugadores más pequeños y ligeros en la parte trasera del campo para correr y para hacer pases. ¿Cuál es la suposición que está detrás de esta estrategia?

   (1) Los jugadores pequeños aceleran con rapidez y los jugadores grandes aplican fuerza para detener a los oponentes.

   (2) Los jugadores grandes tienden a permanecer en reposo y los jugadores pequeños tienden a permanecer en movimiento.

   (3) Los jugadores pequeños pueden atrapar los pases y los jugadores grandes pueden taclear.

   (4) Los jugadores grandes tienden a moverse en línea recta y los jugadores pequeños cambian de dirección fácilmente.

   (5) La fuerza necesaria para detener a un jugador grande es mayor que la que se necesita para detener a un jugador pequeño.

Las respuestas comienzan en la página 303.

# Práctica de GED • Lección 17

Las preguntas 1 y 2 se refieren al texto y diagrama siguientes.

De acuerdo con la **tercera ley de Newton,** cuando un objeto ejerce una fuerza sobre un segundo objeto, el segundo objeto ejerce una fuerza opuesta de la misma intensidad sobre el primero. Esta fuerza se denomina fuerza de reacción.

### TERCERA LEY DE NEWTON

Reacción: el bañista empuja la plataforma flotante hacia atrás.

Acción: la plataforma flotante empuja al bañista hacia adelante.

Usted puede sentir los efectos de la tercera ley de Newton si se lanza de cabeza dentro del agua desde uno de los lados de una plataforma flotante no anclada o ligeramente sujeta. Sus pies empujarán la plataforma y la plataforma lo lanzará hacia a delante en el mismo momento en que la empuja hacia atrás.

1. ¿Cuál de los siguientes es un ejemplo de una fuerza de reacción?

   (1) las ráfagas de aire caliente que salen de un globo
   (2) el viento que vuela contra una cometa
   (3) una pelota que golpea un muro
   (4) el retroceso de un rifle que se dispara
   (5) la brazada de un nadador contra el agua

2. El motor de un cohete está diseñado de acuerdo con los principios de la tercera ley de Newton. ¿Cuál de las siguientes causas hace que el cohete se mueva hacia adelante?

   (1) el aire que fluye a través del motor desde la parte frontal a la parte trasera
   (2) la elevación causada por las diferencias en la velocidad del aire entre la parte superior y la parte inferior del motor
   (3) la fuerza que ejercen los gases que salen por la parte trasera del motor
   (4) la fuerza de la gravedad que atrae el cohete de vuelta a la Tierra
   (5) la fuerza de fricción ejercida por el aire a través del cual viaja el cohete

3. De acuerdo con Isaac Newton, el **momento** de un objeto puede hallarse si se multiplica su masa por su **velocidad.** Por ejemplo, si alguien le golpea levemente la mano con una regla, apenas lo sentirá. Pero si alguien baja la regla con rapidez y lo golpea con ella en la mano, el golpe le dolerá. Newton mostró que para cambiar el momento de un objeto es preciso aplicar una fuerza. Cuando la regla lo golpea en la mano, usted suministra la fuerza para detenerla y por eso el golpe duele.

   ¿Cuál de los siguientes enunciados apoya la idea de que un camión que se mueve a alta velocidad tiene más momento que un automóvil que se mueve a la misma velocidad?

   (1) El camión tiene mayor masa que el automóvil.
   (2) El automóvil tiene mayor masa que el camión.
   (3) El camión va más rápido que el automóvil.
   (4) El automóvil va más deprisa que el camión.
   (5) El camión y el automóvil experimentan un movimiento relativo.

**SUGERENCIA**

Cuando busque un ejemplo específico de una ley general en ciencias, sustituya los elementos del ejemplo por los elementos generales para comprobar si son apropiados.

# LA FÍSICA DE LOS CINTURONES DE SEGURIDAD Y DE LAS BOLSAS DE AIRE

Las preguntas 4 a 6 se refieren al texto y diagrama siguientes.

De acuerdo con la primera ley de Newton, un cuerpo en movimiento tiende a permanecer en movimiento si no actúa sobre él una fuerza exterior. Por lo tanto, cuando un automóvil choca contra un árbol, se detiene de manera abrupta. Dentro del automóvil, sin embargo, a causa de la inercia el conductor sigue moviéndose hacia a delante hasta que su movimiento es detenido por el volante, el tablero de instrumentos, el parabrisas o el cinturón de seguridad.

Vamos a utilizar un ejemplo específico para explicar cómo funciona el cinturón de seguridad. Imagine un automóvil que se mueve 30 millas por hora, choca contra un árbol y se aplasta 1 pie (esto es, desde el punto de impacto hasta donde se detiene el automóvil hay 1 pie). Si el conductor, que pesa 160 libras, no lleva puesto el cinturón de seguridad, seguirá moviéndose rápidamente hacia adelante hasta chocar contra el parabrisas. Su desplazamiento desde el punto de impacto hasta donde se detiene su cuerpo es de sólo unas pocas pulgadas porque el parabrisas no sigue moviéndose después de la colisión. En este caso, la fuerza del impacto sobre el conductor es de unas 12 toneladas.

Imagine ahora que el conductor llevaba puesto el cinturón de seguridad. El cinturón de seguridad restringe el movimiento hacia adelante después de la colisión. Pero desde el impacto inicial, continuaría moviéndose con el automóvil aproximadamente 1.5 pies. En este caso la fuerza de choque sería de 1.6 toneladas. Utilizar el cinturón de seguridad reduce de manera dramática la fuerza de choque.

¿Cómo funciona una bolsa de aire? Una bolsa de aire no afecta la fuerza de choque, sino que la distribuye en un área mayor y así disminuye la presión en cualquier punto dado del cuerpo del conductor.

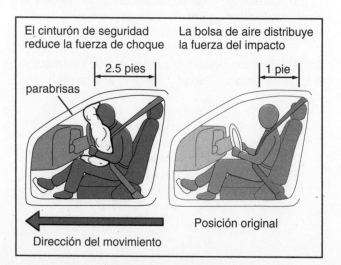

El cinturón de seguridad reduce la fuerza de choque

2.5 pies

parabrisas

La bolsa de aire distribuye la fuerza del impacto

1 pie

Posición original

Dirección del movimiento

4. ¿Cuál de las siguientes es una suposición implícita sugerida en el texto?

(1) La inercia hace que el conductor siga moviéndose hacia delante cuando el automóvil se detiene en una colisión.
(2) En una colisión, una parte del automóvil detendrá a un conductor que no utilice el cinturón de seguridad.
(3) Las bolsas de aire han causado los mismos beneficios que perjuicios en los accidentes de automóvil.
(4) Si la fuerza de choque sobre un conductor es menor, lo más probable es que las heridas sean menos serias.
(5) Las bolsas de aire distribuyen la fuerza de choque en un área mayor del cuerpo del conductor.

5. ¿Cómo funciona el cinturón de seguridad?

(1) restringe el movimiento hacia adelante y aumenta la fuerza de choque
(2) restringe el movimiento hacia adelante y disminuye la fuerza de choque
(3) aumenta el movimiento hacia adelante y disminuye la fuerza de choque
(4) aumenta el movimiento hacia adelante y aumenta la fuerza de choque
(5) concentra la fuerza de choque en un área pequeña del cuerpo

6. ¿A cuál de los siguientes se parece más el principio de funcionamiento de una bolsa de aire?

(1) a un globo de aire caliente, que se eleva porque los gases dentro del globo tienen una densidad menor que los gases que están fuera de él
(2) al motor de un avión de reacción, que mueve al avión hacia delante con una fuerza opuesta y de la misma intensidad a la de los gases calientes que salen por la parte trasera
(3) a un sistema de poleas, que reduce la fuerza necesaria para mover una carga una distancia determinada
(4) a los rodamientos, que reducen la fricción entre las partes en movimiento de una máquina y de esta forma incrementan su eficacia
(5) a las raquetas para la nieve, que distribuyen el peso de una persona en un área grande para que pueda caminar por encima de la superficie de la nieve

**Las respuestas comienzan en la página 304.**

**Instrucciones:** Ésta es una prueba de práctica que dura diez minutos. Después de que transcurran los diez minutos, ponga una marca en la última pregunta que haya respondido. A continuación, termine la prueba y revise sus respuestas. Si la mayoría de sus respuestas fueron correctas, pero no terminó la prueba, trate de responder las preguntas más rápidamente la próxima vez. Elija la respuesta que mejor responda a cada pregunta.

Las preguntas 1 y 2 se refieren al texto y diagrama siguientes.

La gravedad es una fuerza de atracción que afecta a toda la materia. La fuerza de atracción entre dos objetos depende de sus masas y de la distancia que hay entre ellos.

Por ejemplo, la Tierra ejerce su fuerza de gravedad sobre los objetos que están cerca de su superficie y de este modo los atrae hacia su centro. Cuando usted suelta un objeto (una pelota, por ejemplo), cae en línea recta hacia abajo. La Tierra también ejerce su fuerza de gravedad sobre objetos distantes como la Luna, pero la Luna está lejos y por eso la fuerza de la gravedad de la Tierra es más débil. La gravedad de la Tierra es demasiado débil como para que la Luna caiga sobre ella, pero es suficientemente fuerte como para ejercer una atracción sobre ella. Si la Tierra no ejerciera esa fuerza de gravedad, la Luna se desplazaría en un movimiento rectilíneo tal y como muestra la primera ley de Newton. En lugar de eso se mueve en una órbita alrededor de la Tierra.

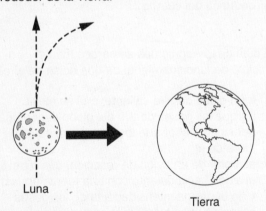

Luna

Tierra

1. ¿De qué manera muestra el diagrama la acción de la fuerza de gravedad entre la Tierra y la Luna?

   (1) La línea recta y discontinua muestra la fuerza de la gravedad de la Tierra propulsando a la Luna.
   (2) La línea curva y discontinua muestra la fuerza de la gravedad de la Tierra propulsando a la Luna.
   (3) La flecha más gruesa muestra la atracción de la Tierra sobre la Luna.
   (4) La flecha más gruesa muestra que la Luna se mueve en línea recta hacia la Tierra.
   (5) La distancia entre la Luna y la Tierra indica que una fuerza está actuando para separarlas.

2. ¿Cuál de las siguientes es una suposición implícita acerca de la masa, que es importante para comprender el texto?

   (1) La masa es el volumen de un objeto.
   (2) La masa es la cantidad de materia que tiene un objeto.
   (3) La fuerza de la gravedad está relacionada con la masa del objeto.
   (4) Algunos objetos no tienen masa.
   (5) La masa de los objetos no se puede medir.

Las preguntas 3 y 4 se refieren al siguiente párrafo.

La rapidez es la distancia que un objeto recorre en una cantidad de tiempo dada. La velocidad se diferencia de la rapidez en que incluye la rapidez y la dirección del movimiento.

3. ¿Cuál es la diferencia entre rapidez y velocidad?

   (1) La rapidez implica distancia y la velocidad, tiempo y distancia.
   (2) La rapidez implica distancia dividida por el tiempo y la velocidad, distancia.
   (3) La rapidez implica distancia dividida por el tiempo y la velocidad implica rapidez y dirección.
   (4) La rapidez es una medida del movimiento y la velocidad es una medida de la distancia.
   (5) La rapidez es una medida del movimiento y la velocidad es una medida del tiempo.

4. ¿Cuál de los siguientes puntos ofrece información acerca de la velocidad y también acerca de la rapidez?

   (1) 100 millas a 60 millas por hora
   (2) 17 metros a 3 metros por segundo
   (3) 100 yardas a 10 yardas por minuto
   (4) 900 kilómetros a 110 kilómetros por hora
   (5) 20 pies hacia el norte a 5 pies por segundo

Las preguntas 5 y 6 se refieren al siguiente texto.

La fricción es la fuerza que reduce la velocidad que tienen los objetos o evita que éstos se muevan. Un ejemplo de fricción es la resistencia del aire, que usted podrá sentir si saca una mano por la ventanilla de un automóvil en movimiento.

Una forma más emocionante de experimentar la resistencia del aire es el paracaidismo. Cuando una paracaidista salta desde un aeroplano, la única fuerza que la afecta es la gravedad que la jala hacia abajo. Cuanto más rápido cae, la fricción del aire alrededor de ella aumenta y la aceleración se reduce. Por fin, a unas 100 ó 150 millas por hora la fuerza de la fricción se equilibra con la fuerza de gravedad y la paracaidista deja de acelerarse. Este momento se denomina velocidad terminal. La velocidad terminal depende de la masa de la paracaidista y de su posición corporal.

Cuando la paracaidista abre el paracaídas, incrementa el área afectada por la resistencia del aire. Entonces su velocidad se reduce a unas 25 millas por hora, una velocidad mucho más segura para el aterrizaje.

5. Un paracaidista aterrizó con una velocidad terminal de 27 millas por hora. En el salto siguiente, su velocidad terminal fue de sólo 24 millas por hora. ¿Cuál de las siguientes causas es la que más probablemente redujo la velocidad terminal?

    (1) Saltó desde una altura mayor.
    (2) Su masa corporal era menor.
    (3) Escogió un lugar diferente para aterrizar.
    (4) Utilizó un paracaídas con una superficie mayor.
    (5) El aeroplano viajaba a una velocidad menor.

6. Para poder calcular el tiempo que tardaría un paracaidista en llegar a la tierra, es necesario conocer la distancia que tiene que recorrer antes de caer, la superficie total y la masa del paracaídas. ¿Qué otra información es probable que también necesite?

    (1) su masa
    (2) su volumen
    (3) su altura
    (4) la velocidad del aeroplano
    (5) el tipo de aeroplano

7. La fricción entre dos objetos sólidos puede reducirse si se lubrican (para ello se añade una capa de fluido entre ellos). Las moléculas de fluidos como el aceite fluyen de manera libre y permiten un movimiento más fácil entre las dos superficies.

¿Cuál podría ser la consecuencia de utilizar un motor que tiene bajo el nivel de aceite?

    (1) la fricción disminuye en las partes móviles
    (2) la fricción aumenta en las partes móviles
    (3) la fricción disminuye en las partes fijas
    (4) la fricción aumenta en las partes fijas
    (5) el movimiento de las partes del motor mejora

8. Un objeto que se mueve en un círculo está cambiando constantemente de dirección. La fuerza que mantiene un objeto en movimiento en un círculo se denomina fuerza centrípeta. Por ejemplo, si usted hace girar una pelota que se encuentra al final de una cuerda, la fuerza de la cuerda tira de la pelota hacia el centro. La inercia de la pelota evita que ésta se desplace hacia el centro.

¿Cuál de los siguientes ejemplos es el más parecido al de la fuerza centrípeta que se describe arriba?

    (1) un proyectil que acaba cayendo en la Tierra
    (2) la fuerza de la fricción en una rampa
    (3) la fuerza de atracción de la gravedad que ejerce la Tierra sobre la estación espacial Mir
    (4) la atracción que se produce entre cargas eléctricas opuestas
    (5) un paracaidista que alcanza la velocidad terminal

9. La velocidad media de un objeto se halla dividiendo la distancia total recorrida por el tiempo. La velocidad instantánea es la velocidad que tiene un objeto en un momento dado. ¿Cuál de los siguientes es un ejemplo de velocidad instantánea?

    (1) un pájaro que se mueve rápidamente de rama en rama
    (2) una pelota de béisbol que recorre 90 pies en 3 segundos
    (3) un viaje de 1,000 millas en automóvil que dura dos días
    (4) un automóvil que acelera de 0 a 30 millas por hora
    (5) un automóvil en el que el indicador de velocidad muestra 65 millas por hora

Las respuestas comienzan en la página 305.

# DESTREZA DE GED **Evaluar qué tan adecuada es la información visual**

Los diagramas, las tablas y los dibujos pueden ser útiles para comprender los objetos, los procesos y las ideas de las ciencias. A pesar de ello, es importante tener cuidado con las conclusiones que pueden extraerse de este tipo de información. Por ejemplo, una ilustración le puede mostrar cuáles son las partes de una máquina. Puede descubrir cómo funciona una máquina si estudia la ilustración. Pero la ilustración no le permitirá saber si la máquina funciona *bien*. Para saberlo necesitaría más datos. Para evaluar si los datos que se ofrecen a través de la información visual son los apropiados para apoyar una conclusión o una generalización, concéntrese en lo que realmente se muestra y evite añadir sus propias interpretaciones o sacar conclusiones que no estén apoyadas por la información.

**SUGERENCIA**

Si tiene que decidir si un diagrama apoya una conclusión, considere que el diagrama es una fuente de datos. Plantéese si esos datos son suficientes para poder sacar la conclusión.

**Estudie el texto y los diagramas. Luego responda las preguntas.**

Científicos, estudiantes de diseño y algunas personas que trabajan en la Antártida están diseñando una bicicleta apta para las condiciones del polo. Debido al frío extremo y a la nieve que se mueve a la deriva, las bicicletas de montaña convencionales no tienen ninguna utilidad en el polo. Entre los diseños que se están probando se incluyen tres tipos de ruedas con bandas de rodamiento anchas.

Goma vulcanizada | Malla de acero inoxidable | Resina de policarbonato

1. Marque con una "X" el tipo de rueda que <u>más se parece</u> al de una bicicleta convencional.

_____ a. la rueda de goma vulcanizada

_____ b. la rueda formada por una malla de acero inoxidable

_____ c. la rueda hueca de resina de policarbonato

Usted acertó si marcó la *opción a*. El diagrama muestra que la rueda de goma es la <u>más parecida</u> a la de una bicicleta convencional.

2. Marque con una "X" la información que necesitaría para decidir qué tipo de rueda funciona mejor.

_____ a. ilustraciones detalladas de cómo funcionan las ruedas y qué aspecto tienen

_____ b. resultados de pruebas llevadas a cabo para cada uno de los tipos de rueda

Usted acertó si escogió la *opción b*. Sólo los datos procedentes de pruebas reales pueden demostrar que una de las ruedas funciona mejor que las demás.

**Lea el texto, estudie el diagrama y responda las preguntas que se presentan a continuación.**

Para levantar un objeto hacia arriba es necesario mucho **esfuerzo,** o fuerza. Sin embargo, la distancia que hay que recorrer para elevar el objeto o **carga,** es corta. Por otro lado, si se desplaza el mismo objeto hacia arriba en un plano inclinado se necesita una cantidad de esfuerzo menor, pero la distancia hasta el punto más alto es mayor.

### COMPARACIÓN DE LA FUERZA Y LA DISTANCIA

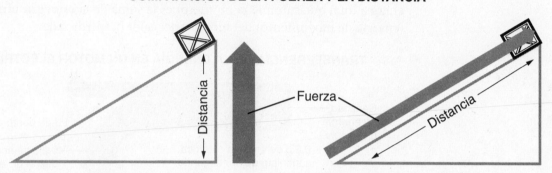

En ambos casos la cantidad de trabajo total que se realiza es la misma. En física, se realiza un **trabajo** cuando una fuerza desplaza un objeto una distancia en la misma dirección de la fuerza. Esta relación puede expresarse de la siguiente forma:

trabajo = fuerza × desplazamiento

1. Escriba *P* junto a la idea principal del texto.

_____ a. Es necesario realizar un esfuerzo mayor cuando se eleva un objeto hacia arriba directamente que cuando se llega al mismo punto a través de una distancia mayor.

_____ b. El trabajo se produce cuando una fuerza desplaza un objeto a una distancia determinada, y puede expresarse con la fórmula *trabajo = fuerza × desplazamiento*.

2. Escriba *D* junto al detalle del texto que apoya la idea principal.

_____ a. Se necesita una cantidad menor de esfuerzo para desplazar un objeto hasta la parte superior de una rampa que para elevarlo directamente hacia arriba.

_____ b. *trabajo = fuerza × desplazamiento*

3. Escriba *D* junto al detalle del diagrama que apoya la idea principal.

_____ a. La distancia que se recorre en el plano es mayor que la distancia que se recorre hacia arriba.

_____ b. La cara vertical de la rampa está en la parte derecha del diagrama.

4. Marque con una "X" todos los tipos de datos que necesitaría para poder calcular la cantidad de trabajo realizado en las ilustraciones.

_____ a. la fuerza que se le aplica a la caja de embalaje

_____ b. la distancia que recorre la caja de embalaje

_____ c. el volumen de la caja de embalaje

Las respuestas comienzan en la página 305.

La **energía** es la capacidad para realizar un trabajo (desplazar la materia de un lugar a otro). En el sistema métrico se mide en julios (J) y en el sistema Inglés en pies-libras. Cuando se realiza un trabajo, la energía se transfiere de un objeto a otro y frecuentemente también cambia de forma durante el proceso. Pero la cantidad de energía total de un sistema no varía. La energía no se crea ni se destruye. Este principio se conoce como el principio de conservación de la energía. Tal y como muestra la ilustración siguiente, la energía total que suministra un motor es la suma de la **energía cinética** (energía de movimiento) del motor y del calor desperdiciado.

**TRANSFERENCIA DE LA ENERGÍA EN UN MOTOR ELÉCTRICO**

Cantidad de energía disponible

0.3 J de energía eléctrica suministrada por segundo

0.1 J de energía cinética

0.2 J de energía desperdiciada como calor en el motor

Vamos a estudiar un ejemplo de transferencia de energía. Al levantar un martillo, usted utiliza la energía que está almacenada en los músculos de sus brazos. Parte de su energía se transforma en energía cinética cuando mueve el martillo. Parte de la energía de su brazo se transforma en **energía potencial,** que es la energía dependiente de la posición. La energía potencial es energía almacenada. Cuanto más alto levante el martillo, le dará más energía potencial. La energía potencial se libera cuando la materia se mueve. Deje caer el martillo y la energía potencial se transformará en energía cinética mientras cae.

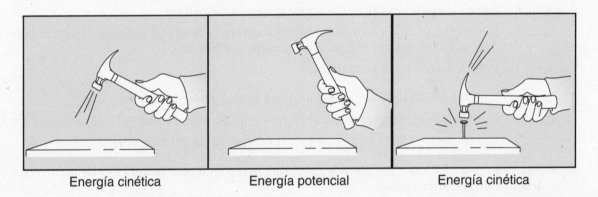

Energía cinética          Energía potencial          Energía cinética

Aprendió otros ejemplos de transferencia de la energía cuando estudió los cambios en los estados físicos de las sustancias (consulte la Lección 14). Por ejemplo, cuando suministra energía calorífica a una cazuela con agua, la energía cinética de las moléculas del agua se incrementa y las moléculas se mueven con mayor rapidez. El agua hierve. En este momento, algunas moléculas han alcanzado la energía cinética suficiente como para separarse del líquido y escapar en forma de gas, como vapor de agua.

Instrucciones: Elija la respuesta que mejor responda a cada pregunta.

Las preguntas 1 a 6 se refieren al texto y a los diagramas de la página 192.

1. ¿Cuál de los siguientes es un ejemplo de energía cinética?

   (1) un niño que está sentado sin moverse
   (2) una noria que gira
   (3) un gato que duerme en la cornisa de una ventana
   (4) un plato que está en el borde de una mesa
   (5) un abrigo que está colgado dentro del armario

2. ¿Cuál de los siguientes es un ejemplo de energía potencial?

   (1) una mujer haciendo ejercicio
   (2) una bicicleta en movimiento
   (3) un automóvil que está parado en la parte superior de una colina
   (4) el viento
   (5) un arroyo que fluye con rapidez

3. Una persona levanta un libro y lo coloca sobre una mesa ¿A cuál de las conclusiones acerca de la energía del libro apoya la información que aparece en las ilustraciones del martillo?

   (1) El libro no tiene energía mientras está en movimiento.
   (2) Cuando el libro deja de moverse, no tiene más energía.
   (3) El libro pierde energía cuando se lo coloca sobre la mesa.
   (4) El libro tiene energía potencial durante el momento en que lo elevan; tiene energía cinética cuando reposa sobre la mesa.
   (5) El libro tiene energía cinética durante el momento en que lo elevan; tiene energía potencial cuando está en reposo sobre la mesa.

4. Un viaje en una montaña rusa comienza cuando la cadena tira de los coches lentamente hasta la parte de arriba de la primera elevación. ¿De qué forma cambia la energía de los coches durante esta elevación?

   (1) Los coches van ganando más energía potencial, de modo gradual, mientras suben.
   (2) Los coches tienen la misma cantidad de energía potencial hasta que llegan a la parte superior de la elevación y luego la energía potencial que tienen aumenta.
   (3) Los coches ganan energía cinética cuando suben.
   (4) Según van subiendo, los coches pierden energía potencial de manera gradual.
   (5) Los coches transfieren parte de sus energías potenciales a la cadena.

5. ¿En cuál de los siguientes cambios de estado están perdiendo energía cinética las moléculas de materia?

   (1) al fundirse un sólido en un líquido
   (2) cuando un líquido hierve y forma un gas
   (3) cuando un líquido se evapora y forma un gas
   (4) cuando un gas se condensa y forma un líquido
   (5) un vapor sobrecalentado

6. En el diagrama de la transferencia de energía que se produce en un motor eléctrico, cerca de la parte superior de la página 192, el ancho de la flecha de la energía eléctrica es el mismo que el ancho total de las flechas de la energía cinética y la energía calorífica juntas. ¿Qué principio se representa?

   (1) La energía eléctrica tiene más potencia que la energía cinética y la energía calorífica juntas.
   (2) La energía es necesaria para mover la materia o para hacer un trabajo.
   (3) La energía potencial es la energía de un objeto inmóvil.
   (4) La energía cinética es la energía de un objeto en movimiento.
   (5) La energía se conserva dentro de un sistema; no se crea ni se destruye.

SUGERENCIA

Las leyendas de un diagrama suelen indicar detalles importantes. Léalas para ver si los datos del diagrama apoyan una conclusión.

Las respuestas comienzan en la página 306.

# Práctica de GED • Lección 18

Instrucciones: Elija la respuesta que mejor responda a cada pregunta.

Las preguntas 1 a 3 se refieren al párrafo y diagrama siguientes.

Los seres humanos hemos aprendido a transformar la energía para poder hacer funcionar las máquinas. Por ejemplo, la energía química de la gasolina se transforma en energía calorífica dentro del motor del automóvil y luego en energía mecánica capaz de moverlo. La energía eléctrica se convierte en energía luminosa para hacer funcionar las luces y en energía acústica o sonido en el equipo estéreo del automóvil. A pesar de todo, no convertimos la energía de una manera muy eficaz. La mayoría de la energía se dispersa en el ambiente en forma de calor.

**CÓMO SE TRANSFIERE LA ENERGÍA EN UN AUTOMÓVIL**

Gasolina (energía química)

El **motor** convierte la energía química en energía calorífica para generar energía mecánica

Las ruedas giran (energía mecánica)

Se desprende energía calorífica

El **alternador** convierte la energía mecánica en energía eléctrica (almacenada en la batería)

Luces (la energía eléctrica se transforma en energía luminosa)

La **batería** convierte la energía química en energía eléctrica

Equipo de sonido (convierte la energía eléctrica en la energía cinética de vibraciones que producen las ondas sonoras)

**SUGERENCIA**

A menudo, la idea principal de un diagrama está expresada en su título. Las flechas se pueden utilizar para indicar cuáles son las relaciones entre las diferentes partes del diagrama.

1. ¿Cuáles son las fuentes de energía química que permiten que un automóvil funcione?

   (1) la batería y el aceite lubricante
   (2) el aceite lubricante y la gasolina
   (3) la gasolina y la batería
   (4) la batería y el motor
   (5) el motor y la transmisión

2. ¿Cuál de las siguientes informaciones es el mejor indicador de la eficacia de un automóvil?

   (1) la cantidad de calor que desperdicia
   (2) la capacidad que tiene su depósito de gasolina
   (3) las millas que recorre por cada galón de gasolina
   (4) las millas que recorre entre los cambios de ruedas
   (5) la mezcla de aire y gasolina dentro del motor

3. ¿Cuál de las siguientes máquinas funciona gracias a la energía mecánica suministrada por el ser humano?

   (1) una motocicleta
   (2) una bicicleta
   (3) un sistema de apertura automática para la puerta de un garaje
   (4) un cortacésped eléctrico
   (5) una secadora de ropa

4. La energía de la Tierra procede de las reacciones nucleares del Sol. La energía del Sol llega a la Tierra en forma de luz y calor. En la Tierra, las plantas verdes transforman la energía luminosa en energía química a través de la fotosíntesis. Los animales obtienen energía alimentándose de las plantas y de otros animales.

   Si la cantidad de energía transformada a través de la fotosíntesis disminuyera, ¿cuál sería el efecto en la Tierra?

   La tierra tendría

   (1) una cantidad mayor de energía luminosa procedente del sol
   (2) una cantidad menor de energía luminosa procedente del sol
   (3) una cantidad mayor de energía calorífica procedente del sol
   (4) una cantidad menor de energía disponible para los seres vivos
   (5) una cantidad mayor de energía disponible para los seres vivos

# LOS AUTOMÓVILES HÍBRIDOS ELÉCTRICOS Y DE GASOLINA

Las preguntas 5 a 7 se refieren al siguiente texto.

Tal vez el automóvil sea una de las máquinas más valoradas en la Tierra, pero es una máquina que utiliza en grandes cantidades una fuente de energía no renovable: la gasolina refinada a partir del petróleo, un combustible fósil muy valioso. Los automóviles tienen además un impacto negativo en el medio ambiente porque desprenden muchas sustancias contaminantes en el aire y porque desperdician calor.

En un automóvil convencional, la gasolina se quema dentro del motor para proporcionar energía calorífica que a su vez se transforma en energía mecánica que impulsa el eje de tracción. La batería sólo se utiliza para proporcionar energía en el momento de arrancar el vehículo y para su uso en ciertas partes como las luces. Casi toda la energía de un automóvil tradicional proviene del motor que quema gasolina.

Un automóvil eléctrico es mucho más limpio que un automóvil convencional. En este caso, el motor funciona con la energía eléctrica que le suministran las baterías. El inconveniente principal de los automóviles eléctricos es que tienen una autonomía limitada. La mayoría sólo puede viajar unas 80 millas antes de que sea necesario recargar las baterías. Y recargar las baterías es un proceso lento (que tarda de tres a ocho horas).

Un diseño más práctico es el de un automóvil que combina un motor de gasolina pequeño con un motor eléctrico impulsado por baterías que se recargan, de manera automática, cuando el motor de gasolina está en funcionamiento. Por lo tanto, en los automóviles híbridos eléctricos y de gasolina, no es necesario enchufar las baterías para recargarlas. Existen dos tipos básicos de vehículos híbridos. En un híbrido en serie el motor de gasolina proporciona energía calorífica que genera energía eléctrica, a su vez almacenada como energía química en las baterías. Las baterías proporcionan energía eléctrica para hacer funcionar el motor que, a su vez, impulsa el eje de tracción. En un híbrido en paralelo, tanto el motor de gasolina como el motor eléctrico pueden impulsar el eje de tracción directamente.

Los automóviles híbridos eléctricos y de gasolina, utilizan una cantidad menor de gasolina que otros automóviles convencionales parecidos. Puesto que además queman menos gasolina, producen menos calor y contaminan menos el aire. Los fabricantes de automóviles vendieron estos primeros modelos híbridos en Estados Unidos en 1999.

5. ¿Cuál es la energía que impulsa el eje de tracción en un automóvil híbrido eléctrico y de gasolina en paralelo?

(1) sólo la energía calorífica
(2) sólo la energía eléctrica
(3) la energía eléctrica y la energía calorífica
(4) la energía luminosa
(5) la energía nuclear

6. ¿Por qué los automóviles híbridos eléctricos y de gasolina son más prácticos que los que sólo son eléctricos?

(1) Tienen una mayor autonomía y las baterías se recargan de manera automática.
(2) Recorren más millas por galón que los eléctricos.
(3) Desprenden menos calor que los eléctricos.
(4) Producen menos contaminación que los eléctricos.
(5) En ambos tipos de automóviles, un motor eléctrico puede impulsar el eje de tracción.

7. Las ventas de los automóviles eléctricos no han sido buenas ni siquiera en los países de Europa o en Japón, donde la gasolina es mucho más cara que en los Estados Unidos. Según esto, ¿qué es lo que más valoran los compradores de un automóvil?

(1) contribuir en un medio ambiente más limpio
(2) conservar las fuentes de energía no renovable
(3) la conveniencia de los automóviles convencionales
(4) los bajos costos de funcionamiento de los automóviles eléctricos
(5) establecer modas con las nuevas tecnologías

**SUGERENCIA**

Cuando se comparan y contrastan cosas, hacer una tabla en la que se describan las características de cada una de ellas es útil para clasificar las semejanzas y diferencias que hay entre ellas.

Las respuestas comienzan en la página 306.

**Instrucciones:** Ésta es una prueba de práctica que dura diez minutos. Después de que transcurran los diez minutos, ponga una marca en la última pregunta que haya respondido. A continuación, termine la prueba y revise sus respuestas. Si la mayoría de sus respuestas fueron correctas, pero no terminó la prueba, trate de responder las preguntas más rápidamente la próxima vez. Elija la respuesta que mejor responda a cada pregunta.

Las preguntas 1 a 4 se refieren al texto y a los diagramas siguientes.

La transmisión del calor de un objeto a otro se puede explicar en función de las moléculas en movimiento. Las moléculas de los objetos calientes tienen más energía cinética y se mueven con más rapidez que las de los objetos fríos. Cuando dos objetos se juntan, las moléculas de mayor energía del objeto más caliente comienzan a chocar con las moléculas del objeto más frío. En este proceso se transmite energía. Este proceso muestra que la frialdad es en realidad la ausencia de calor. Cuando la energía calorífica sale del objeto, el objeto pierde calor y se enfría.

### TRANSFERENCIA DE CALOR ENTRE DOS OBJETOS

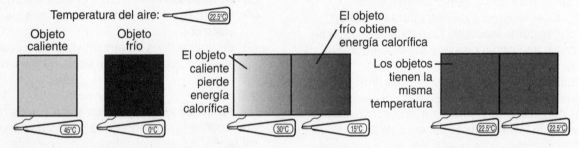

1. De acuerdo con los diagramas, ¿cuándo finaliza la transferencia de calor?

   (1) cuando todas las moléculas dejan de moverse
   (2) cuando los dos objetos tienen la misma temperatura
   (3) cuando los dos objetos se separan
   (4) cuando el objeto frío cede calor al objeto caliente
   (5) cuando el objeto frío comienza a calentarse

2. ¿Cuál de los siguientes ejemplos es el más parecido a la acción de las moléculas dentro de una sustancia que se calienta?

   (1) un automóvil que viaja en línea recta
   (2) una pelota que rueda
   (3) las palomitas de maíz que se abren
   (4) la rotación de la Tierra sobre su eje
   (5) un camión que de repente se detiene

3. Cuando un cubito de hielo se le derrite en la mano, ésta se siente fría. ¿Cuál de las siguientes conclusiones acerca de la transferencia de calor apoyan el texto y los diagramas?

   (1) El frío del hielo fluye hacia su mano.
   (2) El calor de su mano es absorbido por el hielo.
   (3) El hielo pierde su energía calorífica y se derrite.
   (4) Las moléculas de su mano obtienen energía.
   (5) Las moléculas del hielo pierden energía.

4. ¿Qué otro tipo de transferencia de energía entre los objetos de los diagramas puede suceder?

   (1) El objeto frío transmite calor al objeto caliente.
   (2) El objeto frío transmite calor al aire.
   (3) El aire transmite calor al objeto caliente.
   (4) El objeto caliente transmite calor al aire.
   (5) No es probable que suceda ningún otro tipo de transmisión de calor.

Las preguntas 5 y 6 se refieren al párrafo y diagrama siguientes.

En un sistema de polea simple, la carga recorre la misma distancia que la que recorre la cuerda de la que se tira. Una polea no incrementa la cantidad de esfuerzo pero cambia la dirección. En vez de elevar algo hacia arriba, lo que usted hace es tirar de algo hacia abajo.

**CÓMO FUNCIONA UNA POLEA SIMPLE**

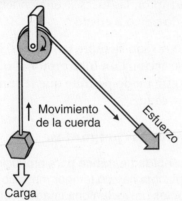

Movimiento de la cuerda

Esfuerzo

Carga

5. ¿Qué información necesitaría para calcular la distancia que recorre la carga en un sistema de poleas?

   (1) el tamaño de la rueda de la polea
   (2) la distancia que recorre la cuerda al tirar de ella
   (3) el peso de la carga
   (4) el esfuerzo
   (5) la longitud total de la cuerda

6. En un sistema de polea simple ideal, el esfuerzo es el mismo que la carga. En la vida real, el esfuerzo es siempre un poco mayor que la carga. ¿Por qué?

   (1) La distancia que recorre la cuerda al tirar de ella es igual a la distancia que recorre la carga.
   (2) La distancia que recorre la cuerda al tirar de ella es mayor que la distancia que recorre la carga.
   (3) La distancia que recorre la cuerda al tirar de ella es menor que la distancia que recorre la carga.
   (4) Cuando la carga se mueve hacia arriba se va haciendo más pesada, y por tanto quien tira de la cuerda tiene que ejercer un esfuerzo mayor.
   (5) La fricción de la rueda de la polea debe compensarse con el esfuerzo al tirar de la cuerda.

7. La mayoría de la energía calorífica que generan los motores de gasolina no se convierte en energía mecánica sino que se desperdicia.

De acuerdo con esta información, ¿por qué es más alta la temperatura en las calles que tienen un tráfico pesado que en las que tienen menos tráfico?

   (1) Las calles que tienen un tráfico pesado absorben más luz solar que las que tienen menos tráfico.
   (2) El calor que despiden los automóviles sube la temperatura en las calles que tienen un tráfico pesado.
   (3) El desgaste de las superficies de la calzada incrementa el calor en las calles que tienen un tráfico pesado.
   (4) Las calles que tienen un tráfico denso tienen menos árboles para hacer sombra.
   (5) Hay más industrias que generan calor cerca de las calles que tienen un tráfico pesado.

8. La potencia es la rapidez con la que se realiza un trabajo. Si un hombre que pesa 165 libras sube un tramo de escaleras de 10 metros de altura, realiza 1650 pies-libras de trabajo. Si lo hace en 3 segundos, su potencia es de 550 pies-libras por segundo (1650 pies-libras dividido entre 3 segundos). Esta cantidad equivale a un caballo de fuerza.

El caballo de fuerza sirve para describir la potencia que tiene un motor. En los automóviles, los motores que tienen más caballos de vapor pueden transportar mayores cargas y aceleran dentro del tráfico más fácilmente. Pero estos motores utilizan más combustible que los motores que tienen menos caballos de fuerza.

¿En cuál de las siguientes situaciones es más probable que tuviera que reemplazar un automóvil con pocos caballos de fuerza por otro que tuviera un motor más potente?

   (1) Ha cambiado de trabajo y ahora recorre una distancia más larga para llegar al trabajo.
   (2) Quiere ahorrar dinero en combustible.
   (3) Se va a trasladar a un lugar en el que hay mucha nieve y le preocupa conducir en carreteras resbaladizas.
   (4) En su nuevo trabajo necesita transportar instrumentos pesados en el automóvil.
   (5) Le preocupa la contaminación del aire.

**Las respuestas comienzan en la página 307.**

# Lección 19

## DESTREZA DE GED **Analizar causa y efecto**

Cuando se plantean las relaciones de causa y efecto, lo que se hace es pensar en cómo un elemento influye en otro. Una causa hace que algo ocurra. El efecto es lo que sucede como resultado de la causa.

Cuando usted acciona un interruptor, las luces se encienden. La acción obvia o causa, produce un resultado obvio o efecto.

Las relaciones de causa y efecto no son siempre tan obvias. Por ejemplo, lo que realmente sucede cuando se acciona un interruptor es que se está cerrando un circuito eléctrico; de este modo permite que la corriente llegue hasta la bombilla y que ésta produzca luz.

**SUGERENCIA**

Cuando evalúe situaciones que impliquen causa y efecto, lea el texto con cuidado para descubrir posibles causas y efectos. Utilice las definiciones y las ecuaciones del texto para descubrir esas relaciones.

**Estudie el texto. Luego, responda las preguntas.**

Una fotocopiadora utiliza la **electricidad estática** para producir copias de documentos. Dentro de una fotocopiadora hay un tambor metálico que recibe una carga eléctrica negativa. Las lentes proyectan una imagen del documento sobre el tambor. Cuando la luz incide sobre el tambor metálico, la carga eléctrica desaparece. Sólo las partes oscuras de la imagen en el tambor mantienen la carga negativa. La copiadora contiene un polvo negro que se denomina tóner. El tóner está cargado positivamente y es atraído por las partes negras de la imagen del tambor que están cargadas negativamente. Entonces, un papel da la vuelta sobre el tambor, el tóner se transfiere al papel y luego se fija con calor. Una fotocopia caliente sale de la máquina.

1. Marque con una "X" el enunciado que explica por qué el tóner forma una imagen del documento en el tambor.

   _____ a. El tóner, positivamente cargado, es atraído por las áreas negativamente cargadas del tambor.

   _____ b. El calor de la máquina hace que el tóner forme una imagen del documento.

Usted acertó si marcó la *opción a*. Las partes oscuras de la imagen tienen carga negativa en el tambor y atraen las partículas de carga positiva del tóner.

2. Marque con una "X" el enunciado que describe qué sucedería si se proyectara sólo luz sobre el tambor al hacer una fotocopia.

   _____ a. Saldría una hoja de papel en blanco.

   _____ b. Saldría una hoja de papel con un color grisáceo.

Usted acertó si escogió la *opción a*. La luz llegaría a todas las áreas del tambor, la carga negativa desaparecería y no habría ninguna carga para atraer al tóner. Por lo tanto, obtendría una copia en blanco.

**Lea el texto, estudie los diagramas y responda las preguntas que se presentan a continuación.**

Ya sabe que los átomos están formados por partículas denominadas protones, electrones y neutrones. Los protones y los electrones tienen carga eléctrica. Los protones tienen carga positiva (+) y los electrones tienen carga negativa (–). Los neutrones no tienen carga, son neutros (0).

Las fuerzas de atracción entre los protones de carga positiva y los electrones de carga negativa permiten que el átomo se mantenga unido. Hay una regla básica con respecto a las cargas eléctricas: las cargas diferentes se atraen y las cargas iguales se repelen.

Cuando los electrones se mueven de los átomos de un objeto a otro, los objetos tienen una carga temporal que se llama electricidad estática. Por ejemplo, si fricciona un peine en una tela, la fricción hace que el peine atraiga electrones y quede cargado negativamente. Cuando el peine negativamente cargado se acerca a pedazos de papel, éste repele los electrones del papel y la superficie del papel se carga positivamente. En la ilustración se muestra la interacción del peine con los pedazos de papel.

### ELECTRICIDAD ESTÁTICA

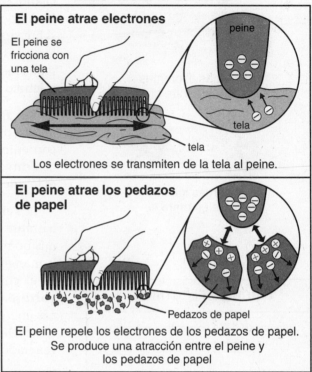

**El peine atrae electrones**

El peine se fricciona con una tela

peine

tela

tela

Los electrones se transmiten de la tela al peine.

**El peine atrae los pedazos de papel**

Pedazos de papel

El peine repele los electrones de los pedazos de papel. Se produce una atracción entre el peine y los pedazos de papel

1. Un átomo que tiene el mismo número de protones y de electrones tiene una carga global neutra. Marque con una "X" el tipo de cambio que tendría un átomo que recibiera un electrón.

   _____ a. Tendría carga negativa.

   _____ b. Tendría carga positiva.

2. De acuerdo con el texto y el diagrama, cuando un peine con carga negativa se acerca a los pedazos de papel, los electrones de los pedazos de papel se alejan de la superficie, la cual se carga positivamente. Marque con una "X" el resultado de este proceso.

   _____ a. Los pedazos de papel se alejan del peine.

   _____ b. Los pedazos de papel se acercan al peine.

3. Los átomos y las moléculas que tienen carga eléctrica se denominan iones. Marque con una "X" cuál es el resultado más probable cuando se mezclan iones positivos y negativos.

   _____ a. Los iones positivos y negativos se atraen entre sí.

   _____ b. Los iones positivos permanecerán agrupados entre sí.

**Las respuestas comienzan en la página 308.**

Líneas de fuerza

Las cargas diferentes
se atraen entre sí

Las cargas iguales
se repelen entre sí

## CIRCUITO ELÉCTRICO

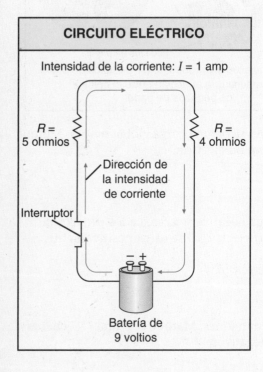

Intensidad de la corriente: *I* = 1 amp

*R* =
5 ohmios

*R* =
4 ohmios

Dirección de
la intensidad
de corriente

Interruptor

Batería de
9 voltios

El área de fuerza que rodea una partícula con carga se denomina **campo eléctrico.** La fuerza de un campo eléctrico depende de la distancia que hay desde la partícula con carga: cuanto mayor sea la distancia, menor será la fuerza del campo. El campo eléctrico de una partícula con carga ejerce una fuerza sobre cualquier otra partícula con carga. La fuerza será de atracción si las partículas son de cargas diferentes, y de repulsión si tienen la misma carga. La fuerza de un campo eléctrico hace que los electrones se muevan.

La capacidad que tienen los electrones de moverse de un lugar a otro permite la existencia de la **corriente eléctrica.** La corriente eléctrica es el flujo de electrones o de otras partículas con carga. La corriente eléctrica que fluye a través de los cables es lo que suministra energía a sus electrodomésticos.

Los electrones fluyen a través de un cable de un modo bastante similar al del agua dentro de una manguera. Del mismo modo que la presión del agua empuja el agua dentro de la manguera, existe un tipo de "presión" eléctrica que empuja a los electrones dentro del cable. Esta "presión" se denomina **voltaje.** El voltaje se mide en voltios, una unidad que se refiere a la energía que proporciona la fuente de voltaje por unidad de carga. Dos fuentes comunes de voltaje son las baterías y los generadores.

Para que la corriente eléctrica fluya, los electrones tienen que viajar dentro un sistema cerrado y continuo. El **circuito eléctrico** proporciona este tipo de trayecto. Por lo común, las partes de un circuito eléctrico son una fuente de electrones, una carga o resistencia y un interruptor para abrir o cerrar el circuito. En el diagrama, la fuente de los electrones es una batería de 9 voltios. Las líneas en forma de sierra son las resistencias. Una resistencia puede ser una bombilla, un electrodoméstico o un motor (cualquier elemento que utilice o impida el flujo de la corriente eléctrica).

La intensidad de la corriente eléctrica *(I)* se mide en amperios (amp.). La resistencia *(R)* se mide en ohmios. La intensidad de corriente, el voltaje *(V)* y la resistencia están relacionados en la siguiente ecuación:

$$V = I \times R$$
$$9V = I \times (4\ ohmios + 5\ ohmios)$$
$$9 = I \times 9$$
$$1 = I$$

Instrucciones: Elija la respuesta que mejor responda a cada pregunta.

Las preguntas 1 a 7 se refieren al texto y a los diagramas de la página 200.

1. ¿Qué es un campo eléctrico?

   (1) una partícula con carga
   (2) el flujo de electrones
   (3) un grupo de electrones
   (4) un grupo de protones
   (5) un área de fuerza

2. ¿Qué efecto se produciría si se disminuyera la distancia entre las partículas con cargas diferentes del diagrama superior de la página 200?

   (1) incrementarían sus cargas eléctricas
   (2) disminuirían sus cargas eléctricas
   (3) incrementaría el flujo de electricidad
   (4) incrementaría la fuerza de atracción entre ellas
   (5) reduciría la fuerza de atracción entre ellas

3. ¿Por qué se compara el voltaje con la presión del agua?

   (1) En ambos casos se proporciona energía para mover los electrones de un lugar a otro.
   (2) En ambos casos se hace posible el flujo de algo de un lugar a otro.
   (3) En ambos casos se mide en unidades de energía llamadas voltios.
   (4) En ambos casos hay una transferencia de partículas con carga.
   (5) Ambos pueden utilizarse para alimentar una batería química.

**SUGERENCIA**

Para poder responder "por qué" sucede algo, debería buscar una causa en el texto o en el diagrama.

4. ¿Qué es la corriente eléctrica?

   (1) la atracción de cargas opuestas
   (2) la atracción entre protones y electrones
   (3) el flujo de electrones o de otras partículas con carga
   (4) algo que reduce el flujo de electrones
   (5) el voltaje de una fuente de energía

5. ¿Para qué sirve un interruptor en un circuito eléctrico?

   (1) para abrir o cerrar el circuito y controlar así el flujo de la corriente
   (2) para proporcionar la energía que hace que el flujo de electrones comience
   (3) para acelerar el flujo de la corriente eléctrica
   (4) para reducir la velocidad del flujo de la corriente eléctrica
   (5) para suministrar energía a la resistencia

6. Si el voltaje del circuito de la página 200 se incrementara a 18 voltios y la resistencia siguiera siendo igual, ¿cuál sería el efecto en la corriente?

   (1) seguiría siendo la misma
   (2) se reduciría a la mitad
   (3) se multiplicaría por dos
   (4) se reduciría a cero
   (5) sería la misma que el voltaje

7. Si se aumenta la resistencia del circuito de la página 200 y el voltaje permanece constante, ¿cuál será el resultado?

   (1) aumentará la corriente
   (2) disminuirá la corriente
   (3) se detendrá el flujo de corriente
   (4) se abrirá el interruptor
   (5) pasarán más electrones por cada resistencia

**Las respuestas comienzan en la página 308.**

Instrucciones: Elija la respuesta que mejor responda a cada pregunta.

Las preguntas 1 a 4 se refieren al texto y diagrama siguientes.

Tal y como se muestra en el diagrama, alrededor de un cable por el que fluye corriente eléctrica se forma un campo magnético. La relación que existe entre la electricidad y el magnetismo se denomina **electromagnetismo.**

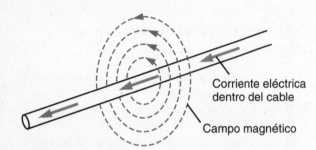

Corriente eléctrica dentro del cable

Campo magnético

Los imanes temporales de gran potencia, denominados electroimanes, pueden fabricarse si se rodea una barra de hierro dulce con bobinas de cable y se transmite electricidad a través del cable. Cuando se apaga la corriente que pasa a través del cable, el electroimán pierde sus propiedades magnéticas. Cuando la corriente vuelve a encenderse, el electroimán recupera sus propiedades magnéticas. La potencia de un electroimán depende del número de vueltas que tiene el cable alrededor de la barra de hierro y de la cantidad de corriente.

1. ¿Con qué enunciado se expresa mejor la relación entre la electricidad y el magnetismo que se describe en el texto?

   (1) Los electroimanes forman campos magnéticos.
   (2) Los imanes producen electricidad.
   (3) Rodear el hierro con cable produce magnetismo.
   (4) Una corriente eléctrica produce un campo magnético.
   (5) Un imán de hierro puede producir un campo magnético.

2. Una grúa en un lugar de construcción tiene un gran electroimán. ¿Para cuál de las siguientes tareas será más útil la grúa?

   (1) para transportar piezas de hierro a largas distancias
   (2) para recoger piezas de metal dentro del área y depositarlas en otra zona del área
   (3) para generar electricidad para el área que rodea el lugar de construcción
   (4) para fundir fragmentos pequeños de metal dentro del lugar de construcción
   (5) para levantar todos aquellos objetos que sean demasiado pesados para las otras máquinas del lugar

3. Todos los imanes tienen un polo norte y un polo sur. Los polos opuestos se atraen y los iguales se repelen. Por eso el polo sur de la aguja de una brújula apunta al polo norte magnético de la Tierra. Cuando se coloca una brújula cerca de un cable que transporta electricidad, la aguja no apunta al norte. ¿Por qué sucede esto?

   (1) La aguja ya no puede apuntar hacia el norte.
   (2) El cable del circuito apunta hacia el norte.
   (3) La aguja responde al campo magnético producido por la corriente del cable.
   (4) Los electrones de la aguja se mueven de una parte a otro.
   (5) La aguja de la brújula se transforma en un electroimán.

4. ¿Cuál de las siguientes hipótesis apoya la información del texto y del diagrama?

   (1) Los electroimanes son más potentes que los imanes naturales.
   (2) Cuando se inventaron los electroimanes, los imanes naturales dejaron de usarse.
   (3) Un imán puede invertir la dirección de una corriente eléctrica.
   (4) La potencia de un electroimán depende del material que se utilice para fabricar el imán.
   (5) El magnetismo se relaciona con el movimiento de los electrones.

## EL DESCUBRIMIENTO DEL ELECTROMAGNETISMO

Las preguntas 5 a 7 se refieren al siguiente texto.

En 1820, durante una clase, el físico danés Hans Oersted comprobó que una corriente eléctrica que había producido cambiaba la dirección de la aguja de una brújula cercana. Concluyó que una corriente eléctrica podía producir un campo magnético. Oersted fue el primero en demostrar que la electricidad y el magnetismo están relacionados (un descubrimiento que cambió la historia porque permitió descubrir máquinas que funcionan con electromagnetismo).

Poco después, el científico francés André-Marie Ampère comprobó que los cables podían comportarse como imanes si una corriente eléctrica pasaba a través de ellos. También mostró que al invertir la dirección de la corriente, se invertía también la polaridad del campo magnético.

En 1821, el científico inglés Michael Faraday mostró que podía suceder lo contrario a lo que Oersted había observado: un imán podía producir que un cable que transportara electricidad se moviera. Este fenómeno es el principio en que se basa el motor eléctrico, el cual convierte la energía eléctrica en energía mecánica. En 1840, varios inventores habían producido varios motores eléctricos con diseños y eficacias diferentes. Faraday también descubrió que un campo magnético en movimiento hace que la corriente eléctrica de un cable fluya. Este fenómeno es la base de la producción de electricidad por generadores.

5. ¿Cuál es el descubrimiento importante que hizo Oersted?

   (1) Una corriente eléctrica que fluye por un cable produce un campo magnético.
   (2) La Tierra tiene un campo magnético porque hace que las agujas de las brújulas señalen hacia el norte.
   (3) Un campo magnético hace que la corriente eléctrica fluya.
   (4) Un imán hace que un cable que transporta electricidad se mueva.
   (5) Un motor eléctrico convierte la energía eléctrica en energía mecánica.

6. ¿Cuál de las siguientes es una suposición implícita basada en el texto?

   (1) Una corriente eléctrica produce un campo magnético.
   (2) El funcionamiento de un motor eléctrico se basa en el electromagnetismo.
   (3) La aguja de una brújula está magnetizada.
   (4) La electricidad y el magnetismo están relacionados.
   (5) Oersted descubrió el electromagnetismo.

7. ¿Cuál de los siguientes enunciados fue un resultado del descubrimiento del electromagnetismo?

   (1) el uso de combustibles fósiles para suministrar energía a los motores de combustión interna
   (2) el uso de vapor para hacer funcionar las locomotoras
   (3) el uso de molinos de viento para bombear agua
   (4) la generación de electricidad a gran escala mediante el movimiento de campos magnéticos
   (5) el uso de baterías para producir energía eléctrica

8. Los antiguos chinos, griegos y romanos sabían que el magnetismo era una propiedad natural de ciertas rocas (la calamita, por ejemplo). Pero hasta el siglo XIII prácticamente los únicos usos del magnetismo eran las brújulas, que se utilizaron en la navegación por primera vez aproximadamente en esa época. Sin embargo, a partir de los descubrimientos de Oersted, Ampère y Faraday en el siglo XIX, el interés en el terreno del magnetismo se incrementó notablemente.

   ¿Cuál de las siguientes es la explicación más posible del creciente interés por el magnetismo en el siglo XIX?

   (1) Se descubrieron nuevos usos para la calamita.
   (2) La navegación era mucho más precisa gracias a las brújulas magnéticas.
   (3) Había más científicos en el siglo XIX que en los siglos anteriores.
   (4) Un interés renovado por las civilizaciones antiguas produjo nuevos descubrimientos científicos.
   (5) El electromagnetismo tenía muchas aplicaciones potenciales de gran valor.

**Las respuestas comienzan en la página 308.**

**Instrucciones:** Ésta es una prueba de práctica que dura diez minutos. Después de que transcurran los diez minutos, ponga una marca en la última pregunta que haya respondido. A continuación, termine la prueba y revise sus respuestas. Si la mayoría de sus respuestas fueron correctas, pero no terminó la prueba, trate de responder las preguntas más rápidamente la próxima vez. Elija la respuesta que mejor responda a cada pregunta.

Las preguntas 1 a 3 se refieren al siguiente párrafo.

Un conductor es una sustancia que permite que la corriente eléctrica fluya a través de él con facilidad. Los metales como el cobre, el oro y el aluminio son los mejores conductores. Un aislante es una sustancia que se opone al flujo de los electrones. Los aislantes suelen ser no metales como el vidrio, el plástico y la porcelana.

1. ¿Cuál de los siguientes es un buen aislante?

   (1) el aluminio
   (2) el cobre
   (3) el oro
   (4) la goma de caucho
   (5) la plata

2. ¿Cuál de los siguientes se utilizaría mejor como conductor?

   (1) cable eléctrico para una lámpara
   (2) la cubierta de una toma de corriente eléctrica
   (3) las suelas de los zapatos para los reparadores de los tendidos eléctricos
   (4) la base decorativa para una lámpara
   (5) la parte exterior de una bombilla

3. ¿Cuál de las siguientes conclusiones está apoyada por la información del párrafo?

   (1) Lo más probable es que una tubería de plata tenga menor resistencia que una tubería de plástico.
   (2) La capacidad de una sustancia para conducir electricidad depende de su temperatura.
   (3) La plata es mejor aislante que la porcelana.
   (4) Lo más probable es que un tubo de cristal tenga una menor resistencia que un tubo de cobre.
   (5) Los electrones se mueven más fácilmente a través de los no metales que a través de los metales.

Las preguntas 4 y 5 se refieren al párrafo y a los diagramas siguientes.

En un circuito en serie, hay sólo un posible trayecto para la corriente eléctrica. Cuando el circuito se abre la corriente deja de fluir. En un circuito en paralelo, la corriente fluye por dos o más caminos separados. Si se interrumpe la corriente en uno de los trayectos, ésta sigue fluyendo por el resto de ellos.

**Circuito en serie**    **Circuito en paralelo**

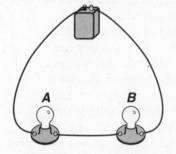

4. Estudie los diagramas. Imagine que las bombillas con las letras A y C se funden. ¿Cuál sería el resultado?

   (1) Habría que reemplazar el cable que está entre A y B.
   (2) La bombilla B tampoco se encendería.
   (3) La bombilla D tampoco se encendería.
   (4) Es necesario cambiar los cables del circuito en paralelo.
   (5) Los dos circuitos necesitan una batería nueva.

5. Una de las bombillas de la cocina se fundió pero el resto de las luces del mismo circuito siguen funcionando. ¿Cuál de los siguientes enunciados apoya la conclusión de que la cocina utiliza un sólo circuito en paralelo?

   (1) Un corte de la corriente hizo que la luz se apagara.
   (2) La corriente se detuvo en todo el circuito.
   (3) La corriente sigue en todos los trayectos del circuito excepto en uno.
   (4) Un fusible cortó la corriente.
   (5) La bombilla fundida estaba en su propio circuito en serie.

Las preguntas 6 y 7 se refieren al párrafo y diagrama siguientes.

En un motor eléctrico sencillo, la corriente directa procedente de una batería fluye a través de una bobina que está dentro de un imán fijo. Cuando la corriente fluye por la bobina, ésta se magnetiza y adquiere un polo norte y un polo sur. Puesto que los polos iguales se repelen y los opuestos se atraen, la bobina da medio giro para que su polo norte esté enfrente del polo sur del imán. La corriente que pasa por la bobina se invierte en este momento y el campo magnético se invierte también. La bobina da otro medio giro. La corriente sigue alternándose y la bobina, que sigue unida al eje del motor, continúa girando.

### EL MOTOR ELÉCTRICO

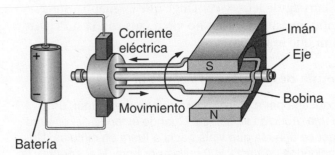

6. De acuerdo con el texto y el diagrama, ¿qué es lo que hace que el eje del motor gire?

   (1) la batería
   (2) la rotación de la bobina
   (3) la rotación del imán
   (4) los polos del imán
   (5) el centro del imán

7. ¿Qué sucedería si la corriente de la bobina fluyera siempre en la misma dirección?

   (1) La bobina dejaría de girar.
   (2) La bobina giraría con mayor rapidez.
   (3) El campo magnético del imán fijo se invertiría.
   (4) El campo magnético de la bobina se invertiría.
   (5) La batería no se acabaría nunca.

8. La inducción electromagnética se utiliza para producir electricidad a partir del magnetismo. Una barra de imán se introduce dentro de una bobina de cable y produce corriente eléctrica siempre que el imán se mueva.

¿Cuál de los siguientes ejemplos utiliza el principio de la inducción electromagnética?

   (1) un electroimán, que utiliza electricidad para producir un campo magnético
   (2) una turbina, que se mueve gracias a un líquido en movimiento
   (3) un motor de combustión interna, que quema combustible para generar energía calorífica
   (4) una batería, que utiliza energía química para producir electricidad
   (5) un generador, que utiliza el campo magnético para producir electricidad

La pregunta 9 se refiere a la siguiente tabla.

| FUERZA | DESCRIPCIÓN |
| --- | --- |
| Gravedad | La fuerza de atracción que hay entre una estrella, un planeta o un satélite y los objetos que están cerca de ellos. |
| Electromagnética | La fuerza de atracción que hay entre electrones con carga negativa y protones con carga positiva que mantiene a los átomos unidos. |
| Nuclear débil | La fuerza que causa la desintegración radiactiva del núcleo del átomo. |
| Nuclear fuerte | La fuerza que une los protones y los neutrones en el núcleo del átomo. |

9. ¿Cuál de las siguientes fuerzas fundamentales implica atracción entre objetos y puede verse con facilidad en el mundo que nos rodea?

   (1) la gravedad
   (2) el electromagnetismo
   (3) la fuerza nuclear débil
   (4) la fuerza nuclear fuerte
   (5) Todas las fuerzas operan sólo a nivel subatómico.

Las respuestas comienzan en la página 309.

# DESTREZA DE GED Identificar la lógica incorrecta

Cuando lea materiales de Ciencias necesita estar alerta ante ejemplos de lógica incorrecta. Uno de los tipos de lógica incorrecta es el **argumento circular.** En un argumento circular, las razones que apoyan la conclusión simplemente dicen con otras palabras la misma conclusión. Imagínese que Jana le dice a Luis que es guapo porque es bello. Éste es un argumento circular. El significado de guapo es el de ser bello y por lo tanto Jana no está proporcionando ninguna prueba adicional ni razones que justifiquen su conclusión de que Luis es guapo.

**argumento circular** una forma de lógica incorrecta en la que la conclusión se basa en razones que simplemente expresan la conclusión con otras palabras

**generalización apresurada** una forma de lógica incorrecta en la que la conclusión está basada en pruebas insuficientes

Otra forma de lógica incorrecta es la **generalización apresurada.** En una generalización apresurada la conclusión se basa en pruebas insuficientes. Si Jana ve a Luis desde lejos y concluye que es guapo, estará haciendo una generalización apresurada. Jana no vio a Luis con la suficiente claridad como para concluir que es guapo.

**Estudie el texto. Responda después las preguntas.**

El tsunami es una **ola** causada por un terremoto en el fondo del mar, un desplazamiento de tierra o una erupción volcánica. Cuando el fondo del océano sufre una perturbación, produce una ola que viaja hacia a fuera en círculos. Un tsunami puede viajar a velocidades de hasta 500 millas por hora. Mar adentro, la ola puede tener sólo dos o tres pies de altura. Pero según va llegando a la zona costera menos profunda, va creciendo y ganando altura con rapidez. Cuando alcanza la orilla del mar, un tsunami puede tener más de 50 pies de altura. Estas olas pueden hacer desaparecer áreas costeras enteras. Entre los años 1992 y 1997, los tsunamis causaron la muerte de más de 1800 personas en los alrededores del Océano Pacífico.

**SUGERENCIA**

Cuando lea, compruebe la lógica de los hechos, ideas y conclusiones que se presentan. Plantéese si lo que lee tiene sentido y si los hechos apuntan a esa conclusión.

1. Marque con una "X" la razón por la que los tsunamis son peligrosos.

    _____ a. Plantean muchos peligros.

    _____ b. Causan inundaciones y muertes y producen daños materiales.

Usted acertó si marcó la *opción b,* que da razones específicas por las que los tsunamis son peligrosos. La *opción a* es incorrecta porque es un argumento circular. Es otra forma de decir que los tsunamis son peligrosos.

2. Escriba *C* junto a la conclusión apoyada por pruebas suficientes procedentes del texto.

    _____ a. La mayoría de los tsunamis se forman en el Océano Pacífico.

    _____ b. Un tsunami no es demasiado peligroso cuando está mar adentro.

Usted acertó si escogió la *opción b.* Una ola de 1 ó 2 pies de altura no es peligrosa. La *opción a* es una generalización apresurada. La cantidad total de muertos en el Pacífico no es una prueba suficiente que permita concluir que los tsunamis suelen suceder allí.

**Lea el texto, estudie el diagrama y responda las preguntas que se presentan a continuación.**

Una onda es una perturbación que se propaga a través del espacio o de la materia. Las ondas transfieren energía de un lugar a otro. Todas las ondas, incluidas las olas del mar, tienen ciertas características básicas comunes.

Cuando el mar está en calma absoluta, el agua está en su posición de reposo. Cuando la ola se eleva, el agua llega a alcanzar una altura. Este punto que alcanza la ola se denomina **cresta**. La distancia que va desde la posición de reposo hasta la cresta es la **amplitud**. Cuanto más grande es la amplitud, la energía de la ola es mayor.

Cuando la ola cae, alcanza un punto mínimo que se denomina **valle**. El valle está a la misma distancia de la posición de reposo que la cresta. La **longitud de onda** es la distancia que hay entre dos puntos similares en un ciclo de la onda. Por ejemplo, la longitud de onda puede medirse desde un valle de la onda hasta el siguiente.

**UNA ONDA**

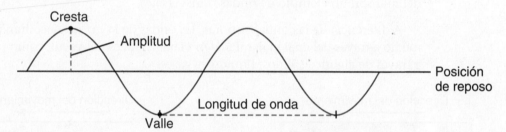

1. Marque con una "X" la mejor explicación de lo que es una onda.

_____ a. una alteración que viaja a través del espacio o de la materia

_____ b. una forma o esquema que tiene una curva después de otra

2. Marque con una "X" las conclusiones que sean generalizaciones apresuradas basadas en la información del texto y del diagrama.

_____ a. Todas las ondas tienen ciertas características básicas como la amplitud y la longitud de onda.

_____ b. Todas las ondas tienen una longitud de onda de al menos el doble de su amplitud.

_____ c. Una onda de 10 pies de altura tiene más energía que una ola de 5 pies de altura.

_____ d. La longitud de onda puede determinarse midiendo la distancia que hay entre dos valles o crestas consecutivos.

_____ e. Para medir la longitud de onda con precisión, se necesitan al menos dos valles.

3. "La mayoría de los deportistas que practican "surfing" prefieren olas de gran amplitud porque son altas". La oración previa es un ejemplo de razonamiento circular. Marque con una "X" el enunciado que <u>mejor</u> explica por qué el razonamiento es circular.

_____ a. Las olas tienen mucha energía y es divertido practicar en ellas.

_____ b. Decir que una ola tiene una gran amplitud es lo mismo que decir que es alta.

_____ c. No hay pruebas suficientes de que los deportistas que practican el "surfing" prefieran las olas más altas.

**Las respuestas comienzan en la página 310.**

El sonido se propaga a través de ondas. Para que una onda de sonido viaje, necesita un medio, una sustancia que sea capaz de transmitirla. El medio puede ser un sólido, un líquido o un gas. La mayoría de los sonidos que escuchamos viajan a través del aire, un gas. Pero también podemos escuchar sonidos debajo del agua y a través de sólidos como las paredes.

Una onda sonora empuja las moléculas del medio hacia adelante y hacia atrás de manera paralela a la línea de movimiento de la onda. Durante un ciclo completo de una onda de sonido, las moléculas son presionadas unas contra las otras en compresión y luego se dispersan en una rarefacción. Puede pensar en el movimiento de la onda como un empujón hacia adelante y un tirón hacia atrás. Éstas ondas se llaman **ondas longitudinales.**

La luz también se propaga mediante ondas. En una onda luminosa, la alteración se produce en ángulo recto con respecto a la dirección en la que se mueve la onda. Estas ondas se denominan **ondas transversales.** Las olas del mar son un ejemplo de ondas transversales.

A diferencia de las ondas sonoras, las ondas de la luz no necesitan un medio a través del cual viajar. Pueden viajar a través del vacío, como también a través de algunos sólidos, líquidos y gases.

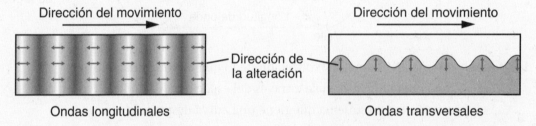

Ondas longitudinales                     Ondas transversales

La luz común, denominada luz blanca, tiene ondas de diferentes longitudes de onda. Cada uno de los colores tiene su propia longitud de onda. Cuando la luz blanca pasa a través de un prisma, una pieza de cristal con forma triangular, cada uno de los colores se dobla con un ángulo diferente. Como resultado, la luz que sale del prisma muestra los colores del espectro visible: rojo, anaranjado, amarillo, verde, azul, añil (azul-violeta) y violeta.

**LA LUZ A TRAVÉS DE UN PRISMA**

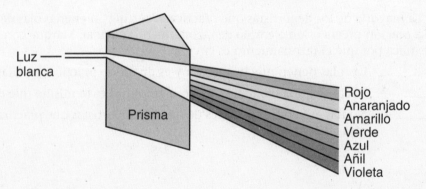

Instrucciones: Elija la respuesta que mejor responda a cada pregunta.

Las preguntas 1 a 6 se refieren al texto y a los diagramas de la página 208.

1. ¿A qué se parece más el movimiento de una onda longitudinal?

   (1) a las olas del océano que se aproximan a la orilla
   (2) a una cuerda sujeta por dos personas que está vibrando
   (3) a un acordeón que alguien toca
   (4) a una pelota que rebota en una calle pavimentada
   (5) a una bicicleta que viaja en una carretera llena de baches

2. La Luna no tiene atmósfera. ¿Cuál de los siguientes objetos sería inútil llevar en un viaje a la Luna?

   (1) una linterna
   (2) ropa interior térmica
   (3) suministro de oxígeno incorporado al traje espacial
   (4) un casco espacial con un reproductor de CD y con auriculares incorporados
   (5) un sistema de sonido estéreo con altavoces

3. ¿Qué forma la luz blanca?

   (1) un color de luz visible
   (2) los colores del prisma
   (3) luz incolora que varía en luminosidad
   (4) una mezcla de todos los colores de luz visible
   (5) ondas longitudinales en el espacio

**SUGERENCIA**

Dé un vistazo previo a la ilustración que acompaña al texto. Consulte después los diagramas cuando sea preciso para comprender mejor el texto.

4. Cuando la luz blanca pasa a través de un prisma, de todos los colores de la luz que emergen, el violeta es el que está más curvado. ¿A cuál de los siguientes enunciados apoya la información del texto y del diagrama inferior de la página 208?

   (1) La luz verde es la que menos se curva.
   (2) La luz anaranjada forma tres haces separados de luz con otros colores.
   (3) La luz roja es la que menos se curva.
   (4) La luz amarilla se curva con el mismo ángulo que la luz azul.
   (5) La luz añil es la que menos se curva.

5. "Todas las ondas transversales pueden propagarse en el vacío". ¿Cuál de los siguientes enunciados demuestra que ésta es una generalización apresurada?

   (1) Las ondas de la luz pueden viajar a través del vacío.
   (2) Las olas del mar necesitan agua alrededor para viajar.
   (3) Las ondas sonoras pueden propagarse a través de un sólido, un líquido o un gas.
   (4) La luz blanca del sol viaja a través del vacío hasta la Tierra.
   (5) La luz blanca se curva cuando pasa a través de un prisma.

6. Cuando las ondas sonoras se alejan de su fuente, su energía disminuye. ¿Cuál es el resultado de esta disminución de la energía?

   (1) Las ondas sonoras viajan más rápido.
   (2) Las ondas sonoras viajan más despacio.
   (3) Las ondas sonoras viajan en una línea recta.
   (4) El volumen del sonido aumenta.
   (5) El volumen del sonido disminuye.

**Las respuestas comienzan en la página 311.**

Instrucciones: Elija la respuesta que mejor responda a cada pregunta.

Las preguntas 1 a 4 se refieren al texto y diagrama siguientes.

La **radiación electromagnética** es un movimiento ondulatorio de campos magnéticos y eléctricos oscilatorios. Los campos magnéticos son perpendiculares entre sí y también son perpendiculares con respecto a la dirección en la que viaja la onda.

Las ondas electromagnéticas van desde las ondas de radio de longitud de onda muy larga a las ondas gamma con longitudes de onda extremadamente cortas. El campo de acción de las ondas electromagnéticas se denomina **espectro electromagnético.** Las únicas ondas dentro de este espectro que somos capaces de ver son las que pertenecen a la luz visible.

Todas las ondas electromagnéticas viajan a la misma velocidad en el vacío. La velocidad de la luz en el vacío es de 186,282 millas por segundo.

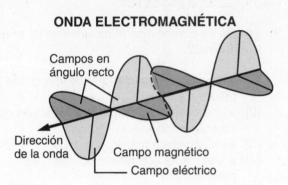

**ONDA ELECTROMAGNÉTICA**

Campos en ángulo recto

Dirección de la onda

Campo magnético

Campo eléctrico

**ESPECTRO ELECTROMAGNÉTICO**

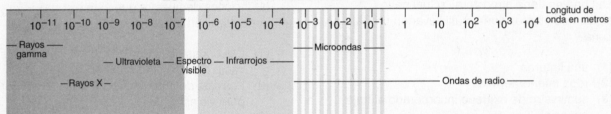

1. ¿En qué consiste la radiación electromagnética?

   (1) en ondas electromagnéticas con longitudes de onda diferentes
   (2) en una onda con una perturbación en una dirección
   (3) en una onda longitudinal con comprensiones y rarefacciones alternas
   (4) en campos magnéticos y eléctricos que oscilan en una onda
   (5) en un tipo de luz visible

2. ¿En qué dirección se produce la perturbación en una onda electromagnética?

   (1) paralela a la dirección del movimiento
   (2) en ángulos rectos con respecto a la dirección del movimiento
   (3) en ángulos de 45 grados con respecto a la dirección del movimiento
   (4) hacia adelante y hacia atrás en la misma dirección del movimiento
   (5) en círculos alrededor de la dirección del movimiento

3. ¿En qué se diferencian las ondas de luz visible de las ondas de radio?

   (1) Las ondas de la luz están formadas sólo por campos magnéticos en movimiento.
   (2) Las ondas de la luz están formadas sólo por campos eléctricos en movimiento.
   (3) Las ondas de la luz tienen longitudes de onda más cortas.
   (4) Las ondas de radio tienen que viajar a través del aire.
   (5) Las ondas de radio son ondas sonoras.

4. De acuerdo con el diagrama y el texto, ¿cuál de los siguientes enunciados acerca de las ondas infrarrojas es cierto?

   (1) Están producidas por máquinas de rayos X.
   (2) Viajan a través del vacío a una velocidad de 186,282 millas por segundo.
   (3) Viajan más rápido a través del espacio que las ondas de radio.
   (4) Algunas tienen una longitud de onda de 100 metros.
   (5) No son ondas electromagnéticas.

## ¿TIENEN LOS TELÉFONOS CELULARES ALGUNA RELACIÓN CON EL CÁNCER CEREBRAL?

Las preguntas 5 a 7 se refieren al siguiente texto.

Los teléfonos celulares emiten bajos niveles de radiación electromagnética en el rango de las microondas. Los altos niveles de este tipo de radiación pueden causar daños biológicos mediante el calentamiento (el horno de microondas funciona de esta forma). ¿Pueden causar problemas de salud en los seres humanos los bajos niveles de radiación electromagnética que emiten los teléfonos celulares? Una de las preocupaciones más importantes es la relación que hay entre los teléfonos celulares que tienen las antenas incorporadas, que están más cerca de la cabeza y el cáncer cerebral.

Hasta el momento no hay ninguna conclusión definitiva acerca de la seguridad de los teléfonos celulares. Las pruebas procedentes de los estudios con animales son contradictorias. En uno de los estudios, los ratones alterados genéticamente para que estuvieran predispuestos a desarrollar un cierto tipo de cáncer mostraron más casos de cáncer cuando se les expuso a radiaciones de microondas de bajo nivel que el grupo de control. En otros estudios con animales, los resultados no han sido concluyentes.

Los estudios en seres humanos no han encontrado ninguna relación entre el uso del teléfono celular y el cáncer cerebral. Es cierto que algunas personas que utilizan el teléfono celular desarrollan cáncer cerebral, pero las personas que no los utilizan también lo desarrollan. En la actualidad, alrededor de 80 millones de personas utilizan teléfonos celulares en Estados Unidos. Se esperan unos 4,800 casos de cáncer cerebral al año entre esas 80 millones de personas, utilicen o no teléfonos celulares. Cuando se incremente el uso a largo plazo de los teléfonos móviles, precisarán más estudios en animales y en seres humanos para comprobar si existe una relación entre el uso de los teléfonos móviles y el cáncer cerebral.

5. ¿Por qué algunas personas piensan que el uso del teléfono celular puede causar cáncer cerebral?

(1) Los teléfonos celulares emiten microondas cerca de la cabeza.
(2) La distancia hace que la transmisión se interrumpa.
(3) Los ratones expuestos a teléfonos celulares en funcionamiento han desarrollado cáncer.
(4) El uso de los teléfonos celulares se ha incrementado notablemente en los últimos cinco años.
(5) Los teléfonos celulares funcionan sin cables.

6. ¿Cuál de los siguientes pasos podría tomar el usuario de un teléfono celular para minimizar la exposición a la radiación de microondas?

(1) Utilizar el teléfono celular en la calle y en espacios abiertos y amplios.
(2) Utilizar un teléfono celular con una antena remota para atenuar la intensidad de las microondas cerca de la cabeza.
(3) Alternar el lado de la cabeza en el que se coloca el teléfono celular.
(4) Utilizar el teléfono celular sólo para recibir llamadas.
(5) Utilizar el teléfono celular sólo para hacer llamadas.

7. ¿Cuál de las siguientes conclusiones está apoyada por la información del texto?

(1) En todos los estudios con animales de laboratorio, los bajos niveles de emisiones de microondas causaron cáncer.
(2) El uso del teléfono celular está asociado con ciertos tipos de cáncer cerebral en seres humanos.
(3) Sólo son necesarios bajos niveles de microondas para calentar comida en un horno microondas.
(4) No ha podido encontrarse una conexión definitiva entre el uso del teléfono celular y el cáncer cerebral.
(5) Las personas que utilizan teléfonos celulares tienen un riesgo mayor de desarrollar cáncer cerebral.

Las respuestas comienzan en la página 311.

**Instrucciones:** Ésta es una prueba de práctica que dura diez minutos. Después de que transcurran los diez minutos, ponga una marca en la última pregunta que haya respondido. A continuación, termine la prueba y revise sus respuestas. Si la mayoría de sus respuestas fueron correctas, pero no terminó la prueba, trate de responder las preguntas más rápidamente la próxima vez. Elija la respuesta que mejor responda a cada pregunta.

Las preguntas 1 y 2 se refieren al siguiente texto.

La frecuencia mide la cantidad de ondas que pasan por un punto dado en una unidad de tiempo determinada. Por ejemplo, si observa cómo un objeto se mueve hacia arriba y hacia abajo en el océano diez veces en un minuto, la frecuencia de la onda sería de diez ciclos por minuto. Para contar un ciclo completo tienen que pasar la cresta y el valle de la onda.

Si conoce la longitud de onda (la distancia entre dos crestas consecutivas) y la frecuencia que tiene, puede hallar su velocidad. Si la frecuencia de una onda se mide en hertzios (ondas o ciclos por segundo) y la longitud de onda se mide en metros, la velocidad en metros por segundo viene dada por la siguiente ecuación:

velocidad = longitud de onda × frecuencia

1. ¿Cuál es la relación implicada en la frecuencia de una onda?

   (1) la altura y la distancia entre crestas
   (2) la altura y la distancia entre valles
   (3) la distancia entre las crestas y la amplitud
   (4) el número de ciclos que pasan por un punto dado y la unidad de tiempo
   (5) el número de ciclos que pasan por un punto dado y la distancia

2. ¿Cuál es el resultado de una disminución de la longitud de onda o de una disminución de la frecuencia?

   (1) una disminución de la velocidad
   (2) la misma velocidad
   (3) una velocidad incrementada
   (4) una distancia incrementada
   (5) una disminución de la distancia

Las preguntas 3 y 4 se refieren al párrafo y diagramas siguientes.

En un horno de microondas un magnetrón produce un haz de microondas, un tipo de radiación electromagnética. Las microondas golpean las moléculas de agua que se encuentran dentro de los alimentos y causan que estas moléculas se alineen y que luego inviertan la alineación. El giro rápido y repetido de las moléculas de agua produce calor.

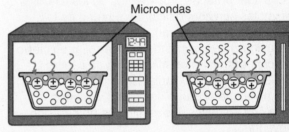

Microondas

1. Las moléculas de agua se alinean
2. Las moléculas de agua invierten la alineación

3. ¿Cuál es el mejor título para este diagrama?

   (1) Cocinar con radiación electromagnética
   (2) El efecto de las microondas en las moléculas de agua
   (3) La finalidad del magnetrón
   (4) Los cambios de las microondas con el paso del tiempo
   (5) El diseño de los hornos de microondas

4. ¿Cuál de las siguientes conclusiones está apoyada por el texto y el diagrama?

   (1) Todos los tipos de radiación electromagnética pueden hacer girar las moléculas de agua.
   (2) El horno de microondas convierte la energía calorífica en energía electromagnética.
   (3) Un horno de microondas calienta los alimentos utilizando el mismo principio de los hornos convencionales.
   (4) Los alimentos con un alto contenido en agua se calientan con mayor rapidez que la comida seca.
   (5) Los hornos de microondas suponen un peligro de radiación para las personas que están cerca de ellos.

Las preguntas 5 y 6 se refieren al siguiente párrafo.

El sonido viaja mejor a través de los sólidos porque en ellos las moléculas están unidas fuertemente. Los sólidos elásticos como el níquel, el acero o el hierro transportan muy bien el sonido. Los sólidos inelásticos como los materiales aislantes del sonido, transportan peor el sonido. Los líquidos transportan el sonido mejor que los gases, pero con más dificultad que los sólidos, siendo los gases los menos eficaces.

5. ¿Por qué el medio gaseoso es el menos eficaz para la transmisión de las ondas sonoras?

    (1) sus moléculas están demasiado cerca
    (2) sus moléculas están demasiado separadas
    (3) es demasiado denso
    (4) es elástico
    (5) las ondas sonoras viajan más despacio a través de él

6. ¿Cuál de las siguientes expresiones se relaciona con el hecho de que las ondas sonoras viajan más rápido a través de los sólidos?

    (1) A palabras necias, oídos sordos.
    (2) Es música para los oídos.
    (3) Cuando el río suena, agua lleva.
    (4) Pega la oreja al suelo.
    (5) Te oigo, pero no te escucho.

7. Durante un partido de béisbol, un espectador sentado en una zona muy alejada del campo de juego ve la pelota en el aire antes de escuchar el golpe con el bate. ¿Cuál de los enunciados siguientes explica esto mejor?

    (1) Los oídos de la persona se han paralizado.
    (2) El jugador golpeó la pelota con menos velocidad de lo normal.
    (3) El jugador golpeó la pelota con más rapidez de lo normal.
    (4) La pelota está fabricada con materiales elásticos.
    (5) Las ondas sonoras viajan más despacio que las ondas luminosas.

Las preguntas 8 y 9 se refieren al texto y diagrama siguientes.

Un termómetro para el oído contiene un sensor con una conductividad eléctrica a la que afecta la radiación infrarroja. La radiación infrarroja que emite el tímpano se convierte en una señal eléctrica que el termómetro interpreta gracias a un microprocesador. De este modo el termómetro muestra la temperatura corporal.

**TERMÓMETRO DE OÍDO**

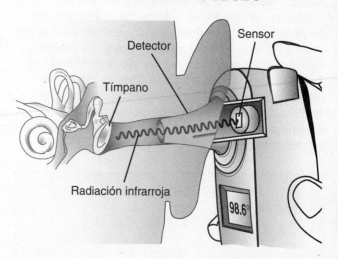

8. ¿Cuál es la propiedad de la radiación infrarroja que le permite cambiar la conductividad eléctrica al sensor?

    (1) su masa
    (2) su densidad
    (3) su campo electromagnético
    (4) su longitud de onda
    (5) su frecuencia

9. ¿Cuál es la causa más probable de que un termómetro de oído muestre una lectura incorrecta de la temperatura?

    (1) La pantalla de la temperatura muestra una temperatura incorrecta.
    (2) La longitud de la radiación infrarroja cambia de manera radical.
    (3) El tímpano no emite radiación infrarroja.
    (4) El detector no apunta directamente hacia el tímpano.
    (5) El mercurio del termómetro no se expande correctamente.

**Las respuestas comienzan en la página 312.**

Instrucciones: Elija la respuesta que mejor responda a cada pregunta.

Las preguntas 1 a 3 se refieren al párrafo y fórmulas estructurales siguientes.

Dos compuestos químicos cuyas moléculas tienen igual cantidad y tipo de átomos, es decir igual fórmula global pero con una disposición diferente de los átomos, se denominan isómeros. Compare los isómeros del butano, un hidrocarburo saturado, que se muestran debajo. Aunque estos isómeros tienen la misma fórmula química, son compuestos diferentes con propiedades diferentes. Por ejemplo, el butano formado por una cadena lineal tiene un punto de ebullición más alto que el butano con una cadena ramificada. Cuantos más átomos de carbono contenga una molécula de hidrocarburo, más isómeros puede formar la molécula.

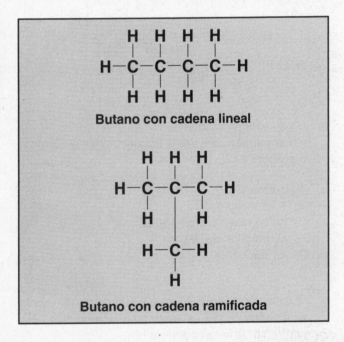

**Butano con cadena lineal**

**Butano con cadena ramificada**

1. ¿Cuál de las siguientes fórmulas químicas es otra forma de expresar la fórmula estructural de los dos isómeros del butano?

   (1) $C_3H_7CO_3$
   (2) $C_4H_8$
   (3) $C_4H_{10}$
   (4) $C_4H_{10}O_2$
   (5) $C_5H_{12}$

2. El pentano ($C_5H_{12}$) es un miembro de la serie de los hidrocarburos alcanos que tiene tres isómeros. De acuerdo con la información del párrafo anterior, ¿en qué se diferencia otro miembro de esta serie, el decano ($C_{10}H_{22}$), del pentano?

   (1) El decano tiene un número menor de átomos de hidrógeno.
   (2) El decano no tiene isómeros.
   (3) El decano tiene menos isómeros.
   (4) El decano tiene el mismo número de isómeros.
   (5) El decano tiene más isómeros.

3. La gasolina que contiene hidrocarburos de cadena lineal se quema más rápido que la que contiene hidrocarburos de cadena ramificada. ¿Cuál de los enunciados siguientes es la explicación más probable de este hecho?

   (1) El oxígeno alcanza con mayor facilidad las partes de una molécula de cadena lineal.
   (2) La molécula de cadena ramificada tiene un contenido de oxígeno más elevado.
   (3) La molécula de cadena ramificada tiene una fórmula química estructural diferente.
   (4) La molécula de cadena ramificada tiene un contenido más alto de carbono.
   (5) La molécula de cadena lineal tiene un contenido más alto de carbono y de hidrógeno.

4. Una onda longitudinal que se propaga en un medio altera las moléculas cuando pasa por él y hace que éstas se muevan hacia adelante y hacia atrás en la misma dirección en que se mueve la onda. ¿Cuál de los siguientes ejemplos podría ser el mejor modelo de una onda longitudinal?

   (1) Agarrar una cuerda de saltar y agitar el final con fuerza hacia arriba y hacia abajo.
   (2) Girar una cuerda de saltar en el momento en que se canta algo alegre.
   (3) Halar unas cuantas vueltas del alambre de un muelle flojo y luego soltarlas rápidamente.
   (4) Saltar sobre una piedra en un estanque.
   (5) Lanzar un pase con rebote durante un partido de baloncesto.

Las preguntas 5 a 7 se refieren al párrafo y diagramas siguientes.

Dependiendo del tamaño del átomo, el núcleo del átomo necesita ciertas proporciones de protones y neutrones para ser estable. Si el núcleo del átomo no dispone de la proporción correcta de partículas subatómicas, el átomo será radiactivo. Un átomo radiactivo va decayendo y cede partículas hasta que el núcleo logra ser estable. El tiempo que tarda en decaer la mitad del núcleo de una muestra de material radiactivo se denomina vida media. La vida media del carbono 14, por ejemplo, es de unos 5,730 años. Esto significa que después de 5,730 años, la mitad del carbono 14 de una muestra determinada habrá decaído en otra sustancia, el elemento nitrógeno.

## VIDA MEDIA DEL CARBONO 14

   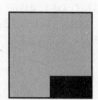

| 1 gramo de carbono 14 | 1/2 gramo de carbono 14 | 1/4 gramo de carbono 14 | 1/8 gramo de carbono 14 |
|---|---|---|---|
| 0 años | 5,730 años | 11,460 años | 17,190 años |

5. ¿Cuál es la característica que causa que un átomo sea radiactivo?

   (1) demasiados electrones
   (2) demasiados núcleos
   (3) la duración de su vida media
   (4) un núcleo inestable
   (5) las partículas que cede el núcleo

6. ¿Qué científico estaría más interesado en utilizar la información acerca de la vida media de las sustancias radiactivas?

   (1) un metalúrgico que está buscando métodos para extraer metales de los minerales
   (2) un químico que está desarrollando nuevos productos a partir de compuestos orgánicos
   (3) un bioquímico que está estudiando la fotosíntesis de las algas
   (4) un oceanógrafo que estudia el movimiento de las olas cerca de la orilla
   (5) un geólogo interesado en estimar la edad de ciertas muestras de rocas

7. ¿Cuál de las siguientes conclusiones está apoyada por el texto y el diagrama?

   (1) Después de 22,920 años, no quedará nada de carbono 14.
   (2) Después de 22,920 años, quedará $\frac{1}{8}$ de gramo de carbono 14 del gramo original.
   (3) Después de 22,920 años, quedará $\frac{1}{16}$ de gramo de carbono 14 del gramo original.
   (4) La duración de la vida media del carbono 14 es típica de los elementos radiactivos.
   (5) El carbono 14 es radiactivo durante un millón de años.

8. El movimiento browniano ocurre cuando las partículas más pequeñas de un fluido chocan con las más grandes que están suspendidas en él y de este modo hacen que las partículas más grandes se muevan al azar.

   ¿Cuál de las siguientes es una suposición implícita importante para entender la información que se muestra arriba?

   (1) El movimiento browniano ocurre en un fluido.
   (2) Un fluido es un líquido o un gas.
   (3) Las moléculas de un fluido son pequeñas.
   (4) Las partículas pequeñas bombardean las más grandes.
   (5) El movimiento browniano es aleatorio.

Las preguntas 9 y 10 se refieren al párrafo y a los diagramas siguientes.

La fricción que se produce cuando los objetos se mueven en el aire se denomina resistencia del aire. La resistencia del aire disminuye la velocidad de un objeto en movimiento. La cantidad de resistencia que ejerce el aire depende de la forma del objeto. El aire fluye con más facilidad alrededor de los objetos que tienen una forma afilada.

### FLUJO DEL AIRE ALREDEDOR DE LOS OBJETOS

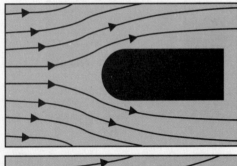

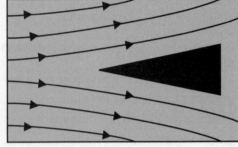

9. ¿Cuál de los siguientes resultados se produciría si la resistencia que el aire ejerce sobre un objeto se incrementara?

   (1) una velocidad disminuida
   (2) una velocidad incrementada
   (3) un flujo de aire más suave
   (4) un flujo de aire incrementado
   (5) una menor fricción

10. ¿Cuál de los siguientes cambios de diseño incrementaría la eficacia en el uso del combustible de un carro?

   (1) proporcionar un depósito de gasolina más grande
   (2) afilar el capó y guardabarros para hacer un diseño más aerodinámico
   (3) incrementar la altura y darle al automóvil una forma más redondeada
   (4) alargar el compartimiento de los pasajeros
   (5) cambiar el estilo de un modelo de 4 puertas a un modelo de 2 puertas

Las preguntas 11 y 12 se refieren al siguiente párrafo.

La resistencia es la oposición de un material al flujo de corriente eléctrica. Algunos materiales ofrecen mayor resistencia al flujo de corriente que otros y pueden utilizarse como aislantes. La resistencia depende de muchos factores, y entre ellos están el tipo de material, su tamaño, su forma y su temperatura. La resistencia se mide en ohmios. La resistencia, el voltaje y la intensidad de la corriente se relacionan en una fórmula que se denomina ley de Ohm:

$$\text{Resistencia} = \frac{\text{voltaje}}{\text{intensidad de la corriente}}$$

11. ¿Cuál es la idea principal del párrafo?

   (1) La ley de Ohm señala que la resistencia es igual al voltaje dividido por la intensidad de la corriente.
   (2) Un buen conductor tiene una baja resistencia al flujo de corriente.
   (3) La oposición que ejerce un material al flujo de la corriente se denomina resistencia.
   (4) La resistencia se mide en ohmios.
   (5) Cuando el voltaje aumenta y la corriente disminuye, la resistencia aumenta.

12. El oro tiene una resistencia al paso de la corriente eléctrica menor que el cobre y el cobre tiene una resistencia menor que el acero. Cuanto más grueso sea un cable, menor será su resistencia.

   Imaginando que el voltaje no varía, ¿cuál de los siguientes cambios incrementaría la intensidad de la corriente? (Pista: transforme la fórmula para determinar de qué forma la resistencia tiene que cambiar para aumentar la corriente).

   (1) Reemplazar un cable grueso de oro por otro fino.
   (2) Reemplazar un cable fino de cobre por un cable fino de acero.
   (3) Reemplazar un cable grueso de acero por otro fino.
   (4) Reemplazar un cable grueso de oro por un cable grueso de cobre.
   (5) Reemplazar un cable fino de acero por uno grueso de cobre.

Las preguntas 13 a 15 se refieren al párrafo y diagrama siguientes.

Cuando los núcleos de los átomos se reorganizan, se desprende una gran cantidad de energía. En una reacción de fisión nuclear, un núcleo atómico se divide en otros dos más pequeños, aproximadamente del mismo tamaño y se produce una gran cantidad de energía. La rápida división de muchos núcleos es lo que conocemos como una reacción de fisión nuclear en cadena.

## UNA REACCIÓN DE FISIÓN NUCLEAR

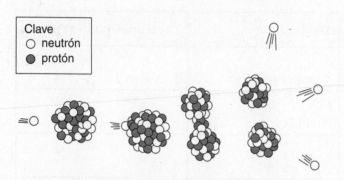

Clave
○ neutrón
● protón

La fisión nuclear puede ocurrir de manera natural o puede ser forzada. La primera fisión continua y controlada fue llevada a cabo en 1942. En julio de 1945 un equipo de físicos en Los Álamos, Nuevo México, produjo la primera explosión nuclear. Al siguiente mes se dejaron caer dos bombas atómicas en Japón, se devastaron por completo dos ciudades y se terminó la Segunda Guerra Mundial. En los años siguientes a la guerra, muchos físicos sintieron que se habían equivocado al haber desarrollado un arma con un poder de destrucción tan masivo y se opusieron al aumento de la cantidad de armas nucleares.

13. ¿Cuál de los siguientes puntos resume mejor lo que muestra el diagrama anterior?

   (1) Se ceden electrones cuando un neutrón golpea un núcleo.
   (2) Dos núcleos y varios neutrones aparecen cuando un núcleo es golpeado por un neutrón.
   (3) Cuando un neutrón golpea un núcleo, se producen varios protones y aparece un núcleo más grande como resultado.
   (4) En una reacción en cadena, un núcleo es golpeado después de otro.
   (5) Una reacción en cadena de fisión nuclear puede acabar fácilmente fuera de control.

14. ¿Cuál de los siguientes puntos expresa una opinión más que un hecho?

   (1) Una reacción de fisión en cadena es la división rápida de muchos núcleos atómicos.
   (2) La fisión nuclear puede suceder de manera natural o puede forzarse.
   (3) El objetivo de los científicos era conseguir una reacción de fisión continua y controlada.
   (4) Los científicos probaron la primera explosión nuclear durante el verano de 1945.
   (5) Fue moralmente incorrecto que los científicos desarrollaran armas nucleares.

15. ¿Qué fue lo que probablemente más valoraron los físicos que trabajaron en la bomba atómica?

   (1) la posibilidad de trabajar de manera independiente
   (2) métodos no violentos de resolver un conflicto
   (3) el reto científico y técnico
   (4) la fuerte recompensa económica
   (5) la posibilidad de destruir

16. La ley de la reflexión señala que el ángulo con el que un rayo golpea una superficie (ángulo de incidencia) es igual al ángulo con el que el rayo es reflejado (ángulo de reflexión). Los dos ángulos se miden con respecto a la normal, la línea perpendicular a la superficie.

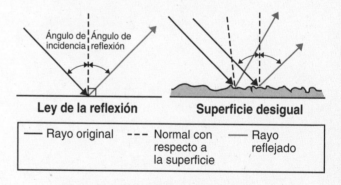

Ángulo de incidencia | Ángulo de reflexión

**Ley de la reflexión**          **Superficie desigual**

— Rayo original    - - - Normal con respecto a la superficie    — Rayo reflejado

¿Cuál de los siguientes enunciados está apoyado por los diagramas?

   (1) Una superficie desigual no puede reflejar la luz si el rayo original viene en paralelo.
   (2) Una superficie desigual refleja la luz de los rayos paralelos con diferentes ángulos.
   (3) La ley de la reflexión no se mantiene en el caso de las superficies desiguales.
   (4) La reflexión de un rayo de luz no es normal.
   (5) La reflexión de muchos rayos de luz no es normal.

**Las respuestas comienzan en la página 313.**

# Tabla de análisis del desempeño en el repaso acumulativo
## Unidad 3 ● Ciencias físicas

Consulte la sección Respuestas y explicaciones que empieza en la página 313 para verificar sus respuestas al Repaso acumulativo de la Unidad 3. Luego, use la siguiente tabla para identificar las destrezas en las que necesite más práctica.

En la tabla, encierre en un círculo los números correspondientes a las preguntas que haya contestado correctamente. Anote el número de aciertos para cada destreza y luego súmelos para calcular el número total de preguntas que contestó correctamente en el Repaso acumulativo. Si cree que necesita más práctica, repase las lecciones de las destrezas que se le dificultaron.

| Preguntas | Número de aciertos | Destreza | Lecciones para repasar |
|---|---|---|---|
| **1, 5,** 11, **13** | _____/4 | Comprensión | 1, 2, 6, 9, 13 |
| **2,** 8, **9, 10, 14** | _____/5 | Análisis | 3, 4, 7, 10, 14, 17, 19 |
| 4, **6,** 12 | _____/3 | Aplicación | 8, 15 |
| **3,** 7, **15, 16** | _____/4 | Evaluación | 5, 11, 12, 16, 18, 20 |
| **TOTAL DE ACIERTOS:** _____/16 | | | |

Los números en **negritas** corresponden a preguntas que contienen gráficas.

## CIENCIAS

### Instrucciones

La Prueba final de Ciencias consta de una serie de preguntas de selección múltiple destinadas a medir conceptos generales de las ciencias. Las preguntas se basan en lecturas breves que con frecuencia incluyen una gráfica, un cuadro o un diagrama. Primero estudie la información que se proporciona y luego conteste la pregunta o preguntas que le siguen. Al contestar las preguntas, consulte la información dada cuantas veces considere necesario.

Se le darán 80 minutos para contestar las 50 preguntas de la Prueba final de Ciencias. Trabaje con cuidado, pero no dedique demasiado tiempo a una sola pregunta. Asegúrese de haber contestado todas las preguntas. Si no está seguro de una respuesta responda de manera razonable por eliminación. No se descontarán puntos por respuestas incorrectas.

Cuando se agote el tiempo, ponga una marca en la última pregunta que haya contestado. Esto le servirá de guía para calcular si podrá terminar la verdadera Prueba de GED dentro del tiempo permitido. A continuación, termine la prueba.

Registre sus respuestas en una copia de la hoja de respuestas de la página 340. Asegúrese de incluir toda la información requerida en la hoja de respuestas.

Para marcar sus respuestas, en la hoja de respuestas rellene el círculo con el número de la respuesta que considere correcta para cada una de las preguntas de la prueba.

---

**Ejemplo:**

¿Cuál de las siguientes es la unidad más pequeña en un ser vivo?

(1) tejido
(2) órgano
(3) célula
(4) músculo
(5) capilar

La respuesta correcta es "célula", por lo tanto, debe llenar el círculo correspondiente al número 3 en la hoja de respuestas.

---

No apoye la punta del lápiz en la hoja de respuestas mientras piensa en la respuesta. No haga marcas innecesarias en la hoja. Si decide cambiar una respuesta, borre completamente la primera marca. Rellene un solo círculo por cada respuesta: si señala más de un círculo, la respuesta se considerará incorrecta. No doble ni arrugue la hoja de respuestas.

Una vez terminada esta prueba, utilice la Tabla de análisis del desempeño en la página 238 para determinar si está listo para tomar la verdadera Prueba de GED. Si no lo está, use la tabla para identificar las destrezas que debe repasar de nuevo.

Adaptado con el permiso del *American Council on Education*.

Instrucciones: Elija la respuesta que mejor responda a cada pregunta.

Las preguntas 1 a 2 se refieren al siguiente texto.

Una de las formas en la que la materia puede cambiar es a través de las reacciones químicas. Cuando la materia experimenta un cambio químico, nuevas substancias con características o propiedades nuevas reemplazan a las originales. La energía necesaria para iniciar una reacción química se denomina energía de activación. Las reacciones químicas que liberan calor una vez que comienzan son conocidas como reacciones exotérmicas. Las reacciones químicas que absorben calor al producirse son conocidas como reacciones endotérmicas.

1. ¿Qué es una reacción endotérmica?

    (1) una reacción química en la que se mantienen las propiedades de la materia
    (2) una reacción química que libera calor
    (3) una reacción química que absorbe calor
    (4) la aplicación de energía para activar una reacción química
    (5) una reacción que no necesita energía de activación para iniciarse

2. Se vierte líquido inflamable sobre el carbón vegetal de una barbacoa y luego se prende con un encendedor. ¿Qué representa la llama del encendedor en esta reacción química?

    (1) una propiedad de la reacción
    (2) una reacción endotérmica
    (3) un cambio físico
    (4) la forma de materia resultante
    (5) la fuente de energía de activación

La pregunta 3 se refiere al siguiente diagrama.

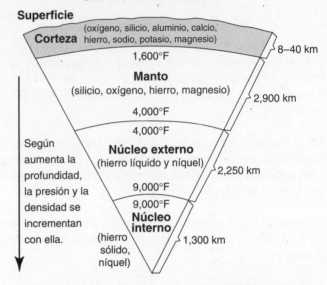

CAPAS DE LA TIERRA

3. Los científicos han calculado la densidad media de la Tierra, o cantidad de materia por unidad de volumen. Estiman que la densidad es de más de 5 gramos por centímetro cúbico. Pero la densidad de las rocas de la corteza es menos de 3 gramos por centímetro cúbico.

¿Cuál de los siguientes enunciados explica mejor el hecho de que la densidad promedio de la corteza sea diferente de la densidad promedio de la Tierra?

    (1) El interior de la Tierra está formado por material más denso que el de la corteza.
    (2) El interior de la Tierra está formado en parte por metales fundidos.
    (3) La corteza está formada principalmente por hierro y níquel y el interior por silicio y oxígeno.
    (4) Para calcular la densidad es necesario conocer el volumen.
    (5) La densidad más baja de los océanos no se tomó en cuenta a la hora de calcular la densidad de la corteza de la Tierra.

Las preguntas 4 y 5 se refieren al siguiente diagrama.

**EL OJO HUMANO**

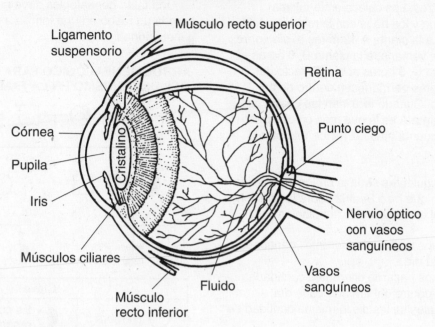

4. El cristalino del ojo humano tiene que cambiar de forma para poder enfocar las imágenes correctamente. ¿Qué parte del ojo se encarga de controlar la forma del cristalino?

(1) el músculo recto superior
(2) el músculo recto inferior
(3) los músculos ciliares
(4) la córnea
(5) el nervio óptico

5. La luz penetra en el ojo a través de la pupila. El iris es el área de color que rodea a la pupila y que la agranda o la reduce de tamaño. ¿Cuál es el efecto del ajuste que realiza el iris?

(1) La pupila cambia de color.
(2) El punto ciego del ojo cambia de posición.
(3) La cantidad de luz que entra en el ojo varía.
(4) La córnea se abulta.
(5) Cambia la capacidad para ver los colores.

La pregunta 6 se refiere a la siguiente información.

Cuando varias fuerzas actúan sobre un objeto, los efectos de unas pueden anular los de las otras. Cuando esto sucede, se dice que el objeto está en equilibrio. Por ejemplo, cuando un avión viaja en sentido horizontal a una velocidad constante, se dice que está en equilibrio porque las cuatro fuerzas que actúan sobre él están en equilibrio.

**FUERZAS QUE ACTÚAN SOBRE UN AVIÓN**

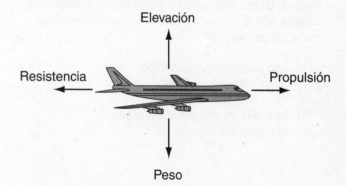

6. Si un piloto quiere descender gradualmente, ¿cuál de las siguientes cosas tiene que hacer?

(1) aumentar la fuerza de elevación
(2) aumentar la fuerza de propulsión
(3) disminuir la fuerza de elevación
(4) aumentar el peso
(5) disminuir la fuerza de resistencia

7. Beatriz quiere comprobar cuál es el efecto de la luz en el crecimiento de una planta y para ello coloca tres geranios del mismo tamaño en macetas similares. Los coloca en la misma ventana soleada y los riega con la misma cantidad de agua. Deja a la planta A 12 horas al día sobre el alféizar de la ventana, a la planta B, 6 horas al día y a la planta C, 3 horas al día. El resto del tiempo las plantas permanecen dentro de un armario oscuro. Cuando terminan las cuatro semanas la planta A es la que más creció. Beatriz concluye que cuanta más luz recibe una planta más crece.

¿Cuál de las siguientes sería la crítica más válida a la conclusión que hizo Beatriz sobre la relación de la luz con el crecimiento de las plantas?

(1) Los geranios recibieron diferentes cantidades de luz cada día.
(2) Los geranios pasaron diferentes cantidades de tiempo dentro del armario cada día.
(3) A los geranios se les dio la misma cantidad de agua.
(4) Tres geranios son una muestra demasiado pequeña para llegar a una conclusión tan amplia.
(5) Los geranios no reaccionan del mismo modo al agua que otras plantas verdes.

8. Las baterías o pilas producen pequeñas cantidades de corriente eléctrica a partir de una reacción química. Cuando los reactivos químicos dentro de la pila se agotan, la batería deja de funcionar.

¿Cuál de los siguientes objetos podrá alimentarse mejor con la corriente eléctrica suministrada por una pila o batería?

(1) una lavadora para la ropa
(2) un camión de juguete
(3) un automóvil
(4) una silla de ruedas motorizada
(5) el timbre de una puerta

La pregunta 9 se refiere al texto y diagrama siguientes.

Una tabla genealógica sirve para mostrar cómo se hereda un rasgo en una familia a través de las generaciones.

## ÁRBOL GENEALÓGICO PARA LA TRANSMISIÓN DEL DALTONISMO EN LA FAMILIA HERNÁNDEZ

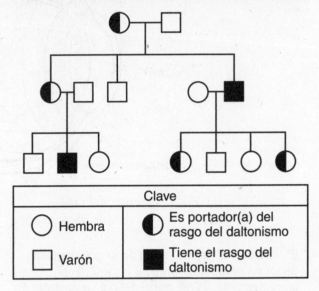

| Clave | |
|---|---|
| ◯ Hembra | ◖ Es portador(a) del rasgo del daltonismo |
| ☐ Varón | ■ Tiene el rasgo del daltonismo |

9. ¿Cuántas personas de la familia Hernández son daltónicas en la tercera generación?

(1) ninguna
(2) una
(3) dos
(4) tres
(5) cuatro

Las preguntas 10 a 13 se refieren al texto y gráfica siguientes.

Un ecosistema está formado por una comunidad de organismos y el medio ambiente en el que viven. Un ecosistema regional con formas peculiares de vida y con rangos específicos de temperatura y precipitaciones se denomina bioma. En la siguiente gráfica se muestra información acerca de seis biomas fundamentales. Los datos para cada uno de los biomas se recogieron en varias localizaciones diferentes dentro de cada bioma.

### TEMPERATURA Y PRECIPITACIONES EN ALGUNOS BIOMAS

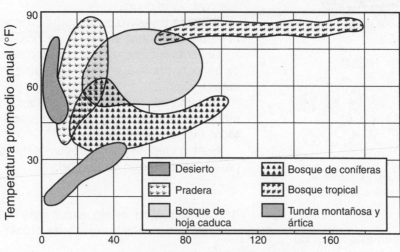

10. ¿Aproximadamente cuál es el rango de temperatura promedio anual en un bosque tropical?

    (1) de 89°F a 95°F
    (2) de 77°F a 88°F
    (3) de 72°F a 82°F
    (4) de 63°F a 75°F
    (5) de 50°F a 85°F

11. De acuerdo con la gráfica, ¿cuál es la diferencia más importante entre el bosque de hoja caduca y el bosque de coníferas?

    (1) El bosque de hoja caduca tiene, por lo general, una temperatura promedio anual más alta.
    (2) El bosque de hoja caduca cubre una zona mucho más extensa de la Tierra.
    (3) El bosque de hoja caduca recibe más precipitaciones al año.
    (4) El bosque de hoja caduca es mucho más diverso.
    (5) El bosque de hoja caduca tiene un rango de temperatura promedio anual mucho menor.

12. Algunos biomas se superponen en la gráfica. ¿Qué significa esta superposición?

    (1) Las plantas de cada bioma son diferentes.
    (2) Los biomas están localizados muy cerca unos de otros.
    (3) Algunos biomas tienen precipitaciones y temperaturas similares.
    (4) Algunos biomas tienen plantas y animales parecidos.
    (5) Los biomas se extienden hacia el exterior y uno de los tipos predominará.

13. ¿Cuál de las siguientes conclusiones está apoyada por la información dada?

    (1) Normalmente hace más calor en un bioma de desierto que en el de una pradera.
    (2) Un bioma de bosque tropical tiene una precipitación anual de 180 pulgadas.
    (3) Hay más personas viviendo en biomas de bosque de hoja caduca que en la tundra montañosa y ártica.
    (4) Algunos biomas de tundra montañosa y ártica tienen una precipitación tan pequeña como los biomas de desierto.
    (5) Los biomas de desierto se caracterizan por una precipitación promedio anual de 30 pulgadas.

La pregunta 14 se refiere a los siguientes diagramas.

**COMPARACIÓN DE IGUAL MASA DE HIELO Y DE AGUA EN ESTADO LÍQUIDO**

AGUA

Clave
○ Átomo de hidrógeno
● Átomo de oxígeno
◉ Molécula de agua

HIELO

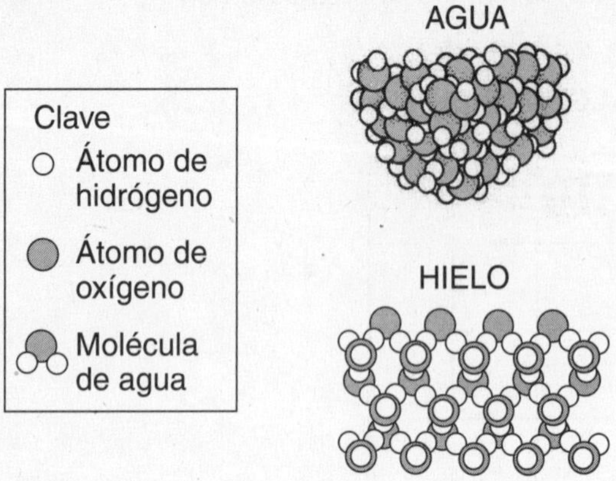

14. De acuerdo con los diagramas, ¿cuál es la diferencia principal que hay entre el agua en estado líquido y el hielo?

(1) Las moléculas de agua en estado líquido están formadas sólo por átomos de hidrógeno y las de hielo sólo por átomos de oxígeno.
(2) El agua en estado líquido está formada por más moléculas que la misma masa de hielo.
(3) El agua en estado líquido contiene más átomos de hidrógeno que la misma masa de hielo.
(4) El agua en estado líquido contiene más átomos de hidrógeno que la misma masa de hielo.
(5) Las moléculas del agua en estado líquido están comprimidas con una organización irregular y las del hielo forman un enrejado regular con espacios amplios.

La pregunta 15 se refiere al siguiente texto.

El cuerpo humano contiene varios tipos de órganos y tejidos que trabajan juntos en diferentes sistemas. A continuación se describen brevemente algunos sistemas y sus funciones.

Sistema muscular: se encarga de mover el esqueleto y ciertas partes del cuerpo como el estómago y el corazón
Sistema digestivo: se encarga de ingerir, digerir y absorber alimentos; elimina desechos
Sistema circulatorio: transporta nutrientes, oxígeno, hormonas, productos de desecho y otras substancias
Sistema nervioso: recibe información del medio ambiente, la interpreta y controla las acciones de todas las partes del cuerpo
Sistema reproductivo: produce células sexuales para la continuación de la especie

15. ¿Con cuál de los siguientes sistemas se relacionan más los ojos y los oídos?

(1) sistema muscular
(2) sistema digestivo
(3) sistema circulatorio
(4) sistema nervioso
(5) sistema reproductivo

16. Una encuesta realizada entre 460 niñas de los grados noveno y décimo indicó que las chicas físicamente activas que beben cola tienen cinco veces más posibilidades de fracturarse un hueso que las que no la beben. Algunos médicos creen que el ácido fosfórico contenido en la cola puede debilitar la masa ósea. Otros piensan que las chicas que beben cola tienen más posibilidades de fracturas porque la cola sustituye a la leche en sus dietas. La leche tiene un alto contenido de calcio y permite el desarrollo de huesos fuertes.

De acuerdo con esta información, ¿cuál de los siguientes enunciados es una opinión y no un hecho?

(1) Se encuestó a 460 chicas para un estudio acerca de la bebida de cola y las fracturas.
(2) Todas las chicas eran físicamente activas y en los grados noveno y décimo.
(3) Las chicas que bebían cola tenían cinco veces más fracturas que las que no.
(4) El ácido fosfórico de la cola afecta la masa ósea y la debilita.
(5) La leche tiene un alto contenido de calcio y permite el desarrollo de huesos fuertes.

17. Alfredo Nobel fue un químico sueco que inventó muchos explosivos, entre ellos la nitroglicerina y la dinamita. Se hizo muy rico gracias a sus inventos. Desanimado por el hecho de que sus explosivos se utilizaron durante la guerra, Nobel estableció un fondo en su testamento para dar premios anuales a trabajos destacados que promovieran la paz, así como premios en los campos de la literatura, la física, la química y la fisiología o la medicina. El premio Nobel de economía se incluyó en 1969.

¿Cuál de los siguientes descubrimientos calificaría para recibir un premio Nobel?

(1) el descubrimiento de nuevas reservas de petróleo
(2) el descubrimiento de nuevas partículas subatómicas que transportan fuerzas fundamentales
(3) el descubrimiento de nuevas especies de pájaros
(4) el desarrollo de una nueva especie de ovejas con una lana sedosa
(5) la producción de una obra de teatro con el tema de la eliminación del hambre en el mundo

La pregunta 18 se refiere a la siguiente gráfica.

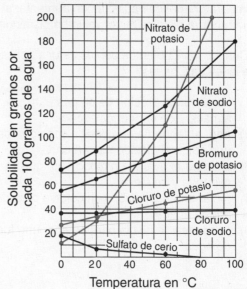

SOLUBILIDAD EN AGUA DE SÓLIDOS SELECCIONADOS

18. Muchas personas piensan que cuando se aumenta la temperatura del agua, la solubilidad de todos los sólidos se incrementa. ¿Cuál es la línea de la gráfica que demuestra que ésta es una idea equivocada?

(1) nitrato de potasio
(2) nitrato de sodio
(3) bromuro de potasio
(4) cloruro de potasio
(5) sulfato de cerio

19. La ley de Charles dice que el volumen de un gas que se encuentra a presión constante es directamente proporcional a su temperatura. En otras palabras, cuando se aumenta la temperatura del gas su volumen aumenta; si la temperatura disminuye, su volumen disminuirá.

¿Cuál de los siguientes puntos es una aplicación de la ley de Charles?

(1) aumentar la presión de un gas para almacenarlo en menos espacio
(2) abrir el tapón de una botella con soda para que salga el dióxido de carbono
(3) calentar el gas en un globo para que se expanda y se eleve
(4) rociar una habitación con colonia para dar aroma al aire
(5) condensar la niebla para obtener una fuente de agua

20. La fertilización in vitro es un procedimiento que permite fertilizar óvulos fuera del sistema reproductivo femenino. El óvulo y el espermatozoide proceden normalmente de los padres, y el hijo se relaciona genéticamente con ellos. El tratamiento puede durar años, cuesta mucho dinero y tiene un éxito de alrededor del 10 por ciento.

¿Cuál de los siguientes puntos explica por qué una pareja escogería la fertilización in vitro en vez de la adopción?

(1) Se tarda mucho tiempo en adoptar a un niño.
(2) Adoptar puede ser un proceso costoso.
(3) Los padres quieren que su hijo sea genéticamente igual a ellos.
(4) Los padres quieren estar seguros de que tendrán un hijo sano.
(5) Los padres quieren estar seguros de que tendrán una niña.

21. El calor es una forma de energía asociada con la vibración constante de los átomos y las moléculas. La energía calorífica se puede transferir de tres maneras diferentes: en la convección el calor se transmite gracias al flujo de corrientes a través de gases y líquidos, en la conducción el calor se transmite de una molécula a otra y en la radiación el calor se transmite a través del espacio gracias a las ondas electromagnéticas.

En algunos hogares el sistema de calefacción consiste en conductos de ventilación cercanos al suelo por los que sale aire caliente. ¿Cuál de los métodos de transmisión de calor se utiliza en una casa que se caliente de esta forma?

(1) convección y conducción
(2) conducción y radiación
(3) convección y radiación
(4) sólo convección
(5) sólo radiación

22. En ingeniería eléctrica, el metal líquido mercurio se usa a veces como interruptor. Se coloca una pequeña cantidad en un tubo y cuando el tubo se inclina, el mercurio fluye entre los contactos y completa un circuito eléctrico. Otro tipo de interruptor de mercurio consiste en un pequeño envase de mercurio en el que se sumergen los dos contactos, completando así el circuito.

¿Cuál de los siguientes puntos es una importante suposición implícita que permite poder entender el párrafo?

(1) El mercurio es un metal.
(2) El mercurio es un elemento.
(3) El mercurio conduce la electricidad.
(4) El mercurio se utiliza en interruptores eléctricos.
(5) Como todos los líquidos, el mercurio fluye.

La pregunta 23 se refiere al texto y mapa siguientes.

Las corrientes de la superficie del océano, como la corriente del Golfo, se mantienen en movimiento gracias a los vientos y a la rotación de la Tierra. Existen otras corrientes bajo la superficie del océano, en las profundidades y se mantienen en movimiento gracias a las diferencias de temperatura y de salinidad (cantidad de sal) entre grandes masas de agua. El agua fría y salada es densa, se va hacia el fondo y es reemplazada por otra menos densa y más caliente procedente de los trópicos. Esto hace que las corrientes fluyan profundamente bajo la superficie del océano y de este modo se transfiere calor entre los trópicos y los polos.

## CORRIENTES OCEÁNICAS PROFUNDAS

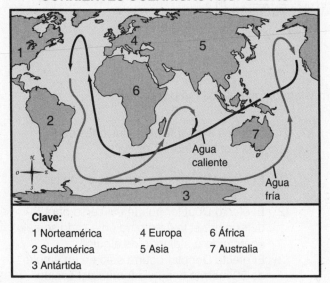

**Clave:**

| | | |
|---|---|---|
| 1 Norteamérica | 4 Europa | 6 África |
| 2 Sudamérica | 5 Asia | 7 Australia |
| 3 Antártida | | |

23. ¿Cuál de las siguientes conclusiones acerca de los efectos de las corrientes oceánicas profundas está apoyada por la información dada?

(1) El flujo del agua tropical hacia el sur calienta el clima de la Antártida.
(2) El flujo del agua tropical hacia el norte calienta el clima de Europa.
(3) El flujo del agua tropical hacia el norte calienta el clima del noreste de Asia.
(4) El agua caliente tropical es más densa que el agua fría y salada de las latitudes norte y sur.
(5) El agua tropical fluye desde África hacia Australia.

24. Un microscopio estereoscopio es un tipo de microscopio de luz que tiene sólo dos lentes. Sólo amplifica el tamaño de los objetos entre 4 y 80 veces, mientras que otros microscopios pueden ampliar hasta 1,500 veces el tamaño de los objetos. Pero los dos lentes proporcionan una vista tridimensional. El microscopio estereoscopio es apropiado para examinar objetos más grandes, como las venas del ala de un insecto.

¿Cuál de los siguientes se examinaría mejor con un microscopio estereoscopio?

(1) un átomo de oxígeno
(2) una molécula de proteína
(3) una célula sanguínea
(4) una hoja de un árbol
(5) un pájaro

Las preguntas 25 a 27 se refieren al texto y diagrama siguientes

El efecto Doppler describe los cambios aparentes que tienen lugar en las ondas, como en el caso de las ondas sonoras, como resultado del desplazamiento de la fuente o del observador con respecto a las ondas. Cuando una fuente de sonido se desplaza, las ondas se juntan en la dirección del movimiento, como se muestra en el diagrama. La frecuencia aumenta y el tono del sonido le parece más agudo al observador. Si el sonido se aleja del observador las ondas sonoras se separan entre sí. Su frecuencia disminuye y el tono del sonido le parece más grave al observador.

**EL EFECTO DOPPLER**

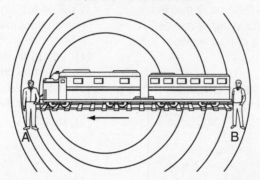

El observador A escucha un tono más agudo que el observador B.

25. Si una fuente de sonido se acercara a usted, pasara junto a usted y luego se alejara, ¿en qué momento el sonido parecería más agudo?

    (1) cuando se aproximara
    (2) cuando estuviera junto a usted
    (3) cuando se alejara
    (4) cuando el sonido tuviera más volumen
    (5) cuando el sonido se reflejara en un objeto

26. ¿Cuál de los siguientes puntos describe mejor el sonido que escucha el observador A en el diagrama?

    (1) un aumento del tono
    (2) una disminución del tono
    (3) primero un aumento del tono y luego una disminución
    (4) primero una disminución del tono y luego un aumento
    (5) un tono sin cambios

27. ¿Cuál de las siguientes conclusiones está apoyada por la información dada?

    (1) El efecto Doppler funciona sólo con las ondas sonoras.
    (2) El efecto Doppler puede utilizarse para determinar si la fuente de un sonido se está acercando o alejando de alguien.
    (3) El efecto Doppler ocurre sólo en un ámbito de 50 metros desde la fuente del sonido.
    (4) La fuente del sonido realmente cambia la frecuencia de las ondas que emite cuando se mueve en relación con el observador.
    (5) El efecto Doppler se usa para enmascarar otras fuentes de sonido.

28. Cuando falta la vitamina C en la dieta, ciertos tejidos se debilitan y se puede producir la enfermedad conocida como escorbuto. Muchos alimentos contienen cantidades bajas de vitamina C o no la contienen en absoluto, pero esta vitamina puede encontrarse en grandes cantidades en los cítricos, los tomates, muchas verduras de color verde oscuro y en los miembros de la familia de la mostaza, entre ellos la col, el brócoli, la coliflor y el colinabo. Cuando un alimento que contiene vitamina C se almacena durante mucho tiempo, se cocina o se seca, buena parte de la vitamina se destruye.

¿Qué debería comer una persona que quiere obtener la mayor cantidad de vitamina C posible?

(1) una lechuga
(2) algunas rodajas de fruta seca
(3) col cocida
(4) un plátano
(5) una naranja fresca

29. Una forma de controlar invasiones de insectos es soltar insectos machos que han sido expuestos a la radiación. La radiación produce defectos genéticos mortales, o mutaciones, en muchas de las células sexuales de los insectos machos.

¿Qué le podría ocurrir a la población de insectos si un granjero utilizara esta forma de control biológico todos los años?

(1) La población se extinguiría en un año porque ninguno de los huevos de las hembras sería fertilizado.
(2) La población se extinguiría completamente después de varias generaciones porque la mayoría de los huevos de las hembras no serían fertilizados.
(3) La población sería muy baja a lo largo de las generaciones porque muchos huevos fertilizados tendrían defectos y morirían.
(4) La población se incrementaría a lo largo de las generaciones porque se fertilizarían más huevos.
(5) La población seguiría siendo más o menos la misma porque las hembras seguirían apareándose.

La pregunta 30 se refiere a la siguiente gráfica.

**NÚMERO DE ESPECIES ANIMALES**

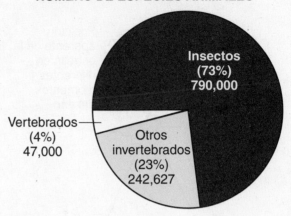

Insectos (73%) 790,000
Vertebrados (4%) 47,000
Otros invertebrados (23%) 242,627

30. ¿Cómo puede compararse el número de especies de invertebrados (insectos y otros animales sin columna vertebral) con el número de especies de vertebrados?

(1) Hay aproximadamente una cuarta parte de especies de invertebrados con relación a las especies de vertebrados.
(2) El número de especies de invertebrados es aproximadamente tres veces mayor que el de vertebrados.
(3) El número de especies de invertebrados es aproximadamente 4 veces mayor que el de vertebrados.
(4) El número de especies de invertebrados es aproximadamente 10 veces mayor que el de vertebrados.
(5) El número de especies de invertebrados es aproximadamente 24 veces mayor que el de vertebrados.

La <u>pregunta 31</u> se refiere al siguiente diagrama.

**PARALAJE**

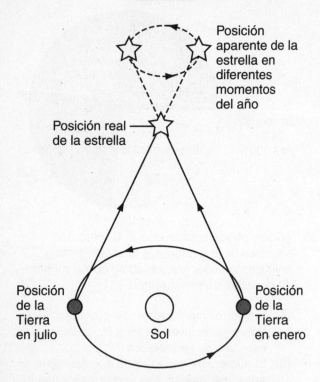

Posición aparente de la estrella en diferentes momentos del año

Posición real de la estrella

Posición de la Tierra en julio

Sol

Posición de la Tierra en enero

31. Por la noche, en el cielo las estrellas aparecen en posiciones ligeramente diferentes según la época del año. De acuerdo con el diagrama, ¿cuál es la causa de este fenómeno?

(1) Las estrellas tienen una órbita distante.
(2) La posición relativa de la Tierra con respecto a las estrellas varía.
(3) La posición relativa del Sol con respecto a las estrellas varía.
(4) La gente piensa que hay tres estrellas pero sólo hay una.
(5) La rotación de la Tierra da lugar al día y la noche.

32. Los científicos utilizan modelos para poder comprender cosas que son difíciles de observar directamente, como cosas muy grandes o muy pequeñas. Por ejemplo, los científicos pueden utilizar modelos para estudiar el flujo de la energía en la Tierra o la estructura de un átomo. Algunos modelos son físicos: dibujos, tablas o estructuras tridimensionales. Otros modelos, como en el ejemplo de las ecuaciones matemáticas, son mentales. Otros son modelos hechos en una computadora que muestran lo que puede suceder bajo ciertas condiciones.

¿Para cuál de las siguientes áreas de estudio sería más útil un modelo?

(1) el efecto a corto plazo del ejercicio aeróbico en el estrés
(2) la relación entre una dieta rica en grasas y los trastornos coronarios
(3) las interacciones sociales de un grupo de chimpancés
(4) el crecimiento y desarrollo del salmón del Pacífico
(5) las condiciones necesarias para crear un ecosistema completo y autónomo para astronautas

33. La reproducción selectiva es un proceso que consiste en escoger a unos cuantos organismos que tengan ciertos rasgos deseados para que sean los progenitores de la generación siguiente. Durante miles de años, los seres humanos han utilizado la reproducción selectiva con plantas como el maíz o el trigo y en animales como las vacas o los caballos.

¿Cuál ha sido el propósito, en general, a la hora de utilizar la reproducción selectiva en un tipo particular de animal o planta?

(1) satisfacer la curiosidad científica acerca de la planta o del animal
(2) aumentar la utilidad y el valor del animal o de la planta
(3) experimentar con las especies de animales o plantas a gran escala
(4) crear especies de animales o plantas completamente nuevas
(5) salvar al animal o a la planta de una posible extinción

34. Los científicos han estado debatiendo si la montaña Yuca es un sitio seguro para enterrar los residuos radiactivos. Algunos científicos piensan que los cristales de calcita encontrados en el subsuelo indican que recientemente circuló agua caliente bajo la montaña. Si esto sucediera de nuevo, el agua caliente podría corroer los contenedores en los que se almacenan los residuos y se escaparía material radiactivo peligroso. Otros científicos creen que los cristales se formaron hace millones de años, cuando la montaña Yuca se formó de cenizas volcánicas. Piensan que es poco probable que el agua caliente se filtre de nuevo en este lugar. De acuerdo con estos científicos, la montaña es un lugar seguro para almacenar dichos residuos.

¿Cuál de las siguientes es una opinión que sostienen los científicos que están de acuerdo con enterrar los residuos radiactivos en la montaña Yuca?

(1) Se ha propuesto la montaña Yuca como un lugar para enterrar residuos radiactivos.
(2) Se han encontrado cristales de calcita bajo tierra en la montaña Yuca.
(3) El agua subterránea caliente puede corroer los contenedores de metal que almacenan los residuos radiactivos.
(4) Es poco probable que el agua subterránea caliente vuelva a filtrarse en la montaña Yuca.
(5) La ceniza volcánica fue la que formó la montaña Yuca.

La pregunta 35 se refiere al siguiente diagrama.

**NIVEL FREÁTICO**

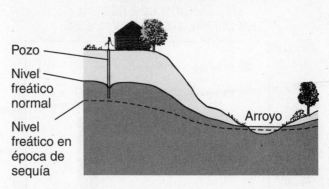

35. ¿Cuál de los siguientes enunciados implica el diagrama?

(1) Durante largos períodos de sequía el pozo se secará.
(2) Durante una lluvia fuerte, el agua se desbordará del arroyo e inundará la casa.
(3) El nivel del agua en el arroyo es normalmente más alto que el del nivel freático.
(4) Para que los árboles puedan sobrevivir, tienen que tener raíces en el nivel freático.
(5) El agua de un pozo es igual de potable que la del sistema municipal de agua.

La <u>pregunta 36</u> se refiere a la siguiente gráfica.

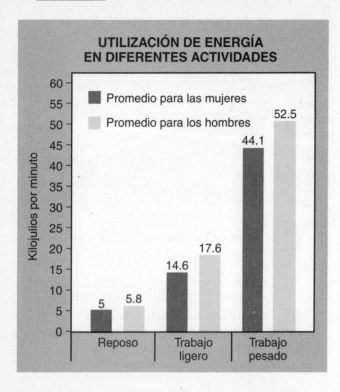

**UTILIZACIÓN DE ENERGÍA EN DIFERENTES ACTIVIDADES**

37. Un magnetómetro es un aparato que se utiliza para medir la fuerza de los campos magnéticos. Cuando el magnómetro pasa por un campo magnético muestra la fuerza del campo como diferencia de potencial. En ocasiones, los aviones remolcan magnómetros para medir el campo magnético de la Tierra. Los cambios en el campo magnético permiten la detección del hierro y de otros depósitos.

¿Cuál de las siguientes es una suposición implícita importante para poder comprender el párrafo anterior?

(1) El magnómetro sirve para medir campos magnéticos.
(2) La diferencia de potencial indica la fuerza del campo magnético.
(3) Los aviones pueden remolcar magnómetros.
(4) La Tierra tiene un campo magnético.
(5) Los depósitos de hierro son magnéticos.

36. ¿De qué manera se compara la cantidad de energía que utiliza una mujer por minuto cuando realiza trabajo pesado con la cantidad que utiliza cuando está en reposo?

(1) La energía que utiliza para realizar trabajo pesado es un tercio de la que utiliza en reposo.
(2) La energía que utiliza para realizar trabajo pesado es tres veces mayor que la que utiliza en reposo.
(3) La energía que utiliza para realizar trabajo pesado es nueve veces mayor que la que utiliza en reposo.
(4) La energía que utiliza para realizar trabajo pesado es diez veces mayor que la que utiliza en reposo.
(5) La energía que utiliza para realizar trabajo pesado es cuarenta y cuatro veces mayor que la que utiliza en reposo.

38. Una población está formada por un grupo de individuos que pertenecen a la misma especie. En ocasiones, un grupo aislado de individuos establece una población nueva. Después de generaciones viviendo en aislamiento, la nueva población puede desarrollar características diferentes a las de la población original de la que procedían sus fundadores y puede llegar a formar una especie distinta.

¿En qué circunstancias es más probable que ocurra este tipo de evolución de las especies?

(1) cuando una mutación genética útil se transmite a la descendencia
(2) cuando un grupo de individuos coloniza una isla en medio del océano
(3) cuando un grupo de individuos coloniza un área nueva fácilmente accesible desde su lugar de origen
(4) cuando un grupo de individuos emigra con frecuencia de una población a otra
(5) cuando un grupo de individuos se establece en un nuevo lugar pero acaba extinguiéndose

La pregunta 39 se refiere al texto y diagrama siguientes.

En 1953, el científico Stanley Miller estableció un modelo complejo para demostrar que las moléculas orgánicas, la base de los organismos vivos, podrían haberse formado en las condiciones que estaban presentes en la Tierra cuando el planeta era joven. Dispuso una mezcla de gases y de agua circulando en su modelo durante una semana. Cuando la semana terminó había moléculas orgánicas dentro el sistema.

### EXPERIMENTO DE MILLER SOBRE EL ORIGEN DE LA VIDA

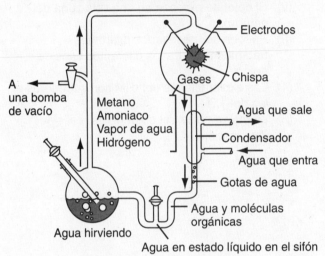

39. En el modelo de Miller los electrodos suministraron la energía necesaria para que las moléculas orgánicas se formaran a partir de otras moléculas. ¿A cuál de las substancias o procesos de los primeros tiempos de la Tierra simularon los electrodos?

(1) a la atmósfera
(2) a los océanos
(3) a fuertes lluvias
(4) a los relámpagos
(5) al bombardeo producido por meteoritos

---

40. El viento es capaz de desplazar la arena a través de largas distancias. Cuando la velocidad del viento disminuye se deposita la arena. A veces se construyen barreras de protección contra el viento en las orillas de las playas para que el viento vaya más despacio y deposite la arena junto a las barreras.

¿Cuál de los siguientes ejemplos utiliza el mismo tipo de principio que las barreras de protección contra el viento?

(1) Los muros de piedra que los granjeros construyen de las rocas que han recogido de sus campos.
(2) Las vallas con corriente eléctrica que se utilizan para mantener adentro al ganado y afuera a los depredadores.
(3) Las barreras contra la nieve que se construyen a los lados de las carreteras para que la nieve se acumule allí y no entre en las carreteras.
(4) La construcción de diques en los ríos para evitar inundaciones cuando hay un aumento en el caudal.
(5) La construcción de presas en los ríos para controlar el caudal del agua.

41. Cuanto más rápido se desplaza un vehículo, mayor es la distancia que necesita para detenerse completamente. Un automóvil que viaja a 30 millas por hora necesita unos 75 pies para detenerse. Si el mismo automóvil viaja a 50 millas por hora necesitará 174 pies. Esto se debe al momento del vehículo que se desplaza. El momento depende de la masa del vehículo y de su velocidad. Un camión grande tiene más momento que un automóvil que circula a la misma velocidad.

Una persona está conduciendo un automóvil todo terreno de grandes dimensiones y se siente seguro conduciendo justo detrás de los otros vehículos en una autopista. ¿Qué factor debería considerar este conductor?

(1) Un automóvil todo terreno tiene una mayor distancia de frenado que un automóvil normal que viaje a la misma velocidad.
(2) Un automóvil todo terreno tiene una menor distancia de frenado que un automóvil normal que viaje a la misma velocidad.
(3) Si el automóvil que está delante para de repente, el automóvil todo terreno tendrá espacio suficiente para detenerse.
(4) Cuanto más rápido vaya el automóvil todo terreno, el espacio de seguridad necesario entre los dos vehículos será menor.
(5) Los todo terreno son más robustos que los automóviles normales y por tanto sus conductores y pasajeros no sufrirán heridas si ocurre un accidente.

Las preguntas 42 y 43 se refieren a la siguiente tabla.

| FORMACIÓN DE ROCAS SEDIMENTARIAS | | |
|---|---|---|
| Agentes que ayudan la formación | Tipo de material dentro de la roca | Tipo de roca producida |
| Arroyos, vientos, glaciares | Cantos rodados, guijarros<br>Arena<br>Cieno, arcilla | Conglomerado<br>Arenisca<br>Esquisto |
| Reacción química en el agua de mar, evaporación | Minerales disueltos | Sal gruesa, yeso, una parte de piedra caliza |
| Organismos | Vegetación<br>Restos de animales marinos (también conchas) | Turba y carbón<br>La mayoría de la piedra caliza |

42. ¿Cuál de las siguientes rocas sedimentarias se formó mediante la deposición y comprensión de un material orgánico?

   (1) el carbón
   (2) el conglomerado
   (3) la sal gruesa
   (4) la arenisca
   (5) el esquisto

43. En ciertas áreas del suroeste de Estados Unidos es frecuente encontrar grandes depósitos de yeso. ¿Cómo podría haber sido esta región cuando el mineral comenzó a formarse hace millones de años?

   (1) una llanura vaciada por grandes ríos
   (2) una cadena montañosa salpicada de glaciares
   (3) un área de agua pantanosa cubierta por una vegetación abundante
   (4) un gran océano
   (5) un desierto enorme y caluroso

44. Hasta hace poco, los científicos encargados de estudiar el dolor dependían de la información que les ofrecían las personas (a través de palabras, muecas o gritos). El desarrollo de técnicas de escáner como el IRM y el TEP ha permitido a los científicos precisar cuáles son las áreas del cerebro que se activan con el dolor. Como resultado, los científicos han descubierto que los dolores debidos a diferentes causas se registran en áreas diferentes del cerebro.

¿Qué implica la nueva investigación del dolor?

   (1) Los estudios objetivos del dolor son imposibles.
   (2) El dolor se procesa en una sola zona del cerebro.
   (3) Pueden ser necesarios diferentes tratamientos para los diferentes tipos de dolor.
   (4) Las exploraciones del IRM son superiores a las del TEP.
   (5) La mayor parte del dolor no es real sino imaginario.

La pregunta 45 se refiere al siguiente diagrama.

## EVAPORACIÓN Y CONDENSACIÓN

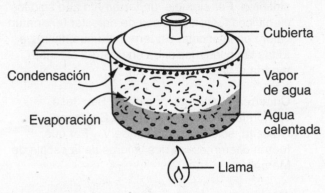

45. ¿Cuál de las siguientes opciones resume mejor el diagrama?

    (1) En un recipiente cerrado, el agua se evapora y se transforma en vapor.
    (2) En un recipiente cerrado, el vapor de agua se condensa y se convierte en agua.
    (3) En un recipiente cerrado, la evaporación ocurre en la superficie del agua.
    (4) En un recipiente cerrado, el agua se evapora y forma vapor de agua, y luego se condensa y forma agua de nuevo.
    (5) En un recipiente cerrado el agua se evapora y se forma vapor de agua, luego se condensa en agua y luego se congela y forma cristales de hielo.

La pregunta 46 se refiere a la siguiente tabla.

## DURACIÓN DEL EMBARAZO EN ALGUNOS ANIMALES

| Animal | Duración del embarazo | Número de crías |
|---|---|---|
| Zarigüeya de Virginia | 12 días | 8 a 14 |
| Hámster dorado | 15 días | 6 a 8 |
| León | 105 a 108 días | 3 a 4 |
| Ser humano | 267 días | 1 |
| Elefante indio | 660 días | 1 |

46. ¿Cuál de las siguientes es una conclusión basada en los datos de la tabla y no un detalle de la tabla?

    (1) La zarigüeya de Virgina da a luz de 8 a 14 crías en una camada.
    (2) El embarazo de un hámster dorado dura 15 días.
    (3) Los seres humanos normalmente tienen un bebé por embarazo.
    (4) El embarazo de un elefante indio dura 660 días.
    (5) Cuanto más largo es el embarazo, el número de crías es menor.

La pregunta 47 se refiere al texto y diagrama siguientes.

Las ondas se curvan cuando atraviesan el límite que hay entre dos tipos diferentes de materia. Este fenómeno se denomina refracción.

### REFRACCIÓN DE LA LUZ EN EL AGUA

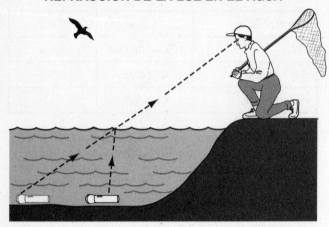

47. ¿Cuál de las siguientes conclusiones está apoyada por la información dada?

(1) La persona sabe que las ondas de la luz se refractan y debería apuntar la red al lugar en el que ve la linterna.
(2) La persona sabe que las ondas de la luz se refractan y debería apuntar la red a un lugar más cercano del lugar en el que parece estar la linterna.
(3) Cuando la persona ve un pájaro volando, en realidad el pájaro está en un lugar diferente debido a la refracción de las ondas de la luz.
(4) El único tipo de ondas que se refractan son las de la luz.
(5) La refracción sólo sucede en el límite entre el agua y el aire.

48. La escala de Mercalli utiliza números romanos para valorar los terremotos de acuerdo con los efectos que tuvieron en el lugar donde se sintieron. Por ejemplo, un terremoto que sólo los científicos fueron capaces de detectar tendría un valor I en la escala. Un terremoto que destruye todas las construcciones en un área extensa tendría el valor más alto, XII.

Un terremoto que se originó en San José, California, tuvo un valor de VII. Cerca, en Oakland, sólo tuvo un valor de V. ¿Por qué fueron diferentes los dos valores de la escala de Mercalli?

(1) La escala de Mercalli mide los terremotos en el lugar en el que ocurren.
(2) La escala de Mercalli mide los terremotos en los diferentes lugares afectados por el terremoto.
(3) Todos los terremotos tienen al menos dos valores en la escala de Mercalli.
(4) El terremoto produjo más destrozos en Oakland que en San José y por eso el valor de la escala de Mercalli en Oakland fue más bajo.
(5) El terremoto produjo menos destrozos en Oakland que en San José y por eso el valor de la escala de Mercalli en Oakland fue más bajo.

La pregunta 49 se refiere al texto y diagrama siguientes.

El ardor de estómago es una molestia entre moderada y severa que resulta del reflujo del ácido gástrico. En la ilustración se muestra por qué sucede el ardor de estómago.

## ARDOR DE ESTÓMAGO

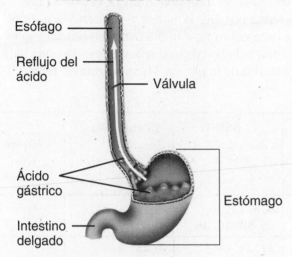

Esófago

Reflujo del ácido

Válvula

Ácido gástrico

Estómago

Intestino delgado

49. Un niño se queja de que le duele el estómago. ¿Está sufriendo ardor de estómago?

   (1) Sí. El ardor de estómago es causado por el ácido gástrico.
   (2) Sí. El ardor de estómago puede causar una sensación de dolor y también de ardor.
   (3) No. Lo normal es que el ardor de estómago cause ardor en el pecho, encima del estómago.
   (4) No. Lo normal es que el ardor de estómago cause ardor en la parte baja del abdomen, debajo del estómago.
   (5) No. El ardor de estómago se relaciona con problemas del corazón y no del estómago.

50. El hidrato de metano consiste en una cubierta de moléculas de hielo que rodea a las moléculas de metano (gas natural). Se puede encontrar bajo el permagel polar y en los sedimentos de las profundidades del océano. Cuando se derrite, un volumen de hidrato de metano produce unos 160 volúmenes de metano. Los científicos estiman que hay al menos el doble de cantidad de carbono en los depósitos de hidrato de metano que en los depósitos de todos los combustibles fósiles de la Tierra.

¿Cuál de los siguientes países es más probable que participe en estudios sobre el uso potencial del hidrato de metano como fuente de energía?

   (1) Arabia Saudita, que dispone de enormes reservas de petróleo y de gas natural
   (2) Rusia, que dispone de grandes áreas de permagel en las regiones del norte del país
   (3) Nepal, un país montañoso y sin salida al mar en el sur de Asia
   (4) Botswana, un país desértico y sin salida al mar en el sur de África
   (5) Suiza, un país montañoso y sin salida al mar en Europa central

Las respuestas comienzan en la página 315.

# Tabla de análisis del desempeño en la Prueba final
## Ciencias

Las siguientes tablas le servirán para determinar cuáles son sus puntos fuertes y débiles en las áreas temáticas y destrezas necesarias para aprobar la Prueba de Ciencias de GED. Consulte la sección Respuestas y explicaciones que empieza en la página 315 para verificar las respuestas que haya dado en la Prueba final. Luego, en la tabla, encierre en un círculo los números correspondientes a las preguntas de la prueba que haya contestado correctamente. Anote el número total de aciertos por área temática y por destreza al final de cada hilera y columna. Vea el número total de aciertos de cada columna e hilera para determinar cuáles son las áreas y destrezas que más se le dificultan. Use como referencia las páginas señaladas en la tabla para estudiar esas áreas y destrezas. Utilice una copia del Plan de estudio de la página 31 como guía de repaso.

| Destreza de razonamiento / Área temática | Comprensión (Lecciones 1, 2, 6, 9, 13) | Aplicación (Lecciones 8, 15) | Análisis (Lecciones 3, 4, 7, 10, 14, 17, 19) | Evaluación (Lecciones 5, 11, 12, 16, 18, 20) | Número de aciertos |
|---|---|---|---|---|---|
| Ciencias biológicas (*Páginas 32 a 107*) | **9, 10, 12**, 44 | 15, 24, 28, 32, 38, **39, 49** | **4, 5, 11**, 16, 29, **30, 36, 46** | 7, **13**, 20, 33 | _____/23 |
| Ciencias de la Tierra y del espacio (*Páginas 108 a 155*) | **35, 42** | 40, **43**, 50 | **31**, 34, 48 | **3, 23** | _____/10 |
| Ciencias físicas (*Páginas 156 a 218*) | 1, **25, 45** | 2, 8, 17, 19, 21 | **6, 14**, 22, **26**, 37 | **18, 27**, 41, **47** | _____/17 |
| Número de aciertos | _____/9 | _____/15 | _____/16 | _____/10 | _____/50 |

1–40 → Use el Plan de estudio de la página 31 para organizar su repaso.
41–50 → ¡Felicidades! ¡Está listo para tomar la Prueba de GED! Puede practicar más usando la Prueba simulada en las páginas 239 a 259.

Los **números en negritas** corresponden a preguntas que contienen tablas, gráficas, diagramas e illustraciones.

## CIENCIAS

### Instrucciones

La Prueba simulada de Ciencias consta de una serie de preguntas de selección múltiple destinadas a medir conceptos generales de las ciencias. Las preguntas se basan en lecturas breves que con frecuencia incluyen una gráfica, un cuadro o un diagrama. Primero estudie la información que se proporciona y luego conteste la pregunta o preguntas que le siguen. Al contestar las preguntas, consulte la información dada cuantas veces considere necesario.

Se le darán 80 minutos para contestar las 50 preguntas de la Prueba simulada de Ciencias. Trabaje con cuidado, pero no dedique demasiado tiempo a una sola pregunta. Asegúrese de haber contestado todas las preguntas. Si no está seguro de una respuesta responda de manera razonable por eliminación. No se descontarán puntos por respuestas incorrectas.

Cuando se agote el tiempo, ponga una marca en la última pregunta que haya contestado. Esto le servirá de guía para calcular si podrá o no terminar la verdadera Prueba de GED dentro del tiempo permitido. A continuación, termine la prueba.

Registre sus respuestas en una copia de la hoja de respuestas de la página 340. Asegúrese de incluir toda la información requerida en la hoja de respuestas.

Para marcar sus respuestas, en la hoja de respuestas rellene el círculo con el número de la respuesta que considere correcta para cada una de las preguntas de la prueba.

---

**Ejemplo:**

¿Cuál de las siguientes es la unidad más pequeña en un ser vivo?

(1) tejido
(2) órgano
(3) célula
(4) músculo
(5) capilar

La respuesta correcta es "célula", por lo tanto, en la hoja de respuestas debería haber rellenado el círculo con el número 3 adentro.

---

No apoye la punta del lápiz en la hoja de respuestas mientras piensa en la respuesta. No haga marcas innecesarias en la hoja. Si decide cambiar una respuesta, borre completamente la primera marca. Rellene un solo círculo por cada respuesta: si señala más de un círculo, la respuesta se considerará incorrecta. No doble ni arrugue la hoja de respuestas.

Una vez terminada esta prueba, utilice la Tabla de análisis del desempeño en la página 259 para determinar si está listo para tomar la verdadera Prueba de GED. Si no lo está, use la tabla para identificar las destrezas que debe repasar de nuevo.

Adaptado con el permiso del *American Council on Education*.

Instrucciones: Elija la respuesta que mejor responda a cada pregunta.

Las preguntas 1 a 2 se refieren a la siguiente tabla.

| SUBSTANCIAS RADIACTIVAS Y SUS USOS | |
|---|---|
| Substancia | Uso |
| Carbono 14 | Estimar la edad de un material que perteneció a algo vivo |
| Arsénico 74 | Encontrar tumores cerebrales |
| Cobalto 60 | Radioterapia para el cáncer Rastrear fugas y obstrucciones en las tuberías |
| Yodo 131 | Tratamiento para los problemas de la glándula tiroides |
| Radio | Radioterapia para el cáncer |
| Uranio 235 | Estimar la edad de materiales que pertenecieron a algo no vivo Producción de energía en las centrales nucleares Armas atómicas |

1. Si un científico quiere poner fecha a un hueso humano procedente de una civilización antigua. ¿Cuál de las siguientes substancias radiactivas utilizaría?

   (1) carbono 14
   (2) arsénico 74
   (3) cobalto 60
   (4) radio
   (5) uranio 235

2. ¿Cuál de las siguientes conclusiones está apoyada por la información de la tabla?

   (1) Todas las substancias radiactivas son muy costosas.
   (2) El uranio 235 se utiliza solamente para producir armas.
   (3) Las substancias radiactivas son siempre beneficiosas para los seres humanos.
   (4) Las substancias radiactivas tienen muchos usos diferentes.
   (5) Los seres humanos pueden producir substancias radiactivas.

La pregunta 3 se refiere a la siguiente información.

Para determinar la velocidad a la que se propagan los diferentes tipos de ondas sísmicas, los científicos observan terremotos de los que se conoce el epicentro (el lugar de la superficie de la Tierra que se encuentra justo encima del lugar en el que sucedió el terremoto) y el tiempo.

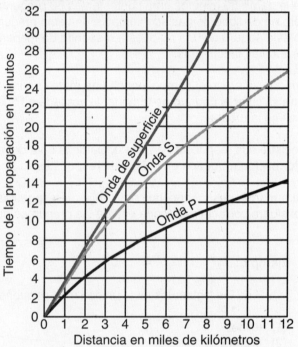

COMPARACIÓN DE LAS DISTANCIAS QUE RECORREN DIFERENTES ONDAS SÍSMICAS CON RESPECTO AL TIEMPO

3. ¿Cómo puede ser utilizada la información de esta gráfica por los científicos que registran los sismos?

   (1) para evaluar el nivel de destrucción que ha causado un terremoto
   (2) para hallar la distancia al epicentro del terremoto
   (3) para predecir un terremoto con antelación
   (4) para predecir erupciones volcánicas
   (5) para identificar zonas sísmicas potenciales

La pregunta 4 se refiere a la información y diagramas siguientes.

El estrato de roca más reciente está encima; el estrato de roca más antiguo está debajo.

## CICLO DE VIDA DE LAS MONTAÑAS DE BLOQUE DE FALLA

1. Pliegue

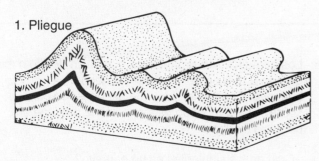

2. Falla

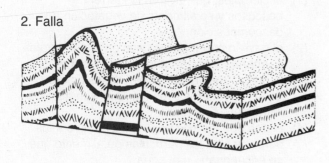

3. Erosión

4. ¿En qué fase o fases del ciclo han sido expuestos los estratos de rocas antiguas enterrados?

    (1) sólo durante el momento de pliegue
    (2) sólo durante la creación de la falla
    (3) sólo durante la fase de erosión
    (4) durante el pliegue y la formación de la falla
    (5) durante la formación de la falla y la fase de erosión

5. La microbiología se encarga del estudio de los microorganismos y especialmente de la vida unicelular de formas como las bacterias, los protistas y los hongos. El desarrollo del microscopio en el siglo XVII permitió a los científicos ver los microorganismos por primera vez. En la actualidad la microbiología tiene gran importancia en los campos de la medicina y de la industria alimenticia.

¿Cuál de los siguientes puntos permitió el establecimiento de la microbiología como campo dentro de las ciencias biológicas?

    (1) la clasificación de las bacterias, los protistas y los hongos
    (2) la invención del microscopio
    (3) las aplicaciones de este campo en el terreno de la medicina
    (4) las aplicaciones de este campo en el terreno de la industria alimenticia
    (5) las aplicaciones de este campo en el terreno de la computación

6. El monóxido de carbono es un gas, que es un producto derivado de la combustión incompleta en las estufas de carbón, en las calderas y en los electrodomésticos a gas cuando éstos no reciben suficiente oxígeno del aire. Aparece también en los gases expulsados por los motores de combustión interna (por ejemplo, en los automóviles y en las cortadoras de césped).

El monóxido de carbono es un veneno letal. Es difícil de detectar porque es incoloro, inodoro e insípido. Las víctimas del monóxido de carbono se adormecen al principio y luego pierden el conocimiento. Pueden morir en pocos minutos.

¿Cuál de las siguientes acciones lleva consigo un alto riesgo de envenenamiento por monóxido de carbono?

    (1) operar una caldera de carbón bien ventilada
    (2) cortar el césped
    (3) utilizar una estufa de gas correctamente instalada
    (4) tener un automóvil en marcha dentro de un garaje cerrado
    (5) utilizar una barbacoa al aire libre

La pregunta 7 se refiere a la información y diagramas siguientes.

Todas las células llevan a cabo cientos de procesos químicos. Las enzimas de la célula controlan y aceleran estos procesos.

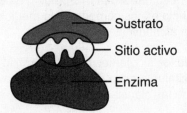

Sustrato
Sitio activo
Enzima

Una enzima está a punto de unirse con su molécula de reacción (sustrato).

La encima se une al sustrato por el sitio activo y disminuye la cantidad de energía precisa para activar la reacción química.

La encima libera los productos de la reacción y regresa a su forma original, lista para ligarse con otra molécula sustrato.

7. ¿Cuál es el mejor título para la información ofrecida?

(1) La célula
(2) Los procesos químicos dentro de la célula
(3) La estructura molecular de una enzima
(4) Cómo actúa una enzima
(5) El sitio activo de la enzima

8. Los parásitos son organismos que viven dentro o gracias a otro organismo, que se denomina huésped. El parásito depende del huésped para sobrevivir y a menudo esta relación le produce un perjuicio al último.

¿Cuál de los siguientes es un parásito?

(1) el ciempiés, que vive en los terrenos boscosos y se alimenta de vegetación en descomposición
(2) el gavilán patirrojo, que vive en zonas rurales o urbanas y apresa pequeños roedores
(3) la pulga, que vive en la piel de los pájaros y de los mamíferos y les chupa la sangre para alimentarse
(4) el percebe, que se pega a las rocas o a los barcos y filtra las partículas de alimento que se encuentran en el agua
(5) la hormiga de la acacia, que se alimenta del néctar de las plantas de acacia y ataca a los animales que intentan comerse la planta huésped

9. Aproximadamente un 8 por ciento de los hombres y un 0.5 por ciento de las mujeres son daltónicos, es decir, tienen problemas para distinguir los colores. La mayoría de los daltónicos no pueden diferenciar el rojo del verde. Las personas totalmente daltónicas ven sólo blanco, negro y matices de gris. Este último tipo es extremadamente raro.

¿Qué implica el hecho que la cantidad de hombres daltónicos es mayor que la cantidad de mujeres daltónicas?

(1) El color es menos importante para los hombres que para las mujeres.
(2) El rasgo heréditario del daltonismo depende del género.
(3) El daltonismo es una enfermedad que no puede curarse.
(4) El daltonismo está relacionado con una visión pobre.
(5) El daltonismo es un defecto de la visión que no es nocivo.

10. Un clon es un organismo que se desarrolla a partir de un progenitor mediante reproducción asexual y hereda todo su material genético. La oveja Dolly fue el primer clon animal producido por los científicos.

¿Cuál de los siguientes organismos es un clon?

(1) un bebé nacido de una mujer gracias a la inseminación artificial
(2) un potro nacido de una yegua que se apareó con un caballo semental de carreras
(3) una planta que creció de un tallo que se cortó y enterró en mezcla para raíces
(4) una planta de guisante que creció desde una semilla y que se desarrolló gracias a la polinización de otra planta
(5) una araña incubada en un huevo fertilizado por el esperma de una araña macho

La <u>pregunta 11</u> se refiere al siguiente diagrama.

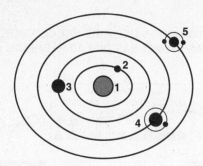

CLAVE
1 = Sol
2 = Mercurio
3 = Venus
4 = la Tierra y la Luna
5 = Marte y sus lunas

11. ¿Cuál de los siguientes enunciados está apoyado por la información del diagrama?

(1) Marte viaja alrededor del Sol en menos tiempo que la Tierra.
(2) La rotación de los planetas produce el día y la noche.
(3) Venus es el segundo planeta más cercano al Sol.
(4) La Tierra es el único planeta con cantidades significativas de agua.
(5) La Luna siempre está más lejos del Sol que la Tierra.

Las preguntas 12 y 13 se refieren al siguiente diagrama.

**CONTAMINANTES DEL AIRE PROCEDENTES DE LAS CHIMENEAS DE LAS FÁBRICAS**

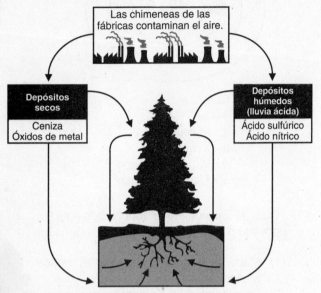

Las chimeneas de las fábricas contaminan el aire.

Depósitos secos
Ceniza
Óxidos de metal

Depósitos húmedos (lluvia ácida)
Ácido sulfúrico
Ácido nítrico

El suelo ácido y el agua eliminan los nutrientes de las plantas en el suelo. Los metales pesados se acumulan en cantidades nocivas.

12. ¿Por qué se convierten en depósitos húmedos los contaminantes del aire que emiten las chimeneas de las fábricas?

(1) por los procesos industriales incompletos
(2) por el funcionamiento defectuoso de los sistemas anticontaminantes
(3) por el uso de combustibles fósiles basados en el petróleo
(4) por la acción del agua de los océanos
(5) por el vapor de agua del aire

13. ¿Cuál es el efecto que tienen al final los depósitos secos y la lluvia ácida en la vida vegetal?

(1) Las plantas se multiplican gracias a los metales pesados que se acumulan en el suelo.
(2) El sistema de raíces se hace más fuerte debido al mayor número de nutrientes del suelo.
(3) Las hojas y los tallos están dañados pero los sistemas de raíces permanecen igual.
(4) Las plantas se debilitan debido a la falta de nutrientes y al efecto negativo que tienen los metales pesados.
(5) No existe un efecto a largo plazo en la vida de las plantas.

14. Los átomos son extremadamente pequeños. A pesar de ello, antes de que los microscopios avanzados permitieran verlos, hace muchas décadas los científicos habían encontrado pruebas de la existencia de los átomos. Por ejemplo, una partícula pequeña de polvo suspendida en un líquido se mueve con una trayectoria irregular y aleatoria. Este tipo de movimiento, denominado movimiento browniano, se produce porque los átomos y las moléculas del líquido chocan constantemente con la partícula de polvo.

Otro tipo de evidencia de la existencia de los átomos es la difracción de los rayos X. Los rayos X son ondas electromagnéticas de alta energía. Cuando se expone la materia a los rayos X, la mayoría de los rayos pasan a través de ella. Pero algunos rayos rebotan contra los núcleos densos de los átomos. Si los átomos no estuvieran ahí todos los rayos X continuarían propagándose en línea recta.

¿Qué tienen en común el movimiento browniano y la difracción de los rayos X como pruebas de la existencia de los átomos?

(1) Ambos suministran fotografías claras de los átomos.
(2) Ambos implican ondas electromagnéticas.
(3) Ambos ofrecen evidencia indirecta de la existencia de los átomos.
(4) En ambos hay suspensiones líquidas.
(5) Ambos implican el bombardeo de los átomos.

15. Las ondas luminosas se diferencian de las ondas sonoras en que se propagan a través del vacío del espacio exterior y también a través de la materia. Las ondas sonoras sólo se propagan a través de la materia. Las ondas luminosas viajan más rápido que las sonoras. La velocidad de propagación de las ondas sonoras con una temperatura del aire de 32°F es de 1,085 pies por segundo. La velocidad de la luz a través del aire a cualquier temperatura es de 186,282 millas por segundo.

¿Cuál de las siguientes situaciones sirve para demostrar que las ondas luminosas y las ondas sonoras se propagan a diferentes velocidades?

(1) ver un relámpago antes de escuchar el trueno
(2) ver un espectáculo de luces en una discoteca
(3) mirar a los carteles luminosos
(4) viajar por encima de la velocidad del sonido en un avión supersónico
(5) calcular el tiempo que tarda la luz del Sol en llegar a la Tierra

16. El dióxido de carbono absorbe la radiación infrarroja (o calor) que desprende la superficie de la Tierra y evita que se pierda en el espacio. La cantidad de dióxido de carbono que hay en la atmósfera varía de un lugar a otro y de un momento a otro. Por ejemplo, hay más dióxido de carbono cerca de las ciudades y de las zonas industriales. La cantidad de dióxido de carbono ha aumentado en el último siglo.

¿Cuál de las siguientes opciones es una conclusión acerca del dióxido de carbono de la atmósfera y no un detalle?

(1) El dióxido de carbono es un gas de la atmósfera que absorbe la radiación infrarroja de la Tierra.
(2) Las diferentes regiones tienen diferentes cantidades de dióxido de carbono en sus atmósferas locales.
(3) La cantidad de dióxido de carbono de la atmósfera ha aumentado al menos durante el último siglo.
(4) La concentración de dióxido de carbono cerca de las ciudades y de las zonas industriales es más alta.
(5) El incremento de los niveles del dióxido de carbono en la atmósfera puede contribuir al calentamiento global.

La pregunta 17 se refiere a la información y gráfica siguientes.

La humedad es la concentración de vapor de agua que tiene la atmósfera en un momento dado. La gráfica muestra cuál es la cantidad máxima de vapor de agua que puede tener el aire para diferentes temperaturas.

**CANTIDAD MÁXIMA DE VAPOR DE AGUA EN EL AIRE PARA DIFERENTES TEMPERATURAS**

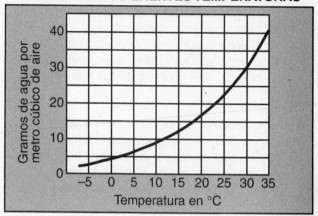

17. ¿Cuál de los siguientes resultados es el más probable si la cantidad de vapor de agua que tiene el aire a 35°C está por encima de los 41 gramos por metro cúbico?

(1) El nivel de humedad disminuirá.
(2) El nivel de humedad aumentará.
(3) La temperatura bajará.
(4) Se evaporará más agua.
(5) Lloverá.

18. La alternancia del aumento y disminución del nivel del agua en los océanos produce las mareas. Las mareas son causadas sobre todo por la atracción de la gravedad que ejerce la Luna sobre la Tierra. El Sol también contribuye a crear mareas con su fuerza de gravedad.

¿En qué momento la marea alta sería más alta?

(1) cuando la Luna y el Sol se sitúan en línea recta con respecto a la Tierra
(2) cuando la Luna y el Sol se sitúan en ángulo recto una con respecto al otro
(3) cuando la Luna está en cuarto creciente
(4) cuando la Luna está en cuarto menguante
(5) cuando el Sol tiene manchas solares

19. Los objetos en movimiento tienen energía cinética determinada por la velocidad del objeto y por su masa. Un objeto en movimiento puede transmitir su energía cinética a un objeto en reposo y como resultado este último se mueve.

¿Cuál de las siguientes opciones está implicada en la información anterior?

(1) Cuanta más velocidad y más masa tenga un objeto, menos energía cinética tendrá.
(2) La energía cinética de un objeto en movimiento no se puede medir.
(3) Un objeto en movimiento no tiene energía cinética.
(4) Un objeto en reposo no tiene energía cinética.
(5) Un objeto en reposo tiene más energía cinética que un objeto en movimiento.

La pregunta 20 se refiere al siguiente diagrama.

**CÓMO RESPIRA UN PEZ**

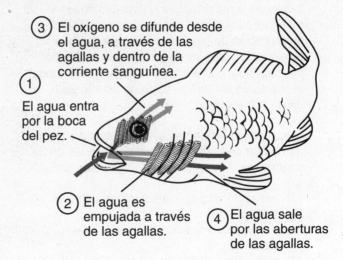

3 El oxígeno se difunde desde el agua, a través de las agallas y dentro de la corriente sanguínea.

1 El agua entra por la boca del pez.

2 El agua es empujada a través de las agallas.

4 El agua sale por las aberturas de las agallas.

20. ¿Que parte del cuerpo humano se asemeja más al funcionamiento de las agallas del pez?

(1) a la tráquea, que conduce el aire desde la boca y la nariz hasta los pulmones
(2) a los pulmones, que captan el oxígeno del aire y lo introducen dentro del torrente sanguíneo
(3) al diafragma, que se expande y se contrae para mover el aire dentro y fuera de los pulmones
(4) a la lengua, que permite tragar y hablar
(5) a los intestinos, que absorben el agua procedente de los alimentos digeridos

21. Charles Darwin planteó la hipótesis de que las especies evolucionan según el principio de selección natural. Los individuos varían y algunos tendrán rasgos que los harán más aptos para su medio ambiente. Estos individuos tienen más posibilidades de sobrevivir, reproducirse y transmitir esos rasgos que los individuos que no los tienen. Los individuos que no tienen estos rasgos no se adaptan bien al medio ambiente, mueren o tienen una descendencia más pequeña. Por ejemplo, las polillas de colores claros se adaptaron bien a vivir en árboles limpios; de esta manera se camuflaban de las aves depredadoras. Después de la Revolución Industrial, las polillas más oscuras se adaptaron mejor a vivir en árboles oscuros y ennegrecidos por el humo.

¿Cuál de las siguientes situaciones proporcionaría la mejor prueba de selección natural?

(1) Soltar el mismo número de polillas claras y oscuras en dos zonas, una limpia y la otra ennegrecida por el humo, y contar después el número de sobrevivientes.
(2) Soltar un número específico de polillas oscuras en diferentes zonas ennegrecidas por el humo y contar después el número de sobrevivientes.
(3) Soltar un número específico de polillas oscuras en diferentes zonas limpias y contar después el número de sobrevivientes.
(4) Soltar un número específico de polillas oscuras en diferentes zonas ennegrecidas por el humo y contar después el número de sobrevivientes.
(5) Soltar un número específico de polillas claras en diferentes zonas limpias y contar después el número de sobrevivientes.

Las preguntas 22 y 23 se refieren a la siguiente tabla.

| PULSACIONES DESPUÉS DE UN MINUTO DE EJERCICIO | | | |
|---|---|---|---|
| Condición física del sujeto | Pulsaciones por minuto | | |
| | Ejercicio suave | Ejercicio moderado | Ejercicio intenso |
| Excelente | 66 | 73 | 82 |
| Muy buena | 78 | 85 | 96 |
| Media | 90 | 98 | 111 |
| Por debajo de la media | 102 | 107 | 126 |
| Pobre | 114 | 120 | 142 |

22. ¿Cuál de las siguientes es una suposición implícita importante para comprender la tabla?

(1) Se realizó ejercicio suave, moderado o intenso.
(2) Las pulsaciones indican el número de latidos del corazón por minuto.
(3) La condición física de los sujetos varió de pobre a excelente.
(4) Los sujetos con una condición física pobre no pudieron hacer los ejercicios.
(5) Hay muy pocas personas con una condición física excelente.

23. ¿Cuál de los siguientes enunciados está apoyado por la información de la tabla?

(1) El número de pulsaciones continúa subiendo si se incrementa el número de minutos de ejercicio.
(2) Las personas con una condición física pobre no deberían hacer ejercicios intensos.
(3) El número de respiraciones por minuto se incrementa durante el ejercicio.
(4) Cuando haga ejercicios, deténgase si se siente mareado o le falta el aliento.
(5) El salto más grande en el número de pulsaciones se produce cuando se pasa del ejercicio moderado al ejercicio intenso.

La pregunta 24 se refiere a la información y diagramas siguientes.

Todos los imanes tienen dos polos, el polo norte y el polo sur. Los polos iguales se atraen y los opuestos se repelen.

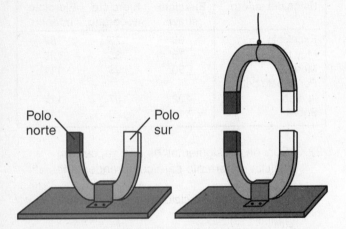

Polo norte          Polo sur

24. En el segundo diagrama, se ha hecho descender un imán de herradura que está suspendido de un hilo cerca del imán fijo. ¿Qué es lo más probable que suceda después?

(1) El imán que está encima girará durante aproximadamente cinco minutos y luego se detendrá.

(2) El imán que está encima girará hasta que sus polos norte y sur hayan intercambiado sus lugares.

(3) El imán que está debajo girará hasta que sus polos norte y sur hayan intercambiado sus lugares.

(4) Los dos imanes girarán hasta que sus polos norte y sur hayan intercambiado sus lugares.

(5) Los dos imanes permanecerán inmóviles.

25. Las células embrionarias de los humanos son las células en las etapas tempranas del desarrollo. Estas células madre no han comenzado a diferenciarse todavía en los diferentes tipos de tejidos pero tienen la capacidad de hacerlo. Algunos científicos están investigando las células embrionarias porque esperan que estas células sirvan para tratar lesiones y enfermedades. Están experimentando diferentes métodos para conseguir que estas células se diferencien de maneras determinadas.

¿Cuál de los siguientes es uno de los posibles objetivos de los científicos para esta nueva tecnología?

(1) desarrollar nuevos tipos de partes celulares para nuestras células

(2) crear nuevos tipos de órganos para dar a las personas nuevas capacidades

(3) desarrollar pieles de color y grosor diferentes

(4) producir nuevas células para la médula espinal de los pacientes con leucemia

(5) crear nuevos tipos de células del sistema inmunológico para aumentar nuestra capacidad de combatir las enfermedades

Las preguntas 26 y 27 se refieren a la información y diagrama siguientes.

En 1919, Robert H. Goddard propuso un tipo de cohete que podría volar en el espacio y fuera de la atmósfera. La gente reaccionó de manera escéptica, se dijo que los gases del cohete tenían que empujar la atmósfera para que el cohete se pudiera mover. Para mostrar a los escépticos que estaban equivocados, Goddard preparó un modelo y demostró que la atmósfera no es necesaria para que un cohete vuele.

**DEMOSTRACIÓN DE LA PISTOLA DE GODDARD**

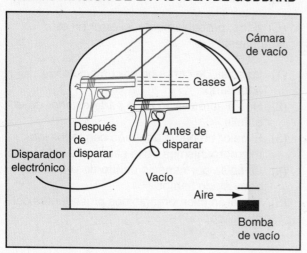

26. ¿Cuál de las siguientes opciones resume mejor lo que aparece en el diagrama?

    (1) Antes de disparar la pistola se extrajo el aire de la cámara de vacío.
    (2) Con el disparador electrónico se disparó la pistola dentro del vacío.
    (3) La pistola, colgada con cables de suspensión, se columpió hacia atrás y hacia adelante cuando fue disparada.
    (4) Cuando la pistola se disparó en el vacío, los gases salieron del cañón y la pistola se movió en el sentido opuesto.
    (5) Cuando se disparó la pistola se dañó la campana de cristal y no pudo mantenerse el vacío.

27. ¿Cuál de los siguientes datos de la demostración apoya la conclusión de que un cohete se desplaza dentro del vacío del espacio exterior?

    (1) Se utilizó una bomba de vacío para vaciar la cámara de aire.
    (2) Se colgaron dos pistolas en una cámara de vacío y luego se dispararon.
    (3) Se utilizó electricidad para disparar la pistola dentro de la cámara de vacío.
    (4) Cuando se disparó la pistola, los gases salieron por el cañón.
    (5) Los gases expulsados empujaron la pistola hacia atrás dentro de la cámara de vacío.

La pregunta 28 se refiere a la siguiente gráfica.

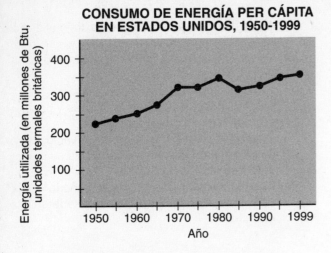

**CONSUMO DE ENERGÍA PER CÁPITA EN ESTADOS UNIDOS, 1950-1999**

28. ¿Cuál de las siguientes es una conclusión basada en la gráfica y no en un detalle?

(1) El consumo de energía se mide en unidades termales británicas.
(2) El consumo de energía per cápita fue de unos 225 millones de Btu en 1950.
(3) En los principios de la década de 1970, el consumo de energía per cápita se estabilizó.
(4) Desde 1950 a 1999, el consumo de energía per cápita ha incrementado.
(5) El consumo de energía per cápita fue el mismo en 1980 y en 1995.

29. La idea de que la vida surge de formas sin vida se denomina generación espontánea. En el siglo XVIII, un científico dijo que la generación espontánea podía ocurrir si se daban las características apropiadas. Diseñó uno de los primeros experimentos para comprobar si esto era cierto. Introdujo dentro de una botella salsa de carne, la selló y luego la calentó para matar cualquier organismo vivo que tuviera. Después de varios días miró la salsa a través de un microscopio y comprobó que estaba llena de microorganismos. Concluyó, erróneamente, que esos microorganismos "sólo podían proceder del jugo de la salsa".

¿Cuál fue, probablemente, el error en este experimento?

(1) La salsa de carne no era un sujeto adecuado.
(2) Había seres vivos en la parte exterior de la botella.
(3) El calor no había acabado con todos los microorganismos de la salsa y de la botella.
(4) La salsa permaneció dentro de la botella demasiado tiempo.
(5) Llegaron microorganismos procedentes del microscopio.

30. La sucesión ecológica ocurre cuando una comunidad de organismos que interactúan entre sí reemplaza a otra comunidad de organismos en interacción.

¿Cuál de las siguientes opciones es el mejor ejemplo de sucesión ecológica?

(1) Se abandona una granja, aparecen hierbas y arbustos y al final el área se puebla de árboles.
(2) En un ecosistema de tundra viven musgos, líquenes y hierbas, y algunos animales que emigran según las estaciones.
(3) Las praderas de las zonas tropicales cambian de modo alternativo entre la estación de lluvias y la estación seca todos los años.
(4) Las áreas que están entre la marea alta y la marea baja experimentan cambios radicales todos los días con la subida y la bajada de la marea.
(5) Se talan bosques para conseguir espacio para la construcción de viviendas y de centros comerciales.

La <u>pregunta 31</u> se refiere a la información y diagramas siguientes.

Las cámaras disponen de un orificio ajustable que se sitúa detrás de las lentes y se denomina abertura.

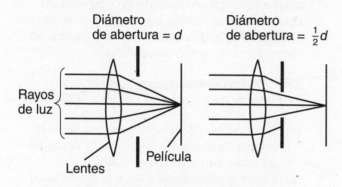

Diámetro de abertura = $d$    Diámetro de abertura = $\frac{1}{2}d$

Rayos de luz

Lentes    Película

31. De acuerdo con el diagrama, ¿qué efecto se produce cuando se reduce la abertura de la cámara a la mitad?

(1) se hace una fotografía
(2) se enfoca el sujeto de la fotografía
(3) el flash de la cámara se prende automáticamente
(4) se disminuye la cantidad de luz que llega a la película
(5) los rayos de luz que llegan a la película se dispersan

Las <u>preguntas 32 y 33</u> se refieren al siguiente mapa.

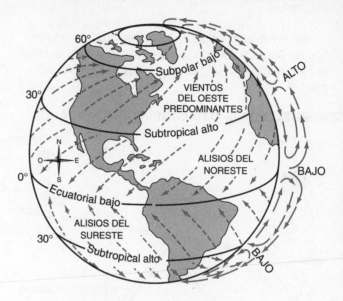

32. ¿Cuál de entre los siguientes sería el mejor título para este mapa?

(1) Los vientos del oeste predominantes
(2) Los sistemas de alta y baja presión
(3) Los vientos alisios
(4) El hemisferio oeste
(5) Los patrones globales del viento

33. ¿A cuál de estas personas le resultaría más útil la información del mapa?

(1) a un explorador de la zona polar que está preparando una expedición
(2) a un marinero que está planificando un viaje alrededor del mundo
(3) a un astronauta que se desplaza en un transbordador espacial en órbita alrededor de la Tierra
(4) a un meteorólogo que está haciendo el pronóstico de la velocidad del viento para hoy
(5) a un paleoclimatólogo que estudia climas de épocas pasadas

La pregunta 34 se refiere a la información y diagrama siguientes.

Un subibaja o balancín es un ejemplo del primer tipo de palanca. El punto de apoyo o pivote está entre la fuerza aplicada (el peso del niño) y la carga (su madre).

**EL SUBIBAJA O BALANCÍN COMO PALANCA**

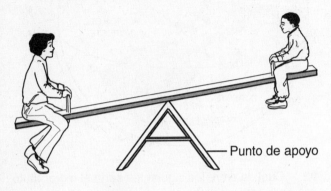

Punto de apoyo

Punto de apoyo

34. ¿En qué circunstancias elevará más en el aire el niño a su madre?

   (1) si el niño se acerca al punto de apoyo
   (2) si el niño se baja del balancín y empuja hacia abajo
   (3) si la madre se aleja del punto de apoyo
   (4) si la madre se acerca más al punto de apoyo
   (5) si tanto la madre como el niño se acercan al punto de apoyo

35. La corriente eléctrica procedente de una batería siempre viaja en una sola dirección: es la corriente continua (CC). La corriente de las viviendas, por el contrario, cambia de dirección a intervalos regulares y se denomina corriente alterna (CA). La corriente de las viviendas en Estados Unidos cambia 60 veces de dirección en un segundo y en Europa la corriente cambia 50 veces. Por ello no son compatibles.

Sara vive en Dénver y quiere llevar un reloj despertador a Alemania. ¿Qué debería hacer?

   (1) Llevar el reloj despertador que se enchufa porque funciona con la CC y esta corriente es estándar para todo el mundo.
   (2) Llevar el reloj despertador que se enchufa porque funciona con la CA y esta corriente es estándar para todo el mundo.
   (3) Llevar un reloj despertador que funcione a pilas de la CA y que tenga su propia fuente de energía.
   (4) Llevar un reloj despertador que funcione con pilas de la CC y que tenga su propia fuente de energía.
   (5) Pedir al personal del hotel que la despierte porque los relojes fabricados en Estados Unidos no funcionan en Europa.

36. Los impulsos nerviosos viajan a través de la membrana de una neurona, o célula nerviosa, a una velocidad de cerca de 1 metro por segundo. Algunas neuronas están recubiertas por una substancia denominada mielina. Las neuronas recubiertas por una capa de mielina pueden transportar los impulsos nerviosos mucho más rápido (200 metros por segundo). Los impulsos saltan entre las separaciones de la mielina en vez de viajar a través de la membrana. Las neuronas recubiertas por una capa de mielina son comunes en los vertebrados y muy poco comunes en los invertebrados.

¿Cuál de los siguientes es el animal que <u>más probablemente</u> tenga un gran número de neuronas recubiertas por una capa de mielina?

   (1) un tejón
   (2) una abeja
   (3) una langosta
   (4) una araña
   (5) una estrella de mar

La pregunta 37 se refiere a la información y gráfica siguientes.

Los recursos de un ecosistema son sólo capaces de mantener a un número máximo de individuos de una especie determinada. Cuando se excede este número, denominado capacidad de soporte, la población disminuye. En la gráfica se muestra cómo afecta la capacidad de soporte de un ecosistema a la población de la pulga de agua.

### POBLACIÓN DE LAS PULGAS DE AGUA A LO LARGO DEL TIEMPO

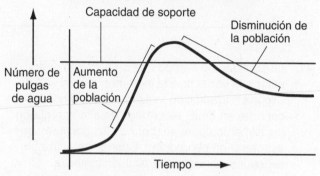

37. ¿Cuál de las siguientes opciones resume mejor la información y la gráfica?

   (1) La población de una especie (las pulgas de agua) aumenta hasta que excede la capacidad de soporte del ecosistema y luego baja.

   (2) La población de las pulgas de agua se incrementa fuertemente, alcanza un pico y luego disminuye de manera gradual a lo largo del tiempo.

   (3) La población de las pulgas de agua permanece estable en un ecosistema dado durante largos períodos de tiempo.

   (4) La capacidad de soporte de un ecosistema aumenta de manera brusca y luego cae cuando los recursos del ecosistema se agotan.

   (5) La capacidad de soporte de un ecosistema depende de los cambios de la población de las pulgas de agua.

38. La convergencia es la tendencia a desarrollar estructuras semejantes que tienen especies no relacionadas para adaptarse a entornos semejantes. Por ejemplo, las alas de un murciélago (un mamífero) son similares a los de un águila (un ave) aunque estos animales no están relacionados entre sí. Ambos se adaptaron a la vida en el aire.

¿Cuál de las siguientes es una suposición implícita importante para entender el párrafo?

   (1) La convergencia es la tendencia que tienen las especies no relacionadas a desarrollar estructuras semejantes.

   (2) Las estructuras son adaptaciones a la vida en entornos similares.

   (3) El desarrollo de las estructuras convergentes ocurre de manera gradual, con el paso de millones de años.

   (4) Tanto los murciélagos como las águilas tienen alas aunque las dos especies no tienen una relación cercana.

   (5) Las alas de los murciélagos y de las águilas evolucionaron para que estos animales se adaptaran a la vida en el aire.

La pregunta 39 se refiere al siguiente diagrama.

### TRES FORMAS DE REPRESENTAR EL AGUA

39. ¿Cuál de las siguientes opciones replantea mejor lo que se muestra arriba?

   (1) Una molécula de agua está formada por dos átomos de hidrógeno y un átomo de oxígeno.

   (2) En el agua tres átomos se combinan para formar una molécula.

   (3) El átomo de oxígeno es más grande que el átomo de hidrógeno.

   (4) H es el símbolo químico del hidrógeno y O es el símbolo químico del oxígeno.

   (5) El agua es un líquido que resulta de la combinación de dos gases, el hidrógeno y el oxígeno.

La pregunta 40 se refiere a los siguientes diagramas.

## RELACIÓN DE LOS PATRONES DE LAS ONDAS SONORAS CON EL VUELO DE UN AVIÓN A DIFERENTES VELOCIDADES

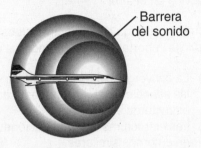

A la velocidad del sonido

Barrera del sonido

Sonido de los motores (a nivel del suelo)

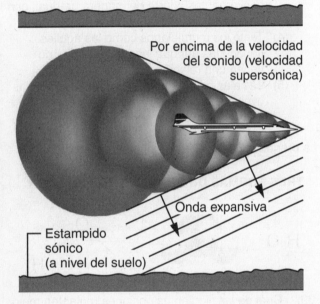

Por encima de la velocidad del sonido (velocidad supersónica)

Onda expansiva

Estampido sónico (a nivel del suelo)

40. ¿En cuál de las siguientes situaciones habría que tener en cuenta la información de los diagramas?

(1) cuando se planifican trayectos de vuelo de aviones sobre áreas pobladas
(2) cuando se registra la cantidad de millas que se ha desplazado un avión supersónico
(3) cuando se aprende a pilotar un avión
(4) cuando se aprenden las maniobras de emergencia en un avión
(5) cuando se establecen los precios para los billetes de avión

41. La cantidad de tiempo que un alimento puede estar a la venta puede incrementarse si se lo expone a irradiación ionizante. Este proceso consiste en emitir electrones de alta energía en los alimentos para acabar con las bacterias que estropearían el producto. Cuando se utiliza con vegetales la irradiación también inhibe la germinación de las semillas. Algunas personas piensan que el consumo de alimentos irradiados es nocivo.

¿Cuál de las siguientes es una opinión acerca de la irradiación y no un hecho?

(1) La cantidad de tiempo que un alimento puede estar a la venta puede incrementarse si se lo expone a irradiación ionizante.
(2) Se emiten electrones de alta energía en los alimentos.
(3) La irradiación destruye las bacterias que estropearían el producto.
(4) La irradiación inhibe la germinación de las semillas en las plantas.
(5) Consumir productos sometidos a irradiación puede ser peligroso para la salud de las personas.

La **pregunta 42** se refiere al siguiente diagrama.

**NIVELES DE ORGANIZACIÓN DEL CUERPO HUMANO**

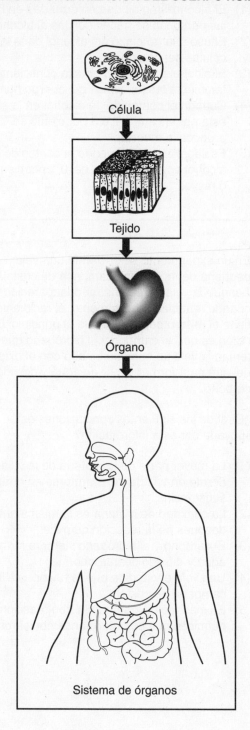

42. De acuerdo con el diagrama, ¿cuál es el nivel de organización más complejo?

　(1)　el núcleo de la célula
　(2)　la célula
　(3)　el tejido
　(4)　el estómago
　(5)　el sistema de órganos

43. La fotosíntesis almacena energía y la respiración celular la libera. Los productos de la fotosíntesis (glucosa y oxígeno) son la materia prima de la respiración celular. Los productos de la respiración celular (energía, dióxido de carbono y agua) son la materia prima de la fotosíntesis.

¿Qué relación hay entre la respiración celular y la fotosíntesis?

　(1)　En esencia son procesos similares.
　(2)　Son procesos opuestos.
　(3)　La respiración es un tipo de fotosíntesis.
　(4)　La fotosíntesis es un tipo de respiración.
　(5)　La energía es un producto en ambos tipos de procesos.

Las preguntas 44 y 45 se refieren a la información y tabla siguientes.

El contenido de alcohol en la sangre es una medida del porcentaje de alcohol que hay en el torrente sanguíneo.

**EFECTO DEL ALCOHOL EN EL CEREBRO HUMANO**

| Contenido de alcohol en la sangre | Conducta |
|---|---|
| 0.05% | Pérdida de la capacidad de juicio, desinhibición |
| 0.1% | Tiempo de reacción reducido, dificultad al caminar y al conducir |
| 0.2% | Tristeza, sollozos, conducta anormal |
| 0.3% | Visión doble, escucha deficiente |
| 0.45% | Pérdida de la conciencia |
| 0.65% | Muerte |

44. Una mujer que pesa 115 libras y un hombre que pesa 185 beben, cada uno, dos tragos de whiskey. ¿De qué manera afectará el whiskey al contenido de alcohol en la sangre de cada uno de ellos?

(1) El contenido de alcohol en la sangre será el mismo.
(2) El contenido de alcohol en la sangre del hombre será más alto que el de la mujer.
(3) El contenido de alcohol en la sangre de la mujer será más alto que el del hombre.
(4) Ambos tendrán un contenido cero de alcohol en la sangre.
(5) Ambos tendrán un contenido de alcohol en la sangre del 0.1 por ciento.

45. ¿Cuál de las siguientes conclusiones está apoyada por la información dada?

(1) El alcoholismo es una enfermedad en la que las personas se hacen adictas al alcohol.
(2) El uso a largo plazo del alcohol daña las células del hígado.
(3) El alcohol afecta la conducta consciente y también a las funciones del cuerpo humano.
(4) Cuando el contenido de alcohol en la sangre está por encima del 0.3 por ciento se produce la muerte.
(5) Es ilegal conducir cuando el contenido de alcohol en la sangre es del 0.1 por ciento o mayor.

46. En un experimento se enciende una vela pequeña dentro de una campana de cristal. Aunque la vela parece haber desaparecido cuando termina el experimento, el recipiente tiene el mismo peso que tenía al principio. La razón es que el carbono y el hidrógeno que tenían la vela se han combinado con el oxígeno del aire para formar vapor de agua y dióxido de carbono.

¿Cuál de las siguientes conclusiones está apoyada por esta información?

(1) La mayor parte de la materia de la vela se derrite en vez de transformarse en otras substancias.
(2) La cantidad de materia es la misma antes y después de la reacción química.
(3) El carbono y el hidrógeno siempre forman agua y dióxido de carbono.
(4) Una vela encendida puede hacer estallar la campana de cristal.
(5) Es más fácil experimentar con reacciones químicas que con reacciones nucleares.

La pregunta 47 se refiere a la información y diagrama siguientes.

La destilación fraccionada se basa en el principio que dice que distintos gases se condensan a distintas temperaturas.

**DESTILACIÓN FRACCIONADA
DEL PETRÓLEO CRUDO**

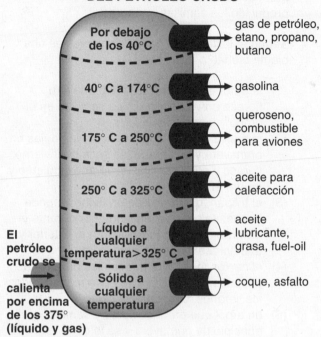

Por debajo de los 40°C → gas de petróleo, etano, propano, butano

40° C a 174°C → gasolina

175° C a 250°C → queroseno, combustible para aviones

250° C a 325°C → aceite para calefacción

Líquido a cualquier temperatura>325° C → aceite lubricante, grasa, fuel-oil

Sólido a cualquier temperatura → coque, asfalto

El petróleo crudo se calienta por encima de los 375° (líquido y gas)

47. ¿Cuál de las siguientes conclusiones está apoyada por la información dada?

(1) Las substancias que tienen los puntos de condensación más bajos ascienden a la parte más alta de la torre.
(2) La gasolina se condensa a una temperatura más alta que el aceite para calefacción.
(3) El petróleo crudo entra en la torre de destilación por la parte de arriba y después se separa en varios productos.
(4) El queroseno se separa a unos 300°C.
(5) El petróleo crudo es el producto final de la destilación fraccionada.

48. La Unión Soviética lanzó el primer satélite al espacio en 1958. Estados Unidos respondió aumentando su esfuerzo en materia espacial. Durante la década de 1960, Estados Unidos gastó 115.3 mil millones de dólares en el programa Apolo de la NASA, un programa que pretendía que astronautas humanos aterrizaran sobre la Luna. La mayoría de la población de Estados Unidos apoyó el programa Apolo. ¿Cuál es la razón más probable de que sucediera esto?

(1) Era la mejor inversión del dinero generado por los impuestos federales.
(2) Ofreció oportunidades de empleo a los ingenieros.
(3) Se relacionó con sentimientos patrióticos y con la necesidad de estar por delante de la Unión Soviética en la exploración del espacio.
(4) Supuso una oportunidad de investigar en astronomía por el mero hecho de investigar.
(5) Condujo al descubrimiento de muchos productos y tecnologías útiles en la Tierra.

49. El fenotipo es un rasgo observable controlado por los genes (la forma de una hoja de un árbol, por ejemplo). En algunos casos, los genes responsables de un rasgo producen diferentes fenotipos según las distintas condiciones del entorno. Por ejemplo, el botón de oro es una planta que crece en los estanques de poca profundidad. Algunas de sus hojas crecen por encima del agua y otras por debajo. Las hojas que están por encima del aire son anchas y están bien desarrolladas, disponen de una gran superficie para poder atrapar la luz solar. Las hojas que están debajo del agua están divididas en partes pequeñas y tienen un tamaño reducido.

¿Cuál de los siguientes enunciados presenta una conclusión y no un detalle de apoyo?

(1) La forma de la hoja de un árbol es un ejemplo de fenotipo controlado por los genes.
(2) El botón de oro crece en los estanques de poca profundidad, encima y debajo del agua.
(3) Parte de las hojas del botón de oro que crecen por encima de la superficie del agua son grandes y anchas.
(4) Parte de las hojas del botón de oro que crecen por debajo de la superficie del agua son finas y están divididas en partes pequeñas.
(5) Los genes responsables de ciertos rasgos pueden producir diferentes fenotipos según las condiciones del entorno.

50. Las plantas anuales crecen desde una semilla, florecen, producen semillas y mueren en el transcurso de una estación. Las bienales también nacen de semillas. Luego les crecen raíces, tallos y hojas durante la primera estación. En invierno las hojas y los tallos mueren pero las raíces siguen vivas. En la estación siguiente crecen nuevos tallos y hojas y las plantas producen flores y semillas. Una vez que han producido las semillas, mueren.

Según el texto, ¿cuál de las siguientes es una planta bienal?

(1) la petunia, que crece en la primavera, florece en verano, produce semillas en el otoño y luego muere
(2) la malvarrosa, a la que le salen las hojas en primavera y en verano, se seca en invierno, florece y echa semillas el verano siguiente y muere en otoño
(3) el tulipán, que crece de un bulbo y puede forzársele a crecer en el interior durante el invierno o puede sobrevivir en el exterior y que florece todas las primaveras
(4) el cactus, que florece todas las primaveras después de la lluvia y se pone marrón todos los veranos, cuando está seco
(5) un árbol que produce flores y semillas al principio de primavera y se le caen las hojas en el otoño

Las respuestas comienzan en la página 321.

# Tabla de análisis del desempeño en la prueba simulada
## Ciencias

Las siguientes tablas le servirán para determinar cuáles son sus puntos fuertes y débiles en las áreas temáticas y destrezas de lectura necesarias para aprobar la Prueba de Ciencias de GED. Consulte la sección Respuestas y explicaciones que empieza en la página 321 para verificar las respuestas que haya dado en la Prueba simulada. Luego, en la tabla, encierre en un círculo los números correspondientes a las preguntas de la prueba que haya contestado correctamente. Anote el número total de aciertos por área temática y por destreza al final de cada hilera y columna. Vea el número total de aciertos de cada columna e hilera para determinar cuáles son las áreas y destrezas que más se le dificultan.

| Destreza de razonamiento / Área temática | Comprensión (Lecciones 1, 2, 6, 9, 13) | Aplicación (Lecciones 8, 15) | Análisis (Lecciones 3, 4, 7, 10, 14, 17, 19) | Evaluación (Lecciones 5, 11, 12, 16, 18, 20) | Número de aciertos |
|---|---|---|---|---|---|
| Ciencias biológicas (*Páginas 32 a 107*) | **7**, 9, **37**, **42** | 8, 10, **20**, 25, 29, 30, 50 | 5, **13**, **22**, 38, 41, 43, **44**, 49 | 21, **23**, 36, **45** | _____/23 |
| Ciencias de la Tierra y del espacio (*Páginas 108 a 155*) | **4**, 32 | **3**, 18, **33** | **12**, 16, **28** | **11**, 48 | _____/10 |
| Ciencias físicas (*Páginas 156 a 218*) | 19, **26**, 39 | **1**, 6, 15, 35, **40** | 14, **17**, **24**, **31**, **34** | **2**, **27**, 46, **47** | _____/17 |
| **Número de aciertos** | _____/9 | _____/15 | _____/16 | _____/10 | _____/50 |

1 a 40 → Necesita estudiar más.
41 a 50 → ¡Felicidades! ¡Está listo para tomar el GED!

Los números **en negritas** corresponden a preguntas que contienen tablas, gráficas, diagramas e ilustraciones.

# Respuestas y explicaciones

## PRUEBA PRELIMINAR (páginas 12 a 30)

1. **(1) 0 a 1 año** (Comprensión) De acuerdo con la gráfica, el peso de los niños aumenta aproximadamente 13 libras entre el momento en el que nacen y el primer año de edad. Éste es el mayor incremento de todos los que muestra la gráfica. Usted puede comprobar que es el mayor incremento porque la pendiente de la recta entre 0 y 1 año es la más empinada. También puede comprobar que es el mayor incremento de peso, si halla cuáles son los aumentos para otros años. Entre 1 y 2 años, el aumento de peso (opción 2) es aproximadamente de 6 libras. Entre los 2 y los 3 años (opción 3), el aumento es aproximadamente de 4 libras. Entre los 4 y los 5 años (opción 5), el aumento es aproximadamente de 5 libras.

2. **(2) Billy pesa más que los niños promedio según su edad y sexo.** (Análisis) De acuerdo con la gráfica, un niño de cuatro años de edad tiene un peso promedio de 36 libras. De aquí que Billy, con un peso de 39 libras, está por encima de la media del peso para los niños de su edad. La opción (1) es incorrecta porque el peso de Billy está por encima de la media. La opción (3) es incorrecta porque el peso promedio para un niño de 5 años es de 41 libras y Billy sólo pesa 39 libras. La opción (4) es incorrecta porque el peso promedio para una niña de 4 años es de 35 libras y el peso de Billy está por encima de esa cifra. La opción (5) es incorrecta porque el peso promedio para un niño de 3 años es de 33 libras y el peso de Billy está por encima de esta cantidad.

3. **(1) Los ríos corren desde elevadas alturas hasta lugares de baja altura.** (Análisis) El diagrama muestra que el río fluye a través del valle entre las montañas, pero no indica de ninguna forma cuál es el sentido de la corriente. El autor del diagrama supone que usted sabe que la corriente fluye hacia abajo por el efecto de la fuerza de la gravedad. Las opciones (2), (3) y (4) son incorrectas porque en el diagrama se muestran con claridad estos puntos. Por lo tanto, no están implícitas y no son suposiciones. La opción (5) es incorrecta porque no hay nada en el diagrama que indique que los depósitos aluviales en forma de abanico se formen sólo cerca de los volcanes (se forman también en otros lugares).

4. **(5) La mayoría de los tomates caen dentro de la categoría intermedia de peso.** (Análisis) Si examina la gráfica de barras comprobará que la mayoría de los tomates pesan entre 10 y 14 onzas, la parte central del intervalo de pesos. Puesto que una conclusión es una generalización que se basa en muchos detalles, éste es el único enunciado que es lo suficientemente amplio como para servir de conclusión. Las demás opciones son incorrectas porque muestran detalles de apoyo procedentes de la gráfica.

5. **(4) para poder conservar un volumen considerable de oxígeno en un espacio reducido** (Análisis) De acuerdo con la ley de Boyle, el volumen de un gas disminuye cuando su presión aumenta. Esto significa que en un cilindro en el que el oxígeno está bajo presión, puede almacenarse una mayor cantidad de oxígeno. La opción (1) es incorrecta porque basta con almacenar el oxígeno para que no se mezcle con el aire. No es necesario almacenarlo bajo presión para prevenir esa mezcla. La opción (2) es incorrecta porque, aunque el oxígeno se caliente en un primer momento cuando se comprime, el propósito de almacenarlo bajo presión no es calentarlo. La opción (3) es incorrecta porque el oxígeno se almacena bajo presión por razones prácticas, no para ilustrar una ley natural. La opción (5) es incorrecta porque el oxígeno ya es un gas.

6. **(5) La creación de la teoría celular** (Comprensión) En el texto se muestran algunos momentos clave en la historia de los descubrimientos relacionados con las células, y la teoría de la célula formulada como resultado. La opción (1) es incorrecta porque el texto se centra en las células y no en los microscopios. La opción (2) es incorrecta porque el texto no ofrece una descripción detallada de la apariencia de las células. La opción (3) no es una buena elección porque el texto no indica si estos científicos fueron los primeros biólogos. La opción (4) es incorrecta porque la información acerca de Robert Hooke es un detalle y no una idea lo suficientemente general como para servir de título.

7. **(3) Continuar observando las medidas de seguridad en caso de tormentas debido a que las lluvias y el viento reiniciarán pronto.** (Aplicación) La familia está viviendo un momento de calma porque el ojo del huracán está pasando por encima de ellos en ese momento. Una vez que pase volverán las lluvias y los vientos y éstos últimos soplarán en la dirección opuesta (hacia el oeste). La opción (1) es incorrecta porque el huracán no ha pasado. Si los vientos hubieran sido del oeste los miembros de la familia podrían haber concluido que el huracán había acabado en el momento en el que la tormenta cesó. La opción (2) se basa en una suposición que podría no ser cierta, y por lo tanto quitar las medidas de protección no parece una idea sensata. La opción (4) es incorrecta porque los huracanes son tormentas de un tamaño tan grande que es muy poco probable que ocurran dos en dos días seguidos. La opción (5) es incorrecta porque el huracán no ha terminado y dar un paseo en este momento es peligroso.

8. **(4) cubrirlo con una capa delgada de aceite a fin de que el aire y el agua no lleguen a la superficie del metal** (Aplicación) Cubrir los

utensilios de cocina con aceite crea una barrera resistente al agua y al aire que protege al hierro de la oxidación. La opción (1) es incorrecta porque el agua hará que el hierro se oxide. Las opciones (2) y (3) ofrecen sólo una protección parcial para el hierro, y además no son medidas prácticas cuando se utilizan utensilios de cocina. La opción (5) es incorrecta porque no implica una forma de evitar que el agua y el aire contacten la superficie de los utensilios de cocina.

9. **(2) cáscaras de frutas y desechos de café** (Aplicación) Las cáscaras de las frutas y los desechos del café molido después de colado el café son ejemplos de tipos de basuras de la cocina que no tienen un alto contenido en proteínas y por tanto son ingredientes ideales para producir abono. La opción (1) es incorrecta porque en el momento de producir el abono el jardinero está obteniendo un fertilizante natural: no necesitaría añadir fertilizante al montón de abono, aunque sí podría mezclar tierra con el abono vegetal. Aunque las cáscaras de los huevos son buenas para hacer abono, la opción (3) es incorrecta porque los huevos son un alimento con un alto contenido en proteínas y en consecuencia, no son buenos elementos para producirlo. La opción (4) es incorrecta. Las ramas muertas de los árboles son basura de jardín pero tardan muchísimo tiempo en descomponerse, y los huesos de la carne son basura de la cocina con un alto contenido en proteínas y no son buenos elementos para producir abono. La opción (5) es incorrecta porque los organismos microscópicos surgen en la pila de abono por sí mismos; el jardinero no los añade.

10. **(1) el cloroformo** (Análisis) De acuerdo con la tabla, el cloroformo es el que tiene el punto de ebullición más bajo de entre los líquidos: 61.7 grados centígrados. Por esa razón sería el primero en hervir. Las opciones (2) a (4) son incorrectas porque se tardaría más en calentar estos líquidos para alcanzar sus puntos de ebullición que en hacer hervir el cloroformo. La opción (5) no es verdadera porque los líquidos tienen diferentes puntos de ebullición: si se calientan a la misma velocidad, empezarán a hervir en momentos diferentes.

11. **(1) carnívoros** (Aplicación) Los gatos comen ratones y por lo tanto pertenecen al grupo de mamíferos que comen carne y se denominan carnívoros. La opción (2), los cetáceos, es incorrecta porque los gatos no viven en el mar. La opción (3), los marsupiales, es incorrecta porque la gata hembra no tiene bolsa. La opción (4) es incorrecta porque los gatos comen carne y los roedores se alimentan sobre todo de plantas. No son primates, tal y como indica la opción (5), porque no tienen extremidades especializadas para agarrar (dedos pulgares, por ejemplo) ni encéfalos complejos.

12. **(4) bolsa marsupial donde las crías se alojan después del nacimiento** (Evaluación) La bolsa se muestra como la característica principal que diferencia a los marsupiales de otros grupos de mamíferos. La opción (1) es incorrecta porque las patas posteriores potentes no son una característica general de los marsupiales sino una característica específica de los canguros. La opción (2) es incorrecta porque las patas largas no son una característica fundamental de los marsupiales. La opción (3) es incorrecta porque las patas o garras prensiles son una característica general de los primates y no de los marsupiales. La opción (5) es incorrecta porque todas las madres de la familia de los mamíferos producen leche para sus crías. Ésta no es una característica que sirva para diferenciar a los marsupiales de otros grupos de animales.

13. **(5) primates** (Aplicación) Los seres humanos tienen encéfalos complejos, manos prensiles y una percepción aguda y por eso son miembros del grupo de los primates dentro de los mamíferos. Por lo tanto, un científico que estuviera estudiando la evolución de los seres humanos a lo largo de los años estaría posiblemente más interesado en otros primates, los parientes evolutivos más cercanos del hombre. Las opciones (1) a (4) son incorrectas porque los humanos no son miembros de estos grupos. El león y el lobo son ejemplos de carnívoros. Entre los cetáceos se incluyen las ballenas y los delfines. Entre los marsupiales se encuentran la zarigüeya y el canguro. Ejemplos de roedores son los ratones, las ardillas y las ratas.

14. **(4) El acero y el aire del barco son menos densos que el agua.** (Evaluación) El diagrama muestra que un cubo hueco de acero es menos denso que el agua y que por eso flota. Los barcos de acero flotan porque no están formados por acero sólido sino por acero y aire, y están huecos como el cubo de la ilustración. Tienen, por tanto, una densidad menor que una unidad de volumen de acero sólido equivalente, la cual se hundiría, y una densidad más pequeña que el agua. La opción (1) es incorrecta porque no explica por qué flotan los barcos: se limita a explicar este hecho con otras palabras en un ejemplo de razonamiento circular. La opción (2) es cierta para el acero sólido pero no explica por qué flota un barco de acero (los barcos no son de acero sólido sino de acero hueco). La opción (3) no es cierta. Si lo fuera, el acero sólido flotaría, y tal y como muestra el diagrama esto no ocurre. De acuerdo con el diagrama, la opción (5) es también falsa: el barco se hundiría si el acero y el aire fueran más densos que el agua.

15. **(1) Colocar recipientes semejantes con materiales diferentes en un lugar soleado y anotar su temperatura justo antes de la puesta del Sol y a intervalos regulares posteriormente.** (Evaluación) Para determinar cuál es el mejor material solar pasivo, es preciso probar los diferentes materiales bajo las mismas condiciones (el mismo tipo de recipiente y el mismo lugar soleado). Además, las temperaturas tomadas justo antes de la puesta de Sol, cuando los materiales han absorbido la mayor cantidad de calor, le indicarán cuál se calentó más. Las lecturas periódicas de

temperatura posteriores al ocaso le muestran cuál es el material que tarda más en perder el calor acumulado. La opción (2) es incorrecta porque anotar la temperatura sólo dos veces, una al amanecer y otra al ocaso, no le indicarán cuánto tardó cada uno de los materiales en emitir su energía calorífca. La opción (3) es incorrecta porque implica hacer pruebas con un solo tipo de material y por tanto, no es posible realizar comparaciones con otros materiales. Comprobar cómo absorben y despiden calor diferentes cantidades de un material puede ser útil, pero no es el objetivo del experimento. La opción (4) es incorrecta porque utilizar diferentes tipos de recipientes y diferentes tipos de materiales no le permitirá determinar si el recipiente o el material están produciendo alguna de las diferencias de temperatura observadas. Además, utilizar la sensación que se tiene al tocar los recipientes en vez de tomar medidas de la temperatura no es una forma de medición precisa de la capacidad que tiene cada material de despedir calor. La opción (5) es incorrecta porque colocar los materiales en una zona de sombra no permitirá probar la capacidad que tienen de absorber la energía solar.

16. **(5) un polo norte y un polo sur** (Comprensión) De acuerdo con la información dada, todos los imanes tienen dos polos, un polo norte y un polo sur. De aquí se sigue que cada uno de los imanes resultantes de cortar un imán por la mitad tendrá dos polos también, el norte y el sur. La opción (1) es incorrecta porque un imán tiene un solo polo norte. La opción (2) es incorrecta porque un imán tiene un solo polo sur. Las opciones (3) y (4) son incorrectas porque los imanes tienen dos polos, el norte y el sur.

17. **(1) Los machos no viven mucho tiempo y sólo se necesitan unos cuantos para fecundar a la reina.** (Evaluación) El papel que tienen los machos con alas es el de fertilizar a la reina y hacen falta sólo unos pocos para hacer esto en los lugares en los que hay una reina. La información del texto no apoya la opción (2). De acuerdo con la información ofrecida, la opción (3) no es verdadera. Los machos nacen de huevos no fecundados. La opción (4) es verdadera pero no explica por qué hay menos machos que trabajadoras. La opción (5) no es cierta. De acuerdo con la información dada, proteger la colonia es una tarea realizada por las trabajadoras hembras, no por los machos con alas.

18. **(2) Al igual que otros seres humanos, los científicos encuentran difícil aceptar creencias establecidas hace mucho tiempo.** (Análisis) El escritor supone que los científicos están un poco renuentes a aceptar nuevos descubrimientos porque tienen problemas a la hora de manejar los cambios, una característica que es común en muchas personas. Las opciones (1), (3), (4) y (5) son incorrectas porque son enunciados del párrafo.

19. **(5) El empleo de la electricidad para la limpieza de disolventes industriales debe ser más económico que los métodos tradicionales.** (Análisis) Puesto que este método está todavía en la etapa de pruebas, la creencia de los investigadores de que será un método más barato que los métodos tradicionales de descontaminación es una opinión. No puede probarse como creencia verdadera ni falsa hasta que los gastos de este método se comparen con los de los métodos tradicionales. Las opciones (1) a (4) son hechos que se mencionan en el texto, no son opiniones.

20. **(3) liberar energía** (Comprensión) De acuerdo con la información del texto, la respiración celular divide las moléculas de los alimentos y genera energía para el organismo. Las opciones (1) y (5) son incorrectas porque describen las partes del proceso de la respiración celular, no su objetivo general. La opción (2) es incorrecta porque durante la respiración celular las proteínas se dividen, no se forman. La opción (4) es incorrecta porque el sistema digestivo se encarga de los procesos que ocurren dentro de las moléculas alimenticias. La respiración celular sucede después de que las moléculas de los alimentos llegan a la célula.

21. **(5) fricción estática, de rodamiento y de deslizamiento** (Aplicación) Para empezar a mover el archivo, los obreros de la oficina tienen que superar la fuerza de fricción estática. Luego tendrán que luchar contra la fricción de deslizamiento cuando empujen el archivo en el suelo y lo carguen sobre la plataforma rodante. Cuando empujen la plataforma lucharán contra la fricción de rodamiento. Las demás opciones no muestran todos los tipos de fricción que se producen en la situación.

22. **(2) Es probable que el petróleo haya sido arrastrado más hacia el sur y hacia el oeste.** (Evaluación) Si el petróleo se extiende 200 millas hacia al sur y hacia el oeste durante los primeros dos meses, lo más probable es que siga extendiéndose más en la misma dirección durante los dos meses siguientes. La opción (1) es incorrecta porque el mapa indica que la mayoría del petróleo (un 72 por ciento) permaneció después de los dos primeros meses. La opción (3) es incorrecta porque sólo se limpió un 27 por ciento del petróleo durante los dos primeros meses. Si este ritmo de trabajo se mantiene no es probable que el resto del petróleo desaparezca en otros dos meses. La opción (4) es incorrecta porque el petróleo se extiende sobre la superficie del océano y no es absorbido por éste. La opción (5) es incorrecta porque sólo se evaporó un 20 por ciento del petróleo en los primeros dos meses, y por lo tanto no es probable que todo el petróleo se evapore en los dos meses siguientes.

23. **(4) la reticencia a invertir sus ganancias en la limpieza de derrames** (Evaluación) Cuando el Congreso impuso a las compañías petrolíferas la responsabilidad de pagar por la limpieza de los derrames de petróleo en los mares, consiguió que estas últimas estuvieran fuertemente motivadas para prevenir otros accidentes en el futuro. Las opciones (1) y (2) son incorrectas porque las compañías petrolíferas tienen preocupaciones ecológicas y de medio ambiente pero éstas no son sus preocupaciones

principales. Su negocio se basa en la obtención y venta de un recurso medioambiental, el petróleo. La opción (3) es incorrecta porque las compañías petrolíferas tienen petroleros que operan en todos los lugares del mundo y no están muy interesadas en determinadas industrias pesqueras locales. La opción (5) es incorrecta porque no hay ningún tipo de información que apoye ningún tipo de conclusión acerca de los valores morales de los empleados.

24. **(3) siete** (Comprensión) Los átomos del flúor se muestran en la parte izquierda de la flecha en el diagrama de puntos de electrones. Si cuenta el número de puntos observará que cada átomo tiene siete, el número de electrones. Cuando dos átomos se combinan para formar una molécula (en la parte derecha de la flecha), los átomos tienen ocho electrones en el último orbital porque están compartiendo dos.

25. **(1) una liga de goma estirada** (Aplicación). De acuerdo con la información del texto, un objeto tiene energía potencial cuando se produce un cambio en su forma o su posición. Por lo tanto, una goma elástica estirada tiene energía potencial porque ha cambiado su forma. Las opciones (2), (3), (4) y (5) son incorrectas porque en estos elementos no se describe la capacidad que tienen de desplazarse o de cambiar de forma. Tal y como se describen no disponen de energía potencial.

26. **(2) mostrarían un desequilibrio** (Análisis) De acuerdo con los rótulos del diagrama, cuando las dianas (objetivos) están una encima de otra, una debajo de otra, o la una al lado de la otra, las señales de retorno del radar se desequilibran. La opción (1) es incorrecta porque las señales dejarían de estar equilibradas en el momento en que la diana comenzara a sumergirse. La opción (3) es incorrecta porque esto sucedería sólo si la diana se alejara del avión de guerra, no si se acercara. La opción (4) es incorrecta porque las señales de retorno no se detendrían de repente (esto sucedería sólo en el caso de que desapareciera el objetivo). La opción (5) es incorrecta porque el avión de guerra seguiría recibiendo señales de retorno procedentes de la diana que está sumergiéndose a una distancia relativamente corta.

27. **(3) aumento de la población de presas entre los puntos *a* y *c*** (Análisis) Para responder a esta pregunta lo primero que tiene que hacer es ubicar la línea que representa el incremento del número de depredadores entre el tiempo *b* y el tiempo *d*. Después debe buscar una causa (algo que sucedió antes y que puede relacionarse con el aumento de la población de depredadores). Cuando los depredadores disponen de más comida, su número se incrementa. La opción (1) es incorrecta porque el número de presas aumentó entre el tiempo *a* y el tiempo *b*. Las opciones (2) y (4) son incorrectas porque algo que sucede después del tiempo *d* no puede ser la causa de los sucesos que ocurrieron antes del tiempo *d*. La opción (5) es incorrecta porque no

explica por qué se incrementó la población de depredadores, sino que se limita a describir cuál es el intervalo entre el crecimiento de la población de un tipo de animales y el crecimiento del otro tipo.

28. **(2) el ciclo del carbono, en el cual se reciclan en la atmósfera el carbono y el oxígeno** (aplicación) Las plantas verdes utilizan la fotosíntesis para absorber el carbono en forma de dióxido de carbono que se encuentra en el medio ambiente y para incorporarlo en el alimento que producen. La opción (1) es incorrecta porque la fotosíntesis no implica el nitrógeno ni la mayor parte de las bacterias. La opción (3) es incorrecta porque la fotosíntesis no está directamente implicada en el desarrollo de los animales que sufren metamorfosis. La opción (4) es incorrecta porque el ciclo de la célula ocurre en casi todas las células y no está directamente implicado en la fotosíntesis. La opción (5) es incorrecta porque la rotación del Sol no está afectada por la fotosíntesis.

29. **(4) Los miembros de la misma especie necesitan de los mismos recursos.** (Evaluación) Los miembros de la misma especie necesitan de los mismos recursos y por lo tanto la lucha es mayor cuando hay dos especies con necesidades, cuando menos ligeramente diferentes, compitiendo por los mismos recursos. Las opciones (1) y (2) son ciertas, pero ninguna apoya la conclusión de que la lucha dentro de la misma especie es más intensa que la que se produce entre varias especies diferentes. La opción (3) es incorrecta porque los miembros de las especies se aparean con miembros de su propia especie y no compiten para aparearse con otras especies. La opción (5) es incorrecta porque los miembros de diferentes especies necesitan recursos cuando menos ligeramente diferentes.

30. **(3) Los circuitos eléctricos** (Comprensión) En el párrafo se explica lo que es un circuito eléctrico y el dibujo y el esquema lo muestran. Éste es, por tanto, un buen título. Las opciones (1) y (4) son incorrectas porque se centran en detalles y no en una idea lo suficientemente general como para servir de título. La opción (2) es demasiado general y no presenta un buen título para el diagrama ni para el párrafo. La opción (5) es incorrecta porque, aunque haya una bombilla en el circuito, ni el párrafo ni el diagrama explican cómo funciona una bombilla.

31. **(5) La corriente dejaría de fluir y la bombilla no encendería.** (Análisis) De acuerdo con el párrafo, un circuito eléctrico es un recorrido continuo por el que fluye la corriente eléctrica. Si se interrumpiera el recorrido (cortando el cable, por ejemplo) la corriente dejaría de fluir, el amperímetro mostraría una corriente igual a 0 y la bombilla no encendería. La opción (1) es incorrecta porque cuando se cortan los cables de un circuito no se afecta a la velocidad con la que se gastan los químicos dentro de la batería. La opción (2) es incorrecta porque el amperímetro mostraría una caída repentina en la corriente si se cortaran los

cables. Las opciones (3) y (4) son incorrectas porque la corriente eléctrica dejaría de fluir si se cortaran los cables. El amperímetro funcionaría pero mostraría una lectura igual a 0. La bombilla no encendería.

32. **(3) instalación de los cables eléctricos de un nuevo edificio de apartamentos** (Aplicación) Un esquema sería una especie de mapa para instalar los cables en un edificio nuevo. La opción (1) es incorrecta porque cuando se hacen comprobaciones para asegurar que el sistema eléctrico es seguro, se examinan los cables y los electrodomésticos reales, no un diagrama. La opción (2) es incorrecta porque para explicar cómo funciona una lavadora no es necesario tener conocimiento acerca de los circuitos eléctricos. La opción (4) es incorrecta porque es posible comprobar cuál es el elemento para averiguar cuál es tamaño adecuado de la batería. La opción (5) es incorrecta porque un esquema es una representación. Para medir la corriente real de un circuito se necesita un amperímetro.

33. **(3) Los géiseres hacen erupción cuando las rocas calientes del subsuelo calientan el agua hasta el punto de ebullición.** (Comprensión) Esta opción cubre todos los puntos principales de la ilustración. En el diagrama se muestra que el agua de los depósitos de agua subterránea, se calienta con las rocas calientes. Cuando el agua alcanza una temperatura adecuada, hierve y brota violentamente a través de una grieta de la superficie que deje pasar el aire. La opción (1) es verdadera pero es sólo un detalle del diagrama y no ofrece un buen resumen. La opción (2) es incorrecta porque el agua de un géiser procede de una fuente subterránea, no de lagos ni ríos. La opción (4) es incorrecta porque en el diagrama no se muestra ningún movimiento de rocas. La opción (5) es también verdadera pero no resume el diagrama. Ésta muestra un géiser "cualquiera" y no un géiser en particular como el Old Faithful. Tampoco indica si las erupciones ocurren de una manera regular.

34. **(2) en los sistemas de calefacción por agua caliente** (Aplicación) El agua de los géiseres está hirviendo y por lo tanto es apropiada para un sistema para calentar el agua. El agua del géiser en sí estaría demasiado caliente para ser utilizada para las demás opciones. Además contiene minerales disueltos (muchos de los cuales pueden ser nocivos) y otras sustancias que la convierten en peligrosa para beber, bañarse, para entretenimiento o para regar.

35. **(5) Los capilares transportan sustancias de la sangre a los tejidos y de éstos a la sangre.** (Análisis) Este enunciado es una generalización o conclusión que puede sacarse a partir de los diferentes detalles que aparecen en el diagrama. Las opciones (1), (2), (3) y (4) muestran diferentes sustancias que entran y salen de la corriente sanguínea.

36. **(4) Porque el agua corre de mayor a menor altitud, como por ejemplo, de las montañas al nivel del mar.** (Análisis) El mapa muestra que las cuencas fluviales están rodeadas por montañas que están por encima del nivel del mar. El agua fluye hacia abajo. Las opciones (1) y (2) son verdaderas pero no explican por qué los ríos fluyen hacia los océanos. La opción (3) es incorrecta porque el mapa muestra al menos un río, el río Columbia, que fluye hacia el oeste en vez de hacia el sur. La opción (5) es incorrecta porque sólo es válida para casos de inundación pero no explica por qué normalmente los ríos fluyen hasta desembocar en el mar.

37. **(2) Los exploradores se dieron cuenta de que el río Columbia corría hacia el oeste.** (Aplicación) Después de haber cruzado las Montañas Rocosas, los exploradores vieron que el agua estaba fluyendo hacia al oeste y no hacia el sudeste, como había ocurrido hasta ese momento. Esto les sugirió que el río se dirigía a un océano en el oeste, hacia el Pacífico. Las opciones (1) y (4) son incorrectas porque no tienen relación con el hecho de confirmar dónde estaban los exploradores. La opción (3) es incorrecta porque el simple hallazgo del lugar de nacimiento del río no sería suficiente prueba como para indicar cuál es la dirección general hacia la que se dirige éste. La opción (5) es incorrecta porque la altura de un río y el que tenga o no un caudal grande no tienen que ver.

38. **(5) desarrollo de detectores de incendios forestales** (Aplicación) Puesto que los escarabajos de fuego sobresalen por su capacidad de detectar los árboles incendiados a gran distancia, el estudiar cómo consiguen hacer esto podría derivar en la creación de algún sistema práctico para detectar a tiempo los incendios. La opción (1) es incorrecta porque la capacidad que tienen los escarabajos de fuego para detectar fuegos no tiene nada que ver con una reducción de los niveles del humo. La opción (2) es incorrecta porque si los incendios estuvieran planeados y controlados, no haría falta un sistema de detección de incendios y esto último es lo que hacen los escarabajos de fuego. La opción (3) es incorrecta porque la capacidad que tienen los escarabajos de fuego de detectar incendios no tiene que ver con el desarrollo de químicos para matar a los insectos. La opción (4) es incorrecta porque los usos que los escarabajos de fuego dan a sus antenas son diferentes de los usos que tienen las antenas en los teléfonos celulares.

39. **(2) fabricación de envolturas de plástico para proteger los alimentos contra la humedad o la contaminación** (Aplicación) En el texto se indica que los ftalatos procedentes de los plásticos flexibles pueden ser peligrosos si entran en la corriente sanguínea. Estos químicos pueden llegar a la corriente sanguínea a través del aparato digestivo cuando entran en contacto con los alimentos que ingieren las personas. La opción (1) es incorrecta porque la mayoría de los laboratorios médicos se deshacen de las muestras de tejido después de ser analizadas; las muestras no llegan nunca a tener contacto alguno con los pacientes. Las opciones (3), (4) y (5) son incorrectas porque no incluyen formas de uso que puedan facilitar la entrada de los ftalatos en la corriente sanguínea del paciente.

**40. (1) La división celular lleva aproximadamente la vigésima parte del tiempo que la interfase.** (Análisis) Si usted examina la parte exterior de la gráfica circular, comprobará que para la célula del hígado humano la interfase tiene una duración de unas 21 horas y que la división celular dura sólo una hora. Por tanto, la división celular tiene una duración mucho menor que la interfase (duración aproximada de una veinteava parte del tiempo). La opción (2) es incorrecta porque la división celular tarda mucho menos de la mitad del tiempo que utiliza la interfase. La opción (3) es incorrecta porque la división celular tiene una duración menor que la interfase, no mayor. La opción (4) es incorrecta porque la interfase está dividida en tres etapas y no en ocho. La opción (5) es incorrecta porque en la gráfica circular se muestra que las células del hígado humano pasan por la interfase y por la división celular.

**41. (1) a un cardiólogo** (Aplicación) El dolor en el pecho puede ser un indicador de que la existencia de problemas en el corazón (situado en esa zona). Los altos niveles de colesterol se asocian, además, con obstrucciones en las arterias. Por tanto, lo más probable es que el médico especialista en medicina general remita al paciente a un cardiólogo, encargado de tratar los problemas de las arterias y del corazón. La opción (2), un endocrino, es incorrecta porque éste es un especialista que se encarga de las enfermedades relacionadas con las hormonas. La opción (3) es incorrecta porque el problema del paciente no tiene que ver con la sangre en sí misma sino con el sistema circulatorio (el corazón y las arterias). La opción (4) es incorrecta porque el paciente no presenta ninguna indicacion de crecimiento de tumores. La opción (5) es incorrecta porque en la información no se indica que el paciente tenga problemas con los huesos, las articulaciones o los músculos.

**42. (4) buena salud** (Evaluación) Puesto que el almacenamiento de los residuos nucleares siempre implica la posibilidad de que haya una fuga radiactiva hacia el medio ambiente, las personas que viven cerca de los lugares propuestos y que se oponen a la construcción de estos lugares suelen valorar su propia salud por encima del beneficio de una comunidad. La opción (1) es incorrecta porque las personas se organizan en grupos para oponerse a este tipo de lugares y no trabajan de manera individual. La opción (2), la ambición, no tiene relevancia a la hora de colocar una instalación para el almacenamiento de los residuos nucleares. La opción (3) es incorrecta porque lo más probable es que las personas que se oponen a un lugar para el almacenamiento de residuos nucleares no van a recibir ningún tipo de beneficio económico por hacerlo. La opción (5) muestra un valor que pueden tener muchas personas, pero el objetivo de trabajar juntos es salvaguardar la salud de los residentes del vecindario y no mejorar las relaciones entre los vecinos.

**43. (3) Una sacudida más fuerte produciría una onda de gran amplitud.** (Evaluación) Si compara los dos diagramas podrá ver que en el caso de la mano que se mueve hacia arriba y hacia abajo con un movimiento más enérgico (en el segundo diagrama), por la cuerda se desplaza más energía o una mayor amplitud. La opción (1) es incorrecta porque aunque parte de la energía de la sacudida de la mano pueda transmitirse al aire, no hay nada en el diagrama que indique que la mayor parte de la energía lo haga. La opción (2) es incorrecta porque la energía de la sacudida se irá desplazando a lo largo de la cuerda hasta que llegue a detenerse cuando la energía se acabe. La opción (4) es incorrecta porque los diagramas muestran que la amplitud es la distancia que existe entre la parte más alta de una onda y la línea que hay en el centro de la onda (posición de descanso). La opción (5) es incorrecta porque en ambos diagramas el desplazamiento de la onda va del punto A al punto B hacia arriba y hacia abajo y por ello a veces el punto B se situará por encima del punto A.

**44. (3) la duración del día** (Análisis) Si usted lee cada una de las filas y compara las características de la Tierra y las características de Marte, comprobará que en la mayoría de los casos los dos planetas son muy diferentes, pero podrá ver también que la longitud de sus días es bastante similar (aproximadamente unas 24 horas). La opción (1) es incorrecta porque Marte está mucho más alejado del Sol que la Tierra. La opción (2) es incorrecta porque el año en Marte es casi dos veces más largo que el año en la Tierra. La opción (4) es incorrecta porque la fuerza de gravedad en la superficie de Marte es aproximadamente un tercio de la que tiene la Tierra. La opción (5) es incorrecta porque el diámetro de la Tierra es casi el doble que el diámetro de Marte.

**45. (2) El camuflaje dificulta la detección de los organismos.** (Análisis) El autor supone que usted comprende cuál es el propósito del camuflaje y por eso no explica qué es el camuflaje o cuál es su propósito. Las opciones (1), (3), (4) y (5) muestran hechos que se mencionan en el párrafo y no son, por tanto, suposiciones implícitas.

**46. (5) una persona corta leña con un hacha** (Aplicación) La hoja de un hacha tiene la forma de una cuña. Cuando deja caer la hoja del hacha sobre algo, por ejemplo un trozo de madera, el hacha ejerce una fuerza hacia los dos lados para partir el trozo de madera. La opción (1) es incorrecta porque un volante no es una cuña sino que implica el movimiento circular. La opción (2) es incorrecta porque una balanza no es una cuña sino un tipo de palanca en la que la fuerza aplicada y la fuerza resultante trabajan en la misma dirección, hacia abajo. La opción (3) es incorrecta porque un carrito no ejerce fuerza hacia los lados. La opción (4) es incorrecta porque las llaves del grifo implican el movimiento circular.

**47. (1) la disminución del consumo de calorías** (Análisis) Los resultados del experimento indicaron que fue el consumo total de calorías lo que afectó la ganancia o pérdida de peso, y no la cantidad de grasas en la dieta. El utilizar dietas con menos calorías, produce una disminución del peso corporal de la persona. Las opciones (2) y (5), debido al incremento en el número de calorías, tendrían como resultado un aumento de peso y no una disminución. Las opciones (3) y (4) son incorrectas porque el estudio mostró que el factor crítico en subir o bajar de peso es el número de calorías y no el contenido de grasa.

48. **(3) La descendencia de organismos que se reproducen por reproducción sexual difiere genéticamente de ambos progenitores.** (Comprensión) Puesto que en la reproducción sexual se produce una mezcla de los materiales genéticos procedentes de ambos progenitores, se sigue que la descendencia tendrá un nuevo material genético que no será idéntico a ninguno de los progenitores. Las opciones (1) y (2) son incorrectas porque no hay nada en el párrafo que indique que la reproducción sexual o que la reproducción asexual sucedan en un sólo tipo de organismo. La opción (4) es incorrecta porque la descendencia como resultado de la reproducción asexual es idéntica a sus progenitores. La opción (5) es incorrecta porque no hay nada en el párrafo que compare el número de especies que se reproducen sexualmente con las que se reproducen asexualmente.

49. **(4) Los lubricantes sintéticos tienen un punto de congelación inferior al de los lubricantes naturales** (Evaluación) Las temperaturas en los climas fríos son muy bajas y por tanto si el punto de congelación del lubricante sintético para motores es más bajo que el del lubricante natural (para el que es unos 10 a 15 grados más alta), las personas podrán utilizar sus vehículos a temperaturas más bajas. Las opciones (1), (2) y (3) son todos enunciados ciertos acerca del lubricante de motor natural, pero no explican por qué las personas en lugares fríos deben utilizar el lubricante sintético para motores. La opción (5) es también verdadera pero no explica por qué el lubricante sintético es mejor que el natural en climas más fríos.

50. **(4) El agua se evapora y asciende por el aire, donde se enfría formando las nubes y luego la lluvia.** (Comprensión) En esta opción se mencionan todos los puntos importantes del diagrama (el agua en la tierra y el océano, la evaporación, la condensación en las nubes y la lluvia). Las demás opciones son incorrectas porque sólo describen una pequeña parte del diagrama y no todos sus puntos principales.

# UNIDAD 1: CIENCIAS BIOLÓGICAS
## Lección 1
### Enfoque en las destrezas de GED (página 35)

1. **b.** El tejido epitelial forma barreras protectoras en el cuerpo. Compruebe que esta idea principal puede inferirse a partir de la lectura de las dos primeras oraciones del primer párrafo. Es una idea principal implícita.

2. Sus respuestas pueden incluir las siguientes: el tejido epitelial es plano y ancho; las células están muy unidas; el tejido puede controlar qué tipo de sustancias lo cruzan; la piel está formada por tejido epitelial; el recubrimiento de órganos como el estómago está formado por tejido epitelial.

3. **b.** El tejido conectivo sirve para dar soporte a las partes del cuerpo y para mantenerlas unidas.

4. Sus respuestas pueden incluir las siguientes: el tejido conectivo es fuerte; los huesos y los cartílagos son tipos de tejido conectivo; el calcio rellena los huecos dentro del tejido conectivo y le da fuerza.

5. **a.** la piel

6. **a.** Las células están muy unidas entre sí.

### Enfoque en el contenido de GED (página 37)

1. **(2) Todos los organismos están formados por células, las cuales cumplen funciones vitales.** (Comprensión). Ésta es la idea principal del texto que trata de las células y sus funciones. La opción (1) es verdadera pero el párrafo se centra en los procesos vitales de la célula en vez de en la muerte celular. Las opciones (3), (4) y (5) son verdaderas también, pero son demasiado específicas como para ser la idea principal del párrafo. Son detalles que apoyan la idea principal.

2. **(5) El núcleo es una de las estructuras celulares más complejas.** (Comprensión) El segundo párrafo trata del núcleo de la célula. La opción (5) es la correcta porque es un enunciado general que cubre todos los puntos mencionados en el párrafo. La opción (1) es incorrecta porque el párrafo se centra en el núcleo y no en las estructuras del citoplasma. Las opciones (2) y (4) son incorrectas porque son detalles que no se mencionan en el párrafo. La opción (3) es un detalle que apoya la idea principal.

3. **(4) El núcleo es el centro de control de la célula.** (Comprensión) La opción (4) es correcta porque el núcleo controla todas las actividades complejas de la célula. Las opciones (1), (2), (3) y (5) son incorrectas porque son detalles acerca de la célula que no tienen que ver con la importancia que tiene el núcleo.

4. **(2) ilustrar y describir diversas estructuras celulares** (Comprensión) La opción (2) es correcta porque ofrece el tema o idea general del diagrama de la célula y de sus estructuras. Las opciones (1), (3) y (4) son incorrectas porque son detalles, no la idea principal. La opción (5) es incorrecta porque en el diagrama no se muestra cómo cruzan las materias la membrana celular.

5. **(1) Los ribosomas sintetizan las proteínas, el retículo endoplásmico las transporta y el aparato de Golgi las envía a donde se necesitan.** (Comprensión) Para responder a esta pregunta debe mirar los detalles del diagrama y leer todos los rótulos que describen las funciones de los distintos organelos. La opción (1) describe de una

forma correcta a los organelos que producen, transportan y dirigen las proteínas. Las opciones (2), (3), (4) y (5) son incorrectas porque en ellas no se describen todos los organelos implicados en la producción y el procesamiento de las proteínas ni se ofrecen detalles incorrectos acerca de las funciones de los organelos.

6. **(1) Todos los organismos están formados por células que tienen estructuras especializadas para cumplir funciones vitales.** (Comprensión) En esta oración se cubren las ideas principales del texto y de la ilustración: que los organismos vivos están formados por células, que las células se encargan de las funciones vitales y que además disponen de ciertas estructuras específicas que llevan a cabo las funciones vitales. La opción (2) es demasiado específica: trata sólo de los organismos unicelulares y de los pluricelulares. La opción (3) también es demasiado específica porque cubre sólo las funciones vitales. La opción (4) no explica en qué consiste la importancia básica de las células. La opción (5) es demasiado específica.

## Práctica de GED (páginas 38 y 39)

1. **(1) Estructuras de las células vegetales y sus funciones** (Comprensión) En el diagrama se muestran las estructuras de una célula vegetal y el texto describe cuáles son sus funciones. La opción (2) es incorrecta porque ni el texto ni el diagrama tratan de la reproducción celular. La opción (3) es incorrecta porque en el texto no se mencionan los parecidos entre las células animales y las células vegetales. La opción (4) es incorrecta porque ofrece un detalle del diagrama y del texto, no la idea principal. La opción (5) es incorrecta porque sólo se comentan y se muestran las células vegetales, no las partes de las plantas.

2. **(4) los cromoplastos** (Aplicación) Los cromoplastos contienen los pigmentos de color amarillo, anaranja y rojo que dan el color a los pétalos del narciso y de la rosa. Las opciones (1), (2), (3) y (5) son incorrectas porque son estructuras en las que no está implicado el color de las plantas.

3. **(2) Las vacuolas se encogieron al faltarles el agua.** (Análisis) Las vacuolas mantienen la planta cuando están llenas de agua, y es por eso que las plantas se marchitan cuando las vacuolas se vacían. Las opciones (1), (2), (4) y (5) son incorrectas porque son consecuencias en las que el agua no está implicada.

4. **(2) Todas las bacterias que entran en la nariz mueren.** (Análisis) Las proteínas destruyen la membrana celular para acabar con las bacterias. La opción (1) es incorrecta porque las proteínas no pueden evitar que las bacterias entren en su nariz al respirar. La opción (3) es incorrecta porque las proteínas no pueden afectar a las bacterias fuera de la nariz. La opción (4) es incorrecta porque cuando la membrana celular se destruye, la bacteria es destruida también y, por tanto, no puede reproducirse. La opción (5) es incorrecta porque las bacterias cambian de forma cuando la membrana celular se rompe.

5. **(4) Los biólogos celulares han logrado cultivar vasos sanguíneos en el laboratorio a partir de células vivas.** (Comprensión) En el texto y en el diagrama se describe la creación de vasos sanguíneos a partir de otros tipos de células. La opción (1) es incorrecta porque es demasiado general. La opción (2) no es cierta. La opción (3) no se menciona ni en el texto ni en el diagrama, y sea o no cierta, no es más que un detalle. La opción (5) también es un detalle.

6. **(2) Algún día los científicos serán capaces de cultivar partes de repuesto del cuerpo a partir de células vivas.** (Análisis) Los científicos se están dedicando a este tipo de investigación porque esperan poder sustituir las zonas dañadas del sistema circulatorio con nuevos vasos sanguíneos. La opción (1) es incorrecta porque si las piezas artificiales fueran mejores, nadie se molestaría en intentar crear partes a partir de células vivas. La opción (3) es incorrecta porque los científicos lograron esto hace poco tiempo. La opción (4) es incorrecta porque el diagrama se limita a indicar cuál es la duración de la formación de los vasos sanguíneos (ocho semanas) y no hace ningún tipo de juicio acerca de esta cantidad de tiempo. La opción (5) es incorrecta porque muestra un hecho que se indica en el diagrama.

7. **(3) servir de soporte físico a las células nerviosas en crecimiento** (Aplicación) La materia plástica posiblemente serviría para el mismo propósito a la hora de cultivar células nerviosas que para el crecimiento de los vasos sanguíneos. La opción (1) es incorrecta porque el plástico se coloca entre los nervios cortados. La opción (2) es incorrecta porque el plástico no proporciona células nerviosas vivas. La opción (4) es incorrecta porque la función del plástico no es eliminar los desperdicios. La opción (5) es incorrecta porque en las células nerviosas no hay células musculares presentes y porque el plástico no produce el crecimiento de las células nerviosas.

## Prueba corta de GED (páginas 40 y 41)

1. **(3) El proceso de la mitosis** (Comprensión) En este título se describe la idea principal del texto. Las opciones (1), (2) y (4) son incorrectas porque se centran en detalles relacionados con la interfase o con la mitosis. La opción (5) es incorrecta porque el texto no explica por qué es importante la división celular.

2. **(1) La membrana nuclear se disuelve durante la profase.** (Evaluación) La opción (1) es correcta porque el segundo recuadro del diagrama muestra cómo desaparece la membrana nuclear durante la profase. La opción (2) es incorrecta porque en el diagrama no se muestra cómo se forman las fibras del huso. La opción (3) es incorrecta porque el diagrama no indica lo que ocurre si se cortan las fibras del huso. La opción (4) es incorrecta porque en el diagrama no se indica nada acerca del contenido de proteínas de la célula. La opción (5) es incorrecta porque en el diagrama no se indica la duración de cada una de las fases.

3. **(3) 6** (Comprensión) De acuerdo con el texto, después de la división celular todas las células hijas tendrán el mismo número de cromosomas que la célula madre. Por lo tanto, si la célula madre tiene 6 cromosomas al principio de la interfase (antes de que comience a producirse la división celular), cada una de las células hija acabará teniendo 6 cromosomas también.

4. **(4) Las bacterias tienen material genético, pero carecen de núcleo.** (Evaluación) De acuerdo con el párrafo, las células bacterianas no tienen núcleo, pero en el diagrama se puede ver el material genético de la célula bacteriana suspendido dentro del citoplasma. La opción (1) es incorrecta porque el párrafo indica que las células bacterianas son más pequeñas. Las opciones (2), (3) y (5) son incorrectas porque la ilustración muestra que las células bacterianas tienen ribosomas, membrana celular, pared celular y citoplasma.

5. **(3) mediante la unión de la célula reproductora de un organismo con la célula reproductora de otro organismo de la misma especie.** (Análisis) Puesto que cada una de las células reproductoras tiene la mitad del número normal de cromosomas, cuando se combinan las dos células reproductoras (una procedente del macho y otra procedente de la hembra), se produce una descendencia con un número de cromosomas normal. La opción (1) es incorrecta porque en esta forma de reproducción las células reproductoras no son necesarias. La opción (2) es incorrecta porque la descendencia resultante tendría sólo la mitad de los cromosomas necesarios. La opción (4) es incorrecta porque el número de cromosomas que se produciría como resultado sería el doble del necesario. La opción (5) es incorrecta porque los organismos que se reproducen sexualmente lo hacen gracias a sus células reproductoras y no mediante la combinación de células no reproductoras.

6. **(2) Es posible que el extremo de los cromosomas desempeñe alguna función en la velocidad de la división celular.** (Comprensión) Puesto que los extremos de los cromosomas son diferentes en las células saludables (división celular normal) y en las células cancerosas (división celular rápida), los extremos de los cromosomas están implicados en la división celular. Las opciones (1) y (4) son incorrectas porque son detalles del párrafo y no la idea principal. La opción (3) es incorrecta porque la estructura del cromosoma no afecta a la velocidad de la división celular. La opción (5) no es verdadera. De acuerdo con el texto, las células cancerosas se multiplican con mayor rapidez que las normales.

7. **(2) B** (Comprensión) De todas las células que se muestran aquí, sólo las que aparecen en la opción (2) tienen estructuras similares a pelillos (cilios) capaces de filtrar el polvo. Las opciones (1), (3), (4) y (5) muestran, por este orden: (1) glóbulos blancos, (3) células nerviosas, (4) glóbulos rojos y (5) células del tejido conjuntivo, y ninguna de ellas tiene cilios.

## Lección 2

### Enfoque en las destrezas de GED (página 43)

1. **b.** Los panaderos hornean pan y los fabricantes de bebidas alcohólicas producen vino y cerveza por medio del proceso de fermentación alcohólica.

2. Su respuesta puede parecerse a la siguiente: el dióxido de carbono, un producto de la fermentación, hace que la masa y la pasta se esponjen.

3. **a.** La masa se esponja debido a la formación de burbujas de dióxido de carbono.

4. **b.** La fermentación consiste en dejar escapar el dióxido de carbono para producir alcohol.

5. **a.** vino de mesa común.

### Enfoque en el contenido de GED (página 45)

1. **(2) Las plantas elaboran sus propios alimentos a través de la fotosíntesis.** (Comprensión) Ésta es la única opción que enuncia el punto principal del texto. Las opciones (1), (3), (4) y (5) son detalles que se mencionan en el texto.

2. **(1) azúcar** (Comprensión) De acuerdo con el texto y con el diagrama, la planta produce azúcar para utilizarla como alimento. Las opciones (2) y (3) son productos derivados de la fotosíntesis. La opción (4) es uno de los ingredientes utilizados durante la fotosíntesis. La opción (5) es una sustancia necesaria para el proceso de fotosíntesis.

3. **(5) La reacción en la que participan agua y dióxido de carbono en presencia de luz y clorofila produce azúcar, oxígeno y agua.** (Comprensión) Ésta es la única opción que expresa correctamente todos los elementos de la ecuación de la fotosíntesis. La opción (1) omite la clorofila, y la (2) omite la luz. En la opción (3) se dice de manera equivocada que el hidrógeno es un producto. La opción (4) dice que el oxígeno es un ingrediente y que el dióxido de carbono es un producto, y ambas son erróneas.

4. **(3) Durante las reacciones que requieren la presencia de la luz, la energía química separa el agua en sus elementos hidrógeno y oxígeno.** (Comprensión) De acuerdo con el texto, la clorofila transforma la energía lumínica en energía química, y ésta última divide luego las moléculas de agua. La opción (1) es incorrecta porque es el oxígeno (y no el agua) el producto derivado de las reacciones a la luz y de las reacciones a la oscuridad. La opción (2) es incorrecta porque el agua se divide como resultado de las reacciones a la luz y el dióxido de carbono se divide como resultado de la reacción a la oscuridad. La opción (4) es incorrecta porque el dióxido de carbono se utiliza durante las reacciones a la oscuridad, no durante las reacciones a la luz. La opción (5) es incorrecta porque el color de los productos no tiene nada que ver con la diferencia que hay entre las reacciones a la luz y las reacciones a la oscuridad.

5. **(5) agua** (Comprensión) En el diagrama el agua aparece a ambos lados de la ecuación, tanto

entrando como saliendo de la hoja. El texto explica que durante la reacción a la luz el agua se divide y que durante la reacción a la oscuridad es un producto. Las opciones (1) y (3) son incorrectas porque el dióxido de carbono y la luz del sol aparecen en la ilustración entrando a la hoja pero no saliendo de ella, y porque además el texto menciona que éstos son ingredientes y no productos. La opción (2) es incorrecta porque el texto explica que la energía lumínica se transforma en energía química durante el proceso de fotosíntesis, y la ilustración no muestra energía química entrando o saliendo de la hoja durante este proceso. La opción (4) es incorrecta porque la ilustración muestra que el azúcar se fabrica dentro de la hoja. No muestra que entre o que salga de ésta.

6. **(1) Las plantas verdes absorben la energía luminosa del Sol y la transforman en energía química aprovechable para las plantas y los animales.** (Evaluación) Éste es el único enunciado apoyado por los detalles del texto y del diagrama. La opción (2) es incorrecta porque la energía más importante es la luz del Sol. La opción (3) es incorrecta porque en la mayoría de las plantas la fotosíntesis se produce sobre todo en las hojas. La opción (4) es incorrecta porque la fotosíntesis es la fuente de sólo una pequeña parte del agua del planeta. La opción (5) es incorrecta porque la fotosíntesis puede suceder con luz artificial.

### Práctica de GED (páginas 46 y 47)

1. **(2) La suma de todos los procesos químicos que realiza la célula.** (Comprensión) Tal y como se define en la primera oración del texto, el metabolismo es el total de todos los procesos químicos que suceden dentro de una célula. La opción (1) define la fotosíntesis, no el metabolismo. La opción (3) es la definición de la respiración celular, no del metabolismo. La opción (4) es incorrecta porque presenta sólo una definición parcial del concepto de metabolismo. La opción (5) es incorrecta porque el metabolismo se relaciona con los procesos de las células, no con la cantidad de materias primas.

2. **(5) la estrella de aristas múltiples** (Comprensión) Las flechas, opción (1), representan procesos. Los círculos, opción (2), representan aminoácidos. Los círculos encadenados, opción (3), representan cadenas de proteínas. Los hexágonos, opción (4), representan la glucosa.

3. **(4) Habría menos reacciones catabólicas.** (Análisis) Puesto que la glucosa es la materia prima de las reacciones catabólicas, una disminución de glucosa supone menos catabolismo. La opción (1) es incorrecta porque la energía lumínica no se ve afectada por la cantidad de glucosa que penetra en una célula. La opción (2) es incorrecta porque la cantidad de glucosa que penetra dentro de una célula no afectaría la cantidad de aminoácidos que entraran en la misma. La opción (3) es incorrecta porque una cantidad menor de glucosa supondría una cantidad menor de energía para producir

proteínas. La opción (5) es incorrecta porque la célula produciría menos (no más) energía si tuviera menos glucosa.

4. **(2) Aumentará el número de reacciones catabólicas.** (Aplicación) Cuando se realiza más ejercicio, se necesita más energía, y por tanto el catabolismo se incrementa. Las opciones (1) y (4) son incorrectas porque la fotosíntesis ocurre en las plantas verdes y no en el cuerpo humano. La opción (3) es incorrecta porque un incremento en el uso de energía no afectaría necesariamente la tasa de anabolismo. La opción (5) muestra lo contrario a lo que hubiera pasado.

5. **(4) El ritmo de respiración celular aumenta al hacer ejercicio para suministrar más energía al organismo.** (Análisis) Las opciones (1) y (2) son incorrectas porque no tienen relación con el experimento de Jaime. La opción (3) es incorrecta porque durante el ejercicio se necesita más energía, no menos. La opción (5) es incorrecta porque la cantidad de dióxido de carbono espirada no está directamente relacionada con la capacidad pulmonar.

6. **(2) un gotero** (Análisis) Un gotero sería un instrumento útil para añadir gotas de hidróxido de sodio al agua. La opción (1) es incorrecta porque no hay ningún proceso de calentamiento implicado. La opción (3) es incorrecta porque no hay nada que tenga que ser medido con una cuchara. Las opciones (4) y (5) también son innecesarias para este procedimiento.

7. **(3) Jaime no midió la concentración de dióxido de carbono de su aliento cuando estaba en reposo, por lo que no contaba con suficiente información para llegar a una conclusión.** (Evaluación) Puesto que solamente midió el nivel de dióxido de carbono después de cinco minutos de ejercicio, no tenía ninguna otra cantidad con la que comparar esta medida. Las opciones (1) y (5) son incorrectas porque cinco minutos de ejercicio (corriendo) son suficientes para afectar la tasa de la respiración celular. La opción (2) es incorrecta porque en reposo él mediría el dióxido de carbono bajo circunstancias inadecuadas. La opción (4) es incorrecta porque en este texto se indica que ambos químicos se utilizan para medir la cantidad de dióxido de carbono espirado.

8. **(2) su forma amplia y aplanada** (Análisis) la forma de una hoja tiene una gran superficie para de este modo absorber la máxima cantidad de energía luminosa. La opción (1) es incorrecta porque los poros permiten el flujo de las sustancias hacia dentro y hacia fuera. La opción (3) es incorrecta porque el tallo proporciona apoyo a la planta. La opción (4) es incorrecta porque los vasos permiten el transporte del agua y de los minerales. La opción (5) es incorrecta porque el sistema de raíces de la planta no es una característica de la hoja.

### Prueba corta de GED (páginas 48 y 49)

1. **(4) en las mitocondrias** (Comprensión) De acuerdo con el texto, la mayoría de la energía se

libera en la mitocondria, no en ninguna de las otras estructuras celulares mencionadas en las opciones (1), (2), (3) y (5).

2. **(5) La glucosa y el oxígeno reaccionan químicamente produciendo dióxido de carbono, agua y energía.** (Comprensión) La opción (5) replantea correctamente la fórmula química de la respiración celular. La opción (1) es incorrecta porque es un replanteamiento del proceso de fotosíntesis. La opción (2) es incorrecta porque el agua y el oxígeno están al revés como ingrediente y como producto del proceso de respiración. La opción (3) es incorrecta porque en la respiración; el dióxido de carbono es un producto y el oxígeno es un ingrediente. La opción (4) es incorrecta porque la energía es liberada en la respiración como producto y no absorbida como ingrediente.

3. **(1) se liberaría una menor cantidad de energía** (Análisis) Tanto en el diagrama como en el texto se muestra que el oxígeno es uno de los ingredientes de la respiración celular. Cuando se reduce la cantidad de oxígeno disponible, la respiración reduce su velocidad y se libera una menor cantidad de energía. La opción (2) es incorrecta porque muestra justo lo contrario de lo que sucedería. La opción (3) es incorrecta porque la respiración es más lenta cuando hay menos oxígeno. La opción (4) es incorrecta porque una respiración celular menor significa que la cantidad de producto liberado, el dióxido de carbono, también será menor. La opción (5) es incorrecta porque el suministro de oxígeno afecta a la respiración celular.

4. **(2) A mayor número de plantas verdes, mayor concentración de oxígeno en el aire.** (Evaluación) Puesto que el oxígeno es un producto de la fotosíntesis, si hay más plantas verdes la cantidad de oxígeno liberado en la atmósfera será mayor. La opción (1) es incorrecta porque muestra lo contrario a la verdad. La opción (3) es incorrecta porque cuando los niveles de fotosíntesis disminuyen, la cantidad de dióxido de carbono de la atmósfera aumenta, no disminuye. Una cantidad menor de plantas produciendo glucosa supone una menor producción de ésta y una cantidad menor de glucosa almacenada, por lo que la opción (4) es incorrecta. La opción (5) puede o no ser verdadera pero el texto no ofrece suficiente información para apoyarla.

5. **(1) Los carbohidratos son una excelente fuente de energía.** (Comprensión) En el texto se indica que los azúcares y las féculas o almidones son carbohidratos y que el cuerpo los utiliza para liberar energía. La opción (2) es incorrecta porque en el texto no se comparan las cantidades relativas de energía que contienen los azúcares y las féculas. (Observe que ambos contienen la misma cantidad de energía por unidad de peso). La opción (3) no es verdadera y tampoco se sugiere por el texto. La opción (4) es incorrecta porque el texto no trata de las cantidades relativas de azúcares y de féculas que tienen diferentes alimentos. La opción (5) es verdadera pero el texto no la sugiere.

6. **(3) El sabor dulce del pan se siente después de masticarlo varios segundos.** (Evaluación) Lo dulce indica la presencia del azúcar, un producto procedente de las féculas. Las opciones (1), (2), (4) y (5) son correctas pero no apoyan el enunciado.

7. **(3) su capacidad de reflexión** (Análisis) El plástico reflexivo permitirá que llegue más luz a las plantas y de esta forma se incrementará la tasa de fotosíntesis. Las otras propiedades del plástico no afectan la tasa de fotosíntesis.

8. **(2) La respiración celular que requiere la presencia de oxígeno es una manera más eficaz de liberar energía que la fermentación láctica.** (Evaluación) El enunciado que explica que el uso del oxígeno en la respiración celular produce 19 veces más moléculas de ATP que la fermentación del ácido láctico apoya la opción (2). Según la información dada, las opciones (1) y (3) no son verdaderas. Las opciones (4) y (5) son verdaderas, pero la información dada no las apoya.

## Lección 3
### Enfoque en las destrezas de GED (página 51)

1. **a.** La genética es la ciencia que estudia los caracteres hereditarios y la manera en que se transmiten de una generación a la siguiente.

2. Su respuesta puede parecerse a la siguiente: El enunciado *a* es un hecho porque para comprobar que es cierto basta con mirar la definición de la palabra *genética* en un diccionario, en un libro de texto o en el glosario de este libro.

3. **b.** Gregorio Mendel debió haber usado animales en lugar de plantas para sus experimentos.

4. La *opción b* es una opinión porque expresa la creencia de que Mendel debería haber realizado su trabajo de otra manera. No hay ninguna forma de comprobar que esta idea es correcta. Sí se puede probar que la opción *a* es verdadera.

5. **a.** Uno de los guisantes del diagrama tiene más arrugas que el otro.
   **b.** Mendel tuvo que juzgar si los guisantes de las plantas híbridas eran turgentes o arrugados.

### Enfoque en el contenido de GED (página 53)

1. **(3) en todas las plantas hijas que tengan el gen correspondiente** (Comprensión) De acuerdo con el texto y el diagrama, un carácter dominante se presenta en el organismo que lo haya heredado a partir de por lo menos uno de los progenitores. La opción (1) es incorrecta porque el progenitor que tiene el carácter dominante puede también tener y transmitir la versión recesiva del carácter. La opción (2) es incorrecta porque un organismo puede tener un progenitor que muestre el carácter recesivo, pero si el otro muestra el carácter dominante la descendencia puede heredar el carácter dominante de ese progenitor y puede mostrarlo. La opción (4) es incorrecta porque un organismo sólo necesita recibir un gen dominante desde uno de los progenitores para mostrar el carácter dominante. La opción (5) es

incorrecta porque un carácter dominante puede aparecer en cualquier generación.

2. **(3) Algunas de las plantas F₂ expresaron el rasgo recesivo.** (Evaluación) El rasgo recesivo se saltó una generación pero estaba aún presente, preparado para volver a presentarse. La opción (1) es incorrecta porque todas las plantas de la generación F₁ fueron híbridas y habían recibido el carácter recesivo de uno de los progenitores aunque no lo mostraran en esa generación F₁. La opción (2) es verdadera pero no es una prueba de que el carácter recesivo estuviera escondido en esa generación. La opción (4) es verdadera pero no apoya la idea de que los caracteres recesivos estuvieran escondidos en la generación F₁. La opción (5) no puede apoyar la conclusión porque no es verdadera: sólo cerca de un cuarto de las plantas de la generación F₂ mostraron el carácter recesivo.

3. **(2) La tabla de Punnett es más fácil de interpretar que los diagramas que ilustran la transmisión de los rasgos de los progenitores a su descendencia.** (Análisis) El hecho de que una tabla sea más fácil de leer que un dibujo o viceversa es cuestión de opiniones. Las opciones (1), (3), (4) y (5) muestran hechos.

4. **(1) plantas puras** (Comprensión) De acuerdo con el texto, Mendel cruzó primero las plantas del guisante para que varias características se presentaran de forma constante. Este tipo de plantas era de raza pura. Luego utilizó estas plantas como progenitores. La opción (2) es incorrecta porque la exactitud de Mendel estaba basada en mezclar dos tipos de plantas de raza pura entre sí. La opción (3) es incorrecta porque Mendel se centró en un tipo de carácter cada vez. Las opciones (4) y (5) son incorrectas porque Mendel utilizó plantas de raza pura altas y bajas.

5. **(2) A partir del patrón hereditario concluyó que los caracteres se transmitían por medios físicos.** (Análisis) Mendel hizo un seguimiento de los resultados de sus experimentos de mezclas de plantas, y pronto observó que existían patrones en la forma en que los caracteres pasaban de una generación a la siguiente. De acuerdo con esta idea, planteó la hipótesis de que debía existir una unidad física que transmitiera los caracteres desde la planta progenitora a la descendencia. La opción (1) es incorrecta porque no hay nada en el texto que indique que Mendel estuviera trabajando con algo diferente al organismo completo (las plantas en sí). La opción (3) es incorrecta porque la relación de causa y efecto establecida no tiene sentido y tampoco responde a la pregunta. La opción (4) es incorrecta porque las plantas tienen muchos caracteres. Mendel escogió estudiar uno cada vez. La opción (5) es verdadera pero no explica cómo postuló Mendel la existencia de los genes.

6. **(1) ninguna no existe** (Comprensión) Todos los miembros de la descendencia son altos porque todos heredaron el rasgo dominante A. Por lo tanto, no hay ninguna posibilidad de miembros bajos en la descendencia.

1. **(2) 1** (Comprensión) Todas las personas representadas en la tabla de Punnet tienen la barbilla partida porque todos tienen al menos una copia del carácter dominante.

2. **(1) el fenotipo del rasgo** (Evaluación) Lo único que puede saberse con alguna precisión es la apariencia que tiene la muchacha (su fenotipo). Las opciones (2) y (3) son incorrectas porque sólo mirándola no se puede saber si ella tiene o no el gen recesivo. Las opciones (4) y (5) son incorrectas porque mirándola no se puede saber si el hoyuelo está en la barbilla de uno o de los dos padres, y en caso de que lo tenga sólo uno de ellos no se puede saber cuál de ellos lo tiene.

3. **(5) 4 en 4** (Análisis) De acuerdo con la información ofrecida, la planta roja tiene el genotipo RR y la blanca el genotipo rr. Por lo tanto, todos los miembros de la descendencia heredarán el genotipo Rr, que da como resultado flores de color rosa. En la siguiente tabla de Punnett se muestra cómo sucede esto.

|   | R | R |
|---|---|---|
| r | Rr | Rr |
| r | Rr | Rr |

RR = rojo
rr = blanco
Rr = rosa

4. **(3) localizar y determinar la secuencia del ADN humano** (Comprensión) Tal y como se indica en el segundo párrafo del texto y cómo se describe también en el tercer párrafo del texto, el propósito de la investigación del genoma humano es localizar y determinar la secuencia del ADN en humanos. Las opciones (1), (2), (4) y (5) no establecen cuál es el propósito principal de las investigaciones.

5. **(5) Los resultados de la compañía privada sobre la determinación de la secuencia y la localización genética son de mala calidad.** (Análisis) Ésta es la opinión que tienen algunos científicos según el texto. La clave aquí está en la frase *mala calidad* porque las evaluaciones de calidad suelen implicar una opinión y no tienen que ver de manera estricta con los hechos. Las opciones (1), (2), (3) y (4) son incorrectas porque muestran hechos que se mencionan en el texto.

6. **(3) prevención y tratamiento de enfermedades hereditarias** (Análisis) Cuanto más se sepa del genoma humano, más capaces serán los científicos de la rama de la medicina de comprender las enfermedades hereditarias y de desarrollar tratamientos para ellas. La opción (1) es incorrecta porque las máquinas de secuencia se diseñaron antes de que el genoma fuera "leído". La opción (2) no está directamente relacionada con el conocimiento del genoma humano. Las opciones (4) y (5) son incorrectas porque implicarían el estudio de los genomas de otras especies (bacterias y plantas).

7. **(1) identificación de criminales** (Aplicación) Cuando la impronta genética del sospechoso (su sangre y sus tejidos) coincide con las muestras de

sangre o tejidos encontradas en la escena del crimen, los investigadores pueden identificar a posibles criminales. La opción (2) es incorrecta porque para establecer el tipo de sangre no es necesario identificar el ADN. La opción (3) es incorrecta porque no se refiere en absoluto al ADN humano. La opción (4) es incorrecta porque el ADN no es necesario para realizar la cirugía láser. La opción (5) es incorrecta porque la impronta genética no es necesaria para tratar ninguna enfermedad.

## Prueba corta de GED (páginas 56 y 57)

1. **(1) control de la síntesis celular de proteínas** (Comprensión) De acuerdo con el texto, ésta es una función del ADN. Las opciones (2) y (3) son incorrectas porque estas funciones las realizan otras estructuras celulares. Las opciones (4) y (5) no son funciones del ADN sino de otros químicos de la célula.

2. **(4) TACAGTCG** (Comprensión) Puesto que la A siempre se empareja con la T y la G siempre se empareja con la C, TACAGTCG se corresponde con ATGTCAGC.

3. **(5) Las cadenas longitudinales de ADN están formadas por unidades alternas de azúcar y fosfato.** (Evaluación) En el diagrama se muestra claramente que la opción (5) es la correcta. La opción (1) es incorrecta porque, tal y como aparece en el diagrama, los segmentos transversales están formados por bases de nitrógeno y no por azúcar ni por fosfatos. La opción (2) es incorrecta porque ambas cadenas longitudinales del ADN contienen tanto azúcares como fosfatos. La opción (3) es incorrecta porque en el diagrama la tiamina siempre se empareja con la adenina y no con la guanina. La opción (4) es incorrecta porque el diagrama muestra los cuatro tipos de bases nucleótidas unidas a las dos cadenas longitudinales.

4. **(3) Formación del ARN mensajero** (Comprensión) En el diagrama se muestran los tres pasos principales del proceso de formación del ARN mensajero, tal y como se describe en el primer párrafo del texto. Las opciones (1) y (4) se mencionan en el texto pero no se muestran en el diagrama. La opción (2) es el primer paso necesario para la formación del ARN mensajero, pero no es la idea principal del diagrama. La opción (5) es incorrecta. Aunque en el texto se mencionan los aminoácidos, éstos no se forman dentro del núcleo ni están en el diagrama.

5. **(1) un cambio en la secuencia de aminoácidos de una proteína determinada** (Análisis) Dado que la secuencia del ADN se encarga de codificar la síntesis de proteínas, una mutación que cambie una de las bases de la secuencia del ADN producirá, probablemente, un cambio en la secuencia de los aminoácidos en una proteína. Las opciones (2), (3), (4) y (5) son todas diferentes posibilidades que dependen de la naturaleza de la proteína afectada por la mutación, pero son mucho menos probables.

6. **(5) El listado del perfil genético en el banco de datos viola las garantías individuales**

**sobre privacidad de los islandeses.** (Análisis) Aquí se expresa una opinión porque las creencias de las personas acerca de qué constituye la privacidad varían. Las opciones (1), (2), (3) y (4) pueden probarse como ciertas, y por lo tanto son hechos.

7. **(4) identificación de enfermedades de origen genético** (Aplicación) Los perfiles genéticos de los islandeses serían muy útiles para llevar a cabo experimentos acerca de enfermedades genéticas. Las opciones (1) y (2) son incorrectas porque el VIH/SIDA y las infecciones bacterianas son enfermedades infecciosas no relacionadas con la genética. La opción (3) es incorrecta porque la dieta no se relaciona con la genética. La opción (5) es incorrecta porque los perfiles genéticos no tienen nada que ver con las vacunas infantiles.

## Lección 4

### Enfoque en las destrezas de GED (página 59)

1. **a.** El aire es inhalado y exhalado de los pulmones por la acción del diafragma.
   **c.** El dióxido de carbono y el oxígeno son dos de los gases que forman parte del aire.

2. **b.** Las paredes capilares son lo suficientemente delgadas de manera que permiten el paso de las moléculas de gas.

3. **b.** Los alveolos se muestran aumentados de tamaño a fin de ilustrar los detalles; estas estructuras son mucho más pequeñas que los pulmones.

### Enfoque en el contenido de GED (página 61)

1. **(2) descomponer los alimentos en sustancias que el organismo es capaz de aprovechar** (Comprensión) El propósito del sistema digestivo se explica en el segundo párrafo del texto. La opción (1) es cierta pero es sólo una parte de la función que tiene el sistema digestivo. La opción (3) no es cierta. La opción (4) es una función del sistema inmunitario, no del aparato digestivo. La opción (5) es una función del sistema respiratorio y no del sistema digestivo.

2. **(1) llevar sustancias del páncreas y el hígado al intestino delgado** (Comprensión) De acuerdo con el texto, las sustancias del páncreas y del hígado penetran en el intestino delgado a través de pequeños conductos o tubos. La opción (2) es incorrecta porque las sustancias no se desplazan desde el páncreas hasta el hígado. Las opciones (3), (4) y (5) son incorrectas porque el esófago, el estómago, y los intestinos delgado y grueso están conectados cada uno con el anterior para que las sustancias pasen por todos ellos en ese orden.

3. **(5) El ácido estomacal es fuerte y capaz de lesionar el epitelio estomacal.** (Análisis) El escritor supone que usted sabe que el ácido estomacal es extremadamente fuerte. Las opciones (1) a (4) son verdaderas pero muestran hechos que se mencionan de manera explícita en el texto. No son suposiciones implícitas.

4. **(4) al intestino grueso** (Comprensión) De acuerdo con el texto, los alimentos salen del

intestino delgado y entran en el intestino grueso. Las opciones (1) y (2) son incorrectas porque los alimentos pasan a través de ellas antes de llegar al intestino delgado. Las opciones (3) y (5) son incorrectas porque el páncreas y el hígado proporcionan sustancias que facilitan la digestión, pero la comida realmente nunca entra dentro de ellos.

5. **(3) La saliva es un líquido.** (Análisis) Éste es un hecho supuesto pero nunca directamente planteado por el escritor. Las opciones (1), (2), (4) y (5) son verdaderas, pero muestran hechos que se plantean directamente en el texto. No son suposiciones implícitas.

6. **(4) No sería posible digerir bien las grasas.** (Análisis) La bilis procedente del hígado degrada las grasas en gotitas. Este proceso se vería interrumpido si algo funcionara mal en el hígado. Las opciones (1), (2), (3) y (5) no indican funciones del hígado.

7. **(2) Las glándulas salivales de la cavidad oral producen saliva, la cual comienza la digestión de los almidones.** (Evaluación) La información acerca de la saliva en el texto y el rótulo que muestra las glándulas salivales de la boca en el diagrama apoyan este hecho. La opción (1) no es una función del sistema digestivo sino del sistema urinario. La opción (3) es incorrecta porque la degradación de las proteínas sucede en el intestino delgado, y porque la bilis del hígado divide las grasas, no las proteínas. La opción (4) es incorrecta porque los productos de desecho pasan a través del intestino grueso. La opción (5) no es cierta porque la bilis es una enzima y no nutriente, y es liberada por el hígado y no absorbida por él.

Práctica de GED (páginas 62 y 63)

1. **(3) el ventrículo izquierdo** (Comprensión) El ventrículo izquierdo envía la sangre a la aorta, que a su vez la conduce a los vasos sanguíneos que cubren el cuerpo. La opción (1), el ventrículo derecho, envía sangre con un contenido bajo de oxígeno a los pulmones. La opción (2), la aurícula derecha, recoge la sangre con bajo contenido de oxígeno procedente del cuerpo. La opción (4), la aurícula izquierda, recibe la sangre oxigenada procedente de los pulmones. La opción (5) nombra a un par de vasos sanguíneos, no a una cavidad del corazón.

2. **(4) El organismo no recibiría suficiente sangre oxigenada.** (Análisis) La aorta se encarga de enviar sangre oxigenada al resto del cuerpo. Si esta arteria estuviera parcialmente bloqueada, el flujo de la sangre se vería, por tanto, disminuido. La opción (1) es incorrecta porque la sangre no entra en el ventrículo izquierdo a través de la aorta. La opción (2) es incorrecta porque la sangre pobre en oxígeno llega al corazón a través de la vena cava, no a través de la aorta. La opción (3) es incorrecta porque la sangre pobre en oxígeno llega a los pulmones a través de las arterias pulmonares, no a través de la aorta. La opción (5) es incorrecta porque en la vena cava no entra sangre oxigenada.

3. **(1) Las arterias y las venas son vasos sanguíneos que forman parten del sistema circulatorio.** (Análisis) El escritor ofrece información acerca de las venas, de las arterias y de las funciones que tienen, pero no menciona de una manera directa que éstas sean vasos sanguíneos o que pertenezcan al sistema circulatorio. Las opciones (2) a (5) son verdaderas pero están directamente planteadas en el texto o se muestran en la ilustración.

4. **(1) una mujer que habita un área boscosa de la región centro oeste** (Aplicación) De acuerdo con el mapa y con el diagrama, las personas que viven en la parte norte del centro oeste tienen un riesgo alto de contraer la enfermedad de Lyme si viven, trabajan o juegan en las zonas boscosas. La opción (2) es incorrecta porque las personas que trabajan y viven en grandes ciudades como Chicago no tienen muchas posibilidades de tener contacto con las garrapatas de venado. La opción (3) es incorrecta porque el mapa muestra que las grandes llanuras son una zona de bajo riesgo. La opción (4) es incorrecta porque un hombre que trabaje en el mar tiene pocas posibilidades de tener contacto con las garrapatas de venado. La opción (5) es incorrecta porque la vacuna no está aprobada para los niños.

5. **(5) La vacuna estimula el sistema inmunológico para producir anticuerpos contra la bacteria causante de la enfermedad.** (Evaluación) La descripción del funcionamiento de la vacuna apoya este enunciado. Las opciones (1), (2), (3) y (4) son incorrectas porque la información del texto las contradice.

## Prueba corta de GED (páginas 64 y 65)

1. **(3) Los conductos están dispuestos en ángulo recto para detectar el movimiento de la cabeza en cualquier dirección.** (Comprensión) En el diagrama se muestra que los conductos semicirculares están interconectados y situados en ángulo recto el uno con respecto al otro. Las opciones (1), (2), (4) y (5) son incorrectas porque no describen cómo están colocados los conductos semicirculares.

2. **(2) Disminuiría la circulación sanguínea del organismo** (Análisis) Los vasos sanguíneos obstruidos se van estrechando y el flujo de sangre por el cuerpo se reduce como resultado. La opción (1) es incorrecta porque es lo contrario a lo que sucede en realidad. La opción (3) no es verdadera porque el tipo de los vasos sanguíneos no cambia. La opción (4) no es cierta porque toda la sangre seguiría dentro del sistema circulatorio. La opción (5) no es verdadera porque los vasos sanguíneos obstruidos no afectan la producción de los glóbulos de sangre.

3. **(2) El uso de zapatos tenis puede disminuir la probabilidad de padecer artritis de la rodilla.** (Evaluación) El calzado deportivo es plano y no produce la tensión que los zapatos de tacón producen en las rodillas, y de este modo permite la

prevención de la osteoartritis en las rodillas. No hay información dentro del texto que apoye las opciones (1), (3), (4) o (5).

4. **(4) segmentos sanos de intestino de un hombre usados para sustituir segmentos enfermos.** (Aplicaciones) De todas las posibilidades ofrecidas, ésta es la que supone la mayor compatibilidad entre el donante y el receptor, puesto que en este caso ambos son la misma persona. Cuando mayor sea el grado de compatibilidad, habrá más posibilidades de un trasplante exitoso. Las opciones (1), (2), (3) y (5) son incorrectas porque en ellas los donantes y los receptores tienen una relación más distante (si es que tienen alguna) con el hombre que se describe en la opción (4). Estos trasplantes, por tanto, tienen menos probabilidad de ser compatibles y de tener éxito.

5. **(1) las adrenales** (Análisis) De acuerdo con la tabla, las glándulas adrenales secretan adrenalina para preparar el cuerpo en situaciones de emergencia. Las reacciones de la pregunta son reacciones producidas por una situación de emergencia y están causadas por la adrenalina. Las opciones (2), (3), (4) y (5) son incorrectas porque nombran otras glándulas endocrinas con otras funciones diferentes.

6. **(2) la oxitocina** (Comprensión) De acuerdo con la tabla, la oxitocina es la hormona causante de las contracciones del útero durante el parto. La tabla no menciona la opción (1). Las opciones (3) y (4) son hormonas sexuales producidas por los ovarios y por los testículos respectivamente. La opción (5) es una hormona que se secreta en situaciones de emergencia.

7. **(3) la sangre** (Análisis) La sangre tiene la función de transportar sustancias por el cuerpo. Las opciones (1), (2), (4) y (5) son incorrectas porque muestran sistemas o sustancias que no transportan sustancias en el cuerpo. Cada opción tiene otras funciones.

8. **(3) la insulina** (Comprensión) Según la tabla, la insulina que secreta el páncreas disminuye los niveles de azúcar en la sangre. Un alto nivel de azúcar en la sangre puede ser un indicador, por tanto, de una cantidad inadecuada de la hormona insulina. Las opciones (1), (2), (4) y (5) son incorrectas porque estas hormonas no afectan los niveles de azúcar en la sangre.

## Lección 5

### Enfoque en las destrezas de GED (página 67)

1. **a.** lenguaje I.
   **b.** percepción visual D.
   **c.** lógica I.
   **d.** emociones D.
   **e.** percepción espacial D.
   **f.** secuencia I

2. **a.** Algunas personas usan principalmente el hemisferio izquierdo o el derecho dependiendo de sus habilidades lógicas o artísticas.

3. **a.** Ambos hemisferios del encéfalo intercambian información a través del cuerpo calloso.
   **c.** Cuando leemos un cuento, el lado izquierdo del encéfalo procesa las percepciones visuales y emocionales y el izquierdo procesa el texto.

### Enfoque en el contenido del GED (página 69)

1. **(1) de los axones de las interneuronas u otras neuronas motoras** (Comprensión) De acuerdo con el texto, las neuronas motoras reciben información procedente de las interneuronas. El diagrama muestra que los impulsos se transmiten desde los axones de las neuronas; por lo tanto, una neurona motora recibe impulsos procedentes de los axones de las interneuronas. La opción (2) es incorrecta porque las neuronas motoras no reciben impulsos directamente desde las neuronas sensoriales. Las opciones (3) y (4) son incorrectas porque las dendritas se encargan de recibir información. La opción (5) es incorrecta porque las neuronas motoras reciben impulsos procedentes de las interneuronas y no de las neuronas sensoriales, y además porque el cuerpo de una neurona no transmite impulsos.

2. **(5) la yema de los dedos** (Aplicación) De todas las partes del cuerpo que se indican, las yemas de los dedos son las más sensibles, y por tanto es más probable que tengan más neuronas sensoriales que las opciones (1), (2), (3) y (4).

3. **(2) Los neurotransmisores llevan las señales de una neurona a otra.** (Evaluación) Los neurotransmisores son mensajeros de naturaleza química que se encuentran en el espacio que hay entre las neuronas. La opción (1) es incorrecta porque dentro de las neuronas las señales se transportan mediante impulsos eléctricos. Tal y como implica la pregunta, los neurotransmisores transmiten señales de una neurona a la otra. La opción (3) es un ejemplo de lógica incorrecta. De hecho, las neuronas tienen dendrita, axón y otras partes. La opción (4) es incorrecta porque las neuronas motoras transmiten información a las fibras musculares. La opción (5) es incorrecta porque todas las neuronas producen neurotransmisores.

4. **(2) Los mensajes provenientes del encéfalo no llegarían a las piernas ni a la pelvis.** (Análisis) Cuando la médula espinal se rompe a la altura de la cintura, la parte inferior del cuerpo no recibe comunicación procedente del encéfalo y viceversa. La opción (1) es incorrecta porque la médula espinal continuaría funcionando. Las opciones (3), (4) y (5) son incorrectas porque las señales continuarían viajando entre el encéfalo y las partes del cuerpo por encima de la cintura.

5. **(3) Porque el cerebro y la médula espinal reciben y transmiten información a todas partes del organismo.** (Comprensión) Como si formaran parte de una red de comunicaciones, los nervios, la médula espinal y el encéfalo envían y reciben información desde y hacia todas las partes del cuerpo. Las opciones (1), (2) y (4) son verdaderas, pero

ninguna de ellas explica de qué manera funciona el sistema nervioso como red de comunicaciones.

6. **(3) Porque la médula espinal controla algunas de las actividades del sistema nervioso central.** (Evaluación) El enunciado que dice que el encéfalo controla las actividades del sistema nervioso es un ejemplo de simplificación excesiva. De acuerdo con el texto, el encéfalo y la médula espinal controlan las actividades del sistema nervioso. Las opciones (1), (2) y (4) son verdaderas pero no explican por qué la pregunta es un ejemplo de lógica incorrecta. La opción (5) es falsa.

Práctica de GED (página 70)

1. **(5) Porque la información también pasa por las interneuronas de la médula espinal.** (Evaluación) De acuerdo con el diagrama, las interneuronas, las neuronas sensoriales y las neuronas motoras están implicadas en los reflejos simples. Las opciones (1), (2), (3) y (4) son falsas. Los reflejos simples implican los tres tipos de neuronas y la médula espinal, no el encéfalo.

2. **(3) Una pequeña aprende a decir "por favor" al pedir las cosas porque sólo así consigue lo que pide!.** (Aplicación) Usar las palabras "por favor" (una conducta aprendida) permite que la niña consiga lo que quería (un premio). Las opciones (1) y (2) son incorrectas porque en estos casos a la conducta le sigue algo que no es un premio. La opción (4) es un ejemplo de reflejo simple, no de una conducta aprendida. La opción (5) es un ejemplo de aprendizaje por observación.

3. **(2) El reflejo simple exige la participación de la médula espinal, mientras que la conducta aprendida exige la participación del encéfalo.** (Análisis) La médula espinal procesa de manera automática los reflejos simples, pero la conducta aprendida se procesa por el encéfalo. La opción (1) es lo opuesto de lo que sucede en realidad. Las opciones (4) y (5) son incorrectas porque las neuronas motoras y las neuronas sensoriales pueden estar implicadas tanto en los reflejos como en el aprendizaje.

4. **(3) Porque el perro aprendió a relacionar el sonido con la comida.** (Comprensión) Según el diagrama y el texto, el perro aprendió que el sonido era una señal para la comida después de unos cuantos ensayos en los que la comida y el sonido se presentaron juntos. Por eso comenzaba a salivar al oír el sonido: esperaba recibir comida. La opción (1) es incorrecta porque no hay nada en el texto ni en el diagrama que indique que el perro tenía muchísima hambre. La opción (2) no es pertinente. La opción (4) es incorrecta porque el sonido se relacionó con la comida y no con un castigo. La opción (5) es incorrecta porque los perros salivan cuando escuchan un sonido sólo si les enseña a hacerlo.

5. **(3) dejaría de salivar gradualmente al oír el sonido del afinador** (Análisis) El perro acabaría aprendiendo que el tono no señalaba la llegada de la comida y dejaría de salivar cuando sonara. La opción (1) es incorrecta porque, tal y como se describe arriba, lo más probable es que el aprendizaje sucediera también. La opción (2) es incorrecta porque la comida ya no está emparejada con el sonido, y por lo tanto el perro aprendería, tal y como se describe arriba, a dejar de hacer la asociación con la comida. La opción (4) es incorrecta porque salivar cuando hay comida es un reflejo simple que no desaparecerá. La opción (5) es incorrecta porque a la larga la conducta del perro se haría constante y salivaría siempre ante la presencia del alimento.

6. **(1) Un perro aprende a esconderse de un niño que tira de su rabo con frecuencia.** (Aplicación) Si la aproximación del niño está emparejada con una experiencia dolorosa, el perro aprenderá a asociar ambas de la misma forma que el perro de Pavlov asoció el sonido con la comida. Las opciones (2) y (3) son incorrectas porque no son ejemplos de aprendizaje de una respuesta como resultado de la asociación de dos sucesos. Las opciones (4) y (5) son ejemplos de conductas que se aprenden porque son recompensadas.

## Prueba corta de GED (páginas 72 y 73)

1. **(3) Las inteligencias múltiples no son mensurables por medio de las pruebas estándar de inteligencia.** (Comprensión) Las pruebas estándar de inteligencia medirían sólo las capacidades lingüísticas y lógico-matemáticas. Las opciones (1) y (2) son incorrectas porque ambas contradicen la teoría de las inteligencias múltiples. Las opciones (4) y (5) son generalizaciones que no proceden de la teoría de las inteligencias múltiples.

2. **(1) lingüística y lógica-matemática** (Comprensión) Para el estudio de este libro son necesarios el razonamiento y el lenguaje, capacidades implicadas en las inteligencias lingüística y lógica-matemática. Las opciones (2), (3), (4) y (5) son incorrectas porque no implican ni el lenguaje ni el razonamiento.

3. **(2) una maestra de escuela primaria** (Aplicación) Una maestra puede utilizar esta teoría para diseñar diferentes lecciones según las capacidades específicas de cada estudiante. Las opciones (1), (3), (4) y (5) implican profesiones en las que no es necesario enseñar a otras personas, y por lo tanto no haría falta que la persona utilizara la teoría de las inteligencias múltiples. A pesar de ello, cualquier persona que realizara cualquiera de los trabajos de las opciones podría emplear los diferentes tipos de inteligencia en su profesión.

4. **(1) Las áreas que forman el encéfalo se especializan en funciones específicas.** (Evaluación) Este hecho apoya la teoría de los múltiples tipos de inteligencia porque para diferentes personas podría haber diferentes áreas del encéfalo que funcionarían mejor. Las opciones (2) y (3) apoyarían la teoría de que la inteligencia es una capacidad única y general. Las opciones (4) y (5) no proporcionan pruebas acerca de los múltiples tipos de inteligencia.

5. **(3) El cerebelo y el cerebro controlan en conjunto el movimiento.** (Evaluación) En la oración se produce una simplificación excesiva porque hay más de una parte del encéfalo encargada de controlar el movimiento. Las opciones (1), (2) y (4) no son verdaderas. La opción (1) sí lo es, pero no tiene nada que ver con la función del cerebelo.

6. **(2) la vista** (Análisis) Puesto que la percepción de la vista se sitúa en el lóbulo occipital, un golpe en la parte trasera de la cabeza tiene posibilidades de afectarla. Las opciones (1) y (4) se encuentran en los lados de la cabeza. La opción (3) se controla por el tallo cerebral en la base del encéfalo. La opción (5) se controla por la parte superior del cerebro.

7. **(2) El encéfalo humano** (Comprensión) El texto y el diagrama se centran en la estructura del cerebro humano. En el texto no se describe el sistema nervioso completo, y por lo tanto las opciones (1) y (5) son incorrectas. Además, puesto que no describe solamente el cerebro, la opción (3) es incorrecta. Describe el encéfalo en humanos y no los sesos en general, y por lo tanto la opción (4) es incorrecta.

8. **(5) al escuchar la voz de una persona en una fiesta ruidosa** (Aplicación) En esta situación está seleccionando una voz de entre la mezcla de voces, y esto es un ejemplo de atención selectiva. En las otras situaciones hay un solo estímulo principal, y por lo tanto no es preciso escoger un estímulo entre varios.

## Lección 6

### Enfoque en las destrezas de GED (página 75)

1. **b.** El piojo creó resistencia al insecticida permetrina.

2. **b.** La permetrina ya no es eficaz para el tratamiento de la infestación por piojos. El piojo creó resistencia al insecticida debido a una mutación que se ha transmitido de generación en generación, por lo que ahora la mayoría de los piojos son resistentes.

3. **a.** Los piojos resistentes a la permetrina sobrevivieron al tratamiento, se reprodujeron y su descendencia heredó la resistencia.

4. **a.** La permetrina ya no es eficaz para el tratamiento de la infestación por piojos debido a que algunos adquirieron resistencia por una mutación que transmitieron a su descendencia.

### Enfoque en el contenido de GED (página 77)

1. **(5) el proceso por el cual los organismos vivos cambian a través del tiempo** (Comprensión) De acuerdo con el texto, en la evolución está implicado el cambio a lo largo del tiempo (varias generaciones). La opción (1) es incorrecta porque la evolución no es un cambio rápido. La opción (2) no menciona ningún tipo de cambio. Las opciones (3) y (4) se refieren a la selección natural.

2. **(3) El hollín ennegreció el tronco de los árboles, lo cual permitió a las polillas pasar desapercibidas.** (Comprensión) De acuerdo con el texto, el hollín procedente del aumento de la contaminación en el aire oscureció los troncos de los árboles y proporcionó camuflaje para las polillas oscuras, que antes eran visibles en los troncos claros de los árboles. La opción (1) es cierta pero no explica de qué forma favoreció el hollín a las polillas oscuras. La opción (2) no es verdadera. Las opciones (4) y (5) tampoco son verdaderas porque no fueron efectos del hollín.

3. **(3) variación** (Aplicación) Los pasos de la selección natural pueden encontrarse en la tabla. La variación se refiere a las diferencias que hay entre los individuos de una especie. Las opciones (1), (2), (4) y (5) se refieren a otros pasos de la selección natural.

4. **(4) supervivencia** (Aplicación) En la tabla se muestran los pasos de la selección natural. Los cactus tienen una característica que les permite sobrevivir en su medio ambiente porque pueden almacenar sus propias reservas de agua. La opción (1) se refiere al hecho de que hay demasiados organismos para los recursos que ofrece un medio ambiente. La opción (2) se refiere a la lucha que hay entre estos organismos. La opción (3) se refiere a los diferentes caracteres que tienen los individuos. La opción (5) se refiere a la producción de la generación siguiente.

5. **(3) Los organismos débiles mueren dando paso a los mejor adaptados para reproducirse y transmitir sus rasgos.** (Comprensión) En esta oración se tratan todos los puntos relacionados con la selección natural. La opción (1) es incorrecta porque se refiere a la evolución y no a la selección natural. Las demás opciones son descripciones incompletas de la selección natural: cada una de ellas describe sólo uno de los pasos del proceso. La opción (2) describe la supervivencia, la opción (4) la lucha entre los individuos y la opción (5) la variación.

6. **(1) Las especies animales y vegetales continuarían evolucionando.** (Análisis) La evolución es un cambio que sucede a lo largo del tiempo, no un cambio que pertenece sólo al pasado. Las opciones (2) y (3) son incorrectas porque tanto las plantas como los animales seguirán evolucionando. Las opciones (4) y (5) son incorrectas porque la evolución por selección natural seguirá ocurriendo, y gracias a ella las plantas y los animales seguirán cambiando.

### Práctica de GED (páginas 78 y 79)

1. **(3) Se encuentran uno junto al otro bajo el húmero.** (Análisis) Aunque las formas de estos huesos varían según la especie, siempre están situados uno junto al otro y bajo el húmero. Las opciones (1) y (2) son incorrectas porque describen las falanges. La opción (4), tal y como indica el diagrama, es incorrecta. La opción (5) no es verdadera. Según el diagrama, estos huesos son partes de las extremidades.

2. **(1) Las estructuras homólogas representan pruebas que apoyan la teoría de la evolución.** (Comprensión) Esta oración es lo suficientemente

amplia como para cubrir todos los puntos importantes del texto. La opción (2) es verdadera pero es incompleta. Las opciones (3) y (4) describen detalles, no puntos principales. La opción (5) no es verdadera.

3. **(3) La ballena, el ser humano, el perro y las aves tienen un antepasado común.** (Evaluación) La información que brindan el texto y el diagrama apoya este enunciado. La opción (1) no es verdadera porque las estructuras homólogas no son comunes para todos los animales sino que se encuentran en especies emparentadas. La opción (2) es incorrecta porque ni en el diagrama ni en el texto se discute si los animales de los que se muestran las extremidades anteriores tienen un parentesco cercano o remoto. La opción (4) no es verdadera porque las falanges son los huesos de los dedos (no de la muñeca) de los humanos, y del pie (no de la rodilla) de los perros. La opción (5) es incorrecta porque las extremidades anteriores de los mamíferos no son brazos necesariamente.

4. **(4) los hongos** (Comprensión) En la estructura de árbol, los animales y los hongos se originan a partir de la misma rama y están más relacionadas entre sí que con otros tipos de animales. El diagrama indica que para el resto de las opciones la relación de los organismos con los animales es más lejana que la de los hongos.

5. **(1) determinación del parentesco de dos individuos** (Aplicación) Del mismo modo que la comparación de la secuencia del ADN puede servir para determinar si dos especies están emparentadas, también sirve para determinar si dos individuos están emparentados. Compruebe que la palabra comparación de la pregunta es una clave: la respuesta debería mostrar una comparación del ADN que tienen dos individuos o dos especies diferentes. La opción (2) es incorrecta porque extraer el ADN de los fósiles es un proceso aparte. Las opciones (3) y (5) son incorrectas porque la comparación de las secuencias genéticas no revela la edad. La opción (4) es incorrecta porque la estructura general de la molécula del ADN se descubrió en la década de 1950, y la comparación de secuencias no podría realizarse sin una comprensión previa de la estructura general del ADN.

6. **(1) La secuencia del ADN ofrece pruebas de la relación evolutiva entre las especies e incluso derrumba conceptos antiguamente establecidos.** (Comprensión) Esta opción proporciona un resumen general del texto y del diagrama. Las opciones (2), (3), (4) y (5) son verdaderas pero son detalles, no puntos importantes del texto ni del diagrama.

## Prueba corta de GED (páginas 80 y 81)

1. **(1) los cambios ambientales** (Comprensión) De acuerdo con el texto, los cambios ambientales son una causa de evolución de las especies. La opción (2) es incorrecta porque la estabilidad medioambiental tendría como resultado la estabilidad en las especies.

La opción (3) es incorrecta porque la especie completa seguiría evolucionando como grupo. La opción (4) es incorrecta porque cuando una especie deja de reproducirse, acaba desapareciendo. La opción (5) es incorrecta porque una gran cantidad de recursos alimenticios sugiere un medio ambiente estable, y lo más probable es que éste no produzca evolución de las especies.

2. **(3) Adquirieron más diferencias.** (Análisis) Cuando los azucareros se dispersaron en diferentes entornos, se adaptaron de diferentes formas a cada hábitat diferente. Las opciones (1) y (4) no son verdaderas. La opción (2) es incorrecta porque las especies no pueden reproducirse unas con otras. La opción (5) es incorrecta porque el cambio evolutivo entre animales como los pájaros no sucede en un tiempo tan corto.

3. **(5) No sería capaz de alimentarse lo suficiente para sobrevivir.** (Análisis) El pico del azucarero no está preparado para atrapar insectos, lo más probable es que moriría de hambre. Las opciones (1) y (2) son incorrectas porque las adaptaciones son caracteres heredados de una generación a la siguiente, no en un solo individuo. No es probable que ocurran las opciones (3) y (4) porque las diferentes especies no suelen compartir recursos.

4. **(2) creó una mayor diversidad** (Comprensión) La evolución de las especies conduce a una mayor diversidad o variedad en la vida vegetal y animal. La opción (1) muestra lo contrario a lo que hace la evolución de las especies. Las opciones (3) y (5) son incorrectas porque la evolución de las especies incrementa la variedad. La opción (4) es incorrecta porque la evolución de las especies no afecta la velocidad de formación de nuevas variedades.

5. **(5) Los embriones de los peces, las aves y los de los seres humanos son parecidos en la etapa temprana de su desarrollo.** (Comprensión) En el diagrama se muestra que los peces, las aves y los seres humanos se parecen en una etapa embrionaria temprana. Las opciones (1), (2) y (4) incluyen puntos tomados del texto, no del diagrama. La opción (3) es comúnmente aceptada como un hecho, pero en realidad es un detalle que no está ni en el párrafo ni en el diagrama.

6. **(5) El antepasado común de los peces, las aves y los seres humanos probablemente fue un animal acuático.** (Evaluación) La existencia de branquias en las etapas tempranas de estos tres embriones apoya este enunciado. Las opciones (1), (2) y (4) pueden ser ciertas o no, pero no hay suficiente información para decidir. El diagrama contradice la opción (3).

7. **(1) Los azulejos y las mariposas tienen alas.** (Aplicación) Las alas son adaptaciones para la vida en el aire, pero los azulejos son aves y las mariposas son insectos y no están, por tanto, emparentados cercanamente. Las demás opciones no son ejemplos de convergencia porque en ellas aparecen especies con parentesco cercano.

**8. (1) el pelaje blanco** (Aplicación) El color blanco es una forma de camuflaje en las zonas polares de nieve. Los demás caracteres no serían útiles en entorno polar.

**9. (2) trazo de las relaciones evolutivas de especies extintas** (Evaluación) Mediante el estudio de los fósiles, los científicos pueden descubrir las relaciones evolutivas. Las opciones (1) y (5) son incorrectas porque los fósiles revelan información acerca del pasado, no acerca del presente o del futuro. La opción (3) es incorrecta porque los fósiles pertenecen a organismos antiguos y no a organismos modernos. La opción (4) es incorrecta porque el registro fósil no llega hasta el período de formación de la Tierra.

## Lección 7

### Enfoque en las destrezas de GED (página 83)

1. **b.** Todas las plantas verdes, como la hierba y las algas marinas, son productoras.

2. Las respuestas pueden variar. Algunos detalles de muestra: los consumidores obtienen energía cuando se alimentan de los productores. Los conejos y los erizos son consumidores primarios. Los zorros y las focas son consumidores secundarios que se alimentan de los primarios. Las lechuzas y las ballenas con consumidores terciarios.

3. Las respuestas pueden variar. Algunos detalles de muestra: el sol proporciona energía a la hierba. Los conejos obtienen energía cuando se alimentan de la hierba. Los zorros obtienen energía cuando comen conejos. Los zorros son consumidores secundarios.

4. **a.** En las cadenas alimenticias, la energía fluye del Sol a los productores y de éstos a los consumidores.

5. Las respuestas variarán. Algunos detalles de apoyo: la hierba utiliza la energía del Sol para producir alimento. Los conejos comen hierba y los zorros se comen los conejos.

### Enfoque en las destrezas de GED (página 85)

1. **(1) las relaciones energéticas de los organismos de un ecosistema** (Comprensión) Una cadena alimenticia muestra cómo se alimentan unos organismos de otros, y dichas relaciones producen transferencias de energía. La opción (2) es incorrecta porque en una cadena alimenticia se muestran plantas y animales. La opción (3) es demasiado general. La opción (4) es incorrecta porque la cadena alimenticia muestra relaciones de energía y puede construirse en un área urbana y en un área salvaje. La opción (5) es incorrecta porque una cadena alimenticia muestra las relaciones energéticas y alimenticias que existen dentro de un ecosistema.

2. **(4) el búho** (Análisis) Si sigue el flujo de energía indicado por las flechas, comprobará que el búho está situado en el nivel más alto de entre los consumidores porque no hay ningún organismo que sea su depredador. Las opciones (1), (2), (3) y (5) son incorrectas porque existen organismos dentro de la cadena alimenticia que se alimentan gracias a ellos.

3. **(5) el conejo** (Análisis) Los conejos se alimentan de plantas. Si las plantas desaparecieran, los conejos se quedarían sin comida inmediatamente. Las opciones (1), (2), (3) y (4) son incorrectas porque son consumidores secundarios o terciarios y el efecto en ellos no sería inmediato.

4. **(4) La comadreja obtiene su energía alimentándose de ratones.** (Análisis) Éste es un detalle de apoyo que se muestra en la cadena alimenticia. Las opciones (1), (2), (3) y (5) son conclusiones basadas en el texto y en el diagrama.

5. **(5) omnívoro** (Aplicación) La mayoría de las personas son omnívoras; bajo las condiciones descritas en la pregunta, comerían cualquier cosa porque estarían extremadamente hambrientas. La opción (1) es incorrecta porque la única fuente de energía es el Sol. La opción (2) es incorrecta porque las plantas son los únicos productores. La opción (3) es incorrecta porque los descomponedores degradan la materia en descomposición. La opción (4) es incorrecta porque el excursionista comerá cualquier cosa con tal de aliviar el hambre, no sólo carne.

6. **(1) La energía fluye constantemente en el ecosistema de bosque.** (Análisis) Ésta es una conclusión. Las opciones (2), (3), (4) y (5) son detalles de apoyo para esta conclusión.

### Práctica de GED (páginas 86 y 87)

1. **(4) en forma de biomasa** (Comprensión) El primer párrafo del texto explica que la energía de una cadena alimenticia se almacena como materia orgánica o biomasa. La opción (1) es incorrecta porque el nivel trófico es un concepto que se define según el nivel alimenticio, no como medio de almacenamiento de energía. La opción (2) es incorrecta porque dentro de la cadena alimenticia el sol es la fuente de energía, no el lugar para almacenarla. La opción (3) es incorrecta porque la energía que hay dentro de una cadena alimenticia se pierde (no se almacena) como calor. La opción (5) es sólo parcialmente correcta porque los animales también son parte de la cadena alimenticia y almacenan energía en sus tejidos.

2. **(3) La cadena alimenticia es capaz de soportar más consumidores primarios que secundarios.** (Análisis) La información que aparece en el texto y en el diagrama apoya esta conclusión. Las opciones (1), (2), (4) y (5) presentan detalles procedentes del texto y del diagrama.

3. **(2) La mayor parte de la biomasa se encuentra en la base de la pirámide de energía.** (Evaluación) El segundo párrafo del texto y la pirámide de energía indican que la sección de la base de la pirámide es la de mayor tamaño, representando de este modo la cantidad de biomasa que hay en ese nivel. La opción (1) es incorrecta porque el diagrama y el texto indican que cuanto más se sube dentro de la pirámide de energía, menos biomasa hay. De acuerdo con el diagrama, la opción (3) es incorrecta porque hay más ratones de campo que comadrejas en la pirámide de energía. Tal y como indica el diagrama, la

opción (4) es incorrecta porque las comadrejas no comen cárabos. La opción (5) es incorrecta porque, según el texto, cuando más se sube dentro de la pirámide de energía, menos energía disponible hay.

4. **(5) la de focas** (Aplicación) Las focas están en la parte superior de la pirámide de energía y por eso puede suponerse que su número sea el más pequeño. Tal y como indica el texto de la pregunta, las opciones (1), (2), (3) y (4) son incorrectas porque son organismos que se encuentran más abajo en la pirámide de energía.

5. **(1) En muchas regiones el coyote ya no tiene enemigos naturales.** (Comprensión) Los lobos eran los depredadores de los coyotes y después de que fueron exterminados en muchas áreas los coyotes dejaron de tenerlos. Las opciones (2), (3), (4) y (5) son todas verdaderas pero no explican por qué la ausencia de los lobos ayudó a que los coyotes se multiplicaran.

6. **(5) La capacidad de adaptación alimenticia del coyote y otros tipos de conducta le han permitido distribuirse más ampliamente.** (Análisis) Ésta es una conclusión. Las opciones (1), (2), (3) y (4) son detalles que apoyan la conclusión de que los coyotes son adaptables en la forma de alimentarse y en otras conductas.

7. **(2) El coyote es capa de sobrevivir en diversos tipos de ecosistemas y climas.** (Evaluación) Puesto que su variedad es tan amplia, tal y como indican el mapa y el texto, se puede inferir que los coyotes pueden adaptarse a los climas fríos, templados y cálidos, en varios tipos de terreno y entre diferentes tipos de animales. La opción (1) es incorrecta porque el mapa muestra que los coyotes viven en todos los tipos de áreas. La opción (3) es incorrecta: lo más probable es que la población de coyotes sea más grande ahora que la distribución es más amplia. La opción (4) es incorrecta porque el texto dice que los coyotes se sienten cómodos viviendo entre los seres humanos. La opción (5) es incorrecta porque el texto explica que los coyotes se han expandido desde las llanuras occidentales hacia otras regiones del continente, y no desde los bosques orientales.

## Prueba corta de GED (páginas 88 y 89)

1. **(5) la rápida velocidad de reproducción del conejo y la ausencia de depredadores** (Análisis) La rápida reproducción de los conejos, sin control por parte de depredadores, condujo a un exceso de población de conejos en Australia. La opción (1) es incorrecta porque es una posible solución a la sobrepoblación. La opción (2) es incorrecta porque si hubiera depredadores disponibles, las importaciones continuas no producirían una sobrepoblación. La opción (3) es un resultado de la sobrepoblación. La opción (4) sería el resultado opuesto a lo que realmente sucedió.

2. **(3) Evitar la introducción de organismos nuevos.** (Comprensión) De acuerdo con el texto, prevenir la introducción de nuevas especies es la mejor solución. La opción (1) presenta una solución, pero no la mejor. Las opciones (2) y (5) empeorarían

el problema, no lo solucionarían. La opción (4) no es en general controlable por parte de los humanos, y además puede tener un efecto nocivo en el ecosistema.

3. **(3) En los ecosistemas en equilibrio, la población de un consumidor por lo general controla el crecimiento de la población de otro.** (Evaluación) La aplicación de este principio conduce a la conclusión de que introducir un depredador puede controlar el organismo que está invadiendo su nuevo entorno. La opción (1) es verdadera pero no apoya la conclusión en la pregunta. La opción (2) no es verdadera. La opción (4) es incorrecta porque no hay nada que indique que con el tiempo se resolverá el problema de sobrepoblación. La opción (5) podría ser cierta a largo plazo, pero no apoya la conclusión establecida en la pregunta.

4. **(2) Que dispone de alimento para el conejo.** (Análisis) Puesto que los conejos se multiplicaron en grandes cantidades en Australia, puede suponer que encontraron muchos alimentos. Las opciones (1) y (3) son incorrectas porque sin comida los conejos se hubieran muerto de hambre. La opción (4) es incorrecta porque si hubiera habido muchos animales carnívoros, lo más probable es que se hubieran comido los conejos. La opción (5) no puede ser cierta porque si el ecosistema hubiera sido parecido al de Europa, la población de conejos no habría aumentado de esa manera.

5. **(3) ecosistema** (Aplicación) El doctor Tilman está trabajando con una comunidad de plantas y sus alrededores (el terreno y el aire); es decir, trabaja en un ecosistema. La opción (1) es incorrecta porque los lotes descritos contienen más de un tipo de población. La opción (2) es incorrecta porque los lotes incluyen también los elementos no vivos de alrededor y no sólo los organismos vivos. Las opciones (4) y (5) son incorrectas porque los lotes son demasiado pequeños y no incluyen todos los organismos que contiene un bioma o la biosfera.

6. **(5) biosfera** (Aplicación) Un medio ambiente de gran tamaño, autosuficiente, que contiene organismos y el entorno físico que los rodea es una biosfera. La palabra clave es "autosuficiente", esto es, contiene todo lo necesario para mantener la vida, como el caso de la Tierra. Las opciones (1) a (4) son incorrectas porque en ellas el nivel de complejidad es demasiado bajo.

7. **(3) La población de garzas y garcetas ha aumentado gracias a que el agua limpia estimula el crecimiento de las poblaciones de peces que sirven de alimento a las aves.** (Evaluación) Cuando el agua se limpió, las poblaciones de peces crecieron y las aves zancudas dispusieron de más alimento. La información del texto y de las gráficas no apoya las opciones (1), (2), (4) y (5).

8. **(1) El garrapatero pone sus huevos en los nidos de aves canoras, las cuales los incuban**

**y crían a sus polluelos.** (Aplicación) En este caso los garrapateros se benefician de no tener que utilizar energía para incubar y alimentar a su descendencia, y las aves canoras gastan energía que podrían utilizar para incubar y criar sus propios polluelos. Las opciones (2), (3), (4) y (5) son incorrectas porque todas representan relaciones simbióticas (relaciones en las que ambas especies se benefician).

## Lección 8

### Enfoque en las destrezas de GED (página 91)

1. **b.** Ocurre en plantas y animales.
   **c.** Utiliza el oxígeno.
   **d.** Libera dióxido de carbono.

2. **a.** La respiración utiliza el oxígeno del aire y produce dióxido de carbono.

3. **a.** Ocurre sólo en las plantas.
   **c.** Requiere la energía solar.
   **d.** Utiliza el dióxido de carbono.
   **e.** Libera oxígeno.

4. **a.** La fotosíntesis utiliza el dióxido de carbono del aire y produce oxígeno.

### Enfoque en el contenido de GED (página 93)

1. **(4) tomándolo del suelo** (Comprensión) En el segundo párrafo se explica que las plantas obtienen el nitrógeno de la tierra. Las opciones (1), (2), (3) y (5) son incorrectas porque son fuentes diferentes del suelo.

2. **(5) en el suelo y en las raíces de las leguminosas** (Comprensión) En el diagrama se muestra que la fijación del nitrógeno ocurre en el suelo y en los nódulos en las raíces de las leguminosas. Las opciones (1), (2), (3) y (4) son incorrectas porque incluyen ubicaciones diferentes a las dos que se mencionan en la información.

3. **(4) nitrificación** (Comprensión) La nitrificación es el proceso mediante el cual la descomposición de organismos produce nitrógeno disponible para las plantas. Las opciones (1) y (2) nombran otros procesos de transformación del nitrógeno. Las opciones (3) y (5) son procesos que no están implicados en el ciclo del nitrógeno.

4. **(1) una disminución del volumen de nitrógeno procesado** (Aplicación) Si murieran muchas plantas, incluidas las legumbres, se fijaría una cantidad menor de nitrógeno. El calor del incendio destruiría también las bacterias del suelo encargadas de fijar el nitrógeno, de modo que se reduciría también la cantidad de este último dentro del ecosistema. Por último, cuando se quema una región, la cantidad de alimentos vegetales se reduce. Por lo tanto, hay un número menor de animales presentes en el área y una reducción en los desperdicios y restos de animales, y la cantidad de nitrógeno liberada por la descomposición disminuye. La opción (2) es incorrecta porque hay menos animales que participen en el ciclo del nitrógeno, y por lo tanto es poco probable que éste se acelere. Las opciones (3) y (4) son incorrectas porque las plantas y los animales no absorben

nitrógeno procedente del aire. La opción (5) es incorrecta porque el incendio ha quemado la vegetación del área (incluidas las leguminosas) y las poblaciones de plantas (incluidas las leguminosas que pueden colonizar esta área de nuevo) tardarán un tiempo en volver a crecer y en regenerarse hasta alcanzar las cantidades previas al incendio.

5. **(2) las bacterias fijadoras de nitrógeno de sus raíces** (Comprensión) Puesto que la soya es una legumbre y las legumbres tienen bacterias fijadoras del nitrógeno en sus raíces, se deduce que la soya obtendrá la mayor parte de su nitrógeno gracias a esta fuente. La opción (1) es incorrecta porque los relámpagos son relativamente raros en cualquier área dada, y por lo tanto no proporcionan mucho nitrógeno. Las opciones (3) y (4) son incorrectas porque las plantas no obtienen nitrógeno del aire. La opción (5) es una fuente de nitrógeno para la soya, pero no es la fuente principal.

6. **(1) las leguminosas** (Aplicación) Las cabras están en los campos de soya y por lo tanto comerán de esta planta, rica en nitrógeno. Las opciones (2) y (3) son incorrectas porque la probabilidad de que caigan relámpagos o de que haya mucha hierba en los campos de soya es baja. La opción (4) es incorrecta porque las cabras se alimentan de plantas y no de animales. La opción (5) es incorrecta porque las cabras no comen tierra y porque el nitrógeno que producen las bacterias nitrificadoras se utiliza por las plantas, no por los animales.

7. **(4) la síntesis de proteínas** (Análisis) De acuerdo con el texto, durante la síntesis de proteínas se utiliza nitrógeno. Si el ciclo del nitrógeno se detuviera, lo más probable es que la síntesis de proteínas se viera afectada en primer lugar. Las opciones (1), (2), (3) y (5) son incorrectas porque no una interrupción en el ciclo del nitrógeno no las afectaría inmediatamente. La reducción del suministro de proteínas disponibles para mantener los procesos vitales acabaría por afectarlas también.

### Práctica de GED (páginas 94 y 95)

1. **(1) El vapor de agua del aire se condensa formando gotas pequeñas.** (Análisis) En el segundo párrafo se describe la formación de las nubes. La opción (2) es incorrecta porque las gotas de nubes pesadas producen algún tipo de precipitación. La opción (3) no se relaciona con la formación de las nubes y además menciona de manera errónea que son las gotas del aire, y no las procedentes del agua de la superficie, las que se evaporan para formar vapor de agua. La opción (5) es incorrecta porque aunque hay un proceso similar relacionado con la formación de las nubes, es el aire caliente y no el frío el que procede de la superficie de la Tierra, y el aire frío está más arriba de la superficie.

2. **(2) El agua corre lentamente por las paredes de la ducha hacia el piso después de darnos una ducha caliente.** (Aplicación) El vapor de agua procedente del agua caliente de la ducha se condensa en las paredes, que están más frías, y luego las gotas pesadas de agua comienzan a bajar por

ellas. La opción (1) representa sólo una pequeña parte del ciclo del agua. Las opciones (3) y (4) no tienen nada que ver con el ciclo del agua. La opción (5) implica el cambio del agua del estado sólido al líquido y de nuevo al sólido, cambios que no forman parte fundamental del ciclo del agua.

3. **(2) comparando el volumen de agua condensada por las secoyas y el colectado en áreas deforestadas** (Comprensión) Los científicos midieron las dos cantidades para poder comprobar que una cantidad era mayor que la otra. La opción (1) no ofrece suficientes datos para la comparación. La opción (3) no está directamente relacionada con la medida de la cantidad de agua recogida procedente de la niebla. La opción (4) no está directamente relacionada con la medida de la cantidad de agua recogida procedente de la niebla, y además muestra algo que es poco probable que los científicos puedan hacer. La opción (5) es incorrecta porque implica una comparación de los factores equivocados.

4. **(4) uso de colectores de niebla en regiones costeras de clima seco para acumular agua** (Aplicación) Los colectores de niebla son capaces de recoger el agua de la niebla del mismo modo que lo hacen las secoyas. Las opciones (1), (2) y (5) son incorrectas porque implican la lluvia y no la niebla. La opción (3) es incorrecta porque en ella se extrae del agua una sustancia que se encuentra disuelta en ella.

5. **(3) El agua condensada de la niebla escurre por las hojas agudas, las ramas y el tronco de las secoyas hasta llegar al suelo.** (Evaluación) El agua gotea desde el árbol al suelo, y de esta forma los animales y las plantas del hábitat tienen acceso a esa agua. La opción (1) es incorrecta porque no explica de qué forma las secoyas aportan agua al hábitat en el que se encuentran. La opción (2) es incorrecta porque no explica cómo llega el agua desde las secoyas al resto del hábitat. La opción (4) es incorrecta porque se limita a replantear la conclusión. La opción (5) es incorrecta porque la cantidad de zona forestal no indica si las secoyas aportan agua a lugares que aún existen.

6. **(5) La deforestación contribuye al agotamiento de los pozos y manantiales de la localidad.** (Evaluación) Puesto que las personas actúan a menudo movidas por sus propios intereses, es más probable que apoyen las medidas de conservación de las secoyas cuando sus suministros de agua se vean amenazados. La opción (1) trata de prácticas en el pasado que no pueden cambiarse y no es, en sí misma, una motivación para dejar de talar árboles. Las opciones (2), (3) y (4) ofrecen incentivos para la tala, no para la conservación.

## Prueba corta de GED (páginas 96 y 97)

1. **(1) las emisiones de las fábricas, las centrales eléctricas y los automóviles** (Comprensión) De acuerdo con el texto y con el diagrama, los gases contaminantes procedentes de las fuentes industriales y de los vehículos se mezclan con el vapor del aire y dan lugar a la lluvia ácida. La opción (2) describe la formación normal de la lluvia sin indicar la fuente del

ácido. Las opciones (3), (4) y (5) son incorrectas porque hablan de los problemas de la contaminación de las aguas en la Tierra, no en la lluvia.

2. **(4) porque las emisiones causantes de la lluvia ácido en el estado bien pueden originarse en otro lugar del país** (Evaluación) Puesto que los gases contaminantes suelen viajar grandes distancias antes de mezclarse con el vapor de agua y producir la lluvia ácida, lo más probable es que el control de las emisiones dentro del estado no reduzca sus precipitaciones de lluvia ácida. La opción (1) puede ser verdadera pero no expresa por qué el plan oficial es defectuoso. La opción (2) es incorrecta porque el estado puede forzar el cumplimiento de los controles si así lo desea. Las opciones (3) y (5) son falsas.

3. **(1) daños a la flora y la fauna acuática** (Análisis) La lluvia ácida hace que el agua de los manantiales y de los lagos se vuelva ácida, y por ello lo más probable es que se produzca un efecto nocivo para los organismos que viven en estos lugares. La opción (2) sería una causa de la contaminación y no un efecto. La opción (3) es incorrecta porque lo más probable es que la contaminación que la lluvia ácida produce en un lago o un manantial no suba en contra de la corriente. Las opciones (4) y (5) no son resultados de la contaminación por lluvia ácida.

4. **(4) digestión** (Aplicación) Al igual que en el proceso de descomposición, en la digestión las sustancias complejas de mayor tamaño se dividen en sustancias simples a través de varios pasos. Las opciones (1), (2), (3) y (5) son incorrectas porque no tienen nada que ver con la degradación de las sustancias complejas en componentes más sencillos y fáciles de utilizar.

5. **(5) los relámpagos** (Comprensión) Según el texto y el diagrama, los relámpagos podrían haber proporcionado energía en las primeras reacciones químicas. Las opciones (1), (2), (3) y (4) son incorrectas porque nombran componentes que forman parte de las reacciones químicas pero que no proporcionan la energía para estas reacciones. (Nota: el metano es una molécula orgánica simple).

6. **(1) eran capaces de combinarse para formar seres vivos** (Análisis) De acuerdo con el texto, las moléculas orgánicas son los elementos de los que están formados todos los seres vivos. Por lo tanto, las moléculas orgánicas tenían que existir antes de que los seres vivos evolucionaran. La opción (3) es incorrecta porque la energía se obtuvo de otras fuentes antes de que surgiera la vida. La opción (4) es incorrecta porque la atmósfera no está formada sobre todo por moléculas orgánicas. La mayoría de los gases de la atmósfera están formados por moléculas inorgánicas. La opción (5) no es verdadera porque las moléculas orgánicas no producen lluvia.

7. **(1) La composición de la atmósfera ha cambiado debido a su constante interacción con los seres vivos.** (Comprensión) Puesto que la atmósfera que existe en la actualidad es muy diferente de la que había en el momento en que

surgió la vida, podemos inferir que la interacción con los seres vivos influyó en los cambios. La opción (2) no es verdadera: en la actualidad la atmósfera tiene más oxígeno que en los comienzos de la existencia de la Tierra. La opción (3) no es verdadera: las primeras células no fueron células animales y, tal y como indica el párrafo, liberaban oxígeno y no dióxido de carbono. De acuerdo con el pasaje, la opción (4) es incorrecta porque la vida surgió hace 3,500 millones de años y no hace 5,000 millones, y porque lo más probable es que la vida evolucionara primero en los océanos, no en la atmósfera y los océanos. La opción (5) no es correcta porque según el texto, los gases (y no los seres vivos) formaron la atmósfera en las primeras etapas de la Tierra.

## Unidad 1 Repaso acumulativo
(páginas 98 a 106)

1. **(1) El uso de cultivos resistentes a los yerbicidas es motivo de controversia.** (Comprensión) Este enunciado es lo suficientemente amplio como para cubrir la idea principal del texto: en el primer párrafo se explica qué son los cultivos resistentes a los yerbicidas y en el segundo se habla de las ventajas y de los inconvenientes de su uso. La opción (2) es una opinión relacionada con el tema, pero el texto no la plantea directamente y tampoco es su idea principal implícita. Las opciones (3), (4) y (5) son detalles del texto demasiado específicos para poder ser la idea principal.

2. **(1) los yerbicidas** (Comprensión) Se explica esto en el primer párrafo del texto. Las opciones (2), (3), (4) y (5) describen cultivos que son resistentes a otros tipos de problemas propios de la agricultura.

3. **(4) El uso de técnicas agrícolas mejoradas es preferible a la aplicación de yerbicidas.** (Análisis) Este enunciado representa la opinión de algunos grupos preocupados por el medio ambiente. La clave aquí está en la palabra *preferible*. No todo el mundo comparte este punto de vista. Las opciones (1), (2), (3) y (5) son enunciados que muestran hechos mencionados en el texto.

4. **(3) Las malezas representan un problema en regiones agrícolas extensas.** (Análisis) El texto muestra tanto los puntos a favor del uso del yerbicida como los puntos en contra. Ambos puntos de vista están de acuerdo en que es necesario controlar las malas hierbas pero difieren en la forma de hacerlo. La opción (1) es incorrecta porque el autor incluye el hecho de que los ambientalistas opinan que los yerbicidas no son seguros. La opción (2) es incorrecta porque el texto describe algunas prácticas en las que el uso de yerbicidas no es preciso para producir cultivos. Las opciones (4) y (5) no son verdaderas.

5. **(3) Los vestigios estructurales son señales de estructuras completamente desarrolladas y funcionales.** (Análisis) Ésta es la conclusión a la que llegaron los científicos después de haber examinado las pruebas procedentes de los vestigios estructurales. Las opciones (1), (2), (4) y (5) son detalles del texto y el diagrama que apoyan la conclusión.

6. **(1) Los osos en hibernación sobreviven al invierno gracias a la energía almacenada en forma de grasa en su organismo.** (Aplicación) El oso que está hibernando es un ejemplo del uso posterior de la energía acumulada en los lípidos del cuerpo. Las opciones (2) y (4) no implican lípidos. La opción (3) implica el consumo de algo para obtener energía rápida, no para almacenarla. La opción (5) es cierta, pero comenta la composición de los lípidos y no su uso.

7. **(1) Las moléculas de agua atraviesan la membrana célular hasta que el ambiente interior y exterior de la célula alcanzan el equilibrio.** (Comprensión) La opción (2) es incorrecta porque las moléculas de agua se mueven hacia dentro y hacia fuera de la célula, y porque la ósmosis no es un proceso que produce una mayor concentración dentro de la célula sino que tiene como resultado un equilibrio para las moléculas de agua dentro y fuera de la célula. La opción (3) es incorrecta porque la ósmosis no implica el movimiento de las moléculas de aire sino el de las moléculas de agua. Las opciones (4) y (5) son incorrectas porque la ósmosis sucede en todos los tipos de células, no sólo en las células vegetales o en los organismos unicelulares.

8. **(2) Las células de las raíces de las plantas absorben agua del suelo.** (Aplicación) El agua fluye a través de las membranas de las células de las raíces hacia la planta cuando hay más agua en el suelo que en las células de las raíces. La opción (1) describe la división celular, no la ósmosis. La opción (3) implica la difusión del oxígeno y del dióxido de carbono (no del agua) a través de una membrana. En la opción (4) se describe la entrada del agua en la hoja a través de los estomas (orificios pequeños) de una hoja, no a través de una membrana. La opción (5) describe un método por el cual las proteínas entran en las células (no el agua).

9. **(1) Los diferentes tipos de articulaciones permiten diferentes tipos de movimiento.** (Comprensión) En el diagrama se puede ver que las cuatro articulaciones diferentes permiten movimiento. La opción (2) ofrece algunos detalles. La opción (3) es demasiado general como para ser un buen resumen del diagrama. En éste ni siquiera se menciona el esqueleto. La opción (4) se menciona en el texto pero no en el diagrama. El diagrama muestra que cada tipo específico de articulación tiene un movimiento específico, y de ahí que la opción (5) no sea verdadera.

10. **(2) Una de las funciones del esqueleto es permitir el movimiento del cuerpo mediante el movimiento de los huesos.** (Análisis) El autor no menciona el esqueleto en ningún momento porque supone que usted sabe que éste se encarga de apoyar al cuerpo y que además permite el movimiento. Las opciones (1), (3) y (5) se indican en el diagrama. La opción (4) se indica en el texto.

11. **(1) articulación de la cadera** (Aplicación) Una articulación esferoidal dentro de una cavidad ósea

Respuestas y explicaciones

que la rodea permite el movimiento giratorio. De todas las articulaciones de la lista la cadera es la única que permite el movimiento giratorio. La opción (2) es incorrecta porque tal y como muestra el diagrama, el pulgar es una articulación en silla de montar. La opción (3), el codo, incluye una articulación en pivote y en bisagra. La opción (4), los nudillos, y la opción (5), las rodillas, son articulaciones en bisagra.

12. **(5) Su conducta es básicamente innata.** (Comprensión) Las opciones (1), (2) y (3) son incorrectas porque el texto no valora la conducta del cucú de acuerdo con términos éticos o elementos subjetivos. La opción (4) es incorrecta porque el texto indica que la mayoría de las conductas del cucú son instintivas. El polluelo no aprende a actuar como sus padres adoptivos y nunca tiene el ejemplo de sus padres para aprender de ellos.

13. **(3) 10** (Comprensión) La densidad de población en 1700 fue de 11 personas por milla cuadrada. En 1999 la densidad de población fue de 115 personas por milla cuadrada. Cuando se divide 115 por 11, se obtiene un resultado cercano a 10.

14. **(3) El aumento de la extensión de tierra habitable es una manera de disminuir la densidad de la población.** (Análisis) Esta conclusión está basada en la explicación sobre el cálculo de la densidad de población. Las opciones (1), (2), (4) y (5) son detalles relacionados con la densidad de población mundial y no conclusiones generales.

15. **(1) cuatro veces mayor que la actual** (Comprensión) En los 99 años entre 1900 y 1999, la densidad de población se multiplicó por cuatro (27 por 4 es igual a 108, cercano a la cifra de 1999: 115). Si esta tasa de crecimiento permanece, la densidad de población para el año 2098 sería cuatro veces mayor de la que fue en 1999.

16. **(3) Los viruses contienen material genético que no da señales de vida sino hasta invadir células para reproducirse.** (Comprensión) En esta oración se replantean las ideas del párrafo. Las opciones (1) y (2) son incorrectas porque sólo replantean algunas partes de la información. Las opciones (4) y (5) son incorrectas porque en la información ofrecida no se comenta el resfriado común ni el tratamiento de las infecciones virales.

17. **(2) el proceso por el cual el estadio inmaduro de un animal cambia al llegar a la etapa adulta** (Comprensión) La opción (2) replantea el proceso de la metamorfosis que se describe en el texto. La opción (1) es incorrecta porque la metamorfosis no se refiere a la reproducción. La opción (3) es incorrecta porque la metamorfosis no es un mero proceso de crecimiento sino que afecta sólo a aquellos organismos que cambian de forma durante las diferentes etapas del desarrollo. La opción (4) describe el envejecimiento y no la metamorfosis. La opción (5) se refiere a la respiración a través de branquias, no a la metamorfosis.

18. **(4) el crecimiento de una oruga hasta llegar a ser una mariposa** (Aplicación) La transformación de una oruga en mariposa, como la del renacuajo en rana, implica un cambio de forma durante el crecimiento. Las opciones (1), (2), (3) y (5) implican sólo el crecimiento. No hay un cambio completo de forma entre una etapa y la otra.

19. **(3) Las diferentes características estructurales de los organismos les sirven para adaptarse a diferentes ambientes.** (Análisis) En el diagrama se muestra que las estructuras del renacuajo son adecuadas para nadar debajo del agua y que las estructuras de la rana son adecuadas para vivir en la tierra. El texto menciona los pulmones y las branquias y también menciona que los renacuajos viven en el agua y las ranas adultas viven en la tierra. El autor supone que usted sabe cómo se adaptan las diferentes estructuras a los distintos entornos. Las opciones (1) y (2) son incorrectas porque hay muy pocos animales que sufren metamorfosis y no hay ninguna planta que lo haga. Las opciones (4) y (5) no son ciertas y además no están estrechamente relacionadas con el tema del texto.

20. **(2) El cáncer de colon se observa casi en el mismo número de hombres que de mujeres** (Evaluación) En la gráfica se muestra que las mujeres tienen una tasa de cáncer de colon casi igual que la de los hombres. A los 70 años de edad, por ejemplo, 250 de cada 100,000 mujeres y 350 de cada 100,000 hombres tienen cáncer de colon. Por lo tanto, decir que el cáncer de colon es una enfermedad de los varones es una generalización falsa. La opción (1) es cierta pero no explica lo que está equivocado en el enunciado. De acuerdo con la gráfica, las opciones (3) y (4) no son correctas. En la gráfica no hay ninguna información acerca de la opción (5) y, sea o no cierta, no explica por qué es ilógico el enunciado.

21. **(4) porque pueden donar sangre a cualquier individuo** (Comprensión) De acuerdo con la tabla de la izquierda, una persona que tiene el tipo sanguíneo O puede donar sangre a las personas con los tipos A, B, AB y O, es decir, a todo el mundo. Las opciones (1), (2) y (3) son incorrectas porque una persona que tiene sangre del tipo O puede recibir sangre solamente de las personas que tengan también el tipo O. La opción (5) es incorrecta porque una persona con el tipo sanguíneo O puede donar sangre a todo el mundo.

22. **(1) Frecuencia de tipos de sangre en poblaciones selectas.** (Comprensión) En la tabla se ofrece información acerca de los porcentajes de personas que tienen cada uno de los grupos sanguíneos en diferentes grupos de población. La opción (2) es demasiado general. Las opciones (3) y (4) no tienen ninguna relación con el tema en la derecha de la tabla. La opción (5) es demasiado específica porque en la tabla se representan otros grupos además del de los estadounidenses.

23. **(3) aproximadamente las tres décimas partes** (Comprensión) La tabla de la derecha muestra que el 30 por ciento de los chinos tienen el tipo sanguíneo

O. El 30% equivale a tres décimos. La opción (1) indica la incidencia que tiene entre los chinos el tipo AB, no el tipo O. La opción (2) indica la incidencia que tiene entre los chinos el tipo A, no el tipo O. La opción (4) no replantea de una manera ajustada la incidencia del tipo O ni de cualquiera de los otros tipos sanguíneos. La opción (5), tal y como puede verse en la tabla, no es cierta.

24. **(4) el grupo de 70 a 90 después de una sola exhibición** (Comprensión) De acuerdo con la gráfica, el grupo que tuvo un peor resultado después de una sola exhibición fue el de más edad. Sólo pudieron recordar cerca de un 12 por ciento de los nombres. Las opciones (1), (2), (3) y (5) son incorrectas porque muestran porcentajes superiores al 12%.

25. **(3) El grupo de 50 a 59 años recordó aproximadamente el 66 por ciento de los nombres; otros grupos por edades recordaron más o menos nombres.** (Evaluación) Este enunciado es una simplificación excesiva. Si examina la gráfica, comprobará que hay personas de diferentes edades que tuvieron mejores resultados (y peores) que aquellos que recordaron un 66 por ciento. Según el texto, las opciones (1) y (2) son incorrectas porque no indican de manera apropiada dónde está la falta de lógica en el enunciado. Las opciones (4) y (5) son verdaderas pero no se relacionan con el enunciado y por eso no indican por qué es ilógico.

27. **(4) en los invernaderos** (Aplicación) En un invernadero lleno de plantas puede encontrarse prueba de la transpiración en la humedad del aire y en la condensación que se produce en la parte interior del cristal. Las opciones (1) y (2) son incorrectas porque en estos tipos de entorno hay pocas plantas y poca transpiración. La opción (3) es incorrecta porque las plantas de los océanos están bajo el agua y no transpiran. La opción (5) es incorrecta porque el vapor de agua procedente de las plantas en un campo se dispersa en el aire y es difícil de detectar.

28. **(2) Montana** (Comprensión) En el mapa se muestra que en el estado de Montana se encuentran las tres áreas en diferentes partes del estado. La opción (1) es incorrecta porque en Idaho sólo hay un tipo de población. Las opciones (3) y (4) son incorrectas porque en estos estados no hay ninguna población de lobos. La opción (5) es incorrecta porque Wyoming sólo dispone de una población de lobos (dentro y alrededor de Yellowstone).

29. **(4) El territorio del lobo gris** (Comprensión) El tema del mapa es indicar las localizaciones en las que se puede encontrar al lobo gris en la actualidad. La opción (1) es incorrecta porque el mapa va más allá del parque nacional de Yellowstone. La opción (2) es incorrecta porque el mapa no se limita a mostrar estos tres estados: también muestra partes de Nevada, Utah y Canadá. La opción (3) es incorrecta porque el propósito principal del mapa no es mostrar los parques nacionales sino dónde viven las poblaciones de lobos. La opción (5) es incorrecta porque el mapa muestra que los lobos viven fuera de los parques nacionales y también dentro de ellos.

30. **(5) El lobo gris no debe considerarse ya como especie en peligro de extinción.** (Análisis) Ésta es una opinión: una creencia mantenida por algunas personas pero no por otras. La idea clave aquí está en el *debe*. Las opciones (1), (2), (3) y (4) son hechos que menciona el texto o implicados allí.

31. **(3) restablecimiento de las variedades de pastizales altos en las Grandes Llanuras** (Aplicación) Devolver a un ecosistema una planta que en algún momento fue propia del mismo es un proceso similar al de introducir especies de animales a sus ecosistemas previos. Las opciones (1), (2), (4) y (5) son incorrectas porque no implican la reintroducción de especies a sus ecosistemas anteriores. La opción (1) es incorrecta porque implica el transformar un ecosistema alterado para que se acerque más a su estado natural, pero no la reintroducción de especies a sus ecosistemas. Las opciones (2) y (5) son formas de proteger a las especies nativas originales, no formas de reintroducirlas en sus ecosistemas. La opción (4) trata de la introducción de una especie no nativa del área, no de la reintroducción de una especie nativa.

32. **(3) microorganismos reproducidos en un medio nutritivo estéril** (Comprensión) Esta definición de cultivo aparece en la tabla. Las opciones (1), (2), (4) y (5) no definen un cultivo.

33. **(4) los experimentos de Koch con la bacteria del carbunco** (Análisis) El método experimental que utilizó Koch para sus investigaciones sobre el carbunco fue el responsable de que su idea se aceptara como hecho. La opción (1) no estaba implicada en que esta idea se aceptara como un hecho. Las opciones (2) y (5) son más de 200 años anteriores a Koch y no hubieran podido derivar en la aceptación de la idea. La opción (3) contribuyó pero no fue la causa directa de que la idea se aceptara como un hecho.

34. **(5) Si una enfermedad no es causada por un tipo específico de bacteria, entonces debe ser causada por un virus.** (Evaluación) Lo cierto es que las bacterias, los virus, los hongos y otros microorganismos, o una combinación de factores, pueden producir una enfermedad. Por lo tanto la opción (5) es un ejemplo de lógica incorrecta basado en el error de selección. Las opciones (1), (2) y (3) describen de manera adecuada pasos en el método de Koch. La opción (4) es una conclusión válida que puede extraerse a partir del texto.

35. **(2) consumo insuficiente de alimentos con alto contenido de yodo** (Comprensión) De acuerdo con el texto de la pregunta, el bocio es un resultado de la falta de yodo en la dieta. La opción (1) es incorrecta porque tal y como indica la pregunta, el pescado contiene yodo, y éste previene

el bocio. La opción (3) es incorrecta porque el fertilizar el terreno con yodo tendría el efecto (si acaso tuviera alguno) de prevenir el bocio en aquellos que comieran directamente los alimentos que crecieran en este terreno. Las opciones (4) y (5) son incorrectas porque el bocio está producido por una deficiencia de la dieta y no por un microbio o un gen.

# UNIDAD 2: CIENCIAS DE LA TIERRA Y DEL ESPACIO

## Lección 9

### Enfoque en las destrezas de GED (página 111)

1. **a.** La corteza es la única capa visible de la Tierra.

2. **b.** La corteza terrestre bajo el continente africano mide 40 kilómetros de espesor.

3. La corteza de los continentes tiene una profundidad de unos 40 kilómetros. Puesto que África es un continente, la corteza debajo tiene probablemente una profundidad de 40 kilómetros.

4. **a.** La Tierra tiene un campo magnético.

5. El núcleo de la Tierra está formado por hierro, y puesto que éste es magnético se concluye que la Tierra tiene, al igual que los imanes, un campo magnético.

### Enfoque en el contenido de GED (página 113)

1. **(2) La ubicación relativa de los continentes cambia constantemente.** (Comprensión) El hecho de que los continentes se hayan movido en el pasado y el que las placas sigan moviéndose hoy implica que las ubicaciones relativas de los continentes entre sí están cambiando. La opción (1) es incorrecta porque los continentes han estado a la deriva durante millones de años y continúan estándolo. La opción (3) es incorrecta porque el movimiento acumulado durante millones de años sí puede percibirse. La opción (4) no es verdadera. De acuerdo con el texto, los continentes están incrustados en las placas, a su vez formadas por la corteza y el manto superior. La opción (5) es incorrecta porque el texto indica que los continentes se separaron, e implica de este modo que en algún momento hubo un solo continente de gran tamaño que estaba compuesto de varios de los continentes actuales si no todos.

2. **(1) La circulación de materiales entre el manto y la corteza ocurre en las cordilleras y fosas oceánicas.** (Comprensión) En el diagrama se muestran partes de la corteza desplazándose dentro del manto en una fosa y el manto elevándose en una cordillera, mostrando de este modo que los materiales se mueven entre la corteza y el manto. La opción (2) muestra lo opuesto a lo que ocurre según el diagrama. La opción (3) no es verdadera. Tal y como se muestra en el diagrama el manto siempre es más grueso que la corteza. La opción (4) no es cierta porque el manto cubre miles de millas, y tal y como indica el diagrama, las corrientes de convección suceden en todas las partes del manto. La opción (5) no es verdadera. El diagrama muestra que las corrientes de convección suceden en todos los lugares del manto, no sólo debajo de los continentes.

3. **(4) Bajo el mar, las placas se mueven en dirección opuesta.** (Evaluación) De acuerdo con el mapa, la mayoría de las áreas con placas en movimiento se sitúan debajo del océano. La opción (1) es incorrecta porque según el mapa la placa indoaustraliana se está alejando de la placa antártida. La opción (2) no puede ser verdadera porque, tal y como se muestra en el mapa, la placa antártida no puede estar más al sur. La opción (3) es incorrecta porque tal como muestra el mapa, la placa de Norteamérica se está separando de la euroasiática. La opción (5) es incorrecta porque el mapa muestra que en la mayoría de las fronteras de las placas se están alejando o están acercando las unas a las otras.

4. **(5) La cordillera de los Andes se formó por el choque de la placa de Nazca y la placa sudamericana.** (Aplicación) De acuerdo con el texto, el choque entre la placa indoaustraliana y la euroasiática produjo la cordillera del Himalaya. Es la opción más similar a la formación de los Andes, que según el mapa fueron creados también por la colisión de las placas. Las opciones (1), (3) y (4) son incorrectas porque estas formaciones son resultado de dos placas que se separan. La opción (2) es incorrecta porque el texto y el mapa indican que la falla de San Andrés está producida por dos placas que se desplazan una sobre la otra, no que chocan.

5. **(1) Las placas ya no se deslizarían ni los continentes se derivarían.** (Análisis) Para responder a esta pregunta, debe mirar el diagrama de las corrientes de convección, que explica que las corrientes de convección en el manto hacen que las placas se muevan. Si el interior de la Tierra estuviera frío, las corrientes se detendrían y por lo tanto, presumiblemente, dejaría de producirse la deriva continental. Las opciones (2), (3), (4) y (5) son incorrectas porque implican el movimiento continuo de las placas.

6. **(2) La teoría de la tectónica de placas explica la deriva continental.** (Análisis) De acuerdo con el segundo párrafo, la teoría de la tectónica de placas explica por qué se produce la deriva continental. La opción (1) muestra lo contrario a la respuesta correcta. Las opciones (3) y (4) no son verdaderas: la tectónica de placas permite explicar el movimiento de los continentes y también el desarrollo de los océanos, y no exclusivamente el uno o el otro. La opción (5) es incorrecta porque sólo la teoría de la tectónica de placas explica cómo se mueven las rocas en el manto.

### Práctica de GED (páginas 114 y 115)

1. **(5) Sudamérica y África estarían más separados.** (Comprensión) Los mapas muestran que Sudamérica se está alejando de África y que de este modo el Atlántico se está ensanchando. Esto implica que Sudamérica y África seguirán alejándose la una de la otra. La opción (1) es incorrecta porque

el mundo ha cambiado siempre y lo más probable es que siga haciéndolo en el próximo millón de años. Las opciones (2) y (3) son poco probables dado que las áreas relativas de los océanos y de los continentes han permanecido estables a lo largo del tiempo. La opción (4) indica lo opuesto a lo que mostraría el mapa (los mapas muestran que los continentes a ambos lados del Atlántico se van separando poco a poco y que el océano se va ensanchando).

2. **(2) Es posible que los animales hayan atravesado los mares en trozos de madera a la deriva.** (Evaluación) Antes de que la idea de la deriva continental fuera ampliamente aceptada, ésta era una de las ideas propuestas para explicar la presencia de los mismos fósiles en continentes muy separados. La opción (1) es incorrecta porque no explica por qué los mismos fósiles se encuentran en ambos continentes. La opción (3) es muy improbable porque los animales terrestres no podrían nadar cientos de millas en el océano y sobrevivir. La opción (4) no es probable porque los fósiles están incrustados en rocas. La opción (5) no tiene nada que ver con los fósiles.

3. **(4) No fue capaz de explicar de manera congruente cómo se habían movido los continentes.** (Comprensión) La idea de Wegener era endeble porque él no disponía de una buena explicación de las causas del movimiento de los continentes. Las opciones (1) y (2) fueron también fuente de crítica, pero no fueron tan importantes como la incapacidad de Wegener de explicar cómo se desplazaron los continentes. La opción (3) no es cierta (de hecho, existe evidencia de que en el pasado los continentes estuvieron unidos. La opción (5) es incorrecta porque Pangea no fue una idea imaginaria sino parte de la hipótesis. En cualquier caso, tal y como ocurre con las opciones (1) y (2), los críticos no debatieron los detalles de las teorías de Wegener sino si podía o no explicar lo que estaba proponiendo.

4. **(5) Originalmente, los continentes formaban una enorme masa terrestre y luego se separaron.** (Análisis) Ésta es la conclusión que extrajo Wegener. Las opciones (1), (2), (3) y (4) muestran detalles de apoyo que él citó para justificar esta conclusión.

5. **(5) la incidencia de terremotos a lo largo de las fronteras de las placas** (Aplicación) Puesto que las fronteras de las placas son zonas en las que hay mucha actividad geológica, se deduce que los terremotos ocurrirán a lo largo de las fronteras de las placas. Las opciones (1), (2) y (4) no tienen nada que ver con las placas tectónicas. La opción (3) es un resultado de la erosión y de la sedimentación en el fondo del océano, no de las placas tectónicas.

## Prueba corta de GED (páginas 116 y 117)

1. **(2) las corrientes térmicas del manto** (Comprensión) El texto y el diagrama mencionan que las rocas calientes circulan en el manto, empujan hacia arriba para cruzar a través de la corteza y de este modo hacen que el fondo oceánico se expanda. La opción (1) es incorrecta porque en el diagrama se muestra que las corrientes de calor se encuentran en el manto y no en la corteza. La opción (3) es incorrecta porque el envejecimiento del fondo oceánico es un resultado del paso del tiempo y no es una causa de la expansión del fondo oceánico. Las opciones (4) y (5) son resultados de la expansión del fondo oceánico tal y como se muestra en el diagrama y se explica en textos anteriores.

2. **(2) A mayor distancia de las dorsales oceánicas, mayor es la edad del fondo marino.** (Comprensión) La nueva corteza formada en la dorsal empuja hacia fuera la vieja corteza de fondo oceánico. La opción (1) es incorrecta porque es lo contrario a lo que implica el diagrama. Las opciones (3) y (4) son incorrectas porque en el diagrama no se nombra ningún océano específico y porque la expansión del fondo oceánico sucede en todos los océanos. El diagrama no implica la opción (5), que tampoco es verdadera.

3. **(1) el choque con una placa y su hundimiento bajo ella** (Análisis) En el diagrama se muestra que en el caso de que el fondo oceánico se encuentre con otra placa, éste se hunde debajo de ella y da lugar a una fosa. La opción (2) es incorrecta porque si el fondo oceánico fuera más ligero que las placas continentales, se elevaría sobre ellas o las empujaría desde abajo hacia arriba, pero no formaría una fosa profunda en el lugar en el que se unen. La opción (3) es incorrecta porque el manto no se colapsa. Los materiales que se encuentran dentro de él circulan gracias a las corrientes de convección. La opción (4), movimientos telúricos, son el resultado y no la causa del movimiento de las placas, incluido el que el fondo oceánico se hunda bajo la placa continental. La opción (5) es incorrecta porque en este momento el fondo oceánico está descendiendo, no ascendiendo.

4. **(3) El océano Atlántico se expandirá.** (Evaluación) Los científicos han estimado la tasa real a la que se expande, y por tanto se puede apoyar la conclusión de que el océano se está ensanchando. Las opciones (1) y (2) son incorrectas porque la profundidad de un océano depende de factores diferentes a la expansión del fondo oceánico. La opción (4) es lo contrario a lo que sucede, ya que la expansión del océano implica que éste se ensancha. La opción (5) es incorrecta porque la expansión del suelo oceánico indica que la anchura del océano está cambiando.

5. **(3) Tipos de fronteras de placas** (Comprensión) En los datos aparecen tres tipos de fronteras de placas. Las opciones (1) y (5) son demasiado generales. Las opciones (2) y (4) no describen la información que aparece en el texto y en el diagrama.

6. **(1) La placa Juan de Fuca se desliza debajo de la placa de Norteamérica.** (Aplicación) El dato clave aquí es el hecho de que una de las placas se está desplazando por debajo de otra, una

característica de una frontera convergente. La opción (2) es un ejemplo de una grieta dentro de una placa y no de una frontera. Las opciones (3) y (5) son ejemplos de fronteras divergentes. La opción (4) es un ejemplo de frontera de transformación.

7. **(1) Las placas continentales y el manto superior se desplazan juntos y no de manera independiente.** (Evaluación) El hecho de que las placas continentales están unidas al manto superior mediante profundas zapatas de roca apoya esta conclusión. La opción (2) es incorrecta porque según el texto las zapatas que llegan al manto superior son de roca sólida y porque la información implica que hay roca sólida en el manto por debajo de la capa parcialmente fundida. La opción (3) es incorrecta porque las zapatas se unen a las placas del manto superior. Si las placas se deslizaran pero el manto superior, no las zapatas acabarían siendo arrancadas. La opción (4) es incorrecta porque el texto no indica que las placas oceánicas tengan zapatas como las placas continentales ni que las placas oceánicas estén ancladas al manto superior de ninguna otra forma. La información no apoya a la opción (5), que tampoco es correcta. Las zapatas de las placas continentales hacen que éstas sean mucho más profundas que las placas oceánicas.

8. **(5) Las fosas de mayor profundidad del mundo son las del océano Pacífico.** (Evaluación) Tal y como indica el texto, la tabla muestra las fosas más profundas para cada océano. Por lo tanto, las fosas más profundas se encuentran en el Pacífico porque son las más profundas de la tabla. Las opciones (1), (3) y (4) contradicen la información que aparece en la tabla. La opción (2) es incorrecta porque las fosas son depresiones del fondo oceánico, no expansiones.

## Lección 10

### Enfoque en las destrezas de GED (página 119)

1. **b.** La enorme presión ejercida por el vapor y el magma que finalmente causa una explosión

2. **b.** "...hasta alcanzar la magnitud suficiente para provocar una explosión violenta".

3. **a.** deposición de dos tipos de materiales, cenizas volcánicas y cenizas rocosas.

4. **a.** la expulsión violenta de cenizas rocosas y otras cenizas volcánicas
   **c.** la acumulación en forma de cono de cenizas rocosas y otras cenizas volcánicas

### Enfoque en el contenido de GED (página 121)

1. **(2) Los movimientos que ocurren a lo largo de las fallas son la causa de los sismos.** (Comprensión) La idea principal del párrafo es que los terremotos están causados por los movimientos que suceden a lo largo de los diferentes tipos de fallas. La opción (1) no menciona las fallas. Las opciones (3) y (4) son detalles procedentes del párrafo. La opción (5) es un detalle que no se menciona en el párrafo.

2. **(2) Expone la roca en una pendiente muy escarpada.** (Análisis) De acuerdo con el diagrama, tanto en las fallas normales como en las fallas inversas el resultado es que una pared vertical y escarpada aparece donde antes había un terreno llano. La opción (1) es incorrecta porque en estos tipos de fallas las rocas se mueven hacia arriba o hacia abajo y no hacia los lados. La opción (3) es incorrecta porque de acuerdo con el texto las rocas se separan sólo en las fallas normales. La opción (4) es incorrecta porque en el diagrama se puede ver que las capas dejan de estar alineadas. La opción (5) es incorrecta porque según el texto sólo en las fallas inversas las rocas se empujan las unas contra las otras.

3. **(3) montañas** (Análisis) De acuerdo con el diagrama, las fallas normales o inversas empujan las capas hacia arriba o hacia abajo, y producen como resultado paredes escarpadas. Gracias a este tipo de actividad, acabarán formándose montañas. Las opciones (1), (2) y (4) no son resultan de la formación de las fallas. La opción (5) es incorrecta porque se refiere al clima de un área y no a las características que tiene el paisaje.

4. **(1) Las ondas sísmicas superficiales son las más destructivas.** (Evaluación) De acuerdo con el texto, las ondas de superficie hacen ondular y girar la tierra, y a veces los edificios se desploman como resultado de estos movimientos. El texto no ofrece ninguna información comparable acerca de la capacidad destructiva de las ondas sísmicas primarias y secundarias. Por ello la información del texto no apoya las opciones (2), (3), (4) y (5).

5. **(5) la cantidad de energía liberada del foco del sismo** (Comprensión) El penúltimo párrafo del texto indica que un sismo es más potente cuanta más energía libera. Las opciones (1), (2) y (3) son incorrectas porque aunque pueden ser importantes de otras maneras, no determinan la potencia de un sismo. La opción (4) podría estar relacionada con la potencia que tiene un sismo, pero no está en el texto.

6. **(1) son inestables debido al movimiento de las placas tectónicas.** (Análisis) Las fronteras son las zonas en las que las placas se empujan entre sí, se separan o se deslizan unas sobre las otras. Estas zonas son, por tanto, muy inestables y propensas a los sismos. La opción (2) no es cierta; las fronteras de las placas no están formadas por roca sólida sino que son áreas en las que se encuentran grietas o fallas. La opción (3) es cierta para algunas fronteras pero no para todas, y además no explica cuál es la relación entre las fronteras y la actividad sísmica. La opción (4) no es cierta. Las áreas que están alrededor de las fronteras de las placas cambian como resultado del movimiento de las placas. La opción (5) describe ubicaciones de sismos, pero no indica por qué es más probable que los mismos sucedan en las fronteras de las placas.

1. **(4) Una perforadora de mano rompe la cinta asfáltica de una carretera.** (Aplicación) Según el texto, la meteorización mecánica implica la ruptura física de las rocas. Éste es el único ejemplo de ruptura física entre las opciones. La opción (1) es incorrecta porque la meteorización implica la ruptura física, no el movimiento físico. Las opciones (2), (3) y (5) son ejemplos de meteorización química.

2. **(1) La lluvia ácida desgasta el mármol.** (Aplicación) De acuerdo con el texto la meteorización química implica cambios dentro de la sustancia expuesta a la intemperie debido a la reacción que tiene ésta con las sustancias del entorno. Las opciones (2) y (3) son ejemplos de meteorización mecánica. Las opciones (4) y (5) no tienen nada que ver con la meteorización de las rocas.

3. **(2) el desgaste y el transporte** (Comprensión) De acuerdo con la primera oración del texto, la erosión está formada por dos procesos: el desgaste y el acarreo o transporte de la roca y el suelo. La opción (1) es incorrecta porque para que ocurra erosión es preciso que ocurra el transporte. La opción (3) es incorrecta porque la erosión implica desgastar el material, no depositarlo. Las opciones (4) y (5) son incorrectas porque implican un uso inadecuado de la palabra *carga* y porque, en el caso de la opción (5), la erosión no implica divergencia.

4. **(3) La erosión del barranco aumentaría.** (Análisis) Si hubiera más agua dentro del río ejerciendo más fuerza en su cauce, la erosión se incrementaría. La opción (1) no es probable. El nivel del río subiría y el barranco estaría expuesto a menos aire, no a más aire. La opción (2) es incorrecta porque cuanta más agua hay más erosión se produce, no menos. La opción (4) es incorrecta porque habría más materiales erosionados en un río revuelto. La opción (5) no es verdadera porque la erosión continuaría y, de hecho, se incrementaría.

5. **(3) análisis de la historia sísmica y medición de la actividad sísmica y el movimiento de las placas a lo largo de las fallas** (Comprensión) De acuerdo con el texto, éstos son los métodos principales. La opción (1) es incorrecta porque los datos climáticos no influyen a la hora de predecir un sismo. La opción (2) es una manera de monitorización, no una forma de predecir sismos. La opción (4) es incorrecta porque, aunque los datos de GPS pueden utilizarse para inferir actividad sísmica, los satélites GPS actuales registran ubicaciones pero no la actividad sísmica. La opción (5) es incorrecta porque esperar al sismo principal no es un método de predicción.

6. **(4) Los funcionarios de la localidad pusieron en práctica medidas de respuesta ante emergencias y estaban mejor preparados para el sismo.** (Análisis) Aunque las predicciones sobre el momento en el que iba a producirse el sismo principal fueron erróneas, la predicción sí hizo que los funcionarios gubernamentales iniciaran ejercicios de emergencia. Cuando el sismo principal sucedió, estaban mejor preparados para responder. Las opciones (1), (2) y (3) no aparecen en el texto y además son falsas. Todos los métodos se habían utilizado antes del terremoto de Loma Prieta. La opción (5) es un indicador de fracaso y no de éxito.

7. **(5) disminución de las pérdidas de vidas y daños materiales debido a sismos en el futuro** (Evaluación) Las subvenciones del gobierno se conceden a menudo cuando hay algún tipo de beneficio posible para la sociedad como resultado de la investigación. Las opciones (1), (2) y (3) son beneficios técnicos o científicos, y éstos juegan un papel menor a la hora de decidir las subvenciones dedicadas a investigación. La opción (4) no es un resultado probable de la investigación sobre sismos.

## Prueba corta de GED (páginas 124 y 125)

1. **(5) Causas y efectos de los glaciares** (Comprensión) En el texto se explica cómo se forman los glaciares (causas) y los cambios que éstos producen en el paisaje (efectos). La opción (1) es incorrecta porque en el texto no se habla de la historia de los glaciares. La opción (2) es demasiado general. Las opciones (3) y (4) son demasiado específicas.

2. **(3) Los bordes de los glaciares se derretirían disminuyendo el tamaño del glaciar.** (Análisis) Puesto que los glaciares se forman a partir del exceso de nieve y hielo que no se derriten, se deduce que una temperatura inusualmente alta derretiría una mayor cantidad de hielo y nieve y el glaciar tendría un tamaño menor. Las opciones (1), (2) y (4) describen lo que sucede cuando el volumen de un glaciar aumenta. La opción (5) sucede independientemente de la temperatura veraniega.

3. **(4) a la erupción del volcán por una de las chimeneas laterales** (Análisis) En el diagrama se puede observar que en el volcán hay varios trayectos laterales además del central que el magma sigue. Esto implica que un volcán de tipo hawaiano puede tener una erupción a través de uno de los conductos laterales.

4. **(5) el Kilauea Iki, cuya lava se extendiera sobre Hawai a través de varios meses** (Aplicación) Éste es el único volcán que satisface la descripción de un volcán tipo hawaiano, con flujos de lava lentos y relativamente silenciosos. En las opciones (1), (2), (3) y (4) se describen características opuestas a las de un volcán tipo hawaiano.

5. **(1) porque debido a su peso, la mayoría de las partículas son arrastradas cerca del suelo** (Análisis) En el diagrama se muestra que la arena que transporta el viento rebota cerca del suelo y desgasta la base de la roca. No hay nada en la información dada que sugiera que las opciones (2), (3) o (4) sean ciertas. La opción (5) podría suceder pero no explica

UNIDAD 2

cuál es la acción que tienen la arena y el viento cerca del suelo.

6. **(5) Las rocas de origen volcánico son rocas ígneas.** (Evaluación) Puesto que los volcanes suceden cuando el magma alcanza la superficie y luego se enfría, se deduce que las rocas que son el resultado de una actividad volcánica son rocas ígneas. Las opciones (1), (2), (3) y (4) no mencionan que el magma forme parte de su formación. De hecho, las opciones (1) y (3) describen la formación de las rocas sedimentarias y las opciones (2) y (4) describen las condiciones bajo las que se forman las rocas metamórficas.

7. **(3) la región centro-sur de California** (Comprensión) Puede consultar la clave y mirar el grupo de sismos que ocurrieron el último día para comprobar que la mayoría sucedieron en esta zona de California. Las opciones (1), (2), (4) y (5) son áreas en las que no se muestra un gran número de sismos durante el último día.

8. **(4) Los sismos ocurren todos los días en California.** (Evaluación) Puede concluir que la actividad sísmica es muy frecuente en California viendo todos esos sismos menores en un período de una semana. La opción (1) no es verdadera porque el mapa muestra una semana en febrero con mucha actividad sísmica. La opción (2) no es verdadera porque durante esa semana ninguno de los terremotos alcanzó una magnitud de 6. La opción (3) puede o no ser verdadera, no hay manera de saberlo con la información del mapa. La opción (5) es incorrecta porque la mayoría de los sismos tuvieron una magnitud muy pequeña y lo más probable es que la mayoría de la gente no los notara.

## Lección 11
### Enfoque en las destrezas de GED (página 127)
1. **a.** La Tierra tarda un año completo en dar una vuelta alrededor del Sol.

2. Las fechas del diagrama indican que la Tierra tarda un año en girar alrededor del Sol. En el diagrama no se muestra que la inclinación del eje de la Tierra cambie de dirección. De hecho, el eje apunta a la misma dirección en las cuatro fechas mostradas.

3. **b.** El 21 de marzo y el 21 de septiembre ninguno de los dos hemisferios se inclina hacia el Sol.

4. En estas dos fechas el ángulo del eje de la Tierra con respecto al Sol es el mismo, y ninguno de los dos hemisferios está inclinado hacia el sol. Por lo tanto, el número de horas de luz durante el día será el mismo. La información acerca del hemisferio sur el 21 de junio no es pertinente para la conclusión indicada en la pregunta 3.

### Enfoque en el contenido de GED (página 129)
1. **(3) seco** (Comprensión) De acuerdo con la tabla, los dos tipos de masas de aire continentales contienen aire seco. Las opciones (1), (2), (4) y (5) son incorrectas porque son las masas de aire marítimas

las que contienen aire húmedo, no las masas de aire continental.

2. **(1) marítimo polar** (Comprensión) Cuando hay nieve se deduce que la masa de aire tiene aire húmedo, y por lo tanto debe ser una masa de aire marítima. La presencia de nieve también implica que es una masa de aire frío, y por tanto debe ser polar. Las opciones (2), (3), (4) y (5) son incorrectas porque implican masas de aire tropicales (calientes) o continentales (secas).

3. **(3) Las masas de aire marítimo tropical llevan tiempo cálido y húmedo al sur de Estados Unidos.** (Evaluación) Este suceso apoya la generalización de que las masas de aire marítimas llevan tiempo húmedo a Estados Unidos. La opción (1) es incorrecta porque no se relaciona directamente con las condiciones atmosféricas de Estados Unidos. Las opciones (2) y (4) son incorrectas porque los datos acerca de dónde se origina una masa de aire no apoyan las conclusiones acerca del tipo específico de temperatura que llevan a un lugar en particular. La opción (5) es incorrecta porque se relaciona con las masas de aire continentales y no con las masas de aire marítimas.

4. **(2) la época del año** (Evaluación) El diagrama del frente cálido muestra precipitaciones en el lugar en el que la masa de aire caliente (la masa tropical marítima) se eleva sobre la masa de aire frío (la masa continental polar). Para decidir si es probable que nieve según el pronóstico, usted necesitaría saber el momento del año. Si fuera primavera, verano u otoño sería más probable una precipitación en forma de lluvia. En invierno, la nieve sería más probable. La opción (1), la hora del día, no afecta tanto al tipo de precipitación como la época del año. Las opciones (3), (4) y (5) no son pertinentes para decidir cuál es el tipo de precipitación más probable.

5. **(4) El estado del tiempo permanecería igual por varios días.** (Análisis) Según el texto, las masas de aire tienen temperaturas y condiciones de humedad similares y además cubren una superficie de miles de millas cuadradas. Por lo tanto, si una masa de aire permanece en el mismo sitio, lo más probable es que el tiempo no cambie mucho durante el tiempo en que esté allí. La opción (1) describe una característica de las masas de aire, no un resultado de la permanencia de la masa de aire en un lugar. La opción (2) no es probable porque una de las características de una masa de aire es una distribución medianamente uniforme de las condiciones de temperatura y de humedad. La opción (3) describe el tiempo que hay entre frentes que se desplazan rápidamente, no dentro de las masas de aire. La opción (5) es incorrecta porque no hay nada que indique que las condiciones cambiarían de una manera tan drástica.

6. **(2) El tiempo lluvioso se relaciona con el paso de un frente por un lugar.** (Evaluación) Según el texto y los diagramas, las precipitaciones tienen que

ver con la presencia de frentes. La opción (1) es incorrecta porque las masas polares continentales son secas. La opción (3) es verdadera, pero no hay información en el diagrama o dentro del texto que la apoye. La opción (4) es incorrecta porque en el texto no se habla de la cantidad relativa de lluvia producida por los frentes fríos y los frentes cálidos. La opción (5) es incorrecta porque ambos tipos de frentes sucederán todo el año, y además esto no se comenta en el texto ni se indica en el diagrama.

### Práctica de GED (páginas 130 y 131)

1. **(2) Los patrones climáticos se deben a la diferencia entre el aire marino húmedo y el aire continental seco.** (Comprensión) Esta idea general se plantea en la oración principal del texto. Las opciones (1), (3), (4) y (5) son detalles del texto o del diagrama.

2. **(4) El aire cálido asciende de la tierra durante el día y sobre el mar durante la noche.** (Evaluación) En el diagrama se muestra que éste es el caso. Aunque las opciones (1), (2), (3) y (5) son enunciados de datos correctos, ninguno explica por sí sólo por qué cambia de dirección el viento después de la puesta del Sol.

3. **(1) marzo** (Aplicación) El Centro hace un seguimiento de las tormentas desde mayo hasta noviembre, lo cual implica que las tormentas no son demasiado problemáticas el resto del año. El único mes de entre las opciones que no está dentro del período de huracanes es marzo. Las opciones (2), (3), (4) y (5) son incorrectas porque, según el texto, estos meses pertenecen al período de huracanes en el que el Centro hace el seguimiento de las tormentas.

4. **(3) escepticismo público sobre futuras advertencias de huracanes** (Análisis) Lo más probable es que un aviso que tiene como resultado una evacuación que luego resultó innecesaria, haga que la gente piense que los avisos en el futuro también sean equivocados. Las opciones (1) y (2) son incorrectas porque lo más probable es que los daños materiales y el número de víctimas se reduzcan como resultado del aviso en las zonas a las que llegó el huracán, mientras que esto no sucedería en las zonas a las que no llegó. No es probable que suceda la opción (4) porque, tal y como indica el texto, como medida de precaución el Centro de Pronósticos de Tormentas prefiere emitir avisos para áreas amplias aunque éstos acaben siendo poco precisos. La opción (5) no es un resultado probable de tal error.

5. **(3) La información actual en la que se basan los pronósticos a corto plazo es muy semejante a la proyectada, lo cual aumenta la exactitud.** (Evaluación) No es probable que las condiciones cambien mucho cuando el marco temporal es muy corto, y por ello los pronósticos pueden ser más precisos. Las opciones (1) y (2) son incorrectas porque las estadísticas meteorológicas pueden utilizarse en pronósticos del tiempo a corto plazo y en pronósticos a largo plazo, y no explican por qué los pronósticos a corto plazo tienden a ser más

precisos. La opción (4) es incorrecta porque muestra lo contrario a lo que en realidad sucede. La opción (5) es verdadera para las pronósticos del tiempo a corto y a largo plazo, pero no explica por qué los de corto plazo son más precisos que los de largo plazo.

### Prueba corta de GED (páginas 132 y 133)

1. **(3) el estado del tiempo a largo plazo en una región** (Comprensión) La diferencia entre el tiempo y el clima se explica en la primera oración del texto. La opción (1) describe el tiempo y el clima. La opción (2) es demasiado específica. Las opciones (4) y (5) son aspectos del clima, pero no explican lo que es.

2. **(3) Europa** (Aplicación) Lo más probable es que una persona a la que le gustaran las temperaturas moderadas y la existencia de cuatro estaciones disfrutaría más viviendo en Europa, el único lugar de la lista que tiene un clima templado. Las opciones (1), (2), (4) y (5) tienen principalmente un clima tropical lluvioso que no produce las cuatro estaciones diferenciadas.

3. **(2) Los rayos solares están más concentrados en el ecuador que a los polos.** (Evaluación) Los rayos están más concentrados en el área cercana al ecuador y, por lo tanto, esta zona obtiene más energía solar y el clima es más caluroso. Los datos del texto y del diagrama no apoyan las opciones (1), (3), (4) y (5).

4. **(5) disminuiría la intensidad y frecuencia de los fenómenos causados por El Niño** (Análisis) Si las aguas más calientes de la zona tropical del este del Pacífico provocaron fenómenos más frecuentes y fuertes de El Niño, cuanto más frías sean las temperaturas en esa misma zona más probable es que suceda lo contrario. La opción (1) no es verdadera. La información indica que la temperatura del océano tiene un efecto fundamental en las condiciones atmosféricas. Las opciones (2) y (4) describen lo opuesto a lo que realmente sucedería. No hay ningún dato que apoye la opción (3).

5. **(2) La actividad de las manchas solares varía.** (Análisis) Éste es el único hecho de entre las opciones dadas. La opción (1) es falsa porque el texto indica que hay momentos de mayor y de menor actividad, lo que significa que en ocasiones hay menos manchas solares y en otras hay más. Las opciones (3) y (5) son opiniones o hipótesis, y el texto no ofrece ninguna prueba sólida para ninguna de ellas. Lo más probable es que la opción (4) no sea cierta porque el efecto de las manchas solares en Norteamérica se ofrece como ejemplo en el texto. Si las manchas solares afectan a Norteamérica, lo lógico es que afecten también al resto del mundo.

6. **(4) la manera específica en que las manchas solares influyen en el estado del tiempo** (Evaluación) La única forma de mostrar una relación de causa y efecto entre los dos sucesos es explicar la manera exacta por la cual la actividad de las manchas solares termina en una sequía en Norteamérica. Las demás opciones muestran datos que serían útiles pero que no están directamente relacionados con el

hecho de demostrar una relación de causa y efecto entre la actividad de las manchas solares y la sequía.

7. **(2) migrar hacia el ecuador** (Aplicación) Puesto que el hielo se estaría desplazando hacia al sur desde el Polo Norte, los habitantes de Norteamérica tenderían a desplazarse también hacia el sur, hacia el ecuador. La opción (1) no serviría de ayuda porque el hielo se extendería hacia el norte en el hemisferio sur. La opción (3) es incorrecta porque las capas de hielo en la parte norte del continente harían que la vida en la región fuera difícil. La opción (4) no es probable porque los seres humanos tienen una gran capacidad de adaptación y han sobrevivido a períodos glaciares anteriores. La opción (5) muestra lo contrario a lo que sucede durante un período glaciar.

## Lección 12

### Enfoque en las estrategias de GED (página 135)

1. **b.** proceso que utiliza la energía solar almacenada en las aguas marinas para generar electricidad

2. **a.** Todavía disponemos de otras fuentes de energía relativamente económicas.

3. **a.** naciones isleñas cercanas al ecuador

4. **a.** independencia política y económica
   **d.** limpieza del ambiente

### Enfoque en el contenido de GED (página 137)

1. **(3) formados en el subsuelo a partir de restos de plantas y animales** (Comprensión) De acuerdo con el segundo párrafo, los combustibles fósiles surgieron a partir de restos orgánicos compactos. Las opciones (1), (2) y (5) son incorrectas porque los combustibles fósiles de la Tierra se formaron de manera natural. La opción (4) es incorrecta porque los combustibles fósiles se forman a partir de restos orgánicos, no de materiales inorgánicos como el magma. (El magma es roca fundida y por lo tanto una materia inorgánica).

2. **(4) Los combustibles fósiles han sido importantes para la industria por más de un siglo y continúan siendo importantes.** (Evaluación) En el texto se especifica claramente que los combustibles fósiles han sido importantes durante los últimos 150 años y que lo siguen siendo en la actualidad. Las opciones (1), (2), (3) y (5) son incorrectas porque contradicen la información del texto.

3. **(4) África** (Comprensión) La leyenda muestra cuál es el símbolo que se utiliza para el carbón, y si mira al mapa, comprobará que África es el continente que tiene menos símbolos y por lo tanto menos carbón. Las opciones (1), (2), (3) y (5) son incorrectas porque según el mapa tienen más carbón que África.

4. **(2) generación de electridad con molinos de viento en lugar de plantas termoeléctricas de carbón** (Aplicación) En este ejemplo el petróleo, una fuente de energía no renovable, se sustituye con la energía del viento, que sí es renovable. Las opciones (1), (3) y (4) son formas de conservar las fuentes de energía, no de reemplazar una fuente no renovable

por una renovable. La opción (5) implica el sustituir una fuente renovable (la energía que se utiliza al caminar) por una fuente no renovable (la gasolina), justo lo contrario a lo que se pide en la pregunta.

5. **(4) El petróleo es una fuente aprovechable y económica.** (Evaluación) El hecho de que aún hay muchas reservas de petróleo y de que éste sea relativamente barato, no convencería demasiado a una persona preocupada por la conservación de los recursos naturales. Las opciones (1), (2) y (3) son aspectos positivos importantes de la energía solar. La opción (5) es un aspecto negativo importante de los combustibles fósiles.

6. **(1) Algunos de los recursos actuales ya no estarían señalados en el mapa, pero aparecerían algunos nuevos.** (Análisis) Algunas fuentes de energía se agotarán en los próximos cien años, y por lo tanto no se indicarán en el mapa del futuro. Según el texto, en los próximos cien años se descubrirán nuevas fuentes de energía que se añadirían al mapa. La opción (2) no es probable porque seguiremos utilizando los recursos. Ni el mapa ni el texto indica que habrá más fuentes de carbón que de petróleo en cualquier sitio, y por lo tanto la opción (3) es incorrecta. La opción (4) es incorrecta porque el texto implica que se seguirán investigando y se descubrirán nuevas fuentes de energía. La opción (5) es incorrecta porque el texto implica que es poco probable que todas las fuentes se agoten en los próximos cien años.

### Práctica de GED (páginas 138 y 139)

1. **(3) una estación de investigación instalada en un lugar deshabitado** (Aplicación) De todas las opciones dadas, ésta es la única situada a una distancia suficiente como para que no le llegue la energía de una central eléctrica, y por ello es la que más probablemente utilizará la energía eólica como fuente de energía. Las opciones (1), (2), (4) y (5) estarán probablemente conectadas a una central eléctrica.

2. **(2) El contar con un generador eólico asegura el suministro continuo en caso de fallas de la fuente principal de electricidad.** (Evaluación) Disponer de una fuente de energía de seguridad sería una buena razón para tener un generador que funcione con energía eólica en una granja moderna. La opción (1) es incorrecta porque el mantenimiento del propio generador es más complejo que simplemente enchufar el equipo. La opción (3) es incorrecta porque para la mayoría de las ubicaciones el viento no es tan fiable como una central eléctrica. La opción (4) es incorrecta porque tal y como indica el texto, la energía del viento es relativamente cara si se compara con la energía que se obtiene de una central eléctrica. La opción (5) no es verdadera y tampoco ofrecería ninguna ventaja al granjero.

3. **(5) La energía hidroeléctrica no está disponible en el lugar.** (Evaluación) De acuerdo con la gráfica, el agua es la fuente de energía más económica. Una persona que estuviera dando más peso al costo que al resto de los factores escogería el agua si ésta estuviera disponible. La opción (1) no es

verdadera: el agua es más barata que el viento. Las opciones (2), (3) y (4) son verdaderas, pero no son razones para escoger el viento en vez de una opción más barata.

4. **(5) aumentó ocho veces** (Comprensión) De acuerdo con la gráfica, se utilizaron unos 500 kilómetros cúbicos en 1900, y unos 4,000 en el año 2000. Esto supone un incremento de ocho veces la cantidad (500 × 8 = 4,000).

5. **(3) El porcentaje de agua dulce continuaría disminuyendo a medida que el agua derretida de los casquetes polares se mezclara con la salada de los mares.** (Análisis) Si los casquetes polares se derritieran, el agua dulce entraría dentro de los océanos, la cantidad de agua salada se incrementaría y el agua dulce disminuiría. La opción (1) es incorrecta porque el 97.5 es el porcentaje del agua salada, no del agua dulce. La opción (2) es incorrecta porque habría una mayor cantidad de agua salada. La opción (4) es incorrecta porque el agua dulce entraría en el océano y se convertiría en agua salada. La opción (5) es incorrecta porque sí habría un efecto en la cantidad de agua dulce disponible en la Tierra.

6. **(2) mejorar el uso del agua en lo relativo a su tratamiento, distribución y conservación** (Evaluación) Un mejor uso del agua, y especialmente un mejor tratamiento del agua en las zonas en las que la gente no dispone de acceso a agua potable, nos puede ayudar en el futuro. La opción (1) es incorrecta porque el incremento del uso del agua para cualquier propósito no nos ayudará a cubrir las necesidades futuras. La opción (3) es incorrecta porque apartar el agua de la agricultura afectaría la provisión de alimentos. Las opciones (4) y (5) son sólo soluciones parciales a los problemas relacionados con el agua.

## Prueba corta de GED (páginas 140 y 141)

1. **(2) Porque aproximadamente la mitad del volumen del suelo lo ocupan espacios vacíos por donde circulan el agua y el aire.** (Comprensión) Los espacios dentro del suelo hacen que éste sea menos denso que una roca. Las opciones (1), (3), (4) y (5) son verdaderas pero no explican la diferencia que hay entre el suelo y las rocas.

2. **(1) El suelo no sería capaz de soportar una gran abundancia de vida vegetal y animal.** (Análisis) Las dos capas superiores del suelo contienen la mayor parte de la vida animal y vegetal. Una vez que han desaparecido, la que queda no tiene la capacidad de mantener mucha vida. La opción (2) es incorrecta porque el diagrama muestra que el suelo del horizonte C es más grueso, no más fino. La opción (3) es incorrecta porque el suelo del horizonte C no contiene mucha materia orgánica. La opción (4) es incorrecta porque el suelo del horizonte C no es rico. La opción (5) es incorrecta porque debajo de la capa restante C hay un lecho rocoso.

3. **(3) sembraría menos plantas, pero de una especie más resistente a la sequía** (Aplicación)

Un agricultor que valore mucho la conservación del terreno intentaría proteger la tierra y a la vez cultivar. La opción (1) es incorrecta porque durante la sequía el agricultor tendría que hacer algunos cambios para que el terreno no se secara y fuera arrastrado por el viento. Las opciones (2) y (4) aumentarían la pérdida de agua en el horizonte A, y esto incrementaría la cantidad de terreno que se resecaría y sería arrastrado por el viento. La opción (5) no es probable porque el agricultor necesita cultivar algo para poder sobrevivir.

4. **(4) Algunos minerales importados y sus usos** (Comprensión) En este título se resume la información ofrecida por el texto y por la tabla. Las opciones (1) y (2) son demasiado generales porque la tabla sólo muestra minerales importados. La opción (3) es incorrecta porque en la tabla aparecen cinco minerales importados, no los cinco minerales más importantes que existen. La opción (5) es incorrecta porque la tabla muestra minerales que no se pueden extraer en Estados Unidos.

5. **(5) la mica en placa y el talio** (Comprensión) De acuerdo con la tabla, éstos son dos minerales que se utilizan en la industria electrónica. Las opciones (1), (2), (3) y (4) son incorrectas porque hay uno o dos minerales dentro de la tabla que se usan fundamentalmente para propósitos diferentes a los de la electrónica.

6. **(4) Estados Unidos disminuiría su dependencia de países extranjeros.** (Evaluación) Las naciones intentan ser lo más autosuficientes que pueden para que la política no interrumpa el suministro de un recurso fundamental. Por ello pueden estar más interesadas en gastar más dinero en extraer el recurso de fuentes propias que en importarlo. Las opciones (1), (2) y (3) son ciertas pero no explican por qué una nación gastaría más dinero en desarrollar sus propias explotaciones de talio. La opción (5) no es verdadera.

7. **(2) disminución de la producción agrícola** (Análisis) Cuando la fotosíntesis está reducida por el efecto de niebla que tiene la contaminación del aire, los cultivos no crecen de la misma forma y la producción disminuye. La opción (1) es incorrecta porque no hay ninguna indicación de que la contaminación de aire afecte la velocidad del viento. De acuerdo con la información del texto, las opciones (3) y (5) muestran lo contrario de lo que sucedería. La opción (4) es incorrecta porque lo más probable es que la niebla que produce la contaminación del aire reduzca la cantidad de días soleados, no que incremente este número.

8. **(3) Aproximadamente una quinta parte de las cuencas colectoras tienen problemas graves de calidad del agua.** (Evaluación) Según la gráfica, un 21% (un quinto) de las cuencas muestran signos de serios problemas de calidad. Las opciones (1) y (2) son incorrectas porque más de la mitad de las cuencas tienen algún tipo de problema de calidad. La opción (4) es incorrecta porque sólo el 21% tiene serios problemas de calidad. La opción (5) no es cierta porque la gráfica no muestra el

UNIDAD 2

porcentaje de cuencas que no fueron analizadas, y sólo en el 27% de los casos (aproximadamente un cuarto) no se disponía de suficiente información.

## Lección 13

### Enfoque en el enfoque de GED (página 143)

1. **a.** Los científicos se encuentran en la Vía Láctea, por lo que no tienen una vista lejana de toda la galaxia.

2. **a.** Es posible que una estrella tarde más de 225 millones de años en completar una vuelta alrededor del centro de la galaxia.

3. **b.** Tendrá una apariencia distinta.

4. **b.** un disco de estrellas relativamente aplanado visto desde un costado

### Enfoque en el contenido (página 145)

1. **(2) por el Sol y todos los cuerpos celestes que giran a su alrededor** (Comprensión) De acuerdo con el primer párrafo, ésta es la definición del Sistema Solar. La opción (1) es incorrecta porque no menciona que grandes cuerpos celestes como los planetas están girando alrededor del Sol. La opción (3) no menciona los cuerpos celestes más pequeños tales como los asteroides, los cometas y el polvo espacial. Las opciones (4) y (5) no mencionan el Sol.

2. **(3) El Sistema Solar continuará en proceso de desarrollo y cambio.** (Comprensión) El dato de que el Sistema Solar fue evolucionando en el pasado hasta llegar a su forma actual sugiere que seguirá cambiando. Las opciones (1), (2) y (4) replantean la información que aparece en el texto o en el diagrama, no son implicaciones derivadas de ellos. La opción (5) no está implicada en el desarrollo del Sistema Solar.

3. **(5) Plutón** (Comprensión) En el diagrama se puede comprobar que Plutón es muy pequeño si se lo compara con los demás planetas, los gigantes de gas, y además el texto menciona que, a diferencia de los gigantes de gas, está formado por rocas. Las opciones (1), (2), (3) y (4) son gigantes de gas con anillos.

4. **(3) La ubicación y las características naturales hacen posible su exploración.** (Comprensión) Marte está relativamente cerca de la Tierra y además tiene una superficie rocosa (los gigantes de gas no tienen este tipo de superficie), por lo que es posible que se realice un aterrizaje exploratorio en este planeta. La opción (1) no es cierta. Los científicos están estudiando estos planetas con enorme interés. No hay ninguna información del texto ni del diagrama que apoye las conclusiones establecidas en las opciones (2), (4) o (5).

5. **(3) Los planetas internos serían destruidos.** (Análisis) Puesto que lo más probable es que el Sol crezca de 10 a 100 veces en diámetro con respecto a su tamaño actual, lo más probable es que atrape y destruya los planetas más cercanos. Las opciones (1) y (2) son incorrectas porque la expansión supondría el calentamiento (no enfriamiento) tanto de los planetas interiores como de los planetas exteriores. La opción

(4) es incorrecta porque los planetas se forman cuando el Sistema Solar es joven y no es probable que ocurra en otros momentos. La opción (5) es incorrecta porque el Sistema Solar cambiará si lo hace el sol.

6. **(4) Estados Unidos quería realizar experimentos sobre los efectos de la falta de gravedad.** (Evaluación) El gobierno de Estados Unidos dispone de tecnología para enviar a tripulaciones en misiones espaciales pero ha decidido concentrarse en aprender cuáles son los efectos de la ingravidez en vez de continuar con las misiones pilotadas a la Luna. La opción (1) es cierta pero no es una razón para abandonar la exploración de la Luna. Según el texto, las opciones (2), (3) y (5) no son verdaderas porque los astronautas de Estados Unidos consiguieron alunizar con éxito en varias ocasiones a partir del año 1969.

### Práctica de GED (páginas 146 y 147)

1. **(5) El Sol acabe se convertirá en una enana blanca.** (Comprensión) Los datos que muestran que el Sol es una estrella de baja masa y que las estrellas de baja masa evolucionan hasta convertirse en enanas blancas, implican que el mismo acabará convirtiéndose en una enana blanca. Las opciones (1), (2) y (3) son ciertas para las estrellas de baja masa y para las de alta masa, y por lo tanto no tienen en cuenta la idea de que el Sol es una estrella de baja masa. La opción (4) es incorrecta porque, de acuerdo con el texto, el Sol se encuentra en la fase principal de la secuencia.

2. **(4) una supernova** (Comprensión) El texto describe y el diagrama muestra que una supernova es una explosión, la opción más espectacular de entre las de la lista.

3. **(4) Con el tiempo, las estrellas agotan su "combustible" y se comprimen.** (Evaluación) Según el texto y el diagrama, todas las estrellas acaban agotando su combustible como resultado de sus reacciones de fusión y se comprimen. Las opciones (1) y (2) son incorrectas porque no hay ninguna información relacionada con los planetas en el texto o en el diagrama. La opción (3) no es verdadera: tanto las estrellas de alta masa como las de baja masa se transforman en estrellas gigantes. De acuerdo con el texto, la opción (5) no es verdadera: una estrella en la fase de enana blanca produce muy poca radiación.

4. **(2) Los fuegos artificiales explotan arrojando chispas, cenizas y humo en todas direcciones.** (Aplicación) Ésta es la única opción que describe una explosión instantánea que produce como resultado material que vuela en todas las direcciones como en el caso del Big Bang. La opción (1) es incorrecta porque no describe ninguna explosión en la que haya materia volando en todas las direcciones. La opción (3) es incorrecta porque el Big Bang no fue el resultado de una colisión. Las opciones (4) y (5) son incorrectas porque no describen una explosión instantánea.

5. **(2) El universo se comprimiría sobre sí mismo.** (Análisis) En la gráfica se muestra que si el

universo tuviera demasiada masa, comenzaría a contraerse y acabaría colapsándose en sí mismo. Los científicos han dado un nombre a esta situación: el "big crunch". Según el texto, la opción (1) indica lo contrario a lo que sucedería. Las opciones (3) y (5) son incorrectas porque la gráfica no ofrece ninguna prueba de que un universo en fase de contracción produciría la existencia de un universo paralelo o la existencia de otro big bang. De acuerdo con la gráfica, en la opción (4) se describe un universo que no está expandiéndose ni contrayéndose.

6. **(3) Han notado sus efectos gravitatorios sobre cuerpos visibles.** (Evaluación) El texto implica indirectamente la existencia de materia oscura. Su existencia se puede deducir del comportamiento de los cuerpos invisibles alrededor de ella. Las opciones (1) y (2) son incorrectas porque la materia oscura no es visible. Las opciones (4) y (5) comprueban la teoría del Big Bang pero no de la materia oscura.

## Prueba corta de GED (páginas 148 a 149)

1. **(3) Que el planeta está más lejos del Sol que la Tierra.** (Comprensión) La distancia de la Tierra al Sol es una unidad astronómica, por lo que un planeta que se encuentre a más de una unidad astronómica del Sol está más lejos del Sol que la Tierra. Las opciones (1) y (2), consecuentemente, son incorrectas. La opción (4) es incorrecta porque un planeta que esté más lejos del Sol que la Tierra con toda probabilidad recibirá menos energía solar que nuestro planeta. La opción (5) no tiene nada que ver con la distancia del Sol.

2. **(5) 240 minutos** (Aplicación) La luz solar tarda 8 minutos en recorrer una unidad astronómica. Por ende, tardaría 30 x 8 ó 240 minutos recorrer 30 unidades astronómicas (la distancia del Sol a Neptuno).

3. **(2) Los telescopios ópticos amplifican las imágenes de cuerpos distantes.** (Análisis) En esta opción se presume que usted sabe que los telescopios ópticos amplifican las imágenes. Las opciones (1), (3), (4) y (5) están expresadas directamente en el texto.

4. **(3) Telescopios ópticos** (Comprensión) El texto alude a los telescopios ópticos, desde el telescopio terrestre que utilizó Galileo, hasta el telescopio espacial Hubble. Las opciones (1) y (4) son demasiado específicas. La opción (2) es muy general porque el texto sólo menciona telescopios ópticos y no otros tipos de telescopios. La opción (5) es incorrecta porque el texto no menciona los radiotelescopios.

5. **(4) se forman debido al impacto de los residuos expelidos del cráter mayor** (Análisis) Si examina el diagrama, notará que los cráteres secundarios se forman debido al impacto de los residuos expelidos del cráter mayor al éste ser impactado por un meteorito. Las opciones (1) y (2) son incorrectas, pues el diagrama indica que sólo hay un meteorito y no varios. La opción (3) es

incorrecta porque el diagrama indica que un meteorito, y no un cometa, formó el cráter. La opción (5) es incorrecta porque el diagrama muestra que los hundimientos se formaron al ser impactados desde arriba; no indica que el suelo se acomode luego del impacto.

6. **(3) La Tierra tiene menos cráteres que la Luna, la cual no tiene atmósfera.** (Evaluación) El hecho de que la Tierra, cuya atmósfera es densa, tenga pocos cráteres y la Luna, carente de atmósfera, tenga muchos, apoya la conclusión de que muchos objetos se queman en la atmósfera y nunca llegan a la superficie terrestre. Las opciones (1) y (2) son ciertas, pero no tienen que ver con la formación de cráteres en la Tierra. Las opciones (4) y (5) son ciertas, pero no tienen que ver con los cráteres formados por objetos que provienen del espacio.

7. **(2) un astrónomo aficionado** (Aplicación) En la ilustración se muestra la situación en la que se encontraría un astrónomo aficionado. La opción (1) es incorrecta porque los científicos planetarios estudian los planetas y no las estrellas. La opción (3) no tiene ninguna relación con la astronomía. La opción (4) es incorrecta porque un fabricante tiene más interés en el objeto que fabrica que en lo que puede verse a través de él, y porque además es imposible fabricar un telescopio que evite este tipo de ilusión óptica. La opción (5) es incorrecta porque este científico estaría interesado en el Sol, no en las estrellas dobles ópticas.

8. **(1) datos enviados por una sonda espacial sobre Plutón** (Evaluación) Una sonda espacial que se acercara de verdad a Plutón podría obtener una información más adecuada acerca de la masa de Plutón y Caronte que la que se podría obtener con telescopios desde la Tierra o a cierta altura con respecto a ella. Las opciones (2) y (3) son incorrectas porque, tal y como se plantea en la pregunta, los telescopios no ofrecen imágenes suficientemente buenas como para determinar las masas relativas de Plutón y de Caronte. Las opciones (4) y (5) ofrecerían datos generales acerca de los dos tipos de sistemas, pero estos datos no serían específicamente aplicables a Plutón o a Caronte.

## Unidad 2 Repaso acumulativo
### (páginas 150–154)

1. **(3) Termina la mesosfera.** (Comprensión) En el diagrama se muestra que a 50 millas encima de la superficie de la Tierra, la mesosfera se acaba y comienza la termosfera. Las opciones (1), (2) y (4) sucederían en otras altitudes. La opción (5) es incorrecta porque no es verdadera y porque además el diagrama no ofrece ninguna información acera de las moléculas de aire.

2. **(5) disminuye y luego aumenta para luego disminuir y aumentar** (Comprensión) Ésta es la respuesta correcta. La temperatura baja de 20° C a −55° C entre la troposfera y la estratosfera. Luego sube a 0° C en la frontera entre la estratosfera y la mesosfera. Luego disminuye hasta −100° C en la

parte más alta de la mesosfera y acaba alcanzando una temperatura de 2,000° C cerca de la parte más alta de la termosfera. Las opciones (1), (2), (3) y (4) son incorrectas porque no describen completa o correctamente los cambios que se producen en las temperaturas según aumenta la altitud.

3. **(1) Un corredor de Boston, ciudad que se encuentra a nivel del mar, tiene dificultad para respirar al trotar en las Montañas Rocosas.** (Evaluación) Un corredor procedente de una ubicación que se encuentre a nivel del mar obtiene menos oxígeno por cada inspiración cuando corre a mayor altitud. Por lo tanto, el corredor tiene problemas a la hora de respirar. Las opciones (2) y (3) pueden ser verdaderas pero no proporcionan ninguna prueba de que en las zonas más altas hay menos oxígeno disponible. La opción (4) no tiene sentido. Un alpinista necesita recrear las condiciones atmosféricas de un lugar de gran altitud, no las que hay al nivel del mar. La opción (5) es verdadera pero no tiene ninguna relación con la cantidad de oxígeno que hay en el aire.

4. **(5) Los proyectos del SETI se basan en sueños más que en posibilidades realistas del espacio.** (Análisis) El valor científico de los proyectos del SETI se debate en los círculos científicos. Algunos piensan que buscar extraterrestres es una actividad que debería ser parte de la ciencia-ficción. Otros opinan que el esfuerzo científico dedicado merece la pena. Las opciones (1), (2), (3) y (4) son datos acerca de las ondas de radio y el SETI.

5. **(1) Generalidades sobre el ciclo de las rocas** (Comprensión) El texto y el diagrama ofrecen suficiente información acerca de los pasos y procesos por los que pasa una roca para transformarse en otra, y este ciclo se denomina ciclo de las rocas. Las opciones (2), (4) y (5) son demasiado específicas. La opción (3) no está relacionada con el tema del diagrama.

6. **(4) La meteorización y la erosión afectan todos los tipos de roca de la Tierra.** (Evaluación) En el diagrama se muestra que cuando las rocas metamórficas, sedimentarias e ígneas quedan expuestas, todas son susceptibles a la meteorización y erosión. La opción (1) es incorrecta porque las rocas metamórficas también están formadas por rocas sedimentarias. La opción (2) es incorrecta porque las rocas sedimentarias se forman mediante presión. La opción (3) es incorrecta porque las rocas ígneas se forman a partir del magma. La opción (5) es incorrecta porque gracias al calor y a la presión, las rocas sedimentarias forman rocas metamórficas.

7. **(2) sedimentaria** (Aplicación) Las rocas sedimentarias son las que con mayor probabilidad formarán estratos. La opción (1) muestra una forma de sedimento, no de roca. Las opciones (3), (4) y (5) son incorrectas porque es poco probable que el magma y las rocas ígneas tengan listas de colores diferentes.

8. **(1) ígnea** (Análisis) Un volcán tendría magma adentro, alrededor y encima. Lo más probable es

encontrar rocas ígneas en esta zona. Las opciones (2), (3), (4) y (5) son incorrectas porque hay menos posibilidades de encontrar las rocas metamórficas, entre las que se incluye la pizarra, y las rocas sedimentarias, entre las que se incluye la caliza, en regiones en que hay rocas ígneas.

9. **(4) Los seres humanos no existieron en la mayor parte del tiempo geológico.** (Análisis) Este enunciado es una conclusión obtenida a partir de la comparación de la cantidad de tiempo que los humanos han existido con todo el tiempo geológico que precedió a nuestro desarrollo como especie. Las opciones (1), (2), (3) y (5) son todos detalles relacionados con la era en la aparecieron los humanos, no con el Cenozoico.

10. **(3) peces, plantas terrestres y dinosaurios** (Comprensión) En el Mesozoico, las plantas terrestres y los peces habían evolucionado ya. Los dinosaurios aparecieron por primera vez en el Mesozoico. Puesto que estos organismos existieron en aquel momento, se deduce que sus fósiles puedan encontrarse en las rocas procedentes del Mesozoico. La opción (1) es incorrecta porque en el período Mesozoico aparecieron muchos organismos aparte de los oceánicos simples. Las opciones (2), (4) y (5) son incorrectas porque los caballos, los primates y los humanos no aparecieron hasta después del período mesozoico. Por lo tanto, no podrían aparecer en fósiles mesozoicos.

11. **(2) 160 millones de años** (Comprensión) La escala de tiempo se mide en millones de años. Los dinosaurios aparecieron hace algo menos de 225 millones de años y desaparecieron hace unos 65 millones de años. Si se resta 65 millones a los 225 millones el resultado es 160 millones de años. La opción (1) indica el momento en el que desaparecieron los dinosaurios. En la opción (3) se indica el momento en el que los dinosaurios aparecieron por primera vez. En las opciones (4) y (5) se indican períodos de la duración de la existencia de los dinosaurios más largos que su tiempo real de existencia.

12. **(2) invertebrados marinos** (Análisis) Las opciones (1), (3) y (4) son incorrectas porque la escala de tiempo muestra que estos organismos aparecieron después de los primeros peces. La opción (5) es incorrecta por la misma razón, y aunque las plantas ya hubieran existido los peces no podrían haber salido del agua para alimentarse de ellas.

13. **(3) cambios globales de clima** (Análisis) La escala de tiempo muestra un período glaciar antes de la extinción de los invertebrados marinos, así que este cambio climático pudo haber contribuido a su desaparición. Las opciones (1) y (2) sucedieron mucho después de que los invertebrados marinos desaparecieran. Las opciones (4) y (5) sucedieron mucho antes de que los invertebrados desaparecieran y tampoco son causas probables.

14. **(3) Los Grandes Lagos son más jóvenes que las Montañas Rocosas.** (Evaluación) La escala de tiempo indica que las Montañas Rocosas surgieron

antes que los Grandes Lagos. La opción (1) es incorrecta porque, de acuerdo con la escala, los animales capaces de respirar el aire aparecieron a principios del Paleozoico y los anfibios no lo hicieron hasta finales del Paleozoico. La opción (2) es incorrecta porque la escala muestra que los dinosaurios vivieron durante la era Mesozoica. La opción (4) es incorrecta porque la escala indica que los dinosaurios desaparecieron hace unos 65 millones de años. La opción (5) es incorrecta porque la escala muestra que las primeras formas de vida se desarrollaron en los océanos.

15. **(4) Australia** (Comprensión) De acuerdo con el mapa, las zonas sísmicas pasan por el norte de Australia pero no cruzan el continente. Las opciones (1), (2) y (3) tienen zonas sísmicas. La opción (5) no se muestra en el mapa.

16. **(4) en una isla del Pacífico Norte** (Aplicación) De todos los lugares de la lista, sólo el norte del Pacífico tiene muchos volcanes. De hecho, Dante exploró un volcán en una de las islas Aleutianas de Alaska, en el norte del Pacífico.

17. **(3) Existen diferentes tipos de granito, cada uno de los cuales está formado por distintos minerales.** (Evaluación) Una de las características de un mineral es que está formado por elementos determinados, es decir, específicos. El hecho de que haya diferentes tipos de granito, cada uno formado por diferentes minerales, apoya la idea de que el granito no está formado por determinados elementos específicos sino que puede formarse a partir de una variedad de elementos diferentes. El granito, por tanto, no es un mineral en sí, sino una roca formada a partir de diferentes minerales. Las opciones (1), (2), (4) y (5) son verdaderas, pero las opciones (1) y (5), como características de los minerales, se podrían utilizar para contradecir la conclusión. Las opciones (2) y (4) no tienen ninguna relación con la conclusión.

18. **(3) Los minerales separados de las menas son recursos valiosos.** (Análisis) El escritor supone que usted sabe que los minerales extraídos de las menas son valiosos. Si no fuera así, las personas no se tomarían la molestia de extraer y fundirlos. Las opciones (1), (2), (4) y (5) son detalles planteados por el texto.

19. **(3) la desembocadura del río Anápolis en Nueva Escocia, la cual presenta una variación considerable entre la marea alta y la marea baja** (Aplicación) Uno de los requisitos necesarios para que tenga sentido construir una central eléctrica marina es que ésta se encuentre en una zona en la que el nivel del agua varíe mucho entre la marea baja y la marea alta, y por tanto esta opción muestra la mejor localización. Las opciones (1), (4) y (5) son incorrectas porque para aprovechar las mareas, las centrales eléctricas marinas tienen que estar en la desembocadura de un río y no en el interior. La opción (2) no es un buen sitio porque la diferencia entre las mareas es muy pequeña y una

presa bloquearía el transporte por mar en un puerto como el de Nueva York.

20. **(2) el ascenso y descenso de la marea** (Comprensión) El flujo de agua causado por las subidas y bajadas de la marea suministra energía a una central eléctrica marina. Las opciones (1) y (4) son otros tipos de energía hidráulica. La opción (3) es una máquina que utiliza energía hidráulica. La opción (5) sucede en una central eléctrica marina pero no es la fuente de la energía para la central.

21. **(2) la protección ambiental** (Evaluación) Uno de los problemas de las centrales eléctricas marinas es que constituyen una barrera artificial que atenta contra el ecosistema. Lo normal es que los organismos y el agua fluyan libremente hacia dentro y hacia fuera del río, pero construir una presa hace que este movimiento sea imposible. Por tanto, las personas preocupadas por el medio ambiente probablemente se opondrán a la construcción de la central eléctrica. Lo más probable es que los valores de las opciones (1), (3), (4) y (5) no tengan que ver con una oposición a la construcción de la central eléctrica marina.

22. **(1) La posición de la Luna también es uno de los factores que influye en la presentación de los eclipses lunares.** (Evaluación) La posición de los tres cuerpos celestes (el Sol, la Tierra y la Luna) es crítica para determinar cuándo sucederá un eclipse lunar. La opción (2) es incorrecta porque las estaciones no afectan que haya o no eclipses lunares. La opción (3) es falsa: la Tierra siempre está girando alrededor del Sol. La opción (4) es correcta pero no explica por qué es una simplificación excesiva el considerar sólo las posiciones del Sol y de la Tierra. La opción (5) no es cierta. La posición de la Tierra es uno de los factores a la hora de determinar la presencia de un eclipse lunar.

# UNIDAD 3: CIENCIAS FÍSICAS
## Lección 14
**Enfoque en las destrezas de GED (página 159)**

1. **a.** Las dos están formadas por sustancias diferentes que mantienen sus propiedades.

2. **a.** En una solución las sustancias se distribuyen de manera uniforme por todas partes, y en otros tipos de mezclas pueden distribuirse de manera desigual.

3. **b.** (Las sustancias) son sólidas.
**d.** (Las sustancias) mantienen sus propiedades.
**e.** (Las sustancias) pueden separarse por medios mecánicos.
**g.** (Las sustancias) se distribuyen de manera uniforme.
**h.** (Las sustancias son) un sólido y un líquido.

**Enfoque en el contenido de GED (página 161)**

1. **(1) forma definitiva; volumen definitivo.** (Comprensión) De acuerdo con el texto, la forma constante y el volumen constante son dos propiedades de los sólidos. La opción (2) es incorrecta porque los sólidos tienen volumen

constante. La opción (3) es incorrecta porque es lo opuesto a la verdad. La opción (4) es incorrecta porque los sólidos tienen forma definida. La opción (5) es incorrecta porque las moléculas de los sólidos sí se mueven; vibran.

2. **(1) Ambos tienen moléculas que se mueven de manera aleatoria.** (Análisis) El diagrama muestra que las moléculas de los gases y los líquidos se mueven y el texto indica que lo hacen de manera aleatoria. Las opciones (2) y (3) son características de los sólidos, no de los líquidos ni de los gases. La opción (4) es incorrecta porque sólo es cierta para los líquidos y los sólidos; los gases no pueden evaporarse porque ya están en forma de vapor. La opción (5) es incorrecta porque sólo los sólidos pueden fundirse.

3. **(4) Los líquidos no tienen forma definida; toman la forma del recipiente en que se alojan.** (Aplicación) Como un líquido no tiene forma definida, toma la forma del recipiente cuando se vierte dentro de él. Por eso la masa rellenará el molde pastelero con forma de corazón. Las opciones (1) y (2) son incorrectas porque no se relacionan con el hecho de verter la masa del pastel; además no son ciertas porque los sólidos tienen volumen y forma definida y no pueden tomar la forma del recipiente que lo contiene. La opción (3) es incorrecta porque los líquidos no tienen forma definida. La opción (5) es incorrecta porque no se relaciona con el hecho de verter la masa del pastel y porque un gas no tiene volumen definido ni forma definida.

4. **(2) colocar un helado en un horno caliente** (Aplicación) De acuerdo con el texto, cuando se suministra suficiente calor a un sólido éste se funde, pasando al estado líquido. La opción (1) es incorrecta porque la sustancia seguiría siendo un líquido; no se produciría ningún cambio de estado. La opción (3) es incorrecta porque pinchar un globo permitiría que el gas escapara pero éste no cambiaría de estado. Las opciones (4) y (5) son incorrectas porque en los dos casos el material no cambia de estado sino que sigue siendo un sólido.

5. **(3) un gas se transforma en líquido** (Análisis) La condensación y la evaporación son procesos opuestos: la condensación implica cambio de estado de un gas a líquido y la evaporación implica cambio de estado de un líquido a gas. Las opciones (1), (4) y (5) son incorrectas porque la condensación no implica un cambio de estado a sólido. La opción (2) es lo opuesto a la respuesta correcta.

6. **(3) en su punto de ebullición** (Comprensión) La definición del punto de ebullición explica que es la temperatura a la qué un líquido se transforma en gas. Las opciones (1) y (2) se refieren a la temperatura a la que un sólido se transforma en líquido y viceversa. La opción (4) se refiere a la temperatura en la que el gas se transforma en líquido. La opción (5) es el término erróneo para esta temperatura aunque explique correctamente lo que sucede a esta temperatura.

7. **(4) Las moléculas de los gases se mueven con más rapidez que las moléculas de los líquidos.** (Evaluación) De acuerdo con el diagrama, las moléculas de los gases se mueven con mayor rapidez, tal y como se muestra con las "estelas" de movimiento de las moléculas de gas comparadas con el "zarandeo" de las moléculas del líquidos. La opción (1) indica lo opuesto a lo que realmente sucede. Las opciones (2) y (3) no se apoyan en el diagrama y además no son ciertas. La opción (5) es cierta para un gas pero no para un sólido.

**Práctica de GED (páginas 162 y 163)**

1. **(5) oro** (Comprensión) De acuerdo con la gráfica, la densidad del plomo es de 11.3 gramos por centímetro cúbico. De todas las opciones mostradas, sólo el oro tiene una densidad mayor (19.3 gramos por centímetro cúbico). El resto de las sustancias de las opciones (1), (2), (3) y (4) son menos densas que el plomo.

2. **(1) Su densidad aumenta.** (Análisis) Cuando el hielo se derrite se convierte en agua. De acuerdo con la gráfica, la densidad del hielo es de 0.9 gramos por centímetro cúbico y la del agua es de 1.0 gramo por centímetro cúbico. Por lo tanto, la densidad del hielo se aumenta cuando se derrite. Observe que el agua es poco usual en este sentido. La mayoría de los sólidos disminuyen su densidad cuando se derriten o funden.

3. **(5) La densidad por sí sola no puede utilizarse para identificar una sustancia en particular.** (Aplicación) Aunque el hierro, opción (2), tiene una densidad aproximada de unos 7.9 gramos por centímetro cúbico, se necesita más información sobre la sustancia desconocida para poder identificarla con seguridad. Las opciones (1), (2), (3) y (4) son incorrectas porque sus densidades son 4.5, 11.3 y 13.6 gramos por centímetro cúbico respectivamente, todas diferentes de 7.9.

4. **(2) el efecto que producen las moléculas cuando chocan contra las paredes del recipiente que las contiene** (Comprensión) De acuerdo con el texto, la presión es la fuerza con la que las moléculas de gas chocan contra las paredes del recipiente donde se encuentran. La opción (1) se relaciona con la presión del gas pero no es la definición de presión. La opción (3) es incorrecta porque la presión está relacionada con el movimiento molecular, no con el producto del volumen y la temperatura. La opción (4) se refiere a la cantidad de calor que conserva un gas, no a la presión que ejerce. La opción (5) es incorrecta porque no se relaciona con la presión de un gas sino con su volumen; tampoco tiene sentido porque el gas siempre llena el volumen del recipiente y por tanto el volumen del gas y el del recipiente (su "tamaño") son iguales.

5. **(4) temperatura baja, volumen grande** (Análisis) De acuerdo con el texto y los diagramas, la presión aumenta cuando la temperatura se incrementa y el volumen disminuye. Por lo tanto, la

presión disminuirá cuando la temperatura sea baja y el volumen sea grande. La opción (1) es incorrecta porque una temperatura alta aumentaría la presión. La opción (2) es incorrecta porque una temperatura alta y un volumen pequeño aumentarían la presión. La opción (3) es incorrecta porque la presión no disminuiría en condiciones "medias". La opción (5) es incorrecta porque un volumen pequeño incrementaría la presión.

6. **(3) La presión aumenta cuando el volumen disminuye y la temperatura permanece constante.** (Evaluación) Este enunciado se apoya en el diagrama B, el cual muestra un incremento de la presión cuando el volumen disminuye y la temperatura permanece constante. La opción (1) no aparece en el diagrama y además es incorrecta porque la presión permanecería constante (y no cambiaría) si la temperatura y el volumen también permanecieran constantes. La opción (2) es incorrecta porque la presión aumentaría si la temperatura aumentara y el volumen permaneciera constante, tal y como se muestra en el diagrama A. La opción (4) es incorrecta porque la presión sería la misma si la temperatura y el volumen se multiplicaran por dos, tal y como se muestra en el diagrama C. La opción (5) no aparece en los diagramas, y además es incorrecta porque la presión aumentaría si la temperatura aumentara y el volumen disminuyera puesto que cada cambio produce un aumento en la presión.

## Prueba corta de GED (páginas 164 y 165)

1. **(5) Métodos de separación de mezclas** (Comprensión) En la tabla se muestran y describen diferentes ejemplos de métodos de separación de mezclas y por eso este título representa el contenido. Las opciones (1) y (4) son incorrectas porque la tabla muestra los métodos de separación, no los tipos de ingredientes o mezclas. Las opciones (2) y (3) son incorrectas porque son demasiado específicas.

2. **(1) En ambas intervienen soluciones.** (Análisis) En la destilación se pone a hervir una disolución para separar sus componentes; en la extracción se utiliza un disolvente para crear una disolución de uno de los componentes de la mezcla. Las opciones (2), (3) y (4) son incorrectas porque ni la destilación ni la extracción implica magnetismo, densidad o apariencia. La opción (5) es incorrecta porque sólo la destilación se utilizaría para separar la sal del agua de mar.

3. **(4) extracción** (Aplicación) El triclorido de etileno es un disolvente que disuelve la mancha y la elimina en un proceso conocido como extracción. La opción (1) es incorrecta porque no se puede clasificar una mancha de una tela. La opción (2) es incorrecta porque las manchas de este tipo no son magnéticas. La opción (3) es incorrecta porque el mantel no se hirvió. La opción (5) es incorrecta porque el uso de un disolvente químico no implica diferencias en la densidad.

4. **(3) destilación** (Aplicación) Llevar el petróleo crudo hasta el punto de ebullición produce diferentes productos cuando componentes diferentes alcanzan sus puntos de ebullición y luego se enfrían y condensan en un proceso denominado destilación. Las opciones (1) y (2) son incorrectas porque los componentes del petróleo no pueden separarse mediante un proceso de clasificación ni con el uso del magnetismo. La opción (4) es incorrecta porque la ebullición y la condensación no son parte del proceso de extracción. La opción (5) es incorrecta porque la densidad no se utiliza para separar los componentes del petróleo.

5. **(3) Las moléculas de las soluciones son más pequeñas que las partículas de un coloide.** (Comprensión) La primera oración del segundo párrafo señala cuál es la diferencia clave entre los coloides y las soluciones: las partículas de los coloides son mucho más grandes que las moléculas de las soluciones. La opción (1) no es cierta; algunos coloides son líquidos y otros son gases. La opción (2) puede ser cierta o no según el coloide y la solución implicados, pero ni el texto ni el diagrama mencionan los puntos de congelación de los coloides y de las disoluciones. El texto y el diagrama contradicen la opción (4): el diagrama muestra que las partículas de un coloide no pueden atravesar una membrana semipermeable. Las opción (5) es incorrecta porque ni el texto ni el diagrama la apoyan; el texto da ejemplos de gases y de líquidos que son coloides, no de sólidos; el texto no cita ejemplos de soluciones, pero tampoco dice que las disoluciones son siempre líquidas (no lo son).

6. **(3) Tanto las partículas del coloide como las moléculas de soluto la atravesarían.** (Análisis) Una tela metálica tiene orificios mucho más grandes y visibles. A través de ellos podrían pasar las partículas de los coloides y las moléculas de una solución. La opción (1) es incorrecta porque las moléculas de una solución podrían fluir a través de la membrana semipermeable, que tiene orificios muy pequeños y por lo tanto podrían atravesar también los orificios más grandes de la tela metálica. La opción (2) es incorrecta porque los orificios de la tela metálica tendrían el tamaño suficiente como para que las partículas del coloide los atravesaran. La opción (4) es incorrecta porque la tela metálica dejaría pasar más que la membrana semipermeable. La opción (5) es incorrecta porque todas las partículas podrían atravesar la tela metálica, no sólo las moléculas de agua.

7. **(1) Las partículas de una suspensión son más grandes que las de una solución.** (Comprensión) Puesto que las partículas de las suspensiones son más grandes que las de los coloides y las de los coloides son más grandes que las moléculas de las soluciones, se sigue que las partículas de las suspensiones son más grandes que las moléculas de las soluciones. La opción (2) es incorrecta porque las partículas de una suspensión, más grandes que las de un coloide, no atravesarían a

través de algo que no pudiera atravesar el coloide. La opción (3) no puede establecerse a partir de la información dada; una suspensión podría ser un gas. La opción (4) tampoco concuerda con la información del texto y del diagrama (ninguno comenta el color como propiedad de los coloides y las suspensiones). La opción (5) es falsa; por definición, los componentes de cualquier tipo de mezcla pueden ser separados.

8. **(1) Cuando cae la nieve, se riega cloruro de calcio en las carreteras para prevenir la formación de hielo.** (Evaluación) De acuerdo con el texto, añadir un soluto (como el cloruro de calcio) a un disolvente (nieve o agua) reduce el punto de congelación. Por eso se riega sal en las carreteras. La opción (2) es incorrecta porque no implica un soluto. La opción (3) es incorrecta porque se centra en la expansión del agua cuando se congela, no en los cambios que afectan al punto de congelación. Las opciones (4) y (5) son ciertas pero no describen el efecto de un soluto.

## Lección 15

### Enfoque en las destrezas de GED (página 167)

1. **a.** una sustancia que no puede dividirse en sustancias más sencillas mediante medios químicos

2. **a.** el helio, que sólo puede dividirse en átomos de helio mediante procedimientos químicos
   **c.** el cobre, que está formado por átomos de cobre
   **f.** el mercurio, que sólo puede dividirse en átomos de mercurio mediante procedimientos químicos

3. **a.** en el núcleo

### Enfoque en el contenido de GED (página 169)

1. **(3) potasio (K)** (Comprensión) De acuerdo con el texto, en las filas horizontales o períodos, los elementos se colocan en orden creciente de su número atómico (el número de protones en el núcleo de un átomo de un elemento). La tabla muestra que de todas las opciones el potasio tiene el menor número atómico: 19.

2. **(2) neón (Ne), argón (Ar), criptón (Kr)** (Comprensión) Esta respuesta es correcta porque todos los elementos son de la misma familia (o columna), el grupo VIIIB. Los elementos de las opciones (1), (3), (4) y (5) no son todos miembros de la misma familia. Si seleccionó las opciones (4) o (5), confundió los elementos en el mismo período (fila) con los elementos en el mismo grupo (columna).

3. **(3) el número atómico y las propiedades** (Comprensión) De acuerdo con el segundo párrafo, los elementos se colocan en la tabla periódica de acuerdo con su número atómico (número de protones) y según propiedades físicas y químicas similares. Las opciones (1) y (4) son incorrectas porque la masa atómica no es la base de la tabla periódica. La opción (2) es incorrecta porque no menciona el factor de las propiedades. La opción (5) es incorrecta porque aunque los metales y los no metales aparecen en diferentes áreas de la tabla,

estos factores son demasiado generales como para ser la base de la tabla periódica.

4. **(4) grupo VII** (Aplicación) Este elemento forma un ácido con el hidrógeno y esta es la definición del grupo VII. Las opciones (1), (2), (3) y (5) son incorrectas porque no se describe que los elementos de los grupos de estas opciones formen ácidos.

5. **(1) grupo I** (Aplicación) Este elemento es plateado como la mayoría de los metales. Produce una explosión cuando entra en contacto con el agua. Ésta es una reacción violenta típica de los elementos del grupo I. La opción (2) es incorrecta porque no se menciona una sal. La opción (3) es incorrecta porque no hay una descripción de compuestos que contengan oxígeno. La opción (4) es incorrecta porque no se mencionan ácidos. La opción (5) es incorrecta porque los elementos del grupo VIII son gases no reactivos y el elemento en la pregunta es un sólido.

### Práctica de GED (páginas 170 y 171)

1. **(3) el calcio que cede dos electrones a dos átomos de flúor** (Aplicación) Tal y como explica el texto, los enlaces iónicos se caracterizan por la transferencia de electrones entre dos o más átomos. El calcio cede o transfiere dos de sus electrones a dos átomos de flúor, y de este modo se forman enlaces iónicos. El resultado es un compuesto iónico, $CaF_2$. La opción (1) es un ejemplo de enlace covalente porque los átomos de hidrógeno y de oxígeno comparten los electrones; esto resulta en el compuesto covalente $H_2O$: el agua. Las opciones (2), (4) y (5) son ejemplos de mezclas, no de compuestos iónicos.

2. **(1) Los compuestos se forman a partir de átomos de diferentes elementos.** (Análisis) El primer párrafo del texto señala que los enlaces iónicos se forman sólo entre dos elementos diferentes cuando ocurre la transferencia de electrones, teniendo como resultado compuestos iónicos. El tercer párrafo del texto explica que los compuestos covalentes se forman a partir de átomos de dos o más elementos diferentes que se unen mediante enlaces covalentes. Puesto que tanto los compuestos iónicos como los covalentes implican la unión de átomos de dos o más compuestos diferentes, el texto asume pero no expresa directamente que todos los compuestos se forman a partir de átomos de dos o más elementos; se diferencian de este modo, los compuestos y las moléculas, puesto que éstas últimas pueden formarse a partir de átomos de un solo elemento o a partir de átomos de elementos diferentes. Las opciones (2), (3) y (4) se expresan claramente en el texto, que además contradice la opción (5): las moléculas, por definición, tienen enlaces covalentes y no iónicos.

3. **(4) La fórmula química del propano es $C_3H_8$.** (Evaluación) La fórmula estructural del propano muestra que una molécula de propano está formada por tres átomos de carbono y ocho átomos de hidrógeno. La opción (1) es incorrecta porque el

propano no tiene átomos de nitrógeno. La opción (2) es incorrecta porque el propano tiene ocho átomos de hidrógeno y no tres. La opción (3) es incorrecta porque el propano no tiene átomos de oxígeno. La opción (5) es incorrecta porque el propano tiene ocho átomos de hidrógeno y no seis.

4. **(2) quarks** (Comprensión) De acuerdo con el texto, los protones y los neutrones están formados por partículas subatómicas llamadas quarks. La opción (1) es incorrecta; los rayos cósmicos no son partículas subatómicas aunque las contengan. Las opciones (3) y (4) son incorrectas porque los bosones son partículas que transportan fuerza y el texto no dice que puedan encontrarse en los protones y neutrones. La opción (5) es incorrecta porque los electrones son partículas con carga negativa diferentes de los protones que tienen carga positiva y los neutrones.

5. **(3) un bosón** (Aplicación) De acuerdo con el texto, los bosones son partículas que transportan fuerza. Si el gluón, una partícula que transporta fuerza, se produce mediante una colisión en un acelerador, lo más probable es que sea un bosón. Ninguna de las otras opciones es una partícula que transporta fuerza.

6. **(5) Comprender las partículas subatómicas puede conducir a avances en la tecnología.** (Evaluación) Los avances en la tecnología son algo muy valorado por muchos estadounidenses porque con mucha frecuencia llevan consigo el crecimiento económico. Por lo tanto, la posibilidad de desarrollar aplicaciones tecnológicas podría ser un argumento usado a favor de construir un nuevo acelerador. Las demás opciones muestran argumentos que las personas utilizarían si se opusieran a la construcción de un nuevo acelerador.

## Prueba corta de GED (páginas 172 y 173)

1. **(2) Son compuestos orgánicos y también hidrocarburos.** (Comprensión) El texto describe la serie de los alcanos como la más abundante entre los hidrocarburos. Puesto que el hidrocarburo es un tipo especial de compuesto orgánico, los miembros de la serie de los alcanos deben ser también compuestos orgánicos. La opción (1) es incorrecta porque los miembros de la serie de los alcanos son compuestos orgánicos, no seres vivos. El término orgánico significa basado en el carbono. Todos los seres vivos de la tierra contienen compuestos orgánicos, pero los compuestos orgánicos por sí mismos no viven. La opción (3) es incorrecta porque la tabla enumera miembros que son gases y un sólido a temperatura ambiente. La opción (4) es incorrecta porque la tabla muestra fórmulas para miembros que tienen diferentes números de átomos de carbono. La opción (5) es incorrecta porque los miembros de la serie de los alcanos están formados por átomos de carbono y de hidrógeno, no por el helio.

2. **(1) $C_3H_8$** (Aplicación) El combustible que se escapa del tanque es un gas y el propano, $C_3H_8$, es un gas a temperatura ambiente. El resto (2), (3), (4) y (5) son

incorrectos porque estos compuestos no son gases a temperatura ambiente.

3. **(2) El butano tiene temperatura de ebullición más alta que el etano.** (Evaluación) La tabla muestra los puntos de ebullición de menor a mayor. El punto de ebullición del butano (−1°C) es más alto que el del etano (−89°C). La opción (1) es incorrecta porque el heptano alcanza el punto de ebullición a una temperatura más alta que el hexano. La opción (3) es incorrecta porque no se ofrecen los puntos de fusión. La opción (4) es incorrecta porque dentro de la serie el icosano contiene el mayor número de átomos de carbono. La opción (5) es incorrecta porque el pentano contiene cinco átomos de carbono y doce de hidrógeno y el butano tiene cuatro átomos de carbono y diez de hidrógeno.

4. **(1) repetitivos.** (Comprensión) De acuerdo con el texto y el diagrama, los monómeros son unidades que forman los polímeros. La opción (2) es incorrecta porque el texto indica que los monómeros son pequeños. La opción (3) es incorrecta porque los monómeros están unidos mediante enlaces covalentes y no iónicos. Las opciones (4) y (5) no son verdaderas; ninguno de los ejemplos citados en el texto son metales o gases.

5. **(4) como un polímero entre cruzado** (Aplicación) En la molécula de ADN los fosfatos de azúcar forman dos cadenas y las bases de nitrógeno forman los enlaces cruzados. Por lo tanto, el ADN se clasifica como polímero cruzado. La opción (1) es incorrecta porque el ADN está formado por millones de monómeros y no sólo por uno. La opción (2) es incorrecta porque el ADN no tiene una estructura lineal simple. La opción (3) es incorrecta porque el ADN no tiene una estructura ramificada. La opción (5) es incorrecta porque el ADN es un ácido, no un azúcar.

6. **(2) la ausencia o presencia de enlaces entre las cadenas** (Análisis) Ambos tipos de plásticos son polímeros, pero tienen estructuras diferentes. Lo más probable es que la estructura cruzada de la baquelita™ es la razón de que no se funda; la estructura es tan rígida que el calor no puede reorganizar las moléculas. En los plásticos de polímeros lineales nada une a las cadenas adyacentes; cuando se calientan, por tanto, las cadenas pueden deslizarse unas sobre otras mientras se funden. La opción (1) es incorrecta porque todos los plásticos son polímeros, no monómeros. La opción (3) describe una propiedad de los plásticos polímeros, pero no explica la diferencia que existe entre los dos tipos de polímeros. La opción (4) es incorrecta porque la celulosa es otro polímero, no un componente de la baquelita. La opción (5) es incorrecta porque, tal y como explica el texto, el polietileno es un polímero de cadena recta o lineal, no uno ramificado.

7. **(4) ocho** (Aplicación) La pregunta dice que los dos átomos de hidrógeno y el átomo de oxígeno se unen

mediante un enlace covalente para formar una molécula de agua. El diagrama muestra los enlaces covalentes: los dos átomos de hidrógeno y el átomo de oxígeno comparten dos pares de electrones. Puesto que los enlaces covalentes implican que cada uno de los átomos contribuye al enlace covalente con un electrón, cada uno de los átomos de hidrógeno antes del enlace debe haber tenido sólo un electrón. El átomo de oxígeno ha debido contribuir también pero con dos electrones, uno en cada uno de los dos enlaces con el hidrógeno. Por lo tanto, antes de que sucediera el enlace, el átomo de oxígeno debía haber tenido dos electrones en el orbital interior, cuatro electrones libres en el orbital exterior y dos de los electrones (de los cuatro) ahora compartidos en dos enlaces covalentes. Esto suma un total de ocho electrones. La opción (1) es incorrecta; sólo los átomos de hidrógeno tienen un electrón. La opción (2) es incorrecta; hay dos electrones en el orbital interior del átomo de oxígeno, pero ese no es el número total. La opción (3) es incorrecta porque hay seis electrones en el orbital exterior de un átomo de oxígeno, pero ese no es el número total. La opción (5) es incorrecta porque diez es el número total de los electrones del oxígeno junto a los de los dos hidrógenos.

## Lección 16

### Enfoque en las destrezas de GED (página 175)

1. **a.** En las reacciones químicas las sustancias se transforman en otras sustancias.

2. Los átomos de las sustancias se reorganizan para formar nuevas sustancias con propiedades físicas y químicas diferentes.

3. **b.** el formato de una ecuación química típica: reactivos → productos
   **c.** una ecuación química en particular: $C + O_2 \rightarrow CO_2$

4. **b.** El $CO_2$ es un producto en la reacción química.

5. El dióxido de carbono se muestra en la parte derecha de la flecha: es un producto de la reacción.

### Enfoque en el contenido de GED (página 177)

1. **(5) Los átomos se combinan o reorganizan para formar nuevas moléculas.** (Comprensión) De acuerdo con el texto, durante una reacción química los átomos se pueden combinar para formar moléculas. Las opciones (1) y (2) son incorrectas porque según el texto los átomos no se crean ni se destruyen durante las reacciones químicas. La opción (3) no es cierta porque un cambio de estado es un cambio físico y no un cambio químico; las sustancias que cambian de estado mantienen sus propiedades químicas. La opción (4) es incorrecta; los átomos no se transforman en otro tipo de átomos durante una reacción química.

2. **(3) Una molécula de metano se combina con dos moléculas de oxígeno para producir una molécula de dióxido de carbono y dos moléculas de agua.** (Comprensión) El $CH_4$ es una

molécula de metano. El signo más significa "se combina con". $2O_2$ significa que hay dos moléculas de oxígeno. La flecha significa "produce". $CO_2$ es una molécula de dióxido de carbono y $2H_2O$ son dos moléculas de agua. La opción (1) es verdadera pero es demasiado general para ser la mejor manera de replantear la ecuación: no muestra cantidades. La opción (2) no escribe de forma apropiada los reaccionantes y los productos de esta reacción. La opción (4) es incorrecta porque no describe de manera apropiada el número de moléculas de los reaccionantes y de los productos. La opción (5) es incorrecta porque describe de qué está formado cada uno de los compuestos, no lo que representa la ecuación química.

3. **(3) 4Fe** (Análisis) En la parte derecha de la ecuación hay cuatro átomos de hierro ($2Fe_2$). Para equilibrar la ecuación tienen que haber cuatro átomos de Fe en la parte izquierda (reaccionantes) también. Ninguna de las otras opciones entrega cuatro átomos de hierro.

4. **(1) Durante el proceso de oxidación se liberan pequeñas cantidades de energía calorífica.** (Evaluación) Puesto que la liberación de energía caracteriza la reacción exotérmica, si la oxidación es una reacción exotérmica (lo es y además apoya la conclusión) tendría que liberar energía. La opción (2) es incorrecta porque la energía de activación se refiere a la energía necesaria para iniciar una reacción. Las opciones (3) y (5) son verdaderas pero no apoyan la conclusión. La opción (4) apoyaría la conclusión de que la oxidación es el tipo de reacción opuesto, una reacción endotérmica.

5. **(4) Algunas reacciones exotérmicas son más útiles por la energía que liberan que por sus propios productos.** (Evaluación) Quemar metano o madera es un ejemplo de reacción exotérmica que se valora por el calor que despide, no por los productos. La opción (1) no es cierta; ni la electricidad ni el magnetismo se discuten en este texto. La opción (2) tampoco es cierta; ni los enlaces iónicos ni los covalentes se discuten en este texto. La opción (3) es falsa. Hervir agua es un proceso endotérmico tal y como el texto implica y no enuncia directamente. La opción (5) también es falsa. De acuerdo con el último párrafo, la energía de activación es precisa para iniciar muchas reacciones químicas.

6. **(3) Proporciona energía de activación.** (Aplicación) La chispa produce la energía necesaria para iniciar la reacción. Sin la energía de la chispa el gas natural que libera el quemador no empezaría a combustionar. Las opciones (1) y (2) son incorrectas porque la chispa no está entre los reaccionantes (el gas natural y el oxígeno) o los productos (dióxido de carbono y agua) descritos en la pregunta. No se ofrece información para apoyar las opciones (4) y (5), además son falsas.

### Práctica de GED (páginas 178 y 179)

1. **(1) proporcionar un ácido con el que puede reaccionar el bicarbonato de sodio**

(Comprensión) De acuerdo con el texto, el bicarbonato de sodio reacciona con un ácido para producir el gas dióxido de carbono. La levadura en polvo contiene un compuesto, el tartrato, que produce el ácido. Esto implica que el propósito de esta sustancia productora de ácido es asegurar que el ácido que necesita el bicarbonato de sodio para funcionar esté presente. La opción (2) es incorrecta porque cuando el bicarbonato de sodio reacciona forma dióxido de carbono. La opción (3) es incorrecta porque el texto no da ninguna indicación de que el tartrato reaccione con el dióxido de carbono. La opción (4) es incorrecta porque el texto no da ninguna indicación de que el tartrato forme una sal. La opción (5) es incorrecta porque el bicarbonato de sodio es una de las sustancias que tiene la levadura en polvo desde el principio.

2. **(4) Reacciona con el bicarbonato de sodio para producir CO$_2$ y H$_2$O.** (Evaluación) El texto explica que cuando el bicarbonato de sodio reacciona con un ácido produce dióxido de carbono y agua. Puesto que la pregunta implica que la reacción de bicarbonato de sodio y leche agria tiene como resultado estos productos, es evidente que la leche agria contiene un ácido. El texto contradice la opción (1): en éste se indica que el bicarbonato de sodio y las sustancias que liberan ácido son los componentes de la levadura en polvo, no la leche agria. Esta opción tampoco apoya la idea de que la leche agria contiene un ácido. Las opciones (2) y (3) son ciertas pero no están relacionadas con el hecho de que la sustancia sea o no ácida. La opción (5) no es cierta para el caso de la leche agria pero sí para el caso del bicarbonato de sodio. Tal y como sucede con las opciones (1), (2) y (3), esta opción tampoco ofrece ningún tipo de evidencia acerca de si la leche agria es un ácido.

3. **(5) el dióxido de carbono** (Análisis) El gas es el que hace que el pastel aumente de volumen y en el texto se indica que se produce dióxido de carbono y no oxígeno. Las opciones (1), (3) y (4) son incorrectas porque no son gases, y las opciones (1) y (4) no se producen cuando el bicarbonato de sodio reacciona. La opción (2) es un gas, pero el oxígeno no se menciona en el texto.

4. **(3) La humedad del aire reacciona con el tartrato.** (Análisis) Esto es correcto porque, tal y como se indica en el texto, cuando el tartrato reacciona con agua produce ácido. El ácido, por su parte, reacciona con el bicarbonato de sodio de la levadura en polvo y libera dióxido de carbono; quedaría, por tanto, sólo carbonato de sodio, que no tendría ningún efecto en la masa del pastel. La opción (1) es incorrecta porque el calor y no la humedad hacen que el bicarbonato de sodio se divida. Las opciones (2), (4) y (5) son incorrectas porque en el texto no se menciona ningún tipo de reacción que implique a la levadura en polvo y al oxígeno.

5. **(2) El metano es que el que proporciona la mayor cantidad de calor.** (Evaluación) De acuerdo con la tabla, el metano es el que proporciona la mayor cantidad de calor por gramo consumido: 13.3 kilocalorías. La opción (1) es incorrecta porque el gas natural proporciona más calor que el petróleo. La opción (3) es incorrecta porque la madera proporciona menos de la mitad de calor que el petróleo. La opción (4) es incorrecta porque la madera proporciona menos calor que el carbón. La opción (5) es incorrecta porque el carbón proporciona menos calor que el petróleo.

6. **(3) Es más precisa.** (Análisis) La importancia del método láser a la hora de controlar reacciones se basa en que les permite a los científicos controlar las reacciones con mayor precisión y hasta el punto de que pueden apuntar a determinados enlaces moleculares en particular. Las opciones (1) y (2) son también diferencias con respecto a las técnicas previas, pero no son las diferencias más importantes. La opción (4) es verdadera también para las técnicas previas. La opción (5) es una descripción de dos técnicas previas.

7. **(3) Proporcionan energía de activación.** (Aplicación) Los haces de rayo láser proporcionan energía de activación dirigida para iniciar una reacción. Los rayos láser son lumíniosos y no funcionan de ninguna de las otras formas mostradas en el resto de las opciones.

8. **(2) El control de las reacciones mediante el láser les permite a los científicos romper enlaces específicos entre átomos.** (Evaluación) El hecho de que el láser pueda apuntar a enlaces moleculares particulares es una evidencia de que algunas reacciones químicas pueden controlarse en el nivel molecular. La opción (1) describe formas imprecisas de control que no tienen a las moléculas como objetivo. Las opciones (3), (4) y (5) son verdaderas pero no proporcionan ninguna evidencia de que algunas reacciones químicas puedan controlarse a nivel molecular.

## Prueba corta de GED (páginas 180 y 181)

1. **(4) ácido sulfúrico, ácido cítrico, agua destilada, hidróxido de magnesio, hidróxido de sodio** (Comprensión) Ésta es la respuesta correcta porque por la escala de pH comienza por los ácidos fuertes, tiene sustancias neutras en medio y finaliza con las bases fuertes. Las sustancias de la opción (4) se identificaron en el texto como ácido fuerte, ácido débil, sustancia neutra, base débil y base fuerte, siguiendo el orden de la escala de pH. Las opciones (1), (2) y (3) no están en orden. La opción (5) muestra exactamente el orden inverso de mayor a menor.

2. **(3) una base** (Análisis) Esto es correcto porque las bases neutralizan a los ácidos y por lo tanto alivian la acidez de estómago. La opción (1) es incorrecta porque la sal no neutraliza la acidez. La opción (2) es incorrecta porque añadir un ácido a los ácidos del estómago empeoraría la indigestión. La opción (4) es incorrecta porque los iones H$^+$ son característicos de

los ácidos. Utilizarlos para un estómago alterado sólo empeoraría la situación. La opción (5) es incorrecta porque el agua no es una base sino que es neutra.

3. **(3) una sal** (Aplicación) El texto indica que la reacción entre un ácido y una base produce agua y sal. Las opciones (1), (2), (4) y (5) son incorrectas porque la reacción no produciría ni un ácido ni una base.

4. **(3) 7** (Comprensión) Esto es correcto dado que el texto indica que las sales y el agua son sustancias neutras y el pH neutro es 7.0. Las opciones (1) y (2) son incorrectas porque son valores de un pH ácido y las opciones (4) y (5) son incorrectas porque son valores de un pH básico.

5. **(5) hidrógeno** (Comprensión) De acuerdo con el texto y con el diagrama, el hidrógeno es el elemento que se añade durante una reacción de adición. Las opciones (1), (2), (3) y (4) son incorrectas porque esos elementos no se mencionan en conexión con las reacciones de adición.

6. **(4) enlaces dobles (o triples)** (Comprensión) En el texto se explica que las moléculas no saturadas no contienen enlaces simples, contienen dobles o triples enlaces y que las saturadas sólo contienen enlaces simples. La opción (1) es incorrecta porque ambos tipos de moléculas pueden contener átomos de hidrógeno. La opción (2) sólo es verdadera para el caso de las moléculas saturadas. La opción (3) no es verdadera porque ambos tipos de moléculas contienen electrones compartidos. La opción (5) es incorrecta porque ambos tipos de moléculas pueden contener átomos de carbono.

7. **(2) Entre sus átomos de carbono tienen lugar enlaces simples.** (Comprensión) El texto explica que el etano es un hidrocarburo saturado en el que sólo un electrón en cada uno de los átomos de carbono se parea con otro electrón del otro átomo de carbono para formar un enlace simple; el resto de los electrones se comparten con átomos de hidrógeno. La opción (1) es incorrecta porque el etano está saturado. La opción (3) es incorrecta porque, de acuerdo con el texto, el enlace doble no sucede entre los átomos de carbono del etano. La opción (4) no aparece en el texto y además es falsa. La opción (5) es incorrecta porque la fórmula química global que aparece en el texto es $C_2H_6$, lo cual indica que tiene seis átomos de hidrógeno.

8. **(5) El producto es $C_2H_6$.** (Evaluación) El producto contiene dos átomos de carbono y seis de hidrógeno, por lo tanto puede expresarse como $C_2H_6$. La opción (1) es incorrecta porque el único hidrocarburo saturado es el producto. La opción (2) es incorrecta porque el reaccionante $H_2$ no es un hidrocarburo. La opción (3) es incorrecta porque $C_2H_6$ es el producto, no un reaccionante. La opción (4) es incorrecta porque el producto sólo contiene enlaces simples.

9. **(1) Los hidrocarburos saturados pueden producirse a partir de hidrocarburos no saturados a través de reacciones de adición.** (Evaluación) La ecuación química muestra una reacción de adición en la que se produce un hidrocarburo saturado a partir de un hidrocarburo no saturado. La opción (2) es incorrecta porque las reacciones de adición no producen hidrocarburos no saturados sino saturados. La opción (3) es incorrecta porque el número de átomos de carbono en el hidrocarburo es el mismo después de una reacción de adición; lo que varía y se incrementa es el número de átomos de hidrógeno. La opción (4) es incorrecta porque puede obtenerse etano a partir del etano mediante una reacción de adición de hidrógeno y no al revés. La opción (5) es cierta pero no está apoyada por la información presentada.

## Lección 17
### Enfoque en las destrezas de GED (página 183)

1. **b.** 240 millas

2. **a.** 80 millas por hora

3. **b.** La velocidad media de un tren no es lo mismo que su velocidad real.

4. **c.** Las gráficas muestran dos aspectos del mismo viaje.

### Enfoque en el contenido de GED (página 185)

1. **(2) Un paquete que se encuentra en el asiento del automóvil que se desplaza a 60 millas por hora se desliza hacia delante cuando el automóvil se detiene bruscamente.** (Aplicación) Esto es correcto porque el paquete sigue moviéndose hacia adelante aunque el automóvil se ha detenido. El paquete sigue moviéndose porque no se ejerció ninguna fuerza sobre él: los frenos actúan sobre el automóvil pero no sobre el paquete. La opción (1) es incorrecta porque se relaciona con la segunda ley de Newton, que habla de la fuerza, la masa y la aceleración. Las opciones (3), (4) y (5) son incorrectas. Aunque describen tipos de movimiento, estas opciones no demuestran que un objeto se mantiene en movimiento o en reposo (la primera ley de Newton).

2. **(4) la fuerza de gravedad** (Análisis) La gravedad de una estrella, un planeta o satélite es la que fuerza que afectará con la mayor probabilidad a una nave espacial en el espacio exterior. La opción (1) es incorrecta porque la nave espacial no utiliza combustible en el espacio exterior. La opción (2) es incorrecta porque puede calentar la nave espacial pero no cambiaría la dirección. La opción (3) es incorrecta porque la fuerza de rozamiento está ausente en el espacio (no hay aire). La opción (5) es incorrecta porque la aceleración es un cambio de dirección o de velocidad, pero no es la causa del cambio.

3. **(3) Una gran cantidad de fuerza y una cantidad pequeña de masa producen una rápida aceleración.** (Análisis) El ingeniero asume que un motor más grande proporcionará mucha fuerza, y además sabe que una carrocería ligera tiene una masa pequeña. De acuerdo con la segunda ley de Newton, sabe que el resultado de esta combinación será un automóvil muy rápido, una buena

característica para las carreras. Las opciones (1) y (2) son incorrectas porque implican la primera ley del movimiento de Newton y ésta no es la suposición implícita para el diseño del automóvil. Las opciones (4) y (5) son incorrectas de acuerdo con la segunda ley de Newton.

4. **(5) Un automóvil que viaja a 40 millas por hora gira en una curva a la misma velocidad.** (Aplicación) Esta opción es correcta porque para cambiar la dirección del movimiento se necesita fuerza. El resto de las opciones son incorrectas porque describen objetos que se encuentran en reposo o describen objetos que tienen un movimiento rectilíneo y con velocidad uniforme.

5. **(4) masa, fuerza y aceleración** (Comprensión) La segunda ley de Newton señala que un objeto (masa) acelerará con una dirección relativa a las fuerzas y en proporción también a las fuerzas que actúan sobre él. La opción (1) es incorrecta porque omite la fuerza. La opción (2) es incorrecta porque omite la masa y la aceleración. La opción (3) es incorrecta porque omite la masa. La opción (5) es incorrecta porque omite la fuerza.

6. **(1) Los jugadores pequeños aceleran con rapidez y los jugadores grandes aplican fuerza para detener a los oponentes.** (Análisis) Se está asignando a los jugadores diferentes posiciones asumiendo que la segunda ley de Newton se puede aplicar a las personas que juegan al fútbol americano. La opción (2) no es necesariamente verdadera y además no explica cómo se asigna a los jugadores. Las opciones (3) y (4) podrían ser verdaderas en algunos casos pero no explican cómo se asigna a los jugadores. La opción (5) es un enunciado verdadero según la segunda ley de Newton pero tampoco explica cómo se asigna a los jugadores.

**Práctica de GED (página 186 y 187)**

1. **(4) el retroceso de un rifle que se dispara** (Aplicación) Cuando se dispara una bala con un rifle, esta fuerza de acción produce una fuerza de reacción que empuja al rifle hacia atrás y causa un retroceso. La persona que dispara es mucho más grande que la bala y por eso el retroceso no la mueve mucho. El resto de los casos describen fuerzas de acción más que fuerzas de reacción: las ráfagas de aire caliente que salen de un globo, el viento que vuela contra una cometa, la fuerza de la pelota que golpea contra un muro y la brazada del nadador contra el agua.

2. **(3) la fuerza que ejercen los gases que salen por la parte trasera del motor** (Análisis) Cuando los gases calientes salen por la parte trasera del motor, ejercen una fuerza contra el motor y lo empujan hacia delante. La opción (1) es incorrecta porque el aire que fluye a través del motor no tiene nada que ver con el movimiento de los cohetes ni con la tercera ley de Newton. De hecho, en el espacio no hay aire que pueda fluir a través del motor del cohete. La opción (2) explica cómo se produce un despegue en un avión, un principio no relacionado con la propulsión de un cohete. La opción (4) es incorrecta porque la gravedad atrae al

cohete de vuelta a la tierra e impide su aceleración. La opción (5) es incorrecta porque el flujo de aire ejercería rozamiento, y esto tendría a disminuir la velocidad del cohete y no a hacerlo moverse hacia delante y porque, además, no hay aire en el espacio.

3. **(1) El camión tiene mayor masa que el automóvil.** (Evaluación) El momento es la masa por la velocidad. Puesto que el automóvil y el camión se mueven con la misma rapidez, tienen también la misma velocidad. El camión tiene mayor masa que el automóvil y por tanto la opción (1) apoya la idea de que el camión tiene mayor momento que el automóvil. La opción (2) es lo opuesto a la verdad. Las opciones (3) y (4) son incorrectas porque el automóvil y el camión tienen la misma velocidad, tal y como se indica en la pregunta. La opción (5) es cierta pero no tiene relevancia a la hora de determinar el momento.

4. **(4) Si la fuerza de choque sobre un conductor es menor, lo más probable es que las heridas sean menos serias.** (Análisis) Esta es una suposición implícita en el texto: los cinturones de seguridad reducen la fuerza de choque y por lo tanto reducen también la importancia de las heridas. Las opciones (1), (2) y (5) son incorrectas porque están en el texto. La opción (3) es incorrecta porque no hay ninguna información del texto que sugiera que el escritor opina que las bolsas de aire tienen inconvenientes: el texto se limita a explicar cómo funcionan.

5. **(3) aumenta el movimiento hacia delante y disminuye la fuerza de choque** (Comprensión) De acuerdo con el texto y con el diagrama, cuando una persona lleva un cinturón de seguridad la distancia hasta que se detiene es mayor. Cuando se aumenta esta distancia se reduce la fuerza de choque. Las opciones (1) y (2) son incorrectas porque el cinturón de seguridad aumenta la distancia hasta que la persona se para, no la disminuye. La opción (4) es incorrecta porque los cinturones de seguridad reducen la fuerza de choque, no la incrementan. La opción (5) es incorrecta porque no explica el principio de funcionamiento del cinturón de seguridad, aunque lo cierto es que los cinturones de seguridad sí concentran la fuerza de choque más que las bolsas de aire (estas últimas la distribuyen).

6. **(5) a las raquetas para la nieve, que distribuyen el peso de una persona en un área grande para que pueda caminar por encima de la superficie de la nieve** (Aplicación) Del mismo modo que la bolsa de aire de un auto distribuye la fuerza de choque en un área mayor del cuerpo del conductor y así reduce la presión en un punto concreto, las raquetas para la nieve distribuyen el peso de una persona en un área mayor para que la presión no sea lo suficientemente fuerte en ningún punto como para quebrar la superficie de la nieve. La opción (1) es incorrecta porque cuando un globo caliente se eleva la causa es una diferencia de densidades, no una fuerza que se distribuye en un área grande. La opción (2) es incorrecta porque es

UNIDAD 3

una aplicación de la tercera ley de Newton y no se relaciona con las ideas de fuerza, área y presión. La opción (3) es incorrecta porque no implica la distribución de una fuerza en un área grande. La opción (4) es incorrecta porque los rodamientos se utilizan porque concentran la fuerza de rozamiento en una zona muy pequeña.

## Prueba corta de GED (páginas 188 y 189)

1. **(3) La flecha más gruesa muestra la atracción de la Tierra sobre la Luna.** (Comprensión) El dibujo sigue la explicación del texto e indica que la gravedad de la Tierra, tal y como muestra la flecha sólida, ejerce una fuerza que atrae a la Luna. La flecha que se describe en la opción (1) muestra cómo se movería la Luna si la gravedad de la Tierra no ejerciera ninguna fuerza sobre ella. La flecha de la opción (2) muestra cuál es el movimiento de la Luna debido a la gravedad de la Tierra. El texto contradice la opción (4) porque dice que la Luna gira en órbita alrededor de la Tierra, y no se mueve en línea recta hacia ella. La opción (5) es incorrecta porque el texto indica que la gravedad hace a los objetos atraerse entre sí, no repelerse o separarse.

2. **(2) La masa es la cantidad de materia que tiene un objeto.** (Análisis) El texto no incluye una definición de masa, pero es necesario saber qué es la masa para comprender la información dada. La opción (1) es falsa; la masa no es el volumen de un objeto, es la cantidad de materia que tiene un objeto. La opción (3) es verdadera pero aparece en el texto y no es una suposición. Las opciones (4) y (5) son falsas; todos los objetos tienen masa y la masa puede medirse.

3. **(3) La rapidez implica distancia dividida entre el tiempo, y la velocidad implica rapidez y dirección.** (Comprensión) La diferencia que hay entre la velocidad y la rapidez está en que la velocidad tiene en cuenta la dirección del desplazamiento y la rapidez no. La opción (1) es incorrecta porque la rapidez implica distancia dividida entre el tiempo y no sólo distancia y la velocidad implica también la distancia. La opción (2) es incorrecta porque la velocidad implica el tiempo, la dirección y la distancia. La opción (4) es incorrecta porque la definición de rapidez es demasiado general y porque la velocidad indica la rapidez y la dirección y no sólo la distancia. La opción (5) es incorrecta porque la definición de rapidez es demasiado general y porque la velocidad no es una medida de tiempo.

4. **(5) 20 pies hacia el norte a 5 pies por segundo** (Aplicación) La velocidad incluye la dirección y también la rapidez. Ésta es la única opción que menciona una dirección, el norte. El resto de las opciones son ejemplos de rapidez. Dan información acerca de una distancia recorrida en un tiempo pero no acerca de la dirección.

5. **(4) Utilizó un paracaídas con una superficie mayor.** (Análisis) Una mayor superficie para un paracaídas aumentaría la resistencia del aire y reduciría, de este modo, la velocidad terminal. La opción (1) es incorrecta porque no importa la altura para alcanzar la velocidad terminal. La opción (2) es incorrecta porque no es probable que la masa corporal del paracaídas varíe de manera significativa de un día a otro. Las opciones (3) y (5) son incorrectas porque el lugar de aterrizaje y la velocidad del avión son datos irrelevantes para definir la velocidad terminal del paracaidista.

6. **(1) su masa** (Evaluación) La masa corporal del paracaidista afecta a la duración del salto porque afecta al punto en el que se alcanza la velocidad terminal. Las opciones (2) y (3) son incorrectas porque el volumen y la altura del paracaidista no son factores críticos. Las opciones (4) y (5) son incorrectas porque la velocidad del avión y su tipo no afectan la cantidad de tiempo que dura el salto.

7. **(2) la fricción aumenta en las partes móviles** (Análisis) Un motor que tiene un bajo nivel de aceite no está bien lubricado y sus partes móviles tendrán un rozamiento y desgaste mayores. La opción (1) es incorrecta porque cuando no hay suficiente aceite el rozamiento aumenta, no disminuye. Las opciones (3) y (4) son incorrectas porque la fricción no afecta a las partes fijas. La opción (5) es incorrecta porque un bajo nivel de aceite implica más rozamiento y esto dificulta el movimiento de las partes del motor.

8. **(3) la fuerza de atracción de gravedad que ejerce la Tierra sobre la estación espacial Mir** (Aplicación) La pelota que gira en el extremo de una cuerda es atraída hacia el centro por la fuerza centrípeta. La estación Mir sigue una órbita circular porque la fuerza de gravedad de la Tierra la atrae. Ninguna de las otras opciones implica movimiento circular, el elemento clave en este caso.

9. **(5) un automóvil en el que el indicador de velocidad muestra 65 millas por hora** (Aplicación) El indicador de velocidad muestra la velocidad de un vehículo en un momento determinado. Es la única opción en la que aparece un ejemplo de velocidad instantánea. En las opciones (1) y (4) la velocidad varía. En las opciones (2) y (3) se puede calcular la velocidad media pero no la instantánea.

## Lección 18
### Enfoque en las destrezas de GED (página 191)

1. **b.** El trabajo se produce cuando una fuerza desplaza un objeto a una distancia determinada y puede expresarse con la fórmula *trabajo = fuerza × desplazamiento*.

2. **a.** Se necesita una cantidad menor de esfuerzo para desplazar un objeto hasta la parte superior de una rampa que para elevarlo directamente hacia arriba.

3. **a.** La distancia que se recorre en el plano es mayor que la distancia que se recorre hacia arriba.

4. **a.** la fuerza que se le aplica a la caja de embalaje
   **b.** la distancia que recorre la caja de embalaje

1. **(2) una noria que gira** (Aplicación) La noria tiene energía cinética porque está en movimiento. En las otras opciones se muestran ejemplos de objetos que están en reposo y que tienen energía potencial en lugar de cinética.

2. **(3) un automóvil que está parado en la parte superior de una colina** (Aplicación) Este es un ejemplo de energía potencial porque si se soltara el freno el automóvil bajaría la colina. En las otras opciones se muestran objetos en movimiento y que tienen energía cinética en lugar de energía potencial.

3. **(5) El libro tiene energía cinética durante el momento en que lo elevan; tiene energía potencial cuando está en reposo sobre la mesa.** (Evaluación) La energía cinética es la energía del movimiento, la que tiene el libro cuando lo levantas (al igual que en el caso del martillo en el primer diagrama). La energía potencial es la energía que depende de la posición, la que tiene el libro cuando no se mueve (o la del martillo del segundo diagrama). Puesto que cualquier materia, en movimiento o no, posee energía, las opciones (1) y (2) son falsas. La opción (3) no es verdadera porque el libro obtiene energía potencial cuando lo colocas sobre la mesa. La opción (4) es lo opuesto a la verdad.

4. **(1) Los coches van ganando más energía potencial, de modo gradual, mientras suben.** (Análisis) La cadena que eleva a los coches de una montaña rusa transfiere energía de manera continua a los coches. La energía potencial se va incrementando de manera gradual y no sólo existe cuando llegan a la parte superior, por lo que la opción (2) es incorrecta. La opción (3) es incorrecta porque los coches están aumentando su energía potencial, no su energía cinética. (La energía cinética es la misma porque los coches se mueven con una velocidad baja y uniforme). La opción (4) es lo opuesto de lo que en realidad sucede, y la (5) es incorrecta porque la energía se transmite desde la cadena a los coches y no al contrario.

5. **(4) cuando un gas se condensa y forma un líquido** (Aplicación) En la condensación las moléculas del gas pierden energía cinética y también velocidad hasta que su velocidad es suficientemente baja como para que se transformen en líquido. En las opciones (1), (2), (3) y (5) las moléculas de materia se mueven más deprisa y por lo tanto, ganan energía cinética, no la pierden. La opción (5), no describe un cambio de estado.

6. **(5) La energía se conserva dentro de un sistema, no se crea ni se destruye.** (Comprensión) El ancho del cuerpo de la flecha en el diagrama es igual al ancho conjunto de las otras dos flechas: de este modo se muestra que la energía se transfiere y se indica también que no se crea ni se destruye energía sino que se conserva, por lo que la cantidad sigue siendo la misma. La opción (1) es incorrecta porque las flechas no representan tipos de energía sino la cantidad de energía. Las opciones (2), (3) y (4) son ciertas pero no son lo que las flechas del diagrama representan.

1. **(3) la gasolina y la batería** (Comprensión) De acuerdo con el texto y el diagrama, la energía química en un automóvil procede de la gasolina, que se transforma en energía calorífica y de los químicos de la batería, que producen energía eléctrica. Las opciones (1) y (2) son incorrectas porque el aceite lubricante no es una fuente de energía dentro del motor del automóvil sino que sirve para reducir el rozamiento. Las opciones (4) y (5) son incorrectas porque el motor y la transmisión no son fuentes de energía, sino formas de convertir la energía de una forma en otra.

2. **(3) las millas que recorre por cada galón de gasolina** (Evaluación) La distancia que se recorre por unidad de energía química o la cantidad de trabajo que se puede realizar son buenos indicadores de la eficiencia de un motor. Cuánto más terreno recorra un automóvil con un galón de gasolina, mejor uso de la energía calorífica producida estará haciendo el motor. La opción (1) sería sólo un indicador parcial de la eficiencia. Sería necesario saber cuál es la cantidad total de calor producido (y no sólo la que desperdicia) para poder evaluar la eficiencia del motor. La opción (2) es incorrecta porque el tamaño del depósito de gasolina sólo indica cuánto combustible puede contener y no dice con qué eficiencia utiliza el automóvil este combustible. La opción (5) es incorrecta porque la mezcla de aire y de gasolina no es un buen indicador de la eficiencia del motor de un automóvil.

3. **(2) una bicicleta** (Aplicación) Una bicicleta funciona gracias a la energía química que se encuentra en los músculos de las piernas de la persona cuando esta energía química se convierte en energía mecánica al pedalear. Las opciones (1) y (4) son incorrectas porque describen motores similares al de un automóvil que funcionan con la energía química de la gasolina o de otro combustible. La opción (3) es incorrecta porque la apertura automática la puerta de un garaje funciona con energía eléctrica. La opción (5) es incorrecta porque las secadoras de ropa funcionan con electricidad o con gas.

4. **(4) una cantidad menor de energía disponible para los seres vivos** (Análisis) Una disminución de la transformación de energía por fotosíntesis significa que habría menos comida disponible para los organismos, inclusive las plantas. (Para revisar las transmisiones de energía en los ecosistemas, consulte la lección 7). Las opciones (1), (2) y (3) son incorrectas porque el Sol seguiría produciendo la misma cantidad de energía pasara lo que pasara en la Tierra. La opción (5) es incorrecta porque la cantidad de energía química disponible para las plantas sería menor si hubiera menos fotosíntesis.

**5. (3) la energía eléctrica y la energía calorífica**
(Comprensión) De acuerdo con el texto, tanto el
motor de gasolina, que produce energía calorífica,
como el motor eléctrico, que produce energía
eléctrica, pueden impulsar al eje de tracción. Por
tanto, las opciones (1) y (2) son incorrectas. Las
opciones (4) y (5), la energía de la luz y la energía
nuclear, no son energías que se utilizan para un
automóvil híbrido a gasolina y eléctrico.

**6. (1) Tienen una mayor autonomía y las
baterías se recargan de manera automática.**
(Análisis) Los autos eléctricos no pueden manejarse
más de 80 millas sin que necesiten recargar las
baterías, un proceso que tarda de tres a ocho horas.
Por eso no son vehículos prácticos para la mayoría
de las personas. Sin embargo, los vehículos híbridos
eléctricos y a gasolina son tan prácticos como los
convencionales, con una autonomía mucho mayor y
no necesitan recargar las baterías. La opción (2) no
es una comparación viable porque los automóviles
eléctricos no utilizan gasolina en absoluto. Las
opciones (3) y (4) no son verdaderas porque los
automóviles híbridos utilizan motores a gasolina,
por lo tanto, contaminan más que los eléctricos. La
opción (5) es cierta pero no se relaciona con la
practicidad de los automóviles.

**7. (3) la conveniencia de los automóviles
convencionales** (Evaluación) El bajo costo de
mantenimiento de los autos eléctricos no parece ser
un argumento suficiente para compensar la baja
autonomía y el tiempo necesario para recargar las
baterías. Los consumidores valoran mucho la
comodidad. Las opciones (1), (2), (4) y (5) son
incorrectas porque si los consumidores valoraran por
encima de la comodidad un medio ambiente más
limpio, la conservación de los recursos, los bajos
costos de mantenimiento, o si quisieran iniciar una
corriente tecnológica, comprarían más automóviles
eléctricos.

## Prueba corta de GED (páginas 196 y 197)

**1. (2) cuando los dos objetos tienen la misma
temperatura** (Comprensión) De acuerdo con la
tercera parte del diagrama, la transferencia de calor
se detiene cuando el objeto caliente ha transferido
suficiente energía al frío como para que ambos
tengan la misma temperatura. La opción (1) es
incorrecta porque las moléculas siempre se mueven,
incluso en los objetos fríos. La opción (3) es
incorrecta porque el diagrama no muestra que los
dos objetos estén separados. La opción (4) es
incorrecta porque el objeto frío no pierde calor sino
que absorbe el calor del objeto caliente. La opción
(5) es incorrecta porque indica cuándo se inicia la
transferencia de calor, no cuándo finaliza.

**2. (3) las palomitas de maíz que se abren**
(Aplicación) Cuando las palomitas de maíz se abren,
los granos se mueven y chocan unos con otros. Es lo
más parecido al movimiento de las moléculas en una
sustancia que se calienta. Las opciones (1), (2) y (4)
muestran movimientos constantes que no son
típicos de las moléculas que se calientan. La opción

(5) indica lo opuesto de lo que ocurre en una
molécula que se calienta.

**3. (2) El calor de su mano es absorbido por el
hielo.** (Evaluación) De acuerdo con el texto y el
diagrama, el calor se transfiere de un objeto caliente
a un objeto frío; en este caso de su mano caliente al
hielo frío. La opción (1) es incorrecta porque de
acuerdo con el texto el frío es la ausencia de calor,
no algo que pueda fluir. La opción (3) es incorrecta
porque el hielo obtiene energía calorífica y se
derrite. Las opciones (4) y (5) son incorrectas porque
indican lo opuesto a lo que sucede en la realidad (las
moléculas de su mano están transfiriendo energía a
las moléculas del hielo, las cuales absorben energía).

**4. (4) El objeto caliente transmite calor al aire.**
(Análisis) Los objetos no están sólo en contacto unos
con otros, sino que también están en contacto con
el aire. Puesto que, tal y como se muestra en el
termómetro del diagrama, el objeto caliente tiene
una temperatura más alta que el aire, existirá una
transferencia de calor desde el objeto caliente al aire.
Las opciones (1) y (2) son incorrectas porque el calor
se transfiere de objetos calientes a fríos y no al revés.
La opción (3) es incorrecta porque el aire absorbe el
calor procedente del objeto caliente ya que, según se
muestra en el diagrama, es más frío que el objeto
caliente. La opción (5) es incorrecta porque los dos
objetos están en contacto con sustancias y no sólo
uno con otro, por lo tanto ocurrirán otras formas de
transmisión de calor entre todas esas sustancias.

**5. (2) la distancia que recorre la cuerda al tirar
de ella** (Evaluación) De acuerdo con el texto y el
diagrama, la distancia que recorre la cuerda al tirar
de ella es igual a la distancia que se desplaza la
carga. Por tanto, conocer la distancia que recorre la
cuerda al tirar de ella permite descubrir cuál es el
desplazamiento de la carga. Las opciones (1), (3) y
(4) no son precisas para hallar el desplazamiento de
la carga. La opción (5), la longitud total de la cuerda,
le señala el desplazamiento máximo que puede tener
la carga, pero no es lo más adecuado para hallar
cuánto se movió la carga en realidad.

**6. (5) El rozamiento de la rueda de la polea
debe compensarse con el esfuerzo al tirar de
la cuerda.** (Análisis) Aunque en teoría en un
sistema de polea simple la fuerza del esfuerzo es la
misma que la carga, en la práctica la persona que tira
de la cuerda debe realizar un pequeño esfuerzo
adicional (fuerza) para neutralizar el efecto de la
rueda de la polea. La opción (1) es verdadera pero no
explica por qué la persona que tira de la polea tiene
que ejercer un pequeño esfuerzo adicional. Las
opciones (2) y (3) son incorrectas porque en un
sistema de poleas simples la distancia que se recorre
al tirar de la cuerda es la misma que la distancia que
se mueve la carga. La opción (4) es incorrecta porque
la masa de la carga no varía al elevarse.

**7. (2) El calor que despiden los automóviles
sube la temperatura en las calles que tienen
un tráfico pesado.** (Análisis) Los motores de los
automóviles pierden más calor del que producen y

éste es absorbido por lo que tienen alrededor. Cuanto más tráfico tenga una calle, ésta tendrá más calor procedente del calor contaminante de los automóviles. La opción (1) es incorrecta porque las calles que tienen un tráfico denso absorben la misma cantidad de calor que el resto de las calles cuando la sombra y la orientación son iguales. En la opción (3) se muestra un incremento de calor que puede suceder por el rozamiento al viajar en calles desgastadas, pero este calor no es tan significativo como la pérdida generada por los motores de los automóviles. Las opciones (4) y (5) pueden o no ser ciertas en ciertos casos específicos, pero no se proporciona suficiente información para evaluar la importancia que tienen.

8. **(4) En su nuevo trabajo necesita transportar instrumentos pesados en el automóvil.** (Aplicación) Aumentar la potencia del motor del automóvil en caballos de fuerza o de vapor será útil para transportar una carga más pesada (por ejemplo, suministros de gran peso). Las opciones (1) y (3) no se relacionan con la cantidad de caballos de fuerza que tiene un automóvil. Las opciones (2) y (5) serían buenas razones para comprar un automóvil con un motor de baja potencia, no para comprar uno con muchos caballos de fuerza (ésta última quema más combustible y produce más contaminantes).

## Lección 19

### Enfoque en las destrezas de GED (página 199)
1. **a.** Tendría carga negativa.

2. **b.** Los pedazos de papel se acercan al peine.

3. **a.** Los iones positivos y negativos se atraen entre sí.

### Enfoque en el contenido de GED (página 201)
1. **(5) un área de fuerza** (Comprensión) De acuerdo con el texto, un campo eléctrico es un área de fuerza. Las opciones (1), (3) y (4) son incorrectas porque son ejemplos de materia y no de fuerzas. La opción (2) es incorrecta porque se relaciona con la fuerza de un campo eléctrico y no con su definición.

2. **(4) incrementaría la fuerza de atracción entre ellas** (Análisis) De acuerdo con el texto, la fuerza de un campo eléctrico disminuye cuando la distancia aumenta. La fuerza del campo eléctrico, por tanto, debe aumentar cuando la distancia disminuye. Las opciones (1) y (2) son incorrectas porque las cargas eléctricas de las partículas no se verían afectadas. La opción (3) es incorrecta porque en esta situación no hay flujo de corriente. La opción (5) indica lo opuesto al efecto que sucedería.

3. **(2) En ambos casos se hace posible el flujo de algo de un lugar a otro.** (Análisis) La diferencia de potencial o voltaje empuja a los electrones dentro del cable de la misma forma que el agua presiona al agua dentro de la manguera. Las opciones (1), (3) y (4) son incorrectas porque se aplican solamente a la diferencia de potencial o voltaje. La opción (5) es incorrecta porque el agua no puede utilizarse para alimentar una batería química.

4. **(3) el flujo de electrones o de otras partículas con carga** (Comprensión) Esta es la definición que se da en el texto. Las opciones (1) y (2) son incorrectas porque no describen la corriente eléctrica sino la conducta que tienen las partículas con cargas opuestas. La opción (4) es incorrecta porque define la resistencia. La opción (5) describe la unidad que se utiliza para medir la energía eléctrica.

5. **(1) para abrir o cerrar el circuito y controlar así el flujo de la corriente** (Comprensión) Un circuito está cerrado y es continuo. Si no hubiera un interruptor para detener o comenzar el flujo de corriente, el circuito estaría siempre funcionando. Las opciones (2) y (5) son incorrectas porque el interruptor no le suministra energía al circuito; en el diagrama de la página 200 se muestra que la batería es la que suministra la energía del circuito. Las opciones (3) y (4) son incorrectas porque el interruptor simplemente permite el flujo de la corriente, no afecta la velocidad de los electrones.

6. **(3) se multiplicaría por dos** (Análisis) Para hallar la nueva intensidad de corriente, sustituya los valores de la diferencia de potencial o voltaje y de la resistencia en la fórmula $V = I \times R$: $V = 18$ voltios y $R = 9$ ohmios (4 ohmios más 5 ohmios = 9 ohmios). Por lo tanto $18 = 2 \times 9$. La intensidad de corriente sería de 2 amperios, una cantidad que resulta el doble de la que se muestra en el diagrama (1 amperio). Puede también encontrar la respuesta correcta por eliminación. Dada la fórmula $V = I \times R$, si la diferencia de potencial se duplica y la resistencia se mantiene igual, la intensidad debe multiplicarse por dos para mantener la ecuación igualada. Por lo tanto, las opciones (1), (2) y (4) son erróneas porque no implican ningún incremento en la corriente. Puede eliminar la opción (5) porque la diferencia de potencial sólo será la misma que la intensidad cuando la resistencia sea de 1 ohmio ($V = I \times 1$). En este circuito la resistencia es de 9 ohmios.

7. **(2) disminuirá la corriente** (Análisis) Esto es correcto pues, tal como lo expresa la fórmula $V = I \times R$, si el voltaje permanece constante y la resistencia aumenta, la corriente disminuirá. La opción (1) indica lo opuesto de lo que ocurriría. La opción (3) es incorrecta porque el aumento de resistencia no detendría el flujo de corriente; sólo la interrupción del circuito tendría este efecto. La opción (4) es incorrecta porque el aumento de resistencia no tendría ningún efecto sobre el interruptor. La opción (5) describe lo que sucede cuando se aumenta la corriente, por lo que, al igual que la opción (1), indica lo opuesto de lo que ocurriría en realidad.

### Práctica de GED (páginas 202 y 203)
1. **(4) Una corriente eléctrica produce un campo magnético.** (Comprensión) Esta relación se describe en el primer párrafo del texto. La opción (1) es cierta pero no responde a la pregunta porque no da información específica acerca de la electricidad. La opción (2) es cierta, pero en este

texto se comenta sólo la formación de un campo magnético a partir de la corriente eléctrica y no al contrario. La opción (3) no es cierta porque no llega a especificar que el cable debe estar conduciendo una corriente eléctrica. La opción (5) es verdadera, pero el texto discute la relación que hay entre la electricidad y el magnetismo y no sólo habla del magnetismo.

2. **(2) para recoger piezas de metal dentro del área y depositarlas en otra zona del área** (Aplicación) Esto es correcto porque el electroimán adquirirá y perderá su magnetismo según la corriente esté encendida o apagada. Esto es perfecto para recoger piezas de metal y luego depositarlas en otro lugar. La opción (1) es incorrecta porque no hay ninguna forma de saber si la máquina puede viajar distancias largas. Las opciones (3) y (4) son incorrectas porque el electroimán de la grúa no podría hacer estas cosas. La opción (5) es incorrecta porque, independientemente de la potencia que tengan las otras máquinas del lugar, el electroimán sólo sirve para elevar objetos magnéticos.

3. **(3) La aguja responde al campo magnético producido por la corriente del cable.** (Análisis) La corriente de un cable produce un campo magnético que está más cerca de la brújula y que es más fuerte que el campo magnético de la Tierra; la aguja de la brújula se desvía. La opción (1) es incorrecta porque no relaciona la causa y el efecto de una forma adecuada. La opción (2) puede o no ser cierta, pero no explica por qué la aguja de la brújula se desvía del norte. La opción (4) es verdadera pero no explica el movimiento de la aguja. La opción (5) es incorrecta porque el magnetismo de la aguja de la brújula no está producida por una corriente que fluye dentro de un cable, sino porque la aguja de la brújula es magnética.

4. **(5) El magnetismo se relaciona con el movimiento de los electrones.** (Evaluación) La opción (5) es correcta porque tanto en el texto como en el diagrama se expresa que la corriente eléctrica, que es un flujo de electrones, produce un campo magnético. Entonces, el texto apoya la hipótesis de que el magnetismo está relacionado con el movimiento de los electrones. Las opciones (1) y (2) son incorrectas porque no son ciertas, y además porque el diagrama y el texto no comparan los imanes naturales y los electroimanes en función de la potencia o del uso de corriente. La opción (3) es cierta, pero no hay nada en el texto o en la ilustración que indique que los imanes afectan la corriente eléctrica. La opción (4) también es cierta, pero en el texto el único material del que se habla para un electroimán es del hierro dulce.

5. **(1) Una corriente eléctrica que fluye por un cable produce un campo magnético.** (Comprensión) Oersted descubrió este fenómeno cuando la corriente eléctrica que había producido afectó el movimiento de una aguja de una brújula cercana. La opción (2) era conocida antes de Oersted, como se señala con el simple hecho de que Oersted disponía de una brújula. La opción (3) indica lo opuesto a lo que descubrió Oersted. La opción (4) es el descubrimiento que según el texto hizo Faraday. Como indica el texto, la opción (5) es incorrecta porque los motores eléctricos fueron producto de inventores posteriores a Oersted.

6. **(3) La aguja de una brújula está magnetizada.** (Análisis) El autor no explica que la aguja de la brújula estaba magnetizada porque supone que usted sabe que esa es la razón por la que la aguja se desplazó cuando una corriente eléctrica cercana produjo un campo magnético. Todas las demás opciones son afirmaciones del texto.

7. **(4) la generación de electricidad a gran escala mediante el movimiento de campos magnéticos** (Análisis) Cuando se comprendieron los principios del electromagnetismo fue posible la producción de electricidad mediante el uso de campos magnéticos móviles. Las opciones (2), (3) y (5) son incorrectas porque el motor de combustión interna, las locomotoras, los molinos que hacen funcionar una bomba de manera mecánica y las baterías químicas no implican electromagnetismo.

8. **(5) El electromagnetismo tenía muchas aplicaciones potenciales de gran valor.** (Evaluación) El interés en el magnetismo se hizo más patente cuando se entendió mejor su relación con la electricidad porque a partir de entonces era posible buscar usos prácticos para la interacción del magnetismo y la electricidad. La opción (1) es incorrecta: no hay nada en el texto que indique que la calamita tiene muchos usos. La opción (2) es verdadera pero no es la elección adecuada porque la brújula se venía usando desde el siglo XIII. La opción (3) es verdadera pero no explica por qué en este momento los científicos se centraron más en el magnetismo y no en otros fenómenos. La opción (4) es falsa si se relaciona con la comprensión del magnetismo, el texto señala que los descubrimientos de los científicos del siglo XIX (Oersted, Ampère y Faraday) incentivaron el interés en el magnetismo, no en las civilizaciones antiguas.

## Prueba corta de GED (páginas 204 y 205)

1. **(4) la goma de caucho** (Comprensión) El párrafo indica que la goma de caucho es un buen material aislante. Según esto, la opción (4) es correcta. El párrafo también dice que los metales son buenos

conductores. Éstos son lo contrario a un buen aislante. En las opciones (1), (2), (3) y (5) se muestran metales y éstos no serían buenos aislantes.

2. **(1) cable eléctrico para una lámpara** (Aplicación) Un conductor permite que la corriente eléctrica fluya con facilidad a través de él y sería útil para un cable eléctrico. Las opciones (2) y (3) son objetos en los que se utilizan aislantes para prevenir un choque eléctrico. Las opciones (4) y (5) también son objetos en los que los aislantes son más apropiados que los conductores.

3. **(1) Lo más probable es que una tubería de plata tenga menor resistencia que una tubería de plástico.** (Evaluación) Los conductores permiten el flujo de la corriente y por ello ofrecen una menor resistencia a la electricidad. Además los metales tienden a ser mejores conductores que los no metales y por ello lo más probable es que la plata tenga una resistencia menor que el plástico. Aunque la opción (2) es verdadera, es una respuesta incorrecta: el párrafo no menciona el efecto de la temperatura o la capacidad que tiene una sustancia para conducir electricidad. La opción (3) es incorrecta porque el párrafo indica que la porcelana (un no metal) aísla mejor que la plata (un metal). La opción (4) es incorrecta porque el párrafo indica que el vidrio tiene una resistencia mayor que el cobre. La opción (5) es incorrecta porque en el párrafo se implica que los electrones se mueven más fácilmente a través de los metales que a través de los no metales.

4. **(2) La bombilla *B* tampoco se encendería.** (Análisis) Puesto que la bombilla *A* pertenece a un circuito en serie, cuando el circuito se rompe porque la bombilla *A* se funde la bombilla *B* tampoco encendería. La opción (1) no serviría para arreglar el circuito porque es la bombilla fundida la que ha detenido el flujo de la corriente en el circuito, no un cable defectuoso. La opción (3) es incorrecta porque la bombilla *C* está en un circuito en paralelo. Cuando la bombilla fundida *C* interrumpe el flujo de la corriente dentro del circuito, la corriente fluye por el otro trayecto y la bombilla *D* sigue encendida. La opción (4) es incorrecta porque sólo cuando se reemplaza la bombilla *C* (y no cuando se cambian los cables) la corriente fluye por todo el circuito. La opción (5) es incorrecta porque el que una sola bombilla se funda en un circuito no indica que haya que cambiar las baterías.

5. **(3) La corriente sigue en todos los trayectos del circuito excepto en uno.** (Evaluación) El hecho de que el resto de las luces funcionen después de que una bombilla se funda indica que el circuito está en paralelo. Las opciones (1) y (4) no son correctas porque un corte de corriente o un fusible detendrían la corriente de un circuito en serie y de un circuito en paralelo también. La opción (2) es incorrecta porque esto sólo sucedería si el circuito fuera en serie. La opción (5) contradice la información dada en la pregunta de que la cocina tiene un solo circuito.

6. **(2) la rotación de la bobina** (Comprensión) De acuerdo con el texto y el diagrama, los giros de la bobina hacen girar el eje del motor. La opción (1) es incorrecta porque la batería se encarga de suministrar energía. Las opciones (3), (4) y (5) son incorrectas porque el imán está fijo y no puede hacer girar el eje.

7. **(1) La bobina dejaría de girar.** (Análisis) Si la corriente sólo fluyera en una dirección la bobina tendría un campo magnético estacionario. Una vez que el polo sur de la bobina móvil fuera atraído por el polo norte del imán fijo, la bobina dejaría de girar. La opción (2) sólo sucedería si la corriente cambiara de dirección con mayor frecuencia. La opción (3) es incorrecta porque el imán no se mueve y además es un imán natural, no un electroimán. El campo magnético no se invertiría. La opción (4) es incorrecta porque el campo magnético de la bobina se invierte sólo cuando la corriente lo hace. La opción (5) es incorrecta porque la batería seguiría suministrando energía y acabaría por agotarse, independientemente de que la corriente fluyera en una sola dirección o en dos direcciones.

8. **(5) un generador, que utiliza el campo magnético para producir electricidad** (Aplicación) En un generador un imán en movimiento produce electricidad en una bobina (una aplicación del principio de la inducción electromagnética). La opción (1) es un ejemplo de una máquina que utiliza la electricidad para producir magnetismo y no de lo contrario. Las opciones (2) y (3) no implican electromagnetismo. La opción (4) es incorrecta porque la batería genera corriente eléctrica a partir de una reacción química, no gracias al magnetismo.

9. **(1) la gravedad** (Comprensión) De acuerdo con la tabla, la atracción entre objetos de mayor tamaño que los átomos está implicada sólo en el caso de la gravedad. La fuerza gravitatoria es la causante de fenómenos comunes como el peso que se siente al agarrar un objeto o los objetos que se ven caer. La opción (2) es incorrecta porque la electricidad estática es el único efecto visible de la fuerza electromagnética entre los objetos, y no es tan común como los efectos de la gravedad que se mostraron anteriormente. Aunque es posible observar el efecto del electromagnetismo, esta fuerza opera en un nivel subatómico, del mismo modo que las fuerzas de las opciones (3) y (4). La opción (5) es incorrecta porque es imposible observar este tipo de fuerzas en la vida cotidiana.

## Lección 20
### Enfoque en las destrezas de GED (página 207)

1. **a.** Una alteración que viaja a través del espacio o de la materia.

2. **b.** Todas las ondas tienen una longitud de onda de al menos el doble de su amplitud.
   **e.** Para medir la longitud de onda con precisión, se necesitan al menos dos valles.

3. **b.** Decir que una ola tiene una gran amplitud es lo mismo que decir que es alta.

### Enfoque en el contenido de GED (página 209)

1. **(3) a un acordeón que alguien toca**
(Aplicación) Ésta es la respuesta correcta porque representa un movimiento hacia delante y hacia atrás con compresiones y rarificaciones (perturbaciones) generadas en la misma dirección que la propagación de la onda (el movimiento del acordeón). Las otras opciones son incorrectas porque representan perturbaciones de arriba a abajo que se mueven de manera perpendicular a la dirección de la propagación de la onda. Ésta es una característica de las ondas trasversales y no de las longitudinales.

2. **(5) un sistema de sonido estéreo con altavoces** (Aplicación) Ésta es la respuesta correcta porque en la Luna no hay aire y el sonido de los altavoces no podría propagarse. La opción (1), una linterna, sería un objeto útil porque las ondas luminosas no necesitan un medio para propagarse. La opción (2), ropa interior térmica, sería útil para mantener el cuerpo caliente. La opción (3), oxígeno, sería útil para poder respirar porque la luna no tiene atmósfera y por lo tanto, tampoco tiene oxígeno. Podría concluir, en un primer momento, que la opción (4), un casco espacial con reproductor de CD y auriculares incorporados sería inútil pero esto sería una generalización apresurada. De hecho, el sonido podría viajar a través de los cables que conectan el reproductor de CD con los auriculares y a través del aire que está dentro del casco hasta sus oídos.

3. **(4) una mezcla de todos los colores de luz visible** (Comprensión) Según el texto y el diagrama, la luz está formada por colores, o luces con distintas longitudes de onda. La opción (2) es incorrecta porque un prisma está formado por cristal transparente y no produce luz blanca ni ningún otro tipo de luz. La opción (3) es incorrecta porque se limita a describir lo que es la luz, no lo que la forma: es un ejemplo de razonamiento circular. La opción (5) es incorrecta porque la luz está siempre formada por ondas trasversales, no longitudinales.

4. **(3) La luz roja es la que menos se curva.**
(Evaluación) Como se describe en el texto y en el diagrama, la luz roja se encuentra en la posición opuesta a la violeta dentro del espectro visible, por lo tanto es la que menos se curva de entre todos los colores de la luz. Por ello, las opciones (1) y (5) son incorrectas. Ni el texto ni el diagrama menciona la velocidad de la luz, por lo tanto la opción (2) también es incorrecta; el texto y el diagrama muestran que no es cierta. La opción (4) es incorrecta porque, de acuerdo con el texto, los colores que forman la luz se curvan con diferentes ángulos dentro del prisma.

5. **(2) Las olas del mar necesitan agua alrededor para viajar.** (Evaluación) Las olas del mar son ondas trasversales que necesitan un medio (el agua) por el que desplazarse. Concluir que todas las ondas trasversales pueden viajar a través del vacío es una generalización apresurada basada en las características de otro tipo de ondas trasversales: las ondas luminosas. Las opciones (1) y (4) son incorrectas porque prueban la conclusión y no proporcionan ningún tipo de información que la refute. La opción (3) es incorrecta porque las características de las ondas sonoras son irrelevantes, las ondas sonoras son longitudinales, no trasversales. La opción (5) es incorrecta porque no tiene relevancia para la conclusión que se ha sacado.

6. **(5) El volumen del sonido disminuye.**
(Análisis) Cuando la energía de una onda sonora disminuye su volumen lo hace también. Cuanto más lejos se encuentre de la fuente del sonido más difícil le resultará oír. Las opciones (1) y (2) son incorrectas porque es el medio en el que se propaga una onda sonora que afecta a la velocidad de las ondas sonoras, no la distancia. La opción (3) es una característica general de las ondas sonoras que se propagan en un medio determinado que tiene una temperatura uniforme. No es un resultado de una disminución de la energía. La opción (4) indica lo opuesto a lo que sucedería.

### Práctica de GED (páginas 210 y 211)

1. **(4) en campos magnéticos y eléctricos que oscilan en una onda** (Comprensión) Es un replanteamiento de la definición que se muestra en el texto. La opción (1) es incorrecta, porque es un razonamiento circular se limita a describir la radiación electromagnética con otras palabras. La opción (2) es incorrecta porque las perturbaciones de la radiación electromagnética se mueven en dos direcciones. La opción (3) es incorrecta porque la radiación electromagnética está formada por ondas trasversales y no longitudinales. La opción (5) es incorrecta porque la luz visible es una forma de radiación electromagnética y no al revés.

2. **(2) en ángulos rectos con respecto a la dirección del movimiento** (Comprensión) De acuerdo con la información ofrecida por el texto y el diagrama, los campos magnéticos y los eléctricos oscilan de manera perpendicular con respecto a la dirección de la propagación. Las opciones (1) y (4) son incorrectas porque describen a la perturbación como una onda longitudinal y no como onda trasversal del tipo de las electromagnéticas. La opción (3) es incorrecta porque los ángulos rectos tienen 90° y no 45°. La opción (5) es incorrecta porque la perturbación es perpendicular con respecto a la propagación y no circular.

3. **(3) Las ondas de la luz tienen longitudes de onda más cortas.** (Análisis) De acuerdo con el diagrama del espectro electromagnético, las ondas de la luz visible tienen longitudes de onda más cortas que las ondas de radio. Las opciones (1) y (2) son incorrectas porque tanto el texto como el diagrama indican que todos los tipos de ondas electromagnéticas están formadas por campos eléctricos y por campos magnéticos. La opción (4) es incorrecta porque el texto explica que las ondas electromagnéticas pueden propagarse a través del

vacío, por lo tanto no necesitan un medio para hacerlo. La opción (5) es incorrecta porque el texto y el diagrama indican que las ondas de radio son parte del espeto electromagnético, no ondas sonoras.

4. **(2) Viajan a través del vacío a una velocidad de 186,282 millas por segundo.** (Evaluación) De acuerdo con el diagrama del espectro electromagnético, las ondas infrarrojas son ondas electromagnéticas. De acuerdo con el texto, todas las ondas electromagnéticas se propagan en el vacío a la misma velocidad, a 186,282 millas por segundo. La opción (1) es incorrecta porque las máquinas de rayos X producen rayos X, no ondas infrarrojas. La opción (3) es incorrecta porque todas las ondas electromagnéticas se propagan a la misma velocidad en el vacío. La opción (4) es incorrecta porque las ondas electromagnéticas tienen longitudes de onda que van desde los $10^{-4}$ metros a aproximadamente los $10^{-6}$ metros. La opción (5) es incorrecta porque el diagrama muestra que las ondas infrarrojas son un tipo de ondas electromagnéticas.

5. **(1) Los teléfonos celulares emiten microondas cerca de la cabeza.** (Comprensión) De acuerdo con el texto, el uso del teléfono celular se ha convertido en un asunto preocupante porque este tipo de teléfonos emite radiaciones electromagnéticas cerca del cerebro. A las personas les preocupa que los teléfonos puedan suponer un riesgo de salud para los usuarios. Las opciones (2) y (4) son incorrectas porque se centran en aspectos de los teléfonos celulares que no son importantes con respecto al riesgo de desarrollar cáncer cerebral. La opción (3) es incorrecta. A los ratones se les expuso a una radiación similar pero no a teléfonos celulares específicamente, y además el tipo de cáncer que desarrollaron tampoco era específico. La opción (5) es incorrecta porque no es el hecho de que los teléfonos celulares no utilicen cables lo que hace sospechar a las personas del posible riesgo de desarrollo de cáncer cerebral.

6. **(2) Utilizar un teléfono celular con una antena remota para atenuar la intensidad de las microondas cerca de la cabeza.** (Aplicación) Cuando se incrementa la distancia que hay entre la fuente de las emisiones electromagnéticas (la antena) y la cabeza del usuario, el bombardeo de microondas en el cerebro se reduce, por lo tanto se reduce el riesgo, si es que lo hay. La opción (1) es incorrecta porque el uso del teléfono celular en espacios abiertos no afecta la distancia que hay entre la antena y la cabeza de la persona. La opción (3) es incorrecta porque aunque se alterne el lado de la cabeza en el que se usa el teléfono el cerebro aún recibe microondas. Las opciones (4) y (5) son incorrectas porque la antena está en funcionamiento cuando se reciben llamadas y cuando se hacen.

7. **(4) No ha podido encontrarse una conexión definitiva entre el uso del teléfono celular y el cáncer cerebral.** (Evaluación) El texto explica que los estudios con animales y los estudios con humanos no han ofrecido ninguna evidencia definitiva de que los teléfonos celulares están asociados con un riesgo de desarrollar cáncer cerebral superior al normal. Las opciones (1), (2) y (5) son generalizaciones apresuradas y no están apoyadas por la información que ofrece el texto. Hasta la fecha no hay evidencia suficiente para apoyar ninguna de estas conclusiones. La opción (3) es incorrecta porque el texto menciona que los hornos microondas utilizan niveles altos de microondas para calentar comida, y no niveles bajos.

## Prueba corta de GED (páginas 212 y 213)

1. **(4) el número de ciclos que pasan por un punto dado y la unidad de tiempo** (Comprensión) La frecuencia se define en la primera línea del texto como el número de ondas que pasan por un punto determinado por unidad de tiempo. Las opciones (1), (2) y (3) son incorrectas porque ni la altura (otra forma de decir amplitud) ni la distancia entre las crestas y valles están directamente relacionadas con la frecuencia. La opción (5) es incorrecta porque para calcular la frecuencia no es preciso conocer la distancia.

2. **(1) una disminución de la velocidad** (Análisis) Cuando la frecuencia y la longitud de onda disminuyen, se sigue que si se multiplican la velocidad resultante también se reducirá. La opción (2) es incorrecta porque la velocidad se calcula multiplicando la longitud de onda por la frecuencia. La opción (3) es incorrecta porque la velocidad no puede reducirse si la frecuencia y la longitud de onda aumentan. Las opciones (4) y (5) son incorrectas porque ni la longitud de onda ni la frecuencia pueden determinar por sí solas la distancia que recorre una onda; es preciso saber el tiempo para determinar si la distancia recorrida por la onda aumentó o disminuyó.

3. **(2) El efecto de las microondas en las moléculas de agua** (Comprensión) El diagrama muestra cómo giran las moléculas por la acción de las microondas y cómo se produce calor y se calientan los alimentos. La opción (1) es demasiado general. La opción (3) habla de una parte del horno microondas que no aparece en el diagrama. La opción (4) es incorrecta porque el diagrama muestra un cambio en las moléculas de agua y no en las microondas. La opción (5) no se refiere al tema de el diagrama. El tema se refiere a la acción de las microondas y no al diseño del horno.

4. **(4) Los alimentos con un alto contenido en agua se calientan con mayor rapidez que la comida seca.** (Evaluación) Puesto que las microondas actúan sobre las moléculas de agua y las hacen girar y volver a girar, usted puede concluir que los alimentos con un alto contenido en agua se calentarán más deprisa que la comida seca. La opción (1) es incorrecta porque no hay ninguna indicación proveniente del texto ni de el diagrama que indique que hay otros tipos de ondas electromagnéticos

UNIDAD 3

capaces de afectar a las moléculas de agua. La opción (2) es incorrecta porque el horno microondas transforma la energía electromagnética en energía calorífica y no al revés. La opción (3) es incorrecta porque los hornos convencionales no usan microondas sino que transmiten calor desde una fuente de calor a los alimentos. La opción (5) podría ser verdadera, pero el texto no muestra ningún tipo de información que apoye esa conclusión.

5. **(2) sus moléculas están demasiado separadas** (Análisis) El texto menciona que los sólidos son los mejores transmisores de las ondas sonoras porque sus moléculas están fuertemente unidas. Las moléculas de los líquidos no están unidas con tanta fuerza, por lo tanto se sitúan en un punto medio con respecto a la propagación del sonido. Según esto, la razón por la que los gases son los menos efectivos en la propagación del sonido debe ser que sus moléculas están demasiado separadas. La opción (1) es incorrecta porque las moléculas del gas están separadas y no juntas. De manera semejante la opción (3) es incorrecta porque debido a que las moléculas de los gases están separadas, éstos no son densos. La opción (4) es incorrecta porque el texto no menciona que los gases sean elásticos o inelásticos. La opción (5) es incorrecta porque es un razonamiento circular. Decir que las ondas sonoras viajan más despacio a través de un gas es lo mismo que decir el gas es el medio de propagación menos efectivo.

6. **(4) Pega la oreja al suelo.** (Aplicación) Debido a que el sonido se propaga más deprisa a través el terreno sólido que a través del aire, si pega su oreja al suelo escuchará antes un sonido distante. Las otras opciones tienen que ver con el sonido pero no con el hecho de que éste viaja más deprisa a través de los sólidos.

7. **(5) Las ondas sonoras viajan más despacio que las ondas luminosas.** (Evaluación) Existe un retraso temporal entre el momento en que se ve al bate golpear la pelota y el momento en que se escucha el golpe porque las ondas sonoras viajan mucho más despacio que las luminosas. Las opciones (1) y (4) no afectarían al momento en el que una persona escucharía el sonido. Las opciones (2) y (3) no afectarían la velocidad con la que se propagó el sonido.

8. **(3) su campo electromagnético** (Análisis) Las ondas infrarrojas son un tipo de radiación electromagnética y por eso producen campos eléctricos y magnéticos que afectan a la capacidad del sensor para conducir electricidad. Las opciones (1) y (2) son incorrectas porque son propiedades de la materia pero no de las ondas. Las opciones (4) y (5) son propiedades de las ondas, pero no son la causa de los cambios de conductividad en el sensor del termómetro.

9. **(4) El detector no apunta directamente hacia el tímpano.** (Análisis) Si el detector no apunta directamente hacia el tímpano no podrá recoger la radiación electromagnética adecuada y mostrará una lectura errónea. La opción (1) es incorrecta porque decir que el termómetro muestra una lectura incorrecta es lo mismo que decir que su pantalla muestra esta información inexacta. Es un razonamiento circular. La opción (2) es incorrecta porque la radiación infrarroja tiene longitudes de onda pequeñas dentro del espectro electromagnético. Si la longitud de onda cambiara de manera dramática (y esto no sucede) el oído produciría otro tipo de radiación (tampoco sucede). La información del texto y del diagrama contradice la opción (3). La opción (5) es incorrecta porque los únicos termómetros que utilizan mercurio son los tradicionales. Los termómetros de oído no utilizan mercurio. Si fuera así, se mostraría en el diagrama.

## Unidad 3 Repaso acumulativo
(páginas 214 y 217)

1. **(3) $C_4H_{10}$** (Comprensión) Si cuenta el número de átomos de carbono (C) y de hidrógeno (H) en las fórmulas estructurales de la cadena recta y de la cadena ramificada del butano, comprobará que las dos cadenas contienen 4 átomos de carbono y 10 de hidrógeno. Por lo tanto, la fórmula química global para ambos tipos es $C_4H_{10}$. Puede eliminar las opciones (1) y (5) porque tienen un número incorrecto de átomos de carbono. La opción (2) tiene un número incorrecto de átomos de hidrógeno. La opción (4) es incorrecta porque el butano no contiene ningún átomo de oxígeno (O).

2. **(5) El decano tiene más isómeros.** (Análisis) El texto dice que cuantos más átomos tenga una molécula de hidrocarburo, más isómeros puede formar. El decano tiene más átomos de carbono que el pentano, por lo tanto formará más isómeros. De hecho, el decano tiene 75 isómeros y el pentano sólo 3. Las opciones (2), (3) y (4), de acuerdo con esto, son incorrectas. La opción (1) es incorrecta porque, tal y como aparece en la fórmula química, el decano tiene más átomos de hidrógeno que el pentano.

3. **(1) El oxígeno alcanza con mayor facilidad las partes de una molécula de cadena lineal.** (Evaluación) El único factor que puede explicar por qué los isómeros se queman de manera diferente es que son diferentes físicamente, es decir, que varían en la organización de sus átomos. Puesto que los isómeros tienen la misma composición química, las respuestas (2), (3), (4) y (5) son incorrectas.

4. **(3) Halar unas cuantas vueltas del alambre de un muelle flojo y luego soltarlas rápidamente.** (Aplicación) La característica clave de las ondas longitudinales es que la dirección de la propagación de la onda es la misma que la de las perturbaciones causadas por ella. El modelo de un muelle flojo al que se le estiran y luego sueltan varias vueltas de alambre es un ejemplo de este tipo de ondas. La opción (1) es incorrecta porque el movimiento hacia arriba y hacia abajo de la cuerda es perpendicular a la trayectoria de la onda; ésta es una característica de las ondas trasversales y no de

las longitudinales. La opción (2) es incorrecta porque la rotación de una cuerda para saltar no es buen ejemplo de la perturbación lineal de una onda longitudinal. Las opciones (4) y (5) son incorrectas porque lanzar una piedra y un pase de rebote crean movimientos semejantes a la onda transversal, ambas acciones generan un movimiento de arriba abajo que es perpendicular a la dirección de la piedra y de la pelota.

5. **(4) un núcleo inestable** (Comprensión) De acuerdo con el texto, para cada tamaño de átomo cierta proporción de protones con respecto a los neutrones en el núcleo resulta en inestabilidad nuclear y por ello, en decaimiento nuclear. La opción (1) es incorrecta porque el número de electrones de un átomo no determina si un átomo es radiactivo o no. La opción (2) es incorrecta porque todos los átomos tienen un solo núcleo; no existen átomos con varios núcleos. La opción (3) es una propiedad de los átomos radiactivos pero no una causa de radiactividad. La opción (5) es incorrecta porque se limita a decir con otras palabras lo que es la radiactividad en vez de explicar las causas que la producen (un ejemplo de razonamiento circular).

6. **(5) un geólogo interesado en estimar la edad de ciertas muestras de rocas** (Aplicación) Los geólogos pueden determinar la edad de una roca mediante la comparación de la cantidad de material estable que tiene con la cantidad de material radiactivo. El resto de las opciones son incorrectas porque la información de la vida media de las sustancias radiactivas no tendría ninguna utilidad para ningún científico que llevara a cabo las actividades descritas en las opciones (1), (2), (3) y (4).

7. **(3) Después de 22,920 años, quedará 1/16 de gramo de carbono 14 del gramo original.** (Evaluación) En el diagrama se puede ver que la mitad del carbono 14 decae cada 5,730 años. En 17,190 quedaría 1/8 de gramo. Después de otros 5,730 años, un total de 22,920 años, quedaría la mitad de 1/8: 1/16. La opción (2) es incorrecta porque después de 17,189 años queda 1/8 de gramo. La opción (4) es incorrecta porque es una generalización apresurada. En el texto sólo se ofrece un ejemplo de vida media, por lo tanto no se suministra información suficiente para concluir cuál es la duración de una vida media típica. La opción (5) es incorrecta porque con una vida media de 5,730 años, el carbono 14 decae hasta una cantidad no mensurable en miles de años y no en millones de años.

8. **(2) Un fluido es un líquido o en un gas.** (Análisis) El escritor supone que usted sabe que un fluido puede aparecer en estado líquido o en estado gaseoso (cualquier sustancia que tenga moléculas que se muevan de manera libre y aleatoria). El resto de las opciones son incorrectas porque así aparecen en el texto.

9. **(1) una velocidad disminuida** (Análisis) La resistencia disminuye la velocidad de los objetos en movimiento. Un incremento en la resistencia disminuiría la velocidad del objeto. La opción (2) es opuesta a lo que sucedería. La opción (3) es incorrecta porque de acuerdo con el texto y con el diagrama, la aerodinámica sirve para disminuir la resistencia del aire y produce un flujo de aire más suave y rápido. Por lo tanto, una resistencia incrementada produce un flujo de aire más difícil. La opción (4) es incorrecta porque un incremento en la resistencia del aire disminuye la velocidad del flujo de aire alrededor del objeto. La opción (5) es incorrecta porque la resistencia del aire es un tipo de rozamiento, un aumento en la resistencia supone un incremento en el rozamiento.

10. **(2) afilar el capó y guardabarros para hacer un diseño más aerodinámico** (Análisis) Cuando un automóvil tiene un diseño aerodinámico experimenta menos resistencia al aire. Esto supone la necesidad de menos fuerza (y el consumo de menos combustible) para generar un movimiento que cubra una distancia a una velocidad determinada. Las opciones (1), (4) y (5) no tendrían ningún efecto en el flujo de aire ni en la eficacia en el consumo de combustible. La opción (3) produciría una mayor resistencia, y el automóvil tendría un consumo de combustible mayor.

11. **(3) La oposición que ejerce un material al flujo de la corriente se denomina resistencia.** (Comprensión) El interés principal del texto está en explicar qué es la resistencia y eso es lo que hace esta oración. Las opciones (1), (4) y (5) son detalles demasiados específicos y no pueden ser una idea principal. La opción (2) es verdadera pero no se menciona en el párrafo.

12. **(5) reemplazar un cable fino de acero por uno grueso de cobre** (Aplicación) Si la diferencia de potencial o voltaje no varía cualquier cambio que disminuya la resistencia incrementará la intensidad de corriente. Un cable más grueso tiene una resistencia menor que uno más fino; reemplazar un cable fino de acero por otro grueso de cobre disminuye la resistencia y aumenta la intensidad de corriente. Las opciones (1), (2), (3) y (4) son cambios que incrementarían la resistencia y disminuirían, de este modo, la intensidad de corriente.

13. **(2) Dos núcleos y varios neutrones aparecen cuando un núcleo es golpeado por un neutrón** (Comprensión) Con este enunciado se resume lo que muestra el diagrama acerca de la fisión nuclear. La opción (1) es incorrecta porque de acuerdo con el diagrama no se ceden electrones. La opción (3) es incorrecta porque, de acuerdo con el diagrama, en una fisión nuclear no se ceden protones sino que se ceden neutrones y porque el núcleo se divide en dos. Las opciones (4) y (5) pueden ser verdaderas, pero no son un resumen de lo que muestra el diagrama.

**14. (5) Fue moralmente incorrecto que los científicos desarrollaran armas nucleares.** (Análisis) En la actualidad sigue siendo motivo de debate si fue moralmente aceptable el que los científicos desarrollaran armas nucleares que se dejaron caer, poco después de ser desarrolladas, en dos ciudades japonesas casi al final de la Segunda Guerra Mundial. El resto de las opciones son incorrectas porque enuncian hechos del texto, no opiniones.

**15. (3) el reto científico y técnico** (Evaluación) Partir de la primera fisión nuclear en 1942 y conseguir una bomba tres años después fue un reto científico y tecnológico de gran envergadura, el tipo de reto que motiva a los físicos. Lo más probable es que la opción (1) no sea correcta porque el desarrollo, tal y como se indica en el texto, fue un esfuerzo de equipo. La opción (2) es poco probable porque el desarrollo de armas de destrucción masiva es justo lo contrario a los medios pacíficos de resolución de conflictos. La opción (4) es incorrecta porque no hay nada en el texto que indique que después de la guerra los físicos esperaran una gran recompensa económica. La opción (5) es incorrecta porque el texto indica que después de la guerra muchos científicos se arrepintieron de la destrucción producto de sus trabajos y que además intentaron detener la propagación de las armas nucleares.

**16. (2) Una superficie desigual refleja la luz de los rayos paralelos con diferentes ángulos.** (Evaluación) En el diagrama de la derecha se muestra que cuando los rayos paralelos inciden sobre una superficie áspera, la luz reflejada (líneas azules) rebota con ángulos diferentes. La opción (1) es incorrecta porque el diagrama muestra que los rayos incidentes y paralelos se reflejan. La opción (3) es incorrecta porque la ley de la reflexión se aplica también a las superficies desiguales o ásperas, el ángulo de incidencia es siempre igual al ángulo de reflexión. Los rayos paralelos se reflejan con diferentes ángulos en una superficie áspera o desigual porque inciden con ángulos diferentes. Las opciones (4) y (5) son incorrectas porque se basan en la confusión con respecto a la palabra *normal,* que en los diagramas se refiere a la línea perpendicular a la superficie.

## PRUEBA FINAL (páginas 219 a 237)

**1. (3) una reacción química que absorbe calor** (Comprensión). Las dos últimas oraciones del párrafo explican que una reacción endotérmica es aquella que para producirse absorbe calor. La opción (1) no es cierta; en las reacciones químicas las propiedades de la materia cambian. La opción (2) es incorrecta porque describe una reacción exotérmica. La opción (4) es incorrecta porque describe la energía de activación. La opción (5) es incorrecta porque para iniciar una reacción es necesaria la energía de activación.

**2. (5) la fuente de energía de activación** (Aplicación) En este caso la llama proporciona energía calorífica suficiente para que comience la combustión del carbón. La opción (1) es incorrecta porque la llama no es una propiedad sino una forma de existencia de la materia. La opción (2) es incorrecta porque la combustión del combustible dentro del encendedor es una reacción exotérmica, porque desprende calor. La opción (3) es incorrecta porque la llama del quemador es parte de una reacción química, no un cambio físico. La opción (4) es incorrecta porque como resultado de la reacción química se forman cenizas, gases y calor.

**3. (1) El interior de la Tierra está formado por material más denso que el de la corteza.** (Evaluación). En el diagrama se indica que la densidad de la Tierra se incrementa según se va desde la corteza hacia el núcleo. Cuando se hace una media de la densidad más alta del interior de la Tierra y de la densidad más baja de la corteza terrestre se obtiene una densidad media para la Tierra. La opción (2) es verdadera pero incorrecta porque no es útil para explicar por qué la densidad media de la Tierra puede ser mayor que la de la corteza. La opción (3) no es cierta; de acuerdo con el diagrama la corteza contiene silicio y oxígeno y el interior hierro y níquel. La opción (4) es verdadera porque la densidad es la relación entre la masa y el volumen, pero este hecho por sí solo no explica por qué la densidad media de la Tierra es más alta que la de la corteza y por lo tanto la opción es incorrecta. La opción (5) es incorrecta porque aunque se introdujera el dato de los océanos al cálculo total de la corteza, una menor densidad añadida al cálculo disminuiría la densidad de la corteza, no la incrementaría.

**4. (3) los músculos ciliares** (Análisis) De acuerdo con el diagrama, estos músculos se encuentran localizados en el lugar en el que pueden alterar la forma del cristalino cuando sea necesario. Las opciones (1), (2), (4) y (5) son incorrectas porque los músculos rectos superior e inferior, la córnea y el nervio óptico no están conectados con el cristalino y no pueden controlar su forma.

**5. (3) La cantidad de luz que entra en el ojo varía.** (Análisis) Mientras más pequeña sea la pupila, menos cantidad de luz penetra en el ojo. Cuanto más grande, más luz penetra. La opción (1) es incorrecta porque es el iris y no la pupila la parte coloreada del ojo. La opción (2) es incorrecta porque el punto ciego del ojo no cambia de posición: ésta es la región de la parte posterior de la retina en la que entra el nervio óptico y en la que la retina no tiene receptores para la luz. La opción (4) es incorrecta. La córnea se abulta, pero no gracias al ajuste del iris. La opción (5) es incorrecta porque el iris no sirve para ver los colores.

**6. (3) disminuir la fuerza de elevación** (Análisis) Para descender poco a poco, el piloto debe disminuir la fuerza de elevación para que el peso del aeroplano sea mayor que ésta. Para ello se altera el flujo de aire sobre las alas. La opción (1) es incorrecta porque aumentar la fuerza de elevación incrementaría la altura. La opción (2) es incorrecta porque aumentar la fuerza de propulsión tendría como resultado una velocidad mayor hacia adelante, no el descenso. La opción (4) es incorrecta porque si se disminuyera el peso el avión ascendería o mantendría su curso con mayor estabilidad, y no descendería. La opción (5) es incorrecta porque disminuir la resistencia del aire incrementaría la velocidad del avión hacia delante, no lo haría descender lentamente.

7. **(4) Tres geranios son una muestra demasiado pequeña para llegar a una conclusión tan amplia.** (Evaluación) La conclusión de Beatriz basada en un experimento con tres geranios es una generalización apresurada. Un investigador debe hacer pruebas con muchas más plantas de diferentes tipos antes de decidir si se puede sacar una conclusión tan amplia. Las opciones (1) y (2) son incorrectas porque dar a los geranios diferentes cantidades de luz al día era parte del experimento. De hecho, era la variable independiente. La opción (3) es incorrecta porque dar a los geranios la misma cantidad de agua significa que el agua no puede ser la causa de un mayor crecimiento, porque era una constante en el experimento. La opción (5) es incorrecta porque la reacción de los geranios al agua no tiene importancia con respecto a la reacción que tienen a la luz y porque no puede llegarse a ninguna conclusión sobre la reacción de los geranios o de otras plantas al agua a partir de este experimento.

8. **(2) un camión de juguete** (Aplicación) Las pilas o baterías se utilizan para suministrar energía a objetos pequeños y portátiles que no se utilizan todo el tiempo y para los que el uso continuo no es esencial. Un camión de juguete es pequeño, necesita muy poca corriente eléctrica y si se detiene cuando la batería se agota, esto no es demasiado preocupante. La opción (1) es incorrecta porque la lavadora es un electrodoméstico grande e inmóvil que necesita la corriente eléctrica que se utiliza en una casa. Una pila no sería apropiada. Las opciones (3) y (4) son incorrectas porque los automóviles y las sillas de ruedas motorizadas necesitan grandes cantidades de energía y las pilas no pueden suministrar esa cantidad de energía. La opción (5) es incorrecta porque el timbre de una puerta es un elemento fijo en un hogar, y por ello es más práctico hacerlo funcionar con la corriente de la casa y no con una pila.

9. **(2) una** (Comprensión) Para responder a esta pregunta, localice primero a la tercera generación en la fila de varones y hembras que está abajo. Busque en esa fila a alguien que muestre el rasgo de daltonismo al verde y al rojo, indicado por un sombreado completo. Sólo hay una persona, un varón, con daltonismo al verde y al rojo. (Los círculos sombreados a la mitad representan a las mujeres que transmiten el rasgo pero no lo tienen).

10. **(2) 77°F a 88°F** (Comprensión) Primero localice el área que representa el bioma de un bosque tropical lluvioso, en la parte superior derecha de la gráfica. Luego compruebe cuál es el rango de temperaturas para este bioma en el eje de las ordenadas (vertical). (Fíjese en que cada uno de los intervalos representa 15° y que, por lo tanto, la marca del intervalo entre 60 y 90 representa 75). De acuerdo con la gráfica, el bioma de bosque tropical lluvioso tiene una temperatura media anual de entre 77°F y 88°F. La opción (1) es incorrecta porque la gráfica muestra que el bioma de bosque tropical lluvioso tiene una temperatura promedio anual por debajo de 90°F. Las opciones (3), (4) y (5) son todas temperaturas medias anuales demasiado bajas para un bioma de bosque tropical lluvioso.

11. **(1) El bosque de hoja caduca tiene, por lo general, una temperatura promedio anual más alta.** (Análisis) La temperatura media anual para un bioma de bosque de hoja caduca va desde unos 50°F hasta unos 80°F y la temperatura anual promedio para los bioma de bosques de coníferas va desde unos 35°F hasta unos 65°F. Por tanto, como promedio el bosque de hoja caduca es más cálido que el de hojas perennes. La opción (2) es incorrecta porque la gráfica no indica qué cantidad de área cubre cada uno de los biomas. La opción (3) es incorrecta porque los bosques de coníferas y los de hoja caduca tienen un rango medio similar de precipitaciones. La opción (4) podría ser cierta pero la diversidad no es un asunto que se trate en la gráfica. La opción (5) es falsa porque ambos tienen rangos de temperatura de aproximadamente unos 30°F.

12. **(3) Algunos biomas tienen precipitaciones y temperaturas similares.** (Comprensión) En los lugares en los que dos biomas se superponen, como sucede en la gráfica, las condiciones de temperatura media y de precipitaciones son similares. La opción (1) es cierta pero no es la respuesta correcta porque las áreas que están superpuestas en la gráfica indican superposición en los datos de temperaturas y precipitaciones. Las opciones (2) y (5) son incorrectas porque la gráfica no ofrece ninguna información acerca de la localización. La opción (4) es incorrecta porque, por definición, los diferentes bioma se caracterizan por tener plantas y animales diferentes.

13. **(4) Algunos biomas de tundra montañosa y ártica tienen una precipitación tan pequeña como los biomas de desierto.** (Evaluación) Si mira al eje de precipitaciones de la gráfica, comprobará que en los desiertos caen menos de 15 pulgadas de precipitaciones al año. En algunos bioma árticos y de tundra también caen menos de 15 pulgadas de precipitaciones al año. La opción (1) es incorrecta porque las praderas pueden tener una temperatura anual más elevada que la de un desierto. La opción (2) es incorrecta porque 180 pulgadas es la parte superior del rango anual de precipitaciones, no la parte inferior. La opción (3) es verdadera pero ni la gráfica ni el párrafo la apoyan con información. La opción (5) es verdadera: en los desiertos caen unas 15 pulgadas de precipitaciones al año.

14. **(5) Las moléculas del agua en estado líquido están comprimidas con una organización irregular y las del hielo forman un enrejado regular con espacios amplios.** (Análisis) En el diagrama del agua líquida no hay espacios entre las moléculas de agua estrechamente unidas, pero en el diagrama del hielo se muestra qué existe una organización regular de las moléculas en forma de un enrejado con grandes espacios entre las moléculas. Por eso el agua se expande cuando se congela. La opción (1) es incorrecta porque el diagrama muestra que tanto el agua en estado líquido como el hielo tienen átomos de hidrógeno y de oxígeno. Las opciones (2), (3) y (4) son incorrectas porque cuando el hielo y el agua tienen la misma masa, el número de átomos es también el mismo aunque el hielo necesite más espacio.

15. **(4) sistema nervioso** (Aplicación) Los ojos y los oídos reciben datos sensibles y los transmiten al cerebro, que a su vez interpreta lo que escuchamos y lo que vemos. Las opciones (1), (2), (3) y (5) son incorrectas porque estos sistemas no implican obtener información sensorial (la función principal de los ojos y los oídos).

16. **(4) El ácido fosfórico de la cola afecta la masa ósea y la debilita.** (Análisis) De acuerdo con la información del texto, los científicos no están de acuerdo en cuál es la razón para la asociación que se encuentra entre beber cola y las fracturas de huesos; aquí se presenta una de las opiniones. Compruebe que este enunciado no contiene ninguna de las palabras clave para opiniones, por lo tanto no puede decir que es una opinión a partir del enunciado en sí. Debe tener en cuenta el contexto del enunciado en el texto para decidir si es una opinión. Las opciones (1), (2), (3) y (5) no son opiniones sino hechos mencionados en la información.

17. **(2) el descubrimiento de nuevas partículas subatómicas que transportan fuerzas fundamentales** (Aplicación) Este proyecto podría obtener el premio Nobel de física. La opción (1) es incorrecta porque no existe un premio Nobel de geología. La opción (3) es incorrecta porque no se entrega un premio Nobel de zoología. La opción (4) es incorrecta porque no se entrega un premio Nobel en esta categoría tampoco. La opción (5) es incorrecta porque no se entrega un premio Nobel en la categoría de interpretación.

18. **(5) sulfato de cerio** (Evaluación) Observe que la línea del sulfato de cerio desciende. Esto indica que la solubilidad del cerio disminuye cuando aumenta la temperatura. Por tanto, la conducta del sulfato de cerio en una disolución es una prueba de que incrementar la temperatura del agua no siempre aumenta la solubilidad. Las opciones (1), (2), (3) y (4) son incorrectas porque la solubilidad de esas sustancias aumenta cuando la temperatura del agua aumenta también.

19. **(3) calentar el gas en un globo para que se expanda y se eleve** (Aplicación) Cuando se calienta el gas de un globo, su volumen aumenta y el gas se hace menos denso, gracias a lo cual el globo se eleva. Es una aplicación de la ley de Charles con respecto a la temperatura del gas y el volumen. Las opciones (1) y (2) son incorrectas porque involucran cambios en la presión, no en la temperatura. La opción (4) es incorrecta porque rociar con colonia no implica un cambio en la temperatura o el volumen. La opción (5) es incorrecta porque implica el cambio de un gas a líquido. La ley de Charles sólo se aplica a los gases.

20. **(3) Los padres desean que su hijo sea genéticamente igual a ellos.** (Evaluación) Cuando un óvulo y un espermatozoide provienen de los progenitores, el niño que resulta de la concepción, gracias a la fertilización in vitro, tiene la herencia genética de sus padres. Tener un hijo que es "de su propia sangre" es muy importante para muchas personas. Las opciones (1) y (2) son verdaderas, pero no son razones para preferir la fertilización in vitro porque ésta requiere mucho tiempo y es muy cara. La opción (4) es incorrecta porque cualquier niño puede tener problemas de salud. La opción (5) es incorrecta porque estarían más seguros de conseguir una niña a través de la adopción que a través de la fertilización in vitro.

21. **(4) sólo convección** (Aplicación) En un sistema de aire caliente, el aire caliente viaja por los conductos de ventilación que están cerca del suelo y circula dentro de la casa gracias a la convección. Las opciones (1) y (5) son incorrectas porque la conducción no tiene un papel importante en la calefacción con este sistema. Las opciones (2) y (3) son incorrectas porque la radiación tampoco desempeña un papel importante en este tipo de calefacción.

22. **(3) El mercurio conduce la electricidad.** (Análisis) Un interruptor sirve para cerrar o abrir un circuito eléctrico. Cuando está cerrado, permite que la electricidad fluya. En este párrafo el escritor supone que el lector sabe que el mercurio es un conductor de la electricidad y por eso no lo menciona directamente. El resto de las opciones son hechos que se mencionan en el párrafo, no se suponen.

23. **(2) El flujo del agua tropical hacia el norte calienta el clima de Europa.** (Evaluación) De acuerdo con el párrafo, las corrientes marinas profundas trasladan calor desde los trópicos. De acuerdo con el mapa, la corriente cálida fluye hacia el norte desde los trópicos hasta Europa, y calienta el clima de allí. Las opciones (1) y (3) son incorrectas porque cerca de la Antártida y del Noreste de Asia fluyen corrientes frías. La opción (4) es incorrecta. De acuerdo con el párrafo el agua fría y salada es más densa que el agua dulce y caliente de los trópicos. La opción (5) es incorrecta porque el mapa muestra que la corriente cálida fluye en la dirección opuesta, desde Australia hacia África.

24. **(4) una hoja de un árbol** (Aplicación) Como en el caso del ala de un insecto, la hoja es fina pero tridimensional. Además, tiene el tamaño adecuado para examinarla en el microscopio estereofónico. Las opciones (1), (2) y (3) son demasiado pequeñas para un microscopio estereofónico. La opción (5) es demasiado grande.

25. **(1) cuando se aproximara** (Análisis) De acuerdo con el párrafo y el diagrama, las ondas del sonido se juntan cuando la fuente del sonido se acerca y por eso el sonido que se aproxima tiene un tono más agudo. El diagrama muestra que las ondas sonoras están más cerca durante el tiempo en que se aproxima la fuente. La opción (2) es incorrecta porque cuando la fuente está más cerca, usted escucha las ondas a un lado de la fuente y no enfrente; las ondas sonoras a un lado no son apretadas juntas y por lo tanto el sonido no tiene un tono agudo. La opción (3) es incorrecta porque, tal y como se muestra en el párrafo y el diagrama, el tono del sonido bajaría cuando la fuente del sonido se alejara. La opción (4) es incorrecta porque el volumen es independiente del tono. La opción (5) es incorrecta porque la reflexión distorsionaría el sonido pero no su frecuencia.

26. **(1) un aumento del tono** (Análisis) De acuerdo con el párrafo y el diagrama, las ondas sonoras se van comprimiendo unas junto a otras a medida que la fuente del sonido se aproxima y por lo tanto el tono del sonido sube. Tal y como se muestra en el diagrama, la fuente del sonido se está aproximando al observador A. El texto y el diagrama contradicen las opciones (2), (3), (4) y (5).

27. **(2) El efecto Doppler puede utilizarse para determinar si la fuente de un sonido se está acercando o alejando de alguien.** (Evaluación) Puesto que el tono sube cuando la fuente del sonido se acerca y baja cuando se aleja, los cambios de tono se pueden utilizar para mover de lugar la fuente del sonido. La opción (1) es incorrecta porque el párrafo indica que el sonido es uno de los tipos de ondas en los que sucede el efecto Doppler. El efecto Doppler también aparece en otras ondas, como las ondas luminosas. La opción (3) es incorrecta porque existen muchos sonidos que pueden escucharse a 50 metros de distancia y el efecto Doppler puede sentirse con cualquier frecuencia y cualquier volumen de un sonido que sea audible o perceptible. La opción (4) es incorrecta porque la fuente del sonido emite ondas de la misma frecuencia. Es el cambio de la relación entre la fuente y la persona que escucha lo que produce el efecto Doppler. La opción (5) es incorrecta porque ni en el párrafo ni en la ilustración aparece ninguna información que diga que las ondas sonoras se interfieren entre sí.

28. **(5) una naranja fresca** (Aplicación) Los alimentos frescos y no cocinados son las mejores fuentes de vitamina C y los cítricos como la naranja son una fuente de vitamina C muy buena. Los alimentos de las opciones (1) y (4) no son muy ricos en vitamina C sino que contienen una cantidad pequeña de esta vitamina. La opción (2) no es una buena opción porque cuando la fruta se seca, normalmente se destruye la mayoría de la vitamina C. La opción (3) contiene vitamina C, pero se destruye cuando se cocina.

29. **(3) La población sería muy baja a lo largo de las generaciones porque muchos huevos fertilizados tendrían defectos y morirían.** (Análisis) Aunque los machos se aparearan con las hembras, muchos de los huevos fertilizados serían defectuosos. Esto reduciría la cantidad de insectos sanos nacidos cada año. Pero aún quedarían machos sanos para fertilizar los huevos y por lo tanto se seguiría produciendo una descendencia sana. La población no desaparecería completamente. La opción (1) es incorrecta porque la mayoría de los huevos serían fertilizados y de algunos resultaría una descendencia sana. La opción (2) es incorrecta porque aunque la población fuera baja a lo largo de las generaciones seguiría existiendo un número suficiente de huevos sanos para producir descendencia. La opción (4) es incorrecta porque cuando se suelta a machos irradiados se produce un número menor de fertilizaciones con éxito y esto disminuye la población. La opción (5) es incorrecta porque el apareamiento seguiría produciéndose pero la descendencia sana disminuiría.

30. **(5) El número de especies de invertebrados es aproximadamente 24 veces mayor que el de vertebrados.** Como puede ver en la gráfica circular, los invertebrados, entre los que se incluyen los insectos, son mucho más abundantes que los vertebrados. De hecho sólo un 4 por ciento de los animales son vertebrados y el resto, un 96 por ciento, son invertebrados. Hay, por tanto, un número 24 veces mayor de especies de invertebrados que de vertebrados (96 dividido entre 4). El resto de las opciones muestran números demasiado bajos.

31. **(2) La posición relativa de la Tierra con respecto a las estrellas varía.** (Análisis) Según el diagrama, las estrellas aparecen en diferentes lugares en diferentes momentos del año debido a la traslación de la Tierra alrededor del Sol. La opción (1) es incorrecta porque el círculo que muestra el diagrama es el trayecto que recorre la estrella visto desde la Tierra, no una órbita. De acuerdo con el diagrama la opción (3) es incorrecta porque la posición relativa del sol y la estrella permanece invariable. La opción (4) es incorrecta porque el diagrama sólo muestra una estrella en diferentes posiciones aparentes en diferentes momentos del año. La opción (5) es incorrecta porque el diagrama muestra que es la traslación de la Tierra y no la rotación la que se relaciona con el paralaje.

**32. (5) las condiciones necesarias para crear un ecosistema completo y autónomo para astronautas** (Aplicación) Un ecosistema es algo complejo y de gran tamaño; para crear un ecosistema para astronautas se comenzaría con un modelo en la Tierra. La opción (1) es incorrecta porque el estudio del efecto del ejercicio aeróbico sobre el estrés puede realizarse a través de experimentos y encuestas. No es necesario un modelo. La opción (2) es incorrecta porque la relación entre una dieta rica en grasas y los trastornos coronarios podría estudiarse haciendo una encuesta a las personas acerca de sus dietas y su salud. La opción (3), las interacciones sociales de un grupo de chimpancés, podría estudiarse observando a estos animales. La opción (4), el crecimiento y desarrollo del salmón del Pacífico, podría estudiarse examinando directamente a este pez.

**33. (2) aumentar la utilidad y el valor del animal o de la planta** (Evaluación) El propósito principal de la reproducción selectiva ha sido siempre que las plantas o los animales tuvieran un mejor valor para los humanos. La domesticación de plantas y animales fue el primer uso de la reproducción selectiva por parte de los humanos, hace miles de años. La opción (1) podría ser un objetivo en la reproducción selectiva, pero uno poco importante. La opción (3) es incorrecta porque la reproducción selectiva suele hacerse a pequeña escala y luego se utiliza de manera más general si el resultado es bueno. La opción (4) es incorrecta porque el propósito principal de la reproducción selectiva es mejorar una planta desde el punto de vista humano. Si al final se convierte en otra especie esto es un resultado indirecto del proceso y no un objetivo. La opción (5) es incorrecta porque en los últimos años la reproducción selectiva se ha utilizado para conseguir este propósito en muy pocas ocasiones. El propósito principal ha sido siempre el económico.

**34. (4) Es poco probable que el agua subterránea caliente vuelva a filtrarse en la montaña Yuca.** (Análisis) Los que están a favor de almacenar los residuos radiactivos en la montaña Yuca tienen la opinión de que no hay peligro debido al agua subterránea, y que por lo tanto los contenedores estarían en un lugar seguro. Las opciones (1), (2), (3) y (5) son incorrectas porque son hechos que aparecen en el párrafo y no opiniones.

**35. (1) Durante largos períodos de sequía el pozo se secará.** (Comprensión) El diagrama muestra la posición normal del nivel freático y la posición que tiene durante periodos de sequía. Puesto que durante estos periodos el nivel freático está por debajo del fondo del pozo, el diagrama sugiere que el pozo se secará. La opción (2) es incorrecta porque la casa está situada muy por encima del arroyo y no es probable que se inunde si hay fuertes lluvias. La opción (3) es incorrecta porque el diagrama muestra que el nivel del agua del arroyo es el mismo que el del nivel freático. La opción (4) es incorrecta porque el diagrama no muestra las raíces de los árboles, y no se involucra ningún tipo de información acerca de la supervivencia de éstos. La opción (5) es incorrecta porque el diagrama no incluye ningún tipo de información acerca de la calidad del agua.

**36. (3) La energía que utiliza para realizar trabajo pesado es nueve veces mayor que la que utiliza en reposo.** (Análisis) Una mujer en reposo utiliza una media de energía de 5 kilojulios por minuto. Cuando hace trabajo pesado utiliza unos 44 kilojulios, unas nueve veces más. La opción (1) es incorrecta porque el trabajo pesado requiere más energía que el reposo y no al revés. La opción (2) es incorrecta porque esta es la cantidad de energía que utiliza en el trabajo ligero y no en el pesado. La opción (4) es incorrecta porque la energía que utiliza para realizar trabajo pesado es menos de diez veces mayor que la que utiliza en reposo. La opción (5) es incorrecta porque 44.1 kilojulios es la cantidad media de energía que utiliza una mujer que realiza trabajo pesado, no la relación entre trabajo pesado y reposo.

**37. (5) Los depósitos de hierro son magnéticos.** (Análisis) El párrafo no establece de manera directa que el hierro sea un material magnético, pero esta información es importante para comprender el texto. Es un hecho del dominio público. Las opciones (1) a (4) son todas incorrectas porque no son suposiciones sino hechos que aparecen en el texto.

**38. (2) cuando un grupo de individuos coloniza una isla en medio del océano** (Aplicación) Una isla es una parte del océano geográficamente aislada y por lo tanto la población se procrea dentro de la misma especie a lo largo de las generaciones. Bajo este tipo de circunstancias, en ocasiones se desarrolla una nueva especie. La opción (1) es incorrecta porque la mutación genética puede suceder en cualquier población, pero es un caso raro que sólo llevaría a la evolución de la especie si ésta estuviera aislada. Las opciones (3) y (4) son incorrectas porque estas poblaciones no están aisladas. La opción (5) es incorrecta porque para la evolución de una especie es necesaria la descendencia. Sin ella el grupo se extinguirá.

**39. (4) a los relámpagos** (Aplicación) En el diagrama se muestra que los electrodos producen chispas o energía eléctrica en el modelo de Miller, de la misma manera que los relámpagos o rayos podrían haber proporcionado energía eléctrica en los primeros tiempos de la Tierra. Esta energía habría convertido a las moléculas de la Tierra en moléculas orgánicas. La opción (1), la atmósfera, se simula a través del conjunto de gases del modelo. La opción (2), los océanos, se simulan con el agua. La opción (3), fuertes lluvias, no es parte del modelo aunque el agua hirviendo sí crea vapor que se condensa cerca de la parte inferior del modelo. La opción (5), el bombardeo de meteoritos, no se replica tampoco en el modelo de Miller.

**40. (3) Las barreras contra la nieve que se construyen a los lados de las carreteras para que la nieve se acumule allí y no entre en las carreteras.** (Aplicación) Como en el caso de la arena, la nieve vuela con el viento y cae al suelo cuando el viento sopla más débil. Las barreras contra la nieve a los lados de las carreteras están diseñadas para acumular la nieve y para mantenerlas limpias. La opción (1) es incorrecta porque los muros de piedra no están diseñados para atrapar ninguna partícula que lleve el viento, aunque puedan hacerlo, sino para marcar los límites del territorio de una granja. Las opciones (4) y (5) son incorrectas porque estas estructuras y barreras están diseñadas para detener el movimiento del agua, no para que ésta deposite materiales.

**41. (1) Un automóvil de todo terreno tiene una mayor distancia de frenado que un automóvil normal que viaje a la misma velocidad.** (Evaluación) Un automóvil todo terreno de grandes dimensiones tiene más masa que un automóvil normal y por ello necesita más espacio para detenerse que otro automóvil que viaje a la misma velocidad. Por ello, si el automóvil que está delante del todo terreno se detiene de repente, este último chocará contra el primero porque necesita más espacio para detenerse. Las opciones (2) y (3) son incorrectas porque el todo terreno necesita más distancia de frenado que el otro automóvil. La opción (4) es incorrecta porque cuanto más deprisa circule el todo terreno, más distancia necesitará para detenerse y por lo tanto la distancia entre ambos automóviles tendrá que ser mayor. La opción (5) es incorrecta porque cualquier accidente a altas velocidades puede causar lesiones a los pasajeros y conductores de un todo terreno.

**42. (1) el carbón** (Comprensión) De acuerdo con la tabla, el carbón mineral es una roca sedimentaria formada por restos de organismos. Las opciones (2), (4) y (5) son incorrectas porque el conglomerado, la arenisca y el esquisto se forman por la acción de los arroyos, los glaciares y el viento. La opción (3) es incorrecta porque la sal gruesa se forma a través de reacciones químicas en el agua de mar o por la evaporación del agua del mar.

**43. (4) un gran océano** (Aplicación) La tabla indica que el yeso es resultado de las reacciones químicas en el agua de mar o por la evaporación de ésta. Por lo tanto, para que el yeso se formara hace millones de años, la región debe haber estado cubierta por un océano. Otras opciones muestran regiones en las que no es probable que se forme el yeso.

**44. (3) Pueden ser necesarios diferentes tratamientos para los diferentes tipos de dolor.** (Comprensión) Las técnicas de escáner IRM y TEP muestran que hay diferentes áreas del cerebro activadas por dolores con causas diferentes y que los diferentes tipos de dolor responderán a diferentes tipos de tratamientos. La opción (1) es incorrecta porque el párrafo indica que gracias a nuevas técnicas de estudio del cerebro es posible realizar estudios objetivos del dolor. La opción (2) es incorrecta porque las imágenes del cerebro muestran que el dolor afecta a diferentes partes del cerebro. La opción (4) es incorrecta porque no hay nada que sugiera que un tipo de tecnología es superior a la otra. La opción (5) es incorrecta porque no hay nada que sugiera que el dolor no es real.

**45. (4) En un recipiente cerrado, el agua se evapora y forma vapor de agua y luego se condensa y forma agua de nuevo.** (Comprensión) Este enunciado cubre todos los puntos principales de el diagrama: agua, evaporación, vapor y condensación en un contenedor cerrado. La opción (1) es incorrecta porque no incluye la condensación. La opción (2) es incorrecta porque no incluye la evaporación. La opción (3) es incorrecta porque es un detalle y no un resumen. La opción (5) es incorrecta porque omite un hecho importante: el diagrama no muestra el proceso de congelación.

**46. (5) Cuanto más largo es el embarazo, el número de crías es menor.** (Análisis) La tabla organiza a los animales de acuerdo al tiempo de embarazo, de menor a mayor. Los animales que tienen un embarazo más corto tienen una descendencia mayor y los animales con los embarazos más largos tienen menos descendencia (una cría). Es una generalización basada en los detalles de la tabla. El resto de las opciones son demasiado específicas como para ser conclusiones: son detalles procedentes de la tabla.

**47. (2) La persona sabe que las ondas de la luz se refractan y debería apuntar a un lugar más cercano del lugar en el que parece estar la linterna.** (Evaluación) Si la persona mirara a la imagen de la linterna no la atraparía y por tanto la opción (2) es correcta. Compensa la refracción de las ondas de la luz y apunta más cerca para poder recogerla. La opción (1) es incorrecta porque la persona no apunta al lugar en el que ve la linterna. La opción (3) es incorrecta porque una persona ve un pájaro exactamente en el lugar en el que está porque las ondas luminosas que proceden del pájaro no están refractadas. La opción (4) es incorrecta porque no hay nada en el párrafo o en la ilustración que indique que las ondas luminosas son las únicas que se refractan. De hecho, todas las ondas electromagnéticas y sonoras lo hacen. La opción (5) es incorrecta porque, tal y como indica el párrafo, la refracción puede ocurrir en el límite entre dos tipos de sustancias. Por ejemplo, la luz se curva cuando entra en un prisma de cristal grueso, en el plástico o en una lente.

**48. (5) El terremoto produjo menos destrozos en Oakland que en San José y por eso el valor de la escala de Mercalli en Oakland fue más bajo.** (Análisis) La escala de Mercalli valora los efectos de un terremoto en un lugar determinado. Por tanto, el mismo terremoto puede tener diferentes valores para cada una de las áreas afectadas. Las opciones (1) y (2) son incorrectas porque la escala de Mercalli no mide el tamaño de las ondas sísmicas. La opción (3) es incorrecta porque algunos terremotos muy ligeros sólo tendrían una lectura en la escala de Mercalli en el lugar en el que se encuentre un sistema científico de control de terremotos. La opción (4) es incorrecta porque el terremoto produjo menos destrozos en Oakland.

**49. (3) No. Lo normal es que el ardor de estómago cause dolor en el pecho, encima del estómago.** (Aplicación) El diagrama muestra que el ácido que se desplaza desde el estómago hacia el esófago (el pecho) causa ardor de estómago. La opción (1) es incorrecta porque, tal y como muestra el diagrama, aunque el ardor de estómago procede de los ácidos estomacales no está causado por estos ácidos dentro del estómago sino por el ácido que sube dentro del esófago. La opción (2) es incorrecta porque no hay nada en el párrafo ni en el diagrama que indique que el ardor de estómago produzca dolor (no lo hace). La opción (4) es incorrecta porque el lugar de la molestia no es el correcto. La opción (5) es incorrecta porque el ardor de estómago no se relaciona con el dolor de corazón ni con el del estómago, sino con molestias en el esófago.

**50. (2) Rusia, que dispone de grandes áreas de permagel en las regiones del norte del país.** (Aplicación) De acuerdo con el párrafo, el hidrato de metano aparece en áreas de permagel en sedimentos en las profundidades de los océanos. De todos los países que se indican Rusia, que se extiende hacia el norte, es el que tiene con más probabilidad grandes depósitos de hidrato de metano. Puesto que el hidrato de metano puede ser un combustible potencial, Rusia se encuentra entre los países que están investigando activamente la viabilidad de obtenerlo y de utilizarlo. La opción (1) es incorrecta. Una nación que ya dispone de una gran cantidad de petróleo y de gas natural no tiene el incentivo de investigar una fuente de combustible que no se ha probado antes. Las opciones (3), (4) y (5) indican opciones incorrectas porque estas naciones no tienen permagel ni acceso al mar. Por lo tanto, lo más probable es que no estén interesadas en estudiar métodos de extracción y de uso del hidrato de metano como combustible.

## PRUEBA SIMULADA (páginas 239 y 258)

**1. (1) carbono 14** (Aplicación) La tabla indica que el carbono 14 se utiliza para estimar la edad que tiene un material que perteneció a algo que tuvo vida, como es el caso de un hueso humano. No hay otra sustancia radiactiva enumerada que se utilice para estimar la edad de materiales que pertenecieron a algo vivo.

**2. (4) Las sustancias radiactivas tienen muchos usos diferentes.** (Evaluación) En la tabla se indican cinco sustancias radiactivas y se describen varios usos que tienen, por lo tanto ésta es una conclusión razonable. La opción (1) es incorrecta porque no se ofrece ninguna información acerca del precio o costo de las sustancias que aparecen en la tabla. La opción (2) tampoco es correcta porque el uranio 235 se utiliza también dentro de los reactores nucleares. La opción (3) es incorrecta porque las sustancias radiactivas se utilizan en las bombas nucleares y éstas son muy dañinas para el ser humano. La opción (5) es verdadera pero incorrecta porque la tabla no ofrece ninguna información acerca del origen de las sustancias radiactivas.

**3. (2) para hallar la distancia al epicentro del terremoto** (Aplicación) Mediante la comparación de los tres tipos de ondas que llegan a una estación de registros sísmicos, los científicos pueden calcular qué distancia recorrieron desde el epicentro del terremoto. La opción (1) es incorrecta porque la evaluación de los daños se realizaría en el lugar de los hechos. Las opciones (3) y (5) son incorrectas porque cuando las ondas sísmicas llegan el terremoto ya ha ocurrido. La opción (4) es incorrecta porque los volcanes y los terremotos se relacionan con tensiones en las placas de la Tierra, pero por los tiempos de llegada de las ondas sísmicas no pueden predecir las erupciones volcánicas.

**4. (5) durante la formación de la falla y la fase de erosión** (Comprensión) En el segundo diagrama, la falla expone estratos de roca más antiguos cuando una masa rocosa se desliza debajo de varios estratos de roca contiguos. En el tercer diagrama, la erosión de los estratos que están encima ha expuesto estratos de roca más antiguos. Las opciones (1) y (4) son incorrectas porque en la etapa de pliegue los estratos más antiguos de roca siguen en la parte de abajo de la formación. Las opciones (2) y (3) son incorrectas porque no están completas.

**5. (2) la invención del microscopio** (Análisis) Antes de la existencia del microscopio no se sabía nada acerca de la existencia de los microorganismos porque no podían verse. El microscopio permitió que los microorganismos se convirtieran en un objeto de estudio. La opción (1) es incorrecta porque la clasificación se hizo posible después de que la microbiología se convirtiera en un campo de estudio. Las opciones (3) y (4) son incorrectas porque fueron desarrollos posteriores de la microbiología. La opción (5) es incorrecta porque no se menciona en el texto y porque hasta el momento hay muy pocas aplicaciones en el campo de la computación (si es que hay alguna).

**6. (4) tener un automóvil en marcha dentro de un garaje cerrado** (Aplicación) Como se conoce el monóxido de carbono que produce un automóvil sale por el tubo de escape, la cantidad de monóxido de carbono se acumula con rapidez si el automóvil está en marcha y no hay ventilación. La opción (1) es incorrecta porque una caldera de carbón bien ventilada expulsará los gases al exterior. Las opciones (2) y (5) son incorrectas porque al utilizar una cortadora de césped y una barbacoa al aire libre hay suficiente ventilación. La opción (3) es incorrecta porque una cocina bien instalada dispone de la ventilación adecuada y previene el envenenamiento por monóxido de carbono.

7. **(4) Cómo actúa una enzima** (Comprensión) Este título abarca la idea principal de el diagrama: mostrar cómo interactúa una enzima con una molécula determinada (sustrato) para acelerar ciertas reacciones químicas. Las opciones (1) y (2) son demasiado generales como para servir como títulos. La opción (3) es incorrecta porque la información no muestra la estructura molecular de la enzima. La opción (5) es demasiado específica y se centra en una sola parte del diagrama.

8. **(3) la pulga, que vive en la piel de los pájaros y de los mamíferos y les chupa la sangre para alimentarse** (Aplicación) La pulga vive de su huésped o cerca de él y además le produce un perjuicio, dos características de un parásito. La opción (1) es incorrecta porque el ciempiés no vive cerca de un huésped o a costa de él y además se alimenta de materias que ya no tienen vida. La opción (2) es incorrecta porque el gavilán patirrojo no vive cerca o a costa de otro organismo y además mata a su presa. La opción (4) es incorrecta porque el percebe no perjudica a otros organismos huéspedes. La opción (5) es incorrecta porque la hormiga está beneficiando al organismo huésped.

9. **(2) El rasgo hereditario del daltonismo depende del género.** (Comprensión) El daltonismo es un rasgo heredado que está ligado al sexo y por eso el porcentaje de hombres con este rasgo es mucho más alto. La opción (1) es incorrecta porque percibir colores es tan importante para los hombres como para las mujeres. La opción (3) es incorrecta porque el daltonismo no es una enfermedad. La opción (4) es incorrecta porque el enunciado no se relaciona con la distribución del daltonismo por sexos. La opción (5) es verdadera en la mayor parte de los casos pero no se relaciona con la distribución del daltonismo por sexos.

10. **(3) una planta que creció de un tallo que se cortó y enterró en una mezcla de raíces** (Aplicación) Una planta que crece de un esqueje es un clon de la planta original, hereda toda la carga genética de la planta original. La opción (1) es incorrecta porque un bebé que nace gracias a la inseminación artificial recibe carga genética del padre y también de la madre. La opción (2) es incorrecta porque el potro nace por reproducción sexual y en este caso se combina el material genético de los progenitores. La opción (4) es incorrecta

porque una planta que crece desde una semilla polinizada hereda material genético procedente de dos plantas diferentes. La opción (5) es incorrecta porque la araña incubada hereda carga genética procedente de los dos progenitores.

11. **(3) Venus es el segundo planeta más cercano al Sol.** (Evaluación) En el diagrama Mercurio es el primer planeta que orbita alrededor del sol (Observe que el Sol aparece con el número "1"). La opción (1) no es cierta. Marte, que está más lejos del Sol, tarda más en girar alrededor de éste. El diagrama no contiene suficiente información para apoyar las conclusiones (2) y (4). La opción (5) no es cierta. La Luna gira alrededor de la Tierra y por tanto a veces está más cerca que esta última.

12. **(5) por el vapor de agua del aire** (Análisis) El vapor de agua en el aire se combina con los contaminantes sólidos del aire y forma ácido sulfúrico y ácido nítrico, los componentes de la lluvia ácida. Las opciones (1), (2) y (3) están implicadas en la producción de contaminantes en el aire, pero no pueden afectar a los contaminantes emitidos. La opción (4) es incorrecta porque los depósitos de la lluvia ácida afectan a los océanos pero éstos no están implicados en la producción de depósitos húmedos.

13. **(4) Las plantas se debilitan debido a la falta de nutrientes y al efecto negativo que tienen los metales pesados.** (Análisis) El diagrama muestra que los árboles son víctimas de la acción de los terrenos ácidos cuando los nutrientes desaparecen y los metales pesados se concentran. La opción (1) es incorrecta y el diagrama indica que la concentración de metales pesados es nociva. La opción (2) es incorrecta porque la contaminación no incrementa el número de nutrientes del suelo. La opción (3) es incorrecta porque toda la planta se debilita. La opción (5) es incorrecta porque el suelo ácido lleva consigo plantas que no están suficientemente alimentadas.

14. **(3) Ambos ofrecen evidencia indirecta de la existencia de los átomos.** (Análisis) El movimiento de una partícula de polvo es una evidencia indirecta de que los átomos están presentes y se mueven, los rayos X también proporcionan evidencia indirecta de la existencia de los átomos porque los rayos rebotan contra algo. La opción (1) es incorrecta porque el movimiento browniano no proporciona imágenes de los átomos y la difracción de los rayos X tampoco. La opción (2) es incorrecta porque en el movimiento browniano no participan las ondas electromagnéticas. La opción (4) es incorrecta porque en los rayos X no participan suspensiones líquidas. La opción (5) es incorrecta porque sólo en el caso de los rayos X se produce un bombardeo de los átomos. En el movimiento browniano los átomos son bombardeados por la partícula de polvo.

15. **(1) ver un relámpago antes de escuchar el trueno** (Aplicación) La luz viaja mucho más deprisa que el sonido y por eso usted ve el rayo o relámpago antes de escuchar el trueno que lo acompaña en una tormenta. La opción (2) es incorrecta porque las distancias en una discoteca son tan pequeñas que percibiría la luz y el sonido al mismo tiempo. Las opciones (3), (4) y (5) son incorrectas porque no comparan la percepción de la luz con la percepción del sonido. No implican el sonido ni la luz.

16. **(5) El incremento de los niveles de dióxido de carbono de la atmósfera puede contribuir al calentamiento global.** (Análisis) Esta es una generalización basada en los detalles del párrafo (especialmente en el primero). El resto de las opciones son incorrectas porque son detalles específicos procedentes del párrafo y no de conclusiones.

17. **(5) Lloverá.** (Análisis) Si hay una cantidad de vapor de agua en el aire más alta de la que el aire puede contener a una temperatura determinada, el vapor en exceso se condensará y luego lloverá. La opción (1) es incorrecta porque la humedad se reduciría sólo si la cantidad de vapor de agua disminuyera también. La opción (2) es incorrecta porque el aire ya contiene una cantidad máxima de humedad. El nivel de humedad no puede aumentar. La opción (3) es incorrecta porque la condensación del exceso de vapor de agua hace que la temperatura suba, no que baje. La opción (4) es incorrecta porque el agua en el aire está en forma de vapor de agua. No puede evaporarse.

18. **(1) cuando la Luna y el Sol se sitúan en línea recta con respecto a la Tierra** (Aplicación) Cuando la Luna y el Sol están en línea recta con respecto a la Tierra se añaden las fuerzas de atracción de ambos y de este modo, aumenta la altura de la marea. La opción (2) tendría como consecuencia mareas más bajas porque las atracciones gravitatorias de la Luna y del Sol estarían en ángulo recto y la fuerza gravitatoria conjunta ejercida sobre la Tierra sería más pequeña. Las opciones (3) y (4) son incorrectas porque cuando la Luna está en cuarto creciente o cuarto menguante, el Sol y la Luna no están alineados. Por tanto, la atracción gravitatoria del Sol no se sumaría a la de la Luna y la marea alta no sería la más alta posible. La opción (5) es incorrecta porque las manchas solares no afectan la atracción del Sol y no afectan a las mareas en la Tierra.

19. **(4) Un objeto en reposo no tiene energía cinética.** (Comprensión) De acuerdo con el párrafo, los objetos en movimiento tienen energía cinética. Los objetos en reposo pueden adquirir energía cinética si un objeto en movimiento les transfiere la energía y entonces se mueven. En el párrafo se establece que la energía cinética está definida por el movimiento y por tanto implica que los objetos en reposo no tienen energía cinética. La opción (1) es incorrecta porque un objeto de mayor masa y mayor velocidad tiene una energía cinética mayor, no menor. La opción (2) no es verdadera, y además nada en el párrafo indica que sea imposible medir la energía cinética. El párrafo contradice la opción (3). La opción (5) es falsa porque los objetos en reposo no tienen energía cinética.

20. **(2) a los pulmones que captan el oxígeno del aire y lo introducen dentro del torrente sanguineo** (Aplicación) Del mismo modo que las agallas de un pez extraen el oxígeno del agua y lo transfieren a la sangre, los pulmones de una persona extraen el oxígeno del aire y lo transfieren a la sangre. La opción (1) es incorrecta porque la tráquea es sólo una vía conductora del aire. La opción (3) es incorrecta porque la función del diafragma es la que se describe, no la de absorber oxígeno. La opción (4) no es correcta porque la lengua no tiene ningún papel activo en la respiración. La opción (5) es incorrecta porque los intestinos absorben agua, no oxígeno.

21. **(1) Soltar el mismo número de polillas claras y oscuras en dos zonas, una limpia y la otra ennegrecida por el humo y contar después el número de sobrevivientes.** (Evaluación) Si la hipótesis de Darwin es correcta, sería de esperar un número menor de polillas claras en la zona ennegrecida por el humo y menos polillas oscuras en la zona limpia. El resto de las opciones no ofrecen suficientes datos para realizar la comparación. Se obtendrían datos acerca de un tipo de polilla en un entorno y no habría ninguna forma de saber qué tipo sobrevivió mejor.

22. **(2) Las pulsaciones indican el número de latidos del corazón por minuto.** (Análisis) La tabla no define el concepto de pulso porque lo considera del dominio público. Las opciones (1) y (3) son incorrectas porque la tabla ofrece estas informaciones. La opción (4) es incorrecta porque los datos de la tabla muestran que los sujetos con una condición física pobre realizaron todos los tipos de ejercicios. La opción (5) puede ser cierta, pero no hay nada en la tabla que nos permita deducir que el autor la ha supuesto. No se ofrece información acerca de los sujetos de cada categoría.

23. **(5) El salto más grande en el número de pulsaciones se produce cuando se pasa del ejercicio moderado al ejercicio intenso.** (Evaluación) Si examina las tasas de pulsaciones, comprobará que independientemente de la condición física del sujeto la tasa del pulso se incrementó más entre el ejercicio moderado y el intenso que entre el ejercicio ligero y el moderado. La opción (1) es incorrecta porque no hay datos sobre las pulsaciones por encima de un minuto de duración. Los datos no permiten concluir la opción (2). Las personas con una condición física pobre participaron con éxito en todas las fases del estudio. La opción (3) es verdadera pero la tabla, que no ofrece información acerca de las respiraciones por

minuto, no la apoya. La opción (4) es un buen consejo, pero no hay nada en la tabla que ofrezca evidencia acerca de su validez.

**24. (2) El imán que está encima girará hasta que sus polos norte y sur hayan intercambiado sus lugares.** (Análisis) En el segundo diagrama los polos iguales se atraen y los opuestos se repelen. El imán está suspendido en el aire y puede moverse con libertad y por tanto girará hasta que el polo sur del imán inferior coincida con su polo norte y viceversa. La opción (1) es incorrecta porque una vez que los polos opuestos coincidan, lo más probable es que la fuerza de atracción disminuya y el imán deje de girar. Las opciones (3) y (4) son incorrectas porque el imán inferior está unido a la mesa y no puede moverse. La opción (5) es incorrecta porque el imán superior está suspendido de una cuerda en el aire y puede moverse con libertad.

**25. (4) producir nuevas células para la médula espinal de los pacientes con leucemia** (Aplicación) La información indica que las células madre no se han diferenciado aún en los diferentes tipos de tejidos y dice también que los científicos están experimentando con este tipo de células para que se diferencien de maneras determinadas y se puedan tratar lesiones y enfermedades. La opción (4) es la única que se relaciona con el hecho de diferenciar células madre en un tipo determinado de célula, las células de la médula espinal, son útiles para tratar la leucemia. Las opciones (1), (2) y (5) son incorrectas porque no hablan de que las células madre se diferencien sino que dicen que se forman partes de nuevas células, nuevos órganos y nuevas células. No hay ninguna información que indique si esto es posible. La opción (3) es incorrecta porque es una aplicación cosmética que no se relaciona directamente con el tratamiento de una enfermedad.

**26. (4) Cuando la pistola se disparó en el vacío, los gases salieron del cañón y la pistola se movió en el sentido opuesto.** (Comprensión) En esta oración se cubren todos los aspectos del diagrama y además ofrece un buen resumen de lo que muestra. La opción (1) es incorrecta porque no explica lo que ocurre después de que se dispara la pistola y ésta es la fase crítica en la demostración. La opción (2) es incorrecta porque se centra en un detalle de la demostración poco importante. La opción (3) es incorrecta. El diagrama no indica que la pistola se moverá (aunque lo hará) y además este hecho es irrelevante en la demostración. La opción (5) es incorrecta porque el diagrama no muestra que disparar la pistola produzca ningún daño en la campana de cristal.

**27. (5) Los gases expulsados empujaron la pistola hacia atrás dentro de la cámara de vacío.** (Evaluación) Goddard utilizó la pistola en una campana de vacío como sustituto del cohete en el espacio. Del mismo modo que la pistola se desplaza hacia atrás debido a los gases, el cohete se mueve cuando le empujan los gases que expulsa. Las opciones (1), (3) y (4) son verdaderas pero no explican por qué un cohete se desplaza en el vacío del espacio. La opción (2) es incorrecta porque dentro de la cámara de vacío sólo había una pistola colgada. La "segunda" pistola no es más que una imagen del movimiento de la "primera" pistola.

**28. (4) Desde 1950 hasta 1999, el consumo de energía por persona ha incrementado.** (Análisis) La tendencia de la línea en la gráfica es, en general, de ascenso entre los años 1950 y 1999 y esto indica que el consumo general por persona se incrementó en ese periodo de tiempo. Las opciones (1), (2), (3) y (5) son detalles de la gráfica, no conclusiones generales basadas en ella.

**29. (3) El calor no había acabado con todos los microorganismos de la salsa y de la botella.** (Evaluación) Lo más probable es que el científico no suministró el calor necesario para matar a todos los microorganismos de la salsa de carne y de la botella y por eso éstos se multiplicaron dentro de la botella con salsa en los días siguientes. La opción (1) es falsa. La salsa de carne proporcionaría muchos nutrientes a los microorganismos. La opción (2) podría haber sido correcta pero la respuesta no lo es: el científico encontró microorganismos en la salsa de carne y no fuera de la botella. La opción (4) es incorrecta porque lo más probable es que el número de microorganismos aumente si se deja la salsa dentro de la botella. La opción (5) es incorrecta porque la salsa de carne estaba plagada de microorganismos. Había tantos que es poco probable que la salsa fuera estéril antes de que se colocara delante del microscopio. Es muy poco probable que una gran cantidad de microorganismos se desplazaran desde la superficie del microscopio a la salsa en un periodo corto de tiempo.

**30. (1) Se abandona una granja, aparecen hierbas y arbustos y al final el área se puebla de árboles.** (Aplicación) Éste es un ejemplo de sucesión ecológica que ha sucedido en zonas extensas del este de Estados Unidos en el último siglo. Las opciones (2) y (3) son incorrectas porque describen dos ecosistemas estables, la tundra y las praderas. Los cambios en estos ecosistemas siguen un patrón regular según las estaciones. La opción (4) es incorrecta porque el área que está entre la marea alta y la marea baja es estable. Los cambios ocurren de manera regular todos los días. La opción (5) no es un ejemplo de sucesión ecológica porque no es un cambio gradual.

31. **(4) se disminuye la cantidad de luz que llega a la película** (Análisis) En el segundo diagrama el diámetro de apertura es la mitad de la primera. En el segundo diagrama entran menos rayos de luz en la cámara y llegan menos rayos a la película. Las opciones (1), (2) y (3) son incorrectas porque son funciones de otras partes de la cámara y no de la apertura. La opción (5) es incorrecta porque los rayos de luz están concentrados y no dispersos y porque enfocar los rayos de luz es una función de la lente y no de la apertura.

32. **(5) Los patrones globales del viento**
(comprensión) En el mapa se muestran los patrones superficiales del viento predominantes en el globo terráqueo y por tanto éste es un título adecuado y completo para el mapa. Las opciones (1) y (3) son incorrectas porque son demasiado específicas como para ser buenos títulos, centrándose en dos de los vientos predominantes. Aunque el mapa muestra también las altas y bajas presiones, la opción (2) es incorrecta porque éstas no son el elemento central del mapa. La opción (4) es demasiado general como para ser un buen título. En el mapa se muestran los continentes del hemisferio oeste, pero el objetivo del mapa es mostrar los patrones de los vientos, no la mitad del mundo.

33. **(2) un marinero que está planificando un viaje alrededor del mundo** (Aplicación) Una persona que viajara alrededor del mundo en un velero querría utilizar los patrones predominantes del viento para planear la ruta. La opción (1) es incorrecta porque a un astronauta en órbita alrededor de la tierra no le preocupan los patrones de los vientos en la superficie. La opción (3) es incorrecta porque el mapa no muestra la velocidad del viento sino la dirección. Un meteorólogo usaría un anemómetro para medir la velocidad del viento en un área y momento determinado para poder conseguir una medida exacta de la velocidad del viento. La opción (5) es incorrecta porque los patrones de vientos predominantes no proporcionan evidencias acerca de climas de tiempos pasados.

34. **(4) si la madre se acerca más al punto de apoyo** (Análisis) En el diagrama se muestra que el niño puede elevar a su madre cuando la última se desplaza hacia el punto de apoyo. Se puede inferir a partir de esto que si la madre se desplaza más hacia el centro, el niño podrá elevarla más. La opción (1) es incorrecta porque el esfuerzo del niño tendría un efecto menor si se acercara al punto de apoyo (la madre caería). La opción (2) es incorrecta porque el esfuerzo del niño sería mucho menor si no estuviera encima del balancín. Cuanto está sentado encima puede empujar con todo su cuerpo y no sólo con sus brazos. La opción (3) no es correcta porque haría falta un mayor esfuerzo para elevar a la madre si ésta se alejara del punto de apoyo. La opción (5) es incorrecta porque la madre caería si ambos se acercaran al punto de apoyo.

35. **(4) Llevar un reloj despertador que funcione con pilas de corriente CC y que tenga su propia fuente de energía.** (Aplicación) La opción (1) es incorrecta porque un reloj despertador de enchufe funciona con energía CA y no CC. La opción (2) es incorrecta porque América y Europa tienen ciclos diferentes de CA, tal y como indica el párrafo. La opción (3) es incorrecta porque las baterías producen CC y no CA. La opción (5) es incorrecta porque cualquier reloj despertador fabricado en Estados Unidos y que funcione con baterías funcionará en cualquier lugar.

36. **(1) un tejón** (Aplicación) De los animales de la lista el tejón es el único vertebrado y las neuronas recubiertas de una capa de mielina son más comunes en los vertebrados. El resto de las opciones son incorrectas porque presentan invertebrados y en éstos las neuronas recubiertas de una capa de mielina son menos comunes.

37. **(1) La población de una especie (por ejemplo, las pulgas de agua) aumenta hasta que excede la capacidad de soporte del ecosistema y luego baja.** (Comprensión) Esta es la opción que muestra de manera completa los puntos principales de la información que ofrecen el párrafo y el diagrama. La opción (2) es incorrecta porque se omite la idea de la capacidad de soporte. La opción (3) no es cierta. De acuerdo con la gráfica, la población aumenta y disminuye. La opción (4) es falsa. La gráfica muestra que la capacidad de soporte permanece estable. La opción (5) es falsa. La población de las pulgas de agua depende de la capacidad de soporte del ecosistema.

38. **(3) El desarrollo de las estructuras convergentes ocurre de manera gradual, con el paso de millones de años.** (Análisis) El autor del párrafo supone que el lector sabe que la evolución de las estructuras convergentes es un proceso de larga duración. Las opciones (1), (2), (4) y (5) son incorrectas porque se mencionan en el párrafo y por lo tanto no son suposiciones implícitas.

39. **(1) Una molécula de agua está formada por dos átomos de hidrógeno y un átomo de oxígeno.** (Comprensión) En esta opción se expresa con otras palabras lo que muestran las tres representaciones simbólicas del agua. La opción (2) es verdadera pero no es correcta porque no es específica. La molécula de agua está formada por tipos de átomos específicos. Las opciones (3) y (4) son verdaderas, pero son incorrectas porque no replantean la información sino los detalles. La opción (5) es incorrecta porque en la ilustración no se indica nada acerca del estado de la materia y además porque el oxígeno, el hidrógeno y el agua pueden aparecer en cualquiera de los estados de la materia dependiendo de la temperatura.

**40.** **(1) cuando se planifican trayectos de vuelo de aviones sobre áreas pobladas** (Aplicación) La perturbación que produce el estampido supersónico y el ruido de los motores de los aviones debe tomarse en cuenta cuando se planifican rutas de vuelo sobre áreas pobladas. La opción (2) es incorrecta porque el desplazamiento no se relaciona con el sonido ni con el estampido supersónico del avión. Las opciones (3) y (4) son incorrectas porque los sonidos y el estampido supersónico no son importantes para aprender a pilotar un avión. La opción (5) es incorrecta porque las ondas sonoras y los estampidos supersónicos no tienen relación con el precio de los boletos de avión.

**41.** **(5) Consumir productos sometidos a irradiación puede ser peligroso para la salud de las personas.** (Análisis) De acuerdo con el párrafo, ésta es una creencia de algunas personas. No es un hecho. El resto de las opciones muestran hechos indicados por el párrafo.

**42.** **(5) el sistema de organos** (Análisis) El sistema es el nivel de organización más complejo entre los mostrados porque está formado por células, tejidos y órganos. La opción (1) es incorrecta: el núcleo de la célula es una parte de la misma y no se considera un nivel de organización separado. Las opciones (2), (3) y (4) son incorrectas porque son niveles de organización menos complejos que el sistema óseo.

**43.** **(2) Son procesos opuestos.** (Análisis) Los productos de la fotosíntesis son la materia prima para la respiración celular y viceversa, puede plantearse que estos dos procesos opuestos permiten el equilibrio en la biosfera. La opción (1) es falsa. Los elementos de entrada y los elementos de salida de ambos procesos son muy diferentes. Las opciones (3) y (4) son incorrectas porque ni la fotosíntesis ni la respiración celular son categorías que se incluyan una a la otra. La opción (5) es falsa. La energía es un producto de la respiración celular, pero es un elemento de entrada necesario para la fotosíntesis.

**44.** **(3) El contenido de alcohol en la sangre de la mujer será más alto que en la del hombre.** (Análisis) La mujer pesa menos que el hombre, su cuerpo es más pequeño y tiene una menor cantidad de sangre. Aunque hayan ingerido la misma cantidad de alcohol la concentración de alcohol en la sangre de la mujer será, más alta que en la del hombre. Las opciones (1), (2) y (5) son incorrectas porque la mujer pesa menos que el hombre y su contenido de alcohol en la sangre será mayor. La opción (4) es incorrecta porque nadie tiene un contenido cero de alcohol en la sangre después de ingerir dos tragos de güisqui.

**45.** **(3) El alcohol afecta la conducta consciente y también a las funciones del cuerpo humano.** (Evaluación) De acuerdo con la tabla, el alcohol afecta la conducta bajo control consciente (la capacidad de juicio y la inhibición, por ejemplo), las funciones corporales comunes en el cuerpo humano (la vista y el oído) y finalmente las que son necesarias para la vida (la respiración y los latidos del corazón). Las opciones (1) y (2) son verdaderas pero no son elecciones correctas porque no se muestra ningún tipo de información que indique que el alcoholismo es una enfermedad ni que explique de los efectos del uso a largo plazo del alcohol. La opción (4) es incorrecta porque la muerte se produce con un contenido de 0.65 por ciento de alcohol en la sangre. La opción (5) es incorrecta porque no se ofrece ninguna información sobre cuestiones legales relacionadas con el uso del alcohol (en algunos estados esta opción es cierta, pero los niveles legales de contenido de alcohol en la sangre varían de uno estado a otro).

**46.** **(2) La cantidad de materia es la misma antes y después de la reacción química.** (Evaluación) Este es un enunciado de la ley de conservación de la materia. Se demuestra porque el recipiente de cristal pesa lo mismo antes y después de que la vela se quemara. La opción (1) puede ser verdadera para algunas velas pero la información del texto no la apoya. La opción (3) es falsa por dos razones: la primera, porque hace falta oxígeno para formar agua y dióxido de carbono y la segunda, porque el carbono y el hidrógeno pueden formar muchos compuestos (metano y otros hidrocarburos). Los datos del experimento no apoyan la opción (4); la lámpara no estalló. La opción (5) es verdadera pero la información dada no la apoya.

**47.** **(1) Las sustancias que tienen los puntos de condensación más bajos ascienden a la parte más alta de la torre.** (Evaluación) De acuerdo con el diagrama los vapores del petróleo crudo caliente entran cerca de la base de la torre de destilación y la mayor parte asciende dentro de ella. A medida que asciende se va enfriando y varios productos se separan en sus puntos de condensación. La opción (2) es falsa: la gasolina se condensa a una temperatura más baja que el petróleo de calefacción. La opción (3) es incorrecta porque el petróleo crudo entra cerca de la base de la torre. La opción (4) es incorrecta porque el keroseno se separa por debajo de los 250°C. La opción (5) es incorrecta porque el petróleo crudo es la materia prima de la destilación fraccionaria, no el producto final.

**48.** **(3) Se relacionó con sentimientos patrióticos y con la necesidad de estar por delante de la Unión Soviética en la exploración del espacio.** (Evaluación) En el párrafo se indica que la competencia con la Unión Soviética sobre tecnología espacial hizo que Estados Unidos incrementaran sus esfuerzos para explorar el espacio. La carrera espacial, como se llamó, hizo que los estadounidenses se vieran motivados a desarrollar tecnologías que permitieran que el ser humano aterrizara en la Luna en menos de una década. Las opciones (1) y (2) son incorrectas porque el apoyo del público a la NASA no tuvo que ver con cuestiones económicas como la eficiencia en el gasto por parte del gobierno o la posibilidad de empleo para los ingenieros. La opción (4) es incorrecta porque el programa Apolo no pretendía investigar por el mero hecho de investigar sino que era un proyecto práctico y orientado a un objetivo. La opción (5) es verdadera pero es incorrecta: en la década de los sesenta una buena parte del público no pudo anticipar que los productos y las tecnologías que se desarrollaron con el proyecto Apolo iban a tener aplicaciones en la vida cotidiana.

49. **(5) Los genes responsables de ciertos rasgos pueden producir diferentes fenotipos según las condiciones del entorno.** (Análisis) Esta es una conclusión, una generalización y no un detalle. El resto de las opciones son detalles ofrecidos por el párrafo, son elementos del ejemplo escogido para apoyar la generalización acerca del efecto que tiene el entorno en los fenotipos de ciertos rasgos.

50. **(2) la malvarrosa, a la que le salen las hojas en primavera y en verano, muere en invierno, florece y echa semillas en el verano siguiente y muere en otoño** (Aplicación) De acuerdo con la información ofrecida, las plantas bienales no florecen la primera estación en la que crecen. En la segunda, florecen, producen semillas y mueren. La malvarrosa descrita en la opción (2) es la única planta que sigue este patrón. La opción (1) es incorrecta porque la petunia sigue el patrón de una planta anual. Las opciones (3), (4) y (5) describen plantas que no mueren después de la segunda estación sino que viven varios años. No son anuales ni bienales sino perennes.

# Glosario

**aceleración** cualquier cambio en la velocidad o en la dirección del movimiento de un objeto

**acelerador de partículas** túnel largo y estrecho cargado con campos magnéticos y eléctricos que se utiliza para acelerar y hacer chocar partículas con el fin de liberar energía y obtener partículas nuevas

**ácido** sustancia que tiene pH menor que 7.0 y que cede iones en una solución acuosa; por ejemplo, el vinagre

**adaptación** proceso que permite a un organismo sobrevivir y funcionar en su medio ambiente

**adecuación** ser satisfactorio y suficiente para su propósito

**ADN** molécula que contiene la información hereditaria y que controla las actividades de la célula; se encuentra en los cromosomas

**aislante** material que resiste el flujo de la corriente eléctrica

**alveolos** pequeños sacos de aire dentro de los pulmones, al final de los bronquiolos, en los que el oxígeno pasa a la sangre y el dióxido de carbono sale de la sangre

**amplitud** distancia que hay entre la posición de reposo y la cresta de una onda

**anticuerpos** sustancias producidas por el sistema inmunológico del cuerpo para luchar contra las enfermedades

**aorta** arteria de gran tamaño que transporta sangre rica en oxígeno al corazón y a otras partes del cuerpo

**aplicar ideas** utilizar la información que se aprendió bajo unas circunstancias en otras diferentes

**argumento circular** forma de lógica incorrecta en la que una conclusión se apoya con razones que se limitan a decir la misma conclusión con palabras diferentes

**arteria** parte del sistema circulatorio que transporta la sangre desde el corazón

**articulación** lugar en el que se juntan los huesos

**asteroide** cuerpo celeste pequeño, a veces llamado planeta menor, que gira alrededor del Sol

**atmósfera** capas de gases que rodean a la Tierra

**átomo** partícula más pequeña de un elemento que conserva todas las propiedades del elemento

**aurícula** una de las cavidades superiores del corazón

**base** sustancia con un pH mayor que 7.0 que cede iones hidróxido en una solución acuosa; por ejemplo, leche de magnesia

**Big Bang** explosión con la que comenzó el universo

**biomasa** masa total de los organismos vivos de un área determinada

**bosones** partículas subatómicas que transportan fuerza

**bronquiolos** tubos que se ramifican desde los bronquios dentro de los pulmones y que terminan en los alvéolos

**bronquios** dos tubos que van de la tráquea a los pulmones

**cadena alimenticia** transferencia de energía de un organismo al siguiente, en el que cada organismo se alimenta del anterior

**calentamiento global** tendencia a temperaturas medias cada vez más altas en la superficie de la Tierra

**campo eléctrico** área de fuerza que rodea a una partícula con carga

**canal alimenticio** tubo que conforma el sistema digestivo

**capilares** vasos sanguíneos muy pequeños

**carbohidratos** compuestos orgánicos formados por carbono, oxígeno e hidrógeno que forman parte de muchos alimentos; por ejemplo, los azúcares y las féculas

**carbón** combustible fósil sólido

**carga** objeto sobre el que se aplica una fuerza

**carnívoro** animal que se alimenta exclusivamente de otros animales

**causa** lo que hace que otra cosa (el efecto) ocurra

**célula** unidad más pequeña de vida que existe de manera independiente y que forma a todos los seres vivos

**célula madre** célula que sufre mitosis y división celular

**células hijas** células producidas en la división de la célula madre, todas idénticas a la célula madre

**cerebelo** parte del cerebro humano que controla el movimiento, la coordinación y el equilibrio; está ubicado debajo del cerebro y en la base del cráneo

**cerebro** parte de mayor tamaño en la masa encefálica; controla todas las funciones superiores como la percepción, el pensamiento y la actividad consciente.

**ciclo del agua** movimiento continuo del agua de la superficie al aire y de vuelta a la superficie

**ciclo del carbono** circulación constante de carbón y oxígeno en la biosfera causada, sobre todo por los procesos de la fotosíntesis, la respiración y la descomposición

**ciclo del nitrógeno** circulación continua del nitrógeno en la biosfera, causada sobre todo por la acción de las bacterias, la precipitación y la descomposición

**circuito eléctrico** un recorrido continuo en el que puede fluir la corriente

**citoplasma** en una célula, sustancia gelatinosa que rodea al núcleo y que contiene las estructuras celulares que se encargan de las actividades celulares

**clima** condiciones de tiempo normales en una región en particular durante un período largo de tiempo

**coloide** mezcla en la que pequeñas partículas se distribuyen por completo en una segunda sustancia; por ejemplo, la espuma

**combustible fósil** fuente de energía formada en períodos largos de tiempo a partir de los restos de plantas y animales; el carbón, el petróleo y el gas natural son combustibles fósiles

**comparar** identificar en qué se parecen las cosas

**compuesto** sustancia formada por la combinación química de dos o más elementos en la que cada uno de ellos pierde su identidad y en la que la nueva sustancia tiene propiedades diferentes a los elementos originales; por ejemplo, el agua es un compuesto de oxígeno e hidrógeno

**conclusión** resultado lógico o generalización

**condensación** el cambio de estado de gas a líquido

**condensar** cambiar de estado de gas a líquido; por ejemplo de vapor a agua

**conductor** sustancia por la que la electricidad se transmite fácilmente

**consumidor** organismo de una cadena alimenticia que obtiene la energía alimentándose de otros organismos

**contexto** situación en la que se dice o hace algo

**contraste** identificar en qué se diferencian las cosas

**corriente de convección** en geología, flujo de roca caliente del manto hacia arriba y dentro de la corteza y de la corteza enfriada hacia abajo y dentro del manto

**corriente eléctrica** flujo de partículas con carga, por lo común electrones

**corteza** la parte exterior de la Tierra que incluye la superficie

**cresta** punto más alto de una onda

**cromatina** parte del núcleo de la célula que contiene la información genética

**cromosoma** parte de la célula que contiene información genética codificada en el ADN

**deducciones** idea o hecho que se descubre gracias a la información expresada

**deducir** descubrir algo que se sugiere en la información expresada

**densidad** medida de la masa en relación con el volumen

**densidad de población** número de personas que viven en un área específica

**depredador** animal que obtiene sus alimentos en una persecución y que mata para comer

**descomponedor** en la cadena alimenticia, organismo que descompone a las plantas y animales muertos; por ejemplo, bacterias y hongos

**desnitrificación** proceso por el que cierta bacteria del suelo transforma los nitratos en nitrógeno gaseoso que vuelve al aire

**detalles de apoyo** observaciones, medidas y otros hechos y datos que apoyan una conclusión

**diferencia de potencial** energía necesaria para mover un electrón u otra partícula con carga, medida en voltios, también conocida como voltaje

**difusión** movimiento de una sustancia de una zona de mayor concentración a una de menor concentración

**disolvente** sustancia que se encarga de disolver en la solución; por ejemplo, el agua en el agua salada

**dominancia incompleta** patrón de herencia en el que un rasgo se presenta como una mezcla cuando se heredan la version dominante y la recesiva del rasgo

**ecología** campo de la biología en que se estudian las relaciones de los organismos con el medio ambiente y entre ellos mismos

**ecosistema** comunidad de organismos en su medio ambiente físico; por ejemplo, un pantano

**ecuación química** representación a través de fórmulas y símbolos de lo que sucede en una reacción química

**efecto** algo que sucede porque otra cosa (una causa) ocurrió antes

**electricidad estática** descarga de electricidad que produce un incremento en la carga de un cuerpo aislante

**electromagnetismo** relación que hay entre magnetismo y electricidad

**electrón** partícula con carga negativa que gira alrededor del núcleo de un átomo

**elemento** sustancia que no puede dividirse en sustancias más sencillas mediante medios químicos; por ejemplo, el carbono

**energía** capacidad para realizar un trabajo

**energía cinética** energía de un objeto en movimiento

**energía de activación** energía que se debe suministrar para iniciar una reacción química

**energía potencial** energía almacenada en la posición de reposo de un objeto

**energía renovable** fuente de energía que puede reemplazarse; por ejemplo, los árboles

**enlace covalente** combinación química de dos o más átomos en la que se comparten pares de electrones

**enlace iónico** enlace que se produce entre dos o más iones (transferencia de electrones del ión que cede al ión que capta electrones)

**enzima** proteína que acelera las reacciones químicas que suceden dentro de las células

**epicentro** punto de la superficie terrestre que está justo encima del foco de un terremoto

**erosión** desgaste progresivo de la superficie terrestre y de la roca, el terreno y la arena o proceso por el que las rocas más grandes se dividen en otras más pequeñas; puede ser química o mecánica

**error de selección** forma de lógica incorrecta en la que se presentan sólo dos elecciones aunque existan otras posibilidades

**escala de pH** intervalo de números de 0 a 14 que indica el carácter ácido o básico de una solución: 7 indica que la solución es neutra; por debajo de 7 es un ácido y por encima es una base

**escala de Richter** medida de la cantidad de energía de un terremoto; la escala de Richter comienza en 0 pero no tiene límite superior; ningún terremoto ha superado la medida 9 de la escala

**esfuerzo** fuerza aplicada a un objeto

**especie** grupo de organismos genéticamente parecidos que pueden procrear y producir descendencia fértil; por ejemplo, los perros

**espectro electromagnético** gama completa de las ondas electromagnéticas, desde las que tienen longitudes de onda largas (ondas de radio) hasta las que tienen longitudes de onda cortas (las ondas gamma)

**estímulo** cualquier elemento ambiental que influye en el sistema nervioso; por ejemplo, ver un pastel o el olor del café

**estructuras homólogas** partes del cuerpo de diferentes organismos que tienen una herencia común y una estructura similar pero que se encargan de funciones diferentes; por ejemplo, el ala de un pájaro y el brazo de una persona

**evaluar** examinar algo para decidir si es importante o significativo

**evaporación** cambio de un líquido a gas

**evaporar** cambiar de líquido a gas; por ejemplo, de agua a vapor de agua

**evolución** cambio que sucede a lo largo del tiempo; normalmente se refiere al desarrollo de especies nuevas con el paso del tiempo

**expansión del fondo oceánico** movimiento de alejamiento de la corteza del fondo oceánico desde las cordilleras marinas, en las que el manto está empujando para producir nueva corteza

**falla** fractura en la corteza terrestre

**fenotipo** en genética, las características observables de un organismo individual

**fermentación** tipo de respiración celular que no requiere oxígeno, y en la que los alimentos se dividen en dióxido de carbono y alcohol, liberando energía

**fijación del nitrógeno** proceso mediante el cual ciertas bacterias toman nitrógeno de la atmósfera y lo combinan con otras sustancias para convertirlo a una forma que las plantas puedan utilizar

**fusión nuclear** división del núcleo de un átomo en dos núcleos más pequeños y en dos o tres neutrones, que produce una gran cantidad de energía

**fórmula estructural** diagrama que utiliza símbolos para representar la organización de los átomos en una molécula

**fórmula química** representación de un elemento, ión, molécula o compuesto mediante símbolos (letras y números); por ejemplo: oxígeno se escribe $O_2$, dióxido de carbono $CO_2$ e hidróxido $OH^-$

**fósil** restos conservados o huellas de un organismo que vivió en algún momento

**fotosíntesis** proceso químico mediante el cual las plantas verdes convierten el agua y el dióxido de carbono en alimento y oxígeno gracias a la energía que absorben de la luz del sol o de otro tipo de luz

**frecuencia** número de ondas que pasan por un punto determinado en un periodo de tiempo dado

**frente** frontera que hay entre dos masas de aire

**fricción** fuerza que reduce o previene el movimiento

**fuente de energía no renovable** fuente de energía que no puede reemplazarse una vez que se ha agotado por el uso; por ejemplo, el carbón

**fuerza** cuando un objeto es empujado o arrastrado; por ejemplo, con la fricción

**galaxia** grupo de millones o billones de estrellas; por ejemplo, la Vía Láctea

**gas** estado de la materia que no tiene forma ni volumen definidos; por ejemplo, el aire

**gas natural** combustible fósil en estado gaseoso

**gen** parte de la molécula del ADN que determina un rasgo en concreto

**generalización apresurada** forma de lógica incorrecta que consiste en una conclusión que se basa en pruebas insuficientes

**genética** estudio de los rasgos adquiridos

**genoma** toda la información genética de un individuo o de una especie tal y como está codificada en el ADN que forma a los cromosomas

**genotipo** genética de un organismo individual

**girar** mover en un trayecto circular o elíptico alrededor de un objeto central; por ejemplo, la Tierra que gira alrededor del Sol

**glaciar** masa de hielo de gran tamaño en movimiento

**gravedad** fuerza de atracción que existe entre los objetos del universo

**hábitat** lugar en el que por lo común suele vivir un organismo

**hecho** algo real que puede probarse como cierto

**hemisferio** media esfera; en biología se refiere a los hemisferios derecho e izquierdo del cerebro; en geología se refiere a la mitad de un planeta o satélite

**herbívoro** animal que sólo se alimenta de plantas

**híbrido** organismo que tiene las versiones dominante y recesiva de un rasgo particular

**hidrocarburos** cualquier compuesto orgánico formado sólo por los elementos hidrógeno y carbono

**hormona** sustancia que secretan las glándulas endocrinas en el torrente sanguíneo

**huracán** tormenta tropical de gran tamaño en la que los vientos tienen velocidades medias de al menos 74 millas por hora

**idea principal** tema central de un párrafo, texto o diagrama

**implicación** idea o hecho sugerido por la información enunciada

**implicar** sugerir algo sin expresarlo directamente

**inercia** tendencia que tiene un objeto a permanecer en reposo o en movimiento

**ión** átomo que se carga positiva o negativamente cuando cede o capta electrones

**isómeros** compuestos que tienen el mismo número y tipo de átomos (y por tanto, la misma fórmula química global) pero que muestran una organización de los átomos diferente y propiedades también diferentes

**lava** magma o roca fundida que sale a través de la superficie de la Tierra en las erupciones volcánicas

**líquido** estado de la materia cuyo volumen es definido pero su forma no; por ejemplo, el agua a temperatura ambiente

**lógica incorrecta** errores de razonamiento

**longitud de onda** distancia entre las crestas de dos ondas consecutivas

**lluvia ácida** lluvia con algún contenido ácido porque en ella están disueltos óxidos de azufre, de nitrógeno y otros contaminantes; puede dañar las plantas y la vida animal

**magma** líquido caliente bajo la superficie de la Tierra

**manto** capa de la Tierra bajo la corteza

**masa** cantidad de materia que contiene un objeto

**masa atómica** número total de protones y neutrones que hay en el núcleo de un elemento

**masa de aire** cuerpo grande de aire que tiene la misma temperatura y la misma humedad en todas partes

**materia** cualquier cosa que tenga masa y ocupe un espacio

**membrana celular** capa fina que protege y encierra a la célula

**membrana nuclear** en una célula, la capa de materia que separa al núcleo del citoplasma

**metabolismo** todos los procesos químicos que ocurren dentro de un organismo vivo

**metamorfosis** proceso mediante el cual una forma inmadura de un organismo se transforma en una forma adulta muy diferente; por ejemplo, las orugas que se metamorfosean en polillas o mariposas

**mezcla** combinación mecánica de sustancias en la que cada una de ellas mantiene sus propiedades; por ejemplo, la grava, el aire o la mayonesa

**mitosis** proceso por el que el núcleo de la célula se escinde durante la división celular para formar otros dos núcleos idénticos al original

**molécula** grupo de átomos unidos por enlaces iónicos o covalentes

**molécula orgánica** molécula que contiene carbono combinado con nitrógeno, hidrógeno u oxígeno; el elemento del cual se forman los seres vivos

**momento** masa de un objeto multiplicada por su velocidad, o si es en línea recta, por su rapidez

**mutación** cambio en el ADN de un organismo que modifica un rasgo heredado

**neurona** célula nerviosa y unidad básica del sistema nervioso

**neurotransmisor** químico implicado en la comunicación entre neuronas o entre neurona y músculo

**neutrón** partícula sin carga que forma parte del núcleo del átomo

**nitrificación** proceso en el que las bacterias convierten el nitrógeno del terreno en amoniaco, nitrito y nitrato, este último una forma de nitrógeno que pueden utilizar las plantas

**nivel trófico** posición que ocupa cada especie en la cadena alimenticia

**núcleo** en biología, parte de la célula que controla las actividades de ésta; en ciencias físicas, una parte pequeña del átomo que está formada por protones y neutrones

**núcleo exterior** capa de la Tierra que se encuentra entre el manto y el núcleo interior

**núcleo interno** centro de la tierra compuesto por hierro sólido y níquel

**número atómico** número total de protones que hay en el núcleo de un elemento

**nutriente** sustancia que se encuentra en los alimentos y que es necesaria para que el organismo crezca y se mantenga sano; por ejemplo, las proteínas, los carbohidratos, las grasas, los minerales y las vitaminas

**omnívoro** animal que se alimenta de plantas y de otros animales

**onda** perturbación que se propaga a través del espacio o de la materia; por ejemplo, las ondas de radio

**onda longitudinal** onda que empuja y tira de las moléculas hacia delante y hacia atrás de manera paralela a la dirección de su propagación; por ejemplo, las ondas del sonido

**onda trasversal** onda en la que la perturbación se produce en ángulo recto con respecto a la dirección de propagación de la onda; por ejemplo, las ondas luminosas

**ondas sísmicas** vibraciones causadas por el movimiento de la tierra durante un sismo o terremoto

**opinión** creencia que puede o no ser cierta

**órbita** trayecto que sigue un planeta o un satélite alrededor del centro del sistema al que pertenece; por ejemplo, la órbita de la Tierra alrededor del Sol

**organismo** ser vivo

**órgano** grupo de diferentes tejidos que trabajan juntos para realizar una función o funciones específicas

**orgánulo** estructura que se encuentra en el interior de la célula y que se encarga de mantenerla viva; por ejemplo, la mitocondria

**ósmosis** difusión de un disolvente, a menudo el agua, a través de una membrana semipermeable hasta que su concentración es igual a ambos lados de la membrana

**óvulo** célula reproductora femenina

**oxidación** proceso en que un elemento pierde electrones y adquiere carga positiva; en la oxidación, a menudo, el elemento reacciona con el oxígeno; por ejemplo, el hierro reacciona con el oxígeno para formar óxido de hierro

**partículas subatómicas** partículas más pequeñas que los protones, neutrones y electrones; también se llaman *partículas elementales*

**petróleo** combustible fósil líquido

**placas tectónicas** fragmentos grandes de la corteza de la Tierra y del manto superior que encajan entre sí como las piezas de un rompecabezas

**planeta** cuerpo celeste de gran tamaño que gira alrededor de una estrella; por ejemplo, la Tierra y Júpiter

**planta de energía nuclear** instalación que genera electricidad mediante el uso de combustibles radiactivos, que reaccionan en una reacción nuclear en cadena

**población** grupo de organismos de la misma especie que viven en la misma área

**primera ley de Newton** ley desarrollada por Newton que dice que los objetos que están en reposo tienden a permanecer en reposo y que los objetos que están en movimiento tienden a permanecer en movimiento si no hay ninguna fuerza exterior que los afecte

**producto** sustancia formada como resultado de una reacción química

**productor** organismo de la cadena alimenticia que produce su propio alimento, por lo común a través de la fotosíntesis

**protón** partícula con carga positiva que forma parte del núcleo de un átomo

**punto de congelación** temperatura a la que un líquido se convierte en sólido

**punto de ebullición** temperatura a la que un líquido se convierte en gas

**punto de fusión** temperatura a la que un sólido se convierte en líquido

**pura raza** en genética, el organismo que cuando se reproduce siempre transmite los mismos rasgos hereditarios

**quark** partícula subatómica que forma los protones y los neutrones

**radiación electromagnética** movimiento de onda de campos eléctricos y magnéticos alternos

**radiactividad** propiedad de algunos elementos que implica ceder partículas de energía del núcleo hasta que se produce un elemento más estable

**rasgo** característica de un organismo, a menudo heredada; por ejemplo, los ojos azules

**rasgo dominante** rasgo que aparece en la descendencia si un padre contribuye con él; los rasgos dominantes suprimen los recesivos

**rasgo recesivo** rasgo que no se presenta cuando se combina con un rasgo dominante; ambos padres deben contribuir con él para que se presente en la descendencia; por lo tanto, es un rasgo que se presenta en el genotipo pero no necesariamente en el fenotipo

**reacción endotérmica** reacción química que absorbe energía

**reacción exotérmica** reacción química que cede energía

**reacción química** cambio en el que los átomos de una o de más sustancias forman una o más nuevas sustancias con propiedades físicas y químicas diferentes; puede ser exotérmica o endotérmica

**reactivos** uno de los componentes que reacciona en una reacción química

**recursos** todas las cosas que los seres vivos necesitan para vivir; por ejemplo, agua, alimentos y energía

**red trófica** patrón complejo de transmisión de energía en un ecosistema; está formado por muchas cadenas interrelacionadas

**reflejo** respuesta del organismo rápida y automática a una condición del ambiente; por ejemplo, entrecerrar los ojos cuando la luz es potente

**reflexión** rebote de la luz o de otras ondas en una superficie

**relación de causa y efecto** situación en la que una cosa (la causa) tiene como resultado otra (el efecto)

**replantear información** decir algo con otras palabras

**reproducción sexual** tipo de reproducción en la que los materiales genéticos de los dos padres están combinados en la descendencia

**respiración celular** proceso químico que necesita oxígeno por el cual los seres vivos transforman a los alimentos en energía

**resistencia** en física fuerza que se opone o que desacelera el movimiento de un objeto que viaja a través de un líquido o de un gas; con respecto a la electricidad, la oposición que ofrece un material al flujo libre de la corriente eléctrica

**resumir** explicar brevemente los puntos importantes

**ribosoma** parte de la célula que forma proteínas

**roca ígnea** roca formada cuando las rocas líquidas calientes se enfrían; por ejemplo, el granito

**roca metamórfica** variedad de roca formada cuando una roca se somete a calor o a presión extremas; por ejemplo, el mármol

**roca sedimentaria** variedad de roca que se forma por endurecimiento de las partículas de arena, barro, arcilla u otros sedimentos; por ejemplo, la arenisca

**rotar** girar sobre el propio eje

**sal** compuesto neutro con un pH igual a 7.0 que es el resultado de la combinación química de un ácido y una base; por ejemplo, el cloruro de sodio (sal de mesa)

**segunda ley de Newton** ley desarrollada por Newton que dice que los objetos aceleran en la dirección de la fuerza que actúa sobre ellos; la masa y la fuerza afectará la velocidad y la dirección de la aceleración

**selección natural** proceso por el que los individuos que tienen aquellas características que los ayuden a adaptarse a su medio ambiente tienen más probabilidades de sobrevivir, reproducirse y de transmitir esas características a sus descendientes

**sentidos** manera con la que los animales obtienen información sobre su medio ambiente: vista, oído, tacto, gusto y olfato

**simplificación excesiva** forma de lógica incorrecta en la que algo se simplifica tanto que llega a ser incorrecto

**sinapsis** espacio entre dos neuronas o entre una neurona y un músculo a través del cual se transmiten los impulsos nerviosos

**sistema circulatorio** sistema que está compuesto por el corazón, los vasos sanguíneos y la sangre; ésta última lleva los nutrientes y el oxígeno a los tejidos del cuerpo y elimina el dióxido de carbono y las sustancias de desecho

**sistema digestivo** sistema que utiliza el cuerpo humano para dividir los alimentos en nutrientes que el cuerpo pueda asimilar y que elimina los desechos sobrantes

**sistema endocrino** sistema corporal formado por las glándulas endocrinas; estas glándulas secretan hormonas dentro del torrente sanguíneo para regular procesos corporales

**sistema inmunológico** sistema corporal que ofrece protección en contra de las enfermedades

**sistema nervioso** sistema de comunicación y control de un organismo que consiste en células nerviosas interconectadas

**sistema respiratorio** sistema corporal que se encarga del intercambio de oxígeno por dióxido de carbono

**Sistema Solar** formado por el Sol y todos los planetas, satélites y objetos que giran alrededor del Sol

**sólido** tipo de materia que tiene volumen y forma definidos; por ejemplo, un ladrillo

**solución** mezcla en la que dos o más sustancias están disueltas; por ejemplo, el agua salada

**soluto** sustancia que se disuelve en una solución; por ejemplo, la sal en el agua del mar

**suposición implícita** idea que se supone conocida pero que en realidad no está expresada

**tabla periódica** tabla en la que se organizan los elementos químicos según sus propiedades y sus números atómicos

**tectónica de placas** teoría que explica cómo se formó la corteza terrestre, cómo cambia con el tiempo y cómo se destruye

**tejido** grupo de células similares que tienen una función similar; por ejemplo, el tejido muscular

**tercera ley de Newton** ley desarrollada por Newton que dice que si un objeto ejerce una fuerza sobre otro, el segundo ejerce otra fuerza de la misma intensidad pero en sentido contrario sobre el primero

**terremoto** vibración y temblor que se produce cuando ocurren movimientos repentinos en las rocas del interior de la Tierra

**tiempo atmosférico** estado de la atmósfera en un momento dado con respecto a la temperatura, la humedad, la dirección y la velocidad del viento y la presión del aire

**trabajo** resultado de una fuerza que desplaza un objeto una distancia

**tráquea** tubo a través del cual pasa el aire desde la parte trasera de la boca hasta los pulmones

**tronco cerebral** parte del cerebro humano que controla funciones autónomas como la respiración o los latidos del corazón

**vacuna** sustancia que se suministra para producir inmunidad a una enfermedad mediante la producción de los síntomas de la misma

**valle** punto mínimo de una onda

**valor** creencia que se considera extremadamente importante

**velocidad** rapidez de movimiento de un objeto en una dirección determinada

**vena** vaso sanguíneo que lleva sangre hacia el corazón

**ventrículo** una de las cavidades inferiores del corazón

**Vía Láctea** galaxia en espiral en la que se encuentra nuestro Sol

**vida media** tiempo preciso para que la mitad del núcleo de una muestra de material radiactivo decaiga en otra sustancia mediante la cesión de partículas nucleares o de energía

**viento** aire en movimiento

**virus** una sola molécula de material genético rodeada por una capa de proteína

**volcán** lugar en el que el magma sale hacia la superficie de la Tierra

**voltaje** energía necesaria para mover un electrón u otra partícula con carga, medida en voltios, también conocida como diferencia de potencial

**voltio** unidad de medida de la diferencia de potencial de una corriente eléctrica

**volumen** cantidad de espacio que ocupa una sustancia u objeto

**yerbicida** producto químico producido para eliminar las malas hierbas

# Índice

aceleración, 184
acelerador de partículas, 171
ácido, 180
adaptación, 78
adecuación, 126, 174, 190
ADN, 55 a 57, 79
agua, 139, 141
aislante, 204
alcanos, 172
alvéolos, 59
amplitud, 207
anticuerpos, 63
aorta, 62
aplicar ideas, 90, 166
argumento circular, 206
ARN, 57
arteria, 62
articulación, 100
asteroide, 144
atención selectiva, 73
atmósfera, 90, 150
átomo, 160, 166 a 173
aurícula, 62

bacteria, 41
base, 180
Big Bang, 147
biomasa, 86
bolsa de aire, 187
borreliosis, 63
bosones, 171
bronquios, 59
bronquíolos, 59

cadena alimenticia, 83, 86
calentamiento de la Tierra, 90
cambio de estado, 160
campo
    eléctrico, 200, 210
    magnético, 202, 203, 210
capilares, 59
caracteres, 50 a 54, 81
    dominantes, 52, 54
    recesivos, 52, 54
carbohidratos, 48, 49
carbón, 136
carga, 191
carnívoro, 84
causa, 118, 198
células, 34
    ciclo celular, 40
    energía, 42 a 49
    estructura y funciones, 36 a 41

hijas, 40
madres, 40
normales, 41
tipos de célula, 41
cerebelo, 73
cerebro, 67, 73
ciclos de los ecosistemas, 90 a 97
    del agua, 94
    del carbono, 91
    del nitrógeno, 92, 93
circuito eléctrico, 200, 204
Ciencias biológicas, 32 a 107
Ciencias físicas, 156 a 218
Ciencias de la Tierra y del
        espacio, 108 a 155
cinturón de seguridad, 187
citoplasma, 36
clima, 132
clonación, 34
clorofila, 38, 44
cloroplasto, 38
combustible fósil, 136, 138, 195
comparar, 158
comportamiento animal, 71
compuestos, 170, 180
    orgánicos, 97, 170, 172, 214
conclusión, 82
condensación, 94, 95, 160
conductor, 204
conductos semicirculares, 64
coloide, 165
consumidores, 83, 88
contaminación ambiental, 96,
        141
contexto, 90
contrastar, 158
convergencia, 81
corazón, 62
corriente de convección, 112,
        115, 116
corriente eléctrica, 200 a 216
corteza terrestre, 111,115,116,
        117, 119
Crick, Francis, 56
cromatina, 36
cromosoma, 36
cresta de una onda, 207
cuenca colectora, 141
cuerpo calloso, 67

Darwin, Charles, 76
deducciones, 142
densidad, 162

densidad de población, 101
depredador, 87
descomponedor, 84, 96
desnitrificación, 92
destilación, 164
detalles de apoyo, 82
diagrama de Venn
difusión, 99
disolución, 159, 165
disolvente, 159, 165
dominio incompleto, 54

eclipse lunar, 154
ecología, 89
ecosistema, 84 a 89
ecuación química, 175, 176
efecto, 118
electricidad estática, 198, 199
electricidad y magnetismo,
        198 a 205
electromagnetismo, 202, 203
electrón, 167, 173, 199
elemento, 167, 168
El Niño, 133
embriones, 81
energía
    calorífica, 196, 197
    células y energía, 42 a 49
    cinética, 192
    de activación, 176
    en un ecosistema, 82 a 89
    generación de energía, 134,
        138, 154
    mecánica, 194
    potencial, 192
    no renovable, 136, 195
    renovable, 136, 139
    transferencia, 194, 196
    transformación y trabajo,
        190 a 197
enfermedades, 106
enlaces
    covalente, 170
    iónico, 170
enzima, 49
epicentro, 120
erosión, 122, 125, 140
error de selección, 66
escala
    de pH, 180
    de Richter, 120, 123
    de tiempo geológico, 152
esfuerzo, 191

esófago, 60
especie, 74
espectro electromagnético, 210
estaciones del año, 127, 133
estímulo, 70
estómago, 60
estrellas, 146, 149
estrés, 58
estructura de los átomos y
     moléculas, 166 a 173
estructuras homólogas, 78
evaluar, 126, 174, 190
evaporación, 94, 160
evolución, 74 a 81
   de las especies, 74, 80
   de las estrellas, 146
   de organismos, 74 a 81
   del universo, 147
expansión del fondo oceánico,
     115, 116

falla, 112, 117, 120
   de San Andrés, 112
fenotipo, 54
fermentación, 42, 43
fijación del nitrógeno, 92, 93
flujo de energía, 82 a 89
formación de nubes, 94
fórmula estructural, 170
fórmula química, 170, 214
fósil, 74, 81
fotosíntesis, 44, 48, 91
frecuencia, 212
frente, 128
fricción, 189
fuerza, 184 a 189, 191, 197, 205
fuerza y movimiento, 182 a 189
fusión nuclear, 146

galaxia, 143, 147
gas, 160, 163
gas natural, 136
generalización apresurada, 206
genes, 52
genética, 51 a 57
genoma, 55
genotipo, 54
glaciar, 124
gravedad, 188, 205

hábitat, 87
hecho, 50, 126, 142
hemisferios del encéfalo, 67
herbicida, 98
herbívoro, 84
híbridas, 52
hidrocarburos, 172, 181

hígado, 60
hormonas, 65
huracanes, 131

idea principal, 34, 74
implicación, 110, 142
implicar, 110
inercia, 184
inferencia, 142
inferir, 142
ión, 170
isómeros, 214
inteligencia múltiple, 72
intestino
   delgado, 60
   grueso, 60

Koch, Roberto, 106

lava, 118
ley de Ohm, 216
líquido, 158, 160
lógica incorrecta, 66, 206
longitud de onda, 207, 210, 212
luz a través de un prisma, 208,
    209
lluvia ácida, 96

magma, 119
manto, 111,115, 116, 117
manchas solares, 133
marea, 154
masa, 188
masa atómica, 168
masa de aire, 128
materia, 157, 158 a 165
medio ambiente, 84 a 89
membrana
   celular, 36, 99
   nuclear, 36
Mendel, Gregorio, 51, 52
metabolismo, 46
metamorfosis, 102
meteorización, 122
mezcla, 159, 164
microorganismos, 106
microscopios
   MFA, 166
   MST, 166
minerales, 141, 153
mitocondria, 36, 38
mitosis, 40
molécula, 44, 70
momento, 186
motor eléctrico, 205
movimiento, 182 a 189
mutación, 75

NASA, 142, 145
neuronas
   motoras, 68
   sensoriales, 68 a 70
neurotransmisores, 69 a 70
neutrón, 167, 199
nitrificación, 92
nivel trófico, 86
núcleo
   de la célula, 34, 38
   de un átomo, 167, 215
   externo de la Tierra, 111
   interno de la Tierra, 111
número atómico, 168
nutriente, 60

oído, 64
omnívoro, 84
ondas, 206 a 213
   longitudinal, 208, 214
   sísmica, 110, 111, 120, 240
   sonora, 208, 213
   transversal, 208
opinión, 50
órbita, 127
organelos, 36
organismo, 34
órgano, 60
origen de la vida, 97
osmosis, 99
óvulo, 34
oxidación, 174

páncreas, 60
pangea, 115
parasitismo, 89, 242
partículas subatómicas, 171
Pavlov, Iván, 71
personalidad, 66
petróleo, 136
placas tectónicas, 112, 115, 117,
    153
planeta, 144, 148
planta de energía nuclear, 134
plantas puras, 52
Plutón, 149
población, 75
polea, 197
polímeros, 173
presión, 163
primera ley de Newton, 184
prisma, 208
producto de una reacción
    química, 175
productores, 83
proteínas, 36, 46, 57, 60, 92
protón, 167, 199

pulmones, 59
punto
    de condensación, 160
    de congelación, 160, 165
    de ebullición, 160
    de evaporación, 160
    de fusión, 160

quarks, 171

radiación electromagnética, 210,
    211, 212
radiactividad, 215
reacciones químicas, 174 a 181
    de adición, 181
    de fusión nuclear, 146
    endotérmicas, 176
    exotérmicas, 176
reactivos, 175
receptores, 70
recursos, 136, 139, 195
    de la Tierra, 136 a 141
    renovables, 136, 139
    no renovables, 136, 195
red alimenticia, 84
reflexión, 217
reflejo, 70
relación de causa y efecto, 118,
    198
replantear información, 42 a 43
reproducción sexual, 41, 54
respiración celular, 42, 47, 48, 91
resistencia, 216
resistencia aerodinámica, 216
resumir, 74

ribosoma, 36
roca
    ígnea, 125
    metamórfica, 151
rotar, 127

sal, 180
secuenciación del genoma
    humano, 55
segunda ley de Newton, 184
selección natural, 74, 76
sentidos, 68
simplificación excesiva, 66
sinapsis, 69
sismo, 110, 120, 123, 125
sistemas del cuerpo humano
    circulatorio, 62
    digestivo, 60
    endocrino, 65
    inmunológico, 58
    nervioso, 66 a 70
    respiratorio, 59
Sistema Solar, 143, 144, 148
Sol, 133, 143, 144, 145
sólido, 158, 160
soluto, 159, 160
suelo, 140
superpoblación, 88
suposición implícita, 58, 182
Sutton, Walter, 56

tabla
    de Punnet, 52, 53, 54
    periódica, 168, 169
tallo cerebral, 73

tectónica de placas, 112,
    115, 117
tejidos, 35
telescopios, 148, 149
    espacial de Hubble, 148
tercera ley de Newton, 186
terremotos, 110, 120, 123,
    125, 153
tiempo atmosférico, 126 a 133
tipos
    de rocas, 125, 151, 153
    de sangre, 103
trabajo, 191, 192, 197
    y energía, 190 a 197
tráquea, 59
trasplante de órganos, 64

vacuna, 63
valor, 134
valle, 207
velocidad, 186, 188, 189
    terminal, 189
vena, 62
ventrículo, 62
Vía Láctea, 143
vida media, 215
viento, 125, 138
virus, 101
volcán, 118, 119, 124
voltaje, 200, 216
voltio, 200, 216
volumen, 158, 163

# Hoja de respuestas

## Prueba de Ciencias de GED

Nombre: _____ Clase: _____ Fecha: _____

○ Prueba preliminar    ○ Prueba final    ○ Prueba simulada

1 ①②③④⑤    11 ①②③④⑤    21 ①②③④⑤    31 ①②③④⑤    41 ①②③④⑤

2 ①②③④⑤    12 ①②③④⑤    22 ①②③④⑤    32 ①②③④⑤    42 ①②③④⑤

3 ①②③④⑤    13 ①②③④⑤    23 ①②③④⑤    33 ①②③④⑤    43 ①②③④⑤

4 ①②③④⑤    14 ①②③④⑤    24 ①②③④⑤    34 ①②③④⑤    44 ①②③④⑤

5 ①②③④⑤    15 ①②③④⑤    25 ①②③④⑤    35 ①②③④⑤    45 ①②③④⑤

6 ①②③④⑤    16 ①②③④⑤    26 ①②③④⑤    36 ①②③④⑤    46 ①②③④⑤

7 ①②③④⑤    17 ①②③④⑤    27 ①②③④⑤    37 ①②③④⑤    47 ①②③④⑤

8 ①②③④⑤    18 ①②③④⑤    28 ①②③④⑤    38 ①②③④⑤    48 ①②③④⑤

9 ①②③④⑤    19 ①②③④⑤    29 ①②③④⑤    39 ①②③④⑤    49 ①②③④⑤

10 ①②③④⑤    20 ①②③④⑤    30 ①②③④⑤    40 ①②③④⑤    50 ①②③④⑤